Anna Thomas
Das große Buch der vegetarischen Küche

ANNA THOMAS

DAS GROSSE BUCH DER VEGETARISCHEN KÜCHE

580 internationale
Feinschmecker-Rezepte

Übersetzung aus dem Amerikanischen:
Erika Ifang und Gerhard Juckoff

Titel der im Verlag Alfred A. Knopf, New York, erschienenen Originalausgaben:
The Vegetarian Epicure, Copyright © 1972 by Anna Thomas,
The Vegetarian Epicure, Book Two, Copyright © 1978 by Anna Thomas

Alle Fotos dieses Werkes sind von Fotostudio Teubner, Füssen

Lizenzausgabe für
Manfred Pawlak Verlagsgesellschaft mbH, Herrsching

Druck und Bindung:
Ernst Uhl, Radolfzell
ISBN: 3-88199-113-1

Inhaltsübersicht

* Das in diesem Buch häufig verwendete Tassenmaß entspricht 235 ccm oder ungefähr einem Viertelliter (siehe auch Seiten 43 und 54 f.).

Geleitwort der Autorin

Zum Kochbuchschreiben kam ich, indem ich aus der Not eine Tugend machte: Während meiner Studienzeit suchte ich nach einem guten Kochbuch, fand aber keines, das meinen Vorstellungen entsprach. Also schrieb ich kurzerhand meine eigenes – und war selbst überrascht, als ich es eines Tages gedruckt wiedersah! Daß es sogar ein Bestseller würde und ebenso großen Anklang bei Vegetariern wie Fleischessern finden würde, hatte ich mir nicht einmal in meinen kühnsten Träumen auszumalen gewagt. Dieser schöne Erfolg, der mir unerwartet in den Schoß fiel, spornte mich zu neuen Taten an – ich ging auf Reisen, sammelte zu Haus und in der Ferne neue Kochideen und konnte schließlich einen umfangreichen Folgeband mit internationalen Feinschmeckerrezepten veröffentlichen. Meine Leser hatten schon darauf gewartet, und die Nachfrage übertraf wieder alle Erwartungen.

Offenbar sind meine Kochbücher genau zur richtigen Zeit erschienen. Seit zehn Jahren geht in den USA wie in Europa der Trend wieder zum *guten* Essen. Unter verschiedenen Namen sind neue Bewegungen im Gange, die sich für Naturbelassenheit, Frische und höchste Qualität von Nahrungsmitteln und Speisen einsetzen. Die großen Köche unserer Zeit kochen und schreiben für Leute, denen das Beste gerade gut genug ist. In ihren Büchern berücksichtigen sie, daß Maschinen oder vereinfachte Arbeitsmethoden die dienstbaren Geister von Anno dazumal abgelöst haben. Sie wissen, daß niemand gewillt ist, nach üppigen Tafelfreuden alljährlich in Kur zu gehen, und ersinnen Feinschmeckergerichte, die ebenso lukullisch wie gesund sind. Naturreinheit der Grundbestandteile und schonende Zubereitung sind oberstes Gebot der neuen Küche. Meine Bücher sind Teil und Ausdruck dieser neuen Bewegung.

Über das Erscheinen der deutschen Übersetzung, bei der meine Bücher erstmals in einer großen Gesamtausgabe vorliegen, freue ich mich ganz besonders, denn die deutsche Küche habe ich immer als festes Bollwerk traditioneller und gesunder Eßgewohnheiten angesehen. Und ist auch der Weg von Kalifornien bis Deutschland weit, hier wie dort genießen wir fröhlich die gleichen Freuden der Tafel!

Los Angeles, im Juni 1979 Anna Thomas

Vorwort des Verlages

Es kann kein Zufall sein, daß in den letzten Jahren immer mehr Leute in aller Welt versuchen, sich anders als traditionell zu ernähren. Die Gründe dafür sind unterschiedlich, lassen sich aber in erstaunlich hoher Prozentzahl auf einen Nenner bringen: die Qualität. Nach ihr streben sowohl die Vegetarier als auch die Anhänger der Neuen Küche, der *Nouvelle Cuisine*. Der Vegetarier aus Überzeugung mag erschrecken, wenn er sich in deren Nähe gerückt sieht. Er ißt ja nur deshalb ausschließlich pflanzliche Kost (als strenger Vegetarier) oder zusätzlich nur Produkte von Tieren wie Eier, Milch und Käse (als Lakto-Vegetarier), weil er der Überzeugung ist, der Mensch dürfe kein Tier töten und aufessen. In den ersten 30 Jahren unseres Jahrhunderts, als dieser *ethische Vegetarismus* besonders viel Zuspruch fand, gab es hierzulande viele Restaurants (mehr als heute), die ausschließlich vegetarische Küche boten.

Sie waren auch bei Nicht-Vegetariern sehr beliebt, denn dort wurde vorzüglich gekocht und gespeist. Dieser Vegetarismus entstand auch aus einer freudigen, fast schon hymnischen Auseinandersetzung mit fremden Sitten und Gebräuchen, mit bisher nicht beachteten Religionen und Lebensanschauungen, mit der fernöstlichen Meditation und ihren dem abendländischen Denken unbekannten Möglichkeiten, Geistiges und Körperliches in Beziehung zu setzen. Gerade letzteres hat ja heute wieder große Anziehungskraft gewonnen, und so scheint es nur natürlich, daß auch die pflanzliche Kost wieder auf ein breiteres Interesse stößt.

Man kann aber auch aus wirtschaftlichen Überlegungen Vegetarier sein; schließlich ist die Erzeugung von ausreichenden Nahrungsmengen aus Pflanzen weitaus leichter zu erreichen als aus Fleisch. So muß ein Rind zum Beispiel viel wertvolles Futter zu sich nehmen, um Fleisch auszubilden. Um dieses Futter anzubauen, bedarf es großer Anbauflächen, die mit höherer Wirkung für die unmittelbare Erzeugung von Nahrungsmitteln genutzt werden könnten.

Diesen *ökonomischen Vegetarismus* trifft man besonders dort an, wo eine dichte Bevölkerung auf den Ertrag kleiner oder wenig fruchtbarer Bodenflächen angewiesen ist. Beispiele dafür sind: Indien, wo dieses Problem durch eine religiöse Gesetzgebung geregelt wird. Hier gibt es wahrscheinlich auch die geschmacklich beste und reichste vegetarische Küche der Welt. Oder Italien, mit der köstlichen Pizza, den Nudeln, dem Risotto, den Käse-Gemüse-Eier-Gerichten und den Salaten. Arabien mit dem so unglaublich vielfältigen süßen Naschwerk. Und schließlich auch die Gegenden Deutschlands, in denen mit vegetarischen Gerichten wie Maultaschen, Knödeln und Kaiserschmarrn keineswegs eine schlechte Küche gepflegt wird. Im Gegenteil, dort, wo man sich beschränken muß, legt man mehr Wert auf die Qualität der Zutaten, kennt auch die kleinsten (und damit natürlich auch die größten) Unterschiede. Wer einmal in Mexiko oder Südamerika beobachtet hat, mit welcher Sorgfalt hier die verschiedenen Chili- und Bohnensorten ausgewählt werden, weiß, was es heißt, qualitätsbewußt zu sein.

Wieder andere sind Vegetarier, weil sie diese Art der Ernährung für die gesündeste halten. Wenn auch über die medizinischen und physiologischen Vorteile der rein pflanzlichen Ernährung das letzte Wort noch nicht gesprochen ist, so muß man doch anerkennen, daß gerade diese Gruppe sich die meisten Gedanken um Zusammensetzung und Qualität der Nahrung gemacht hat. Den *Gesundheits-Vegetariern* geht es um die sogenannte natürliche Vollwert-Ernährung. Sie haben sich mit Anbau und Zucht, Düngung und Fruchtwechsel sehr intensiv befaßt und ausgezeichnete Ergebnisse erzielt. Die Produkte, die sie in Reformhäusern und Naturkostläden anbieten, sind qualitativ fast immer höher einzuschätzen als »normale« Marktware. Und das nicht nur, weil der Nährwert größer ist, sondern auch, weil sie besser schmecken.

Bedenklich stimmt, was häufig mit diesen Produkten gemacht wird. Zwar hat das Bircher-Muesli einen schier unglaublichen Siegeszug auf die Frühstückstische angetreten. Ansonsten aber ist, außer manchen wirklich guten Rohkostgerichten, die Küche dieser »Gesundheitsapostel« beklagenswert schlecht und einfallslos. Ihre Rezeptbücher belegen das.*

Ganz anders verhält es sich im vorliegenden Buch von

* Zu den wenigen Ausnahmen gehört das kürzlich erschienene Buch von Helma Danner: »Biologisch kochen und backen«, Econ 1979.

Anna Thomas. Hier wurden vegetarische Rezepte aus aller Welt zusammengetragen, die Spaß und Lust am Essen bereiten. Nichts von dem wird vernachlässigt, was gute Küche ausmacht: gutes Öl, frische Butter, bester Weinessig, würzige Kräuter, junge und zarte Gemüse, saftiges und aromatisches Obst – kurz, all das, was auch für jede andere anspruchsvolle Küche gefordert werden muß.

Anna Thomas weiß, was viele nicht zu wissen scheinen: daß wirklich gutes Essen auch ein gesundes Essen ist. Genau das haben ja auch die Großen der Neuen Küche erkannt. So findet man in den besten Restaurants Frankreichs nicht selten neben dem Hinweis, daß alle Gerichte ausschließlich aus frischen Zutaten bereitet wurden, auch den Vermerk, daß sie aus biologisch-dynamischem Anbau stammen. Die Köche wissen, daß sie mit ihren Erneuerungen und Veränderungen der Gesundheit dienen: Kurze Garzeiten bewahren dem Gemüse nicht nur Wohlgeschmack, sondern auch Vitamine und Mineralstoffe. Leichtere Zubereitungsarten mindern den Kaloriengehalt klassischer Gerichte – bei unserer heutigen Lebensweise brauchen wir weniger Energiezufuhr. Mehr pflanzliche Ballaststoffe als früher sorgen in der modernen Ernährung für bessere Verdauung.

In all diesen Punkten stimmt Anna Thomas mit der Neuen Küche überein. Sie vergißt aber auch nicht die Schwächen der Menschen. Daß man auch einmal »reinhauen«, richtige Völlerei betreiben, wider die Gesundheit sündigen möchte. Ihre Vorgänger in dieser Reihe der »Kochbücher der Sonderklasse«, Paul Bocuse und Gaston Lenôtre, haben hierfür stets Verständnis gehabt. Beide gehören zu den bekanntesten Vertretern der Neuen Küche und wollten nie leugnen, daß Essen auch ein Schlemmen sein kann, das die Freude am Überfluß ausdrückt.

Viele Menschen siedeln das vegetarische Essen in der Nähe von »fader« Diätkost an. Dieses Buch von Anna Thomas räumt ein solches Mißverständnis aus: Entsprechend den Forderungen der Neuen Küche werden hier auch alle Gaumenfreuden eröffnet. Anna Thomas reformiert die vegetarische Küche. Sie hat kulinarische Anregungen aus der ganzen Welt gesammelt, die sie nach den Vorstellungen eines neuen Qualitätsbewußtseins zusammensetzt. Sie bringt damit die vegetarische Küche wieder in die glückliche Position, die sie früher, zu Beginn ihrer europäischen Erfolge, hatte: daß auch Nichtvegetarier von ihr lernen, sie genießen und von ihren Möglichkeiten begeistert sein werden.

B. Neuner-Duttenhofer

Einführung

Bei einem guten Essen freut man sich des Lebens, und es kommt mir widersinnig vor, für einen so frohen Anlaß Leben zu vernichten. Darum esse ich kein Fleisch. Immer mehr Menschen lehnen wie ich den Genuß von Fleisch, Fisch und Geflügel aus den verschiedensten Gründen ab und wenden sich einer vegetarischen Ernährung zu. Warum sollen wir zum Schlachtbeil greifen, um uns ausreichend zu ernähren? Alle lebens- und gesundheitswichtigen Proteine, Vitamine und Mineralien sind uns leicht zugänglich in der unendlichen Vielfalt pflanzlichen Lebens wie auch in Milch und Eiern, die uns die Tiere ohne Schmerzen überlassen.

Es ist Unsinn, zu behaupten, Fleisch sei unbedingt notwendig für die sogenannte »Schlemmerküche«. Ein gelungenes vegetarisches Mahl, gekrönt von einem edlen Wein, genügt meiner Ansicht nach allen Ansprüchen eines verwöhnten Gaumens. Vegetarische Kost ist so vielseitig, daß sie jedem das bieten kann, was er sucht und braucht. Ich selbst habe, während ich dieses Buch schrieb, wie ein Feinschmecker gekocht, gegessen und getrunken und bin mir dabei über die unerschöpflichen Möglichkeiten vegetarischer Küche klargeworden.

Viele von uns werden heutzutage durch höhere Einsicht Vegetarier, weil sie die Vorteile fleischfreier Ernährung erkennen. Pflanzen nehmen einen vorrangigen Platz in der Nahrungsmittelkette ein. Sie werden von Tieren verzehrt, die zum Teil wiederum von Tieren gefressen werden, und so fort. Je näher wir dem Anfang der Kette bleiben, um so reiner ist die Nahrung und um so mehr davon wird es für die ständig anwachsende Weltbevölkerung geben.

Die unheilvollen und dramatischen Entwicklungen der letzten Jahrzehnte zwingen viele Menschen dazu, ihre Eßgewohnheiten zu überprüfen und umzustellen. Unsere Lebensmittel werden fortlaufend weiter »verfeinert« und sind inzwischen weit eher industrielle als landwirtschaftliche Produkte. Künstlich hergestellte chemische Zusätze beeinflussen ihr Aussehen und verhindern sichtbare Schimmelbildung, aber der Nährwert so behandelter Eßwaren ist stark herabgesetzt – während ihr Kaufpreis steigt. Durch Hormone wird das Wachstum von Rind- und Federvieh gefördert – und der Profit. Die Anwendung solcher Mittel birgt Gefahren in sich, die in ihrer Gesamtheit für den menschlichen Verbraucher noch nicht überschaubar sind. Sie ist möglicherweise die Ursache verschiedenster Krebskrankheiten.

Die Verbreitung des Schädlingsbekämpfungsmittels DDT, das in den USA und einigen europäischen Ländern inzwischen verboten wurde, ist so groß, daß jeder Mensch die Spuren davon in seinem Körper trägt. Auch die Pflanzen sind davon betroffen, aber da DDT die Tendenz hat, sich im Organismus anzusammeln, findet sich zwangsläufig im Körper eines Tieres die Summe der Gifte, die es mit seiner pflanzlichen oder tierischen Nahrung aufgenommen hat.

In Süß- und Salzwasserlebewesen einschließlich Thunfisch, Schwertfisch und Schalentieren ist der gefährliche Gehalt von Quecksilber nachgewiesen worden. Quecksilber wird wie DDT nicht vom Organismus abgebaut. Es kann unheilbare Gehirnschäden und den Tod verursachen.

Aber dieses Buch ist der Lebensfreude gewidmet, nicht der leidigen Umweltverschmutzung. Selbst wenn Sie, lieber Leser, noch immer gewohnheitsmäßig Fleisch essen, sollten Sie doch einmal einige der hier vorgeschlagenen Mittel und Wege zu delikater Küche ausprobieren. Vielleicht lassen auch Sie sich langsam, aber sicher verführen!

Manch einer ist zu mir gekommen und hat mich verlegen gefragt, wie – beziehungsweise was – Vegetarier eigentlich essen. Die Verlegenheit ist echt: Die Leute stellen sich ihre gewohnten Mahlzeiten ohne Fleisch vor und schaudern. Geradeso schüttelt es mich, wenn ich an die gewöhnlichen einfallslosen Mahlzeiten vieler meiner Mitbürger denke. Sogar in der feinen Küche gibt es eigentlich nur beim Hauptgang, der fast ausnahmslos aus Fleisch oder Fisch besteht, eine gewisse Abwechslung in der Zubereitung. Salat, Gemüse und Brot spielen als geringgeschätzte Beilagen eine kümmerliche Nebenrolle. Dieses »Einheits«-Menü wiederholt sich Tag für Tag und Woche für Woche. Werden verschiedene Gänge serviert, fügen sich die Speisen in eine phantasielose, ewig gleiche Reihenfolge: Suppe, Hauptgericht, Salat, Dessert.

Als erste Voraussetzung für vegetarisches Kochen gilt, sich von derart stereotypen Vorstellungen freizumachen, sonst verfängt man sich unversehens in den Fallstricken von »Ersatz«. Vielen vegetarischen Kochbüchern ist es so ergangen, sie müssen Fleischersatz erfinden, um die traditionelle Folge der Gänge beibehalten zu können. Damit begehen sie einen großen Fehler, denn Ersatznahrungsmittel sind oft wenig appetitlich, selten frisch und leicht bekömmlich.

Vegetarische Küche ist keine Ersatzküche. Sie sucht nicht nach fleischähnlichen Gerichten, sondern ist vollwertig und vielseitig und umfaßt ein reichhaltiges Angebot von Speisen mit ganz eigenem Charakter. Ein vegetarisches Menü läßt sich sehr abwechslungsreich gestalten. Es gibt keine starre Einteilung in Hauptgericht, Vor- oder Nachspeise. Manchmal kann man wohl eine entsprechende Anordnung nicht vermeiden, weil sie gerade angemessen und sinnvoll ist. Aber lieber setzt man ein Menü aus mehreren *gleichwertigen* Gängen zusammen oder bringt gelegentlich eine Anzahl unterschiedlicher Speisen auf einmal zu Tisch.

Diese Ideen sind weder neu noch überraschend. Denken Sie nur an das weltbekannte schwedische Smörgåsbord. Oder an orientalische Menüs, die meist aus aufeinander abgestimmten und sich ergänzenden Speisen bestehen. In Thailand werden sogar alle Gerichte zugleich aufgetragen und im Halbkreis um den Teller gestellt, so daß der Gast sich ganz nach Belieben bedienen kann.

Ich glaube, die einzigen Grundregeln, die man beim Kochen beherzigen sollte, sind: den Gaumen zu erfreuen und die Gesundheit zu erhalten. Anscheinend sorgen sich viele Leute darum, ob sie auch mit fleischlosem Essen genügend Eiweiß zu sich nehmen. Ich sehe da keinerlei Schwierigkeiten. Jedes Gericht, das zu einem Großteil aus Eiern, Milch, Käse oder anderen Milchprodukten besteht, ist sehr eiweißreich. Linsen, Sojabohnen und Weizenkeime sind die drei Nahrungsmittel mit dem höchsten Proteingehalt überhaupt. Erbsen, nahezu alle Bohnensorten und Vollkorngetreide sind gleichfalls hervorragende Eiweißträger, ebenso Buchweizengrütze. Und fast alle Nüsse und viele Samen enthalten reichlich Protein.

Obwohl ich nur über Köstlichkeiten ohne Fleisch schreibe, ist dieses Buch nicht ausschließlich für Vegetarier gedacht. Vielmehr ist es für alle, denen beim Gedanken an *Fettuccine Alfredo, Erbsencremesuppe mit Suppenklößchen, Fondue, Pimiento-Oliven-Quiche, Tomaten mit Palmherzenfüllung, Liptauer Käse, Pilzauflauf mit Dill, Salat »Cäsar«* und *Gefrorenen Erdbeerschaum* das Wasser im Mund zusammenläuft. Aber es ist auch für diejenigen, die ihr Repertoire erweitern wollen, weil sie weniger Fleisch als früher essen, und für solche wie mich, die lieber ganz auf Fleisch verzichten, aber nicht glauben können, daß ihre Mahlzeiten deshalb weniger schmackhaft sein müssen.

Große Eßabenteuer stehen bevor, denn bei meinen Streifzügen durch völlig fremde Küchen und Kulturen haben mich Kochlöffel und Feder ständig begleitet. Das Ergebnis ist ein Kompendium kulinarischer Entdeckungen, die ich gerne mit Ihnen teilen möchte. Gehen Sie mit auf die Reise?

Zum Bücherschreiben bin ich in der denkbar schönsten Weise gekommen. Vier Jahre war ich unterwegs, habe gegessen, gelesen, Notizen gemacht, gekocht und geschrieben. Reiselust und Arbeitseifer haben mich durch weite Teile Europas – Portugal, Spanien, Italien, Frankreich, Griechenland, Österreich, Ungarn, Polen und England – geführt, auch zu kurzen Abstechern in den Vorderen Orient und nach Mexiko. Überall war ich von den fremden Speisen begeistert, und ich bin für das eifrige Kosten alles Neuen und Unbekannten reichlich belohnt worden.

Jede Mahlzeit hatte ich mir als kleines Abenteuer vorgestellt (und nicht selten hat sie sich als großes herausgestellt). Wenn ich das Glück hatte, bei Verwandten oder Freunden zu wohnen, bin ich meinen Gastgebern in die Küche gefolgt und habe sie so lange geplagt, bis ich ihre besten Rezepte herausgefunden hatte. In manchen Städten blieb ich ein paar Tage länger als vorgesehen, weil ich ein besonders gutes Restaurant entdeckt hatte und natürlich die Speisekarte durchprobieren mußte.

Viele Leute haben sich gewundert, wie überhaupt ein Vegetarier auf Reisen überleben und noch dazu herrlich und in Freuden essen kann. Glauben Sie mir: Nichts ist leichter als das. Nahezu überall fand ich, daß auf Fleischgenuß viel weniger Wert gelegt wird als in meinem Heimatland, vielleicht aus wirtschaftlichen Erwägungen oder auf Grund alter Tradition. Das Speisenangebot der meisten Restaurants umfaßte für

gewöhnlich etliche verlockende Gerichte aus frischen Gemüsen, Früchten, Eiern, Käse oder Getreide. In allen *Tavernen, Trattorias, Kellern, Cafés* und *Ristorantes*, die ich besucht habe, konnte ich zwischen Hausmannskost und erlesenen Delikatessen wählen.
Italiens *Antipasti* und Nudelgerichte waren natürlich eine stete Versuchung für mich. In Frankreich habe ich Omeletts neu entdeckt und Dutzende von Käsen probiert, die ich nie zuvor gegessen hatte. Alle Restaurants von Madrid bis Segovia boten eine reiche Auswahl von Gemüseplatten an, dazu Eiertortillas in endlosen Variationen. Und in England, der Hochburg des Roastbeef, gab es in unzähligen indischen Speiselokalen die anspruchsvollste vegetarische Küche. In Polen und Ungarn habe ich wunderbare Fruchtsuppen gekostet und ganz neuartige Pfannkuchenzubereitungen, feine, erfrischende Salate und eine Reihe köstlicher Anrichtemöglichkeiten von einfachem Frischkäse kennengelernt. Besonders schön sind meine Erinnerungen an Abende in Griechenland, wo ich bei Sonnenuntergang am Ägäischen Meer mit Reis und Dill gefüllte Weinblätter aß und sie genußvoll mit *Ouzo* hinunterspülte. Und wenn ich an den langen, heißen Sommertagen in Kairo meinen Durst nicht gerade an süßen, saftigen Wassermelonen stillte, naschte ich gewiß *Tahini* und *Baba Ghanouj* oder scharfgewürzte Bohnenkuchen.
So ging es immer weiter. Die einzige Schwierigkeit war die, des Guten nicht zuviel zu tun, um nicht noch unterwegs aus den Kleidern zu wachsen.
In Hotelzimmern und auf langen Eisenbahnfahrten haben mein Mann und ich dann in Erinnerungen geschwelgt, wobei sich unsere Notizbücher mit den Beschreibungen aller Delikatessen, die wir genossen hatten, füllten. Meist kamen uns bei diesem Vergnügen auch eigene neue Kochideen. Am allerbesten konnten wir in ratternden Speisewagen die Höhepunkte unserer kulinarischen Odyssee durchwandern, während draußen Landschaften langsam wechselten und Tausende von Telegrafenmasten vorüberflogen.
Kurz nach unserer Heimkehr fing die eigentliche Arbeit an: das Kochen. Wenn gute Freunde bei uns zu Gast waren, wurde jede kleine Mahlzeit ein wahrer Hochgenuß. Ich versuchte, die eindrucksvollsten Gerichte von unseren Reisen nachzukochen und die fremden Ideen meinem persönlichen Stil anzupassen. Oft saßen Freunde und Familie in unserm kleinen Eßzimmer beisammen und probierten die ungewohnte Kost. Dann beobachtete ich die Reaktionen der Anwesenden und machte weitere Notizen. So manches wurde, wenn es nötig schien, noch einmal gekocht oder gebacken, bis alles zu meiner Zufriedenheit geriet.
Aber nicht jedes Rezept in diesem Buch ist eine Ausbeute meiner Reisen. Oftmals verraten mir Freunde ihre besonderen Spezialitäten. Manchmal, wenn ich Lust zu einem kleinen Fest habe oder einen Gast des Hauses verwöhnen will, erfinde ich auch selbst etwas Neues und schreibe meine Idee sofort auf.
Durch meine vielen Kochversuche und das ständige Ausprobieren bin ich wieder einmal dem »Geheimnis« der guten Küche auf die Spur gekommen, und ich kann Ihnen nur den einen Rat geben: Nehmen Sie zum Kochen gute Zutaten. Verwenden Sie immer und zu allem nur die besten Ingredienzen – die frischeste Butter, Milch oder Sahne, die zartesten Gemüse, möglichst sonnengereifte Früchte, feinsten alten Käse und den erlesensten Wein. Das Beste ist gerade gut genug und verspricht Ihnen den schönsten Erfolg. Natürlich kann man auch die besten Zutaten verderben, wenn man nichts damit anzufangen weiß, aber man hat wenigstens keinen Schaden davon. Also besorgen Sie sich Eßwaren von höchster Qualität, und schalten und walten Sie dann unverzagt in Ihrer Küche!
Nun noch ein Wort zum Aufbau des Buches. Eine der interessantesten Aufgaben war es, das reiche Material sinnvoll zu gliedern. Mehrere Kapitel sind einheimischen Speisen bestimmter Länder gewidmet; den größeren Teil der Rezepte aber habe ich nach Zugehörigkeitsgruppen und nicht nach Herkunftsländern geordnet.
Gazpacho kommt zum Beispiel in der Rubrik »Suppen« vor und wird zum Abschluß der »Spanischen Spezialitäten« nur in einer Anmerkung erwähnt.
Im Kapitel »Menüs« habe ich aus der Fülle von Kombinationsmöglichkeiten ein paar ausgewählt, die Sie nach hier angegebenen Rezepten kochen können. Es sollte mich freuen, wenn ich Ihnen damit Anregungen zu eigenen, vielleicht besseren Kochideen gegeben hätte!

Nun wünsche ich noch, daß Ihnen dieses Buch ebensoviel Vergnügen bereitet, wie mir das Schreiben Spaß gemacht hat. Die einzige, leicht zu erfüllende Vorbedingung dafür ist die Freude an delikatem Essen. Wie gut, daß wir uns solchen Freuden so oft hingeben können: Wir werden immer wieder hungrig! Doch sollte das Vergnügen schon bei der Zubereitung der lukullischen Genüsse anfangen: Kochen ist ein schöpferischer Akt, dessen Reiz in der Vergänglichkeit liegt. Es ist eine so angenehme Tatsache, daß ein Festessen nicht ewig währt. Was am Herd gedichtet wird, erfreut nur eine kurze, glückliche Zeitlang eine kleine Tafelrunde, dann ist es vorbei, und es bleibt nur die Erinnerung. Essen ist eine Notwendigkeit, und es wäre traurig, wenn wir die gute Gelegenheit verpassen und schlecht essen würden. Im Laufe unseres Lebens konsumieren wir eine große, aber doch begrenzte Zahl von Mahlzeiten. Jedes Essen ist einmalig und sollte entsprechend exquisit sein. Lassen Sie Ihrer Phantasie freien Lauf, und weichen Sie ab vom Herkömmlichen, denn die neue Küche führt direkt ins Schlaraffenland des vegetarischen Feinschmeckers.

Mir geht erlesenes Essen über alles, und ich bin stolz darauf, als Vegetarier friedlich mit allen Lebewesen auszukommen.

Viel Vergnügen, und *buon gusto*!

Von der Gastlichkeit

Das gemeinsame Mahl war für mich schon immer eine ebenso ernste wie erfreuliche Angelegenheit. Für das leibliche Wohl anderer zu sorgen, gehört zu den einfachsten Freuden des Lebens: Auf ganz elementare Weise versüßt man jemandem eine Zeitlang das Dasein. Doch leider kochen nur wenige gern für Freunde und Familie: Männer fürchten dabei anscheinend um ihre männliche Würde, Frauen um ihre Freiheit.
Ich bin immer in der glücklichen Lage gewesen, wahre Gastgeber um mich zu haben. Meine Eltern und Verwandten – altmodische Europäer – halten die Bewirtung von Gästen und das Anbieten von Erfrischungen nicht für eine lästige soziale Aufgabe; vielmehr sehen sie eine angenehme Pflicht darin, Wohlgefühl um sich zu verbreiten. Einen Gast hungrig fortgehen zu lassen, ist für sie ein Sakrileg. Ihre Bankette zu festlichen Anlässen sind mir unvergeßlich geblieben.
Wie froh bin ich, daß sich Freunde in unserm Haus stets wohl fühlen und uns immer an Leib und Seele gestärkt verlassen. Das liegt nicht zuletzt am gemeinsamen Essen. Gleichgültig, welchen Geschmack meine Freunde haben, plane ich mit Vergnügen Mahlzeiten für sie, die ich eigenhändig zubereite und serviere. Dann genießen wir aber nicht einfach ein Mahl zusammen, sondern machen gemeinsam die Erfahrung, daß unser Essen Bestandteil eines neuen Lebensstiles ist. Ohne anzugeben, glaube ich sagen zu können, daß unsere Freunde von dieser Erfahrung begeistert sind. Für diejenigen unter Ihnen, die etwas zu ängstlich sind, mit Freunden Neuland zu betreten, will ich eine kleine Geschichte erzählen:
Wir hatten zu einem festlichen Abendessen eingeladen, und ich war den ganzen Tag mit der Zubereitung der Speisen beschäftigt gewesen. Unter den Gästen war ein Ehepaar, das ich noch nicht kannte und vor dem ich einen besonders guten Eindruck machen wollte. Als wir uns zu Tisch setzten, verkündete der Mann – ein selbstsicherer Großstädter, der keine langen Worte machte – laut und ungeniert: »Ich möchte nur gleich klar sagen, daß ich vegetarisches Essen nicht ausstehen kann!« Ich lächelte, tat mein Bestes, gelassen zu bleiben, und servierte den ersten Gang – *Erbsencremesuppe mit Suppenklößchen*. »Aber eine gute Suppe mag ich!« erklärte er mit einem triumphierenden Blick in die Tafelrunde, »eine gute Suppe lass' ich mir schmecken!« – und er machte sich daran, sie mit Genuß hinunterzulöffeln. So ging es weiter bis zu den frischen Beerentörtchen, denen jeder Anwesende zweimal zusprach, er auch . . . Die meisten wissen ein delikates Mahl zu schätzen, auch wenn es vegetarisch ist. Bringen Sie ein wohlschmeckendes Menü zu Tisch, und ich bin ziemlich sicher, Ihre Gäste merken nicht einmal, daß sie nicht ihre gewohnte Fleischration verspeist haben.
Jeder von uns war schon einmal zu einem perfekten Abendessen geladen – die Gäste finden Gefallen aneinander, jeder Gang erscheint pünktlich und ist eine reine Gaumenfreude, bei angeregter Konversation vergeht die Zeit wie im Fluge, und ein allgemeines Behagen macht sich breit – mit einemmal ist es spät geworden, die Geladenen gehen heim, und zurück bleibt die schöne Ruine der Speisetafel. Bei solchen Festmählern blühen Freundschaften auf, heben sich die Lebensgeister, und man fängt an, die ungewöhnliche Farbe des Weines wahrzunehmen. Das Geheimnis einer solchen Tafelrunde ist nur schwer zu lüften. Aus eigener Erfahrung weiß ich aber, daß ein etwas fremdartiges Menü bei den Gästen Wunder wirkt. Sie werden nicht nur satt, sondern sind fasziniert und fühlen sich geschmeichelt.
Wenn ich mehrere unterschiedliche Speisen zu einem festlichen Essen serviere, versuche ich stets, sie in eine ausgewogene Reihenfolge zu bringen. Jeder einzelne Gang wird weit mehr gewürdigt, wenn ihm die ungeteilte Aufmerksamkeit gewiß ist. Bei fünf oder sechs zugleich aufgetragenen Gerichten geschieht es leider allzuleicht, daß man hastig zuviel ißt. Außerdem ist es viel interessanter, neben dem Eigengeschmack und der besonderen Beschaffenheit jeder Speise auch das Arrangement zu genießen. Der Spielraum ist größer, als man vermuten möchte. Heißes und Kaltes, Schweres und Leichtes, Mildes und Pikantes lösen einander ab, und die ganze Zeit über können sich die Sinne an den wechselnden Farben ergötzen. Im Sommer weckt eine eisgekühlte Suppe zu Beginn der Mahlzeit den schlummernden Appetit; und fast jedes Essen nimmt mit einem frischen Fruchtsalat vor dem eigentlichen Dessert ein harmonisches Ende.
Tischen Sie nie zuviel auf, aber immer genug für den Hunger Ihrer Gäste. Das Vollstopfen ist der erklärte

Feind aller Tafelfreuden. Ebensowenig kann man die Feinheiten eines delikaten Essens schmecken, wenn man mit Alkohol vollgeschwemmt ist. Ein milder Aperitif jedoch oder ein Gläschen eisgekühlter Sherry vor der Mahlzeit ist sicher wohlbekömmlich. Die meisten Gäste vertrauen dabei gerne dem Geschmack des Gastgebers.

Ebenso hängt es von den Gepflogenheiten Ihres Hauses ab, ob nach dem Essen Getränke gereicht werden. Man vergißt leicht, auch die späteren Stunden eines gastlichen Abends mit einzuplanen. Ich selbst habe mich dieser Unterlassungssünde oft schuldig gemacht, ehe ich beim Schreiben dieses Buches wichtige Erfahrungen sammeln konnte. Hunderte (mir kam es vor wie Tausende) von Rezepten in meiner eigenen Küche auszuprobieren war ein ziemlich unmögliches Unterfangen. Mit der Zeit habe ich es aber geschafft, indem ich mindestens einmal die Woche zum Essen einlud. Unsere Freunde waren die Feinschmecker-Jury, und ich darf bestimmt sagen, daß sie alle Spaß daran hatten, obwohl die wenigsten Vegetarier sind. Während dieser raschen Abfolge geselliger Abende hatte ich reichlich Gelegenheit, Beobachtungen über den Ablauf von Dinner-Partys anzustellen. Mit verblüffender Regelmäßigkeit geschah folgendes:

Nach dem Essen – Kaffee und Nachtisch war in aller Gemütlichkeit zugesprochen worden – begaben wir uns ins Wohnzimmer (schworen, den ganzen nächsten Tag nichts mehr zu essen) und unterhielten uns angeregt über Gott und die Welt. Etwa zwei Stunden später merkten wir dann, wie der Mund allmählich trocken und die Zunge lahm wurde.

Und so wurde der »Zwei-Stunden-später-Gang« ins Leben gerufen. Das kann eine große Schüssel mit frischen Erdbeeren und ein Berg Schlagsahne sein oder zur kühlen Nacht heiße Schokolade, dazu kleine Stückchen der Torte, die zuvor nicht aufgegessen wurde, oder auch Glühwein und eine Schale mit Nüssen und Trockenfrüchten. Jedermann wird freudig zulangen!

Menüs

Zunächst will ich noch einmal auf den Unterschied zwischen vegetarischen und herkömmlichen Menüs hinweisen. Es leuchtet ein, daß ein Plan, der in erster Linie für Fleischgerichte angelegt ist, sich schlecht für die Zusammenstellung von fleischlosen Speisen eignet. Natürlich gibt es Mahlzeiten, bei denen ein bestimmtes Gericht den Mittelpunkt bildet, aber das ist nur *eine* Möglichkeit unter vielen. Meistens stellt man für ein feines vegetarisches Menü zwei oder drei gleichwertige Gänge zusammen, die sich harmonisch ergänzen.

Das ist weder neu noch eine besondere Eigenart der vegetarischen Küche: Man denke nur an *Primo* und *Secundo* beim italienischen Essen. Spanien hat eine ähnliche Tradition. Dort ist die Speisekarte nicht in die Kategorien Suppen, Salate oder Fleischgerichte eingeteilt, sondern in drei Gruppen gegliedert, deren letzte die gewichtigste in Nahrhaftigkeit wie auch Preis ist. Daraus wird nach den Wünschen des Gastes das Menü zusammengestellt.

Ein Menü zu planen ist eine schwierige Kunst, besonders in der vegetarischen Küche, die bis vor kurzem gar nicht ernst genommen wurde. Aber für den Koch liegt doch ein großer Reiz im Ersinnen eines guten Menüs für ein Festmahl oder ein einfaches Familienessen. Mir gefällt es jedenfalls, immer wieder neu anzufangen – die Möglichkeiten abzuwägen, in Vorgefühlen zu schwelgen.

Vielleicht kann man ein Menü mit einer fesselnden Erzählung vergleichen: Es muß durch die richtige Ausgewogenheit seiner Bestandteile bis zum letzten Bissen Spannung aufrechterhalten. Darum baut man es so auf, daß jeder neue Gang hält, was der vorhergehende verspricht, während er gleichzeitig auf den nachfolgenden neugierig macht. Und da im Gegensatz zu manchen Geschichten jedes Essen ein glückliches Ende nehmen soll, muß sich zum Schluß alle Spannung in Wohlgefallen auflösen.

Jeder gute Erzähler weiß, daß Kontrast und Überraschung Stilmittel sind, die er geschickt zur Steigerung der Spannung anwenden kann. Genauso ist es in der Kochkunst. Ein Gericht, das im Mittelpunkt einer Speisenfolge stehen soll, schmeckt um so delikater, je schlichter der ihm vorausgehende Gang ist. Und eine kulinarische Überraschung ist dann gelungen, wenn *hinterher* allgemein das Gefühl aufkommt, es habe eigentlich unvermeidlich so kommen müssen.

Machen Sie sich rechtzeitig Gedanken über die Anzahl, Gestaltung und Anordnung der verschiedenen Gänge und die dafür notwendigen Arbeiten. Wenn Sie alleine kochen, rate ich Ihnen, nicht mehr als ein oder zwei Gerichte einzuplanen, die Ihre Aufmerksamkeit bis zur allerletzten Minute erfordern. Viele warme Speisen können im voraus gekocht werden und erhalten den letzten Schliff erst kurz vor dem Servieren. Die Zubereitung eines Essens soll Spaß machen, und nichts kann einem diese Freude so verleiden wie zuviel Arbeit. Einfachheit ist nicht nur vom ästhetischen Standpunkt aus erstrebenswert, sondern auch dann, wenn man alle anfallenden Arbeiten ohne Hilfe bewältigen muß. Vergessen Sie aber nicht, daß die fertig angerichteten Speisen sowohl Gaumenfreuden verheißen als auch eine Augenweide sein sollen!

Am besten arrangiert man ein vegetarisches Menü nach der Devise »was beliebt, ist auch erlaubt«, denn das ermöglicht eine bunte Vielfalt leckerer Mahlzeiten, deren jede ein kulinarisches Erlebnis eigener Art ist. Solange man nicht versucht, die vegetarische Küche in einen unpassenden Rahmen zu pressen, bekommt man von überallher die schönsten Anregungen. Beherzigt man noch ein paar Grundregeln, kann man mit leichter Hand ein wohlschmeckendes Diner herrichten.

Ein gut durchdachtes Menü soll der jeweiligen Jahreszeit, dem Ort, der Tageszeit und möglichst auch dem Geschmack der Tischgäste entsprechen. Denken Sie daran, daß es etwas ganz anderes ist, an einem nebelkalten Novemberabend stilvoll bei Kerzenlicht im Eßzimmer zu dinieren als im Hochsommer zu picknicken oder familiär in der Küche zu speisen.

Lassen Sie Ihrem schöpferischen Temperament freien Lauf – aber mit Verstand. Ihr Feingefühl wird Sie davor bewahren, gleich zwei oder drei gehaltvolle Gänge mit Eiern und Sahne zu servieren oder gar eine süße Mehlspeise als Dessert nach einem Essen, das größtenteils aus einer würzigen Teigspeise bestand. Vertrauen Sie auf Ihre Erfindungsgabe!

Die Kernfrage ist nun immer noch ungelöst: Wo fängt man an? Am einfachsten ist es, einer plötzlichen Eingebung zu folgen, aber wenn die ausbleibt (und wer kennt nicht solche einfallslosen Zeiten), beginnt man mit einer guten, soliden Grundidee. Das kann ein ganz bestimmtes Gericht sein oder ein besonderer Speisentyp, vielleicht auch eine ausländische Spezialität, auf die man gerade großen Appetit verspürt. Als nächstes überlegt man, welche Gemüse und Früchte in dieser Jahreszeit gerade reif sind. Gibt es etwas Besseres als sieben oder acht Monate der Erwartung, die einem den Mund wässerig machen auf frischen Stangenspargel im Frühling oder reife, goldene Kürbisse und geröstete Maronen im Herbst? Erweitern Sie Ihre erste Idee in dieser Richtung, planen Sie der Jahreszeit entsprechend, und der Erfolg ist Ihnen sicher. Wenn Sie alle Möglichkeiten erwogen haben, bedenken Sie, wo Sie einschränken müssen. Zu einem Buffet für zwanzig Personen werden Sie Gerichte bevorzugen, die wenig Aufwand verursachen und einige Zeit vorher zubereitet werden können, aber trotzdem frisch bleiben.

Wenn Sie mit der Vorplanung so weit gediehen sind, gehen Sie als nächstes daran, ein ausgewogenes Verhältnis von Süßem zu Herbem, von Mildem zu Herzhaftem und Würzigem herzustellen. Und geben Sie zu einer cremigen Speise etwas Knuspriges, das angenehm zwischen den Zähnen kracht. Steht Ihnen der Sinn nach einem Nudelgericht, können Sie zuvor pikant mariniertes Gemüse oder Salat mit Vinaigrettesauce servieren und hinterher ein leichtes Dessert. Ein Geburtstagsessen fällt oft mit einer Kuchenschlacht zusammen, vermeiden Sie darum sehr stärkehaltige oder allzu schwer verdauliche Speisen. In einem einzigen gehaltvollen Gang ist normalerweise schon soviel Sauce enthalten, wie eine Mahlzeit überhaupt vertragen kann. Das gleiche gilt in der Regel für alles, was in verschwenderischen Mengen Butter oder Öl gesotten wurde.

Alle diese Vorschläge können nur dies sein: eben Vorschläge, keine Vorschriften. Wenn Sie meinen, eine ungewöhnliche Speisenkombination sei außerordentlich appetitanregend, probieren Sie sie aus. Sollte sich bei Ihren Lieben, für die Sie kochen, zur Weihnachtszeit eine wahre Leidenschaft für Süßigkeiten einstellen, seien Sie nachsichtig und servieren Sie drei Desserts zu Ihrem Galaessen. Oder haben Sie Lust auf etwas, was ganz außerhalb der Saison liegt, und ist es Ihnen möglich, sich die dazugehörigen Delikatessen in guter Qualität zu besorgen, dann, in Gottes Namen, genießen Sie doch frische Erdbeeren oder Melonen (die um die halbe Welt geflogen werden) mitten im Dezember! Wo Geschmack und Verhältnisse uns keine Grenzen setzen, soll der Erfindergeist in aller Freiheit schalten und walten.

Noch eine letzte Bemerkung. Ein Essen sollte mit ebensoviel Bedacht aufgetragen werden, wie es zuvor geplant und zubereitet wurde. Das soll nun nicht heißen, daß Sie Ihre Tischgäste lange hungrig warten lassen, um sich die rechte Würdigung Ihrer Werke zu sichern. Aber ein paar schöpferische Pausen in unterhaltsamer Gesellschaft sind ganz erfreulich, sie tun dem Appetit keinen Abbruch und erhöhen die Spannung.

Bei Omeletts, Soufflés, frischen, heißen Crêpes oder Nudeln, die nicht zu weich und nicht zu hart, also *al dente* sein sollen, ist das richtige Timing eine heikle Sache, und es ist jedenfalls besser, der Gast wartet ein Weilchen auf das Soufflé als umgekehrt. Für das Auftragen verschiedener Gänge gilt die Devise: Nichts überstürzen! Denken Sie daran, wie wichtig Spannung ist. Lassen Sie Ihren Gästen genug Zeit, sich in jedes einzelne Gericht langsam und genüßlich zu vertiefen.

Ich habe einige Menüs aus Rezepten dieses Buches zusammengestellt, die Ihnen eine Anregung sein mögen. Sie sind – soweit das möglich war – nach Schwierigkeitsgrad geordnet, von einfachen, aber delikaten Mahlzeiten bis hin zu exquisiten Menüs, die eine längere Arbeitszeit erfordern.

Erstens: einfache Mahlzeiten

In Wahrheit gibt es keine Mahlzeit, die nur aus einem einzigen Gericht besteht. Auf die Ankündigung solcher Mahlzeiten in unseren Kochbüchern folgen fast immer Vorschläge, wie man sie durch Salat, Brot und dergleichen ergänzen kann. Selbst aus dem schlichten Eintopfgericht (oder Ein-Teller-Gericht) kann man ein wohlarrangiertes Menü machen.
Dazu braucht man nicht viel. Zunächst einmal das eine Gericht, das herzhaft, sättigend und lecker sein soll. Hinzu kommen nun allerlei »Extras« und kleine Leckerbissen, die das Ganze krönen und ergänzen und erst eine volle Mahlzeit aus dem machen, was sonst ein »Snack« geblieben wäre.
Der Einfachheit halber sollten die Beigerichte nicht zu aufwendig sein: zu einer heißen Speise ein Salat; Brot und Brötchen in jeder Form und Nahrungsmittel, die keiner Zubereitung bedürfen wie Früchte, Käse und rohes Gemüse.
Hier habe ich ein paar einfache Menüs zusammengestellt. Die meisten Rezepte können leicht auf die jeweilige Personenzahl abgeändert werden, und man kann sie fast alle den eigenen Wünschen anpassen. (Schlagen Sie im alphabetischen Register am Ende des Buches nach, um die entsprechenden Rezepte zu finden.)
Fangen wir gleich an mit dem köstlichen Griechischen Salat, der für Sommerabende bestens zu empfehlen ist. Er wird elegant aus rohen und pikant eingelegten Gemüsen angerichtet und großzügig mit Schafskäse bestreut. Das Menü sieht so aus:

Griechischer Salat*
Frisches Schwarz-* oder Weißbrot*
Gekühlter Retsina
Früchte, Gebäck, Kaffee oder Tee

Wein ist bekanntlich Geschmackssache, aber in diesem Falle macht der salzige Schafskäse den Retsina geradezu unentbehrlich – beides zusammen ist eine ausgesprochene Delikatesse. Wenn Sie nichts gegen Konserven haben, können Sie dieser Mahlzeit ohne große Mühe noch einen Leckerbissen hinzufügen: ein paar reisgefüllte Weinblätter (Dolmades).

Und weil wir einmal bei Leckerbissen sind: In England nennt man sie »Rarebites«, in Wales hat man daraus *Rabbits* gemacht und meint damit getoastete Käsehappen. Es gibt Hunderte von *Welsh Rabbits* und wohl ebenso viele Brotsorten, die man geröstet dazu verwenden kann.

Tomatenrabbit*
auf Kräuterbrot-Toast*
Frischer Obstsalat*
Reispudding*
Kaffee

Das elegante Schweizer Pendant zum Rabbit ist das Fondue, ein ebenso einfaches wie festliches Gericht für eine Party oder auch ein romantisches Tête-à-tête. Dazu gehört unbedingt französisches Brot, alles übrige aber kann beliebig variiert werden.

Rohkosthappen
Käsefondue »Neuchâtel«*
(Neuenburger Fondue)
Weißbrotwürfel
Gemischter grüner Salat
Früchte und Käse
Kaffee

Eines der leckersten Wintergerichte, das man je zu Tisch bringen kann, ist eine herzhafte, dicke Suppe. Der Minestrone alla Milanese mit mehr als einem Dutzend Zutaten weckt alle Lebensgeister und erfordert nur einfachste Beigaben.

Minestrone alla Milanese*
(Gemüsesuppe auf Mailänder Art)
Vollkornmischbrot*
Gemischter grüner Salat
Früchte und Käse
Kaffee

* Die Rezeptnamen mit Sternchen verweisen auf das alphabetische Verzeichnis am Ende des Buches.

Zwiebelkuchen und Pizza sind zwei meiner Leibspeisen, die auch dem Anfänger gelingen. Hier leisten sich die beiden gute Gesellschaft. Die Pizza Rustica ist ziemlich mächtig, wählen Sie darum die Antipasti mit Bedacht aus, und nehmen Sie keinesfalls die öligen, marinierten Gemüse, die so häufig als Vorspeise aufgetragen werden.

Antipasti*
(italienische Appetithappen)
Pizza Rustica*
(ländliche Pizza)
Knusprige Brötchen
Eisgekühlter frischer Obstsalat*
Kaffee

Lyoner Zwiebelkuchen*
Gazpachosalat*
(spanischer Gemüsesalat)
Frische Beeren mit Brandy und Kirschwasser
Kaffee oder Capuccino

Die beiden nächsten Menüs sind typisch amerikanisch und stammen wahrscheinlich von den ersten Siedlern Neu-Englands. Besonders gerne mag ich gefüllten Kürbis und Gewürzbataten zusammen in einer Mahlzeit. Obwohl beide Gemüse sich in rohem Zustand sehr ähnlich sind, können sie doch ganz verschieden zubereitet werden.

Gefüllter Kürbis*
Cranberry-Cumberland-Sauce*
(Preiselbeersauce)
Batatenpie*
(Süßkartoffelpastete)
Kaffee

Baked Beans*
(gebackene Bohnen)
Heißes Zwiebelmaisbrot
oder Kürbis-Maisbrot*
Früchte »Ambrosia«*
Kaffee

Ein schmackhaftes Nudelgericht mit wenigen, erlesenen Beilagen ist seit eh und je die Zierde einer Tafel, so auch die beiden folgenden *Pasta*gerichte, einmal auf griechische, das andere Mal auf italienische Art.

Pasticcio*
(überbackene Nudeln)
Sesamkranz*
Marokkanischer Salat*
Frisches Obst
Kaffee

Pasta e Fagioli*
(Nudeln mit Bohnen)
Heißes Kräuterbrot*
Gemischter grüner Salat
Cup-Custard*
(Creme in Förmchen)
Kaffee

Zweitens: kleine und große Menüs

Die Skala der nachstehenden Menüs reicht von einfachen Essen mit wenig Arbeitsaufwand bis zu kunstvollen Diners. Alle Speisenfolgen sind so komponiert, daß man die einzelnen Gerichte leicht und elegant nacheinander zu Tisch bringen und jedes einzelne von Herzen genießen kann. Sie werden sehen, daß eine Mahlzeit mit mehreren Gängen auch nicht umfangreicher oder schwieriger in der Zubereitung ist als eine, bei der alles gleichzeitig auf den Tisch kommt. Aber sie läßt einem mehr Zeit, sich jedem Gang in aller Beschaulichkeit zuzuwenden.

Marinierte weiße Bohnen*
Knoblauchbrot
Gemischter grüner Salat mit Zucchini*
Gefüllte Cannelloni*
Frisches Obst

Tomatensuppe »Suprême«*
Sojabohnenkroketten*
Cranberry-Cumberland-Sauce*
und Kartoffeln in Wein*
Frischer Obstsalat*

Aubergine mit Kapern*
Trenette con Pesto*
(Nudeln mit Kräutersauce)
Heiß-kalter Salat*
Zabaione*
(Weinschaum)

Eisgekühlte Dillsuppe*
Pikante Käsepie*
Grüne Bohnen Vinaigrette*
Masurischer Kuchen*
Frisches Obst

Porreesalat Vinaigrette*
Fromage Romanesque*, Sauce Mornay*
Pikante Tomaten nach Bauernart*
Linzer Torte*

Mandelsuppe*
Camembert à la Vierge*
(Camembert auf Jungfernart)
Kartoffelsalat Vinaigrette*
Kirschtomaten
Eisgekühltes frisches Kompott

Bryani*
(Gemüsereis indisch)
Kartoffelraita*
Brunnenkresse-Raita*
(pikante Joghurtspeisen)
Frischer Obstsalat*
Ingwersorbet*

Dreikäsehochs*
Überbackene gefüllte Aubergine*
Champignonsalat*
Apfelauflauf*

Gemüsetörtchen*
Käsesoufflé*
Kräuter-Weinsauce*
Salatherzen mit zerlassener Butter*
Apfelpudding*

Das nächste Menü beginnt mit Orangencurry (heißem, gewürztem Orangensaft), von dem Sie gut während der ganzen Mahlzeit mal einen Schluck trinken können. Alle Gerichte werden diesmal nach orientalischer Sitte zugleich aufgetragen. Zum scharfen Curry und Dal gibt es einige kühlende Beilagen.

Orangencurry*
Gemüsecurry*
Safranreis*
Pikantes Dal*
(indisches Linsengericht)
Bananenraita*
(pikanter Bananenjoghurt)
Obstsalat*
Mangochutney, Cashewnüsse
Käsekuchen mit Ingwer*

Ratatouille*
(Gemüsespezialität aus Nizza)
Gebackene Walnußbällchen Béchamel*
Marinierte Pilze orientalisch*
Frischer Obstsalat*
Tarte aux Poires*
(Birnentorte)

Pilze »Berkeley«*
Monegassische Zwiebeln*
Gazpacho*
(spanische Gemüsekaltschale)
Käsefondue »Neuchâtel«*
Obstkuchen*

Überbackene Polenta*
Pimientoschoten in Öl*
Sesamaubergine*
Lasagne*
(Nudelauflauf italienisch)
Buttersalatherzen mit Zitronensauce*
Zitroneneiscreme

Artischocken-Cremesuppe*
Piroschki mit Pilzfüllung*
Spargelsoufflé*, Dillsauce*
Zitrus-Squash orientalisch*
Erdbeeren, Feigen, Gebäck, Kaffee

Gefüllte Eierschalen*
Marinierte Pilze orientalisch*
Spargeltorte*
Marokkanischer Salat*
Aprikosenschaum*

Spargelsuppe*
Hausmacher Brötchen*
Parmesancrêpes*, Schwarze Pilzrahmsauce*
Salat Vinaigrette*
Tomaten, Avocados, Frühlingszwiebeln
Frisches Obst und Nüsse

In florentinischen Restaurants wie dem Chè c'è c'è oder dem Fagioli sind die Antipasti (Vorspeisen) gleichsam Herz und Seele einer Mahlzeit. Dort kommt es niemals vor, daß Ihnen der Kellner eine langweilige Platte mit Stangensellerie und Oliven als Vorspeise serviert. Schon beim Eintritt in das Lokal bietet sich Ihnen der herrlichste Anblick und nimmt Sie bis zuletzt gefangen. Ein Tisch von ehrfurchtgebietender Größe ist verschwenderisch mit rohen und gekochten Salaten beladen, mit marinierten Delikatessen, Pickles, Oliven, mit den verschiedensten Paprikasorten, milden und pikanten Leckerbissen, gehaltvollen und leichten Speisen. Im Chè c'è c'è haben wir einmal versucht zu zählen – und es um vierzig herum aufgegeben.

Sicherlich haben Sie zu Hause weder Lust noch Zeit, so reichhaltige Antipasti anzurichten. Aber lassen Sie sich davon inspirieren! Treffen Sie eine Auswahl von vier oder fünf Vorspeisen, die Sie durch essigsaure Delikatessen aus Gläsern oder vom Feinkostladen pikant ergänzen. Servieren Sie anschließend ein leckeres Nudelgericht, nicht zu gar und nicht zu soßig, und hinterher ein leichtes, fruchtiges Dessert.

Die beiden folgenden Menüs sind in Erinnerung an Tafelfreuden in Florenz zusammengestellt.

Antipasti*
(Tomatenpaprika, Limabohnensalat, Peperonata*, Tomaten Vinaigrette, eingelegte Oliven, Provolonekäse in Scheiben)*
Penne alla Cardinale*
(Nudeln mit Tomatenrahmsauce)
Melonenterzett in Wermut*
Torrone *(italienischer Nougat)*
Espresso

Antipasti*
(marinierte Pilze, Kichererbsensalat*, Mozzarellasalat*, Zucchini-Frittata*, Tomatenpaprika, eingelegte Oliven, Tomaten- und Gurkenscheiben, Frühlingszwiebeln)*
Penne alla Boccalone*
(Nudeln mit scharfgewürzter Tomatensauce)
Kirschsoufflé mit Amaretto*
Espresso

Das folgende schöne und festliche Essen, das noch dazu Spaß macht, ist für eine kleinere Tischrunde – vier bis sechs Personen – gedacht. Der Salat kann lange vorher zubereitet werden, ebenso das exquisite Dessert. Nur das Fondue muß bis zum letzten Augenblick in der Küche gerührt werden.
Am liebsten richte ich die Antipasti einzeln auf länglichen Schälchen oder Tellern an, die ich rings um die Wärmepfanne oder die Fonduekasserolle mitten auf den Tisch stelle. Noch besser wäre natürlich ein drehbares Tablett, auf dem Sie alles bequem unterbringen können.
Reichen Sie zuerst einen Korb mit Weißbrotwürfeln herum, so daß die Gäste sich nach Belieben nehmen können, und schenken Sie Wein ein. Tragen Sie nun das Fondue auf, regulieren Sie die Flamme unter der Kasserolle, und fertig ist das Ganze. Der Appetit kommt beim Essen, wenn man zwischen den Fonduehappen immer wieder von den pikanten Salaten und Gemüsen kostet.

Gnocchisalat*
(italienischer Nockensalat)
Weiße-Bohnen-Salat*
Auberginenkaviar*
Peperonata*
(italienischer Paprikasalat)
Eingelegte Pfefferschoten und Oliven
Fondula*
(italienisches Fondue)
Weißbrotwürfel
Spumonikuchen*
Espresso

Und hier ein weiteres italienisches Essen. Natürlich müssen Sie bis zur letzten Minute auf die Spaghetti e Cipolle aufpassen. Lassen Sie die Nudeln keine Sekunde zu lange kochen. Gießen Sie sie ab, sobald sie *al dente* sind, und sorgen Sie dafür, daß die Zwiebelsauce gleichzeitig fertig und kochendheiß ist. Vermengen Sie die Nudeln mit der Sauce, und servieren Sie das Gericht sofort auf vorgewärmten Tellern. Geben Sie aber nicht zu große Portionen auf, sonst bleibt kein Appetit mehr für die köstlich gefüllte Aubergine (die, ohne an Geschmack zu verlieren, fünf Minuten im Ofen warten kann). Als Nachspeise brauchen Sie bei einem so reichhaltigen Essen nur Obst. In diesem Fall sorgen Orangen und Mandarinen für eine willkommene Erfrischung, vielleicht auch frische Melonen jeder Art.

Insalatone*
(italienischer Gemüsesalat)
Spaghetti e Cipolle*
(Spaghetti mit Zwiebeln)
Melanzana al Forno*
(überbackene Aubergine)
Ausgewählte frische Früchte
Espresso

Tapas bekommt man in Spanien in ganz speziellen Tapabars. Man steht am Tresen und verzehrt kleine Portionen dieser Leckerbissen bei einem Glas Wein. Ich habe oft wunderbar gespeist, wenn ich durch Madrids Imbißstuben streifte, ein bißchen hier, ein bißchen da kostete und reichlich Wein dazu trank. Als ich wieder zu Hause war, vermißte ich die Tapabars sehr, und es blieb mir nichts anderes übrig, als mir eine kleine Auswahl eigener Tapas zu bereiten und meinen Freunden am improvisierten Buffet zu servieren – natürlich mit spanischem Rotwein oder im Sommer mit Sangría.

Tortilla Española*
(spanischer Eierkuchen)
Ensaladilla Russa*
(russischer Salat)
Champiñónes a la Caserola*
(geschmorte Champignons)
Weiße-Bohnen-Salat »Barcelona«*
Geröstete Auberginen und Pimientoschoten in Öl*
Eingelegte Oliven
Käse
Knuspriges Brot oder Brötchen
Herzhafter spanischer Rotwein

Für kalte Tage und großen Hunger empfiehlt sich ein Cocido, eine spanische Gemüsespezialität. Der Kochsud ergibt mit Vermicelli (Faden- oder Glasnudeln) zusammen eine bekömmliche Suppe, dazu gibt es die verschiedenen gekochten Gemüse und Safranklößchen, dann einen delikaten Salat, der den Gaumen auf das Dessert vorbereitet.

Cocido* *(spanisches Eintopfmenü)*
mit knusprigen Brötchen oder Knoblauchbrot
Gemischter grüner Salat
Flan* *(karamelisierte Creme)*
Kaffee

Kroketten oder *Croquetas* sind die Favoriten der Madrider Tapabars, und in den Restaurants ebenso gefragt ist die Menestra de Verduras, herzhaft geschmortes Gemüse. Obwohl dies ein typisch spanisches Essen ist, paßt auch Tomaten-Apfel-Chutney oder Preiselbeerkompott zu den milden, gehaltvollen Kroketten recht gut.

Gemischter Salat mit Kräutersauce*
Eierkroketten*
Menestra de Verduras*
(spanischer Gemüsetopf)
Apfeltorte*

Tortillas, flache Brotfladen, gehören in Mexiko zum Essen wie bei uns die Kartoffeln. In diesem einfachen, aber reizvollen Menü kommen sie gleich in drei Variationen vor: zuerst als Tortillachips, zu der allseits beliebten Vorspeise Guacamole serviert, dann in der ungewöhnlichen Tortillasuppe und schließlich als Enchiladas (gefüllte Tortillas) mit einer Sauce.

Guacamole*
(scharfgewürzte Avocadotunke)
Tortillasuppe »Tlaxcalteca«*
Enchiladas con Salsa Verde*
(Enchiladas mit grüner Sauce)
Mexikanischer Reis*
Frisches Obst

Das nächste mexikanische Menü läßt Ihnen viel Spielraum. Wenn Ihre Gäste weder Bier noch Tequila mögen, servieren Sie zu Beginn der Mahlzeit Kantalupenwasser, ein sehr erfrischendes Getränk, von dem man während des ganzen Essens nippen kann. Es mildert die Wirkung der scharfen Sauce, die jeden Gang begleitet. Oder tragen Sie es zum Schluß als duftiges Fruchtdessert auf.

Flautas*
(Avocado-Tacos)
Bohnen-Kartoffel-Tacos*
Scharfgewürzte Sauce
Rajas con Queso*
(Paprikastreifen mit Käse)
Frische, heiße Maistortillas*
Kantalupenwasser*

Zu diesem Essen sollten die kleinen appetitanregenden Tortitas frisch zubereitet und warm sein, aber Sie können die Böden aus Maismehl im voraus herrichten und erst im letzten Moment backen und füllen, was nicht viel Zeit in Anspruch nimmt.
Tortitas schmecken am besten zu einem guten Margarita (Tequila-Cocktail, vgl. Anmerkung S. 320), also salzen Sie Ihre Gläser und halten Sie einen kühlen Krug Margarita bereit, wenn das Gebäck aus dem Ofen kommt. Alles übrige ist einfach zuzubereiten und schnell aufgetragen.
Denken Sie aber daran, daß doppelt geschmorte Bohnen eine sehr lange Kochzeit brauchen, während die Spinat-Enchiladas nur durch und durch heiß sein müssen.

Margaritas
Tortitas con Queso*
(Käsetörtchen)
Spinat-Enchiladas »Suiza«*
Frijoles*
(doppelt geschmorte Bohnen)
Erdbeerwasser*

In der warmen Jahreszeit hat man manchmal nur auf ein leichtes Essen Appetit. Hier ein passendes Menü, dazu eine leicht veränderte Variante. Der Salat ist sättigend, aber leichtbekömmlich, und zusammen mit der Käsesuppe ist er genau das richtige für milde Sommertage. Aber Sie können die Reihenfolge auch einfach umkehren. Wenn es sehr heiß ist, fangen Sie zur Erfrischung mit dem Salat an. Dann gehen Sie zu Käsesuppe und Brot über und trinken einen kühlen, spritzigen Weißwein dazu.

Käsesuppe* mit Knoblauchtoast
Bohnensalat mit Brunnenkresse*
Obsttorte nach Ihrer Wahl
Kaffee

Bohnensalat mit Brunnenkresse*
Käsesuppe*
Heißes Kräuterbrot*
Weißwein
Obsttorte nach Ihrer Wahl

Hier nun die Krönung aller einfachen Essen – Quiche und Suppe. Sie können beides zusammen oder nacheinander zu Tisch bringen (Quiche schmeckt auch lauwarm sehr gut). Am besten genießen Sie dieses herrliche Mittag- oder Abendessen bei warmem Wetter im Freien und trinken einen trockenen Wein dazu. Und gönnen Sie sich Berge von köstlichen Beeren der Jahreszeit!

Pimiento-Oliven-Quiche*
Auberginensuppe*
Grüner Salat Vinaigrette
Frische Beeren mit Sahne
Kaffee

Die indische Küche kennt keine Speisenfolge. Deshalb sehen diese beiden indischen Menüs wie Festbankette aus, wenn alle Speisen zusammen auf dem Tisch stehen. Dabei sind sie im Grunde genommen recht einfach.
Machen Sie aus Ihrem indischen Mahl ein exotisches Fest! Legen Sie ein Tischtuch in leuchtenden Farben auf, und lassen Sie beim Decken in der Mitte der Tafel reichlich Raum für sechs oder sieben attraktive Schüsseln. Wenn Sie hübsche flache Kupfer- oder Gratinierplatten haben, dann polieren und benutzen Sie sie. Stellen Sie an jeden Platz einen großen Teller und zusätzlich eine kleinere Schale für das dickflüssige Dal oder das kalte Raita.
Pakoras, die den Appetit anregen, sollen heiß auf den Tisch, sie müssen also in letzter Minute gebraten werden. Man kann sie vorweg servieren und Gin Tonic oder *Pale Ale* (ein helles Bier) dazu reichen. Ein solches erfrischendes Getränk zum Essen nimmt der indischen Küche ein wenig von ihrer Schärfe. Wenn Sie lieber auf Alkohol verzichten wollen, empfiehlt sich ein heißer indischer Tee mit Milch und Zucker.
Schmücken und vervollständigen Sie die Tafel noch mit kleinen Schälchen voll Nüssen, Rosinen, scharfen Pickles und allem, was Ihnen einfällt.

Pakoras*
(fritierte Gemüsepuffer)
Grünes Curry*
Kichererbsencurry*
Safranreis*
Bananenraita mit Kokosflocken*
Cachumber*
(indischer Salat)
Chutneys*
Puris* oder Chapatis*
(indische Fladenbrote)
Tee
Fruchtdessert

Schmorkartoffeln*
Gebranntes Tomatenpüree*
Pikantes Dal*
(indisches Linsengericht)
Einfacher süßer Pilau*
Auberginenraita*
Frisches Obst
Chutneys*
Puris* oder Chapatis*
Tee

Wollen Sie Ihr Können beweisen? Dann servieren Sie dieses Menü. Es fängt gleich mit Artischocken-Käse-Auflauf an, der köstlich ist, wenn er heiß aus dem Ofen kommt, aber auch kalt noch gut schmeckt. Die nahrhafte Suppenversion von Pasta e Fagioli (Nudeln mit Bohnen) kann man ohne besondere Mühe herrichten. Der Salat jedoch ist ein echtes Schaustück und wird am Tisch zubereitet und vermischt. Geben Sie sich nun nicht mit einer simplen Nachspeise zufrieden, sondern tragen Sie zum Dessert Crêpes auf! Sie können im voraus zubereitet und zur rechten Zeit wieder erwärmt werden; zur Verfeinerung des Geschmacks reichen Sie Zitronensaft und Puderzucker herum, wovon jeder Tischgenosse sich nach Wunsch bedienen kann. Wie Sie sehen, ist alles viel einfacher, als es scheint.

Artischocken-Käse-Auflauf*
Pasta e Fagioli*
Französisches oder italienisches Brot
Salat »Cäsar«*
Frische Zitronencrêpes*

Hier ein gutes Herbst- oder Wintermenü mit herzhaften Gerichten aus Porree, Kartoffeln und Kohl. Natürlich schmeckt es auch im Frühjahr. Aber wenn Sie einen Garten haben und reife Gemüse einfrieren können, macht es Ihnen sicher Spaß, mitten im Winter zarte grüne Erbsen auf den Tisch zu zaubern und sich eine herrlich frische Suppe zu gönnen. Trinken Sie einen trockenen, leicht würzigen Weißwein oder ein kühles Pils dazu.

Marinierter Lauch*
Frische Erbsencremesuppe* mit Suppenklößchen*
Pilze und Kartoffeln in Weinsauce*
Rotkohl mit Äpfeln*
Frische Früchte
Käse

Der Teig für die Käseplätzchen dieses Menüs kann morgens oder schon am Vortag fertiggestellt werden. Bewahren Sie ihn kühl auf und backen Sie erst im letzten Augenblick, damit die Plätzchen heiß zu Tisch kommen. Während die Gäste sich bedienen, setzen Sie den Reis auf. Dann tragen Sie sofort den Brokkolischaum auf. Der Reis gart in der Zwischenzeit und wird gerade zum zweiten Gang fertig.

Käseplätzchen*
Kalter Brokkolischaum*
Pilzschmortopf*, gedämpfter Reis
Pumpkin-Pie mit Schlagsahne*
(Kürbispastete mit Schlagsahne)
Kaffee

In Warschau, wo es auch gute Restaurants mit ungarischer Küche gibt, habe ich oft gefüllte Pfannkuchen gegessen. Es war jedesmal ein Hochgenuß – aber auch unerwartet sättigend! Das habe ich natürlich bei der Zusammenstellung dieses Menüs berücksichtigt.
Trinken Sie Gewürztraminer dazu. Das trockene, feinwürzige Aroma dieses Weines hebt alle Feinheiten des Essens hervor. Noch eine Warnung: Wenn Sie mehr als zwei Personen beköstigen, dauert es zu lange, die großen Pfannkuchen in letzter Minute zu backen (es sei denn, es finden sich ein paar hilfreiche Hände). Bereiten Sie sie ruhig schon früher zu, so daß sie kurz vorm Füllen und Servieren nur noch einmal in leicht geölter Pfanne auf beiden Seiten erhitzt zu werden brauchen.

Auberginen auf ukrainische Art*, eisgekühlt
mit Roggenbrot
Gefüllte Kartoffelpuffer auf ungarische Art*
mit Pikanter Paprikasauce*
Mokkaschaum*
Espresso

Die nächste Mahlzeit macht mit ihren ausgefallenen Delikatessen eine Menge Arbeit. Sie werden sehen, es ist die Mühe wert.
Der Bibbeleskäse ist ziemlich einfach und kann ohne Bedenken ein bis zwei Tage im voraus zubereitet werden. Palmherzen (Palmitos) sind zwar teuer, aber ein herrlicher Genuß. Wenn Sie wollen, lassen Sie sie ei-

nen ganzen Tag in Salatsauce marinieren, bevor sie in die Tomaten gefüllt werden. Nur die Soufflés und ihre sahnige Sauce erfordern bis zuletzt Ihre Aufmerksamkeit. Die Sauce basiert auf der Hollandaise und erfordert einige Geschicklichkeit. Vermeiden Sie langes Warmhalten! Sie ist aber auch eine ganz besondere Gaumenfreude!
Für dieses Schlemmermahl braucht man ein ebenbürtiges Dessert: Mazurek »Tante Wenia«, ein Tortentraum, ist ein solcher glanzvoller Abschluß. Sie kann auch am Vortag gebacken werden, denn sie hält sich frisch.

Bibbeleskäse*
(feingewürzter Weißkäse)
Tomaten mit Palmherzenfüllung*
Pilzauflauf mit Dill*
und Pikanter Mousselinesauce*
Mazurek »Tante Wenia«*
(Masurentorte)
Kaffee oder Tee

Die Zeit der Kirschen feiern wir mit einer Kaltschale, dazu gibt es eine üppige Crêpetorte, die man früher zubereitet und erst im letzten Augenblick bäckt, und dann einen Salat, der am Tisch angemengt wird. Das feine Sahnedessert ganz kurz vor dem Servieren anrichten.

Kirschkaltschale*
Crêpetorte mit Wildpilzen*
Salat »Torcoloti«*
Creme à la Irena*
Espresso

Wenn der Winter anfängt, schmecken die letzten Zucchini besonders gut. Probieren Sie einmal die folgende pikante Kombination. Der Salat aus gefüllten Zucchini erhält durch die würzigen Korianderblätter ein ebenso eigenwilliges wie delikates Aroma. Betrachten Sie ihn als angenehmen Gaumenkitzel, bevor Sie »zur Sache« kommen.
Das Herz des Menüs ist ganz offensichtlich die Sauerkrautsuppe – sie ist kräftig und nahrhaft und duftet nach Tomaten, Zwiebeln und Rosenpaprika. Und sie paßt wunderbar zu den Piroggen, in deren weichen Hefeteig Sie Käse, chinesische Pilze, Butterkohl oder Ei einbacken. Mit Aprikosen in Weinbrand geht das Essen beschwingt zu Ende.

Zucchini mit Avocadofüllung*
Verschieden gefüllte Piroggen*
(mit Käse, Pilzen und Kohl)
Sauerkrautsuppe*
Aprikosen in Weinbrand*
Kaffee oder Tee

Kichererbsenkroketten sind heiß und etwas scharf, eine feine Beilage zur kühlen, erfrischenden Suppe. Die gefüllten Riesenpilze sind naturgemäß ein seltenes Vergnügen, denn man findet nicht alle Tage Exemplare in genügender Größe. Bereiten Sie den Teig und die Äpfel für das Dessert im voraus zu. Schieben Sie den Auflauf erst in den Ofen, wenn Sie die Pilze herausholen, dann wird er genau im richtigen Moment fertig. Zur Suppe keinen Wein, aber zu den Pilzen mundet ein leichter Rotwein oder ein bukettreicher Weißwein gut.

Kichererbsenkroketten*
Buttermilchkaltschale*
Mit Auberginen gefüllte Riesenchampignons*,
in Spinatreis mit Dill* eingebettet
Apfelauflauf*
Kaffee oder Tee

Noch ein Menü für Herbst oder Winter, einfacher in der Zubereitung, als man denkt, und für alle Gelegenheiten passend. Der Salat sollte ein bis zwei Tage im voraus angemacht werden, damit er durchziehen kann. Die Spinatsuppe und das Dessert bereiten keine Schwierigkeiten. Nur das Soufflé verlangt einen sorgfältigen Zeitplan. Schieben Sie es gerade, bevor sie sich zu Tisch setzen, in den Ofen, und lassen Sie sich dann ruhig Zeit bei Salat und Suppe. Nur denken Sie daran, die Sauce fünf Minuten vor Ende der Soufflé-

Backzeit noch einmal zu erhitzen. Nach dem Essen können Sie sich an süßen, saftigen Bratäpfeln mit einem Schuß Sahne laben.

Rote-Bete-Ananas-Salat*
mit Schwarzbrot und Butter
Spinatsuppe*
Pikanter Kartoffelauflauf*
mit Dillsauce*
Bratäpfel* mit kalter frischer Sahne
Kaffee oder Tee

Dieses Frühlingsfestessen hilft gegen die Frühjahrsmüdigkeit. Es besteht aus lauter erlesenen Speisen von frischem, delikatem Geschmack. Trinken Sie Asti Spumante oder einen fruchtigen italienischen Weißwein dazu, und feiern Sie einmal richtig!

Buttersalat Vinaigrette
Überbackene gefüllte Tomaten*
(mit Auberginen-und-Zucchini-Füllung)
Spargelcrêpes*
Gurken-Avocado-Sauce*
Frische Erdbeeren
Buttergebäck
Kaffee

Wie viele Käseplätzchen Sie auch backen mögen, sie werden immer alle aufgegessen. Lassen Sie sich das eine Warnung sein, und servieren Sie keine großen Mengen davon, sonst bleibt kein Hunger mehr für die weiteren Gänge! Die Batatensuppe ist gar nicht mächtig, eher fein und delikat. Aber die Roulade mit Sauce hat es in sich!

Käseplätzchen*
Selleriesalat*
Batatensuppe*
Zucchini-Auberginen-Roulade*
mit Sauce Mornay*
Rum-Baba*
Kaffee

Dieses wienerisch geprägte Diner ist besonders für unterhaltsame, mehrstündige Tafelrunden zu empfehlen. Man könnte es »elegante Hausmannskost« nennen. In aller Ruhe kostet man zuerst die Salate und den Liptauer Käse. Machen Sie nach der Karottencremesuppe eine kleine Pause, in der das abgeebbte Vorspeisen-Geplauder wieder aufleben kann, während Sie eine neue Flasche Wein öffnen und die Gläser vollschenken. Dann servieren Sie die Kohlwickel. Die Tischgesellschaft ist in Hochstimmung und unter Essen, Trinken und lebhaften Gesprächen vergeht die Zeit. Wenn Sie die frischen Beeren und Melonen auftragen, haben wohl alle schon ihre Stühle etwas zurückgeschoben und es sich bequem gemacht. Zufriedenes Seufzen bekundet, daß ein leichtes, erfrischendes Dessert jetzt willkommen ist. Danach plaudert man weiter bei Kaffee oder Espresso.

Erlesene kalte Vorspeisen
(Paprikasalat, Kartoffelsalat*,*
Liptauer Käse, Schwarzbrot*, Pickles)*
Karottencremesuppe*
Kohlwickel mit Pilz-Gerste-Füllung*
Frische Erdbeeren und Melonen in Weinbrand
mit Schlagsahne
Kaffee oder Espresso

Lassen Sie sich an einem heißen Sommerabend ein besonderes Menü einfallen, z. B. das folgende, in dem außer den gefüllten Crêpes alles gekühlt serviert wird. Decken Sie den Tisch mit Damast und funkelndem Kristall, öffnen Sie die Fenster zu Straße oder Garten und stellen Sie einen erlesenen Wein kalt. Ein reizvoller Auftakt zum Schlemmermahl sind Pasteten. Wie gerne lassen sich Gäste den Hauch von Luxus gefallen, der von diesen besonders feinwürzigen Delikatessen ausgeht!
Schneiden Sie aber die Pasteten in hauchdünne Scheiben, denn sie sollen nur den Appetit anregen, nicht etwa den Hunger stillen. Danach gibt es den besten Salat der Welt, eiskalten Gazpacho aus Südspanien. Und steht einem dann der Sinn nach einer warmen, milden, nahrhaften Speise, ist es Zeit für die gefüllten Crêpes, die kurz vorm Anrichten in Butter goldbraun

sautiert werden. Zum Dessert einen kühlen, duftigen Erdbeerschaum.

Vorspeise
*(Pilzpastete *, Bohnenpastete *,*
*Eierpastete mit Oliven *, dünne Scheiben Pariserbrot)*
Gazpacho*
Crêpes mit Fetakäse*
(garniert mit feinen Melonenstreifen)
Gefrorener Erdbeerschaum*
Kaffee oder Espresso

Manchmal reicht die Zeit nur für ein leichtes, schnelles, einfaches Essen, etwas, das mehr als nur ein Appetithäppchen, aber weniger als ein vollständiges Mahl ist. Nachtessen nach einem Kino- oder Theaterbesuch, Mittagessen im heißen Sommer und andere derartige Imbisse haben ihre Besonderheiten. Einige Speisen können Sie schon im voraus zubereiten, alles andere muß schnell gehen und daher ziemlich einfach sein. Eine solche Mahlzeit braucht aber durchaus nicht langweilig zu sein. Es folgen sechs Menüs, die allen Ansprüchen gerecht werden. Sie haben die Wahl zwischen anspruchsvolleren und ganz einfachen Zusammenstellungen.
Das Dessert müssen Sie schon vorher anrichten, und wenn sie wollen, können Sie es genauso mit der Sauce zu den Fettuccine Alfredo halten. Bleibt nur noch das Anrichten des Salates und das Nudelkochen – und das ist kaum der Rede wert. Kredenzen Sie zu den Fettuccine einen kühlen, leichten Weißwein, und schon findet dieses Essen begeisterten Zuspruch.

Gemischter grüner Salat mit Kräutersauce*
Fettuccine »Alfredo«*
(Bandnudeln »Alfredo«)
Weinorangen*
Espresso
Amaretto

Ein Salat von kalten Omeletts ist im Nu zubereitet, aber Sie können ihn auch ruhig sechs oder sieben Stunden vorher anrichten und später dann auf Ihrem schönsten Silbertablett servieren. Das gefüllte Brot wird natürlich schon früher gebacken, ebenso die Bratäpfel. Auf diese Weise ist schnell ein leichtes, leckeres Essen fertig, das man nur noch aufzutragen braucht und das trotz alledem recht elegant ist.

Omelettsalat*
Hefebrot mit Käsefüllung*
Bratäpfel*
Tee oder Kaffee

Halten Sie immer eine Kaltschale bereit – zum Beispiel die Avocadokaltschale oder Gazpacho – und Sie können innerhalb von zwanzig Minuten bei diesem schmackhaften Mahl sitzen. Die Kartoffel-Zucchini-Omeletts sind auch ein ideales »Brunch«, wie die Verbindung von Frühstück und Mittagessen auf Englisch heißt; geben Sie ein paar ausgewählte Früchte, heiße *Muffins* oder Toast und Kaffee dazu.

Avocadokaltschale*
Kartoffel-Zucchini-Omeletts*
Frisches Obst und Käse
Kekse
Kaffee oder Tee

Fangen Sie jetzt einmal mit Ensaladilla Russa an, einem spanischen Gemüsesalat auf russische Art. Gleich nach ihm wird die Knoblauchsuppe aufgetragen, die man nur mit Knoblauchfreunden genießen sollte. Knoblauchsuppe haben Sie in fünf oder zehn Minuten vorbereitet, Sie können sie ganz kurz vorm Servieren kochen. Für ein Schnellgericht ist sie erstaunlich magenfüllend. Nach dieser Suppe ist frisches Obst angebracht. Später kommt vielleicht die Lust auf etwas Süßes, bringen Sie dann einen anderen spanischen Winterhit zu Tisch: dicke, heiße Schokolade.

Ensaladilla Russa*
Sopa de Ajo*
(Knoblauchsuppe)
Frisches Obst und Käse
Kastilische heiße Schokolade*

Bei diesem Menü müssen die Pilze kurz vor Beginn der Mahlzeit gekocht werden, aber das ist kein Problem, denn es nimmt sehr wenig Zeit in Anspruch. Ich empfehle weiter paprikapikanten Gurkensalat, weil er nichts von seiner Frische verliert, auch wenn man ihn lange vorher zubereitet hat. Fast jeder andere Salat ist genausogut.

Pikanter Gurkensalat*
Champignons auf Toast*
Englische Creme* oder Pudding
Kaffee oder Tee

Wenn man keinen Appetit auf etwas Ausgefallenes oder Gehaltvolles hat, soll man essen, wie einem zumute ist: einfach. Manchmal ist eben das Einfache das Beste.
Dieses Menü habe ich in Erinnerung an meinen Englandaufenthalt im kalten, dunklen November zusammengestellt. Dort habe ich einmal zu später Stunde vor einem warmen Kaminfeuer gesessen und zum erstenmal fürstlich William Bryans scharfgewürzte essigsaure Zwiebeln zu einem alten englischen Käse gespeist, knuspriges Brot dazu gegessen und ein ausgezeichnetes *Ale* dazu getrunken.
Die Vorbereitungen zu diesem Essen beschränken sich auf den Einkauf von feinem Käse und pikant gewürzten Zwiebelpickles. Am besten öffnen Sie ein Glas mit Zwiebeln, die Sie selbst sechs bis acht Wochen vorher (nach dem Rezept auf Seite 394) eingelegt haben. Sonst müssen Sie wohl oder übel so lange in Geschäften herumlaufen, bis Sie die richtige Sorte (keine Perlzwiebeln!) finden.

Delikateßzwiebeln »William Bryan«*
Würziger Cheddarkäse
Knusprige Brötchen und Butter
Dunkles Bier oder Ale
Apfeltorte*
Kaffee

Arbeitsgeräte und Maßangaben

sie einen Wetzstein zum Messerschleifen, erstaunt [illegible]

[illegible]

Man hat mich schon oft gefragt, [illegible]

[illegible]

Man hat mich schon oft gefragt, ob die feine vegetarische Küche nicht schwieriger und zeitraubender als die normale Küche ist. Meine Antwort darauf ist: Jede gute Küche erfordert Zeit und Aufmerksamkeit, ganz gleich, welche Zutaten verwendet werden. Natürlich gibt es Ausnahmen: Ich kann zum Beispiel ein Käsefondue in fünfzehn Minuten und ein zartes Omelett in knapp zwei bis drei Minuten herrichten. Im großen und ganzen jedoch braucht man Zeit und Geduld, wenn man gut essen will. Viele haben inzwischen gemerkt, wie faszinierend das Kochen ist und gehen mit Vergnügen an die Arbeit.

Heute gibt es ja eine Vielzahl von Spezial-Küchengeräten zu erschwinglichen Preisen, durch die der Spielraum und die Möglichkeiten unserer Küche ungemein vergrößert werden. Und sogar die kompliziertesten Rezepte erweisen sich als ziemlich harmlos, wenn man die richtigen Geräte dafür in petto hat. Man braucht kein Krösus zu sein, um sich seine Küche so einzurichten, daß sie sowohl praktisch als auch gemütlich ist. Meine eigene kleine, recht einfache Küche ist das beste Beispiel, das ich dafür anführen kann – ich habe alle Rezepte dieses Buches mit Erfolg darin gekocht. Da mein Kochbuch eigentlich nicht für Leute ist, die noch nie eine Küche von innen gesehen haben, will ich nur kurz die wichtigsten Gerätschaften beschreiben.

In jeder gut ausgestatteten Küche sollte eine genügende Auswahl von Pfannen, verschiedenen Kasserollen, Backformen und Rührschüsseln unterschiedlicher Größen vorhanden sein. Es lohnt sich, Pfannen und Kasserollen aus schweren Metallen anzuschaffen. Zum Eier- und Kartoffelkochen empfehlen sich Emailletöpfe. Ich selbst benutze am liebsten Töpfe und Pfannen aus emailliertem Gußeisen. Schwere Edelstahltöpfe mit Kupferkernböden, die die Hitze besonders rasch und direkt leiten, sind ebenfalls gutes Kochgeschirr. Vermeiden Sie Aluminium, und denken Sie daran, daß Kupfertöpfe innen verzinnt sein müssen.

Wichtigste Requisiten der Küchenausstattung sind die Messer. Eine Anzahl scharfer, handlicher Messer, möglichst mit Gußstahlschneiden, ist unerläßlich. Außerdem brauchen Sie unbedingt ein großes Brotmesser mit feiner Sägeschneide und ein sehr dünnschneidiges, scharfes Gemüsemesser. Seien Sie froh, wenn Sie einen Wetzstein zum Messerschleifen besitzen, denn blanke, scharfe Klingen verkürzen die Vorbereitungszeit vieler Speisen.

In einer guteingerichteten Küche dürfen auch verschiedene Meßbecher und -löffel nicht fehlen. Besorgen Sie sich unbedingt ein Maß für Tassen-Einheiten (1 Tasse = 235 ccm). Diese (meist gläsernen) Meßgefäße nach dem amerikanischen Cup-Maß werden in größeren Kaufhäusern schon geführt. (In mehreren Ausführungen lieferbar z. B. von den Firmen »Pütt un Pann«, Postfach 520428, 2 Hamburg 52, Tel. 040/826692, oder »Küchenladen«, Fürstenstr. 11, 8 München 2, Tel. 089/2800018.) Sie können sich ihr Tassen-Maß auch leicht selbst herstellen, indem Sie an einem geeigneten Behälter aus Glas oder Plastik die entsprechenden Markierungen anbringen, oder sich mit einer großen Tasse behelfen, die ziemlich genau 235 ccm faßt. – Nun brauchen Sie noch ein paar Backbleche, Kuchenformen, ein Hackbrett und eine einfache Küchenwaage.

Dies ist die Grundausstattung für alle, die einfache Gerichte zubereiten und kochen wollen. Sollten Sie jedoch mit interessanterer, reizvollerer Küche liebäugeln, müssen Sie noch einige andere Geräte zu Ihrer Verfügung haben.

Zum Rühren von Saucen oder Souffléemasse benötigen Sie einen Schneebesen und einen Satz hölzerner Kochlöffel. Wie sein Name schon sagt, dient der Schneebesen auch zum Schlagen von Eischnee und zum ersten Durchschlagen von dicken Einbrennen. Für das weitere sanfte Saucenrühren sowie für das Umrühren von Suppen und anderen Kochflüssigkeiten mit sehr feinen Bestandteilen empfiehlt sich der bis jetzt unübertroffene altmodische Holzlöffel. Ich halte meine Holzlöffel getrennt: Die einen nehme ich nur für süße, die anderen für salzige Speisen.

Vielseitig verwendbar für Zubereitungen im Wasserbad, für Saucen, zum Schmelzen und Aufwärmen ist ein Topf mit Einsatz. Ich empfehle Glas oder Emaille, besonders bei Verwendung von stark säurehaltigen Zutaten wie Essig oder Zitronensaft. Denken Sie beim Einkauf daran, daß Dampftöpfe (wie man sie etwa zum Kartoffeldämpfen verwendet) mit schmalem, hohem Einsatz die Hitze schlecht leiten.

Verschiedene Durchschläge, große Siebe und Haarsiebe sind äußerst notwendige Küchenutensilien. Wenn Sie stets das passende Sieb zur Hand haben und es gleich nach Gebrauch abspülen, ersparen Sie sich viel Zeit. Ich verwende zum Passieren zusätzlich noch Quark- oder Musselintücher. Diese Stoffe können Sie sehr preiswert als Meterware kaufen.

Bitte halten Sie eine Pfeffermühle nicht für einen Luxusgegenstand! Frisch gemahlener Pfeffer ist ganz etwas anderes als abgepackter, staubfein gemahlener Pfeffer, dessen Aroma längst verflogen ist. Auf eine Mühle dürfen Sie deshalb keinesfalls verzichten. Aus dem gleichen Grund sollten Sie auch einen Mörser (am besten aus Marmor oder Labormörser aus Porzellan – in Geschäften für Laborbedarf erhältlich) und eine schwere, solide Knoblauchpresse anschaffen. Wahrscheinlich finden Sie nur in einem Fachgeschäft die richtige Sorte, aber es lohnt sich, danach zu suchen: Schwache Pressen fallen bei der ersten respektierlichen Knoblauchzehe schon auseinander, und Mörser sind häufig zu klein oder geben bei Gebrauch Glasurabrieb an die Kräuter und Gewürze. Mit guten Geräten können Sie sich Würzmischungen zubereiten, die viel frischer und aromareicher sind als alles, was in Gläschen und Dosen im Handel ist.

In der vegetarischen Küche liegt das Schwergewicht auf der Zubereitung von Suppen, frischen Gemüsen, Nudeln und Reis. Dabei sind ein gutes Abtropfsieb, eine Schöpfkelle, ein Schaumlöffel und mindestens ein riesiger Topf ständig in Gebrauch. Der Draht- oder Bambus-Korbeinsatz zum Gemüsedämpfen ist eine herrliche Erfindung: Die Gemüse bleiben farbfrisch, behalten Nährwert und Geschmack und zerfallen nicht, wenn man sie dämpft, statt sie zu kochen. Nicht unbedingt notwendig, aber sehr nützlich ist ein Elektrogerät zum Zerkleinern von Obst und Gemüse.

Wenn Sie gerne backen, sei es Brot, Kuchen oder Gebäck, müssen Sie noch einige andere Küchengeräte haben. Selbst wenn Sie nur einmal im Jahr eine Torte oder *Pie* machen, werden Sie froh sein, ein einfaches Teigrädchen zu besitzen, denn es verkürzt die Herstellungszeit der gezackten Streifen für die Gitterverzierung um die Hälfte. Zur Grundausstattung gehören ein Nudelholz und ein Backbrett. Ein Mehlsieb, mit dem man auch wirklich nur Mehl siebt, braucht nicht gespült zu werden und erweist sich als äußerst nützlich.

Irgendwann werden Sie herausgefunden haben, welche Art von Küche Ihnen am meisten zusagt, und anfangen, die dafür erforderlichen Spezialbestecke und -geräte zu sammeln. Es ist sicher schön, über Wärmepfannen, Puddingformen, verschiedene feuerfeste Formen und kleine Pastetenförmchen verfügen zu können, aber wenn Ihr Budget begrenzt ist, bleiben Sie besser im Rahmen des wirklich Notwendigen.

Zu einer etwas teureren Anschaffung möchte ich Ihnen noch mit aller Bestimmtheit raten: Ein guter elektrischer Mixer ist der beste »stumme Diener« der Küche. Makellose Pürees sind eine Sache von zwei bis drei Minuten, aufwendige Kräutersaucen wie zum Beispiel ein *Pesto* sind im Nu fertig, außerdem entfällt ein Großteil von lästigen Arbeiten wie Reiben, Hakken und Zerstampfen. Sie können für etwa 60 bis 80 Mark einen Mixer von guter Qualität kaufen. Einfachere Geräte haben meist drei Schaltstufen, teurere eine elektronisch gesteuerte stufenlose Drehzahlregulierung. Schon nach ein paar Wochen werden Sie merken, daß Sie ohne Mixer kaum noch auskommen.

Und ein letzter guter Rat: Seien Sie wählerisch bei der Einrichtung Ihrer Küche. Wer gerne kocht, hält sich oft und lange darin auf, deshalb sollte die Küche einer der wohnlichsten und fröhlichsten Räume des Hauses sein. Es muß ein reines Vergnügen sein, Zeit in der Küche zu verbringen! Behalten Sie das immer im Sinn und suchen Sie sich formschöne Geräte von hoher Qualität aus. Die Mehrkosten lohnen sich, denn gute Kochutensilien sind sehr haltbar und ersparen Ihnen viel Zeit bei der Zubereitung von erlesenem Essen.

Maßangaben

1 Tasse entspricht	235 ccm
1 Eßlöffel (EL)	15 ccm
1 Teelöffel (TL)	5 ccm

Bitte probieren Sie aus, welche von Ihren Tassen (vgl. S. 43) und Löffeln diesen Angaben am besten entsprechen, und benutzen Sie ausschließlich diese als Maße.

Erklärung einiger Küchenbegriffe und Zutaten

Abrühren *(glattrühren)*: eine Speise oder einen Teig rühren, bis eine glatte, klümpchenfreie Masse von gewünschter Beschaffenheit entstanden ist.

Abschlagen: Hefeteig nach dem Aufgehen kräftig auf die Arbeitsfläche schlagen oder mit den Fäusten bearbeiten, damit die Gärungsgase entweichen.

Abschrecken: Gemüse, Früchte, Eier usw. gleich nach dem Kochen kurz mit kaltem Wasser überspülen.

Abseihen: etwas zum Abtropfen in ein Sieb (Seihe) geben.

Abwällen: siehe *blanchieren*.

Abziehen: siehe *binden*.

Amaretto: zartbitterer Mandellikör.

Anbraten: Gemüse in sehr heißes Fett geben und kurze Zeit auf großer Flamme rasch braten. Dadurch schließen sich die Poren und das Gemüse bleibt saftig. Beim Anbraten soll es im Gegensatz zum Andünsten bräunen.

Andünsten *(anschwitzen, anrösten)*: Mehl, Gemüse, Obst usw. in heißem Fett leicht anrösten, ohne daß es dabei Farbe nimmt.

Antipasti: italienische Appetithappen, meist eine Auswahl von marinierten, gekochten und rohen Gemüsen.

Artischocken: Blütenköpfe einer distelähnlichen Pflanze, die heute vorwiegend aus Südeuropa eingeführt wird.
Artischockenböden sind eine Delikatesse. Man kann sie aus frisch gekochten Artischocken lösen oder fertig (in Salzwasser eingekocht – »au naturel« –) im Delikatessenladen oder Kaufhaus bekommen.
Artischockenherzen, die jungen, zarten Blütenknospen, gibt es gleichfalls »au naturel« in Gläsern oder Dosen.

Aufschlagen: eine Speise mit dem Schneebesen leicht und luftig schlagen.

Ausquellen lassen: Getreidekörner (Reis, Gerste, Weizen, Buchweizen, Schrot) mit wenig Wasser zum Kochen bringen, dann bei geringer Hitze quellen lassen, bis die Flüssigkeit völlig absorbiert ist. Eine sehr schonende Garmethode, bei der Nährstoffe und Vitamine weitgehend erhalten bleiben.

Avocado: eiförmige, rauhschalige, grüne bis schwärzliche tropische Frucht mit butterzartem gelblichem Fruchtfleisch von mildem Geschmack. Das zerstampfte, nach Belieben gewürzte Avocadofleisch schmeckt delikat in Kaltschalen oder als Brotaufstrich. In Stücke geschnitten ist es eine reizvolle Salatzutat. Durch Lufteinwirkung verfärbt es sich leicht, so daß man es vorsichtshalber sogleich mit etwas Zitronensaft säuern sollte.

Bataten *(Süßkartoffeln)*: stärkereiche, rot- oder gelbschalige Knollen eines tropischen Gewächses. Bataten sind immer häufiger auf unseren Märkten zu finden. Für süße wie würzige Speisen sind sie vielseitig verwendbar.
Yams (Yamswurzeln) sind den Bataten vergleichbar, bei uns jedoch kaum erhältlich. Sie werden einfach durch Süßkartoffeln ersetzt.

Binden *(legieren, abziehen)*: Speisen durch Bindemittel wie Mehl, Stärkemehl, Eigelb usw. andicken bzw. sämig machen.

Blanchieren *(abwällen, brühen, überbrühen)*: Gemüse, Obst usw. mit kochendem Wasser übergießen, kurz in siedendes Wasser tauchen oder ein paar Minuten kochen. Dadurch wird es weicher und von unangenehmem Geruch oder Beigeschmack sowie von gesundheitsschädlichen Bakterien gereinigt. Zudem lassen sich gebrühte Früchte (oder Nüsse) leicht enthäuten.

Bleichsellerie *(Stauden-, Stangensellerie)*: besondere Zuchtform von Sellerie – lange, saftige Blattstiele an kaum entwickelter Knolle. Damit sie weiß (bleich) bleiben, werden die Stangen mit Erde umhäufelt oder in schwarze Folie gewickelt. Im Handel ist aber immer häufiger ungebleichter (grüner) Stangensellerie aus Italien. Staudensellerie mit seinem würzigen Geschmack ist eine erfrischende Salatzutat. Er wird jedoch auch zum Würzen von Suppen und Gemüsegerichten verwendet.

Blindbacken *(vorbacken)*: Teigböden ohne Belag oder Füllung backen. Damit der Boden flach bleibt, der Rand aber schön aufgeht, deckt man die Bodenfläche mit Aluminiumfolie ab und füllt getrocknete Hülsenfrüchte ein. Erst nach dem Blindbacken wird der Boden gefüllt und mit dem Belag fertiggebacken. Die Hülsenfrüchte kann man immer wieder verwenden.

Boysenbeeren: Kreuzung zwischen Brombeeren, Himbeeren und Loganbeeren. Sie sind nur eingemacht in guten Delikatessengeschäften erhältlich. Ersatzweise kann man Brombeeren nehmen.

Brauner Reis: siehe *Reis*.

Brauner Zucker *(Rohzucker, Farin)*: nicht raffinierter, ungereinigter Zucker von hell- bis dunkelbrauner Färbung. Rohen Rüben- oder Rohrzucker kann man in Reformhäusern, Naturkostläden und Kaufhäusern bekommen.

Brokkoli: eine Art von grünem Blumenkohl, aber zarter und reizvoller im Geschmack. Brokkoli gibt es frisch und tiefgekühlt zu kaufen.

Brühen: siehe *blanchieren*.

Brunnenkresse: wildwachsende, scharfwürzige Kresseart. Im Frühling wird sie manchmal auf großen Märkten feilgeboten – meist aber muß man sie sich selbst in fließenden Gewässern suchen. Gartenkresse schmeckt anders und ist ein ebenso unzureichender wie teurer Ersatz.

Bulgur: Weizengrütze, die aus »parboiled« (vorgekochtem), getrocknetem Weizen hergestellt wird und mehr Vitamine aufweist als auf herkömmliche Weise zu Schrot vermahlener Weizen. Gut für die Diätkost geeignet. Bulgur ist in Kaufhäusern und Naturkostläden erhältlich. Er kann durch Grünkernschrot (aus dem Reformhaus) ersetzt werden.

Cannelloni: etwa 10 cm lange hohle Röhrennudeln mit einem Durchmesser von ungefähr 3 cm, die meist gefüllt werden. Man bekommt sie in Kaufhäusern und italienischen Lebensmittelgeschäften.

Capuccino: starker, heißer Kaffee (Espresso) mit schaumiger Milch (oder Schlagsahne) und Zucker.

Cashewnüsse: delikat schmeckende nierenförmige Nüsse, im Aroma mandelähnlich – Samenkerne aus den Früchten des tropischen Nierenbaumes. In Kaufhäusern, Delikatessen- und Naturkostläden in Beuteln, Dosen, vakuumverpackt oder auch lose erhältlich.

Charlottenform: glattwandige, nach oben weiter werdende, tiefe Form. Für Speisen, die nach dem Erstarren gestürzt werden sollen.

Cheddar: würziger englischer Hartkäse, der in den USA größte Verbreitung gefunden hat. Man kann ihn in gutsortierten Lebensmittelabteilungen größerer Kaufhäuser bekommen. Nötigenfalls ersetzt man ihn durch *Chester* oder auch alten Gouda.

Chester: englischer Hartkäse, der meist gerieben Verwendung findet. Gut zum Überbacken geeignet.

Chilis: siehe *Pfefferschoten*.

Chilisauce: scharfe Würzsauce, deren Grundbestandteil Chilischoten sind. Hierzulande gibt es vor allem die feurigen roten Chilisaucen zu kaufen, obwohl man aus unterschiedlichen Chilisorten auch sehr verschiedene (z. B. milde bis pikante grüne) Würzsaucen bereiten kann. Chilisaucen in Flaschen sind in Kaufhäusern, Delikatessen- und Spezialitätenläden erhältlich.

Chutney: pikant gewürzte Tafelsauce mit Früchten. Man hat eine recht große Auswahl zwischen mild-süßen und sauer-scharfen, pastenartigen und stückigen Chutneys in Kaufhäusern und Delikatessenläden.

Curaçao oder **Curaçao Triple Sec:** Fruchtlikör aus Pomeranzen. Ersetzt werden kann er durch Dry Orange oder Cointreau.

Dijonsenf: siehe *französischer Senf*.

Distelöl: aus Färberdisteln gewonnenes, bei uns wenig bekanntes klares Speiseöl mit sehr hohem Anteil an ungesättigten Fettsäuren. Da es im Geschmack neutral ist, läßt es sich für die verschiedensten Salate und warmen Gerichte verwenden. Distelöl ist in Reformhäusern und Naturkostläden erhältlich.

Dünsten: in wenig Flüssigkeit oder Fett mit Hilfe des sich entwickelnden Dampfes garen. Sehr schonende Garmethode, bei der Vitamine und Nährstoffe weitgehend erhalten bleiben.

Durchpassieren: siehe *passieren*.

Durchziehen lassen *(marinieren)*: Gemüse oder Früchte längere Zeit in einer Marinade (meist Gewürzessig oder Salatsauce) Geschmack annehmen lassen. Während dieser Zeit zieht die Marinade in das Gemüse oder Obst ein und entfaltet ihr volles Aroma.

Einbrenne *(Mehlschwitze)*: Bindemittel aus Mehl und Butter für Saucen und Suppen.

Eindicken: siehe *einkochen lassen*.

Einkochen lassen *(eindicken)*: Flüssigkeit (Brühe, Suppen, Saucen usw.) so lange im offenen Topf kochen lassen, bis sie durch Verdampfung stark reduziert ist. Brühe erhält hierdurch ein besonders würziges Aroma, Suppen dicken durch langsam zerfallendes Gemüse ein, Saucen werden dicksämig.

Farbe nehmen lassen: Gemüse muß beim Anbraten auf mittlerer Flamme langsam so trocken werden, daß es zu bräunen beginnt.

Feta: halbweicher griechischer Schafskäse. Man bekommt ihn in griechischen Feinkostgeschäften, kann ihn aber auch durch bulgarischen Schafskäse ersetzen.

Fettuccine: dünne, etwa 5 mm breite Bandnudeln. Solche Bandnudeln sind in fast allen Lebensmittelläden erhältlich, doch empfiehlt es sich, original italienische zu verwenden – man findet sie in größeren Kaufhäusern oder italienischen Feinkostgeschäften.

Fideos: siehe *Vermicelli*.

Filo: eine Art griechischer Blätterteig. Manchmal kann man Original-Filo tiefgefroren in griechischen Lebensmittelläden kaufen – er läßt sich aber gut durch unseren Blätterteig ersetzen.

Fleischtomaten: siehe *Tomaten*.

Fontina: italienischer, ziemlich fetter halbweicher Käse von mildem Geschmack. In gutsortierten Lebensmittelabteilungen größerer Kaufhäuser, in manchen italienischen Feinkostgeschäften und auch auf Märkten erhältlich. Notfalls kann man ihn durch jungen Gouda ersetzen.

Französischer Senf (u. a. *Dijonsenf*): im Vergleich zu deutschem Senf scharfwürzig. Zu seiner Herstellung werden hauptsächlich schwarze Senfkörner verwendet. *Dijonsenf* ist berühmt für seine Schärfe und seinen Wohlgeschmack.

Frühlingszwiebeln: siehe *Zwiebeln*.

Garziehen lassen: siehe *ziehen lassen*.

Gemüsezwiebeln: siehe *Zwiebeln*.

Getrocknete schwarze Pilze: Hierzu gehören die verschiedensten Arten wildwachsender Pilze aus Asien,

Ost- und Südeuropa. Sie haben ein starkwürziges Aroma und dienen vorwiegend zum Würzen von Brühen, Suppen, Saucen, Füllungen usw. Besonders empfehlenswert sind japanische *Shitake* (chinesisch »*Tung Koo*«) und *Tongupilze*, aber auch *Steinpilze* und ähnliche Würzpilze. Wahre Feinschmecker bevorzugen natürlich *Trüffeln*!

Glasieren: Gemüse (z. B. Bataten, Möhren, Rübchen) auf dem Feuer so lange in heißer, mit Zucker vermischter Butter schwenken, bis der Zucker geschmolzen (oder karamelisiert) ist und sich mit der Butter zu einem glänzenden Überzug auf dem Gemüse verbindet.

Glattrühren: siehe *abrühren*.

Gratinieren: siehe *überbacken*.

Grüne Tomaten: siehe *Tomaten*.

Gruyère *(Greyerzer Käse)*: Schweizer Hartkäse zum Reiben.

Hefeextrakt *(Hefepaste)*: aus Bierhefe gewonnenes Würzmittel mit hohem Vitamingehalt. Im Handel sind einfache Hefeextrakte und feingewürzte Hefepasten, die wie Brühwürfel verwendet werden. Zu bekommen in Reformhäusern und Naturkostläden.

Hefestück: siehe *Vorteig*.

Honigmelonen: siehe *Melonen*.

Italienische Tomaten: siehe *Tomaten*.

Kantalupen: siehe *Melonen*.

Karamelisieren: Bräunen von Zucker. Entweder wird der Zucker in Wasser gelöst und vorsichtig gekocht, bis er eine hellbraune Farbe hat, oder man läßt ihn ohne Zusatz von Wasser schmelzen und bräunen. Zum Überziehen von Cremes (z. B. *Flan*).

Kasserolle: in Frankreich sehr gebräuchlicher Stieltopf. Kasserollen aus feuerfestem Ton eignen sich hervorragend zum gemächlichen Schmoren von Bohnen und Gemüse im Backofen. Sie kommen meist aus Spanien und sind in größeren Kaufhäusern oder Keramikläden erhältlich.

Kidney beans: siehe *rote Bohnen*.

Klebermehl: Hartweizenmehl mit besonders hohem Anteil an Getreideeiweiß (Kleber oder Gluten), aber niedrigem Kohlehydratgehalt. In Reformhäusern erhältlich.

Kleie *(Weizenkleie)*: beim Mahlen abfallende Schalen von Getreidekörnern. Kleie ist ein gesunder (verdauungsfördernder) Ballaststoff und findet beim Brotbacken Verwendung. In Reformhäusern und Naturkostläden erhältlich.

Köcheln: etwas auf kleiner Flamme ganz leicht kochen lassen.

Korianderblätter *(Cilantro)*: Blätter einer Gewürzpflanze, deren Früchte (Koriander) beim Backen und in der indischen Küche Verwendung finden. Mit den starkaromatischen frischen Blättern werden die verschiedensten Speisen (insbesondere indische und orientalische Gerichte) gewürzt. Frisches Koriandergrün ist manchmal an Kräuterständen großer Märkte, in Kaufhäusern oder ausländischen Spezialitätenläden erhältlich. Meistens wird man es durch glattblättrige Petersilie ersetzen müssen, was allerdings die Würze der betreffenden Speise erheblich verändert. Wer gärtnerisches Geschick hat, kann aber auch leicht Korianderblätter aus den Körnern im Garten oder Blumenkasten ziehen!

Kreuzkümmel *(Cumin)*: sehr aromatische, bitterscharfe Samen eines kümmelähnlichen Krautes mit hohem Gehalt an ätherischem Öl. Kreuzkümmel wird ganz oder gemahlen vor allem in der indischen und arabischen Küche verwendet.

Kurkuma *(Gelbwurz)*: bitterwürzige, gelborangene

Wurzelstöcke eines Ingwergewächses aus Südostasien. Als Gewürz ist sie getrocknet (ganz und gemahlen) im Handel. Ein Hauptbestandteil des Currypulvers – und unentbehrlich für die indische Küche.

Lasagne: etwa 5 cm breite und 10 cm lange Bandnudeln. Lasagne gibt es in größeren Kaufhäusern oder italienischen Lebensmittelläden zu kaufen.

Legieren: siehe *binden*.

Limabohnen: eine aus Südamerika stammende (nach der Stadt Lima in Peru benannte) Bohnenart, die bei uns weitgehend unbekannt ist. Die großen, zarten, hellgrünen Bohnenkerne wird man nur selten (und dann auch nur als Konserve) in wenigen spanischen Spezialitätenläden bekommen. Ersatzweise kann man die jungen Kerne aus frischen dicken Bohnen verwenden.

Limetten *(Limonen)*: sehr kleine dünnschalige grüne Zitronen von würzigem Aroma. Limetten sind bei uns selten, manchmal kann man sie auf großen Märkten finden.

Maismehl, feiner Maisgrieß (*Polenta*) und grober Maisgrieß: inzwischen auch bei uns keine Seltenheit mehr. Alle Sorten werden in größeren Kaufhäusern, ausländischen Feinkostgeschäften, Reformhäusern und Naturspeiseläden geführt.

Mandelessenz: natürliches, in Alkohol gelöstes Mandelkonzentrat. In Kaufhäusern und Delikatessenläden zu finden (hergestellt z. B. von McCormick).

Margarita: siehe *Tequila*.

Marinieren: siehe *durchziehen lassen*.

Maronen (*Eßkastanien*): Im Herbst kann man sie frisch kaufen – zu anderen Zeiten muß man sich mit Maronenkonserven behelfen. Bei Maronenpüree aus der Dose ist darauf zu achten, »au naturel« zu wählen, da manche Sorten gesüßt und mit Vanille aromatisiert sind. In Delikatessenläden erhältlich.

Marsala: aromatischer Dessertwein aus Sizilien.

Melasse: zähflüssiger, dunkelbrauner Rückstand, der bei der Zuckergewinnung abfällt. Melasse ist in Naturspeiseläden erhältlich, kann aber gut durch *Rübenkraut* (Rübensirup) ersetzt werden.

Melonen: Man unterscheidet zwei Gruppen – die meist rotfleischigen, sehr saftreichen Wassermelonen und die Zuckermelonen. Zu letzteren gehören: die *Kantalupen* mit grünlichgelber, gerippter Schale und gelbem, würzigsüßem Fruchtfleisch; die *Honigmelonen* mit glatter gelber Schale und sehr süßem, gelben Fruchtfleisch; die *Netzmelonen* mit netzartig gemusterter, rauher Schale und süßem, zartorangenem Fruchtfleisch.

Mörser: Gerät zum Zerstoßen bzw. Zerreiben von Gewürzen und Kräutern. Erst durch das Zerkleinern werden die ätherischen Öle und Aromastoffe der Gewürze freigesetzt – bei gemahlen abgepackten sind sie meist längst verflogen. Gute Porzellanmörser gibt es in Fachgeschäften für Laborbedarf zu kaufen. Auch eine japanische Reibschale aus geriffeltem Ton tut gute Dienste. Sie ist in japanischen Geschäften und Naturkostläden erhältlich. Zum Pulverisieren getrockneter Gewürze eignet sich gleichfalls ein Holzmörser. Frische Kräuter sollte man nicht darin zerreiben, da das Holz ihren wertvollen Saft aufsaugt.

Mozzarella: leicht säuerlicher, nur wenig gereifter Käse aus Italien. Weich oder halbweich (meist in Plastik eingeschweißt) in Kaufhäusern, italienischen Lebensmittelläden oder auf Märkten im Handel.

Natron: Dieses weiße Pulver wird in den USA häufig als alleiniges Triebmittel oder zusätzlich zum Backpulver verwendet. Außerdem beschleunigt eine Prise Natron das Weichwerden von Hülsenfrüchten.

Naturreis: siehe *Reis*.

Netzmelonen: siehe *Melonen*.

Olivenöl: eines der feinsten, aromatischsten Speiseöle. Reines, kaltgepreßtes Olivenöl ist grünlich und hat einen ausgeprägten Olivengeschmack. Es lohnt sich, wählerisch zu sein – die hierzulande bekanntesten Marken sind nicht immer die besten. Oft ist das Öl, um Verunreinigungen auszuschließen oder um es geschmacksneutral zu machen, so stark raffiniert, daß es weder Farbe noch Aroma hat. Ein recht gutes (und dabei preiswertes) Olivenöl ist das spanische »Carbonell« und das kaltgepreßte »Minerva«. (Vorsicht, es gibt auch neutrales!)

Palmherzen *(Palmenmark, Palmitos)*: butterzartes Mark junger Blattstiele bestimmter Palmenarten. Eine Delikatesse, die es als Konserve in gutsortierten Lebensmittelabteilungen großer Kaufhäuser und Spezialitätenläden gibt.

Parfaitformen: tiefe kegelförmige Becher- oder Pyramidenformen mit gewölbter Spitze.

Passieren *(durchpassieren)*: durch ein Sieb streichen oder durch ein Tuch pressen.

Pasta: italienische Teigwaren (Nudeln).

Pecorino: scharfer italienischer Hartkäse aus Schafsmilch. Gerieben eine würzige Bereicherung vieler Speisen. In größeren Kaufhäusern, Spezialitätenläden und auf guten Märkten erhältlich.

Pekannüsse: Früchte des tropischen Hickorybaumes, in USA weit verbreitet. Die Nußkerne gleichen Walnußkernen, sind aber schmaler und haben ein milderes, feines Aroma. Man kann sie gut durch Walnüsse ersetzen.

Penne: glatte, hohle Nudelröhren mit einem Durchmesser von etwa 5 mm, schräg in ungefähr 4 cm lange Stücke geschnitten. Wenn man sie nicht in italienischen Feinkostgeschäften oder deutschen Naturspeiseläden findet, nimmt man ersatzweise kleingeschnittene Makkaroni.

Peperoni: siehe *Pfefferschoten*.

Perlzwiebeln: siehe *Zwiebeln*.

Pfefferschoten (*Chilis, Peperoni* usw.): kleine, kegelförmige, unterschiedlich scharfe Paprikaschoten. Die Skala reicht von mildwürzig bis brennend scharf. Rote und grüne Pfefferschoten aller Sorten gibt es in Gläsern in reichlicher Auswahl zu kaufen. Aber auch frische kann man auf dem Markt oder in ausländischen Spezialitätenläden bekommen.

Pie: ursprünglich eine englische Schüsselpastete mit Teigdecke. Heute in Amerika sehr verbreitet und dort eine Art süße oder würzige Torte, die in der Form aufgetragen wird. *Pieformen* aus feuerfestem Porzellan oder Glas sind überall im Handel. Glattwandige Pieformen können auch für Quiches verwendet werden.

Pilze: siehe *getrocknete schwarze Pilze*.

Pimientos *(Pimientoschoten)*: spanische Sammelbezeichnung für Paprika aller Arten. Unter diesen Begriff ordnen sich sowohl die milden wie die scharfen Pfeffersorten. Werden sie nicht näher spezifiziert, sind die etwa tomatengroßen, sehr aromatischen, mildsüßen roten Paprikaschoten gemeint. Frisch findet man sie gelegentlich auf großen Märkten oder in spanischen Spezialitätenläden. Als Konserve gibt es Pimientos ebenfalls in spanischen Geschäften zu kaufen. Wer gerne scharf ißt, kann sich dort auch pikantere Pimientosorten besorgen und sie an Stelle der milden verwenden. Auf dem Markt werden oft lange, spitz zulaufende rote und gelbe Paprikaschoten feilgeboten, die ein ähnlich süßwürziges Aroma wie die einfachen roten Pimientos haben. Sie schmecken besonders gut in Salaten.

Pinienkerne: weiche, längliche kleine Nußkerne von mildsüßem Aroma. Samenkerne der südeuropäischen Pinie, einer sich schirmartig verzweigenden Kiefernart. In den Lebensmittelabteilungen großer Kaufhäuser, in Delikatessenläden und Reformhäusern erhältlich.

Pistazien: grüne Fruchtkerne des Pistazienbaumes aus dem Mittelmeerraum. Eine aromatische Delikatesse!

Pochieren: siehe *ziehen lassen.*

Provolone: italienischer Hartkäse aus Schafsmilch mit würzigem Geschmack. Man kann ihn in Kaufhäusern oder italienischen Feinkostgeschäften finden oder ihn durch griechischen Hartkäse aus Schafsmilch ersetzen.

Quiche: würzige Torte mit einem Boden aus Auslegeteig (Mürbeteig).

Radicchio: italienischer rotweiß gefleckter Kopfsalat von leicht bitterem Geschmack. Die Salatköpfe sind klein, fest und schwer. Radicchio wird nach Gewicht verkauft.

Reineclauden: große, gelblichgrüne Pflaumenart.

Reis: Es gibt unzählige Reissorten unterschiedlichster Qualität. Vollreis *(Naturreis, brauner Reis)* ist dem weißen, polierten Reis vorzuziehen, da die silbrige Außenhaut, die beim Polieren (Schälen) entfernt wird, lebenswichtige Vitamine enthält. Naturreis ist in Kaufhäusern, Naturkostläden und Reformhäusern erhältlich. Ein weißer Reis besonderer Art ist *Parboiled Reis*, der mittels eines Spezialverfahrens (durch Vorkochen und Trocknen) geschält wird und noch einen relativ hohen Vitamingehalt aufweist. Geschmacklich vorzuziehen sind original-asiatische Sorten, die man in Spezialgeschäften findet.

Retsina: Harziger, sehr trockener einfacher griechischer Weißwein.

Ricotta: milder italienischer Frischkäse aus Schafsmilch. Er ist in manchen Kaufhäusern, Spezialitätenläden oder auch auf dem Markt erhältlich. Je nach Verwendungszweck kann man ihn durch einen anderen weichen, sehr milden Schafskäse oder trockenen Quark ersetzen.

Roggenvollkornmehl: siehe *Vollkornmehle.*

Romano: würziger italienischer Hartkäse aus Schafsmilch. Wer nicht das Glück hat, ihn in einem italienischen Feinkostgeschäft zu finden, ersetzt ihn durch den etwas leichter erhältlichen *Pecorino.*

Römischer Salat: ein grüner Kopfsalat mit langen, schmalen, aufrechten Blättern. Für Salat nimmt man die inneren zarten Blätter, die äußeren sind gekocht ein schmackhaftes Gemüse.

Rote Bohnen *(Kidney beans)*: Die den weißen Bohnen ähnlichen roten Bohnen gibt es meist gekocht oder fertig zubereitet als *Baked Beans* (gebackene Bohnen) in Dosen. Getrocknete rote Bohnen kann man in spanischen Spezialitäten- und einigen Naturkostläden finden.

Rote Linsen: kleine orangefarbene, überaus eiweißreiche Linsenart aus dem Orient. Erhältlich sind sie in Kaufhäusern und ausländischen Lebensmittelläden.

Rote Zwiebeln: siehe *Zwiebeln.*

Saucentopf: Zum Saucenkochen eignet sich ein schwerer Topf (z. B. aus emailliertem Gußeisen oder Edelstahl mit kupferverstärktem Boden) am besten. Schwere Töpfe sorgen für eine gleichmäßige, stetige Wärmeverteilung, so daß die Kochhitze sehr genau reguliert werden kann. Vorteilhaft ist es, wenn der Topf zum Boden hin abgerundet ist – dann kann man mit Schneebesen oder Kochlöffel alles gleich gut erreichen. Andernfalls muß man zusätzlich mit einem Spachtel arbeiten.

Schalotten: siehe *Zwiebeln.*

Schmoren: rasch angebratenes Gemüse langsam im eigenen Saft oder unter Zusatz von wenig Flüssigkeit im geschlossenen Topf auf dem Herd oder im Backofen garen.

Schnetzeln: Kohl hobeln oder in Streifen schneiden.

Sesamkörner: Samen der asiatischen Sesampflanze. Zum Überbacken und (geröstet) zum Bestreuen verschiedener Speisen. Sesamkörner gibt es als Gewürz zu kaufen. Bei häufiger Verwendung empfiehlt es sich jedoch, eine größere Menge (500-g-Paket) im Reformhaus oder Naturkostladen zu erstehen. Ungerösteten Sesam nicht zu lange aufbewahren, er ist stark ölhaltig und wird deshalb leicht ranzig.

Sojabohnen: gelblichbraune Hülsenfrüchte mit extrem hohem Eiweiß- und Vitamingehalt. Zu kaufen in Reformhäusern und Naturkostläden. Hier einige der bekanntesten, aus Sojabohnen hergestellten Produkte:
Sojabohnenkeime: eine vitaminreiche Zutat für Salate oder rasch gebratene Gemüse. Sie werden in Supermärkten und Kaufhäusern geführt, sind aber auch einfach zu Hause herzustellen – Samen und Anleitung gibt es im Reformhaus oder in Sämereigeschäften.
Sojabohnenquark (japanisch *Tofu*): asiatische Spezialität aus frischer, durch Gerinnung erstarrter Sojamilch. Leicht verdauliche, sehr eiweißreiche Zutat für Salate oder als Suppeneinlage. Frisch, getrocknet und in Dosen in japanischen Lebensmittelläden erhältlich.
Sojamehl: feines Mehl von nußartigem Geschmack, das in der Diätküche und beim Backen Verwendung findet. Erhältlich in Reformhäusern und Naturkostläden.
Sojaöl: feines Speiseöl mit nußartigem Aroma. Gut zum Braten geeignet.
Sojasauce: aromatische Würzsauce. Chinesische Sojasauce ist ziemlich süß. Für vielseitige Verwendung empfiehlt sich daher japanische (am besten »Kikkoman«), die man in Kaufhäusern (in kleinen Flaschen) und japanischen Feinkostgeschäften (in Flaschen und großen Dosen) kaufen kann. Am besten lassen Sie sich in einem Laden mit asiatischen Spezialitäten beraten! *Tamari*, eine naturreine Sojasauce (Hersteller: Lima), bekommt man in Naturkost- oder makrobiotischen Läden.
Sojapaste (japanisch *Miso*): Würzpaste aus fermentierten Sojabohnen. Zum Würzen von Suppen und Gemüsegerichten. In gutsortierten Lebensmittelabteilungen großer Kaufhäuser, Naturspeiseläden und japanischen Feinkostgeschäften erhältlich.

Sonnenblumenkerne: gibt es fertig geschält in Reformhäusern und Naturkostläden.

Squash: eine hierzulande noch seltene Art von Sommerkürbissen. Die gelben, orangefarbenen oder grünen Früchte sind rund, birnenförmig oder länglich und von einer glatten oder warzigen Schale umschlossen. Ausgewachsene Exemplare erlangen stattliche Größe – besser schmecken kleine, junge Squashfrüchte, die mit der Schale verarbeitet werden können. Squash gibt es gelegentlich auf großen Märkten zu kaufen. Ersetzen kann man ihn durch Zucchini (die auch zur Squashfamilie gehören) oder heimischen Winterkürbis.

Süßkartoffeln: siehe *Bataten*.

Tahini: Sesambutter. In makrobiotischen und Naturkostläden erhältlich.

Tamarindenmus *(Tamarindenkonzentrat)*: aus den Kernen der bohnenartigen Früchte des tropischen Tamarindenbaumes zubereitet. Indisches Tamarindenkonzentrat ist kaum zu bekommen, dagegen gibt es in Delikatessenläden indonesisches Tamarindenmus, das statt dessen verwendet werden kann.

Tapas: spanische Appetithappen, die zu einem Glas Rotwein verzehrt werden.

Tasse *(Tassenmaß)*: in England und Amerika übliches Küchenmaß. Eine Tasse entspricht 235 ccm oder einem knappen Viertelliter (also einer sehr großen Tasse oder knapp einem Viertelliterglas). Eine Umrechnung von Tassenangaben in die bei uns üblichen Gewichtsmaße erweist sich meist als unpraktisch, da sich keine glatten Grammzahlen ergeben. Auch wird man feststellen, daß das Arbeiten mit dem Tassenmaß vorteilhaft und arbeitssparend ist, weil es sowohl für feste wie für flüssige Zutaten verwendet wird. Original-Tassenmaße werden gelegentlich in großen Kaufhäusern und Haushaltwarenläden angeboten. Sonst sind sie über Spezial-Versandfirmen erhältlich (siehe Seite 43).

Tatarensauce *(Sauce Tatare)*: feingewürzte, pikante Remoulade (dünne Kräutermayonnaise) mit feingewiegten Gemüsen und Kräutern. Zu bekommen in Kaufhäusern und Delikatessenläden.

Tequila: hochprozentiger mexikanischer Schnaps aus Agavenwurzeln. Ein Cocktail aus Tequila, Limettensaft und Salz heißt *Margarita*.

Tomaten: Die Rezepte dieses Buches verlangen häufig Tomatensorten, die hierzulande wenig bekannt sind.
Italienische Tomaten sind eierpflaumengroße längliche Fleischtomaten. Frische bekommt man manchmal auf dem Markt oder in ausländischen Spezialitätenläden. Andernfalls ersetzt man sie durch andere Fleischtomaten oder verwendet – zum Kochen – italienische Tomaten aus der Dose.
Tomatillos sind eine hier unbekannte grüne Tomatenart aus Südamerika, die nur gekocht genießbar ist. Selbst in guten Delikatessenläden dürfte es schwierig sein, sie zu finden. Statt dessen kann man einfach *grüne Tomaten* nehmen, die es frisch oder in Gläser eingemacht zu kaufen gibt.

Topinambur *(Jerusalemer oder Erdartischocken)*: stärkehaltige eßbare Knollen einer Sonnenblumenart. Sie haben ein nußartiges Aroma und sind vielseitig zu verwenden. Frisch in guten Delikatessengeschäften, großen Kaufhäusern oder auch gelegentlich auf dem Markt erhältlich.

Trenette: feine italienische Fadennudeln. Ersatzweise kann man die leichter erhältlichen *Vermicelli* oder auch chinesische Glasnudeln verwenden.

Triple Sec: siehe *Curaçao*.

Trockenpilze: siehe *getrocknete schwarze Pilze*.

Überbacken *(gratinieren)*: Aufläufe, gefüllte Gemüse oder Früchte, Toast und dgl. mit Semmelbröseln, Weizenkeimen, Käse usw. bestreuen, mit Butterflöckchen belegen und in den heißen Backofen schieben oder grillen, bis die Oberfläche eine goldbraune Kruste bildet.

Überbrühen: siehe *blanchieren*.

Unterheben: etwas (z. B. Eischnee) sehr behutsam mit sparsamen Bewegungen unter eine Speise (die zu diesem Zweck mit einem Spachtel angehoben wird) mischen.

Unterziehen: etwas in ziehender Bewegung vorsichtig unter eine Speise mischen.

Vanilleextrakt: in Alkohol gelöste reine Vanille. In Kaufhäusern und Delikatessenläden erhältlich (hergestellt z. B. von McCormick).

Vermicelli: sehr feine italienische Fadennudeln. Auf Spanisch heißen sie *Fideos*.

Vollkornmehle: Alle Sorten sind in verschiedenen Typen (von sehr fein gemahlen bis grobgeschrotet) in Reformhäusern, in noch größerer Auswahl aber in alternativen Naturkostläden erhältlich.

Vorbacken: siehe *blindbacken*.

Vorteig *(Hefestück)*: Angerührte Hefe wird mit einem Teil des Mehls vermischt. Diese Mischung läßt man eine Zeitlang gehen.

Wachtelbohnen: rötlich gesprenkelte Bohnen, deren Aussehen an Wachteleier erinnert. Wachtelbohnen gibt es in den meisten Lebensmittelgeschäften und Kaufhäusern.

Wallen lassen: eine flüssige oder dicksämige Speise so kochen lassen, daß sie nur ganz leicht Blasen macht, ohne die Oberfläche in starke Bewegung zu bringen.

Wasserbad *(Bainmarie)*: ein Topf, in den ein zweiter, etwas kleinerer eingesetzt wird. Solche Töpfe mit passendem Einsatz aus Keramik oder Metall gibt es im Fachhandel zu kaufen. Man kann sich aber auch mit eigenen, ineinandergestellten Töpfen behelfen. In den unteren kommt siedendes (noch nicht kochendes) Wasser, wodurch Speisen im oberen Topf bzw. Einsatz sehr sanft erwärmt werden. Besonders für empfindliche Saucen (z. B. *Holländische Sauce*) und Cremes zu empfehlen.

Weinstein *(Weinsteinsäure)*: kristallische Ablagerung in Weinfässern. In der amerikanischen Küche dient Weinstein als Festigungsmittel beim Eischneeschlagen.

Weizengrütze: siehe *Bulgur*.

Weizenkeime: sehr vitaminreiche Keime von Weizenkörnern, die nach dem Trocknen geschrotet werden. Erhältlich in Reformhäusern und Naturkostläden.

Weizenkleie: siehe *Kleie*.

Weizenvollkornmehl: siehe *Vollkornmehle*.

Wok: chinesische Eisenpfanne mit gewölbtem Boden. Der Wok eignet sich hervorragend zum raschen Anbraten von Gemüse – die Bodenwölbung sorgt für eine sehr gleichmäßige Hitzeverteilung. Auf Elektroherden ist er allerdings nicht zu gebrauchen – nützlich ist in diesem Falle eine chinesische Pfanne mit flachem Boden. Ab und zu sieht man Woks in großen Kaufhäusern, doch sind sie noch immer eine Seltenheit. (Lieferbar z. B. von der Firma »Pütt un Pann«, vgl. Hinweis Seite 43.)

Yams: siehe *Bataten*.

Ziehen lassen *(garziehen lassen)*: Speisen ohne Kochen in Flüssigkeit, die bis kurz vor den Siedepunkt erhitzt ist, garen. Dieser Ausdruck wird auch für das Garen im Wasserbad (z. B. von Pudding) gebraucht.

Zwiebeln: Am häufigsten werden die gelbschaligen weißen Zwiebeln verwendet. Daneben gibt es noch die folgenden Arten:
Rote Zwiebeln: saftige, süßlich scharfe Zwiebeln von rotvioletter Farbe – roh eine schmackhafte Salatzutat.
Schalotten: der gewöhnlichen Küchenzwiebel nahe verwandt, im Geschmack jedoch würziger. Unter der gelben bis braunen Schale sitzt in mehreren Zehen das zartviolette Fruchtfleisch. Die teure Schalotte ist die Königin der Zwiebeln und wird vorwiegend in der feinen Küche für Saucen und Salate verwendet.
Gemüsezwiebeln: sehr große gelbschalige Zwiebeln von sehr mildem Geschmack. Sie eignen sich gut für Gemüsegerichte und Zwiebelsuppe.
Frühlingszwiebeln, (Winterzwiebeln, Lauchzwiebeln, Jakobszwiebeln): lauchähnliche junge Zwiebeln, die mitsamt Grün verwendet werden. Im Geschmack ähneln sie jungem Porree und Schnittlauch. Der weiße Teil der Frühlingszwiebeln ist ziemlich scharf. Sehr aromatische Würze für Salate!
Perlzwiebeln (Silberzwiebeln): sehr kleine, weiß schimmernde Zwiebelchen. Sie werden meist eingelegt, doch kann man sie auch zu Gemüsegerichten verwenden.

Zum Schluß noch ein guter Rat: Wenn Sie oder Ihre Familie ins Ausland fahren, nehmen Sie die Gelegenheit wahr, nicht nur die lokale (vegetarische) Küche durchzuprobieren, sondern sich auch Originalzutaten, die bei uns nur schwer zu beschaffen sind, mitzubringen. Oder prägen Sie sich zumindest Aussehen und Geschmack der fremdländischen Erzeugnisse gut ein, dann werden Sie manches davon in den heimischen Spezialitätenläden oder auf großen Märkten wiedererkennen.

Brot und Gebäck

Es gibt nichts Schöneres auf der Welt als einen duftenden Laib ehrlichen, hausgebackenen Brotes.
Brot wird aus Getreide gemacht und soll nach Getreide schmecken, nicht nach Tapetenkleister. Gutes Korn hat sein feines Aroma von den weiten Feldern und ihrem guten Boden, auf dem es gewachsen ist, von der klaren Luft, in der es geatmet hat, von Sonne und Regen, die es getrunken hat, und von der goldenen Reife, in der es geerntet wurde.
Deshalb lohnt sich die Mühe, Brot selber zu backen, und die Arbeit macht bei jedem Schritt, vom Kneten übers Laibformen bis zum Backen, mehr Freude. Aber wie groß auch das Vergnügen des Knetens, wie verlockend der Backduft gewesen sein mag – das Schönste am Brotbacken ist und bleibt der Genuß beim Essen.
Ich muß zugeben, daß ich eine Schwäche für gutes Brot habe. Ohne mit der Wimper zu zucken, kann ich mindestens ein Dutzend Lieblingssorten aufzählen. Wie gut schmecken mir die leichten, langen französischen *baguettes*, wenn ich auch weiß, daß Weizenauszugsmehl nicht so gesund ist wie Vollkornmehl. Andererseits habe ich nach wie vor eine Vorliebe für dunkle, schwere, glänzende Roggenbrote und Pumpernikkel. Ich bin jederzeit mit einer Mahlzeit zufrieden, die nur aus einer dicken, feuchten Scheibe *Vollkorn-Früchtebrot* oder *Bierbrot* besteht.
Ein andermal steht mir vielleicht der Sinn nach gelbem, heißem Maisbrot, auf dem die Butter zerläuft. Ich habe ganz neue Variationen zu diesem appetitlichen Thema gefunden – *Kürbis-Maisbrot*, in dem sich zwei uramerikanische Geschmackskomponenten glücklich vereinen, und *Mais-Roggen-Muffins*. Und wenn mir schließlich nichts mehr zu meinem Glück fehlt als ein Haferflockenbrot, stehe ich noch vor der schweren Wahl zwischen *Haferflockenmischbrot* und leicht süßem *Haferflocken-Rosinenbrot*.
Vollkornbrot mit seiner reichen Krume ist immer einer meiner Favoriten gewesen, und in diesem Buch habe ich einige ausgezeichnete Rezepte aus meinem Repertoire angeführt, z. B. das *Weizenvollkornbrot »Anadama«* nach altamerikanischer Art, durch den Zusatz von Maismehl etwas schwerer als andere Brote, und *Vollkornzopf mit Eiern*, gehaltvoll und im Geschmack mild, der ohne besondere Mühe auch in einen feinen Zimtlaib umgewandelt werden kann.
Fladenbrot wie die indischen *Chapatis* oder die schwimmend ausgebackenen *Puris*, die einfach herzustellen sind; schöne, eiglasierte *Brioches* oder *Wiener Brot*; schnelle Backpulverbrote, die ofenfrisch serviert werden, wie das verführerische *Preiselbeerbrot*; süße Hefebrote, wie die lecker gefüllte *Heferolle*, die mit ihren üppigen Mengen von Eigelb, Butter, Rosinen und Zitronat eigentlich schon ein Kuchen ist – alle diese Sorten zähle ich zu meinen Lieblingsbroten, habe aber auch nichts gegen Kekse, Brötchen, Muffins oder Sandgebäck einzuwenden. Und immer wieder mache ich neue kulinarische Entdeckungen.
Brotbacken zu Hause ist eine entspannende, angenehme und in vieler Hinsicht dankbare Aufgabe. Viele von uns arbeiten kaum noch mit den Händen, da ist das Teigkneten ein willkommener Ausgleich und sogar, wenn man den Kniff erst einmal heraus hat, ein rechtes Vergnügen (zumindest so lange, bis das Telefon klingelt und man gerade beide Hände bis an die Ellenbogen voll Teig hat). Außerdem ist Brotbacken weder besonders schwierig noch so zeitraubend, wie manche meinen. Die reine Arbeitszeit beträgt normalerweise nicht mehr als eine halbe Stunde. Während des Gehens und Backens sorgt das Brot für sich selbst, Sie können anderen Beschäftigungen nachgehen. Wenn Sie zwischendurch ins Kino wollen, stellen Sie Ihren Teig in den Kühlschrank, und der Gehvorgang wird gestoppt.
Haben Sie keine Angst vor der Zubereitung von Hefeteig! Die wenigen Grundtechniken, die Sie lernen müssen, sind alle einfach und nach ein- oder zweimal Backen kein Problem mehr. Da die Grundbegriffe der Hefeteigbereitung für fast alle Brotrezepte dieses Buches gelten, will ich sie hier kurz durchgehen.
Anmerkung d. Übers.: Das Ansetzen von Sauerteig und die damit verbundenen Backverfahren erfordern etwas mehr Aufwand. Da in Deutschland Sauerteigbrot in guter Qualität und vielen Sorten beim Bäcker erhältlich ist, finden Sie statt dessen hier eine besonders große Auswahl von Hefebroten, kräftigen Fladenbroten, Kuchen und feinem Gebäck. –
Mehl ist in sehr unterschiedlicher Qualität im Handel, außerdem werden Spezialmehle mit besonderen Eigenschaften verwendet. (Viele dieser Mehle bekommen Sie nur in Reformhäusern und Naturspeiseläden.

Maismehl, groben und feinen Maisgrieß finden Sie auch in gut geführten Kaufhäusern sowie italienischen und griechischen Feinkostgeschäften.) Darum ist es schwierig, in den Rezepten genaue Mengenangaben zu machen. Sie werden aber schnell lernen, die richtige Konsistenz Ihres Teiges nach Gefühl und Augenmaß zu beurteilen. Wenn Sie genug Mehl zugegeben und ausreichend geknetet haben, muß der Teig fest, glänzend und sehr geschmeidig sein: Beim Auseinanderziehen wirft er Blasen an der Oberfläche, reißt nicht leicht und zieht sich stark zusammen.

Hefe ist ein lebendiger Organismus, der durch zu große Hitze abgetötet wird, während Kälte ihn am Wachstum hindert. Bevor Sie Hefe anrühren, prüfen Sie zunächst die Wassertemperatur, indem Sie ein paar Tropfen auf Ihren Handrücken sprengen. Fühlt es sich lauwarm auf der Haut an, stimmt die Temperatur. Trockenhefe ist weniger temperaturempfindlich als frische Hefe. Wenn Sie Trockenhefe verwenden wollen, brauchen Sie 2 knappe Eßlöffel (2 Tüten) für 1 Päckchen frische Hefe.

Anmerkung d. Übers.: Bei der »neuen« Trockenhefe, die seit 1978 im Handel ist, entfällt das Anrühren. Richten Sie sich bitte nach den Angaben des Herstellers. –

Wenn die Hefe völlig aufgelöst und mit Mehl, Flüssigkeit und anderen Zutaten verrührt ist, wird die richtige Teigdichte hergestellt. Ist der Teig so fest, daß er nicht mehr mit einem Löffel gerührt werden kann, siebt man noch etwas Mehl darüber – vielleicht eine Handvoll oder auch zwei – und arbeitet es mit den Händen hinein. Zu diesem Zeitpunkt braucht weder der Teig glatt noch alles Mehl verarbeitet zu sein. In der Schüssel wird er nur leicht geknetet, damit er die nötige Festigkeit bekommt und nicht später auf dem Backbrett auseinanderläuft.

Zum Kneten verwenden Sie am besten ein ziemlich großes Holzbrett – 50 mal 80 cm sind ein gutes Maß. Wenn Sie kein Holzbrett dieser Größe besitzen, nehmen Sie eine glatte, saubere Arbeits- oder Tischfläche, die Sie vor Gebrauch mit Mehl bestäuben.

Sieben Sie nun mindestens eine halbe Tasse Mehl – gegebenenfalls mehr – auf das Backbrett und legen Sie den Teig darauf. Vergessen Sie nicht, Ihre Hände zu bemehlen! Jetzt fangen Sie an zu kneten, erst ganz vorsichtig, denn der Teig ist klebrig und muß ständig im Mehl gewendet werden. Drücken Sie ihn mit dem Handballen hinunter und schlagen Sie ihn dann einmal über; wieder eindrücken, dabei etwas wegschieben, und nun von der anderen Seite herüberfalten. Wiederholen Sie diesen Vorgang. Das ist die einfachste Art zu kneten, und darauf aufbauend werden Sie bald eine eigene Technik entwickelt haben. Die zu verarbeitende Mehlmenge richtet sich nach dem jeweiligen Brotteig – da gibt es große Unterschiede! Fügen Sie nur soviel Mehl auf einmal hinzu, wie der Teig aufnehmen kann und Sie gut unterkneten können, bis er wieder klebrig wird. Wenden Sie ihn immer wieder um, damit er nicht am Backbrett festhaftet, und arbeiten Sie ihn kräftig mit den Händen durch, bis er glatt und geschmeidig ist. Nach etwa zehn bis fünfzehn Minuten Kneten sollte sich der Teig, ohne zu kleben, leicht von den Händen lösen. Beim Kneten entfaltet sich das Gluten (Kleber) im Brot, wodurch es locker und krumig wird.

Jetzt ist es normalerweise Zeit, den Teig zu einem runden Kloß zu formen und ihn in eine gefettete Schüssel zu geben. Drehen Sie ihn darin mehrmals um, damit er rundum von Fett überzogen ist und nicht austrocknen kann. Dann lassen Sie ihn gehen. Dazu bedecken Sie die Schüssel mit einem Tuch und stellen sie für die jeweils angegebene Zeit an einen warmen, zugfreien Ort (25 bis 30 Grad sind ideal). Ich stelle meinen Teig zum Gehen meist auf die Zündflamme meines Gasherdes. Ein ebensoguter Platz ist der Backofen – schalten Sie ihn ungefähr eine Minute lang ein (Elektrobacköfen so lange, bis die gewünschte Gradzahl erreicht ist), dann wieder aus, und stellen Sie die Teigschüssel hinein.

Ich kann Ihnen natürlich nicht mit Bestimmtheit sagen, wann Ihr Teig gut aufgegangen sein wird, aber Sie werden es schon merken. Wie lange das Gehen dauert, hängt ganz von der verwendeten Hefemenge und Mehlsorte ab; dunkles, schweres Mehl oder Schrot braucht meistens längere Zeit. An einem warmen Ort ohne Zugluft geht der Teig jedoch relativ schnell, in etwa einer Stunde. Haben Sie einen zu kühlen Ruheplatz gewählt, kann es sein, daß Sie mehrere Stunden auf Erfolg warten müssen. Dem Teig macht das aber nichts aus. Wenn er laut Rezept auf das doppelte Vo-

1 Brioches *(Prophetenkuchen)*
Rezept Seite 67

2 Vollkorn-Früchtebrot
Rezept Seite 69

3 Borschtsch *(klare Rote-Bete-Suppe)*
Uszki *(Klößchen mit Pilzfüllung)*
Rezepte Seite 96

4 Minestrone alla Milanese
(Gemüsesuppe auf Mailänder Art)
Rezept Seite 104

lumen wachsen soll, betrachten Sie ihn genau, bevor Sie ihn warm stellen, und prägen Sie sich seine Größe ein. Dann rühren Sie ihn nicht mehr an, bis er wunschgemäß aufgegangen ist.
Nachdem er den richtigen Umfang erreicht hat, wird er abgeschlagen. Das ist wohl die vergnüglichste Arbeit: Ballen Sie Ihre Hand zur Faust und stoßen Sie sie in den Teig. Dabei spüren Sie, wie ringsum die durch die Arbeit der Hefe gebildeten Gase herausgepreßt werden und der Teig sanft zusammensackt. Manche Teige müssen nach dem Abschlagen noch einmal gehen, andere werden gleich danach in Laibe geformt. Hier die einfachste Art, einen Laib herzustellen: Drücken Sie mit den Händen oder wellen Sie mit dem Nudelholz den Teig zu einem etwa 1,5 bis 2 cm dicken Rechteck aus, das an einem Ende etwas breiter ist. Beginnen Sie am schmaleren Ende und rollen Sie das Teigstück so fest wie möglich zur breiteren Seite hin auf. Drücken Sie den Saum gut an. Dann ziehen Sie an beiden Enden die Teigränder zusammen und drücken sie ebenfalls fest. Wenn es Ihnen Spaß macht, können Sie auch mit den Händen einen Laib formen. Ziehen Sie ihn nach einer Seite hin glatt und drücken Sie den Saum mit den Fingerspitzen gut an. Für ein rundes Brot macht man zuerst aus dem Teig eine Kugel und glättet sie zu einem Punkt hin, wo man die entstandenen Teigenden andrückt.
Hat der Laib die gewünschte Form, wird er mit den angequetschten Teigsäumen nach unten auf ein gefettetes Blech gelegt. Mit der Zeit sind Sie erfahren genug, um mit Hefeteig nach Belieben umzugehen und werden mit Vergnügen Zöpfe, Kränze und dergleichen aus dazu geeignetem Teig formen.
Den geformten Laib läßt man nochmals gehen, aber nur kurz, bis er etwas weniger als die doppelte Größe hat. Er braucht noch einige Reserven, um im Backofen weiter aufzugehen, sonst wird das Brot weder eine gute Form noch die richtige Beschaffenheit haben. Wenn Sie den Laib kurz vorm Backen mit Wasser bestreichen, wird die Kruste härter und knuspriger. Oder bepinseln Sie ihn mit Butter oder Öl, dadurch wird die Kruste weicher. Durch eine Glasur aus Eigelb mit Sahne erhält die Kruste einen wunderbaren Glanz und bräunt gut.
Heizen Sie immer den Backofen vor!
Sehen Sie sich Ihr Brot kurz vor Ende der angegebenen Backzeit an. Ist es noch nicht tief goldbraun oder dunkler, können weitere fünf Backminuten nicht schaden. Hier ein hilfreicher Test: Nehmen Sie das Brot nach Ablauf der im Rezept vorgeschriebenen Backzeit mit einem Handtuch oder Topflappen aus dem Ofen und drehen Sie es um. Klopfen Sie leicht auf den Boden. Klingt es hohl, müßte Ihr Brot fertig sein. Brote, die in Kastenformen gebacken werden, müssen zum Auskühlen auf einen Drahtrost gestürzt werden. Die anderen können auf dem Backblech abkühlen. Natürlich ist es besser, Brot erst anzuschneiden, wenn es kalt ist. Aber ich selbst kann manchmal nicht widerstehen. Sollten Sie genauso veranlagt sein wie ich und sich eine Scheibe vom dampfend heißen Brot abschneiden, werden Sie vom Messerschnitt ein paar klitschige Spuren darin entdecken. Machen Sie sich nichts daraus – es schmeckt auf jeden Fall herrlich – wie alle verbotenen Genüsse. Heißes Brot ist wirklich nicht gesund, darum hüten Sie sich, gar einen halben Laib auf einmal zu verschlingen! Wenn Sie glatte, saubere Scheiben haben wollen, müssen Sie ohnehin warten – aber wer kann das schon!

Anmerkung d. Übers.: Die Sitte (oder Unsitte), jedes Brot ofenwarm oder gar heiß zu verzehren, ist in der Heimat der Autorin weit verbreitet. Viele Brotsorten, v. a. mit Anteilen von Vollkornmehl oder Schrot, brauchen aber nach dem Backen noch 2 bis 3 Tage zum »Ausreifen« (chemische Umwandlungsprozesse des Getreides).

FRANZÖSISCHES BROT

Hier ist das einfachste Brot der Welt – die Franzosen nennen es *pain ordinaire*. Es sieht schlichtweg goldig aus und schmeckt himmlisch. Den schmalen, langen Laib umgibt das feinste goldschimmernde Knusperkleid aus echter, harter französischer Kruste. Wenn es in einsamer Größe auf einem Holzbrett prangt, gereicht es einer jeden Festtafel zur Zierde. Gebrochen oder in Scheiben geschnitten, innen zart wie ein Hauch, ein Stückchen Butter dazu, und fertig ist ein Meisterwerk von höchster Geschmacksreinheit.

1 gehäufter EL Butter
1 gehäufter EL Salz
1 gehäufter EL Zucker
2 Tassen kochendes Wasser
20 g frische Hefe
$^{2}/_{3}$ Tasse lauwarmes Wasser
etwa 6 bis 6 $^{1}/_{2}$ Tassen Hartweizenmehl
Maismehl

Butter, Salz und Zucker mit dem kochenden Wasser in eine große Schüssel geben. Ab und zu umrühren, während sich die Zutaten auflösen. Die Hefe in eine kleine Schüssel mit dem lauwarmen Wasser streuen und abwarten, bis sie sich aufgelöst hat. Wenn die Butterflüssigkeit nur noch lauwarm ist, die aufgelöste Hefe zugeben und alles gut verrühren.

Nach und nach das Mehl zufügen. Wenn etwa 4 Tassen an die Flüssigkeit gerührt sind und der Teig anfängt, ziemlich fest zu werden, 10 Minuten lang kräftig mit einem Holzlöffel durchschlagen. Noch so viel Mehl zusieben, daß der Teig sehr steif wird und nicht mehr mit dem Löffel durchgearbeitet werden kann.

Den Teig auf ein bemehltes Backbrett legen und kneten, dabei nach und nach soviel Mehl zufügen, wie nötig ist, bis der Teig seidigglatt und geschmeidig ist. Eine Kugel daraus formen und ihn an einem warmen Ort etwa 1 $^{1}/_{2}$ Stunden gehen lassen, bis sich sein Volumen verdoppelt hat. Dann abschlagen und erneut zum Gehen warm stellen, diesmal nur 1 knappe Stunde, bis er zweifache Größe hat.

Ein Backblech fetten und gleichmäßig mit Maismehl bestreuen.

Den Teig in 3 gleich große Stücke teilen und lange, dünne Laibe daraus formen. Dazu wellen Sie am besten jedes Teigdrittel zu einem Rechteck von 35 bis 40 cm Länge und 20 bis 25 cm Breite aus. Die Rechtecke von der Längsseite her so fest wie möglich zu schmalen, ebenmäßigen Stangen von ungefähr 4 cm Durchmesser zusammenrollen. Die Teigränder an den Längsseiten und den Enden gut andrücken.

Die 3 Brotlaibe auf das Backblech legen, mit einem Tuch bedecken und nochmals gehen lassen, bis sie nicht ganz die doppelte Größe haben. Die Oberflächen mit kaltem Wasser bestreichen und mit einem scharfen Messer 3 oder 4 mal schräg einschneiden. Im vorgeheizten Ofen 1 knappe Stunde bei 200 bis 210 Grad backen. Etwa alle 15 bis 20 Minuten wieder mit kaltem Wasser bepinseln. Dadurch entsteht die knusprige, harte Kruste, für die französisches Brot so berühmt ist.

Sie können auch eine Fettpfanne mit heißem Wasser in den Backofen schieben, dann geht das Brot besser auf.

WEISSBROT

1 große Kartoffel
1 $^{1}/_{2}$ Tassen Milch
1 $^{1}/_{2}$ EL Butter
20 g frische Hefe
$^{1}/_{4}$ TL gemahlener Ingwer
4 TL Zucker
1 EL Salz
6 bis 6 $^{1}/_{2}$ Tassen Weizenmehl

Die Kartoffel schälen, in große Stücke schneiden und in wenig Wasser ohne Salz gar kochen. Das Wasser – $^{1}/_{2}$ Tasse aufbewahren – abgießen, und die Kartoffelstücke mit etwas Milch und Butter von der Gesamtmenge zu einem glatten Brei verarbeiten.

Das Kartoffelwasser in eine kleine Schüssel gießen und abkühlen lassen. Wenn es nur noch lauwarm ist, Hefe, Ingwer und 1 Teelöffel Zucker hineinstreuen. Die restliche Milch abkochen und Salz, die übrige Butter und den Zucker zufügen. Nachdem sie etwas kühler geworden ist, nach und nach zum Kartoffelbrei

gießen, dabei ständig rühren, so daß eine glatte, cremige Masse entsteht. Diese muß unbedingt klümpchenfrei sein – wer mag schon gerne Kartoffelstückchen in seinem Brot!
Ist die Kartoffelmasse abgekühlt und die Hefemischung schaumig, beides in einer großen Schüssel zusammengeben und 4 Tassen Mehl hinzufügen. Das Ganze kräftig mit einem Holzlöffel durcharbeiten. Noch mehr Mehl zusieben und so lange rühren, bis der Teig zu fest zum Rühren ist.
Jetzt wird er auf ein gut bemehltes Backbrett gegeben und 10 bis 15 Minuten geknetet. Dabei nur soviel Mehl verwenden, wie er braucht, um glänzend und geschmeidig zu werden. Passen Sie auf, daß Sie nicht zuviel Mehl unterkneten. Sollte Ihr Teig jedoch zu fest geworden sein, aber noch kleben, waschen Sie Ihre Hände und reiben Sie sie mit Butter ein. Tun Sie das gleiche mit dem Backbrett. So verhindern Sie, daß Ihr Brot vom vielen Mehl zu trocken wird.
Den Teig in eine große, gefettete Schüssel geben, ein- oder zweimal darin umwenden, damit er völlig eingefettet ist, mit einem Tuch abdecken und zum Gehen an einen warmen Ort stellen, bis er die doppelte Größe hat. Dazu braucht er etwa 1 ½ Stunden. Dann kräftig abschlagen, damit die Gärungsgase herausgedrückt werden, und erneut ungefähr 1 Stunde gehen lassen. Wieder abschlagen, in 2 Stücke teilen und daraus Laibe formen. Diese in gefettete Kastenformen legen, mit einem Tuch bedecken und nochmals 1 knappe Stunde gehen lassen, bis sie beinahe zweimal so groß wie vorher sind.
Die Brote in den auf 230 Grad vorgeheizten Ofen schieben, nach 10 Minuten die Hitze auf 175 Grad vermindern und bei dieser Temperatur weitere 45 Minuten backen. Sie sollten tiefbraun und knusprig sein.

Brötchen

Aus dem gleichen Teig können Sie auch vorzügliche Brötchen machen. Dazu den Teig nach dem zweiten Abschlagen zu langen Stangen von etwa 5 cm Durchmesser rollen, die in ungefähr 8 cm lange Stücke geschnitten werden. Die Brötchen auf ein gefettetes Blech setzen und zugedeckt etwa ½ Stunde gehen lassen. Im vorgeheizten Ofen 10 Minuten bei 230 Grad und dann weitere 30 bis 35 Minuten bei 175 Grad backen.

WEIZENVOLLKORNBROT

2 Tassen Milch
3 EL Butter
1 EL Salz
3 EL Honig
1 Päckchen frische Hefe
⅓ Tasse lauwarmes Wasser
½ Tasse Weizenkeime
5 ½ bis 6 ½ Tassen Weizenvollkornmehl

Die Milch bis zum Siedepunkt erhitzen und Butter, Salz und Honig zufügen. Alles zusammen in eine große Rührschüssel gießen und abkühlen lassen.
Die Hefe im lauwarmen Wasser auflösen und nach einiger Zeit dem inzwischen nur noch lauwarmen Milchgemisch beifügen. Weizenkeime und 3 Tassen Mehl zugeben und das Ganze unter kräftigem Rühren mit einem Holzlöffel zu einem glatten Teig verarbeiten. Mehr Mehl hineinarbeiten, bis der Teig zu fest zum Rühren ist. Nun wird er auf einem bemehlten Backbrett geknetet. Dabei soviel Mehl zusieben, bis er nicht mehr klebt und schließlich glänzend und geschmeidig ist.
Den zur Kugel geformten Teig in eine gefettete Schüssel geben, einige Male darin umdrehen und zugedeckt etwa 1 Stunde an einem warmen Ort auf die doppelte Größe gehen lassen. Gut abschlagen, abdecken und wieder zum Gehen warm stellen.
Danach kurz durchkneten und 2 Laibe formen, in gebutterte oder geölte Kastenformen legen, mit einem Tuch bedecken und ein letztes Mal höchstens 45 Minuten gehen lassen, bis die Laibe fast doppelt so groß geworden sind. Im vorgeheizten Ofen 45 Minuten bei 190 Grad goldbraun backen.

Vollkorn-Zwiebelbrot

Den Teig nach dem Rezept Weizenvollkornbrot zubereiten. 1 Zwiebel erst in Scheiben, dann in gut 1 cm lange Streifen schneiden und nach dem ersten Gehen in den Teig hineinkneten.

Bis jetzt war jeder, der bei mir von diesem Brot gekostet hat, davon begeistert.

Vollkornbrot mit Haferflocken

Bereiten Sie den Teig wie gehabt, nur tauschen Sie diesmal 1 Tasse Vollkornmehl gegen 1 Tasse Haferflocken aus. Ich für meinen Geschmack ziehe dieses Brot mit seiner lockeren Krume dem einfachen Vollkornbrot vor.

HAFERFLOCKEN-ROSINENBROT

2 Tassen Haferflocken
5 Tassen Wasser
1/3 Tasse Honig
2 EL Salz
2/3 Tasse Weizenkeime
1 Päckchen frische Hefe
6 Tassen Weizenvollkornmehl
1 Tasse Rosinen
2 Tassen Weizenmehl

Die Haferflocken in 4 Tassen siedendes Wasser geben und 5 bis 10 Minuten darin kochen, bis sie eben weich sind. Honig, Salz und Weizenkeime hineinrühren und die Masse auf Zimmertemperatur abkühlen lassen. In 1 Tasse warmem Wasser die Hefe auflösen und mit 3 Tassen Vollkornmehl unter die Haferflockenmasse rühren. Diesen Vorteig einige Minuten mit einem Holzlöffel durchschlagen, dann mit einem Tuch bedecken und an einem warmen, zugfreien Platz gehen lassen, bis er die doppelte Größe hat.
Danach abschlagen und die Rosinen mit den restlichen 3 Tassen Vollkornmehl unterarbeiten. 1 Tasse Weizenmehl auf eine Holz- oder Marmorfläche sieben und den Teig daraufgeben. Die zweite Tasse Weizenmehl überstäuben und vorsichtig zu kneten beginnen. Den Teig etwa 10 Minuten kneten, bis er glatt und geschmeidig ist. Dann wird er zum Kloß geformt, in eine große, gebutterte Schüssel gelegt und darin gedreht, bis er gleichmäßig mit Fett überzogen ist. Die Schüssel mit einem Tuch abdecken und ungefähr 1 Stunde warm stellen, bis der Teig sein Volumen verdoppelt hat.
Nun wird er abgeschlagen, in 4 gleiche Teile geschnitten und in Laibe geformt. Die Brote in mittelgroße, gefettete Backformen geben, mit einem Tuch bedekken und etwa 1/2 Stunde gehen lassen. Im vorgeheizten Ofen erst 15 Minuten bei 200 Grad, dann 30 bis 40 Minuten bei 175 Grad backen.
Ergibt 4 Laibe.

Zimtbrot

Den Brotteig wie beschrieben zubereiten. Wenn Sie den Teig geviertelt haben, jedes Stück zu einem gut 1 cm dicken Oval auswellen. Mit flüssiger Butter bepinseln, etwa 1 Teelöffel Zimt darauf verteilen und 2 Eßlöffel Zucker darüberstreuen. Die Ovale von der Schmalseite aus zu Laiben zusammenrollen. Die dabei entstandenen Teigsäume unter den Böden festdrükken. Die Brote in gefettete Formen legen und wie oben angegeben backen.

HAFERFLOCKEN-WEISSBROT

1 große Kartoffel
1 1/2 Tassen Milch
1 1/2 EL Butter
20 g frische Hefe
1/4 TL gemahlener Ingwer
4 TL Zucker
1 EL Salz
etwa 6 Tassen Weizenmehl
1 Tasse Haferflocken

Dieses Brot ist eine schmackhafte Variante von einfachem Weißbrot. Den Teig wie den Weißbrotteig (S. 62) zubereiten, dabei nach den ersten 4 Tassen Mehl die Haferflocken zufügen. Natürlich dürfen Sie nun nicht ganz soviel Mehl verwenden, wenn der Teig die richtige Konsistenz haben soll. Wie den Weißbrotteig können Sie auch diesen ganz oder teilweise zu Brötchen verarbeiten.

VOLLKORNZOPF MIT EIERN

1 Päckchen frische Hefe
1/3 Tasse warmes Wasser
2 Tassen Milch
3 EL Butter
2 EL Zucker
7 bis 7 1/2 Tassen Weizenvollkornmehl
1 EL Salz
1 Ei
4 Eigelb
1 TL Sahne
Sesamkörner

Im lauwarmen Wasser die Hefe auflösen. Die Milch zum Kochen bringen und Butter sowie Zucker hineinrühren. Das heiße Milchgemisch in eine große Rührschüssel gießen und abkühlen lassen. Wenn es nur noch lauwarm ist, die angerührte Hefe zufügen.
Mehl und Salz zusammengeben. Etwa 2 Tassen Mehl in die Milch sieben und alles mit einem elektrischen Rührgerät so lange durchschlagen, bis die Masse glatt ist.
Das Ei leicht mit den Eigelb verquirlen. Etwa 2 Eßlöffel davon abnehmen, das übrige an den Teig geben. Mit dem Rührgerät verschlagen.
Nach und nach so viel Mehl unterrühren, daß der Teig fest wird. Wenn Sie mit dem Löffel nicht mehr durchkommen, geben Sie den Teig auf ein dick bemehltes Backbrett und kneten ihn 10 bis 15 Minuten. Dabei verarbeiten Sie das Mehl in kleinen Mengen, bis der Teig glänzend und geschmeidig ist.
Einen Kloß formen und in einer großen, gebutterten Schüssel mehrmals drehen, bis er rundherum eingefettet ist. Mit einem Tuch bedecken und an einem warmen, zugfreien Ort etwa 1 1/2 Stunden gehen lassen, bis er seine Größe verdoppelt hat.
Den Teig abschlagen und in 2 Teile schneiden. Jede Hälfte zu einem gleichmäßigen Rechteck von etwa 35 cm Länge und 15 cm Breite ausrollen. Diese Teigstücke in jeweils 3 gleich breite Streifen schneiden, die aber an einem Ende noch zusammenhängen müssen. Fangen Sie an diesem gemeinsamen Punkt zu flechten an, wobei immer wechselseitig ein Streifen unter den andern geschlagen und das letzte Ende fest angedrückt wird.
Die Zöpfe in 2 mittelgroße, gefettete Kastenformen legen und zugedeckt etwa 1/2 Stunde aufgehen lassen, bis sie um die Hälfte größer als vorher sind.
Ungefähr 1 Teelöffel Sahne mit dem zurückbehaltenen verquirlten Ei verschlagen und die Laibe damit bestreichen. Sesamkörner darüberstreuen und die Zöpfe im vorgeheizten Ofen bei 190 Grad 45 bis 50 Minuten backen.
Ergibt 2 große Zopflaibe.

WIENER BROT

1 Päckchen frische Hefe
1 Tasse warmes Wasser
2 EL Zucker
5 1/2 bis 6 1/2 Tassen Weizenmehl
1 Tasse Milch
1 EL Salz
3 EL zerlassene Butter

Glasur:
1 Eigelb
1 EL Milch

Die Hefe im warmen Wasser auflösen und mit 1 Eßlöffel Zucker und 1 3/4 bis 2 Tassen Mehl zu einer weichen, schaumigen Masse verrühren. Diesen Vorteig zugedeckt an einem warmen Ort etwa 45 Minuten ruhen lassen, bis er aufgegangen und blasig ist.
Milch, den restlichen Zucker, Salz und zerlassene Butter zufügen und den Teig gut abschlagen. Soviel von dem übrigen Mehl hineinarbeiten, wie für seine Festigkeit nötig ist. Dann wird er auf ein dick bemehltes Backbrett gelegt und 10 bis 15 Minuten geknetet, bis er glatt und geschmeidig ist.
Damit der Teig nicht klebt, immer wieder etwas Mehl unterkneten.
Wenn er sich leicht von den Händen löst, eine Kugel daraus formen, in eine gefettete Schüssel legen und darin umwenden, bis sie ganz mit Fett überzogen ist. Mit einem Tuch bedecken und an einem warmen, zugfreien Platz ungefähr 45 Minuten bis 1 Stunde gehen lassen, bis sich das Teigvolumen etwa verdoppelt hat.

Daraufhin erneut abschlagen und in 2 längliche Laibe oder große Zöpfe formen, auf gefettete Backbleche legen, mit einem Tuch bedecken und zum Gehen nochmals ½ Stunde warm stellen, bis sie beinahe zweifache Größe einnehmen.
Das Eigelb mit der Milch verquirlen und die Laibe dünn mit dieser Glasur bestreichen. Jetzt werden die Brote in den auf 220 Grad vorgeheizten Ofen geschoben. Nach 5 Minuten die Hitze auf 190 Grad vermindern und bei dieser Temperatur weitere 35 bis 40 Minuten backen, bis sie goldbraun sind.
Lassen Sie die Brote auf Gitterrosten auskühlen, ehe Sie sie anschneiden.
Ergibt 2 mittelgroße Laibe.

CHALLAH
(jüdisches Eierbrot)

20 g frische Hefe
2 TL Zucker
1 ¼ Tasse warmes Wasser
4 ½ bis 5 Tassen Hartweizenmehl
2 TL Salz
2 Eier
2 EL zerlassene Butter oder Öl
1 Eigelb
Sesamkörner oder Mohn

Die Hefe in ¼ Tasse von der Gesamtmenge abgenommenem Wasser auflösen und den Zucker zufügen. 4 Tassen Mehl mit Salz in eine große Rührschüssel sieben, die 2 Eier, Butter oder Öl, das restliche Wasser und die angerührte Hefe dazugeben.
Alles kräftig durcharbeiten, damit die Zutaten gut vermengt werden. Ein großes Backbrett mit knapp ½ Tasse Mehl bestäuben und den Teig zum Kneten darauflegen. So viel von dem übriggebliebenen Mehl unterkneten, daß ein glatter, geschmeidiger Teig entsteht, der sich, ohne zu kleben, leicht von den Händen löst.
Geben Sie ihn in eine gefettete Schüssel und lassen Sie ihn zugedeckt an einem ziemlich warmen Ort ungefähr 1 Stunde gehen. Dann abschlagen und erneut auf die doppelte Größe gehen lassen.
Formen Sie nun auf einer dünn bemehlten Arbeitsfläche das Challah: Zunächst teilen Sie den Teig in 2 Hälften von leicht unterschiedlicher Größe. Dann schneiden Sie das größere Stück in 3 gleiche Teile, die Sie zu Streifen rollen. Daraus flechten Sie einen dikken, ebenmäßigen Zopf und legen ihn in die Mitte eines gefetteten Backblechs. Verfahren Sie genauso mit der kleineren Teighälfte und legen Sie den zweiten Zopf auf den andern.
Das Ganze mit einem Tuch bedecken und etwa ½ Stunde gehen lassen. Danach den Doppelzopf dick mit Eigelb bestreichen und großzügig mit Sesamkörnern oder Mohn bestreuen. Ungefähr 50 Minuten bei 190 Grad backen.
Aus dem Ofen kommt ein sehr großes, eindrucksvolles Challah, goldbraun und glänzend.

WEIZENVOLLKORNBROT »ANADAMA«

20 g frische Hefe
1 ⅔ Tassen warmes Wasser
1 EL Zucker
3 EL Melasse (ersatzweise Sirup oder Rübenkraut)
3 Tassen Weizenvollkornmehl
1 Tasse Weizenmehl
1 Tasse Maismehl
1 EL Salz
2 EL zerlassene Butter

Die Hefe im lauwarmen Wasser mit Zucker und Melasse auflösen. Vollkorn-, Weizen- und Maismehl mit Salz zusammensieben. 1 ½ Tasse davon abnehmen und zu der Flüssigkeit rühren. Kräftig glattschlagen und das Hefestück an einem warmen Ort etwa eine Stunde gehen lassen.
Den Vorteig rühren, so daß er zusammenfällt, die zerlassene Butter zufügen und nach und nach soviel Mehl wie möglich hineinarbeiten. Wenn der Teig zu steif zum Rühren ist, das restliche Mehlgemisch auf ein Backbrett sieben, den Teig darauflegen, einmal im Mehl wenden und sanft zu kneten beginnen. So lange kneten, bis er eine gleichmäßige Dichte hat und sehr geschmeidig ist. Dabei verarbeiten Sie nur soviel Mehl, wie nötig ist, damit der Teig nicht mehr klebt, keinesfalls mehr.

Formen Sie den Teig zur Kugel und legen Sie ihn in eine gefettete Schüssel. Ein- oder zweimal darin umdrehen, mit einem Tuch bedecken und zum Gehen an einen warmen, zugfreien Platz stellen, bis er doppelt so groß ist. Abschlagen, noch einmal kurz durchkneten und einen hohen, runden Laib formen, dabei die herabgezogenen Teigränder am Boden fest andrükken. Das Brot auf ein gefettetes, mit Maismehl ausgestreutes Backblech legen und so lange gehen lassen, bis es ungefähr zweimal so groß wie zuvor ist.
Schneiden Sie mit einem scharfen Messer ein flaches Kreuz in die obere Laibmitte und bestreichen Sie die ganze Oberfläche mit kaltem Wasser. Im vorgeheizten Ofen etwa 45 Minuten bei 200 Grad backen.
Ergibt 1 großen Laib Brot.

BRIOCHES *Abb. 1*

(Prophetenkuchen)

$^1/_2$ Tasse plus 1 EL warme Milch
20 g frische Hefe
2 TL Zucker
2 $^1/_2$ Tassen Mehl
$^1/_2$ Tasse weiche Butter
1 TL Salz
3 Eier

Glasur:
1 EL Milch
1 Eigelb

Briocheteig können Sie auf zweierlei Weise zubereiten: einmal in harter Arbeit, wobei Sie zum anstrengenden Kneten Ihre Hände fleißig regen müssen, und zum andern wunderbar leicht mit einer elektrischen Küchenmaschine.
Zuerst die arbeitsintensivere Methode: Die Hefe mit Milch und Zucker verrühren, bis sie sich aufgelöst hat. 1 Tasse Mehl darunterschlagen. Die weiche Butter sowie Salz zufügen und alles mit einem starken Rührgerät oder mit der Hand zu einer glatten Masse verarbeiten. Die 3 Eier eins nach dem andern zugeben und jedesmal gut mit dem Teig verschlagen. Dann das restliche Mehl nach und nach zusieben und kräftig hineinarbeiten, bis der Teig glänzend und geschmeidig ist. Wenn Sie einen Holzlöffel oder die Hände gebrauchen, ist folgende Methode die beste: Sie schlagen den Teig fest gegen die Schüsselwand, ziehen ihn hoch und lassen ihn von oben wieder herabklatschen. Er ist fertig, wenn er Blasen wirft und sich, ohne zu kleben, leicht von Hand und Schüssel löst.
Den Teig in eine große, gefettete Schüssel geben, mit einem Tuch bedecken und an einem warmen Ort etwa 2 $^1/_2$ bis 3 $^1/_2$ Stunden gehen lassen, bis er doppelten Umfang hat.
Daraufhin abschlagen, die Schüssel mit einer Plastikhaube abdecken und den Teig mindestens für 6 Stunden oder über Nacht in den Kühlschrank stellen.
Zwei Briocheformen (gerippte, feuerfeste Rundformen) von etwa 20 cm Durchmesser gut ausfetten.
Den Teig halbieren und die eine Hälfte wieder in den Kühlschrank legen. Aus dem anderen Teil auf einem mehlbestäubten Backbrett 2 glatte, verschieden große Bälle formen; der zweite darf nur etwa $^1/_5$ der Größe des ersten haben. Dazu bemehlen Sie Ihre Hände, legen sie auf den Teig, ziehen ihn sanft von oben über die Seiten hinab nach unten und drücken die Teigsäume unter dem Boden fest.
Den großen Teigball mit der gequetschten Seite nach unten in eine der Briocheformen legen und in der Mitte mit einem scharfen, spitzen Messer leicht einkreuzen. Den Teig an der Schnittstelle mit bemehlten Fingern ein wenig auseinanderziehen, so daß ein Loch entsteht, in das der zweite Teigball fast hineinpaßt. Nun den kleineren Ball behutsam in das vorbereitete Nest setzen. Er muß etwa zur Hälfte darin stecken. Die zurückbehaltene Teighälfte aus dem Kühlschrank nehmen und in gleicher Weise verarbeiten. Die beiden Brioches nun an einem warmen Ort 2 $^1/_2$ bis 3 Stunden gehen lassen, bis sie fast die doppelte Größe haben. Für die Glasur das Eigelb mit der Milch verquirlen und die Brioches dünn damit bestreichen. Im vorgeheizten Ofen bei 175 Grad 45 bis 50 Minuten backen. Aus der Form heben und nach Belieben warm servieren oder auf einem Rost auskühlen lassen.

Maschinelle Zubereitung:
Die Hefe in der Milch auflösen, dann Zucker und 1 Tasse Mehl hineinrühren. In die Küchenmaschine

oder einen starken Rührstab das Stahlmesser einsetzen. Den Vorteig in den jeweiligen Behälter geben und 15 bis 20 Sekunden glattschlagen.
Die weiche Butter mit Salz zufügen und 20 Sekunden lang verarbeiten. Dann die Eier hineinschlagen und wieder 20 Sekunden unterrühren.
Das restliche Mehl zusieben und 3 Minuten lang durcharbeiten, dabei ab und zu die Maschine ausschalten und den Teig von den Wänden des Behälters schaben. Der fertige Teig muß samtigglatt, glänzend und geschmeidig sein. Nun in der Zubereitung wie oben beschrieben fortfahren – den Teig gehen lassen, kühl stellen, formen, die Brioches nochmals gehen lassen und dann backen.
Brioches müssen unbedingt frisch gegessen werden!
Ergibt 2 mittelgroße Brioches.

SCHWEDISCHES DELIKATESS-ROGGENBROT

Dieses Brot ist reich im Geschmack und dunkel, aber dennoch locker in der Krume durch die magischen Kräfte des Klebermehls. (Klebermehl ist ein Weizenmehl, das einen besonders hohen Anteil an Kleber, Getreideeiweiß, enthält, aber nur wenig Kohlehydrate.)

1 Päckchen frische Hefe
1 Tasse warmes Wasser
$^2/_3$ Tasse heißes Wasser
2 EL Butter
$^1/_3$ Tasse ungeschwefelte Melasse
(ersatzweise Sirup oder Rübenkraut)
1 $^1/_2$ EL Meersalz
1 EL Kümmel
1 EL Anissamen
1 EL getrocknete, pulverisierte Orangenschale
(oder 2 bis 3 EL frisch abgeriebene)
Maismehl
2 $^1/_2$ Tassen Roggenmehl
2 Tassen sehr feines Weizenvollkornmehl
1 $^1/_2$ Tassen Klebermehl

Die Hefe im lauwarmen Wasser auflösen. In einer großen Schüssel die Butter im heißen Wasser schmelzen lassen, dann die anderen Zutaten und zuletzt die Hefemischung zufügen.
Das Mehl zusammensieben. Den größten Teil des Mehlgemischs zu der Flüssigkeit geben und zu einem festen Teig verarbeiten. Ein Backbrett leicht mit Mehl bestäuben und darauf das restliche Mehl in den Teig kneten. Wenn er glatt und geschmeidig ist, läßt man ihn in einer gefetteten Schüssel zugedeckt an einem warmen Ort etwa 1 $^1/_2$ bis 2 Stunden auf die doppelte Größe gehen.
Dann gut abschlagen, 2 schöne Laibe formen und auf ein gefettetes, mit Maismehl bestreutes Blech legen. Mit einem Tuch abdecken und nochmals gehen lassen, bis sie nicht ganz zweifache Größe erlangt haben. Im vorgeheizten Ofen bei 175 Grad 45 bis 50 Minuten backen.
Ergibt 2 Brotlaibe.

HAFERFLOCKEN-MISCHBROT

1 Päckchen frische Hefe
3 Tassen warmes Wasser
$^1/_4$ Tasse Melasse (ersatzweise Sirup oder Rübenkraut)
2 Tassen Weizenmehl
2 Tassen Weizenvollkornmehl
1 EL Salz
2 Tassen Roggenvollkornmehl
2 Tassen Haferflocken
mehr Weizenmehl nach Bedarf (1 bis 1 $^1/_2$ Tassen)

In einer großen Schüssel die Hefe mit dem warmen Wasser anrühren. Die Melasse zufügen und umrühren, bis sie sich aufgelöst hat. Weizen- und Vollkornmehl tassenweise zusieben und hineinarbeiten. Wenn alle 4 Tassen Mehl verwendet sind, die Masse etwa 10 Minuten kräftig mit einem Holzlöffel durchschlagen, bis sie glatt und sehr weich ist.
Die Schüssel mit einem Tuch bedecken und 45 Minuten bis 1 Stunde warm stellen. Nach dieser Zeit müßte der Vorteig aufgegangen sein.
Salz darüberstreuen und verkneten. Nach und nach das Roggenmehl und die Haferflocken hineinarbei-

ten. Der Teig soll recht steif sein. Ist er nicht fest genug, noch etwas Weizenmehl zufügen. Sobald er aufgenommen werden kann, ohne zu reißen, nimmt man ihn aus der Schüssel, legt ihn auf ein bemehltes Brett und beginnt zu kneten. Nur soviel Mehl verarbeiten, wie nötig ist, um dem Teig die richtige Festigkeit zu geben. Wenn er glänzend und geschmeidig ist und sich (nach etwa 20 Minuten Kneten) von den Händen löst, ohne zu kleben, formt man ihn zur Kugel, gibt ihn in eine große gefettete Schüssel und wendet ihn darin um, bis er rundherum eingefettet ist.
Mit einem Tuch bedecken und ungefähr 1 Stunde zum Gehen warm stellen. Der Teig sollte sein Volumen verdoppeln.
Dann wird er abgeschlagen, halbiert und in 2 Laibe geformt. Die Brote in gefettete, mittelgroße Kastenformen legen und zugedeckt nochmals etwa 50 Minuten gehen lassen. Im vorgeheizten Ofen bei 175 Grad 1 Stunde backen. Wenn sie fertig sind, auf einem Drahtrost auskühlen lassen.
Ergibt 2 Laibe.

VOLLKORN-FRÜCHTEBROT *Abb. 2*

Dieses feste, gehaltvolle Brot sollte in dünne Scheiben geschnitten werden. Es schmeckt sehr gut mit Butter, vorzüglich mit Käse und hält sich wochenlang frisch.

1 Tasse warmes Kartoffelwasser (vom Kartoffelkochen)
1 Päckchen frische Hefe
2 Tassen warmes Kartoffelpüree
1/2 Tasse Melasse (ersatzweise Sirup oder Rübenkraut)
etwa 4 Tassen Weizenvollkornmehl
2 1/2 Tassen Roggenvollkornmehl
2 TL Salz
1/2 Tasse Weizenkeime
2/3 Tasse gehackte Dörrpflaumen
2/3 Tasse Sultaninen
2/3 Tasse Korinthen
2/3 Tasse gehackte Walnüsse

Glasur:
1 Eigelb
2 EL Wasser

Die Hefe im warmen Kartoffelwasser auflösen und zu dem Kartoffelpüree in eine große Schüssel rühren. Die Melasse und 2 Tassen Vollkornmehl zufügen und alles gut vermengen. Die Schüssel mit einem Tuch abdecken und an einen warmen, zugfreien Ort stellen, damit der Vorteig gehen kann.
Das Hefestück abschlagen. Roggenmehl und Salz vermischen und mit Weizenkeimen, Trockenfrüchten und Nüssen in den Teig arbeiten.
Auf einem mehlbestäubten Backbrett nach und nach soviel Vollkornmehl unterkneten, bis der Teig leicht zu handhaben ist. Nach ausreichendem Kneten ist er geschmeidig und dehnt sich gleich wieder aus, wenn man ihn zusammengedrückt hat.
Einen Kloß daraus formen und in eine große, leicht gefettete Schüssel legen, darin umwenden und dann zugedeckt 1 1/2 Stunden an einen warmen Ort stellen, bis er seine Größe verdoppelt hat. Kräftig abschlagen, wieder zur Kugel formen und weitere 45 Minuten gehen lassen.
Danach den Teig halbieren und aus jedem Stück einen Ball formen. Diese Rundlaibe mit ihrer glatten Seite nach oben auf gefettete Backbleche legen, mit einem Tuch bedecken und noch einmal 45 Minuten gehen lassen. Mit Glasur bestreichen und im vorgeheizten Ofen bei 190 Grad 1 Stunde backen.
Lassen Sie die Brote vor dem Anschneiden auskühlen.
Ergibt 2 große Laibe.

ROSINEN-ROGGENBROT

1 Päckchen frische Hefe
1 1/2 Tassen lauwarmes Wasser
1 TL Zucker
1 1/3 Tassen Rosinen
1 Tasse Milch
1/4 Tasse brauner Zucker (Rohzucker)
abgeriebene Schale von 2 Orangen
1/2 TL Fenchelsamen, zerstoßen
4 1/2 Tassen Roggenmehl
3 EL zerlassene Butter
1 EL Salz
2 1/2 Tassen Weizenmehl
Maismehl

In einer kleinen Schüssel die Hefe in 1/2 Tasse von der Gesamtmenge abgenommenem warmen Wasser auflösen und 1 Teelöffel Zucker dazurühren. Nun 10 Minuten abwarten, bis die Hefegärung eintritt.
Siedendes Wasser über die Rosinen gießen und sie darin 10 Minuten quellen lassen, dann abseihen.
Die Milch mit dem restlichen Wasser erhitzen, bis die Flüssigkeit lauwarm ist. In einer großen Schüssel das Milchwasser, die angerührte Hefe, braunen Zucker, Rosinen, abgeriebene Orangenschale, Fenchelsamen und 2 Tassen Roggenmehl zusammengeben. Diese Masse mit einem Holzlöffel kräftig durchschlagen, bis keine Mehlklümpchen mehr vorhanden sind. Nun die zerlassene Butter und Salz zufügen.
Die übrigen 2 1/2 Tassen Roggenmehl sowie 1 Tasse Weizenmehl in kleinen Mengen von jeweils einer halben Tasse in den Teig arbeiten. Jetzt ist er wahrscheinlich so dicht, daß er nicht mehr mit dem Löffel gerührt werden kann. Wenn nicht, noch Weizenmehl zusieben, bis er die gewünschte Festigkeit hat.
1 Tasse Weizenmehl auf eine große Holz- oder Marmorfläche sieben und den Teig daraufgeben. Mit dem restlichen Mehl überstäuben und vorsichtig zu kneten beginnen. Dabei muß der Teig zunächst rundherum mit Mehl bedeckt sein, damit er nicht klebt. So viel Mehl unterkneten, daß der Teig glatt und geschmeidig wird. Kneten Sie etwa 15 bis 20 Minuten.
Den Teig zu einer Kugel formen, in eine große gefettete Schüssel legen und ein- bis zweimal darin drehen, damit er gänzlich eingefettet wird. Mit einem Tuch bedecken und zum Gehen 1 Stunde warm stellen, bis sein Umfang sich verdoppelt hat.
Danach wird er abgeschlagen, noch einige Male geknetet und in 2 Teile geschnitten. Aus jeder Teighälfte einen runden Ball formen und die entstandenen Säume gut andrücken. Die beiden Laibe mit den Säumen nach unten auf gefettete, mit Maismehl bestreute Backbleche geben. Mit einem scharfen Messer oben in jede Laibmitte ein großes Kreuz schneiden. Die Brote zugedeckt eine weitere Stunde gehen lassen, bis sie knapp doppelt so groß sind.
Mit Wasser bepinseln und im vorgeheizten Ofen bei 190 Grad 1 Stunde backen. Die fertigen Brote müssen hohl klingen, wenn man auf ihren Boden klopft. Auf einem Gitterrost auskühlen lassen.
Ergibt 2 mittelgroße Brotlaibe.

HONIG-VOLLKORNBROT

Hier nun das beste Brot, das ich je gebacken habe. Wenn Sie gerne Vollkornbrot essen, werden Sie mir zustimmen. Ein herrliches Brot – es schmeckt auch ohne Butter!

1/2 Tasse trockene Weizenkörner
Wasser nach Bedarf
1 2/3 Tassen abgekochte, abgekühlte Milch
20 g frische Hefe
1/3 Tasse Bienenhonig
2 EL zerlassene Butter
2 TL Salz
5 1/2 bis 6 1/2 Tassen sehr fein gemahlenes Weizenvollkornmehl
1/2 Tasse in Honig geröstete Weizenkeime

Lassen Sie die Weizenkörner in etwa 2 Tassen Wasser 2 1/2 bis 3 Stunden leise kochen. Gießen Sie, wenn nötig, noch Wasser zu, und fangen Sie inzwischen schon mit der Teigbereitung an.
Die Milch abkochen und auf Zimmertemperatur abkühlen lassen, oder H-Milch bzw. Büchsenmilch nehmen und mit heißem Wasser mischen, wenn Sie schnell zum gleichen Ergebnis kommen wollen. In 1/4 Tasse warmem Wasser die Hefe auflösen und in eine große Rührschüssel geben. Nun in der hier angegebenen Reihenfolge die Milch, den Honig, die geschmolzene Butter und das Salz zufügen. 4 Tassen vom Vollkornmehl dazusieben und die Masse mit einem Holzlöffel abrühren. Hat sie die richtige Geschmeidigkeit, noch 1 1/2 Tassen Mehl und die Weizenkeime hineingeben und so gut es geht unterarbeiten – der Teig wird jetzt sehr steif sein.
Ein großes Backbrett mit etwas Mehl bestäuben und den Teig zum Kneten daraufgeben. Fügen Sie, wenn nötig, noch ein wenig Mehl hinzu, aber geben Sie acht, daß Ihnen der Teig nicht zu fest wird.
Sollten Sie noch kein Meister im Kneten sein, gehen Sie der Klebrigkeit Ihres Teiges mit gefetteten Händen zu Leibe.
Wenn der Teig seidigglatt ist und sich elastisch zusammenzieht, legen Sie ihn in eine gefettete Schüssel und lassen ihn etwa 1/2 Stunde zugedeckt gehen, bis er

noch einmal so groß geworden ist. Dann abschlagen, auf das Backbrett zurücklegen und die gekochten Weizenkörner, die weich genug zum Kauen sein müssen, unterkneten. Den Teig nun halbieren, 2 Laibe formen und in gefettete Kastenformen legen. Wieder mit einem Tuch bedecken und an einem warmen Ort auf knapp doppelte Größe gehen lassen – diesmal nur etwa 45 Minuten. Im vorgeheizten Ofen bei 190 Grad ungefähr 45 Minuten backen.

SESAMKRANZ *Abb. 24*

20 g frische Hefe
1 1/4 Tassen lauwarmes Wasser
4 bis 4 1/2 Tassen Weizenmehl
1 Ei
2 TL Salz
2 EL zerlassene Butter oder Öl
1 Eigelb
4 EL Sesamkörner

Die Hefe in 1/4 Tasse lauwarmem Wasser auflösen und einige Minuten beiseite stellen.
4 Tassen Mehl in eine große Rührschüssel sieben. Das Ei, die Hefe, das restliche Wasser, Salz und Butter oder Öl zufügen. Den Teig kräftig abrühren und noch so viel Mehl zugeben, daß er ziemlich fest wird.
Den Teig auf ein leicht bemehltes Backbrett geben und kneten, bis er sehr elastisch und glänzend geworden ist. Zu einer Kugel formen, in eine geölte Schüssel legen und darin umwenden, damit er von einer dünnen Ölschicht überzogen wird. Mit einem Tuch bedecken und 1 Stunde zum Gehen warm stellen. Danach sollte er die doppelte Größe haben.
Abschlagen, kurz durchkneten und zu einem runden, gleichmäßigen Ball formen. Mit den Fingern ein Loch in die Mitte bohren und den Teig von da aus vorsichtig zu einem Ring (oder *Donut*) auseinanderziehen. Die entstandene Form glätten, dabei etwas Teig ringsum von den Seiten nach oben zu einem kreisrunden Saum zusammenziehen und gut andrücken. Den Kranz in eine gefettete Backform legen und zugedeckt gehen lassen, bis er nahezu doppelt so groß ist wie zuvor. Die Oberfläche mit verschlagenem Eigelb bestreichen und eine dicke Schicht Sesamkörner darauf verteilen. Bei 190 Grad ungefähr 50 Minuten backen. Servieren Sie diesen Sesamkranz zu Ihrem feinsten griechischen Essen!

KRÄUTER-ZWIEBELBROT

Dieses Zwiebelbrot wird zwar aus Hefeteig gemacht, nimmt aber längst nicht soviel Zubereitungszeit in Anspruch wie die meisten anderen Hefebrote. Warm schmeckt es köstlich zu vielen Mahlzeiten.

1 Tasse Wasser
1 Tasse Milch
1/4 Tasse Zucker
1 Päckchen frische Hefe
1/4 Tasse Pflanzenöl
1 feingehackte Knoblauchzehe
3 EL gehackte Zwiebeln
etwa 5 Tassen Weizenvollkornmehl
1 1/4 TL Salz
1/2 TL getrocknetes Basilikum, zerstoßen
1/2 TL getrockneter Oregano, zerstoßen
1/4 TL getrockneter Thymian, zerstoßen
1 Ei

Wasser und Milch zusammen leicht erwärmen, dann Zucker und Hefe hineinrühren.
In einer kleinen Kasserolle das Öl erhitzen und die Zwiebeln mit dem Knoblauch darin dünsten, bis sie eben Farbe nehmen.
In einer großen Schüssel die Hefemischung mit etwa 1 1/2 Tassen Mehl mit einem elektrischen Handrührgerät glattschlagen. Salz, Kräuter, gebratene Zwiebeln, Knoblauch und das Ei zufügen und mit der Maschine in den Teig arbeiten. Nach und nach weitere 1 1/2 Tassen Mehl zusieben und die Masse 5 Minuten durchschlagen, bis sie klümpchenfrei und cremig ist.
Noch 1 Tasse Mehl zugeben, dann den Teig auf einer bemehlten Fläche 5 Minuten kneten. Dabei nur soviel Mehl verwenden, wie nötig ist, um ihn am Kleben zu hindern. Zuletzt sollte er geschmeidig-glatt und ziemlich weich sein. Eine Kugel daraus formen, in eine geölte Schüssel geben, darin umdrehen, bis er gleichmä-

ßig mit einer Ölschicht bedeckt ist, und ihn zugedeckt an einem warmen Ort etwa 45 Minuten gehen lassen, bis er beinahe doppelten Umfang hat.
Den Teig abschlagen und in 3 kleine Laibe formen, die in kleine, geölte Kastenformen gelegt werden und nochmals 1/2 Stunde gehen müssen. Die Brote im vorgeheizten Ofen bei 190 Grad 35 Minuten backen, bis sie hohl klingen, wenn man auf ihre Böden klopft. Ergibt 3 kleine Laibe.

EINFACHES KRÄUTERBROT

Am liebsten backe ich dieses Brot am Spätnachmittag, damit es zum Abendessen noch warm ist. Das Aroma der Gewürzkräuter ist der beste Appetitanreger, den man sich nur wünschen kann. Hier das Rezept für einen Laib:

1/2 Tasse Milch
1 1/2 EL Zucker
1 TL Salz
1 EL Butter
20 g frische Hefe
1/2 Tasse warmes Wasser
2 1/4 Tassen Weizenauszugs- oder -vollkornmehl
1/2 kleine gehackte Zwiebel
1/2 TL getrockneter Dill
1 TL getrocknetes Rosmarin, zerstoßen

Die Milch bis zum Siedepunkt erhitzen und Zucker, Salz und Butter darin auflösen. Die Flüssigkeit auf Zimmertemperatur abkühlen lassen. In einer großen Schüssel die Hefe im lauwarmen Wasser auflösen. Dann die abgekühlte Milch, Mehl, feingewiegte Zwiebel und Kräuter hinzufügen und alles gut mit einem Holzlöffel verrühren.
Wenn der Teig glatt ist, wird er mit einem Tuch abgedeckt und an einen warmen Ort gestellt, wo er etwa 45 Minuten gehen soll, bis er das dreifache Volumen hat. Abschlagen und einige Minuten kräftig durcharbeiten, dann in eine gefettete Kastenform geben. Nochmals 10 Minuten ruhen lassen, bevor er im vorgeheizten Ofen bei 175 Grad 1 Stunde gebacken wird.

AMERIKANISCHER MONTAGSPUMPERNICKEL

Fangen Sie die Woche mit diesem Brot an, und der Montag ist halb so schlimm! Auch die übrigen Wochentage können Sie getrost durch die rosa Brille betrachten, denn der köstliche dunkle Pumpernickel mit seinem hohen Eiweißgehalt ist ein echter Fitmacher!

20 g frische Hefe
1/4 Tasse lauwarmes Wasser
2 EL Butter
1 EL Kümmel
1 EL pulverisierte getrocknete Zitronenschale
(oder 2 EL frisch abgeriebene Zitronenschale)
1 EL Salz
2 EL Melasse (ersatzweise Rübenkraut)
1/3 Tasse Korinthen (keine Rosinen)
2 Tassen Milch
2 Tassen Roggenmehl
2 Tassen Weizenvollkornmehl
1 Tasse grobe Kleie (keine feine Diätkleie)
1/2 Tasse Weizenkeime
1/2 Tasse Klebermehl

Die Hefe im lauwarmen Wasser auflösen. Butter, Kümmel, abgeriebene Zitronenschale, Salz, Melasse und Korinthen in eine große Rührschüssel geben. Die Milch abkochen und dazugießen. Wenn die Butter geschmolzen und die Milch nur noch lauwarm ist, die Hefe einrühren, dann das Roggenmehl und zuletzt die Hälfte des Weizenvollkornmehls. Das Ganze mit einem Holzlöffel kräftig glattschlagen. Kleie, Weizenkeime und Klebermehl unter Rühren hinzufügen. Ein wenig vom restlichen Weizenmehl auf ein großes Backbrett sieben, den Teig daraufgeben, mit Mehl bestäuben und langsam Mehl unterkneten, bis er nicht mehr klebt.
Wenn er glänzend und geschmeidig ist, wird er zu einem Kloß geformt, in eine gefettete Schüssel gelegt, einmal darin umgewendet und zugedeckt an einen warmen Ort gestellt, bis er nach 1 1/2 bis 2 Stunden auf die doppelte Größe gegangen ist.
Den Teig abschlagen und in 2 Laibe formen, die mit

den angedrückten Teigsäumen nach unten auf ein dünn bemehltes Backblech gelegt und eine weitere knappe Stunde zum Gehen warm gestellt werden, bis sie fast noch einmal so groß sind. Die Laibe mit kaltem Wasser bepinseln und im vorgeheizten Ofen bei 190 Grad 50 Minuten backen.
Jedes Brot enthält etwa 80 g Eiweiß.

VOLLKORNMISCHBROT

2 Tassen kochendes Wasser
1 EL Salz
2 EL Butter
1 bis 2 EL Melasse (bzw. Rübenkraut)
1 Tasse gelber Maisgrieß
1 Tasse Haferflocken
½ Tasse lauwarmes Wasser
1 Päckchen frische Hefe
1 Tasse Roggenmehl
2 Tassen Weizenvollkornmehl
Weizenmehl nach Bedarf (etwa 1 Tasse)

Glasur:
Verquirltes Eigelb oder Wasser mit Caro-Kaffee

Salz, Butter und Melasse in eine große Schüssel geben und mit dem kochenden Wasser übergießen. Maismehl und Haferflocken dazurühren. Während dieses Gemisch auf Zimmertemperatur abkühlt, die Hefe im lauwarmen Wasser auflösen und nach etwa 10 Minuten an die Maismasse rühren.
Unter kräftigem Schlagen Roggen- und Vollkornmehl zugeben, dann noch genügend Weißmehl, damit ein fester Teig entsteht, der geknetet werden kann. Beim Kneten kleine Mengen Weizenmehl verarbeiten, bis der Teig schließlich nicht mehr klebt.
Ist er geschmeidig und schön glatt, eine Kugel daraus formen, in eine große gefettete Schüssel geben, darin umdrehen, so daß er ringsum eingefettet ist, mit einem Tuch bedecken und an einem warmen Ort etwa 1½ Stunden gehen lassen, bis sich sein Volumen verdoppelt hat.
Danach den Teig abschlagen, 2 runde oder längliche Laibe formen und auf ein gefettetes, mit Maismehl bestreutes Backblech legen. Geben Sie den Broten eine weitere halbe Stunde Zeit zum Aufgehen, bis sie nicht ganz zweimal so groß wie vorher sind.
Kurz vorm Backen werden sie mit verschlagenem Eigelb oder einer Lösung aus gleichen Teilen Wasser und Caro-Kaffee (oder anderem Instant-Getreidekaffee) bestrichen. Wenn Sie sich für das Kaffeewasser entschieden haben, bepinseln Sie die Brotlaibe während des Backens noch ein- oder zweimal damit. Auf diese Weise erhält das Brot eine harte, glänzende Kruste mit dem feinen Geschmack und der dunklen Farbe des Getreidekaffees.
Ungefähr 45 Minuten bei 190 Grad backen.

BIERBROT

Wenn Sie grobes Brot mit harter Kruste über alles gerne mögen, brauchen Sie nicht weiterzublättern. Hier ist das Brot Ihres Herzens – dunkel, aromareich und so recht etwas für Leute, die mit Vergnügen kauen. Geben Sie dem Brot aber unbedingt eine ausreichende Zeitspanne zum Gehen, sonst steht zu befürchten, daß es als Backstein aus dem Ofen kommt.

½ Tasse Weizenkörner
3 Tassen Wasser
1 Tasse dunkles Bier, angewärmt
1 Päckchen frische Hefe
¼ Tasse Melasse (oder Rübenkraut)
1½ Tassen Weizenmehl
1 EL Salz
½ TL Fenchelsamen, im Mörser pulverisiert
2¾ bis 3 Tassen Roggenvollkornmehl

Die Weizenkörner mit dem Wasser in einem mittelgroßen Topf mit schwerem Boden zum Kochen bringen und weiter auf kleiner Flamme 2 oder 3 Stunden quellen lassen, bis sie sehr weich sind und aufplatzen.
Das warme Bier mit der Hefe und 1 Eßlöffel Melasse in eine große Schüssel geben und etwa 10 Minuten ruhen lassen, bis das Gemisch aufschäumt.
In die schaumige Hefemischung die restliche Melasse und das Weizenmehl rühren und alles kräftig mit einem Holzlöffel glattschlagen. Die Schüssel mit einem

Tuch bedecken und etwa 40 Minuten warm stellen, damit das Hefestück aufgehen kann. Es sollte endlich porig und doppelt so groß wie vorher sein.
Den Vorteig abschlagen, dann Salz und Fenchelsamen zufügen. Nach und nach das Roggenmehl hineinsieben und unterarbeiten, bis der Teig zu fest zum Rühren ist. Etwas Roggenmehl auf eine große Holzfläche stäuben und den Teig darauflegen. Noch ein wenig Roggenmehl darüberstreuen und etwa 10 Minuten kneten. Nur soviel Mehl verarbeiten, wie nötig ist, damit der Teig nicht klebt. Wenn er glänzend-geschmeidig ist und sich leicht von den Händen löst, wird er zu einem Kloß geformt, in eine gefettete Schüssel gelegt und darin umgewendet, so daß er gleichmäßig mit einer Fettschicht überzogen ist. Mit einem Tuch abgedeckt 1 Stunde an einem warmen Ort gehen lassen, bis er den zweifachen Umfang hat.
Nun den Teig erneut abschlagen, damit die Gärungsgase entweichen, wieder auf ein bemehltes Brett geben und leicht flachdrücken. Die gekochten Weizenkörner abgießen und einen Teil davon auf dem abgeplatteten Teigstück verteilen, den Teig darüberfalten und die Körner langsam unterkneten. Flachen Sie den Teig wiederholt ab und fügen Sie immer mehr Weizenkörner hinzu, bis die Gesamtmenge ganz verarbeitet ist.
Einen glatten, runden Laib formen, die Teigränder gut festdrücken, und ihn mit der Saumseite nach unten auf ein gefettetes Blech legen. Die Oberfläche dünn mit Butter bepinseln, in der Mitte mit einem scharfen Messer leicht kreuzweise einschneiden, mit einem Tuch bedecken und an einem warmen, zugfreien Ort noch einmal gehen lassen, bis der Laib beinahe doppelt so groß geworden ist wie vorher.
Im vorgeheizten Ofen zuerst 10 Minuten bei 220 Grad, dann weitere 55 Minuten bis 1 Stunde bei 190 Grad backen. Wenn Sie mit dem Fingerknöchel auf den Boden des Brotes klopfen und es hohl klingt, ist es fertig.
Den heißen Brotlaib nochmals mit Butter bepinseln und auskühlen lassen. Zum Schneiden ein sehr scharfes Sägemesser benutzen.
Ergibt 1 großen Laib Brot.

SCHWARZBROT

(Bauernbrot)

3 TL Caro-Kaffee
2 Tassen heißes Wasser
4 EL dunkle Melasse (ersatzweise Rübenkraut)
2 Tassen feines, dunkles, geröstetes Paniermehl (oder 1 ½ Tassen Paniermehl, ½ Tasse Weizenkeime)
1 Päckchen frische Hefe
½ Tasse lauwarmes Wasser
1 TL Zucker
½ TL gemahlener Ingwer
3 Tassen Roggenmehl
¼ Tasse zerlassene Butter
2 TL Salz
1 ½ Tassen Weizenmehl

Glasur:
1 TL Caro-Kaffee, in 2 TL kaltem Wasser aufgelöst

Das heiße Wasser in eine große Schüssel gießen und 3 Teelöffel Caro-Kaffee und die Melasse darin auflösen. Das Paniermehl zufügen und alles gut verrühren.
Mit dem lauwarmen Wasser die Hefe anrühren, Zukker und Ingwer dazugeben und 15 Minuten ruhen lassen. Wenn die Paniermehlmasse nur noch lauwarm und die Hefemischung porig geworden ist, beides zusammengeben und das Roggenmehl hineinrühren.
Dieser sehr trockenen Masse Salz und die flüssige Butter beifügen. Das Weizenmehl auf ein Backbrett sieben, die dunkle Teigmasse daraufgeben, mit der Rührschüssel abdecken und etwa 15 Minuten ruhen lassen.
Dann wird der Teig gute 10 Minuten lang kräftig geknetet, wobei nur so viel Weizenmehl verarbeitet wird, daß er nicht klebt. Wenn er glänzend und fest ist, gibt man ihn in eine gefettete Schüssel, wendet ihn darin einmal um und läßt ihn zugedeckt an einem warmen Ort etwa 1 ½ Stunden gehen, bis er das doppelte Volumen erreicht hat.
Den Teig nach dem Abschlagen wieder auf das mehlbestäubte Backbrett geben und zu einem großen Laib formen, der nach Belieben länglich oder rund sein

kann, aber unbedingt so hoch wie nur möglich, weil er beim späteren Gehen in die Breite läuft. Den hohen Laib auf ein gefettetes Blech legen und zugedeckt nochmals warm stellen, bis er auf die doppelte Größe gegangen ist.
Bevor Sie das Brot in den Ofen schieben, 1 Teelöffel Caro-Kaffee in 2 Teelöffeln kaltem Wasser auflösen und seine Oberfläche damit bestreichen. 40 bis 50 Minuten bei 200 bis 210 Grad backen.

KÄSEBROT

20 g frische Hefe
¼ Tasse lauwarmes Wasser
1 EL Zucker
1 TL Salz
1 TL frisch gemahlener schwarzer Pfeffer
¾ TL getrocknetes Basilikum, zerstoßen
2 Tassen Weizenvollkornmehl
3½ bis 4 Tassen Weizenmehl
2 EL zerlassene Butter
1½ Tassen warme Milch
1 Ei
¼ TL Tabasco
etwa 100 g geriebener alter Cheddarkäse (ersatzweise Gruyère)

Die Hefe mit 1 Teelöffel Zucker im lauwarmen Wasser auflösen. Den restlichen Zucker mit Salz, Pfeffer, Basilikum und 1½ Tassen Vollkornmehl in eine große Schüssel geben. Das Ei mit Tabasco, zerlassener Butter sowie warmer Milch verschlagen und in die Mehlmischung rühren. Die Hefe zufügen und alles zusammen glattschlagen.
Das übrige Vollkornmehl und eine genügende Menge Weizenmehl zusieben und das Ganze zu einem steifen Teig verarbeiten. Ein Backbrett mit Mehl bestäuben und den Teig zum Kneten auslegen. Nur so viel Mehl unterkneten, daß es den Teig am Kleben hindert. Wenn er glänzend und geschmeidig ist, gibt man ihn in eine große, gefettete Schüssel, dreht ihn darin einmal herum, bedeckt ihn mit einem Tuch und stellt ihn zum Gehen etwa 1 Stunde warm, bis er doppelt so groß geworden ist.
Daraufhin wird er abgeschlagen und nach und nach der Käse hineingeknetet. Der Teig sollte jetzt sehr elastisch und schwer zu kneten sein.
Ist der Käse gleichmäßig verteilt, 2 Laibe formen und in leicht gefettete Kastenformen legen. Mit einem Tuch abdecken und erneut gehen lassen, bis die Brote beinahe das doppelte Volumen erreicht haben. Den Ofen auf 200 Grad vorheizen, die Brotlaibe 10 Minuten bei dieser Temperatur, dann weitere 35 Minuten bei 175 Grad backen.

HEFEBROT MIT KÄSEFÜLLUNG

Teig:
20 g frische Hefe
¼ Tasse lauwarmes Wasser
2 EL plus 2 TL Zucker
1 Tasse abgekochte Milch
1½ TL Salz
4½ bis 5½ Tassen Mehl
2 Eier
½ Tasse zerlassene Butter

Füllung:
700 g Munsterkäse
50 bis 80 g Roquefort oder deutscher Edelpilzkäse
2 EL zerlassene Butter
2 Eier

Glasur:
1 Ei
1 EL Sahne

Die Hefe im Wasser auflösen und die 2 Teelöffel Zukker dazurühren. In eine große Schüssel die abgekochte Milch gießen, den restlichen Zucker sowie Salz zufügen und auf Zimmertemperatur abkühlen lassen. Dann die Hefe und 2 Tassen Mehl hineinrühren und die Masse mit einem Holzlöffel kräftig durchschlagen. Die Eier leicht verquirlen und dem Teig beifügen. So lange mit dem Löffel rühren, bis sie gut verteilt sind, dann die zerlassene Butter dazugeben. Den Teig mit Kraft gegen die Wände der Schüssel schlagen, bis er Blasen wirft. Jetzt nach und nach noch 2 Tassen Mehl zusieben und verarbeiten.

Das übrige Mehl auf ein großes Brett stäuben, den Teig daraufgeben und sanft kneten, bis er völlig glatt und geschmeidig ist und sich leicht von den Händen löst, ohne zu kleben.
Einen Kloß formen, in eine große, gefettete Schüssel legen, einmal umwenden, damit er sich ganz mit Fett überzieht, und etwa 1 1/2 Stunden zugedeckt an einem warmen Ort ohne Zugluft gehen lassen, bis sein Volumen sich verdoppelt hat.
Während der Teig aufgeht, können Sie die Füllung zubereiten. Geben Sie den zerkleinerten Munsterkäse in eine ausreichend große Schüssel. Den Roquefort mit einer Gabel zu einer weichen Paste zerdrücken und die geschmolzene Butter dazurühren. Die Eier leicht verquirlen, den Roquefort hineinmengen und dieses Gemisch sehr gründlich mit dem Munsterkäse verrühren.
Nach dem Aufgehen wird der Teig abgeschlagen und auf ein dünn bemehltes Brett gebracht. Darauf rollen Sie ihn zu einer Kreisfläche von etwa 60 cm Durchmesser aus, die Sie leicht mit Mehl bestäuben und vorsichtig in eine Springform von 26 cm Durchmesser geben. Den Teig gleichmäßig an- und in die Kanten drücken, den Rand aber über die Form hängen lassen. Jetzt verteilen Sie die Käsefüllung darauf, schlagen den Teigrand von rundherum darüber, fälteln ihn nach innen zu (wie eine runde Faltlaterne) und drehen die Enden in der Mitte fest zu einem kleinen Knopf zusammen.
Lassen Sie diesen Laib etwa 1/2 Stunde lang gehen. Für die Glasur das Ei mit der Sahne verschlagen und das Brot damit bestreichen. Im vorgeheizten Ofen ungefähr 1 1/2 Stunden bei 175 Grad backen. Bringen Sie es warm zu Tisch und schneiden Sie es wie eine Torte an.
Ergibt 1 großen Rundlaib.

Andere Zubereitungsart
Wenn Sie den einen runden Laib zu imposant finden, machen Sie es anders: Schneiden Sie den Teig in 2 Teile. Das eine Stück wird zu einem etwa 1,5 cm dicken Rechteck ausgewellt. Die Hälfte der Käsefüllung darauf verteilen, dabei einen 2,5 cm breiten Rand an den beiden Längskanten und der Ihnen zugewandten Schmalseite, jedoch 5 cm am gegenüberliegenden Ende freilassen. Nun rollen Sie den Teig von sich weg über die Füllung zur 5-cm-Seite hin auf. Die Teigsäume an den Enden mit etwas Wasser befeuchten und gut unter der Rolle andrücken, ebenso die Längskante. Das zweite Teigstück in gleicher Weise füllen und formen.
Die Laibe mit der Saumseite nach unten auf gefettete Bleche legen und an einem warmen, zugfreien Platz etwa 1/2 Stunde gehen lassen. Dann mit Eiglasur bestreichen und mit einem scharfen Messer der Länge nach leicht einschlitzen. Im heißen Ofen bei 175 Grad ungefähr 1 Stunde und 15 Minuten backen.
Ergibt 2 mittelgroße, gefüllte Laibe.

HEFEROLLE MIT QUARKFÜLLUNG

Ein köstliches Gebäck, das man mit Vorliebe zum Kaffee oder Tee serviert.

Teig:
20 g frische Hefe
1/2 Tasse lauwarmes Wasser
6 EL Zucker
3 Tassen Weizenmehl
1 Tasse sehr fein gemahlenes Weizenvollkornmehl
1 TL Salz
1 Tasse Rosinen
3 Eier
2 Eigelb
1/3 Tasse Milch
1/2 Tasse weiche Butter

Füllung:
1 1/2 Tassen Schicht- oder Hüttenkäse
6 EL Zucker
2 Eigelb
2 TL frisch abgeriebene Zitronenschale
3 EL Mehl
zerlassene Butter
Puderzucker

Die Hefe im lauwarmen Wasser auflösen. 2 Eßlöffel vom Zucker und 3/4 Tasse Weizenmehl zufügen und gut verrühren. Das Hefestück 1/2 Stunde warm stellen, bis es aufgegangen und schaumig ist.

2 Tassen Weizenmehl, das Vollkornmehl, den restlichen Zucker und Salz in eine große Rührschüssel sieben, dann die Rosinen zugeben. In einer anderen Schüssel Eier, Eigelb und Milch miteinander verschlagen und an die trockene Mischung rühren. Den Vorteig dazurühren und zuletzt die weiche Butter hineinarbeiten.
Den Teig nun kräftig mit einem Holzlöffel durchschlagen, daß er an die Schüsselwände klatscht, bis er endlich glänzend ist und Blasen wirft. Er muß sich, ohne zu kleben, leicht aus der Schüssel lösen.
Mit einem Tuch bedecken und an einem warmen, zugfreien Ort etwa 1 ½ Stunden gehen lassen, bis er doppelt so groß geworden ist. Dann abschlagen und auf ein dickbemehltes Backbrett geben. Das übriggebliebene Weizenmehl darübersieben und ihn einige Male sanft kneten, bis er glatt und gut zu handhaben ist. Den Hüttenkäse zur Verfeinerung durch ein Sieb streichen oder kurz im Mixer glattschlagen.
Anmerkung d. Übers.: Im allgemeinen ist Quark (Schichtkäse, Topfen) eher zu empfehlen – in den USA ist er jedoch weitgehend unbekannt. Quark braucht nicht durchs Sieb gestrichen zu werden. –
Für die Füllung den durchgepreßten Käse, Zucker, Eigelb, abgeriebene Zitronenschale und Mehl zusammengeben und so lange rühren, bis alles gut vermengt und klümpchenfrei ist. Die Masse muß so fest sein, daß man sie formen kann.
Auf einer bemehlten Fläche den Teig zu einem Rechteck von etwa 50 cm Länge und 30 cm Breite auswellen. Die Topfenfüllung so darauf verteilen, daß an den beiden Schmalseiten und einer Längskante ein etwa 5 cm breiter Streifen frei bleibt, während entlang der anderen Längsseite 8 bis 10 cm ausgespart werden müssen.
Das Rechteck über die Füllung zum breiten Randstreifen hin aufrollen. Kurz vor der Kante anhalten, den breiten Saum hochziehen, über die Rolle schlagen, mit etwas Wasser anfeuchten und gut festdrükken. Die beiden Enden des Laibes auf gleiche Weise verschließen.
Die Rolle vorsichtig umdrehen, so daß die angedrückten Teigsäume nach unten kommen, und auf ein gefettetes Blech geben. Jetzt wird der Laib ganz behutsam rund gelegt, wobei sich die Enden fast berühren dürfen (wie ein beinahe geschlossenes Hufeisen). Mit einem Tuch bedecken und etwa 45 Minuten warm stellen. Wenn er gut aufgegangen ist und seinen Umfang knapp verdoppelt hat, seine Oberfläche mit flüssiger Butter bestreichen. Im vorgeheizten Ofen bei 175 Grad 1 Stunde und 10 Minuten backen. 20 Minuten vor Ende der Backzeit nachsehen, wie dunkel das Brot ist. Wenn die Kruste schon braun genug ist, ein Stück Aluminiumfolie lose darüberlegen und fertigbacken. Nach dem Auskühlen mit Puderzucker bestäuben. Ergibt 1 großen Laib.

KUCHENBRÖTCHEN

20 g frische Hefe
¼ Tasse warmes Wasser
1 ¼ Tassen warme Milch
1 Ei, leicht verquirlt
4 Tassen Weizenmehl
¼ Tasse Zucker
¼ Tasse zerlassene Butter
1 TL Salz
zerlassene Butter zum Bestreichen

Die Hefe im lauwarmen Wasser auflösen und in einer großen, angewärmten Schüssel mit der Milch, dem Ei und knapp 2 Tassen Mehl verrühren. Mit der Hand oder einem elektrischen Rührgerät bearbeiten, bis keine Mehlklümpchen mehr da sind und der Teig völlig glatt ist. Zucker, flüssige Butter und Salz zufügen. Wieder alles mit der Maschine glattschlagen.
Wenn der Teig glänzt, eine weitere Tasse Mehl zugeben, so daß er fest wird und zusammenhält. Die Hälfte des restlichen Mehls auf ein großes Backbrett sieben und den Teig darauf sanft zu kneten beginnen. Dabei muß er ständig im Mehl gewendet werden, damit er nicht klebt. So viel Mehl unterkneten, daß der Teig zwar griffig, aber immer noch weich ist.
Den glänzenden, geschmeidigen Teig zu einer Kugel formen und in eine angewärmte, ausgefettete Schüssel geben. Darin einmal umdrehen, damit er sich gleichmäßig mit einer Fettschicht überzieht, zudecken und an einen warmen, zugfreien Platz stellen, bis er nach etwa 1 Stunde auf das doppelte Volumen gegangen ist.

Dann wird er kräftig abgeschlagen, auf das dünn bemehlte Brett zurückgelegt und zu einem Rechteck von etwa 45 cm Länge und 25 cm Breite ausgewellt. Das Rechteck längs halbieren und jede Hälfte in 2,5 cm breite Querstreifen zerschneiden. Die Brötchen werden folgendermaßen geformt: Jeweils einen Streifen etwas in die Länge ziehen, ein paarmal spiralförmig verdrehen und daraus hintereinander zwei lockere Knoten schlingen. Die Teigenden unterklemmen und die fertigen Brötchen auf ein gefettetes Blech setzen. Diese Brötchen haben eine unebene, ovale Form. Wer das nicht mag, kann natürlich nach Belieben anders verfahren. Mir ist die hier angeführte Art und Weise die liebste, weil sie schnell und einfach ist.

Wenn der ganze Teig verarbeitet ist, werden die Brötchen in Abständen von mindestens 5 cm auf gefettete Backbleche gesetzt, zugedeckt und zum Gehen etwa 25 Minuten warm gestellt, bis sie fast doppelt so groß geworden sind. Dann bestreicht man sie dünn mit zerlassener Butter und bäckt sie im vorgeheizten Ofen 10 Minuten bei 220 Grad goldbraun. Sie dürfen nicht zu dunkel werden!

Die Brötchen schmecken warm ebenso köstlich wie abgekühlt.

Ergibt ungefähr 3 Dutzend Kuchenbrötchen.

BUTTERMILCHBRÖTCHEN

20 g frische Hefe
1 Tasse warme Buttermilch
1 EL brauner Zucker (Rohzucker)
¼ TL Natron
1½ Tassen Weizenvollkornmehl
1 Tasse Weizenmehl
1 TL Backpulver
1 TL Salz
3 EL zerlassene Butter

Die Hefe in der lauwarmen Buttermilch auflösen und den braunen Zucker mit dem Natron dazurühren. Diese Mischung ein paar Minuten beiseite stellen, bis sie zu schäumen beginnt und Blasen wirft.

Vollkorn- und Weizenmehl mit Backpulver und Salz zusammensieben. Etwa 1 Tasse davon unter Rühren zur Hefe geben, die flüssige Butter hinzufügen und das Ganze einige Zeit kräftig mit einem Holzlöffel durchschlagen. Nach und nach soviel von dem restlichen Mehl zufügen, wie mit dem Löffel verarbeitet werden kann. Etwas Mehl auf ein Backbrett sieben, den Teig daraufbringen und zu kneten anfangen. Dabei nur soviel Mehl verwenden, wie nötig ist, um das Kleben der Teigmasse zu verhindern. Ist sie schließlich geschmeidig-glatt, zur Kugel formen, in eine gefettete Schüssel geben und einmal darin umwenden. Zugedeckt an einem warmen Ort gehen lassen, bis sich ihr Volumen verdoppelt hat.

Den Teig danach abschlagen und wieder auf das bemehlte Brett geben.

Jetzt wird er zu einem dicken Rechteck von etwa 35 cm Länge und 18 cm Breite ausgerollt, das in etwa 2,5 cm breite Querstreifen zerschnitten wird. Jeweils einen Teigstreifen an den Enden fassen und mehrmals verdrehen, einen einfachen Knoten schlingen und die Enden leicht unterklemmen. Alle Brötchen in dieser (oder einer beliebigen!) Weise formen und in Abständen von mindestens 5 cm auf ein gefettetes Blech setzen.

Mit einem leichten Tuch bedecken und nochmals etwa 45 Minuten zum Gehen warm stellen, bis sie fast zweimal so groß geworden sind. 15 bis 20 Minuten im heißen Ofen bei 220 Grad backen.

Ergibt etwa 15 Stück.

IRISCHES WEIZENBROT

1¼ Tassen Joghurt } oder 1¾ Tassen
½ Tasse Wasser } Buttermilch
1 Ei
1¼ TL Natron (oder 1 TL bei Verwendung von Buttermilch)
3 TL Backpulver
1¼ TL Salz
2 Tassen Weizenmehl
2 Tassen Weizenvollkornmehl
¼ TL gemahlener Kardamom oder Koriander

Alle trockenen Zutaten in eine große Schüssel sieben. Joghurt und Wasser (oder die Buttermilch) mit dem Ei

verschlagen und in die trockene Mischung rühren. Diesen Teig auf einem mehlbestäubten Backbrett einige Minuten kneten, bis er völlig glatt ist. Dann in 2 Stücke teilen und jede Teighälfte zu einem flachen Rundlaib formen. Die Laibe in kleine, ausgefettete Kuchenformen legen und gut hineindrücken. Die Mitte der Oberfläche jeweils etwa 1 cm tief kreuzweise einschneiden. 35 bis 40 Minuten bei 190 Grad backen.
Teilen Sie das Brot in Tortenstücke ein, die Sie aufschneiden und mit Butter bestreichen können.
Für eine schmackhafte Veränderung des Teiges können Sie noch eine Tasse Korinthen an die Trockenmischung geben, bevor alle übrigen Zutaten untergerührt werden.

SÜSSES HAFERFLOCKEN-ROSINENBROT

1 Tasse Weizenmehl
1 Tasse Roggenmehl
1 TL Backpulver
1 TL Natron
2 EL Zucker
1 TL Salz
1 Tasse Haferflocken
1/4 Tasse Melasse (ersatzweise Rübenkraut)
1 1/4 Tassen Joghurt
1 Tasse Rosinen

Alle trockenen Zutaten in eine Schüssel sieben und die Haferflocken hinzufügen. Den Joghurt mit der Melasse zu einer glatten Paste verschlagen, an die Trockenmischung geben und das Ganze so lange rühren, bis alles gut vermengt ist. Die Rosinen unterheben und den Teig in einer ausgefetteten Kastenform 20 Minuten ruhen lassen. Im vorgeheizten Ofen bei 175 Grad etwa 1 Stunde backen. Das fertige Brot ist schwer und feucht, dabei aber nicht allzu süß. Probieren Sie es mit Doppelrahm-Frischkäse!

MILCH-UND-HONIG-BROT

Der wahre Genuß für Honigliebhaber! Servieren Sie es mit Frischkäse zum Fünfuhrtee.

1 Tasse Milch
2/3 Tasse Honig
1/4 Tasse Butter
2 Eier
1 1/2 Tassen Weizenmehl
1 Tasse Weizenvollkornmehl
1 EL Backpulver
1 TL Salz
1/2 Tasse geröstete Weizenkeime
1 Tasse Walnüsse, halbiert oder grobgehackt

Milch und Honig erhitzen, bis der Honig sich aufgelöst hat, dann die Butter einrühren. Wenn die Flüssigkeit etwas abgekühlt ist, die Eier darunterschlagen.
Alles Mehl mit Salz und Backpulver zusammensieben, die Weizenkeime zufügen und diese Mischung nach und nach an die Flüssigkeit rühren. Die Walnüsse unterheben, und den Teig in eine ausgefettete Kastenform füllen.
Bei 160 Grad 1 Stunde backen.

BUTTERZIPFEL

1 Tasse Buttermilch
1 Ei
2 EL Zucker
3 1/2 Tassen Weizenmehl
2 TL Backpulver
1 TL Natron
1/2 TL Salz
1/2 Tasse zerlassene Butter
1/3 Tasse Korinthen

Buttermilch, Ei und Zucker verschlagen. 3 Tassen gesiebtes Mehl mit Backpulver, Natron und Salz vermischen. Etwa zwei Drittel davon zur Buttermilch geben und gut verrühren. Unter ständigem Rühren langsam die zerlassene Butter in den Teig fließen lassen, dann die restliche Mehlmischung und die Korinthen hinein-

arbeiten. Vielleicht noch etwas mehr Mehl zufügen, damit der Teig die gewünschte Festigkeit erhält.
Auf ein mehlbestäubtes Backbrett geben und einige Minuten kneten. In 3 gleiche Stücke zerteilen, die zu dicken Kreisflächen von gut 10 cm Durchmesser verarbeitet werden. Die Kreise mit einem scharfen Messer vierteln und diese Zipfel auf ein gefettetes Blech setzen. Im vorgeheizten Ofen bei 200 Grad 20 bis 25 Minuten backen, bis sie hellbraun sind. Ofenfrisch mit Butter, Konfitüre, Honig und Käse zum Tee servieren. (Sie schmecken auch kalt vorzüglich.)
Ergibt 12 Butterzipfel.

POPOVERS

(Pfitzauf oder falsche Windbeutel)

3 verquirlte Eier
1 Tasse Milch
2 EL zerlassene Butter
½ TL Salz
1 TL Zucker
1 Tasse Weizenmehl

Eier, Milch, flüssige Butter, Salz und Zucker gut verrühren. Das Mehl dazusieben und alles zu einem glatten Teig verarbeiten.
Muffin- oder Pastetenförmchen ausfetten. Die Muffinformen zur Hälfte, Pastetenförmchen zu einem Drittel mit der Teigmasse füllen und in den auf 220 Grad vorgeheizten Ofen stellen. Nach 10 Minuten die Hitze auf 175 Grad drosseln und die Popovers weitere 15 bis 20 Minuten bei dieser Temperatur backen. Während der Backzeit auf keinen Fall die Ofentür öffnen!
Popovers schmecken am besten, wenn sie frisch aus dem Ofen auf den Tisch kommen. Aber es gibt auch eine Möglichkeit, sie abkühlen zu lassen, ohne daß sie zusammenfallen: Dazu lockert man sie in der Form und kippt sie auf eine Seite, so daß sie noch lose darin sitzen. Dann sticht man mit einem scharfen, spitzen Messer oder Spieß in das Gebäck hinein und läßt es noch 10 Minuten im ausgeschalteten Backofen.
Ergibt 12 Popovers.

HEISSES KRÄUTERBROT

½ Tasse Butter
1 EL getrocknete Petersilie
1 TL feingehackter Knoblauch
½ TL Thymian
¼ TL pulverisierter Majoran
1 langes, frisches Französisches Brot (Seite 62)

Die Butter soll weich, aber nicht flüssig sein. Mit einem Löffel die Kräuter hineinmengen, bis eine glatte Kräuterbutter entstanden ist.
Mit einem scharfen Messer das Brot so aufschneiden, daß die Scheiben an der Bodenkruste noch zusammenhängen. Jede Scheibe nun auf beiden Seiten mit der Butter bestreichen. Aufpassen, daß sie dabei nicht abbricht! Dann das Brot fest in Folie einwickeln und 15 Minuten vor dem Anrichten in den mäßig heißen Ofen schieben.
Eine leckere Überraschung für kleine Feste!

MAISBROT

1 ¼ Tassen Weizenmehl
¾ Tasse Maismehl
4 EL Zucker
5 TL Backpulver
¾ TL Salz
1 Ei
1 Tasse Milch
2 EL zerlassene Butter

Als ich dieses Rezept zum erstenmal ausprobierte, nahm ich mit Sicherheit an, das Brot würde von der Riesenmenge Backpulver geradewegs oben aus dem Herd geschossen kommen. Aber nichts dergleichen geschah, und ich kann es nur empfehlen, denn es ist das leckerste Maisbrot, das ich je gegessen habe.
Alle trockenen Zutaten in eine Schüssel sieben. Das Ei mit der Milch verschlagen und mit der flüssigen Butter an die Trockenmischung geben. Das Ganze gut verrühren.
Den Teig in eine gebutterte runde, feuerfeste Form oder Springform von 26 cm Durchmesser füllen und

etwa 30 bis 35 Minuten im vorgeheizten Ofen bei 190 Grad backen, bis das Brot an den Kanten leicht gebräunt ist.
Heiß mit Butter servieren.
Reichlich für 4 bis 6 Personen – aber reichlich muß es auch sein.

KÜRBIS-MAISBROT

Obwohl eine Menge Zucker verwendet wird, ist dieses Brot weder zu süß noch kuchenähnlich und kann ohne Bedenken zu einer warmen Mahlzeit serviert werden.

1 1/2 Tassen Weizenvollkornmehl
5 TL Backpulver
3/4 TL Zimt
1/4 TL gemahlener Piment
1/2 TL Salz
1 Tasse Maismehl
1/2 Tasse weiche Butter
2/3 Tasse brauner Zucker (Rohzucker)
3 Eier
3 EL Zitronensaft
1 1/2 Tassen Püree von gekochtem Kürbis
1 Tasse Milch

Das gesiebte Mehl mit Backpulver, Zimt, Piment und Salz vermischen, dann das Maismehl hinzufügen.
Butter und Zucker schaumig rühren, Eier und Zitronensaft dazugeben und die Masse glattschlagen. Zuletzt das Kürbispüree gut hineinmengen.
Unter ständigem Rühren nach und nach die Mehlmischung und die Milch zufügen und zu einem gleichmäßigen Teig abrühren. Die Teigmasse in 2 mittelgroße, gebutterte Kastenformen füllen und im vorgeheizten Ofen bei 175 Grad etwa 1 Stunde und 20 Minuten backen. Das Brot ist fertig, wenn sich eine Stricknadel oder ein Holzstäbchen, mit dem Sie in die Mitte hineingestochen haben, sauber und trocken wieder herausziehen läßt.
Die Laibe in der Form 5 Minuten abkühlen lassen, dann zum völligen Auskühlen auf Drahtroste stürzen.
Ergibt 2 Brotlaibe.

PREISELBEERBROT

1 Tasse Weizenmehl
1 Tasse Weizenvollkornmehl
3/4 Tasse Zucker
2 TL Backpulver
3/4 TL Salz
1/4 TL Zimt
1/4 TL gemahlene Nelken
abgeriebene Schale von 1 Orange
3/4 Tasse Orangensaft
1 großes Ei
1/4 Tasse zerlassene Butter
1 Tasse feste, frische Preiselbeeren
1/2 Tasse gehackte Walnüsse

Das gesiebte Weizen- und Vollkornmehl mit Zucker, Backpulver, Salz und den Gewürzen vermischen. Den Orangensaft mit abgeriebener Orangenschale, Ei und zerlassener Butter leicht verschlagen und die Flüssigkeit an die Trockenmischung gießen.
Die Preiselbeeren grobhacken und mit den gehackten Walnüssen in den Teig mengen. Alles gut verrühren und den Teig in eine gefettete Kastenform füllen.
Das Brot 1 Stunde im vorgeheizten Ofen bei 175 Grad backen, bis ein hineingestochenes Holzstäbchen sauber und trocken herausgezogen werden kann. Auskühlen lassen und zum Aufbewahren gut einwickeln.
Ergibt 1 Laib.

ORANGEN-DATTEL-BROT

1 1/2 Tassen Weizenvollkornmehl
1 Tasse Weizenmehl
1/2 TL Salz
2 TL Backpulver
4 EL weiche Butter
3/4 Tasse Zucker
1 Ei
1 Tasse frisch gepreßter Orangensaft
2 EL frisch abgeriebene Orangenschale
1/2 Tasse gehackte Datteln
1/2 Tasse Haferflocken

Vollkorn- und Weizenmehl sieben und mit Salz und Backpulver vermischen. Butter und Zucker schaumig rühren, dann das Ei darunterschlagen. Unter ständigem Rühren abwechselnd Mehlgemisch und Orangensaft zufügen, dabei alles Mehl bis auf 2 Eßlöffel und den ganzen Saft verarbeiten. Zuletzt die abgeriebene Orangenschale hineingeben.

Die gehackten Datteln mit dem restlichen Mehl bestäuben, darin wälzen und immer wieder voneinander lösen, bis sie nicht mehr zusammenkleben. Diese bemehlten Datteln mit den Haferflocken in den Teig einrühren.

1 große oder 2 kleine gefettete Kastenformen mit der Teigmasse füllen und in den vorgeheizten Ofen stellen. 1 Stunde bei 175 Grad backen. Das Brot ist gar, wenn sich ein Holzstäbchen, das man etwa in die Mitte des Laibes einsticht, ohne anhaftende Teigkrumen herausziehen läßt. Warm oder kalt mit Doppelrahm-Frischkäse zu Tisch bringen.

Ergibt 1 großen oder 2 kleine Brotlaibe.

KÄSEPLÄTZCHEN

Frisch vom Ofen sind diese Plätzchen eine köstliche Beilage zu Suppen, kühlem Gemüseschaum oder Salaten.

1 Tasse Mehl
½ TL Salz
½ TL Paprika
etwas frisch gemahlener schwarzer Pfeffer
½ Tasse Butter
⅓ Tasse geriebener Parmesankäse
gut 100 g geriebener Cheddarkäse (ersatzweise mittelalter Gouda)
2 EL Sahne, gut gekühlt
1 Ei, mit 1 EL kaltem Wasser verschlagen

Das gesiebte Mehl mit Salz, Paprika und einer Prise frisch gemahlenem schwarzen Pfeffer vermischen. Die Butter mit 2 Messern hineinarbeiten oder kurz im Mixer oder mit einem elektrischen Schnellmixstab (mit Stahlmesser) unterziehen, bis eine feinkrümelige Masse entstanden ist. Die geriebenen Käse dazumengen, die Sahne darauf verteilen und die Masse so lange mit den Händen durcharbeiten, bis ein glatter Teig daraus geworden ist. 1 Stunde in den Kühlschrank stellen.

Dann den Teig auf einem mehlbestäubten Backbrett etwa ½ cm dick auswellen und in Streifen von gut 1 cm Breite und 4 cm Länge schneiden. Die Teigstreifen mit dem verquirlten Ei bestreichen, auf ungefettete Bleche legen und im vorgeheizten Ofen bei 160 Grad 12 bis 14 Minuten backen, bis sie leicht aufgegangen sind und anfangen, braun zu werden.

Ergibt mehrere Dutzend, genug für 6 bis 8 Personen, als Beilage zum ersten Gang einer Speisenfolge.

CHAPATIS

(indische Fladenbrote)

Diese einfachen Fladenbrote gehören zu fast jedem indischen Essen. Die besondere Konsistenz, der herzhafte Geschmack und das ihnen eigene feine Aroma sind ganz von ihrer Frische abhängig. Daher ist es am besten, sie sofort vom Blech weg heiß zu servieren, wie *Tortillas*. Trotzdem kann man Chapatis auch 1 oder 2 Stunden vor Beginn der Mahlzeit backen und rechtzeitig wieder aufwärmen.

2 Tassen Weizenvollkornmehl
½ TL Salz
2 Tassen Pflanzenöl
½ Tasse Wasser
Ghee (geklärte Butter, siehe Seite 326) zum Bestreichen

Das Mehl mit dem Salz vermischen, dann das Öl zugießen und mit den Fingerspitzen hineinreiben, bis die Masse einigermaßen homogen ist. Schnell das Wasser einrühren und den Teig mit der Hand durcharbeiten, bis er zusammenhält. Sollte er noch immer krümelig sein, etwas mehr Wasser zugeben (aber nur teelöffelweise), um ihm die nötige Festigkeit zu geben.

Den Teig aus der Schüssel nehmen und auf einer dünn bemehlten Fläche kräftig kneten, bis er glatt und geschmeidig ist. Das dürfte etwa 5 bis 10 Minuten in Anspruch nehmen.

Jetzt wird er in 12 gleich große Stücke geteilt, die alle zu Kugeln geformt werden. Die Teigkugeln zu möglichst ebenen Kreisflächen von etwa 18 cm Durchmesser ausrollen. Aufstapeln und abdecken, damit sie nicht austrocknen.
Eine gußeiserne Pfanne erhitzen. Sie darf nicht gebuttert oder geölt werden! Eine kleine Schale *Ghee* und einen Fettpinsel bereit halten. Jeweils ein Chapati etwa 1 Minute auf jeder Seite in der Pfanne backen. Wenn es sich aufbläht, sanft mit einem Spachtel flachdrücken. Die Chapatis sind gut, wenn sich auf beiden Seiten gleichmäßig verteilte braune Flecken zeigen. Die fertigen Chapatis dünn mit Ghee bepinseln und auf einen Teller stapeln. Sollte es notwendig sein, sie wieder aufzuwärmen, legt man sie in eine sehr heiße Pfanne und erhitzt sie darin ein paar Sekunden von jeder Seite, oder man wickelt sie fest in Folie ein und gibt sie in den heißen Backofen, bis sie durchgewärmt sind.
Ergibt 12 Chapatis: genug für 6 Personen.

Anmerkung d. Übers.: Den unverwechselbaren indischen Geschmack erhalten Chapatis, wenn sie zum Schluß ein paar Sekunden von beiden Seiten auf schwache Holzkohlenglut gelegt werden und noch einmal aufgehen.

PURIS

Die indischen Puris sind aus der gleichen Teigart wie *Chapatis*, aber man bäckt sie schwimmend in heißem Öl aus, so daß sie sich wie Ballons aufblähen. Sie sollten sofort nach dem Ausbacken verzehrt werden.

1 Tasse Weizenvollkornmehl
1/4 TL Salz
1 guter EL Pflanzenöl
1/4 Tasse Wasser
Pflanzenöl zum Ausbacken

Das gesiebte Mehl mit dem Salz vermischen, das Öl dazugeben und die Mischung zwischen den Finger spitzen reiben, bis sie homogen ist. Rasch das Wasser einrühren und den Teig mit der Hand durchwirken, damit er zusammenhält.
Den Teig von der Schüssel auf ein bemehltes Backblech bringen und 5 bis 10 Minuten kräftig kneten, bis er glatt und geschmeidig ist. Je nachdem, ob der Teig zu klebrig oder zu trocken ist, etwas mehr Mehl oder ein paar Tropfen Wasser zufügen.
Wenn er die gewünschte Beschaffenheit hat, wird er in 10 bis 12 gleich große Stücke geteilt, die zu glatten Kugeln geformt werden. Diese Bälle zu Kreisflächen von etwa 10 cm Durchmesser auswellen, auf einen Teller stapeln und abdecken, damit sie nicht austrocknen.
Etwa 2 Tassen Pflanzenöl in einem *Wok* (tiefe chinesische Eisenpfanne mit gewölbtem Boden, der die Hitze gleichmäßig leitet) oder einem Fritiertopf erhitzen, bis es anfängt zu rauchen. Dann eines der flachen Teigstücke hineingleiten lassen. Es muß sofort an die Oberfläche steigen und sich wie ein Ballon aufblähen. Drücken Sie das Puri ganz leicht mit einem Spachtel in das Öl, damit es gleichmäßig aufgeht.
Mit einem Draht- oder Schaumlöffel das Puri vorsichtig umwenden und auf beiden Seiten goldbraun ausbacken – das dauert nur wenige Minuten. Dann wird es herausgehoben, über den Topf gehalten, bis das Öl etwas abgetropft ist, und auf eine mit Küchenpapier ausgelegte Platte gelegt.
Alle Puris in gleicher Weise ausbacken und zusammen sofort zu Tisch bringen. Für kurze Zeit kann man sie im Backofen bei niedriger Temperatur warm halten.
Ergibt 10 bis 12 große Puris: genug für 4 bis 6 Personen.
Um kleine Puris herzustellen, wie sie für *Kartoffel-Chat-Puris* gebraucht werden, den Teig in 18 etwa walnußgroße Stückchen teilen, zu Kreisflächen von 5 bis 6 cm Durchmesser ausrollen und wie zuvor beschrieben verarbeiten. Diese Puris sind so klein, daß man mehrere gleichzeitig ausbacken kann.

BUTTERKEKSE

2 Tassen Weizenmehl
4 TL Backpulver
3/4 TL Salz
1/2 Tasse Butter
1/2 bis 2/3 Tasse kalte Milch

Das gesiebte Mehl mit Backpulver und Salz vermischen. Die sehr kalte Butter in Scheibchen dazugeben und mit 2 Messern hineinarbeiten, bis Krümel in der Größe zwischen halben Erbsen und grobem Grieß entstanden sind. Sehr schnell erreicht man die richtige Krümeligkeit, wenn man alles im Mixer oder mit einem Schnellmixstab (Stahlmesser) einige Sekunden durcharbeitet.

½ Tasse kalte Milch über die Masse sprenkeln und sehr rasch mit einer Gabel hineinwirken. Nur noch soviel mehr Milch zufügen, daß der Teig eben zusammenhält.

Die Teigmasse schnell zu einer Kugel formen und auf einem bemehlten Brett gut 1 cm dick auswellen. Kleine Kreise ausstechen und auf ungefettete Backbleche legen. Wenn sie nicht sofort gebacken werden sollen, im Kühlschrank aufbewahren.

Die Kekse im vorgeheizten Ofen bei 230 Grad 10 bis 12 Minuten backen, bis sie etwas aufgegangen und hellbraun geworden sind. Heiß mit Butter servieren. Ergibt etwa 20 Kekse.

FINNISCHE ZWIEBÄCKCHEN

½ Tasse weiche Butter
⅔ Tasse Zucker
abgeriebene Schale von 1 Orange
2 Eier
2½ Tassen Weizenmehl
1½ TL Backpulver

Die Butter mit dem Zucker und abgeriebener Orangenschale schaumig rühren, dann die Eier darunterschlagen. 2 Tassen gesiebtes Mehl mit dem Backpulver vermischen und unter ständigem Rühren nach und nach an die Buttermasse geben. Alles zusammen glattschlagen.

Das restliche Mehl auf ein großes Backbrett sieben und den Teig daraufbringen. Mehrere Minuten kneten, dabei das übrige Mehl verarbeiten, bis der Teig glatt und leicht zu handhaben ist. Stückchen, die etwas mehr als walnußgroß sind, davon abteilen und zu ebenmäßigen Kugeln formen. Diese Teigbällchen mit einem Spachtel flachdrücken, so daß sie nicht ganz 2 cm dick sind. Jetzt sehen sie so ähnlich wie winzige englische *Muffins* aus.

Die Plätzchen in Abständen von 2,5 cm auf leicht gefettete Backbleche setzen und im vorgeheizten Ofen bei 200 bis 210 Grad 10 Minuten backen, bis sie eben goldbraun und etwas aufgegangen sind.

Dann aus dem Ofen nehmen und ein paar Minuten abkühlen lassen, damit man sie anfassen kann. Solange sie noch heiß sind, mit einem scharfen Sägemesser flächig halbieren. Mit der Schnittseite nach oben auf die Backbleche legen und wieder in den Ofen schieben. Diesmal bei 175 Grad weitere 8 bis 10 Minuten backen, bis sie trocken und goldgelb (nicht braun) sind.

Die Zwiebäckchen zu Kaffee oder Tee servieren. Ergibt etwa 24 bis 30 Stück.

MAIS-ROGGEN-MUFFINS

1 Tasse Weizenvollkornmehl
¾ Tasse Maismehl
¼ Tasse Roggenvollkornmehl
1 TL Backpulver
¾ TL Natron
½ TL Salz
1½ Tassen Buttermilch
1 Ei
¼ Tasse Pflanzenöl
¼ Tasse Honig

Die trockenen Zutaten zusammensieben und die flüssigen miteinander verschlagen.

Die beiden Mischungen untereinanderrühren, so daß sie eben vermengt sind, und die Masse in gebutterte Muffinformen (oder in Pastetenförmchen) füllen.

Die Muffins im vorgeheizten Ofen bei 200 bis 210 Grad etwa 20 Minuten backen, bis sich ein mitten hinein gestochenes Holzstäbchen sauber und trocken wieder herausziehen läßt. Warm servieren.

Ergibt 12 mittelgroße Muffins.

VIERKORN-MUFFINS

$^3/_4$ Tasse Weizenvollkornmehl
$^3/_4$ Tasse Maismehl
$^1/_2$ Tasse Roggenvollkornmehl
2 TL Backpulver
$^1/_2$ TL Salz
$^1/_2$ Tasse Haferflocken
1 $^1/_2$ Tassen Milch
1 Ei
$^1/_4$ Tasse Pflanzenöl
$^1/_4$ Tasse Honig

Das gesiebte Vollkorn-, Mais- und Roggenmehl mit Backpulver und Salz vermischen, dann die Haferflokken dazurühren.
In einer anderen Schüssel Milch, Ei, Öl und Honig verschlagen. Die beiden Gemische kurz zusammenrühren, bis sie nur eben vermengt sind. Diese Masse in gefettete Muffinformen füllen.
Die Muffins im vorgeheizten Ofen bei 200 bis 210 Grad 20 Minuten backen und warm zu Tisch bringen. Ergibt 12 Muffins.

HAFERFLOCKEN-MUFFINS

1 $^1/_2$ Tassen Weizenvollkornmehl
2 TL Backpulver
$^1/_2$ TL Salz
$^3/_4$ Tasse Haferflocken
$^1/_4$ Tasse geriebene Haselnüsse (nach Belieben)
1 Tasse Milch
1 Ei
3 EL zerlassene Butter
2 EL Melasse (bzw. Rübenkraut)
$^1/_2$ Tasse Korinthen

Mehl, Backpulver und Salz zusammensieben, Haferflocken und geriebene Nüsse dazumischen.
In einer zweiten Schüssel Milch, Ei, flüssige Butter und Melasse verschlagen. Die Korinthen zufügen und beide Mischungen untereinanderrühren, so daß sie eben vermengt sind. Diesen Teig in ausgebutterte Muffinformen füllen.
Die Muffins etwa 20 Minuten im vorgeheizten Ofen bei 200 bis 210 Grad backen und warm auftragen. Ergibt 12 Muffins.

Anmerkung d. Übers.: Muffinbacken ist eine Kunst! Rührt man die Teigmischungen zu gründlich untereinander, sind die fertigen Muffins häufig voller Luftlöcher. Zuwenig darf man aber auch nicht mischen, sonst finden sich trockene Mehlspuren neben klitschigen Stellen in dem Gebäck.

Weitere Rezepte für feines Gebäck, Torten und gehaltvolle Kuchen finden Sie in den Kapiteln *Torten und Desserts* und *Festliche Gerichte für Feiertage*.

Suppen

Es geht doch nichts über eine gute Suppe! Während ich darüber nachdenke, entsteht vor meinem geistigen Auge ein Bild der guten alten Zeit. Damals zogen noch liebliche Kochdüfte durch die Küchen, weil die Speisen langsam und sorgfältig zubereitet wurden – unsere heutigen Instant-, Fertig- und Fernsehgerichte waren gottlob völlig unbekannt.
Wenn auch Sie sich die schöne Stimmung von Anno dazumal in Ihre Küche holen wollen, besorgen Sie sich am besten zuerst einen möglichst alten und stilvollen Suppenkessel für mindestens vier bis fünf Liter Flüssigkeit. Erinnern Sie sich daran, wie Sie als Kind samstags mit Ihrer Familie urgemütlich bei einer einfachen, aber um so gehaltvolleren Erbsen- oder Linsensuppe saßen? Jetzt kochen Sie selber in Ihrem »Hordentopf« eine jener leckeren Suppen, die man mit Genuß alle Tage essen könnte – vielleicht eine Bohnensuppe oder eine ganz besondere Gemüsebrühe mit Einlage. Während sie auf dem Herd leise vor sich hin brodelt, können Sie, falls Sie Lust und Zeit haben, ein Brot dazu backen. Merken Sie, wie Ihre Küche allmählich eine Seele entfaltet und Sie in die Großvaterzeit zurückversetzt?
Die Kochzeiten für Suppen sind ganz verschieden. Natürlich brauchen sie nicht alle stundenlang zu köcheln, es gibt sogar wahre Blitzsuppen. Dazu gehört die Knoblauchsuppe *(Sopa de Ajo)*, deren Zubereitung nur etwa doppelt soviel Zeit in Anspruch nimmt wie das Pochieren von Eiern. Sie kostet Pfennige, kann portionsweise gekocht werden, ist nahrhaft und wärmt Mark und Bein. In Madrid und Segovia steht in den bitterkalten Wintermonaten die Sopa de Ajo auf jeder Speisekarte, während *Gazpacho* bis zum nächsten Sommer daraus verschwindet. Man sollte nun annehmen, eine so schnell zubereitete Suppe könne nicht auch noch besonders gut schmecken, aber weit gefehlt: Sie schmeckt wirklich vorzüglich! So ist das Leben.
Suppen auf Brühegrundlage kann man nicht so fix kochen, obwohl die Arbeitszeit dafür auch nicht überwältigend ist.
Alle Zutaten für eine kräftige Brühe können innerhalb einer Viertelstunde im Topf sein, und um das lange Köcheln danach braucht sich niemand zu kümmern. Aus der fertigen Brühe kann man mit etwas Geschick eine ganze Reihe von köstlichen Leckerbissen herstellen.
In Mexiko habe ich herausgefunden, wie *Tortillasuppe* gemacht wird. Sie besteht aus leicht sämiger Brühe mit Tomatengeschmack, in der kroßgebratene Maistortillastreifen, heiße, halbgeschmolzene Käsestücke und Zwiebel- und Chilistückchen schwimmen. Als ich diese Suppe zu Hause nachkochte, war ich erstaunt, wie einfach sie in der Zubereitung ist, obgleich sie ein so faszinierendes, exotisches Aroma hat.
Immer schon mochte ich Suppen besonders gerne, die eine vollständige Mahlzeit sind und auch den größten Hunger stillen. Eine davon ist der provenzalische *Pistou*, eine Kombination von Bohnen und dicken Stükken frischer Gemüse, die mit einer unvergleichlichen Tunke aus Olivenöl, Basilikum (provenzalisch: pistou), Pinienkernen, Knoblauch und Parmesankäse angerichtet wird.
Eine andere, die Leib und Seele zusammenhält, ist die *Sauerkrautsuppe*. Sie wurde eines kühlen Abends für einen Freund ersonnen, der auf Sauerkraut regelrecht versessen war. Wir gingen gemeinsam in die Küche und gleich ans Werk, wobei wir alles verarbeiteten, was uns in die Finger kam. Das Ergebnis war wundervoll! Weitere Delikatessen der gleichen Art sind *Pasta e Fagioli, Käsesuppe, Kartoffelsuppe mit Holländer Käse, Zwiebel-Biersuppe, Erbspüreesuppe* und die *Chili-Käsesuppe*.
Zu jeder Jahreszeit läßt sich mit allem Eßbaren, das sich im Hause findet, eine Suppe brauen, die eine reine Gaumenfreude zu werden verspricht. Erfinderische Köche sind hier ganz in ihrem Element, und Neulinge können bei Suppen ihre Fähigkeiten erproben. Wenn man ein wenig Ahnung von Mengenverhältnissen und Kochtechniken hat und mit Kräutern und Gewürzen delikat abzuschmecken versteht, kann eigentlich nichts schiefgehen.
Bei allen praktischen Erwägungen, die für eine Suppe sprechen, sollte man nicht vergessen, ihr bei festlichen Anlässen einen Ehrenplatz zu geben. Ich fange ein Festessen am liebsten mit einem köstlichen, klaren *Borschtsch* an, den ich mit Streifen von Wildpilzen garniere, oder auch mit einer *Avocado-Cremesuppe*, die noch immer so wenig bekannt ist, daß sie stets für Überraschung sorgt.

Im Sommer serviere ich mit Vorliebe die Königin aller gekühlten Suppen, eine *Kirsch-Zitronen-Kaltschale*. Sie ist die absolute Krönung und schmeckt wunderbar mit Champagner.
Es gibt kaum ein Nahrungsmittel, das nicht in eine Suppe wandern könnte. Für jeden Geschmack ist etwas dabei, und es sollte mich sehr wundern, wenn doch noch jemand ein Haar an der Suppe fände.

GEMÜSEBRÜHE I

Diese Brühe und die folgenden schmecken auch ohne Einlagen gut. Außerdem aber sind sie eine wertvolle Grundlage für viele Suppen, Saucen und dergleichen. Man kann sie 2 oder 3 Tage im Kühlschrank frisch halten oder einfrieren.

4½ l Wasser
4 mittelgroße Stangen Bleichsellerie,
  in dicke Scheiben geschnitten
2 mittelgroße Zwiebeln,
  geschält, halbiert und mit je 1 Nelke gespickt
2 mittelgroße Kartoffeln,
  geschabt und in dicke Scheiben geschnitten
2 weiße Rüben,
  geschabt und in etwa 3 cm dicke Würfel geschnitten
5 bis 6 große Möhren,
  geschabt und in dicke Scheiben geschnitten
mehrere große Petersilienstengel
2 Lorbeerblätter
8 bis 10 Pfefferkörner
4 bis 5 geschälte Knoblauchzehen
Salz

Alle Zutaten in einen großen Topf geben, zum Kochen bringen, dann die Hitze zurücknehmen und das Ganze unbedeckt 3 oder 4 Stunden leise köcheln lassen. Die Brühe durch ein Sieb gießen und probieren. Ist sie zu schwach, wieder in den Topf zurückschütten und so lange leicht sieden, bis sie genügend eingekocht ist und einen kräftigen Geschmack hat. Mit Salz abschmecken.
Ergibt 5 bis 6 Tassen Brühe.

GEMÜSEBRÜHE II

Diese Brühe mit Klößchen servieren oder als Suppengrundlage verwenden.

Etwa 20 g getrocknete Wildpilze (Steinpilze,
  Pfifferlinge oder japanische Shitake)
3 mittelgroße Porreestangen
ein halber mittelgroßer Kohlkopf

2 große Stangen Bleichsellerie
3 große Möhren
1 weiße Rübe
1 große Kartoffel
mehrere Petersilienstengel
10 mittelgroße Knoblauchzehen
3 l Wasser
2 Lorbeerblätter
10 bis 12 Pfefferkörner
1 gute Prise Thymian
1 Spritzer Tabasco
2 EL Olivenöl
Saft von 1/2 Zitrone
1 EL Salz

Etwas heißes Wasser über die Pilze gießen und sie darin quellen lassen. In der Zwischenzeit die anderen Gemüse vorbereiten.
Den Porree von den dunkelgrünen Blättern befreien, der Länge nach halbieren und sorgfältig waschen. Den Kohl in Spalten schneiden, den Sellerie in dicke Scheiben. Die Möhren putzen und gleichfalls in dicke Scheiben schneiden. Die Rübe schaben und in Scheiben schneiden. Die Kartoffel bürsten und würfeln. Die Knoblauchzehen voneinander lösen, aber nicht schälen.
Sobald die Pilze etwas weicher geworden sind, werden sie sehr sorgfältig einzeln gewaschen, damit ihnen kein Sand oder Steinchen mehr anhaftet.
Die Gemüse und den Knoblauch mit dem Wasser in einen großen Topf geben. Lorbeerblätter, Pfefferkörner, Thymian, Tabasco, Olivenöl, Zitronensaft sowie Salz zufügen und das Ganze zum Kochen bringen. Die Hitze zurücknehmen, bis die Flüssigkeit nur noch leise köchelt, und alles im offenen Topf 1 1/2 Stunden oder etwas länger wallen lassen; die Brühe ist fertig, wenn sie einen vollen, kräftigen Geschmack hat.
Erst durch ein normales Sieb und danach noch durch ein Haarsieb gießen. Zuletzt abschmecken und, wenn nötig, nachwürzen.
Für 6 Personen.

KARTOFFELSCHALENBRÜHE
(auch Müllsuppe genannt)

Sie ist, ganz abgesehen von ihrem üblen Namen, die beste und wohlschmeckendste Grundlage für die verschiedensten Suppen. Ich werfe nicht eine Kartoffelschale weg (vorausgesetzt, sie ist aus biologisch-dynamischem Anbau und enthält keine Giftstoffe). Wenn ich zwar Kartoffeln geschält, aber die zur feinen Brühe notwendigen Zutaten noch nicht beisammen habe, koche ich einfach die Schalen in Salzwasser aus und bewahre diese Flüssigkeit auf, bis ich ein andermal die vollständige Brühe zubereiten kann.

Schalen von 6 bis 7 großen, braunschaligen Kartoffeln
1 große Zwiebel
2 Möhren
1 mittelgroße Stange Bleichsellerie
2 l Wasser
1 großer Stengel Petersilie
1 1/2 EL Oliven- oder Pflanzenöl
1/2 bis 1 Lorbeerblatt
1/4 TL getrockneter Thymian
1 Prise Salbei
Salz und Pfeffer nach Geschmack
1 Knoblauchzehe (nach Belieben)
1 Spritzer Tabasco (nach Belieben)
1 Spritzer Zitronensaft (nach Belieben)

Die Kartoffeln sorgfältig waschen, bürsten und gut 1/2 cm dick schälen, die geschälten Kartoffeln zur späteren Verwendung aufheben. Die Zwiebel schälen und vierteln, Möhren und Sellerie putzen und in Scheiben schneiden. Alle Zutaten bis auf Tabasco und Zitronensaft in einen großen Topf geben und mindestens 1 1/2 Stunden auf sehr kleiner Flamme köcheln lassen, bis die Gemüse butterweich geworden sind. Ist die Flüssigkeit zu stark eingekocht, so viel Wasser nachgießen, daß das Gemüse bedeckt bleibt. Nach Bedarf etwas länger kochen oder, wenn der Geschmack schon sehr stark ist, mit etwas Wasser verlängern, bis man etwa 6 Tassen hellbraune, köstlich duftende Brühe übrigbehält.
Nun kann man auf zweierlei Weise mit der Zubereitung fortfahren: Für eine klare Brühe gießt man ein-

fach die Flüssigkeit durch ein Sieb und schmeckt sie ab. Für eine leicht gebundene Suppe entfernen Sie Sellerie, Knoblauch und Lorbeerblatt und streichen alles übrige durch ein feines Sieb, bis nur noch die trockene Schalenmasse übrigbleibt. Zuletzt würzt man die Brühe oder Suppe mit einem Spritzer Tabasco und/oder Zitronensaft.
Dieses Grundrezept kann auf viele Arten verändert werden. Man kann kleine Mengen anderer Gemüse beifügen oder Gewürze wie Wacholderbeeren, Rosmarin oder Basilikum verwenden. Es ist die Grundlage vieler Suppen und Saucen, deren Rezepte Sie in diesem Buch finden.
Ergibt etwa 6 Tassen (1 ½ l) Brühe.

KNOBLAUCHBRÜHE

Wieder ein anspruchsloser Name und dazu ein Rezept, das eine Erklärung verlangt. Der beißende, rohe Knoblauch, dessen Geschmack (und Geruch) so vielen Menschen zuwider ist, verliert durch das langsame Köcheln in der Brühe seine Schärfe und wird zart, delikat, ja sogar mild. Auch wenn Sie beim Gedanken an soviel Knoblauch ein leichtes Unbehagen befällt, überwinden Sie sich und gehen Sie frisch ans Werk. Ich glaube fest, daß die duftende Brühe Ihnen bei Ihren Kochkünsten unentbehrlich werden wird!

Zutaten und Zubereitung genau wie im Rezept für Kartoffelschalenbrühe. Zusätzlich eine ganze Knoblauchzwiebel (etwa 16 Zehen).

Die Knoblauchzwiebel in Zehen zerteilen und schälen. (Knoblauchkenner verwenden die Zehen auch ungeschält, da der Geschmack dann noch intensiver ist.) Alle Zutaten nach dem obigen Rezept 1 ½ bis 2 Stunden kochen, und die Brühe anschließend durch ein Sieb gießen; mit Tabasco und Zitronensaft abschmecken.
Jetzt eröffnen sich wieder unbegrenzte Möglichkeiten. Für eine feine klare Suppe nehmen Sie die Brühe, wie sie ist, und fügen nur ein paar gekochte Nudeln oder Reis hinzu. Wenn Sie frische Gemüse wie dünne Möhrenscheibchen, junge grüne Erbsen, Kartoffelwürfel oder Zucchinischeiben mitkochen, haben Sie eine weitere herrliche Gemüsesuppe. Und mit Klößchen schmeckt sie wieder ganz anders. Natürlich ist diese klare Kraftbrühe auch als Grundlage für verschiedene Saucen, Risotti, Cremesuppen und vieles mehr zu verwenden.

SUPPENKLÖSSCHEN

Diese Klößchen schmecken in jeder Brühe, zu *Erbsencremesuppe* aber sind sie ein unbedingtes Muß!

6 EL weiche Butter
2 Eier
1 ½ Tassen Mehl
⅓ Tasse Milch
½ TL Salz
⅛ TL Muskat
⅛ TL Cayennepfeffer

Die Butter in einer tiefen Schüssel schaumig rühren und die Eier darunterschlagen. Nach und nach abwechselnd Mehl und Milch unter ständigem Rühren zufügen und gut hineinmengen. Dann Salz, Muskat und Cayennepfeffer dazugeben und alles zu einer glatten, cremigen, aber einigermaßen festen Masse verarbeiten.
In einem großen Topf stark gesalzenes Wasser zum Kochen bringen und den Teig halbteelöffelweise hineingeben. Die Klößchen zugedeckt etwa 15 Minuten leicht kochen, dann mit einem Schaumlöffel aus dem Wasser schöpfen und in die Suppe geben.
Sie können auch in Brühe gekocht werden.
Ergibt 6 bis 8 Portionen.

EINFACHE NUDELSUPPE

6 Tassen Gemüsebrühe I oder II (Seite 90)
3 Tassen Kochbrühe von Limabohnen, weißen Bohnen oder Kichererbsen
2 EL Butter
1 TL Rosenpaprika

1 Prise Cayennepfeffer
Salz
Peffer
50 bis 100 g Bandnudeln oder andere Nudeln

Die beiden Brühen in einem großen Topf zusammen erhitzen. Wenn sie zu sieden beginnen, Butter, Paprika, Cayennepfeffer, Salz und Pfeffer nach Geschmack hineinrühren. Die Hitze vergrößern und die beliebig in Stücke gebrochenen Nudeln zufügen. Das Ganze etwa 20 Minuten leicht kochen, bis die Nudeln ganz weich sind.
Für 6 bis 8 Personen.

GEMÜSESUPPE I

Diese Suppe ist aus Gemüseresten entstanden, die sich nach langen Kochtagen angesammelt haben. Sie können ruhig Ihrer Phantasie freien Lauf lassen und hineingeben, was immer Sie in Ihrer Küche finden und wovon Sie glauben, daß es gut dazu paßt. Sie ist die einfachste aller Suppen und doch eine gute, herzhafte Mahlzeit für kalte Tage. – Die angegebenen Mengenverhältnisse sind veränderlich.

Körner von 1 Maiskolben
½ mittelgroße Aubergine (etwa 200 g), in 2 bis 3 cm dicke Würfel geschnitten
1 große, festkochende Kartoffel, gewaschen und in Würfel geschnitten
1 große rote Paprikaschote, geputzt und in 2 bis 3 cm große Stückchen geschnitten
2 mittelgroße Zucchini, in dicke Scheiben geschnitten
1 gelbe Zwiebel, geschält und in 2 bis 3 cm dicke Würfel geschnitten
5 oder 6 Pilze, in Scheibchen geschnitten
4 Knoblauchzehen, geschält und in hauchdünne Scheibchen geschnitten
3 Frühlingszwiebeln, grobgehackt
1 Tasse geschnetzelter Kohl
1 Gewürzgurke, in feine Scheiben geschnitten
1½ Tassen frischer Spinat, feingehackt
2 Tomaten, in Spalten geschnitten
3 l Wasser
Salz
schwarzer Pfeffer
2 EL Olivenöl
2 EL Rotweinessig
gemahlener Kreuzkümmel
Cayennepfeffer
Oregano

Die Gemüse putzen, waschen und wie angegeben kleinschneiden. Mit dem Wasser in einen sehr großen Kessel geben, mit Salz und Pfeffer abschmecken. Nach Geschmack mit Olivenöl, Essig und Gewürzen verfeinern. Die Suppe mindestens ½ Stunde sanft kochen und sehr heiß mit Brot und Käse zu Tisch bringen.
Für 6 bis 8 Personen.

GEMÜSESUPPE II

1 Maiskolben
½ mittelgroße Aubergine (etwa 200 g)
2 mittelgroße Möhren
1 Stange Bleichsellerie
1 große, festkochende Kartoffel
1 frische rote Pimientoschote
2 mittelgroße Zucchini
1 gelbe Zwiebel
5 oder 6 mittelgroße Pilze
¼ Kohlkopf
1 kleine Gewürzgurke
4 Knoblauchzehen
2 EL Olivenöl
3 Frühlingszwiebeln
1½ Tassen kleingeschnittener frischer Spinat
2 Tomaten
Salz
1 Prise zerstoßener Kreuzkümmel
frisch gemahlener schwarzer Pfeffer
Cayennepfeffer
Oregano
Rotweinessig
nach Belieben Croûtons als Garnierung

Den Maiskolben waschen und die Körner herauslösen. Die Aubergine würfeln, die Möhren putzen und

in Scheiben schneiden, den Sellerie ebenfalls in Scheiben schneiden und die Kartoffel bürsten und würfeln. Die *Pimiento*schote von dem weißen Pelz und den Samen befreien, dann in mittelgroße Vierecke oder Streifen schneiden. Die Zucchini waschen und in Scheiben schneiden, die Zwiebel schälen und sehr grob hacken. Die Pilze gründlich säubern und gleichfalls in Scheiben schneiden. Zuletzt den Kohl schnetzeln und die Gewürzgurke in hauchdünne Scheibchen schneiden.
Alle vorbereiteten Gemüse in einen großen Topf geben und mit Wasser aufgießen, so daß sie reichlich bedeckt sind. Die Suppe auf mittlerer Flamme leise kochen lassen.
Den Knoblauch schälen, feinhacken und im Olivenöl anrösten. Die Frühlingszwiebeln (mit Grün) in Scheiben schneiden und dazugeben. Wenn sie ziemlich weich sind und der Knoblauch goldbraun geworden ist, beides zusammen in die Suppe schütten.
Wenn die Suppengemüse etwa halbgar sind, den kleingeschnittenen Spinat und die Tomatenspalten zufügen. Unter häufigem Rühren einige Minuten kochen lassen, dann nach Geschmack mit Salz, Pfeffer, zerstoßenem Kreuzkümmel, Cayennepfeffer, Oregano und 1 oder 2 Teelöffeln Rotweinessig würzen. Das Ganze so lange kochen, bis alle Gemüse gar sind. Bei zu starkem Einkochen der Flüssigkeit noch etwas Wasser zugießen.
Nach Wunsch mit Croûtons garnieren und kochendheiß servieren.
Für 6 bis 8 Personen.

FRÜHLINGSSUPPE

Sie ist etwas ganz Besonderes und sollte nur mit den frischesten und zartesten Gemüsen zubereitet werden: Ausgewachsene alte Gartenbohnen, Erbsen, die schon bitter statt richtig süß sind, und große, knorrige Möhren verderben ihren feinen Geschmack. Vom ersten jungen Grün des Frühjahrs bekommt sie ein wunderbar delikates, fast süßes Aroma. Servieren Sie diese Suppe als leichtes Abendessen mit dicken Scheiben von hausgebackenem Roggenbrot, und tragen Sie später noch Früchte und feinen Käse auf.

3 Tassen Kartoffelschalen- oder Knoblauchbrühe (Seite 91 und 92)
2 mittelgroße Möhren, in dünne Scheiben geschnitten
1/2 Tasse frische Bohnen, kleingeschnitten
1/2 Tasse junge grüne Erbsen
1/2 Zwiebel, feingehackt
2 EL Butter
1/2 rote Paprikaschote, kleingeschnitten
Körner von 1 frischen Maiskolben
frisch abgeriebene Zitronenschale
schwarzer Pfeffer
Salz
Dill

Die Brühe in einem großen Topf erhitzen und Möhren, Bohnen und Erbsen hinzufügen. Während diese Gemüse 15 oder 20 Minuten leicht kochen, die Zwiebel hacken und in der Butter braten. Nach Ablauf der Kochzeit die Paprikaschote und die Maiskörner an die Suppe geben und nicht länger als 8 bis 10 Minuten mitkochen lassen. Eine Prise frisch abgeriebene Zitronenschale – vielleicht 1/2 Teelöffel – und die gebratenen Zwiebeln mitsamt dem Bratfett zufügen. Pfeffer hineinmahlen, Salz nach Geschmack und etwas Dill einstreuen. Die Suppe noch einmal kurz aufwallen lassen und danach gleich servieren.
Für 4 bis 5 Personen.

LEGIERTE ZITRONENSUPPE

6 Tassen kräftige Kartoffelschalen- oder Knoblauchbrühe (Seite 91 und 92)
1 Tasse Gemüsebrühe
Salz und Pfeffer
3 Eier
1 Zitrone
1 1/2 Tassen gekochter Langkornreis
Zitronenscheiben

Aus den Kartoffelschalen, wie beschrieben, eine aromatische Brühe herstellen. Nach Belieben etwas durch ein Sieb gepreßtes Kartoffelmus zusetzen. Kräftige Gemüsebrühe oder 1 Löffel pflanzliches Brühekonzentrat zufügen (das Konzentrat allein ergibt

keine sehr wohlschmeckende Brühe, ist aber bei sparsamer Anwendung ein gutes Würzmittel). Nun nach Geschmack Salz und Pfeffer beifügen. Die Eier mit dem Saft der Zitrone verschlagen. 5 bis 10 Minuten, bevor Sie die Suppe zu Tisch bringen, gießen Sie unter stetem, kräftigem Schlagen mit einem Schneebesen etwas heiße Brühe zum Ei und schütten diese Mischung dann unter ständigem Rühren in die Suppe zurück. Das Ganze noch einige Minuten erhitzen, wobei Sie weiterrühren, bis die Brühe durch die Eier leicht gebunden und völlig glatt ist. Den gekochten Reis einstreuen und die Suppe sofort auftragen. Jeden Teller mit einer hauchdünnen Zitronenscheibe garnieren. Schwarzbrot mit Dillbutter schmeckt besonders gut dazu.
Für 6 Personen

SPINATSUPPE

Diese Suppe ist so leicht und erfrischend, daß sie einen guten Rahmen für ein herzhaftes oder besonders gehaltvolles Gericht – zum Beispiel gefüllte *Crêpes* oder gefüllte *Kartoffelpuffer* – abgibt.

2 l Wasser
500 g frischer Spinat
2 mittelgroße Kartoffeln
³/₄ Tasse in Ringe geschnittene junge Frühlingszwiebeln
Salz und Pfeffer nach Geschmack
¹/₂ Tasse saure Sahne
2 EL frischer Zitronensaft
zum Garnieren saure Sahne (nach Belieben)

In einem großen Topf das Wasser erhitzen. Die Spinatblätter sorgfältig waschen und von den Stielen befreien. Die Kartoffeln schälen und in gut 1 cm dicke Würfel schneiden. Spinat, Kartoffeln und die Hälfte der Frühlingszwiebeln mit etwas Salz und Pfeffer in das Wasser geben und etwa 1 Stunde sehr leise köcheln lassen, dabei gelegentlich umrühren.
Dann die restlichen Zwiebeln zufügen. Ungefähr 1 Tasse der heißen Brühe mit einem Schöpflöffel zur sauren Sahne gießen, beides mit dem Schneebesen gut verschlagen und wieder in die Suppe rühren. 1 ¹/₂ Eßlöffel Zitronensaft zugeben und das Ganze eine weitere Stunde sanft kochen. Abschmecken und, wenn nötig, noch Salz und Pfeffer zufügen, vielleicht auch den übrigen Zitronensaft, falls Ihnen die Suppe nicht sauer genug ist.
Die Spinatsuppe schmeckt sowohl heiß als auch kalt. Nach Wunsch kann sie noch mit saurer Sahne angereichert werden.
Für 6 Personen.

TOMATENSUPPE MIT KNOBLAUCH

2 ¹/₂ EL Olivenöl
3 Knoblauchzehen, durchgepreßt oder feingehackt
2 EL Paprikapulver (Delikateßpaprika)
4 ¹/₂ Tassen Knoblauch- oder Kartoffelschalenbrühe (Seite 92 und 91)
4 Tassen frisches Tomatenpüree, durch ein Sieb gestrichen
Salz und Tabasco nach Geschmack
6 Scheiben Französisches Brot (Seite 62)
Butter
geriebener Parmesankäse

Das Olivenöl in einem großen, schweren Topf erhitzen und den Knoblauch 1 oder 2 Minuten darin rösten. Den Topf vom Feuer nehmen und das Paprikapulver ins Öl rühren. Zurückstellen und auf sehr kleiner Flamme noch einen Augenblick weiterrühren, bis es leise zischt. Nun mit Brühe und Tomatenpüree aufgießen. (Im Winter, wenn es keine guten, frischen Tomaten zu kaufen gibt, können Sie statt dessen enthäutete Dosentomaten verwenden: Sie pürieren sie mit ihrem Saft im Mixer und streichen sie dann durch ein Sieb, so daß die Kernchen zurückbleiben.)
Die Suppe 10 bis 15 Minuten köcheln lassen, abschmecken und mit Salz und etwas Tabasco würzen. Die Brotscheiben mit Butter bestreichen und großzügig mit Parmesankäse bestreuen. Den Käse mit einem Messer leicht in die Butter drücken. Diese *Croûtons* im heißen Ofen etwa 10 Minuten backen oder 2 bis 3 Minuten unter den Grill schieben. Sie sollten an den Kanten leicht gebräunt sein. In 6 Teller jeweils

1 Croûton legen, die heiße Suppe darübergießen und sofort auftragen.
Für 6 Personen.

POTAGE LES DEUX CHAMPIGNONS

(Suppe mit rohen und gekochten Champignons)

3 Tassen feine Kartoffelschalenbrühe (Seite 91)
300 g frische Champignons
3 EL Mehl
3 EL Butter
1 Tasse Sahne
2 EL Sherry
1 TL Salz
Pfeffer
Petersilie

Kochen Sie nach Rezept eine Kartoffelschalenbrühe, wenn Sie keine vorrätig haben.
Für die Suppe wird nur *eine* Pilzsorte verwendet, deshalb ist es reizvoll, einige Pilze roh zu belassen, während die anderen gegart werden. Alle Pilze gut waschen und putzen. 4 oder 5 schöne Exemplare beiseite legen, die übrigen in Scheiben schneiden.
Diese in der Kartoffelschalenbrühe sehr weich kochen und die Flüssigkeit, jetzt eine dunkle, aromatische Pilzbrühe, abgießen und aufbewahren. Die gekochten Pilzscheiben müssen nun entweder blättrig geschnitten oder im Mixer feinpüriert werden.
Aus der Pilzbrühe nach dem Rezept auf Seite 128 mit 3 Eßlöffeln Mehl und 3 Eßlöffeln Butter die *Einfache Samtsauce* zubereiten. Man läßt sie etwa 10 bis 15 Minuten kochen, rührt dabei häufig um und gibt dann die Sahne und den Sherry zu. Verrühren, mit Salz und frisch gemahlenem schwarzen Pfeffer abschmecken und etwas gehackte Petersilie zufügen. Jetzt die blättrig geschnittenen oder pürierten Pilze dazugeben und das Ganze noch einmal durch und durch heiß werden lassen. Die rohen Pilze, die zuvor beiseite gestellt wurden, in hauchdünne Scheibchen schneiden und über die dampfende Suppe in den Tellern verteilen. Eine Pfeffermühle herumreichen.
4 oder 5 Portionen.

BORSCHTSCH *Abb. 3*

(klare Rote-Bete-Suppe)

4 bis 5 rote Bete
1 ½ l Kartoffelschalenbrühe (Seite 91)
2 oder mehr Tassen Pilzbrühe (von schwarzen Pilzen, die für Uszki, siehe unten, gekocht wurden)
2 EL Zitronensaft
1 bis 2 EL Zucker
Salz und Pfeffer
ein paar Tropfen Weinessig (nach Belieben)

Rote Bete waschen und in der Schale 30 bis 45 Minuten kochen, bis sie so weich sind, daß die Schale ganz leicht abgeht. Unter fließendem, kalten Wasser von der Schale befreien, in streichholzgroße Streifen schneiden und mit der Pilzbrühe zur Kartoffelschalenbrühe geben. Nach Geschmack mit Zitronensaft und etwas Zucker würzen und mit Salz, schwarzem Pfeffer und vielleicht wenigen Tropfen Essig abschmecken. Damit sich das Aroma entfalten kann, noch 10 bis 15 Minuten köcheln. In großen, flachen Suppenschalen mit jeweils 4 bis 5 heißen *Uszki* anrichten.
Für 8 Personen.

USZKI *Abb. 3*

(Klößchen mit Pilzfüllung)

Füllung:
200 g getrocknete schwarze Pilze (z. B. japanische Shitake)
1 ganze Zwiebel, ungeschält
5 bis 6 EL Butter
Salz
10 g frische Pilze
1 bis 2 Scheiben Roggenbrot
1 feingewiegte Zwiebel
Samen aus 3 Kardamomkapseln
1 Prise getrockneter Thymian
1 TL getrockneter Dill
frisch gemahlener schwarzer Pfeffer

Teig:
$3\frac{1}{2}$ bis 4 Tassen Mehl
1 TL Salz
2 Eier
1 Tasse Wasser

Füllung: Die Trockenpilze mit der ganzen gelben Zwiebel (die Schale ist wichtig für die Farbe!), 1 Eßlöffel Butter und etwas Salz in gut 1 Liter Wasser ungefähr 1 Stunde lang köcheln. Abgießen und die Brühe aufbewahren. Die Pilze nun sehr sorgfältig und gründlich säubern, bis ihnen kein Sandkörnchen mehr anhaftet. Die Pilzbrühe durch Quarktücher oder Papier filtern, bis sie klar ist.
Mit dem Wolf oder einer anderen Küchenmaschine zuerst die gekochten, dann die frischen Pilze und zum Schluß das Brot zerkleinern.
5 Eßlöffel Butter in einem großen Saucentopf zerlassen und die Kardamomsamen mit dem Thymian zufügen. Nach einigen Minuten die feingehackte Zwiebel zugeben und weichdünsten. Dann die Pilzmasse, Dill und viel frisch gemahlenen schwarzen Pfeffer untermischen und alles unter häufigem Rühren 15 bis 20 Minuten schmoren. Wenn es zu trocken erscheint, ein paar Löffel Pilzbrühe zufügen. Die Masse muß in etwa die Beschaffenheit eines englischen Porridge haben – ziemlich fest und trotzdem noch feucht.
Teig: Mehl und Salz vermischen. Die Eier mit dem Wasser verquirlen und zum Mehl rühren. Vielleicht noch etwas Wasser zufügen und alles zu einem glatten, ziemlich steifen Teig verarbeiten. Diesen Teig ein Weilchen in der Schüssel kneten – er klebt sehr, darum benutzen Sie am besten zusätzlich einen Löffel, mit dem Sie ihn herunterhalten, wenn Sie Ihre Hand herausziehen wollen, um richtig kneten zu können. Passen Sie auf, daß Ihnen nicht beide Hände in den Teig geraten, Sie werden nie wieder davon loskommen!
Ein großes Backbrett mit Mehl bestäuben und jeweils die Hälfte des Teiges mitten darauf geben. Noch etwas Mehl darübersieben und ihn auswellen, dabei immer ein wenig Mehl zufügen, damit er nicht festklebt.
So dünn wie möglich ausrollen, weniger als 3 mm dick, und unbedingt gleichmäßig. Das Teigstück in 5 cm große Vierecke schneiden, mit jeweils 1 Löffel Füllung belegen und so falten, daß ein dreieckiges Täschchen entsteht. Die Ränder fest zusammendrücken, dafür nötigenfalls mit Wasser befeuchten. Nun die beiden äußeren Zipfel zur Dreiecksmitte hochziehen, den einen mit einer halben Drehung, und fest aneinanderdrücken. Die Uszki in Butter auf beiden Seiten goldbraun braten und dann dicht an dicht auf ein großes Backblech legen. Dies alles kann im voraus getan werden. Gebacken werden sie kurz vorm Servieren, etwa 15 Minuten lang bei 160 Grad.
Dieses Rezept ergibt an die 75 bis 100 Uszki, das ist theoretisch genug für 15 Portionen. Man darf aber nicht vergessen, daß mancher Gast großen Hunger mitbringt. Uszki sind eine feine Beilage zu Salat, für sich allein auch eine Schlemmervorspeise oder ein schmackhafter erster Gang. Sie schmecken aufgewärmt ebensogut.
Die Zubereitung der Uszki macht viel Arbeit und nimmt beinahe einen ganzen Tag in Anspruch – es sei denn, man hat sehr geschickte Hände. Zeitraubend oder nicht: Es ist ein Erfolgsrezept, denn schiefgehen kann kaum etwas dabei.

BORSCHTSCH MIT PILZEN

30 g feinste getrocknete Pilze
3 l plus $1\frac{1}{2}$ Tassen Wasser
2 ziemlich große Kartoffeln, gebürstet und in Scheiben geschnitten
2 Stangen Bleichsellerie, in Scheiben geschnitten
2 bis 3 Knoblauchzehen, geschält
1 große weiße Rübe, geschabt und in Scheiben geschnitten
4 mittelgroße Möhren, geputzt und in Scheiben geschnitten
1 bis 2 Lorbeerblätter
1 EL Salz
8 bis 9 Pfefferkörner
700 g rote Bete
3 EL Zitronensaft
1 EL Zucker
saure Sahne zum Garnieren

Die Trockenpilze in $1\frac{1}{2}$ Tassen Wasser etwa 2 Stunden oder über Nacht einweichen.

Anmerkung d. Übers.: Es gibt gute italienische und osteuropäische Trockenpilze, ausgezeichnet sind auch die getrockneten japanischen oder chinesischen Waldpilze. –
In einem großen Suppenkessel die 3 Liter Wasser mit Kartoffeln, Sellerie, Knoblauch, Rübe, Möhren, Lorbeerblättern, Salz und Pfefferkörnern aufsetzen und etwa 1 bis 2 Stunden sanft kochen lassen, bis die Brühe ein sehr feines Aroma hat. Dann durch ein Sieb abgießen und die gekochten Gemüse beiseite stellen.
Das Einweichwasser der Pilze abgießen und bereithalten. Die Pilze einzeln gründlich säubern und in streichholzgroße Streifen schneiden.
Das Pilzwasser durch mehrere Schichten von Quarktüchern oder einen Kaffeefilter gießen, so daß aller Schmutz herausgefiltert wird, und mit den Pilzen an die Brühe geben.
Die roten Rüben schälen, auch in streichholzgroße Streifen schneiden und mit Zitronensaft und Zucker gleichfalls zur Brühe geben.
Die Suppe weitere 20 bis 25 Minuten köcheln, bis die roten Bete ziemlich gar sind. Dann abschmecken, nachwürzen, in Teller füllen und mit jeweils einem Löffel saurer Sahne garnieren.
Für 12 Personen.

MAISALLERLEI

1 sehr große oder 2 kleine Kartoffeln
Salzwasser
$^1/_2$ gehackte Zwiebel
2 EL Butter
1 $^3/_4$ Tassen frische Maiskörner (von etwa 3 Kolben)
$^1/_2$ Tasse in feine Ringe geschnittene Pimientoschote
2 Tassen Milch
$^1/_2$ Tasse Sahne
Salz und Pfeffer
Paprika
1 EL brauner Zucker (Rohzucker)
1 Prise Thymian

Die Kartoffeln so dünn wie möglich schälen und in gut 1 cm dicke Würfel schneiden. Mit Salzwasser bedeckt etwa 20 Minuten garen. In der Zwischenzeit die Zwiebel in Butter braten. Wenn die Kartoffeln eben gar sind, alle übrigen Zutaten dazugeben und das Ganze weitere 20 bis 30 Minuten leise kochen lassen, dabei gelegentlich umrühren. Die Suppe sollte leicht eingedickt sein und ein feines Aroma haben. Sehr heiß mit Schwarzbrot oder französischem Knoblauchbrot servieren.
Für 4 bis 6 Personen.

CHEDDARKÄSE-ALLERLEI

1 große Kartoffel, geschält und gewürfelt
2 Tassen kochendes Salzwasser
1 Lorbeerblatt
$^1/_4$ TL getrocknete Salbei
$^1/_2$ TL Kreuzkümmel
3 EL Butter
1 feingehackte Zwiebel
3 EL Mehl
1 $^1/_4$ Tassen Sahne
Körner von 2 Maiskolben
$^1/_2$ TL Hefeextrakt
feingehackter Schnittlauch und Petersilie
$^1/_4$ TL Muskat
Salz und Pfeffer
1 $^1/_2$ Tassen (125 g) scharfer Cheddarkäse, gerieben
4 bis 5 EL trockener Weißwein

Die Kartoffel schälen, würfeln und mit dem Lorbeerblatt, Salbei und Kreuzkümmel im Salzwasser nur eben gar kochen – etwa 15 bis 20 Minuten. Die Butter in einem Saucentopf zerlassen und die feingewiegte Zwiebel kurze Zeit darin dünsten, dann das Mehl zufügen und verrühren. Sogleich die Sahne mit dem Schneebesen darunterziehen. Diese Sauce zu den Kartoffeln und ihrem Kochwasser gießen und die Maiskörner hinzufügen. Hefeextrakt, gehackte Kräuter und restliche Gewürze zugeben und die Suppe etwa 10 Minuten sanft köcheln lassen. Dann den geriebenen Käse und den Wein gut unterrühren, alles noch einmal erhitzen, bis der Käse völlig geschmolzen ist, abschmecken und servieren.
Diese leckere, herzhafte Suppe ist für kalte Tage und hungrige Gäste sehr zu empfehlen.
Für 4 bis 6 Personen.

ERBSENSUPPE MIT BUTTERKLÖSSCHEN

Suppe:
4 Tassen Zuckererbsen (Petit pois) ohne Schoten (knapp 2000 g mit Schoten)
4 ½ Tassen Wasser
1 TL brauner Zucker (Rohzucker)
Salz
frisch gemahlener schwarzer Pfeffer
½ Tasse leichter, trockener Weißwein
4 ½ EL Butter
4 ½ EL Mehl

Klößchen:
6 EL Butter
2 Eier
½ Tasse Mehl
¼ TL Muskat
Salz

zum Garnieren:
sehr fein gewiegte Petersilie

Suppe: Die Erbsen in dem Wasser mit Zucker etwa ½ Stunde kochen, bis sie ziemlich weich sind. Dann die Suppe durch ein Sieb streichen oder kurz in den Mixer geben. Das dabei entstandene dünne Püree mit Salz und Pfeffer abschmecken und mit dem Wein verfeinern.
Die Butter in einem Saucentopf zerlassen und das Mehl zurühren. Die Einbrenne auf kleinster Flamme einige Minuten anschwitzen, dabei ständig rühren. Mit 1 oder 2 Tassen Suppe ablöschen und kräftig mit dem Schneebesen glattschlagen. Die so gebundene Suppe mit der übrigen gut verrühren.
Klößchen: Für den Teig die Butter so weich wie möglich werden lassen, ohne daß sie schmilzt. Die Eier mit dem Mehl verschlagen und die Butter hineinwirken. Mit Salz und Muskat würzen. Den Teig halbteelöffelweise an die Suppe geben. Wenn die Klößchen nach oben gestiegen sind, brauchen sie noch 5 Minuten Garzeit.
Die Suppe mit Petersilie bestreut auftragen.
Für 5 bis 6 Personen.

ERBSPÜREESUPPE

500 g getrocknete geschälte Erbsen (Schälerbsen)
3 l Wasser
1 ½ Teelöffel Salz
2 ½ EL Butter
1 ½ Tassen feingeschnittene Möhren
1 Tasse feingeschnittene Bataten (sie können notfalls durch Kartoffeln ersetzt werden – allerdings auf Kosten des Aromas)
1 Tasse feingewiegte Zwiebeln
½ Tasse feingeschnittener Sellerie
½ bis ¾ TL pulverisierter Majoran
1 TL getrocknetes Basilikum
1 bis 2 zerdrückte Knoblauchzehen
½ bis ¾ TL gemahlener Kreuzkümmel
½ Tasse trockener Weißwein
frisch gemahlener schwarzer Pfeffer nach Geschmack
nach Belieben mit Croûtons garnieren

Die halben Erbsen mit dem Salzwasser in einem großen Topf zum Kochen bringen. Dann läßt man sie auf kleiner Flamme etwa 1 Stunde leise wallen und schäumt sie dabei von Zeit zu Zeit ab.
Die feingeschnittenen Gemüse unter ständigem Rühren etwa 10 Minuten in der Butter andünsten. Die Kräuter zufügen, 5 Minuten mitschwitzen, dann alles an die Suppe rühren.
Das Ganze nochmals 45 Minuten bis 1 Stunde köcheln, dabei gelegentlich umrühren.
Etwa die Hälfte der Suppe im Mixer pürieren oder durch ein Sieb streichen. Das Püree in den Topf zurückgeben, Wein und Pfeffer zurühren und die Suppe erneut zum Sieden bringen. Heiß servieren.
Diese Suppe schmeckt so, wie sie ist, schon wunderbar – durch knusprige Croûtons jedoch wird die samtige Sämigkeit noch besonders hervorgehoben. – Eine erlesene Gaumenfreude!
Für 6 bis 8 Personen.

KARTOFFELSUPPE

5 große, mehlige Kartoffeln, geschält und gewürfelt
3 bis 4 Porreestangen
3 ½ bis 4 Tassen Wasser (genug zum Bedecken)
1 ½ Tassen Milch oder Sahne
½ TL Kümmel
2 EL Dill (nach Möglichkeit frischer), gehackt
1 TL Salz
frisch gemahlener Pfeffer
2 bis 3 EL saure Sahne
Butter
gehackter Schnittlauch, Petersilie oder mehr Dill zum Garnieren

Die Kartoffeln schälen und die Schalen für eine Brühe auskochen – niemals wegwerfen! Die Porreestangen waschen, putzen und feinhacken. Die beiden Gemüse im Salzwasser etwa ½ Stunde kochen, bis sie gar sind. Dann Milch, Kümmel und Dill zufügen. Mit Salz und Pfeffer abschmecken. Die Suppe noch 15 bis 20 Minuten leicht kochen, bis sie eindickt und die Kartoffeln etwas zerfallen. Jetzt ein paar Eßlöffel saure Sahne und 1 oder 2 Eßlöffel Butter hineinrühren. Alles noch einmal heiß werden (nicht aufwallen!) lassen und servieren. Sie können diese Suppe mit gehacktem Schnittlauch, Petersilie oder auch Dill garnieren. Feinschmecker schätzen ihren feinen, herzhaften Geschmack.
Genug für 4 bis 6 Portionen.

BATATENSUPPE

500 g Bataten (Süßkartoffeln)
3 kleine Möhren
1 große Stange Bleichsellerie
1 Lorbeerblatt
5 bis 6 Tassen Wasser
1 ½ TL Salz
2 EL Zitronensaft
1 TL Paprika
1 ½ EL Butter
½ Tasse Sahne

Die Bataten schälen und feinwürfeln. Die Möhren schaben und in dünne Scheibchen schneiden. Den Sellerie in Scheiben schneiden. Die Gemüse mit Lorbeerblatt und Wasser zum Kochen bringen, dann die Hitze zurücknehmen und die Suppe etwa 1 Stunde auf kleiner Flamme leise kochen lassen, dabei gelegentlich umrühren. Die restlichen Zutaten beifügen und das Ganze weitere 10 Minuten, vielleicht auch noch etwas länger, sanft köcheln.
Für 5 bis 6 Personen.

TORTILLASUPPE »TLAXCALTECA«

6 Tassen Knoblauchbrühe (Seite 92)
5 Maistortillas (Seite 312)
Pflanzenöl zum Ausbacken
250 g Mozzarellakäse
½ rote Zwiebel
1 ½ Tassen frisches Tomatenpüree
½ Tasse Sahne
Paprika
Chilisauce

Während die Knoblauchbrühe köchelt, die nach Rezept zubereiteten oder fertig gekauften Tortillas in gut 1 cm breite und etwa 4 cm lange Streifen schneiden und im heißen Öl ausbacken, bis sie ganz knusprig sind. Herausschöpfen, auf Papiertüchern abtropfen lassen und beiseite stellen.
Anmerkung d. Übers.: Tortillas gibt es bei uns leider nur selten fertig zu kaufen – doch kann man sie in manchen mexikanischen Restaurants abgepackt bekommen. –
Den frischen Mozzarella in ½ bis 1 cm große Würfel schneiden. Die Zwiebel schälen, in Scheiben schneiden und diese in gut 2 cm lange Streifen zerteilen.
Das frische Tomatenpüree mit der Sahne und den Zwiebeln an die heiße Knoblauchbrühe geben und auf kleiner Flamme etwa 15 Minuten kochen, dabei ab und zu umrühren. Die Suppe mit Paprika und frischer Chilisauce abschmecken. Sie darf nicht zu scharf sein, sondern muß ein pikantes Aroma haben.
Etwa 1 Minute, bevor die Suppe zu Tisch gebracht wird, die knusprigen Tortillastreifen und die Mozza-

5 Gazpacho *(spanische Gemüsekaltschale)*
Rezept Seite 117
Kräutercroûtons *(geröstete Brotwürfel)*
Rezept Seite 121

6 Kräuter-Weinsauce
Rezept Seite 132

Cranberry-Cumberland-Sauce *(Preiselbeersauce)*
Rezept Seite 134

7 Griechischer Salat
Rezept Seite 148

8 Marinierter Gemüsesalat
Rezept Seite 160

rellawürfel zufügen. Leicht umrühren, in vorgewärmte Schalen oder kleine Terrinen füllen und dampfendheiß auftragen.
Für 6 Personen.

KÄSESUPPE

Dazu brauchen Sie unbedingt gut durchgereiften, alten Käse. Zu frischer oder junger Käse flockt bei Erhitzen aus und wird gummiartig, alter Käse hingegen schmilzt fein, solange er nicht gekocht wird.

6 EL Butter
5 EL Mehl
4 ½ Tassen heiße Milch
1 Tasse Sahne
250 g geriebener alter Gouda
125 g geriebener geräucherter Edamer
2 EL Worcestersauce
1 TL Paprika
1 Spritzer Tabasco oder 1 Prise Cayennepfeffer
Salz und Pfeffer nach Geschmack
Knoblauch-Toast (nach Belieben)

Die Butter in einem Suppentopf zerlassen und das Mehl dazurühren. Diese Einbrenne unter Rühren einige Minuten anschwitzen. Mit heißer Milch ablöschen und bei mittlerer Hitze mit einem Schneebesen durchschlagen, bis die Suppe gebunden und ganz glatt ist.
Die Sahne zufügen und die Hitze so regulieren, daß die Suppe heiß bleibt, aber nicht kocht. Nach und nach die geriebenen Käse einstreuen, dabei ständig mit einem Holzlöffel rühren.
Wenn der Käse völlig geschmolzen und die Suppe glatt und samtig ist, mit Worcestersauce, Paprika, Tabasco, Salz und Pfeffer würzen.
Heiß mit Knoblauch-Toast servieren.
Ergibt 6 Portionen.

KARTOFFELSUPPE MIT HOLLÄNDER KÄSE

5 bis 6 mehlige Kartoffeln
5 EL Butter
2 große Zwiebeln
2 Lorbeerblätter
1 TL Dillsamen, im Mörser pulverisiert
2 EL Mehl
2 Tassen Milch
175 g geriebener alter Gouda
1 TL Paprika
1 EL Worcestersauce
Salz
frisch gemahlener schwarzer Pfeffer

Die Kartoffeln schälen, kleinwürfeln und knapp mit schwach salzigem Wasser bedeckt gar kochen. Das Kochwasser aufbewahren.
In der Zwischenzeit 3 Eßlöffel Butter in einem tiefen, schweren Topf zerlassen. Die Zwiebeln quer halbieren und in feine Scheiben schneiden, dann mit dem Lorbeerblatt zusammen unter häufigem Rühren in der Butter goldbraun rösten. Den zerstoßenen Dillsamen zufügen und noch 1 Minute rühren, zuletzt die gekochten Kartoffeln mit ihrem Kochwasser zugeben.
Die restlichen 2 Eßlöffel Butter in einem Saucentopf zerlassen, 2 Eßlöffel Mehl hineinrühren und 1 oder 2 Minuten auf kleiner Flamme kochen. In einem anderen Topf die Milch erhitzen und die Einbrenne damit ablöschen. Mit dem Schneebesen so lange durchschlagen, bis die Sauce gebunden und völlig glatt ist. Jetzt wird sie in die Suppe gerührt.
In kleinen Mengen nach und nach den geriebenen Käse zufügen, dabei ständig vorsichtig rühren. Zuletzt mit Paprika, Worcestersauce, Salz und Pfeffer abschmecken. Die Suppe auf kleiner Flamme etwa 15 Minuten, vielleicht auch etwas länger, nur eben köcheln lassen. Oft umrühren. Wenn sie fertig ist, heiß zu Tisch bringen.
Für 6 Personen.

PASTA E FAGIOLI I

(Nudeln mit Bohnen)

1 ½ Tassen getrocknete rote Bohnen, gewaschen
2 l Wasser
2 große Möhren, geschabt und kleingeschnitten
1 große Zwiebel, gehackt
1 große Stange Bleichsellerie, in dünne Scheiben geschnitten
1 Lorbeerblatt
1 reichliche Prise Basilikum
1 Prise pulverisiertes Rosmarin
4 Knoblauchzehen, in hauchdünne Scheibchen geschnitten
1 EL Olivenöl
4 EL Tomatenmark
Salz und Pfeffer
150 g Fettuccine (5 mm breite Bandnudeln)

Garnierung:
geriebener Parmesankäse
frisch gemahlener schwarzer Pfeffer
Olivenöl

Die gewaschenen Bohnen in schwach gesalzenem Wasser etwa ½ Stunde kochen. Dann Möhren, Zwiebeln, Sellerie, Kräuter und Olivenöl zufügen und alles zusammen mindestens noch ½ Stunde köcheln, bis die Bohnen gar sind.
Etwa die Hälfte der Bohnen mit etwas Brühe in einen elektrischen Mixer geben und pürieren. Das Püree in die Suppe zurückschütten und das Tomatenmark dazurühren. Mit Salz und Pfeffer abschmecken.
Knapp 20 Minuten vor dem Auftragen die Bandnudeln zugeben. Wenn die Suppe zu dick ist, noch etwas Wasser zugießen. So lange kochen lassen, bis die Nudeln *al dente* – gar, aber nicht zu weich – sind, und dann heiß servieren.
Geriebenen Parmesan, Pfeffer und Olivenöl zur Selbstbedienung herumreichen.
Für 6 bis 8 Personen.

PASTA E FAGIOLI II

1 ½ Tassen getrocknete rote Bohnen
12 Tassen Wasser
1 ½ TL Salz, nach Geschmack mehr
2 kleine Möhren, geschabt und feingewürfelt
4 ½ EL Olivenöl
1 kleine Zwiebel, geschält und gehackt
2 kleine Knoblauchzehen, feingehackt
½ TL Rosmarin, pulverisiert
100 g dünne Fettuccine (Bandnudeln)
⅓ bis ½ Tasse geriebener Parmesankäse
frisch gemahlener schwarzer Pfeffer

Die Bohnen mit 9 Tassen Wasser und 1 ½ Teelöffeln Salz zum Kochen bringen, dann auf kleiner Flamme 1 Stunde lang kochen. Die Möhrenwürfel zufügen und weitere 10 Minuten leise köcheln.
In einer Pfanne das Olivenöl erhitzen und Zwiebeln und Knoblauch darin Farbe nehmen lassen. Mit dem zerstoßenen Rosmarin an die Suppe geben und nochmals 10 Minuten kochen. Danach müßten die Bohnen gar und die Flüssigkeit ziemlich eingekocht sein.
Nun die restlichen 3 Tassen Wasser zugießen, die Suppe wieder erhitzen, bis sie leicht siedet, und die Nudeln darin 12 bis 15 Minuten garen. Wenn sie weich sind, den Parmesankäse einrühren, mit Salz und Pfeffer abschmecken und gleich servieren.
Für 6 bis 8 Personen.

SOPA DE AJO

(Knoblauchsuppe)

Pro Portion:
4 kleine Knoblauchzehen
1 EL Olivenöl
1 TL Paprika
½ TL Salz
1 ½ bis 2 Tassen heißes Wasser
1 Spritzer Tabasco (nach Belieben)
1 Spritzer Worcestersauce (nach Belieben)
1 etwa 1 cm dicke trockene Scheibe Französisches Brot (Seite 62)
1 Ei

Die Knoblauchzehen schälen und in dünne Scheibchen schneiden. In einem Saucentopf oder einem feuerfesten Tontopf das Olivenöl erhitzen und den Knoblauch darin hellgelb rösten. Paprika und Salz zufügen und etwa ½ Minute schnell rühren, dann mit dem heißen Wasser aufgießen. Die Brühe ein paar Minuten leise köcheln, abschmecken und nach Belieben mit etwas Tabasco und Worcestersauce würzen. Das Brot in große Stücke brechen oder, wenn es noch weich genug ist, in hauchdünne Scheiben schneiden, und in die Suppe geben. Wenn es ziemlich durchweicht ist und die Brühe wieder siedet, das Ei hineingleiten lassen und etwas Brühe darüberschöpfen. Die Suppe auf kleinster Flamme weiterköcheln, bis das Ei nach Wunsch pochiert ist.

SAUERAMPFERSUPPE

3 EL Butter
1 große sehr fein gewiegte Zwiebel
3 EL Mehl
1 l heiße Knoblauchbrühe (Seite 92)
200 bis 250 g feingehackte junge Sauerampferblätter
Salz und etwas Zucker
1 Prise Muskat
2 Eigelb
½ bis 1 Tasse Sahne

In der Butter die Zwiebeln goldgelb rösten, dann das Mehl zurühren und ein paar Minuten anschwitzen. Mit der heißen Brühe aufgießen, dabei mit dem Schneebesen durchschlagen, mit Salz und Muskat abschmecken und etwa 10 Minuten sanft köcheln lassen. Danach das Ganze durch ein Sieb passieren und wieder in den Topf geben.
Die Eigelb mit der Sahne verquirlen, mit etwas heißer Suppe verschlagen, und das Gemisch unter weiterem Schlagen mit der Suppe im Topf verrühren. Alles zusammen nochmals erhitzen, aber nicht mehr aufkochen lassen. Zum Schluß den sehr fein gehackten Sauerampfer darunterrühren. Erneut abschmecken, ein wenig Zucker zufügen, und die Suppe sogleich auftragen.
Für 4 bis 6 Personen.

MINESTRONE

(italienische Gemüsesuppe)

1 ½ l Knoblauchbrühe (Seite 92)
2 mittelgroße Kartoffeln
3 Möhren
3 kleine Zucchini
5 bis 6 feste, reife Tomaten
3 bis 4 EL Olivenöl
1 kleine Zwiebel
½ TL getrocknete Salbei
1 TL getrocknetes Basilikum
je 1 Prise Oregano und Petersilie
½ Tasse gekochte Erbsen oder weiße Bohnen
1 Handvoll kleingebrochene Spaghetti
Salz und Pfeffer
geriebener Parmesankäse

Die Knoblauchbrühe nach Rezept zubereiten, wenn keine vorrätig ist.
Kartoffeln schälen und ziemlich grob würfeln. Möhren putzen und in dicke Scheiben schneiden. Zucchini waschen und ebenfalls in Scheiben schneiden. Die Tomaten überbrühen, enthäuten und vierteln.
In einem großen Suppenkessel das Olivenöl erhitzen und Zwiebel, Kartoffelwürfel und Möhrenscheiben darin einige Minuten kräftig anschwitzen, bis die Zwiebel gar ist. Mit der Knoblauchbrühe aufgießen, die Kräuter zufügen und zum Kochen bringen, dann auf kleiner Flamme 15 Minuten sanft wallen lassen. Zucchinischeiben, einen Teil der Tomatenstücke, Erbsen oder Bohnen dazugeben und weitere 15 Minuten leise kochen. Zuletzt die Spaghetti und die restlichen Tomatenviertel hinzufügen, die Suppe mit Salz und Pfeffer würzen und noch 12 bis 15 Minuten weiterkochen, bis die Nudeln *al dente* sind. Heiß zu Tisch bringen und eine Schale geriebenen Parmesankäse dazu reichen.
6 bis 8 Portionen.

MINESTRONE ALLA MILANESE *Abb. 4*

(Gemüsesuppe auf Mailänder Art)

Diese Suppe ist sehr ergiebig und reicht für mindestens ein Dutzend Personen. Für eine kleinere Tischrunde können einfach die angegebenen Mengen halbiert werden. Oder man kocht einen großen Topf Suppe und friert die Hälfte zu späterem Gebrauch ein. Mit Brot, Käse und Obst auf den Tisch gebracht, ist sie eine vollständige Mahlzeit.

1 ½ Tassen getrocknete große weiße Bohnen
3 bis 4 Knoblauchzehen
1 große Zwiebel, gehackt
5 EL Olivenöl
3 große, festkochende Kartoffeln mit Schale, gebürstet
2 Möhren
5 bis 6 mittelgroße Zucchini
1 bis 1 ½ Tassen Stangenbohnen, kleingeschnitten
3 bis 4 (etwa ½ Tasse) mittelgroße Porreestangen, in Scheiben geschnitten
Salz und Pfeffer nach Geschmack
frische gehackte Petersilie
1 reichliche Prise Selleriesamen
1 bis 2 TL Basilikum
1 TL Oregano
1 reichliche Prise Majoran
½ Kopf Wirsing
½ Tasse Langkornreis
6 bis 7 Tomaten
1 Tasse geriebener Parmesankäse
3 bis 4 EL Butter

Die weißen Bohnen gerade mit Wasser bedeckt über Nacht einweichen. Das Einweichwasser auf knapp 4 Liter ergänzen und mit den Bohnen in einen Topf von 8 oder mehr Litern Fassungsvermögen geben. Den geschälten, durch eine Presse gedrückten Knoblauch, die gehackte Zwiebel und das Olivenöl zufügen und alles etwa 1 ½ Stunden leise kochen lassen.
3 Kartoffeln mit gesunden Schalen unter fließendem Wasser gründlich reinigen, in große Stücke schneiden und in den Topf geben. Möhren und Zucchini in dicke Scheiben schneiden und mit den grünen Bohnen und Porreescheiben gleichfalls hinzufügen. Das Ganze mit etwas Salz, Pfeffer, gehackter Petersilie, einer guten Prise Selleriesamen, ein wenig Basilikum, Oregano und einer kräftigen Prise Majoran würzen und etwa 45 Minuten köcheln lassen.
Die Hälfte des kleinen Wirsingkohls in feine Streifen schneiden und mit dem Reis zusammen an die Suppe geben. Wenn Sie den großkörnigen, schönen Reis der italienischen Lombardei bekommen können, wird Ihr *Minestrone* der echte Mailänder Minestrone sein. Nachdem der Reis eingestreut ist, die Suppe weitere 20 Minuten sanft kochen. Wird sie für Ihren Geschmack zu dick, gießen Sie nach Bedarf noch Wasser zu.
Etwa 5 Minuten vor dem Auftragen die in große Spalten geschnittenen Tomaten, Parmesankäse, Butter und noch etwas frische Petersilie an die Suppe geben. Dampfendheiß servieren und nach Wunsch mit mehr Parmesankäse bestreuen. Knuspriges Brot dazu reichen.

PISTOU

(Basilikumsuppe)

2 ¼ l Wasser
1 ½ Tassen gebürstete, in Würfel geschnittene Kartoffeln
1 ½ Tassen geputzte, schräg in Scheiben geschnittene Möhren
1 ¾ Tassen geputzter, in Scheiben geschnittener Porree (nur das Weiße)
2 TL Salz
1 Tasse Zucchinischeiben
1 kleine rote Paprikaschote, gewürfelt oder in Streifen geschnitten
2 Tassen kleingeschnittene grüne Bohnen
1 ½ Tassen gekochte weiße Bohnen
¼ Tasse Paniermehl
⅛ TL Safran

Pistousauce:
75 g geriebener Parmesankäse (etwa ½ Tasse)
1 kleine Dose Tomatenmark
⅓ Tasse Pinienkerne

1 ½ EL getrocknetes oder ¼ Tasse frisches Basilikum (frisches ist bedeutend besser)
4 bis 5 Knoblauchzehen
⅓ Tasse Olivenöl
frisch gemahlener schwarzer Pfeffer

Die Kartoffeln, Möhren und Porreescheiben im Salzwasser etwa 40 Minuten leise kochen.
Zucchini, Paprikastreifen, grüne und weiße Bohnen, Paniermehl und Safran zufügen und die Suppe weitere 20 Minuten wallen lassen.
In der Zwischenzeit die Pistousauce zubereiten: Den Parmesankäse reiben und in das Tomatenmark rühren. Die Pinienkerne feinmahlen und mit dem Basilikum gleichfalls daruntermischen, dann die Knoblauchzehen zerdrücken und dazugeben. Zuletzt das Olivenöl zugießen und die Sauce im Mixer bei hoher Geschwindigkeit völlig glatt schlagen. Wenn Sie kein elektrisches Mixgerät besitzen, alle Zutaten außer dem Olivenöl mit einem Holzstößel oder einem Holzlöffel zerreiben, bis eine glatte Paste entstanden ist, dann nach und nach das Olivenöl darunterschlagen. Nach Geschmack mit Pfeffer würzen.
Etwa 1 Tasse der heißen Suppe mit der Sauce verrühren, die Mischung an die Suppe rühren und servieren.
Für 8 bis 10 Personen.

LINSEN-TOMATEN-SUPPE

Eine herzhafte, reiche Suppe mit hohem Eiweißgehalt, die schnell zubereitet ist und dabei so schmeckt, als habe man einen ganzen Tag daran gekocht.

⅔ Tasse Linsen
4 Tassen Wasser
1 Zwiebel, gehackt
4 Möhren, kleingeschnitten
1 Tasse Tomatenmark
gehackte Petersilie
Thymian, Dill, Estragon
Salz
Pfeffer
Knoblauch
trockener Weißwein (nach Belieben)

Die ersten 5 Zutaten in einen großen Topf geben und etwa 3 Stunden sanft kochen. Wenn nötig, Wasser nachgießen. Nach Geschmack mit einem Schuß Weißwein verfeinern. Dann mit den Kräutern abschmecken, dabei ständig kosten, damit die Suppe nach Wunsch gewürzt wird.
Zuletzt die Tasse Tomatenmark hineinrühren und das Ganze nochmals heiß werden lassen.
Ergibt 6 Portionen.

HELLE LINSENSUPPE

3 Stangen Bleichsellerie in großen Stücken
5 mittelgroße Möhren in dicken Scheiben
5 Tassen Wasser
1 Zwiebel, geschält und geviertelt

Aus den angegebenen Zutaten eine Brühe kochen, bis die Gemüse sehr weich sind. Dann Sellerie und Zwiebel entfernen. Die Möhren durch ein Sieb streichen und das Püree wieder an die Brühe geben.

1 gehackte Zwiebel
3 feingewiegte Schalotten (ersatzweise 1 Zwiebel)
2 bis 3 zerdrückte Knoblauchzehen
2 EL Butter
1 TL abgeriebene Zitronenschale
1 Lorbeerblatt
1 Tasse helle Linsen
Saft von 1 Zitrone
Basilikum
Salz und Pfeffer

Zwiebel, Schalotten und Knoblauch in der Butter anschwitzen. Wenn die Zwiebeln zu bräunen beginnen, gibt man sie mit der abgeriebenen Zitronenschale, dem Lorbeerblatt und den Linsen an die Brühe. Alles zusammen etwa 40 bis 60 Minuten kochen lassen, dabei sollte man ab und zu etwas Wasser nachgießen, um ein zu starkes Einkochen der Flüssigkeit zu verhindern.
Nach dieser Zeit den frisch gepreßten Zitronensaft und etwas zerstoßenes getrocknetes oder gehacktes frisches Basilikum zufügen, mit Salz und Pfeffer ab-

schmecken und weitere 20 Minuten oder länger köcheln. Sofort servieren.
Die Suppe schmeckt ein wenig exotisch – aber sehr delikat. Sie enthält viel Eiweiß.
4 reichliche Portionen.

LINSENSUPPE NACH KREOLENART

1 Tasse Linsen
2 Liter kochendes Wasser
1 1/2 TL Salz
1 Zwiebel
1 Stange Bleichsellerie
1 kleine grüne Paprikaschote
1 rote Paprikaschote
3 EL Butter
1/2 TL Hefeextrakt
1 TL gekörnte Gemüsebrühe
1 TL brauner Zucker (Rohzucker)
Lorbeerblatt
4 bis 5 EL Tomatenketchup oder -püree
2 EL Mehl
frisch gemahlener schwarzer Pfeffer

Die Linsen mit dem kochenden Salzwasser überbrühen und zugedeckt etwa 1 Stunde weichen lassen. Zwiebel, Paprikaschoten (kleingeschnitten etwa 1 1/2 Tassen) und Bleichsellerie feinschneiden. In einer Pfanne 3 Eßlöffel Butter zerlassen, den Hefeextrakt und die gekörnte Brühe dazugeben. Die gewürfelten Gemüse, den braunen Zucker und 1 Lorbeerblatt einige Minuten darin anschwitzen, dann an die Linsen rühren.
Die Suppe auf sehr kleiner Flamme etwa 1 1/2 Stunden kochen. Mehl und Ketchup (oder Tomatenpüree) vermengen, ein wenig heiße Suppe unter kräftigem Rühren dazugießen und die Mischung in den Topf zurückschütten. Schwarzen Pfeffer hineinmahlen, das Ganze nochmals heiß werden lassen und servieren.
6 bis 8 Portionen.

SCHARFE LINSENSUPPE

2 1/2 Tassen Linsen
3 1/4 l Wasser
1/2 TL Salz, nach Geschmack mehr
1/4 Tasse Olivenöl
2 Zwiebeln, geschält und gehackt
4 bis 5 große Knoblauchzehen, geschält und in Scheibchen geschnitten
2 große Lorbeerblätter
1/2 TL Zimt
1/2 TL gemahlene Nelken
1/2 TL Ingwer
1 1/2 TL gemahlener Kreuzkümmel
2 1/2 EL sehr fein gewiegte grüne Chilischoten
2 bis 3 EL feingehackte frische Korianderblätter
1/4 Tasse gehackte frische Petersilie
2 bis 3 EL Butter
viel frisch gemahlener schwarzer Pfeffer
nach Belieben mit Paprika oder Korianderblättern garnieren

Die Linsen in einem großen Topf mit dem Salzwasser zum Kochen bringen, dann auf kleiner Flamme 1 Stunde köcheln.
In einer Kasserolle das Olivenöl erhitzen und unter häufigem Rühren Zwiebeln, Knoblauch und Lorbeerblätter darin anschwitzen, bis die Zwiebeln Farbe genommen haben. Nun Zimt, gemahlene Nelken, Ingwer und Kreuzkümmel zufügen und auf kleiner Flamme etwa 2 Minuten mitrösten, dabei rühren. Die Zwiebeln mit Gewürzen, Chilis, Korianderblättern und Petersilie an die Suppe geben und alles eine weitere Stunde leise kochen lassen. Gelegentlich rühren.
Wenn die Linsen ganz weich sind, gut die Hälfte der Suppe in Mengen von jeweils 2 oder 3 Tassen im elektrischen Mixer pürieren oder durch ein Sieb passieren. Die pürierte Suppe in den Topf zurückschütten und mit der Butter verrühren. Großzügig mit frisch gemahlenem schwarzen Pfeffer würzen und mit Salz abschmecken.
Die Suppe heiß zu Tisch bringen und kurz vor dem Servieren mit Paprika bestreuen oder jeden Teller mit Korianderblättern verzieren.
Für 6 bis 8 Personen.

PIKANTE PFEFFERSCHOTENSUPPE

1 Tasse Pfefferschoten (frische Chilis), feingehackt
1000 g reife Tomaten
1 Zwiebel, gehackt
gut 1 ½ Tassen Wasser
3 EL Butter
3 EL Mehl
½ TL pulverisierte oder 1 ½ TL frisch abgeriebene Zitronenschale
Salz und schwarzer Pfeffer
1 Tasse gekochter brauner Reis (Naturreis)
saure Sahne
frischer Dill oder Petersilie

Suchen Sie verschiedene Pfefferschoten aus – gelbe, orangene, rote und grüne. 10 bis 12 Stück dürften reichen. Die Pfefferschoten waschen, aufschneiden und von *allen* Samenkernen und dem weißen Pelz befreien – es sei denn, Sie mögen Ihre Suppe gerne höllisch scharf. Was übrigbleibt, sehr fein hacken. Sie müßten 1 volle Tasse zerkleinerter Chilis haben.
Die Tomaten überbrühen und enthäuten. Die Zwiebel kleinschneiden. Wenn Sie nun schnell vorankommen wollen, pürieren Sie alle Gemüse im Mixer, gießen das Wasser zu und köcheln diese Mischung etwa 20 Minuten. Fehlt Ihnen ein Mixer oder eine Küchenmaschine, schneiden Sie die Tomaten klein, geben alle Gemüse mit dem Wasser in den Topf und kochen sie leicht, bis sie sehr weich sind und zerfallen. Dann werden sie mitsamt dem Kochsud durch ein Sieb gestrichen.
In einem kleinen Saucentopf aus Butter und Mehl eine Einbrenne herstellen. Unter Rühren eine Weile kochen lassen, dann mit etwas heißer Suppe aufgießen und mit dem Schneebesen zu einer glatten Sauce verschlagen. An die Suppe geben und weitere 10 Minuten ganz sanft köcheln, dabei gelegentlich umrühren. Abgeriebene Zitronenschale zufügen, schwarzen Pfeffer hineinmahlen und mit Salz abschmecken. Jetzt den Naturreis einstreuen, alles noch einmal heiß werden lassen, und fertig ist die Suppe.
Sofort in Schalen füllen und mit jeweils einem großen Klecks saurer Sahne verzieren. Etwas feingewiegten Dill oder Petersilie darüberstreuen und auftragen.
Für etwa 4 Personen.

CHILI-KÄSESUPPE

1 ½ EL Butter
1 ½ EL Olivenöl
1 ½ mittelgroße gelbe Zwiebeln
4 bis 5 Knoblauchzehen
2 TL Paprika
3 ½ Tassen Wasser oder Gemüsebrühe I (Seite 90)
750 g frische, reife Tomaten
125 g grüne Chilischoten, entkernt und enthäutet
2 kleine festkochende Kartoffeln
¼ TL gemahlener Kreuzkümmel
1 TL gehackte frische Korianderblätter (notfalls glatte Petersilie)
1 TL Salz, nach Geschmack mehr
125 g Emmentaler Käse

In einem großen Topf Butter und Öl erhitzen. Die Zwiebeln schälen und in etwa 2,5 cm große Stücke schneiden. Die Knoblauchzehen schälen und in feine Scheibchen schneiden. Zwiebeln und Knoblauch im heißen Fett einige Minuten andünsten. Dann das Paprikapulver zufügen und 1 oder 2 Minuten mitschwitzen, dabei ständig rühren. Mit Wasser oder Brühe aufgießen.
Die Tomaten in Spalten schneiden und kurz im Mixer oder Wolf pürieren. Sie sollen teils püriert und teils gehackt sein. Die Chilischoten in feine Streifen schneiden oder grobhacken. Die Kartoffeln bürsten und in gut 1 cm dicke Würfel schneiden. Tomaten, Chilis, Kartoffelwürfel, gemahlenen Kreuzkümmel und gehackte Korianderblätter an die Suppe geben und etwa ½ Stunde leicht kochen, bis die Kartoffeln gar sind. Mit Salz abschmecken.
Den Käse in kleine Stückchen schneiden und in 4 große Suppenteller verteilen. Die kochendheiße Suppe darüberschöpfen und sofort servieren.
Für 4 Personen.

KICHERERBSENSUPPE

2 Tassen getrocknete Kichererbsen
Salz
½ TL getrocknetes Rosmarin
3 EL Olivenöl
3 Knoblauchzehen, durchgepreßt
3 EL gehackte Zwiebeln (etwa ½ größere Zwiebel)
2 EL feingewürfelte grüne Chilischoten (evtl. aus der Dose)
1 EL Worcestersauce
3 bis 4 EL Tomatenmark
frisch gemahlener schwarzer Pfeffer
1 Tasse Eiermuschelnudeln

Die Kichererbsen mit Wasser bedeckt über Nacht einweichen. Am nächsten Tag etwas Salz und Rosmarin zufügen, nach Bedarf auch noch mehr Wasser, und 2 bis 3 Stunden sanft kochen, bis die Erbsen gar sind.
In einer kleinen Pfanne das Olivenöl erhitzen und den durchgepreßten Knoblauch mit der gehackten Zwiebel darin anschwitzen. Wenn die Zwiebeln glasig sind, Chili, Worcestersauce und Tomatenmark dazurühren.
Diese Sauce an die Bohnensuppe geben, das Ganze mit viel frisch gemahlenem schwarzen Pfeffer würzen und mit Salz abschmecken.
Noch etwas Wasser zugießen, damit genügend Flüssigkeit für die Nudeln vorhanden ist, und zum Sieden bringen. Dann die Nudeln einstreuen und etwa 20 Minuten gar kochen. Die Suppe sehr heiß mit *Französischem Brot* servieren.
Für 6 bis 8 Personen.

ZWIEBELSUPPE

1 l klare Kartoffelschalenbrühe (Seite 91)
4 große spanische Gemüsezwiebeln
150 g Butter
2 Tassen Wasser
1 Stückchen Lorbeerblatt
¼ TL getrockneter Thymian
1 bis 2 TL Zitronensaft
1 bis 2 EL Cognac oder Weinbrand
Salz und frisch gemahlener schwarzer Pfeffer
Scheiben von Französischem Brot
geriebener Gruyère

Eine Kartoffelschalenbrühe nach Rezept zubereiten, wenn keine vorrätig ist.
Die Zwiebeln vierteln, in Scheiben schneiden und in der Butter weich und goldgelb dünsten. Mit Brühe und Wasser ablöschen, Kräuter, Zitronensaft und Weinbrand zusetzen und mit Salz und Pfeffer abschmecken.
Die Suppe langsam ½ bis 1 Stunde leicht wallen lassen, dabei kocht die Flüssigkeit etwas ein.
Kurz vor dem Auftragen in 1 große oder 6 kleine feuerfeste Terrinen füllen. Pro Person 1 Weißbrotscheibe daraufgeben, großzügig mit geriebenem Gruyère bestreuen und im heißen Ofen 15 Minuten überbacken.
Sofort servieren.
6 Portionen.

ZWIEBEL-BIERSUPPE

1300 g Zwiebeln (8 bis 10 mittelgroße)
2 bis 3 Knoblauchzehen, feingewiegt
¾ Tasse Butter
2 Tassen Gemüsebrühe I oder II (Seite 90)
2½ Tassen Altbier oder englisches Stout
1¼ Tassen Sahne
2 TL Salz
2 TL Paprika
1 Spritzer Tabasco
frisch gemahlener schwarzer Pfeffer nach Geschmack
2 bis 4 TL Zucker (je nach Bitterkeit des verwendeten Bieres)
2 TL Obstessig
4 Eigelb

zum Garnieren:
Rosenpaprika
geröstete Croûtons
geriebener Parmesan

Die Zwiebeln schälen, quer halbieren und in Scheiben schneiden. Mit dem Knoblauch zusammen etwa 1 Stunde langsam in der Butter dünsten, bis sie weich

und glasig sind. Mit der Gemüsebrühe aufgießen und in Mengen von jeweils 2 oder 3 Tassen im Mixer oder mit einer anderen Küchenmaschine pürieren.
Das Püree mit Bier und Sahne in einen großen Topf geben. Salz, Paprika, Tabasco, Pfeffer, Zucker und Essig zufügen und das Ganze unter häufigem Rühren etwa 20 Minuten leise kochen lassen.
Die Eigelb mit dem Schneebesen verschlagen. Unter weiterem Schlagen etwas heiße Suppe dazugießen, diese Mischung in den Topf zurückschütten und alles schnell durchschlagen. Die Suppe auf kleinster Flamme noch einige Minuten durchziehen lassen, dabei ständig rühren. Sie sollte leicht gebunden sein. Sehr heiß mit etwas Paprika bestreut oder mit Croûtons und Parmesankäse garniert servieren.
Für 6 bis 8 Personen.

SAUERKRAUTSUPPE

4 EL Olivenöl
4 EL Butter
3 große Zwiebeln, grobgehackt
3 Knoblauchzehen, geschält und feingewiegt
2 EL Edelsüßpaprika
¼ TL Rosenpaprika
1000 g Sauerkraut
6 Tassen Wasser (nach Bedarf mehr)
1 Stange Bleichsellerie, in Scheiben geschnitten
1 Möhre, geputzt und in Scheiben geschnitten
3 Tassen abgezogene, in Scheiben geschnittene Tomaten mit Saft
1 TL Kümmel
50 bis 100 g getrocknete schwarze Pilze (z. B. japanische Shitake)
3 TL Zucker
½ Tasse Rotwein
1 Teelöffel Dillspitzen
1½ TL Salz, nach Geschmack mehr
Pfeffer nach Geschmack

In einem großen Topf mit schwerem Boden Öl und Butter erhitzen und die Zwiebeln mit dem Knoblauch darin goldgelb anschwitzen. Die beiden Paprikapulver zufügen und unter Rühren einen Augenblick mitschwitzen, dann Sauerkraut, Wasser, Sellerie, Möhren und Tomaten dazugeben. Den Kümmel leicht im Mörser zerstoßen und der Suppe beifügen. Die Trockenpilze ein paar Minuten in Wasser einweichen, sehr sorgfältig einzeln waschen, in feine Streifen schneiden und gleichfalls an die Suppe rühren.
Zuletzt mit Rotwein, Dillspitzen, Salz und Pfeffer abschmecken. Die Suppe mindestens 1 Stunde, möglichst noch länger, sanft wallen lassen. Wenn sie zu sehr einkocht, mit etwas Wasser verdünnen.
Für 6 bis 8 Personen.

MARONENSUPPE

1½ l feine Brühe (Kartoffelschalen- oder Knoblauchbrühe, mit gekörnter Gemüsebrühe gewürzt – Seite 91 oder 92)
900 g frische Maronen (Eßkastanien)
3 EL Butter
3 EL Mehl
⅓ Tasse Rotwein
¼ Tasse Cognac oder Weinbrand
Salz und Pfeffer
Muskat
Cayennepfeffer
Paprika

Eine Brühe nach Rezept zubereiten oder vorrätige verwenden.
Jede Eßkastanie kreuzweise einschneiden und im Backofen bei 190 Grad etwa 15 bis 20 Minuten rösten. Wenn sie aufgeplatzt sind, kann die Schale gelöst und die Haut leicht abgezogen werden.
Die geschälten Maronen mit der Küchenmaschine oder dem Wolf zerkleinern und die Masse in der Brühe etwa ½ Stunde langsam köcheln. In einem Saucentopf aus Butter und Mehl eine Einbrenne herstellen, nach und nach mit heißer Suppe aufgießen und dabei kräftig mit einem Schneebesen durchschlagen, bis alles gut vermengt und glatt ist. Cognac und Wein zugeben, nach Geschmack mit Salz, frisch gemahlenem schwarzen Pfeffer und Muskat würzen. Wenn Sie Appetit auf Scharfes haben, fügen Sie noch eine Prise Cayennepfeffer hinzu.

Die Suppe weitere 10 Minuten oder auch länger unter häufigem Rühren köcheln lassen. Kurz vor dem Auftragen über jede Portion etwas Paprika streuen. Sie können auch knusprige *Croûtons* (geröstete Weißbrotwürfel oder -scheiben) dazu reichen.
Für 6 Personen.

KAROTTENCREMESUPPE

3 Tassen geputzte, in Scheiben geschnittene Karotten
1 große Zwiebel, geschält und in Scheiben geschnitten
$^1/_2$ Tasse Butter
1 TL Zucker
1 TL Salz, nach Geschmack mehr
1 mittelgroße Kartoffel, geschält und gewürfelt
$^1/_2$ Tasse Wasser
1 $^1/_2$ Tassen Sahne
4 EL Mehl
4 $^1/_2$ Tassen Milch
frisch gemahlener schwarzer Pfeffer
Paprika, Cayennepfeffer
1 zerdrückte Knoblauchzehe (nach Belieben)
Cognac oder Weinbrand

zum Garnieren:
Croûtons oder feingewiegte Petersilie

Karotten und Zwiebeln in einem großen Suppenkessel mit 4 Eßlöffeln Butter einige Minuten andünsten. Zucker, 1 Teelöffel Salz, die Kartoffelwürfel und das Wasser hinzufügen, den Topf fest verschließen. Die Gemüse leicht kochen, bis sie eben gar sind.
Dann werden sie mit der Sahne zusammen im elektrischen Mixer püriert (oder durch ein Sieb gestrichen und danach mit der Sahne verschlagen).
In einem Saucentopf die restlichen 4 Eßlöffel Butter zerlassen, das Mehl hineinrühren und diese Einbrenne goldgelb werden lassen. Die Milch erhitzen und mit dem Schneebesen an die Einbrenne schlagen. Jetzt wird die helle Sauce unter häufigem Rühren auf sehr kleiner Flamme so lange gekocht, bis sie eingedickt ist.
Das Karottenpüree mit der hellen Sauce zusammen wieder in den großen Topf geben, etwas Pfeffer hineinmahlen und nach Geschmack mit Paprika und Cayennepfeffer würzen. Einen Schuß Cognac zufügen und mit Salz abschmecken.
Die Suppe weitere 10 bis 15 Minuten leise kochen, dabei gelegentlich umrühren. Heiß zu Tisch bringen und mit Croûtons oder gehackter Petersilie garnieren.
Für 8 Personen.

ARTISCHOCKEN-CREMESUPPE

2 Tassen heiße Gemüsebrühe
225 g Artischockenböden (abgetropft)
$^1/_4$ TL Senf
3 TL Zitronensaft
Knoblauch
Salz
Pfeffer
3 EL Mehl
3 EL Butter
1 Tasse Milch oder Sahne

Wenn Sie keine Gemüsebrühe vorrätig haben, bereiten Sie eine aus Instant-Brühe oder gewürztem Hefeextrakt zu.
Ich möchte Ihnen unbedingt raten, für diese Suppe nur die feinsten Artischockenböden von butterweicher Zartheit zu verwenden. Alte und harte Böden taugen nichts, zahlen Sie lieber einen höheren Preis, es lohnt sich.
Für dieses Rezept brauchen Sie die Böden von 10 oder 11 großen, gekochten Artischocken. Natürlich müssen es nicht unbedingt frische sein, ich selbst nehme vorwiegend Artischockenböden aus der Dose. In diesem Fall die Böden gründlich waschen, damit der strenge Geschmack der Salzlake vergeht.
Aus Butter und Mehl eine Einbrenne herstellen und einige Minuten kochen lassen. Mit 2 Tassen heißer, delikat gewürzter Gemüsebrühe ablöschen und mit dem Schneebesen glattschlagen. Diese helle Samtsauce etwa 10 Minuten kochen.
Inzwischen die Artischockenböden feinhacken und in ein paar Tropfen Wasser vollends gar kochen. Durch ein Sieb streichen und das Püree mit Senf, Zitronensaft, etwas zerdrücktem Knoblauch, Salz und Pfeffer würzen.

Die Samtsauce in das Artischockenpüree rühren. Die Suppe mit 1 Tasse Milch oder Sahne verdünnen, nochmals abschmecken und heiß werden lassen. Sie sollte sehr heiß aufgetragen werden. Zur Verzierung können Sie ein paar Scheibchen gekochte Artischokkenböden hineinlegen.
Dieses Rezept reicht für 4 Feinschmecker mit verwöhnten Gaumen.

SPARGELSUPPE

4 ½ bis 5 Tassen kräftige Kartoffelschalenbrühe, angedickt (Seite 91)
700 g gekochter Spargel
1 ½ Tassen Spargelbrühe (vom Kochen)
½ Tasse Sahne
2 bis 3 Eigelb
Salz
Pfeffer

Zunächst brauchen Sie 4 ½ bis 5 Tassen sehr würzige Kartoffelschalenbrühe. Sollte Ihre vorrätige zu schwach sein, nehmen Sie etwas mehr und lassen Sie sie einkochen, bis sie ein starkes Aroma hat. Zu dieser Brühe die 1 ½ Tassen der Spargel-Kochflüssigkeit, bei Dosenspargel des Saftes, gießen. Die Hälfte des gekochten Spargels durchpassieren.
Dann so viel Kartoffelschalen von der Brühe durch das Sieb pressen, daß Sie etwa ½ Tasse Püree haben. Das Püreegemisch gut mit Sahne und Eigelb verrühren. Ein wenig heiße Suppe dazugeben und mit dem Schneebesen durchschlagen, bis sie gebunden ist. In den Topf zurückgeben und noch einige Minuten auf kleiner Flamme köcheln lassen, dabei weiter mit dem Schneebesen durcharbeiten. Mit Salz und Pfeffer abschmecken, die restlichen, in Stückchen geschnittenen Spargelstangen zufügen, nochmals erhitzen und sofort servieren.
Ergibt ungefähr 6 Portionen.

AUBERGINENSUPPE

1300 g Auberginen
2 ½ TL Salz
2 EL Olivenöl
4 zerdrückte Knoblauchzehen
1 EL Paprika
¾ TL gemahlener Kreuzkümmel
2 ½ Tassen heißes Wasser
¾ Tasse feingehackter Sellerie
1 Tasse feingewiegte Zwiebeln
3 EL Butter
½ Tasse Sahne
2 Tassen Milch
1 Prise Rosenpaprika

zum Garnieren:
frisch geriebener Parmesankäse und Croûtons

Die Auberginen mehrmals mit einer Gabel einstechen und je nach Größe 40 bis 50 Minuten im heißen Ofen bei etwa 190 Grad rösten. Danach müssen die Schalen runzlig und das Fruchtfleisch weich sein. Sobald die Auberginen so weit abgekühlt sind, daß man sie anfassen kann, aufschneiden und das Fruchtfleisch ganz aus der Haut schaben, mit 2 Teelöffeln Salz im elektrischen Mixer pürieren (oder durch ein Sieb streichen) und beiseite stellen.
In einem großen Topf das Olivenöl erhitzen, den Knoblauch zufügen und unter häufigem Rühren rasch goldbraun braten. Paprika, Kreuzkümmel und das restliche Salz zufügen, etwa ½ Minute heiß werden lassen, mit heißem Wasser aufgießen und die Suppe einige Minuten sanft köcheln.
Feingeschnittenen Sellerie und die Zwiebeln in der Butter anschwitzen, bis die Zwiebeln goldgelb geworden sind und zu bräunen beginnen. Beides mit dem Auberginenpüree vermengen und das Ganze in die heiße Knoblauch-Paprika-Brühe rühren.
Nun Sahne, Milch und eine kleine Prise Rosenpaprika zufügen und die Suppe unter gelegentlichem Umrühren weitere 10 bis 15 Minuten leicht kochen. Abschmecken und, wenn nötig, nachwürzen.
Heiß mit Croûtons und Parmesankäse servieren.
Für 6 bis 8 Personen.

MÖHREN-JOGHURT-SUPPE

4 EL Butter
1 Zwiebel, geschält und feingewiegt
1 bis 2 Knoblauchzehen, sehr fein gehackt
1/2 TL Senfkörner
1/2 TL Kurkuma
1/2 TL Ingwer
1/4 TL Cayennepfeffer, nach Geschmack mehr
1/2 TL Salz, nach Geschmack mehr
1/2 TL gemahlener Kreuzkümmel
1/4 TL Zimt
500 g Möhren, geputzt und in feine Scheiben geschnitten
1 EL Zitronensaft
3 1/2 bis 4 Tassen Wasser
2 Tassen Joghurt
1 EL Honig
schwarzer Pfeffer nach Geschmack

zum Garnieren:
frische Korianderblätter oder glatte Petersilie

In einem schweren Topf die Butter zerlassen und Zwiebeln und Knoblauch darin goldbraun braten. Die Gewürze zufügen und unter ständigem Rühren einige Minuten mitrösten. Dann die Möhren mit dem Zitronensaft zugeben und ein paar Minuten anschwitzen, zuletzt 2 Tassen Wasser zugießen, den Topf fest verschließen und alles mindestens 1/2 Stunde leise kochen, bis die Möhren gar sind.
Die Möhren im elektrischen Mixer mit dem restlichen Wasser zusammen pürieren (oder durch ein Sieb streichen und mit dem Schneebesen in das Wasser rühren).
Das Püree in die Kasserolle geben und Joghurt und Honig mit dem Schneebesen darunterziehen. Die Suppe nochmals erhitzen, aber nicht mehr kochen lassen, damit der Joghurt nicht gerinnt.
Abschmecken, mit schwarzem Pfeffer, Cayennepfeffer und Salz nach Wunsch würzen, mit gehackten Korianderblättern bestreuen und heiß servieren.
Für 4 bis 5 Personen.

AVOCADO-CREMESUPPE

4 EL Butter
2 EL Mehl
3 Tassen heiße Kartoffelschalenbrühe (Seite 91)
knapp 500 g reife Avocados (etwa 2 mittelgroße)
1 1/2 Tassen Sahne
1/2 Tasse Joghurt
6 EL frischer Zitronensaft
1/2 TL Salz, nach Geschmack mehr
1/2 TL Zucker
frisch gemahlener schwarzer Pfeffer nach Geschmack

zum Garnieren:
knusprig ausgebackene Tortillastreifen
scharfe Chilisauce (nach Belieben)

In einem mittelgroßen Topf mit schwerem Boden die Butter zerlassen und das Mehl hineinrühren. Die Einbrenne unter ständigem Rühren einige Minuten anschwitzen, bis sie sich goldgelb färbt. Dann mit der heißen Brühe aufgießen und weiterrühren, bis das Ganze leicht sämig und glatt ist.
Die Avocados schälen, von den dicken Kernen befreien und mit Sahne, Joghurt und Zitronensaft im elektrischen Mixer pürieren (oder durch ein Sieb streichen und gut mit den anderen Zutaten vermengen). Brühe und Avocadopüree zusammen in einen großen Emailletopf geben und mit Salz, Zucker und Pfeffer abschmecken. Die Suppe noch einmal bis kurz vor den Siedepunkt erhitzen, aber nicht aufwallen lassen, damit Sahne und Joghurt nicht ausflocken. Abschmecken und nötigenfalls nachwürzen.
Heiß zu Tisch bringen. Jeden Teller mit ein paar schwimmend ausgebackenen, knusprigen Tortillastreifen garnieren. Scharfe Chilisauce dazu reichen. Diese Suppe sollte man nicht zu lange im voraus kochen, nicht über längere Zeit warm halten oder mehr als einmal wieder erhitzen. Avocados sind sehr empfindlich, wenn sie geschält und entkernt sind.
Für 6 Personen.

BRUNNENKRESSESUPPE

Eine feine Suppe für ein großes Fest. Für eine kleinere Tischrunde kann man einfach alle angegebenen Mengen halbieren.

$\frac{1}{2}$ Tasse Butter
$1\frac{1}{3}$ Tassen gehackte Zwiebeln
6 EL Mehl
$9\frac{1}{2}$ Tassen heiße kräftige Kartoffelschalenbrühe (Seite 91)
6 gehäufte Tassen frische Brunnenkresseblätter, gewaschen
1 Tasse Sahne
4 Eier
2 EL Zitronensaft
1 EL Zucker
Salz und Pfeffer nach Geschmack

In einem großen Topf die Butter zerlassen und die Zwiebeln darin andünsten, bis sie goldgelb sind. Das Mehl dazurühren, die Hitze zurücknehmen und die Einbrenne unter ständigem Rühren ein paar Minuten anschwitzen. Vorsichtig mit der heißen Brühe ablöschen, dabei dauernd rühren. Sollten sich trotzdem Klümpchen bilden, kräftig mit dem Schneebesen durcharbeiten.

Nun die gewaschenen Kresseblätter zufügen und die Suppe etwa 10 Minuten leicht wallen lassen. Danach in kleineren Mengen im Mixer pürieren oder durch ein Haarsieb passieren, damit sie völlig glatt wird, und in den Topf zurückgeben.

Die Eier mit der Sahne verquirlen und unter kräftigem Schlagen mit dem Schneebesen etwa 2 Tassen der heißen Brühe dazugießen. Die Suppe vom Feuer nehmen und mit dem Sahnegemisch legieren. Mit Zitronensaft, Zucker, Salz und Pfeffer abschmecken.

Auf mittlerer Flamme nochmals 3 oder 4 Minuten rühren, bis die Suppe richtig heiß ist, aber nicht aufwallen lassen. Sogleich servieren.

Für 8 bis 10 Personen.

CREMA DE VERDURAS

(Gemüsecremesuppe)

$1\frac{1}{2}$ Tassen kleingeschnittene Porreestangen (nur das Weiße)
$1\frac{1}{2}$ Tassen in Scheiben geschnittene Möhren
4 Tassen gewürfelte Kartoffeln (mit oder ohne Schale)
$1\frac{1}{3}$ Tasse kleingeschnittene grüne Bohnen
mehrere große Petersilienstengel
1 oder 2 sehr fein gewiegte Knoblauchzehen
4 TL Salz
$2\frac{1}{4}$ l Wasser
1 Tasse gekochte Artischockenherzen
$\frac{1}{2}$ Tasse enthäutete, geputzte und gewürfelte Pimientoschoten
frisch gemahlener schwarzer Pfeffer nach Geschmack
$\frac{1}{2}$ Tasse Sahne
3 EL Butter

Porreestückchen, Möhrenscheiben, kleingeschnittene grüne Bohnen, Kartoffelwürfel, Petersilie, Knoblauch und Salz mit dem Wasser in einem großen Topf etwa 40 Minuten leicht kochen. 2 oder 3 Artischockenherzen und etwa 2 Eßlöffel *Pimiento*würfel zum Garnieren zurückbehalten, das übrige an die Suppe geben und 5 bis 10 Minuten mitköcheln.

Die Suppe in kleineren Mengen im Mixer pürieren oder durch ein feines Sieb streichen und wieder in den Topf schütten. Eine kräftige Prise schwarzen Pfeffer hineinmahlen, Sahne und Butter hinzufügen und alles unter gelegentlichem Rühren nochmals erhitzen, bis die Butter geschmolzen ist. Erneut abschmecken.

Die zurückbehaltenen Artischockenherzen und Pimientostückchen ziemlich fein hacken und ein wenig davon über jede Suppenportion streuen.

Für 6 bis 8 Personen.

FRISCHE ERBSENCREMESUPPE

1500 g frische Pahlerbsen mit Schoten (ohne Schoten etwa 4 Tassen)
1 ½ l Wasser
½ mittelgroße Zwiebel, gehackt
3 bis 4 recht große Petersilienstengel
1 TL Salz
½ TL Zucker
1 kleiner Kopfsalat (etwa 150 g)
4 EL Butter
½ Tasse trockener Weißwein
¼ Tasse Sahne
1 Prise weißer Pfeffer
als Einlage Suppenklößchen (Seite 92)

Die Erbsen aus den Schoten streifen und mit dem Wasser, gehackter Zwiebel, Petersilie, Salz und Zucker zum Kochen bringen, dann auf kleinerer Flamme etwa 40 Minuten köcheln.
Den Salat waschen, putzen und zerpflücken. In einer Pfanne 3 Eßlöffel Butter zerlassen und die Salatblätter darin dünsten, bis sie ganz weich sind und die meiste Flüssigkeit verdampft ist. An die Suppe geben und weitere 10 Minuten leise wallen lassen.
Dann die Suppe im Mixer pürieren, immer 2 Tassen auf einmal, oder nach und nach durch ein feines Sieb pressen und in den Topf zurückgießen. Wein und Sahne hinzufügen, mit mehr Salz und einer Prise weißem Pfeffer abschmecken und den restlichen Eßlöffel Butter einrühren. Nochmals bis zum Siedepunkt erhitzen, ohne daß sie aufwallt, und mit Klößchen auf den Tisch bringen.
Für 6 bis 8 Personen.

TOMATENCREMESUPPE MIT COGNAC

1350 g reife, rote Tomaten (etwa 15 mittelgroße)
1 große Zwiebel
80 g Butter
Basilikum
½ l Sahne
1 TL brauner Zucker (Rohzucker)
4 bis 5 EL Cognac oder Weinbrand
Salz und Pfeffer

Die Tomaten überbrühen und enthäuten, das Fruchtfleisch grobhacken und in einer Schüssel zerstampfen.
In einem großen Suppenkessel die Butter zerlassen. Wenn sie zu bräunen anfängt, die Zwiebeln hineingeben, kurz anrösten, schließlich die Tomaten mit 1 Teelöffel zerstoßenem Basilikum zufügen, etwa ½ Stunde dünsten und dann durch ein feines Sieb pressen, so daß nur trockene Zwiebelmasse und Tomatenkernchen zurückbleiben. Das dünne Püree erhitzen.
In einem anderen Topf die Sahne mit dem Zucker bis kurz vor den Siedepunkt erhitzen und unter schnellem Schlagen mit dem Schneebesen in die Suppe gießen, die auf keinen Fall aufkochen darf. Nun noch den Cognac zugeben, mit Salz und Pfeffer abschmecken und anrichten.
Diese Suppe schmeckt besonders gut zu frischem *Französischem Brot* oder dünnen Scheiben Pumpernickel mit Butter.
6 Portionen.

TOMATENSUPPE »SUPRÊME«

1 ½ l Knoblauchbrühe (Seite 92)
1 TL pulverisiertes Basilikum
350 g Tomatenmark (5 kleine Dosen)
¼ Tasse Cognac oder Weinbrand
1 Tasse Sahne
¼ Tasse Dosenmilch
2 EL brauner Zucker (Rohzucker)
1 EL Zitronensaft
1 EL Worcestersauce
¼ Tasse Butter
¼ Tasse Mehl
frische, feingewiegte Petersilie

Knoblauchbrühe nach Rezept zubereiten. Das Basilikum hinzufügen und die Brühe langsam köcheln, bis sie auf 1 Liter eingekocht ist. Dann Tomatenmark, Cognac, Sahne und Dosenmilch hineingeben und alles gut verrühren. Noch eine Weile ganz sanft sieden lassen und mit braunem Zucker, Zitronensaft und Worcestersauce würzen.
In einem mittelgroßen Topf die Butter erhitzen, bis sie schäumt, und das Mehl einrühren. Die Einbrenne auf

sehr kleiner Flamme einige Minuten anschwitzen, mit etwas heißer Suppe ablöschen und mit dem Schneebesen glattschlagen. Die Sauce zur Suppe gießen, dabei weiter mit dem Schneebesen durcharbeiten. Die Suppe erneut heiß werden lassen, ohne daß sie aufkocht.
Mit Petersilie bestreuen und heiß servieren.
4 bis 6 Portionen.

TOMATENKALTSCHALE MIT MELONE

6 bis 8 mittelgroße Tomaten
1 Gurke, geschält, von den Kernen befreit und gehackt
½ Tasse Zwiebeln, feingewiegt
1 Tasse saure Sahne
2½ TL Salz
½ TL Ingwer
Pfeffer nach Geschmack
4 TL Zitronensaft
1 EL frisch abgeriebene Zitronenschale
1 große reife Zuckermelone, vorzugsweise Kantalupe
1 EL getrocknetes, pulverisiertes oder 2 EL gehacktes frisches Basilikum

Die Tomaten einige Minuten in kochendes Wasser legen, bis die Häute platzen und sich ablösen. Herausnehmen und abziehen. Bei hoher Geschwindigkeit im Mixer pürieren oder durch ein feines Sieb pressen. Sie brauchen etwa 5 Tassen frisches Tomatenpüree.
Auch die Gurke und die Zwiebeln pürieren und mit dem Tomatenpüree vermischen. Saure Sahne dazurühren und die Suppe mit Salz, Ingwer, Pfeffer, Zitronensaft und -schale würzen.
Die Melone halbieren, von allen Kernen befreien, entweder in mittelgroße Stücke schneiden oder Kugeln ausstechen und mit dem feingehackten Basilikum vermengen. Suppe und Melone getrennt mehrere Stunden kühlen.
Die Suppe in eisgekühlten Schalen anrichten und mit jeweils ein paar Löffeln Melonenstückchen garnieren.
Für 6 Personen.

GURKEN-SPINAT-KALTSCHALE

2½ EL Butter
1 große Zwiebel
500 g frischer Spinat
5 Tassen Kartoffelschalenbrühe (Seite 91)
3 lange, schlanke Gurken (etwa 700 g)
225 g Doppelrahm-Frischkäse
1 Prise Muskat
1 Prise Rosenpaprika
2 EL Zitronensaft
Salz und Pfeffer
½ Tasse Sahne

zum Garnieren:
Edelsüßpaprika
nach Belieben saure Sahne und frische Dillspitzen

In einer großen Kasserolle die Butter zerlassen. Die Zwiebel kleinschneiden und darin goldgelb dünsten. In der Zwischenzeit den Spinat gründlich waschen und putzen, harte Stiele entfernen.
Den vorbereiteten Spinat zu Zwiebeln und Butter in die Pfanne geben und rühren, bis er zusammengefallen ist. Den Pfanneninhalt mit der Kartoffelschalenbrühe in einen großen Topf schütten. Die Gurken schälen, entkernen, würfeln und ebenfalls hinzufügen.
Die Suppe etwa 20 Minuten köcheln, dann nach und nach im Mixer pürieren oder durch ein Sieb streichen und wieder in den Topf gießen.
Den Doppelrahm-Frischkäse in Scheiben schneiden und in die heiße Suppe rühren. So lange auf kleiner Flamme weiterrühren, bis er völlig geschmolzen und gut mit der Flüssigkeit vermengt ist.
Die Suppe mit einer winzigen Prise Muskat und Rosenpaprika, dem Zitronensaft, Salz und Pfeffer abschmecken. Vom Feuer nehmen, die Sahne darunterziehen und mehrere Stunden kühlen.
Wenn sie eiskalt ist, nochmals abschmecken und die Würze korrigieren.
In Teller füllen und mit Edelsüßpaprika bestreuen, damit sie etwas Farbe bekommt. Oder mit jeweils einem Löffel saurer Sahne verzieren und frische Dillspitzen darüberstreuen.
Für 6 Personen.

GURKENKALTSCHALE

6 große Gurken
1 ½ l Wasser
3 EL Butter
3 EL Milch
3 EL Maismehl
Salz und Pfeffer
½ Tasse feingehackter frischer oder 3 EL im Mörser zerstoßener getrockneter Kerbel
1 ½ Tassen Sahne

Die Gurken schälen, in jeweils 6 oder 7 Stücke zerschneiden und in einen Topf mit kochendem Wasser legen. Etwa 15 oder 20 Minuten darin kochen, bis sie so weich sind, daß man sie leicht zerstampfen kann. Das Wasser abgießen und aufbewahren. Die Gurken durch ein Sieb streichen und die Kernchen wegwerfen. 1 Tasse des zurückbehaltenen Gurkenwassers und die Butter an das Püree rühren. Dann das Ganze erhitzen, bis es zu sieden beginnt.
In der Zwischenzeit das Maismehl mit der gleichen Menge Milch anrühren, an die Suppe geben und diese unter häufigem Rühren weitere 15 bis 20 Minuten kochen lassen. Vom Feuer nehmen und mit Kerbel, Sahne, Salz und Pfeffer abschmecken.
Die Suppe vor dem Servieren gut kühlen.
4 bis 6 Portionen.

DILLSUPPE

Dicke Schalen von 5 bis 6 Kartoffeln
2 Möhren
2 Stangen Bleichsellerie
1 Zwiebel
2 Eier
¾ Tasse saure Sahne
½ Tasse feingehackter frischer Dill
Salz, Pfefferkörner

Die Kartoffelschalen, ganzen Möhren, den in große Stücke geschnittenen Sellerie und die geviertelte Zwiebel in einen großen Topf geben, mit Wasser bedecken (etwa 1 ½ bis 2 Liter), Salz und ein paar Pfefferkörner zufügen und etwa 2 Stunden langsam köcheln. Wenn die Flüssigkeit zu sehr einkocht, etwas Wasser nachgießen. Sind die Gemüse ganz weich, 1 Möhre, den meisten Sellerie und die Hälfte der Zwiebel herausnehmen. Alles übrige durch ein Sieb pressen (nicht streichen!), bis nur noch eine trockene Masse zurückbleibt.

Oder:

1 ½ l Kartoffelschalenbrühe (Seite 91)
1 Kartoffel
1 Möhre
½ Stange Bleichsellerie
½ Zwiebel (nach Belieben)
Salz und Pfeffer
Sahne (nach Belieben)
2 Eier
¾ Tasse saure Sahne
½ Tasse gehackter frischer Dill
oder ¼ Tasse getrockneter Dill

In die fertige Kartoffelschalenbrühe die gebürstete, mit der Schale in Stücke geschnittene Kartoffel, die kleingeschnittene Möhre und die zerkleinerte halbe Stange Bleichsellerie, nach Wunsch auch ½ Zwiebel geben und 1 oder 2 Stunden leicht kochen lassen, dann durch ein feines Sieb streichen.
Bereiten Sie zuerst das Gemüsepüree auf die eine der beiden Arten zu. Das fertige Püree mit Salz und Pfeffer abschmecken. Sollte es zu dick sein, mit etwas Sahne verdünnen. Die beiden verquirlten Eier mit der sauren Sahne und dem frischen oder getrockneten, feingehackten Dill verschlagen. Unter ständigem Rühren etwas heißes Püree dazugießen, bis 2 Tassen eingerührt sind. Nun alles in den Topf zurückschütten und wieder erhitzen, dabei weiterrühren. Aufpassen, daß die Suppe nicht noch einmal aufkocht, sonst gerinnen Eier und Sahne.
Die Suppe schmeckt heiß und kalt gleich köstlich. Wird sie heiß serviert, paßt eine Schale heißer, knuspriger *Croûtons* gut dazu. An einem heißen Tag bringt man sie eisgekühlt zu Tisch und verziert jeden Teller mit hauchdünnen Gurkenscheibchen (mit Schale!). Ergibt etwa 5 bis 6 Portionen.

GAZPACHO *Abb. 5*

(spanische Gemüsekaltschale)

1 kleine Zwiebel, gehackt
1 große Gurke, geschält, entkernt und in Scheiben geschnitten
1 kleine Paprikaschote, geputzt und gewürfelt
3 Tomaten, enthäutet und gewürfelt
3 Eier
1/3 Tasse Olivenöl
1/4 Tasse Essig
1 Tasse Tomatensaft
1 bis 2 Knoblauchzehen
2 EL Zitronensaft
2 EL brauner Zucker (Rohzucker)
1/4 TL Cayennepfeffer
Salz
1 TL Dill
2 EL Mayonnaise
4 bis 5 große Stengel Brunnenkresse

zum Garnieren:
1 große, reife Tomate
1 Paprikaschote
1 Gurke
Croûtons (nach Belieben)
Brunnenkresse

Hier ein besonderer Gazpacho: Erst wird er erhitzt, dann eisgekühlt. Die Eier bringen eine zusätzliche Bindung, deshalb ist die Suppe dicksämig: ein ganz besonderer Genuß!
Zunächst alle Gemüse mit Eiern, Öl, Essig und Tomatensaft zusammen im Mixer oder mit einem Schnellmixstab pürieren (je nach Größe des Behälters in kleineren Mengen). Die restlichen Zutaten außer Mayonnaise und Brunnenkresse zufügen und alles in einen Topf geben. Unter ständigem Rühren mit dem Schneebesen ganz langsam erhitzen und kurz, höchstens 2 oder 3 Minuten, leicht aufwallen lassen. Vom Feuer nehmen und abkühlen lassen, dabei gelegentlich mit dem Schneebesen durchschlagen. Dann die Mayonnaise hinzufügen und die Suppe sehr kurze Zeit im Mixer bei hoher Geschwindigkeit glattschlagen. In eine Terrine oder Schüssel füllen und kalt stellen. Kurz vor dem Anrichten gehackte Kresseblätter darüberstreuen.
Eine Schale mit grobgehackten, reifen Tomaten, mit gehackter Paprikaschote und Gurkenwürfelchen (mit Schale) herumreichen, so daß sich jeder Tischgast seinen Gazpacho nach Wunsch garnieren kann; vielleicht auch in Olivenöl geröstete Croûtons und noch etwas Brunnenkresse.
Für 4 bis 6 Personen.

GAZPACHO TOLEDANO

(spanische Gemüsekaltschale nach Art von Toledo)

7 bis 8 mittelgroße reife Tomaten
2 mittelgroße Gurken
1 grüne Paprikaschote
1 kleine Zwiebel
2 bis 3 Knoblauchzehen
1 1/2 Scheiben Französisches Brot (Seite 62)
1 1/2 Tassen kaltes Wasser
6 EL Olivenöl
4 bis 5 EL Weinessig, je nach Geschmack mehr oder weniger
3 TL Salz, mehr nach Geschmack
2 TL Paprika
1 Prise gemahlener Kreuzkümmel
frisch gemahlener schwarzer Pfeffer nach Geschmack

zum Garnieren:
gehackte Zwiebeln
feingewürfelte rote und grüne Paprikaschoten
kleingeschnittene Gurke
gehackte Tomaten

Die Tomaten vierteln. Die Gurken schälen und entkernen, die Paprikaschoten putzen und beide in etwa 2,5 cm große Würfel schneiden. Die Zwiebel schälen und grobwürfeln. Die Knoblauchzehen durch die Presse drücken, und das Brot in Würfel schneiden. Nun die vorbereiteten Zutaten in Mengen von jeweils 2 oder 3 Tassen mit etwas Wasser im Mixer bei mittlerer oder hoher Geschwindigkeit pürieren und das Püree in eine große Schüssel geben.

Öl, Essig, das restliche Wasser und die Gewürze zufügen und alles mit dem Schneebesen durcharbeiten, bis es gut vermengt ist. Abschmecken und die Würze korrigieren. Wenn die Suppe zu dicksämig ist, kann sie mit etwas kaltem Wasser verdünnt werden.
Die Suppe im Kühlschrank mehrere Stunden vor dem Auftragen kalt stellen. Die rohen Gemüse für die Garnierung gefällig auf einer großen Platte anrichten und zur Suppe herumreichen.
Für 6 bis 8 Personen.

GAZPACHO »ANNA THOMAS«

5 bis 6 reife Tomaten (möglichst an der Staude gereift!)
1 große Gurke
½ Zwiebel
1 Knoblauchzehe
½ Tasse grobgehackte Brunnenkresse
3 EL Olivenöl
3 EL Rotweinessig
2 TL Salz
2½ Tassen Eiswasser

zum Garnieren:
feingewürfelte Gurke
gewürfelte rote und grüne Paprikaschoten
gehackte Zwiebeln
Scheibchen von hartgekochten Eiern
Croûtons
gewiegte Tomaten

Die Tomaten in Spalten schneiden. Die Gurke schälen, entkernen und in große Stücke schneiden. Zwiebel und Knoblauch feinhacken.
Die Gemüse in Mengen von jeweils 2 oder 3 Tassen im Mixer pürieren, der letzten Füllung die Brunnenkresse beifügen und alles glattschlagen.
Die pürierten Gemüse in eine große Schüssel geben und Öl, Essig und Salz zufügen. Mit einem Schneebesen kräftig durcharbeiten, bis die Suppe glattsämig ist. Abschmecken und eventuell nachwürzen. Jetzt das Eiswasser darunterschlagen und vielleicht 1 oder 2 Eiswürfel hineingeben. Im Kühlschrank kalt stellen, und vor dem Auftragen schnell noch einmal mit dem Schneebesen aufschlagen, ehe sie in Teller gefüllt wird. Dazu eine Platte mit den verschiedenen rohen Gemüsen und anderen Zutaten herumreichen.
Für 6 Personen.

AVOCADOKALTSCHALE

2 mittelgroße, reife und weiche Avocados (etwa 500 g)
4 mittelgroße Tomaten
½ mittelgroße Zwiebel
1 Knoblauchzehe
1 Gurke
4 EL gehackte grüne Chilischoten
¾ TL Salz
3½ EL Zitronensaft
1 EL Rotweinessig
1 EL Pflanzenöl
1 TL Zucker
⅛ TL gemahlener Kreuzkümmel
1 Tasse Joghurt
½ Tasse Sahne
1½ Tassen Gemüsebrühe I (Seite 90)

zum Garnieren:
gehackte Frühlingszwiebeln
feingehackte frische Korianderblätter oder glatte Petersilie
knusprig ausgebackene Tortillastreifen

Die Avocados schälen, von den Kernen befreien und grobhacken.
Anmerkung d. Übers.: Wenn die Avocados sich schlecht schälen lassen oder eine dicke Schale haben, die Früchte halbieren, die Kerne auslösen und das Fruchtfleisch mit einem Löffel aus den Schalenhälften kratzen. Manche Avocados haben im Fleisch unangenehme Fasern – dann das Fruchtfleisch durch ein Sieb streichen. –
Die Tomaten in dünne Spalten schneiden. Zwiebel und Knoblauch sehr fein hacken. Die Gurke schälen, entkernen und kleinschneiden. Diese Gemüse mit den Chilis zusammen in einen elektrischen Mixer geben

und pürieren, bis keine groben Stückchen mehr vorhanden sind. Dann Salz, Zitronensaft, Essig, Öl, Zukker und Kreuzkümmel zufügen und nochmals kurz bei hoher Geschwindigkeit glattschlagen.
Die Avocadomischung in eine Schüssel gießen, Joghurt, Sahne und Gemüsebrühe dazugeben und alles mit einem Schneebesen erneut glattschlagen. Abschmecken und nötigenfalls nachwürzen. Die Suppe gut kühlen.
Ein paar Frühlingszwiebeln und etwa $1/4$ Tasse Korianderblätter feinhacken, in kleine Schalen füllen und beiseite stellen. Mehrere Maistortillas in kurze Streifen schneiden und in Öl knusprig ausbacken. Auf Papiertüchern abtropfen lassen, leicht salzen und in eine mit einem Tuch ausgelegte Schüssel oder einen Korb legen.
Die Suppe eiskalt in gekühlten Tellern servieren und dazu die kleinen Schalen mit Zwiebeln, Korianderblättern und Tortillastreifen herumreichen.
Für 4 bis 6 Personen.

CHŁODNIK

(Rote-Bete-Kaltschale)

2 Bund frische, junge rote Bete mit Kraut (etwa 1000 g)
knapp 2 l Wasser
1 EL Salz
$1\,1/2$ bis 2 EL Obstessig
1 EL Zucker
3 EL gehackter frischer Dill
$1\,1/2$ Tassen saure Sahne
5 hartgekochte Eier
1 mittelgroße Gurke
$1\,1/2$ Tassen helles Bier

Die roten Bete schaben und in streichholzgroße Streifen schneiden. Von den so vorbereiteten Rübchen brauchen Sie etwa 3 Tassen. Zarte Rübenblätter und -stiele sorgfältig waschen und so viel davon kleinschneiden, daß gut 2 Tassen voll werden. Bete, Blätter und Stiele mit dem Wasser in einen großen Emailletopf geben, Salz, Essig und Zucker zufügen, zum Kochen bringen, die Hitze zurücknehmen und alles zusammen etwa 1 Stunde leise kochen lassen, bis die roten Bete gar sind.
Die Suppe abschmecken, nach Bedarf noch etwas mehr Essig oder Zucker beifügen, und kalt stellen.
In einer kleineren Schüssel den gehackten Dill mit etwas Salz vermischen und mit einem hölzernen Stößel so lange zerreiben, bis Saft austritt und er ein feines Aroma entfaltet. Gut mit der sauren Sahne verrühren.
Etwa 1 Tasse der Rübenbrühe zugießen und das Gemisch mit dem Schneebesen glattschlagen. Die Mischung in die Suppe gießen und gut unterrühren.
Die Gurke schälen, entkernen und grobhacken. Die Eier pellen und gleichfalls ziemlich grob hacken. Gurke und 3 oder 4 von den Eiern an die Suppe geben. Die übrigen Eier für die Garnierung aufbewahren.
Zuletzt das Bier einrühren. Die Suppe abschmecken und nach Bedarf mit mehr Essig oder Zucker würzen, so daß die rechte Ausgewogenheit von Süß und Sauer zustande kommt – aber Vorsicht! Ein *Tropfen* Essig und eine *Prise* Zucker genügen meist schon.
Die Suppe eiskalt servieren, möglichst in gekühlten Schalen, in die man noch jeweils 1 Eiswürfelchen legt. Die zurückbehaltenen gehackten Eier herumreichen, damit sich jeder Tischgast nach Belieben seine Suppe damit bestreuen kann.
Für 6 bis 8 Personen.

BUTTERMILCHKALTSCHALE

750 g Kartoffeln (etwa 3 sehr große)
6 Tassen Buttermilch
$3/4$ Tasse Frühlingszwiebeln, kleingeschnitten
3 EL feingewiegte frische oder 1 EL getrocknete Dillspitzen
3 zerdrückte Knoblauchzehen
1 große Gurke, geschält, entkernt und feingewürfelt
1 EL feingehackte frische Korianderblätter (oder glatte Petersilie)
1 TL Salz, nach Geschmack mehr
1 Prise gemahlener Kreuzkümmel

Die Kartoffeln schälen, in gut 1 cm dicke Würfel schneiden, in Salzwasser eben gar kochen und abgießen.

2 Tassen Buttermilch, die Hälfte der gekochten Kartoffeln und der gehackten Zwiebeln, Dill und den zerdrückten Knoblauch in den elektrischen Mixer geben. Die Gemüse bei hoher Geschwindigkeit pürieren.
Das Püree in eine große Schüssel oder Suppenterrine gießen und die restliche Buttermilch, die übrigen Kartoffeln und Zwiebeln, die Gurken, Korianderblätter, Salz und Kreuzkümmel dazurühren. Gut gekühlt servieren.
Für 6 Personen.

KIRSCH-ZITRONEN-KALTSCHALE

Abgeriebene Schale von 3 Zitronen
Saft von 4 großen Zitronen (etwa 1 Tasse)
$^2/_3$ Tasse Zucker, nach Geschmack mehr
1 Tasse Wasser
1 Tasse leichter Weißwein
500 g schwarze, süße Herzkirschen
5 Eigelb
10 bis 12 Eiswürfel
1 Tasse saure Sahne, mit 2 bis 3 EL Zucker gesüßt

Das Wasser mit Zitronensaft und -schale, Zucker und Weißwein in einen großen emaillierten Topf geben. Unter ständigem Rühren so lange erhitzen, bis der Zucker sich völlig aufgelöst hat.
Die Kirschen waschen, entstielen und entsteinen. 18 Stück beiseite legen, die restlichen in die Flüssigkeit geben und sanft köcheln, bis sie weich sind. Dann durch ein feines Sieb streichen oder im elektrischen Mixer pürieren. Das Püree wieder in die Suppe rühren. Nun die Eigelb mit dem Schneebesen darunterziehen und die Suppe auf kleiner Flamme einige Minuten weiterschlagen, bis sie legiert ist.
Etwas abkühlen lassen und dabei gelegentlich umrühren. Kosten und, wenn nötig, mehr Zucker zufügen. Ist die Suppe nur noch warm und nicht mehr kochendheiß, die Eiswürfel zugeben und rühren. Jetzt wird sie bis zur Tischzeit im Kühlschrank mindestens 1 Stunde kalt gestellt.
Die saure Sahne gut mit dem Zucker verschlagen. Kurz vor dem Auftragen in jeden Teller 3 von den zurückbehaltenen Kirschen legen, die gut gekühlte Suppe darüberfüllen und in der Mitte mit einem schönen, runden Klecks gesüßter saurer Sahne verzieren.
Für 6 Personen.

KIRSCHKALTSCHALE

Im Sommer ein erfrischender erster Gang!

1000 g frische dunkle Herzkirschen
4 $^1/_2$ Tassen Wasser
4 EL Zucker, nach Geschmack mehr
$^1/_3$ Tasse Weißwein, oder nach Belieben
Saft von 1 oder 2 Zitronen, nach Geschmack
1 Tasse Sahne

Die Kirschen waschen, von den Stielen befreien und entsteinen. Mit Wasser und Zucker in einem großen Emailletopf zum Kochen bringen und etwa 15 bis 20 Minuten leicht köcheln lassen. Abseihen, dabei die Flüssigkeit auffangen. 24 Kirschen heraussuchen und beiseite stellen.
Die restlichen Kirschen durch ein Haarsieb pressen und das Püree wieder an die Flüssigkeit geben. Etwas Wein und Zitronensaft zufügen. Wenn die Suppe zu sauer ist, noch eine Prise Zucker einstreuen.
Die Suppe gut kühlen. Die ungesüßte Sahne steifschlagen. In 6 Suppenschalen jeweils 4 von den zurückbehaltenen Kirschen legen und die Suppe gleichmäßig in die Schalen verteilen. Mit einer großen Portion Schlagsahne verzieren.
Für 6 Personen.

MANDELSUPPE

2 Tassen abgezogene Mandeln
3 EL Butter
1 mittelgroße Zwiebel
abgeriebene Schale von 1 oder 2 Zitronen
Pfefferkörner
Samen aus 2 bis 3 Kardamomkapseln
$^1/_2$ TL Kümmel
Salz
1 Tasse Sahne

$^1/_2$ Tasse weißer Langkornreis
$^1/_3$ Tasse Korinthen
1 Pimientoschote
1 Tasse kleine, dunkle Croûtons (geröstete Graubrotscheiben)

Für die Zubereitung dieser Suppe brauchen Sie einen elektrischen Mixer. Die Mandeln mit etwa 1 Liter Wasser (eventuell in mehreren Portionen) bei hoher Geschwindigkeit zerkleinern. Sie sollten danach ziemlich feingemahlen und das Wasser sehr milchig sein. Diese Flüssigkeit in einen Saucentopf gießen und langsam erhitzen.
Anmerkung d. Übers.: Haben Sie keinen Mixer, drehen Sie die Mandeln durch den Wolf (feine Scheibe). Diese feste Masse dann mit dem Schneebesen in Wasser verschlagen. –
Die Zwiebel hacken und in der Butter anbraten. Wenn sie Farbe genommen hat, mitsamt der Butter an die Mandelsuppe geben. Abgeriebene Zitronenschale, ein paar Pfefferkörner, Kardamomsamen und Kümmel zufügen. Den Topf verschließen und alles zusammen etwa 1 Stunde ganz sanft köcheln, dabei gelegentlich umrühren.
Die Suppe durch ein Haarsieb pressen und die Flüssigkeit auffangen. Die ausgepreßte Mandelmasse mit 3 Tassen heißem Wasser wieder in den Topf geben, nochmals 1 Stunde leise wallen lassen und erneut durch das Sieb streichen. Die trockenen Rückstände wegwerfen.
Die gewonnene Mandelbrühe zusammengießen, mit etwas Salz abschmecken und die Sahne darunterziehen. Soviel kann im voraus getan werden.
Etwa 20 Minuten vor Beginn der Mahlzeit Reis und Korinthen hinzufügen. Die Suppe im geschlossenen Topf leicht kochen lassen. In der Zwischenzeit die Gemüse zum Garnieren putzen. Die *Pimiento*schote von Kernen und weißem Pelz befreien, dann in feine Streifen schneiden und mit den Croûtons zusammen in etwas Butter oder Olivenöl rösten.
Wenn der Reis eben gar ist, die heiße Suppe in Teller schöpfen und jeweils mit ein paar knusprigen Croûtons und Pimientostreifchen bestreuen.
Für 4 bis 6 Personen.

KRÄUTERCROÛTONS *Abb. 5*

(geröstete Brotwürfel)

1 EL Thymian
2 EL feine getrocknete Petersilie
1 Knoblauchzehe
Salz und Pfeffer nach Geschmack
$^1/_4$ Tasse weiche Butter oder Ghee (Seite 326)
8 bis 10 Scheiben altbackenes Mischbrot

Die Kräuter mit Salz, Pfeffer und Knoblauch im Mörser zerreiben und gut vermischen. Mit Butter oder *Ghee* (geklärter Butter) vermengen und die Brotscheiben auf beiden Seiten dünn damit bestreichen. Die Scheiben in Würfel schneiden, auf ein Backblech geben und im heißen Ofen 15 bis 20 Minuten rösten, dabei gelegentlich umwenden oder -rühren, damit sie rundherum knusprig werden. Heiß zu *Erbspüreesuppe* oder anderen gebundenen Suppen servieren.
Croûtons können auch zu späterem Gebrauch eingefroren werden. Wenn man sie verwenden will, nimmt man sie aus dem Tiefkühlfach und röstet sie einfach noch einmal etwa 10 Minuten im heißen Backofen.

Hinweise für zwei weitere Suppen finden Sie im Kapitel *Spanische Spezialitäten* (Rezept »Cocido«) und im Kapitel *Indische Küche* (Rezept »Akni«, eine vielseitig verwendbare Würzbrühe).

Heiße und kalte Saucen

Um als guter Koch zu gelten, müssen Sie sich unbedingt auf die Zubereitung von einigen Grundsaucen verstehen, denn sie sind sehr oft der wahre Kern eines feinen Gerichtes. Saucen sind ein wichtiger Bestandteil beim Anrichten von Soufflés, Kroketten und mancherlei Desserts. Viele Speisen erhalten ihren speziellen Charakter erst durch die sie begleitende Sauce. Was wäre die Schlemmerwelt ohne all die herrlichen Nudelgerichte, ohne so gute Sachen wie Spargel Hollandaise, *Pizza* oder *Käsesoufflé* mit Weinsauce!

Saucen müssen sehr sorgfältig zubereitet werden, wenn sie gut werden sollen. Sie erfordern in der Regel etwas mehr Fingerspitzengefühl und Konzentration als andere Speisen. Während man *Holländische Sauce* rührt, sollte man tunlichst etwaiges Telefonklingeln überhören, und auch die Einbrenne für *Béchamelsauce* gelingt nur bei ungeteilter Aufmerksamkeit. Trotzdem ist die Zubereitung von Saucen bei weitem keine so geheimnisvolle Angelegenheit, wie manche Köche vorgeben. Ängstliche Leser mögen sich beruhigen: Es fängt alles mit ein paar Grundsaucen an, alle übrigen sind lediglich Variationen davon. Wer eine Béchamelsauce herstellen kann, weiß genug über mehlgebundene Saucen. Und wenn man gelernt hat, eine *Englische Sauce* zu kochen, sind alle süßen Cremesaucen kein Problem mehr.

Eignen Sie sich die Grundkenntnisse an, und lassen Sie dann ruhig Ihrer Phantasie freien Lauf. Kräuter und Gewürze erhöhen den Reiz einer jeden Sauce; wenn Sie einen kleinen Kräutergarten haben, sind Sie fein heraus, denn Ihre Saucen werden ein wunderbares Aroma haben. Kräftige Brühen und Gemüsepürees sowie geriebener Käse dienen zur Anreicherung. Und ein wohlbemessener Schuß des jeweils passenden Weins, Cognacs und anderer Alkoholika ist oftmals der krönende I-Punkt einer feinen Sauce.

Für die Saucenzubereitung brauchen Sie die richtigen Geräte: gute, schwere Saucentöpfe und Schwenkpfannen, ein paar Holzlöffel und einen Schneebesen. Dazu Geistesgegenwart und eine gewisse Übung. Holländische Sauce gerät im Wasserbad am besten. *Mayonnaise* kann man sehr leicht im elektrischen Mixer oder mit einem elektrischen Handrührgerät herstellen.

Hat man gelernt, eine gute Sauce zu kochen, muß man sie auch richtig verwenden lernen. Ein spanisches Sprichwort lautet: Die Sauce ist mehr wert als das, was darunter ist. Das hört sich recht klug an, kann aber auch zu wörtlich genommen werden, wie in der Geschichte von Diamond Jim Brady, der einmal zu seinem Koch sagte: »George, wenn Sie von dieser Sauce etwas auf ein Handtuch gießen würden – ich glaube, ich würde das Ganze aufessen!«

Auch wenn man, wie ich, Saucen leidenschaftlich gern ißt, sollte man sehr vorsichtig damit umgehen. Man darf niemals eine Speise in Sauce ertränken. Der Eigengeschmack von Eiern, Spaghetti oder Gemüse soll nicht überdeckt, sondern durch eine Sauce hervorgehoben und abgerundet werden. In dieser Hinsicht kann man viel von Italienern und auch Mexikanern lernen, die delikate und manchmal sehr gehaltvolle Saucen in kleiner Menge, aber mit großer Wirkung auf den Tisch bringen. Eine gute Sauce in angemessener Dosierung bereichert nicht nur den Geschmack vieler Speisen – sie ist deren Krönung.

Ziemlich einfache Gerichte verwandeln sich durch eine Sauce in pikante Leckerbissen. Ein normales *Omelett mit Käse und Chili* zum Beispiel bekommt einen ganz neuen Reiz, wenn man etwas *Gurken-Avocado-Sauce* darübergibt. Eine *Himbeersauce* macht aus einer Portion Eiscreme oder einem langweiligen Pudding ein feines Dessert. *Pikante Paprikasauce* wie die, welche im Rezept für *Gefüllte Kartoffelpuffer auf ungarische Art* empfohlen wird, schmeckt in kleinen Mengen auch vorzüglich zu heißen, in Butter geschwenkten Nudeln, gedämpftem Blumenkohl, über verlorene Eier auf Schwarzbrot geträufelt und zu den verschiedensten Soufflés. Mit etwas Erfindungsgeist kann jeder ein Meister in der Saucenzubereitung werden und zu neuen kulinarischen Höhen gelangen.

Die Zubereitung der Saucen

Besonders wichtig für das Gelingen einer feinen Sauce ist die richtige Zeitplanung: Eine Sauce, die zu lange oder zu schnell gekocht wird, kann gerinnen oder sich in feste Bestandteile und Flüssigkeit trennen, anbrennen oder zu einer festen Paste werden. Andererseits schmeckt eine Sauce, die nicht lange genug gekocht wurde, nach ihren Rohstoffen, zum Beispiel nach

Mehl, oder sie gerät zu dünn. Es ist aber gar nicht so schwierig, die Zeit entsprechend einzuteilen, nur darf man nicht andauernd auf die Uhr sehen, sondern muß die Sauce im Auge behalten. Dann hat man bald heraus, wie eine Sauce beschaffen sein und schmecken sollte.
Außerdem gilt auch für Saucen die goldene Regel, nur Zutaten von höchster Qualität zu verwenden. Wenn Sie ausschließlich mit ganz frischer Butter und Milch, frischen Eiern, Sahne, gutem fruchtigem Olivenöl, würzigem Weinessig, duftenden Kräutern, feinem alten Käse und anderen erlesenen Dingen arbeiten, sind Sie auf dem besten Wege, ein guter Koch zu werden. Beherzigen Sie diese Grundregeln, folgen Sie genau den Rezeptanweisungen und gebrauchen Sie fleißig den Schneebesen!

Einbrennen – Grundsaucen

Die weiße Grundsauce und die davon abgeleitete, berühmte *Béchamelsauce* sind bei Beachtung der Kochanleitung sehr leicht herzustellen. Dieser Saucentyp wird durch eine *Einbrenne* gebunden, die nichts weiter ist als eine Mischung von zerlassener Butter und Mehl. Man läßt die Butter in einem Saucentopf mit schwerem Boden auf kleinster Flamme schmelzen. Ein Topf aus dünnem Material wie Aluminium oder Blech, der die Hitze nicht gleichmäßig leitet und sich zu stark erhitzt, ist dafür ungeeignet, denn gerade gleichmäßige, sanfte Hitze ist alles, was eine Einbrenne braucht. Wenn die Butter geschmolzen ist, wird das Mehl (normalerweise die gleiche Menge wie die Butter) hineingerührt. Holzlöffel oder -spachtel eignen sich zum Rühren heißer Saucen am besten, weil sie den Topfboden nicht zerkratzen und auch bei längerem Gebrauch nicht heiß werden. Ein Satz Holzlöffel verschiedener Größe in der Nähe des Herdes ist praktisch und zugleich schön.
Butter und Mehl zusammengerührt ergeben eine helle Einbrenne. Auf kleiner Flamme weiterrühren und scharf beobachten. Nach kürzester Zeit beginnt sie leicht zu schäumen. Zwei oder drei Minuten Rühren auf kleiner Flamme genügen: Weniger, und das rohe Mehl schmeckt vor; mehr, und sie fängt zu bräunen an. Die helle Einbrenne darf nicht bräunen, sie sollte eine schöne hellgelbe Farbe haben.
Jetzt wird der Topf vom Feuer genommen, die vorher erhitzte Milch oder Sahne hineingerührt und kräftig mit dem Schneebesen untergezogen. Bei Anfängern bildet die Sauce dabei leicht Klümpchen – aber wenn Milch oder Sahne wirklich heiß sind und ausreichend untergeschlagen werden, wird die Sauce auch glatt. Mit einem Holzlöffel an den Topfwänden und auf dem Topfboden entlangschaben, damit festgeklebte Reste der Einbrenne losgelöst werden, und nochmals mit dem Schneebesen durcharbeiten. Es gibt keinen Klumpen, der einem wirbelnden Schneebesen standhalten könnte!
Die Sauce wieder aufs Feuer stellen und auf etwas größerer Flamme als zuvor erhitzen. Wenn sie zu sieden beginnt, sanft abrühren. Noch etwa zwei Minuten damit fortfahren, dann mit Salz und Pfeffer abschmecken, und fertig ist eine weiße Grundsauce von sämig-glatter Beschaffenheit.
Diese Sauce bildet die Grundlage für viele andere und wird für Soufflés, Kroketten und verschiedene Füllungen gebraucht. Sie kann mit Eigelb, Sahne und Butter angereichert werden.
Béchamelsauce wird auf die gleiche Weise zubereitet, nur erhält sie durch die Zugabe von etwas Zwiebel und einigen Kräutern ein würzigeres Aroma. *Sauce Mornay* ist im Grunde ebenfalls eine einfache weiße oder Béchamelsauce, der ein wenig Käse beigefügt wird.
Soll die Sauce mit Eigelb legiert werden, wird das Eigelb zuerst mit etwas Sahne oder einer anderen kalten Flüssigkeit verschlagen. Dann ein wenig von der heißen Sauce darunterschlagen. Den Saucentopf vom Feuer nehmen und die Eigelbmischung unter kräftigem Schlagen mit dem Schneebesen unter die Sauce ziehen. Auf diese Weise gerinnen die Eigelb nicht, weil sie sich nur langsam erwärmen. Sobald Eigelb nämlich gut mit einer mehlgebundenen Sauce verrührt ist, kann diese ruhig noch einmal aufwallen, ohne daß das Eigelb bzw. das darin enthaltene Eiweiß ausflockt. Das gilt nicht für süße Cremesaucen (wie z. B. Englische Sauce), die ohne Mehl zubereitet werden.

Abgeschlagene Saucen

Diese Art von Saucen wird dadurch gebunden, daß Eigelb sich mit Butter oder Öl verbindet. Daraus entstehen die sämigsten und reichhaltigsten Saucen. Man teilt sie in zwei Kategorien: die mayonnaiseartigen, die kalt geschlagen werden, und die holländischen, die aus erwärmtem Eigelb und zerlassener, heißer Butter hergestellt werden. Mayonnaise im Mixer oder mit einem elektrischen Rührgerät zu schlagen ist kinderleicht. Die Zubereitung von *Holländischer Sauce* ist schon schwieriger, aber bei Einhaltung der im Rezept angegebenen Kochzeiten und Mengen kann eigentlich nichts schiefgehen.

Für Mayonnaise sollten möglichst alle Zutaten Zimmertemperatur haben. Die Eigelb oder ganzen Eier werden zuerst cremig geschlagen, bevor das Öl zugegossen wird. Im elektrischen Mixer ist das eine Sache von wenigen Sekunden. Dann läßt man das Öl in dünnem Faden bei laufender Maschine einfließen und hat im Nu eine vollendet dicke Mayonnaise.

Für Holländische Sauce erwärmt man erstens die Eigelb ganz langsam, bis sie anfangen, dick zu werden, *keinesfalls länger*. Das kann in einem schwerbödigen Saucentopf geschehen, besser noch im *Wasserbad*. Wenn die Eigelb zu schnell oder zu lange erhitzt werden, gerinnen sie. Zum zweiten: Während des Erhitzens ständig mit dem Schneebesen durchschlagen, damit sie glattcremig bleiben und gleichmäßig warm werden. Drittens muß die Butter ganz allmählich unter andauerndem Schlagen zugegeben werden, sonst bindet die Sauce nicht ab. Wappnen Sie sich mit Geduld und fügen Sie die Butter in sehr kleinen Mengen hinzu, arbeiten Sie die Masse dabei ständig mit dem Schneebesen durch, bis sie dickcremig ist, und halten Sie die Hitze gleichmäßig, damit Ihre Sauce gut gelingt. Ein letzter Punkt: Geben Sie nicht mehr Butter hinein als die im Rezept angegebene Menge, und halten Sie die Sauce nicht länger als unbedingt nötig auf dem Herd. Beides würde dazu führen, daß sich der Fond von der Butter absetzt.

Unangenehme Überraschungen bei der Zubereitung einer Hollandaise können leicht vermieden werden, wenn man den Rezeptanweisungen genau folgt und sich vor allen Dingen nicht bei der Arbeit stören läßt – das Telefon mag klingeln, soviel es will. Sollte die Sauce trotz aller Vorsicht doch ausflocken, ist sie vielleicht mit folgendem Trick noch zu retten: Einen Löffel geronnene Sauce in einer warmen Schüssel mit einem Teelöffel Zitronensaft verschlagen, bis die Mischung dick wird. Dann nach und nach in kleinen Mengen die Sauce zufügen und jedesmal kräftig durchschlagen, bis sie gebunden ist.

Holländische Sauce, die im Kühlschrank aufbewahrt wurde, wärmt man am besten so auf: Etwas kalte Sauce im heißen Wasserbad cremig schlagen, dann nach und nach die übrige Sauce dazuschlagen. Sie darf unter keinen Umständen sieden oder aufkochen.

Auch von Mayonnaise und Hollandaise lassen sich viele Variationen ableiten. Sobald man die Grundtechniken gemeistert hat, kann man jede gewünschte Sauce mit leichter Hand zubereiten.

Eingekochte Saucen, Salatsaucen

Viele Saucen wie zum Beispiel Tomatensaucen werden dadurch gedickt, daß man sie so lange leise köchelt, bis die Flüssigkeit nach Wunsch eingekocht ist. Sie sind sozusagen idiotensicher, denn man braucht sie nur gelegentlich umzurühren und darauf zu achten, daß die Flüssigkeit nicht zu sehr verkocht und die Sauce anbrennt. Manchmal köcheln sie eine oder zwei Stunden vor sich hin, doch kann die lange Kochzeit zu anderer Arbeit genutzt werden und sollte darum niemanden abschrecken.

Vinaigrette und andere Salatsaucen erfordern auch keine technischen Meisterleistungen. Allerdings steht und fällt ihr Aroma mit der Güte der verwendeten Zutaten und deren Frische. Da sie sehr leicht herzustellen sind, sollte man sie höchstens ein paar Stunden im voraus zurichten. Im allgemeinen kann man sie dann zubereiten, wenn der Salat zum Anmachen fertig ist und aufgetragen werden soll, oder man mischt sie gleich über dem Salat an.

SAUCE VELOUTÉ

(einfache Samtsauce)

Hier meine Variante der klassischen Samtsauce. Das ganze Geheimnis liegt darin, als Grundlage eine köstliche Gemüsebrühe zu verwenden und der Sauce das Aroma von Wildpilzen und Zitronensaft zu geben.

2 ½ Tassen kräftige, heiße Gemüsebrühe
4 bis 5 Pfefferkörner
3 bis 4 getrocknete dunkle Pilze (z. B. japanische Shitake)
1 Spritzer Zitronensaft
3 EL Butter
3 EL Mehl
geriebene Zwiebel
Salz, gemahlener Pfeffer

Die Brühe mit den Pfefferkörnern, den gründlich gesäuberten Pilzen (man kann auch die doppelte Menge *frischer* Pilze verwenden) und ein paar Tropfen Zitronensaft erhitzen. Im geschlossenen Topf etwa 10 bis 15 Minuten sanft kochen lassen, dann durch ein Quarktuch oder einen Papierfilter gießen. Die Butter im Wasserbad zerlassen, Mehl zurühren und eine helle Einbrenne herstellen. Nach einigen Minuten unter Schlagen mit dem Schneebesen etwas geriebene Zwiebel und die heiße Brühe zufügen. Mit Salz und Pfeffer abschmecken. Wenn die Sauce anfängt zu binden und dick zu werden, wird sie noch etwa 10 Minuten ganz sanft geköchelt und dann durch ein Sieb gestrichen.
Sie kann als Grundlage zu vielen anderen Saucen verwendet werden.

Reiche Samtsauce

Ungefähr 2 Tassen Einfache Samtsauce (siehe oben)
Zitronensaft
2 Eigelb
1 Tasse Sahne

Die einfache Samtsauce zubereiten und mit etwas Zitronensaft würzen. Die leicht verquirlten Eigelb mit der Sahne verrühren und unter ständigem Schlagen mit der Velouté aufgießen.

BÉCHAMELSAUCE

3 EL Butter, 3 EL Mehl
½ feingehackte Zwiebel
2 ½ Tassen heiße Milch
Pfefferkörner, Thymian, Lorbeerblatt, Salz, Muskat

Die Butter im Wasserbad oder im schwerbödigen Saucentopf auf sehr kleiner Flamme schmelzen und schaumig werden lassen. Die feingewiegte Zwiebel zufügen und auf kleinster Flamme 3 bis 4 Minuten leicht dünsten, dann das Mehl einrühren und ein paar Minuten anschwitzen. Zuletzt unter Schlagen mit dem Schneebesen langsam mit heißer Milch ablöschen. Nach wenigen Minuten ist die Sauce gebunden. Einige Pfefferkörner, etwas Thymian und ein Stückchen Lorbeerblatt zufügen, eine Prise Salz und Muskat hineinstreuen und die Sauce 10 bis 15 Minuten (oder bis zu einer Stunde) leise köcheln lassen. Je länger die Kochzeit, desto dicksämiger und aromareicher die Sauce. Danach wird sie durch ein Sieb passiert und mit Butterflöckchen belegt, die verhindern, daß sich eine Haut bildet. Voilà.
Béchamelsauce ist eine weiße Grundsauce, aus der man bei Verwendung von Kräutern und Gewürzen, Käse und anderen Zutaten zahllose feine (und kräftige) Saucen herstellen kann. Sie kann in einem festverschlossenen Glas ein paar Tage im Kühlschrank aufbewahrt werden, aber möglichst nicht länger.

Reiche Béchamelsauce

½ Tasse Sahne
2 Eigelb
1 Rezept heiße Béchamelsauce (siehe oben)
Salz nach Geschmack
½ TL Zitronensaft
2 EL Butter (nach Belieben)

In einer Schüssel die Eigelb mit der Sahne verrühren, dann nach und nach unter Schlagen mit dem Schnee-

besen etwa 1 Tasse der heißen Béchamelsauce dazugießen. Diese Mischung zur restlichen Béchamelsauce in den Topf geben, dabei ständig durchschlagen. Unter weiterem Rühren die Sauce ganz langsam erhitzen, bis sie aufwallt. Einige Minuten leise köcheln, dabei immer rühren. Mit einem Spachtel an Topfwänden und -boden entlangfahren, damit sich dort keine Mehlklümpchen bilden.
Den Topf vom Feuer nehmen, die Sauce abschmecken und bei Bedarf nachsalzen. Den Zitronensaft zufügen und alles nochmals leicht mit dem Schneebesen durcharbeiten.
Diese Béchamelsauce kann zusätzlich noch mit Butter aufgeschlagen werden. Dazu kurz vorm Servieren etwa 2 Eßlöffel Butter nach und nach mit dem Schneebesen unterziehen. Reich aufgeschlagene Béchamelsauce ist köstlich, sollte aber nicht zu einem Gericht verwendet werden, das im Ofen überbacken wird, denn bei zu großer Hitze trennt sich die Butter vom Fond und schwimmt obenauf.

SAUCE MORNAY

Ungefähr 2 Tassen Velouté (Seite 128) mit starkem Pilzaroma
½ feingewiegte Zwiebel
50 g geriebener Gruyère
1 EL Parmesankäse
2 EL Butter
2 Eigelb
½ Tasse Sahne

Eine Velouté aus einer Brühe mit kräftigem Pilzgeschmack herstellen. Die gehackte Zwiebel, geriebenen Käse und Butter hinzufügen, mindestens 5 Minuten köcheln, dann passieren. Die leicht verquirlten Eigelb mit der Sahne verschlagen und unter die Sauce ziehen. Das Ganze kräftig mit dem Schneebesen aufschlagen.
Sauce Mornay kann auch mit *Béchamelsauce* als Grundlage zubereitet werden. Sie ist dann heller, hat ein feineres Aroma und ist etwas reichhaltiger. Jede der Saucen schmeckt vorzüglich zu Omeletts, Soufflés und Gemüsen.

Sauce Mornay von Béchamelsauce

4 EL geriebener Emmentaler Käse
3 EL geriebener Parmesankäse
1 Rezept heiße Béchamelsauce (Seite 128)
1 Prise Cayennepfeffer (nach Belieben)

Die geriebenen Käse mit dem Schneebesen unter die heiße Béchamelsauce ziehen und so lange schlagen, bis alle Käseklümpchen geschmolzen sind und die Sauce glatt ist. Eine Prise Cayennepfeffer gibt ihr einen eigenen Reiz.

Reiche Sauce Mornay

Wie bei einfacher *Sauce Mornay* vorgehen, aber *Béchamelsauce* dazu verwenden, die mit Eigelb und Sahne angereichert wurde.

Milde Paprikasauce

Etwa 2 Teelöffel Paprika der Einfachen oder auch der Reichen Béchamelsauce (beide Seite 128) beifügen. Die Sauce leicht mit dem Schneebesen schlagen, bis das Paprikapulver völlig gelöst ist.

HOLLÄNDISCHE SAUCE

Die *Hollandaise* ist eine heikle Sache. Wenn Sie noch nicht genügend Erfahrung gesammelt haben, lesen Sie lieber vorher noch einmal im Vorwort zu diesem Kapitel die genauen Anweisungen nach (Seite 127).

3 große Eigelb
1 bis 1½ EL Zitronensaft
1 Prise weißer Pfeffer
1 EL Butter
7 EL zerlassene Butter
Salz

Die Eigelb im noch kalten Wasserbad cremig rühren. 1 Eßlöffel Zitronensaft und den Pfeffer daruntterschlagen.
Jetzt sollte das Wasserbad heiß sein, aber nicht ko-

chen. Den Eßlöffel ungeschmolzener Butter zu den Eigelb geben und das Ganze gleichmäßig mit dem Schneebesen durcharbeiten, bis die Butter geschmolzen ist und die Eigelb emulgiert sind. Ab und zu die Eigelbspritzer von den Topfwänden und die abgesetzte Schicht aus der Bodenkante mit einem Spachtel ablösen. Die Eigelb müssen während des Bindevorgangs völlig glatt und cremig sein. Sollten sie trotz aller Vorsicht gerinnen oder Klümpchen bilden, den Saucentopf vom heißen Wasser wegnehmen und einen Augenblick lang in eine flache Schale mit kaltem Wasser stellen, dabei weiterschlagen.
Wenn die Eigelb gebunden sind, unter fortwährendem Schlagen im Wasserbad ganz wenig zerlassene Butter einfließen lassen und verrühren. Wieder eine winzige Menge zufügen und verschlagen.
Wenn die Sauce andickt und von glänzend-glatter Beschaffenheit ist, ist die Emulsion gelungen. Aber jegliche Überhitzung bewirkt jederzeit wieder eine Trennung der festen und flüssigen Bestandteile, ebenso ein zu schnelles Zufügen der Butter. Die Butter langsam nach und nach mit dem Schneebesen unterziehen, bis sie gänzlich verarbeitet ist. Nach Geschmack mit Salz und noch mehr Zitronensaft würzen.
Sollte die Sauce nicht abbinden oder sich gar trennen, 1 Eßlöffel davon mit 1 Teelöffel Zitronensaft in einer Schüssel verschlagen, bis sie dick und glänzend ist, dann nach und nach eßlöffelweise die restliche Sauce dazuschlagen.
Die Sauce warm zu Eiern oder Gemüsen servieren. Ergibt etwa 3/4 Tasse.
Holländische Sauce kann auch kalt zu allen möglichen Gerichten, etwa Gemüse, gereicht werden. Sie schmeckt vorzüglich zu den verschiedensten Zubereitungen von gekochten Eiern. Dazu schlägt man sie nach dem Kühlen kurz auf und serviert sie wie eine Mayonnaise.

SAUCE AURORE

1 Rezept Béchamelsauce (mit stärkerem Lorbeeraroma – Seite 128)
2 Lorbeerblätter
2 Knoblauchzehen
2 bis 3 EL Tomatenmark
etwas Rotwein
pulverisierter Majoran

Die Béchamelsauce nach Rezept unter Hinzufügen folgender Gewürze zubereiten: In der schmelzenden Butter die 2 Knoblauchzehen zerdrücken und die Lorbeerblätter hinzufügen. Die Kräuter ein paar Minuten sanft anschwitzen, dann die Lorbeerblätter entfernen. Nun weiter nach Rezept vorgehen und erst wieder Lorbeerblätter zufügen, wenn mit Milch aufgegossen wird.
In die fertige Béchamelsauce das Tomatenmark, 1 oder 2 Eßlöffel Rotwein und eine reichliche Prise Majoran rühren. Mit dem Schneebesen durchschlagen, noch ein paar Minuten erhitzen und servieren. Diese Sauce kann wie Béchamelsauce zwei oder drei Tage in einem festverschlossenen Gefäß kühl aufbewahrt werden. Man kann sie vorsichtig im Wasserbad aufwärmen. Sie schmeckt köstlich zu frischen gedämpften Gemüsen und kann in vielen Rezepten die Béchamelsauce ersetzen. Probieren Sie z. B. *Gebakkene Walnußbällchen* mit Sauce Aurore.

SAHNE-MEERRETTICH-SAUCE

Eine feine Sauce für *Brokkoli-Walnuß-Soufflé*!

2 EL Butter
2 EL Mehl
1 Tasse heiße Milch
2 Eigelb
1/2 Tasse geriebener milder Käse
1 Tasse saure Sahne
1 EL zubereiteter Meerrettich
1/2 TL Dijonsenf
Salz
Pfeffer

In einem schweren Topf die Butter zerlassen und das Mehl hineinrühren. Die Hitze zurücknehmen und die Einbrenne unter ständigem Rühren einige Minuten anschwitzen. Nach und nach mit der heißen Milch aufgießen und mit dem Schneebesen durchschlagen, wäh-

rend die Sauce abbindet. Dann unter weiterem Schlagen mit den einzeln nacheinander zugefügten Eigelb abziehen und den geriebenen Käse einrühren.
So lange mit dem Schneebesen durcharbeiten, bis der Käse völlig geschmolzen ist. Die Sauce auf keinen Fall aufkochen lassen.
Saure Sahne, Meerrettich und Senf zufügen und nach Geschmack mit Salz und Pfeffer würzen. Noch etwa 5 Minuten auf sehr kleiner Flamme wieder heiß werden lassen, dabei immer sanft rühren. Heiß auf den Tisch bringen.
Ergibt etwa 2 3/4 Tassen.

PIKANTE MOUSSELINESAUCE

Diese Sauce warm zu Gemüsen oder Eiern servieren. Sie schmeckt wundervoll zu *Pilzauflauf mit Dill*.

1 Rezept heiße Holländische Sauce (Seite 129)
1/2 Tasse Sahne
1/4 bis 1/2 TL Rosenpaprika oder
1/2 TL Edelsüßpaprika plus 1/4 TL Cayennepfeffer (nach Geschmack)

Die Holländische Sauce nach Rezept zubereiten. Unter die fertige Sauce, bevor sie noch abkühlen kann, die steifgeschlagene Sahne ziehen.
Nach Wunsch die eine oder andere Art Paprika hineinrühren und abschmecken. Eventuell nachwürzen.
Ergibt etwa 1 1/4 Tassen.

EINFACHE TOMATENSAUCE

Sie wird heiß zu Soufflés, Nudeln, Omeletts oder einfach gegarten Gemüsen gereicht.

1300 g frische reife Tomaten (etwa 5 Tassen gehackte, mit Saft)
3 EL Butter
1 große Knoblauchzehe, feingewiegt
1 reichliche Prise Thymian
1/2 TL Salz, nach Geschmack mehr
3 EL trockener Rotwein
frisch gemahlener schwarzer Pfeffer nach Geschmack
1 TL Mehl
1/4 Tasse Sahne (nach Belieben)

Die Tomaten mit kochendem Wasser überbrühen und enthäuten, dann feinhacken oder pürieren.
In einem mittelgroßen Saucentopf die Butter zerlassen und den feingewiegten Knoblauch etwa 2 Minuten darin anschwitzen. Thymian, Tomatenpüree mit Saft und Salz hinzufügen und alles zusammen 1 Stunde unbedeckt bei mäßiger Hitze leise köcheln lassen, bis es auf die Hälfte eingekocht ist.
Den Wein hineinrühren, etwas Pfeffer und bei Bedarf noch mehr Salz zufügen. Das Mehl überstäuben und mit der Sauce glattschlagen. Das Ganze weitere 5 Minuten etwas köcheln.
Soll die Sauce milder und sämiger werden, ein wenig Sahne darunterziehen und ein paar Minuten leicht sieden.
Ergibt etwa 2 1/2 Tassen.

SCHARFE TOMATENSAUCE

500 g Tomaten, enthäutet
2 bis 3 EL grüne Chilischoten
1/2 Zwiebel
1 Knoblauchzehe
2 bis 3 EL Olivenöl
8 bis 10 grüne Oliven, gehackt
Oregano
Salz und frisch gemahlener schwarzer Pfeffer

Tomaten und Chilischoten im Mixer zerkleinern oder zusammen kleinhacken. Die Zwiebel hacken und den Knoblauch sehr fein wiegen. In einem Saucentopf das Olivenöl erhitzen und Zwiebeln und Knoblauch darin glasig dünsten. Dann Tomaten, Chilis und Oliven zufügen.
Die Sauce auf mäßig großer Flamme erhitzen. Mit etwas Oregano, Salz und Pfeffer abschmecken. Oft umrühren. Nach 8 bis 10 Minuten ist die Sauce fertig. Sie wird zu Käsepudding, Omelett oder *Enchiladas* serviert.
Ergibt etwa 2 1/2 bis 3 Tassen.

PIKANTE PAPRIKASAUCE

Sie wird über *Crêpes mit Rahmpilzen* oder *Gefüllte Kartoffelpuffer auf ungarische Art* gegeben.

4 EL Butter
4 EL Mehl
2 1/2 Tassen heiße Gemüsebrühe II (Seite 90)
1/4 bis 1/2 TL Rosenpaprika oder Cayennepfeffer, nach Geschmack
2 TL Edelsüßpaprika
Salz nach Geschmack
1/4 Tasse Sahne

In einem mittelgroßen, schwerbödigen Topf die Butter zerlassen und das Mehl hineinrühren. Die Einbrenne auf sehr kleiner Flamme ein paar Minuten anschwitzen, dann mit der Gemüsebrühe ablöschen und dabei mit dem Schneebesen durchschlagen, bis die Sauce gebunden und glatt ist. Die verschiedenen Paprikapulver, etwas Salz und die Sahne zufügen und alles unter häufigem Rühren etwa 20 Minuten köcheln. Die Paprikasauce sollte leicht eingekocht und sämig sein.
Ergibt etwa 2 3/4 Tassen.

SCHWARZE PILZRAHMSAUCE

75 bis 100 g getrocknete schwarze Pilze (z. B. japanische Shitake)
3 Tassen Wasser
8 kleine Zwiebeln
5 EL Butter
2 Tassen kräftige Gemüsebrühe
3 EL Mehl
1 Tasse Sahne
2 EL feiner Sherry (*fino* oder *amontillado*)
Salz und Pfeffer

Die Pilze ungewaschen mit dem Wasser im verschlossenen Topf etwa 1/2 Stunde sanft kochen lassen. Die Flüssigkeit durch ein mit einem Quarktuch ausgelegtes Haarsieb abgießen, so daß auch feinste Schmutzpartikel herausgefiltert werden, und beiseite stellen. Auf diese Weise bleiben der Wohlgeschmack und das feine Aroma der Pilze in der Brühe erhalten, und man kann sie jetzt unbesorgt gründlich säubern. Wenn nötig, einzeln waschen, bis auch wirklich kein Sandkörnchen mehr anhaftet, sonst knirscht es beim Essen zwischen den Zähnen. Sind die Pilze sehr groß, etwas klein schneiden. Die kleinen Zwiebeln schälen, in Scheiben schneiden und mit den Pilzen und 2 Eßlöffeln Butter zusammen in einen großen Saucentopf geben. Ein paar Minuten andünsten, dann mit heißer, kräftiger Gemüsebrühe aufgießen und auf kleiner Flamme köcheln lassen.
In einer kleineren Kasserolle 3 Eßlöffel Butter zerlassen, das Mehl einrühren und die Einbrenne unter häufigem Rühren einige Minuten anschwitzen, dann mit der gefilterten Pilzbrühe ablöschen und mit dem Schneebesen glattschlagen. Wenn die Sauce dicksämig ist, Sahne und Sherry einrühren, mit Salz und Pfeffer abschmecken und unter gelegentlichem Schlagen mit dem Schneebesen etwa 10 Minuten langsam weiterköcheln.
Die Pilze und Zwiebeln in der Kasserolle sollen in der Zwischenzeit dünsten, bis die Gemüsebrühe fast völlig eingekocht ist. Dann gibt man sie an die Sauce. Diese Sauce bringt man in einer Sauciere oder einer tiefen Schüssel zu Tisch und schöpft sie über *Parmesancrêpes*, Nudeln, Omeletts oder andere Leckerbissen.
Ergibt etwa 1 Liter.

KRÄUTER-WEINSAUCE *Abb. 6*

2 1/2 Tassen Kartoffelschalen- oder Knoblauchbrühe (Seite 91 oder 92)
3/4 Tasse trockener Weißwein (gelbes Weinsiegel)
1/4 TL getrocknetes Rosmarin
1/4 TL getrocknete Dillspitzen
1 Prise Estragon
3 EL Butter
3 EL Mehl
Knoblauchsaft
Zitronenschale (pulverisiert oder frisch abgerieben)

Die Brühe zubereiten und in einem kleinen Saucentopf auf 1 1/2 Tassen einkochen. Wein und Kräuter zu-

fügen und alles mindestens 5 Minuten oder länger sanft kochen.
In einem schweren, emaillierten Saucentopf oder im Wasserbad die Butter zerlassen. Das Mehl einrühren und unter weiterem Rühren 5 bis 10 Minuten anschwitzen. Nun nach und nach mit der heißen Brühe aufgießen, dabei dauernd mit dem Schneebesen durchschlagen. Die Sauce nach Geschmack mit wenigen Tropfen Knoblauchsaft und etwas Zitronenschale vorsichtig würzen und unter häufigem Rühren weitere 10 bis 15 Minuten leise köcheln. Man kann sie danach durchseihen, um die Kräuter herauszufiltern, oder sie so, wie sie ist, servieren.
Heiß zu Soufflés, Crêpes oder Gemüse servieren.

WEISSWEINSAUCE

1 ½ Tassen Knoblauch- oder Kartoffelschalenbrühe (Seite 92 oder 91)
1 Tasse trockener Weißwein
5 bis 6 getrocknete dunkle Pilze (z. B. Steinpilze oder japanische Shitake)
3 EL Butter
3 EL Mehl
2 EL Sahne
1 Eigelb
Salz und Pfeffer
pulverisierte Zitronenschale (nach Belieben)

Die Brühe mit dem Wein in einen kleinen Saucentopf geben, die Pilze zufügen, den Topf verschließen und das Ganze etwa ½ Stunde köcheln. Danach die Brühe durch ein Quarktuch filtern, die ausgekochten Pilze wegwerfen.
In einem schweren emaillierten Saucentopf oder im Wasserbad die Butter erhitzen. Wenn sie schäumt, das Mehl zugeben und unter häufigem Rühren auf ganz kleiner Flamme ein paar Minuten anschwitzen. Nach und nach mit der heißen Brühe aufgießen, dabei fortwährend mit dem Schneebesen durchschlagen. Wenn die Sauce sämig geworden ist, noch mindestens 10 Minuten bei geringer Hitze weiterrühren. Das Eigelb mit der Sahne verschlagen und unter die Sauce ziehen. Mit Salz und frisch gemahlenem schwarzen Pfeffer abschmecken, vielleicht auch eine winzige Prise pulverisierte Zitronenschale zufügen.

DILLSAUCE

Diese leichte, sämige Sauce ist einfach zuzubereiten, hält sich ein oder zwei Tage im Kühlschrank frisch und schmeckt herrlich zu *Spargelsoufflé*.

3 EL Butter
3 EL Mehl
1 Tasse heiße helle Gemüsebrühe
1 Tasse Milch
2 EL getrocknete Dillspitzen oder 3 bis 4 EL gehackter frischer Dill
2 bis 3 EL trockener Sherry (*fino*)
Salz und Pfeffer

Aus Butter und Mehl eine Einbrenne herstellen, mit der heißen Brühe ablöschen und mit dem Schneebesen glattschlagen. Unter weiterem Rühren die Milch zugießen und das Ganze auf kleinster Flamme oder im Wasserbad ein paar Minuten köcheln. Dillspitzen und Sherry zufügen, mit Salz und Pfeffer abschmecken und etwa 10 Minuten unter häufigem Rühren sanft wallen lassen. Heiß in einer Sauciere zu Gemüsesoufflés, Omeletts und dergleichen servieren.

GURKEN-AVOCADO-SAUCE

Vorzüglich zu gefüllten Crêpes, Omeletts oder Gemüse.

2 große Gurken (etwa 500 g)
5 EL Butter
2 EL Mehl
1 Tasse heiße Milch
½ TL Salz, nach Geschmack mehr
weißer Pfeffer nach Geschmack
1 kleine reife Avocado (gut 150 g)
1 TL fein abgeriebene Zitronenschale
3 ½ EL Zitronensaft
1 ½ EL feingehackte Zwiebeln

Die Gurken schälen, entkernen, feinwürfeln und unter häufigem Rühren in 3 Eßlöffel Butter etwa 20 Minuten dünsten, bis die ausgetretene Flüssigkeit fast völlig verdampft ist.
Die restlichen 2 Eßlöffel Butter in einem mittelgroßen Saucentopf mit schwerem Boden zerlassen und das Mehl hineinrühren. Die Einbrenne bei geringer Hitze etwa 2 bis 3 Minuten anschwitzen, dabei andauernd rühren, und mit der Milch ablöschen. Mit dem Schneebesen auf mittlerer Flamme so lange durchschlagen, bis die Sauce sämig ist. Mit Salz und weißem Pfeffer abschmecken.
Die Sauce vom Feuer nehmen. Die Avocado halbieren, das Fruchtfleisch aus der Schale kratzen und zerstampfen oder feinhacken. Avocado, Gurke, Zitronenschale und -saft an die Sauce geben und alles pürieren.
Die Sauce wieder in den Topf geben, die feingewiegte Zwiebel zufügen und das Ganze bis knapp unter den Siedepunkt erhitzen – nicht aufwallen lassen, sonst vergeht das feine Aroma der Avocado. Sofort servieren.
Ergibt etwa 3 Tassen.

PROVENZALISCHE SAUCE

8 mittelgroße frische Tomaten
 oder 2 mittelgroße Dosen Tomaten
1 kleinere Zwiebel
2 bis 3 Knoblauchzehen
Olivenöl
Estragon, Petersilie
Salz und Pfeffer
Wasser oder trockener Weißwein

Die Tomaten überbrühen, abziehen und grobhacken – oder die abgetropften Dosentomaten hacken (Saft aufbewahren!). Die Zwiebel kleinschneiden und die 2 Knoblauchzehen feinhacken. Zwiebel- und Knoblauchstückchen vermischen und in einer großen Kasserolle in ein paar Eßlöffeln Olivenöl goldgelb dünsten. Dann die Tomaten, etwas zerstoßenen Estragon, ein wenig Petersilie sowie Salz und Pfeffer nach Geschmack zufügen.
Das Ganze eine Weile unbedeckt kochen lassen, ab und zu rühren, damit nichts anbrennt, und schließlich den Tomatensaft aus der Dose oder – wenn Sie frische Tomaten genommen haben – Wasser oder Weißwein dazugießen. Eine weitere halbe Stunde sanft köcheln, dann kann die Sauce gleich auf den Tisch kommen oder abgekühlt für späteren Gebrauch in den Kühlschrank gestellt werden.
Schmeckt besonders gut zu Nudeln oder Omeletts.

CRANBERRY-CUMBERLAND-SAUCE
(Preiselbeersauce) *Abb. 6*

1000 g dickes Preiselbeerkompott mit ganzen Beeren
½ EL Senfpulver (nach Belieben mehr)
Saft und abgeriebene Schale von 1 oder 2 Orangen
1 bis 2 TL Maisstärkemehl
1 TL Zitronensaft
2 bis 3 EL Zucker
gemahlener Zimt oder gemahlene Nelken
 (nach Belieben)
abgeriebene Zitronenschale (nach Belieben)

Das Senfpulver und 1 Teelöffel Maisstärke im Orangensaft auflösen und mit dem Zitronensaft, der abgeriebenen Orangenschale und 2 Eßlöffeln Zucker unter das Preiselbeerkompott rühren. Die Sauce unter ständigem Rühren etwa 10 Minuten erhitzen.
Nach Geschmack kann man etwas gemahlenen Zimt oder Nelken und ein wenig abgeriebene Zitronenschale zufügen. Die Sauce kosten und nötigenfalls nachwürzen oder -süßen. Wenn sie zu dünn sein sollte (was davon abhängt, wie dick das Preiselbeerkompott ist und wieviel Orangensaft beigefügt wird), noch 1 Teelöffel Stärke in etwas Saft oder Wasser auflösen und hineinrühren.
Die Sauce gut gekühlt servieren.
Als Würzsauce zu *Sojabohnenkroketten, Gebackenen Walnußbällchen Béchamel* und ähnlichen Gerichten mit delikatem Aroma servieren.

SCHARFE TOMATENTUNKE

2 große reife Tomaten (etwa 1 $^1/_4$ Tassen gehackte)
4 EL feingehackte frische Korianderblätter (ersatzweise glatte Petersilie)
1 eingelegte extrascharfe Chilischote
5 EL gehackte Zwiebeln
1 EL Essig
Salz nach Geschmack (etwa $^1/_2$ TL)
feingewiegter Knoblauch (nach Belieben)

Die Tomaten ziemlich fein hacken und mit den Korianderblättern vermischen. Die Chilischote enthäuten, von den Samen befreien und feinhacken. Gut mit den Tomaten vermengen, dann Zwiebeln, Essig und eine reichliche Prise Salz zufügen. Nach Geschmack noch den Knoblauch dazumischen und bei Bedarf etwas mehr Salz. Kalt servieren.
Ergibt 1 $^1/_2$ Tassen.

TARATOURSAUCE
(saure Sesamsauce)

Sie ist unerläßlich für *Hommos bi Tahini* und *Baba Ghanouj*.

1 Tasse Tahini (Sesambutter)
3 große Knoblauchzehen, zerdrückt oder feingehackt
$^1/_2$ Tasse frischer Zitronensaft
1 TL Salz
$^1/_2$ Tasse kaltes Wasser

In einer tiefen Schussel das *Tahini* mit dem Knoblauch verrühren. Unter Schlagen den Zitronensaft, Salz und Wasser hinzufügen. Wenn die Sauce noch erheblich fester als Mayonnaise ist, eßlöffelweise mehr Wasser darunterschlagen, bis sie einer ziemlich steifen Mayonnaise ähnelt. Nach Wunsch mit mehr Salz oder Knoblauch abschmecken.
Ergibt etwa 2 Tassen.

Spezielle Saucen für Nudelgerichte sind im Kapitel *Italienische Gaumenfreuden* zu finden, Süßspeisensaucen im Kapitel *Torten und Desserts*. Auch die mexikanische Schlemmerküche bietet exotische Saucenfreuden!

Salatsaucen, Salate und marinierte Gemüse

Eine gute Suppe oder ein duftiges Soufflé genau nach Rezept herzurichten ist eigentlich eine Kleinigkeit. Aber wenn einem ein feiner Salat serviert wird – knackig, natürlich und unverfälscht im Geschmack – mit einer einfachen, jedoch gut abgestimmten Salatsauce, verdient der Koch die größte Hochachtung, und man darf erwarten, daß nur wohlgeratene Speisen aus seiner Küche kommen. Das scheinbar Einfache erfordert immer die größte Aufmerksamkeit und Sorgfalt. Salat sollte stets eine Erfrischung sein. Für einige Leute ist ausschließlich grüner Kopfsalat mit einer einfachen Essigsauce der wahre Salat, alles andere gehört ihrer Meinung nach einer anderen kulinarischen Gattung an. Ich persönlich würde nicht so weit gehen, finde aber auch, daß ein reiner, einfach angemachter grüner Salat der Inbegriff aller Salate ist. Trotzdem habe ich eine Schwäche für die verschiedenen Salatkompositionen und marinierten Gemüse, wenn sie schmackhaft und mit frischen Zutaten angerichtet sind. Dann ziehe ich einen dicken Strich, und darunter fallen die zusammengebrauten, undefinierbaren Gerichte, die in vielen Restaurants als Salate ausgegeben werden. Ein öldurchtränkter Blätterpapp mit matschiger Tomatengarnierung ist ebensowenig ein Salat wie klebrige, mayonnaiseverschmierte Makkaroni auf ein paar welken Kopfsalatblättern.

Für einen gemischten grünen Salat erster Güte verwendet man nur die zartesten, knackig-saftigen Blättchen, die harten äußeren entfernt man lieber. Auswahl gibt es genug: Kopfsalat, Feldsalat, *römischen* Salat, Eisbergsalat, krausen Endiviensalat, *Radicchio*, junge Spinatblätter und vieles mehr. Salatblätter müssen gründlich in kaltem Wasser gewaschen werden und vorsichtig mit einem Tuch oder im Schwenkkorb getrocknet werden. Man verwendet sie ganz oder zerpflückt sie mit den Händen, wenn sie zu groß sind. Niemals mit dem Messer zerschneiden! Zu zarten Blattsalaten passen auch gut kleine Mengen saftiger Grüngemüse wie in Streifen geschnittene Paprikaschoten, frische Brunnenkresse, Fenchelgemüse, Gurken, Bleichsellerie und Chicorée.

Bei *allen* Salaten ist die Frische der Zutaten ausschlaggebend für den Geschmack. Das gilt auch für gekochte und marinierte Gemüse. Selbst *Limabohnen* oder Kichererbsen, die einen Tag oder länger mariniert werden, haben ein nußartiges Eigenaroma, das sich nur entfaltet, wenn sie erst kurz vor dem Anmachen eingeweicht und gegart werden.

Wohl denen, die einen Garten besitzen und sich Gemüse und Salate selbst ziehen können! Meine Eltern leben auf dem Lande. Jedes Frühjahr pflanzt meine Mutter eine bunte Auswahl von Gemüsen an. Wie jeder normale Mensch schimpft sie über die viele Arbeit, die ihr der Garten macht, über das ständige Gießen und Unkrautjäten und besonders über die Kaninchen, die immer die zartesten Schößlinge abnagen. Sie weiß, daß Gemüse aus dem eigenen Garten nicht billiger ist als gekauftes, weil man viel kostbare Zeit und Arbeit investieren muß. Trotzdem macht sie sich Jahr für Jahr aufs neue die Mühe, und der Garten gedeiht prächtig unter ihrer sorgsamen Pflege. Nichts geht über das feine Aroma gartenfrischer, zarter, saftiger Gemüse.

Die Salate, die es zu Hause gab, wurden kurz vor jeder Mahlzeit draußen im Garten zusammengestellt. Ich ging am liebsten spätnachmittags in den Garten, wenn die Sonne sich eben anschickte, hinter die Hügel zu sinken, und die Luft erfrischend kühl wurde. Dann schnitten wir saftigen, jungen Kopfsalat, zogen knakkige, nur fingergroße Möhren und kleine, harte, beißend-scharfe Radieschen aus der Erde, pflückten die zartesten Spinatblättchen und manchmal das frische Grün junger Rüben. Die in den Supermärkten ausliegenden Gemüse sehen prächtig aus, weil sie schnell auf Größe und Schönheit gezüchtet und künstlich gereift werden, wobei sie aber an Nährwert und Geschmack verlieren. Im eigenen Garten kann man sich erlauben, Gemüse zur rechten Zeit zu ernten, wenn es noch jung ist und gerade das vollste Aroma hat, wie es nur natürliches Reifen an Busch und Strauch mit sich bringt.

Wir pflückten Paprikaschoten, nur eigroß und so zart und knusprig, daß sie fast zerbrechlich wirkten. Sie haben ein wundervolles Aroma, wogegen die großen Schoten fade schmecken. Wir gruben Frühkartoffeln aus, die nicht größer als Walnüsse waren, zogen junge Frühlingszwiebeln und schnitten uns duftenden Schnittlauch, glatte Petersilie und gefiederten Dill. Wir ernteten zarte, schlanke Stangen- und gelbe Wachsbohnen und suchten die Zucchini unter ihrem

Blätterdickicht hervor, solange sie noch leuchtend grün und so klein waren, daß sie kaum zerschnitten zu werden brauchten. Unser Korb füllte sich mit sonnengereiften, rubinroten Tomaten und mit süßen jungen Gurken, die noch keine Kerne ausgebildet hatten. Schließlich schleppten wir Körbe voll zum Haus zurück, mehr, als wir jemals auf einmal essen konnten, und spritzten unsere Herrlichkeiten vor der Tür mit dem Gartenschlauch ab, wobei mehrere Pfunde Lehm davonschwammen. Dann wuschen, putzten, trockneten und zerschnitten wir alles, und schon wanderten die gartenfrischen Leckerbissen in die große, hölzerne Salatschüssel.

In der größten Bruthitze des Sommers war Salat oft unsere einzige Nahrung. Ich erinnere mich an eine besonders schmackhafte Zubereitung aus grünen Bohnen, Zucchini und neuen Kartoffeln, die eben gar gekocht, unter fließendem Wasser abgekühlt und mit Buttersalatherzen, hauchdünnen Gurkenscheiben, frischen Champignons und roten Zwiebeln vermischt wurden. Dieser Salat wurde mit einem Schuß Olivenöl, Weinessig und frischen Kräutern angemacht, zuletzt mit etwas saurer Sahne verfeinert und mit gevierteIten, hartgekochten Eiern garniert. Wir alle verschlangen riesige Portionen, dazu frische Brötchen mit Butter, und mir ist heute noch das reine, unvergleichliche Aroma des Salates in lebhafter Erinnerung.

Wer keinen Garten hat, kauft Salat und Gemüse am besten auf dem Markt, wo er aus einem vielfältigen Angebot in Ruhe auswählen kann. Bei der Zusammenstellung erfrischender Salate sind der Phantasie keine Grenzen gesetzt, nur muß man, wie überall und insbesondere in der Kochkunst, alle Zutaten richtig dosieren.

Rohe Champignons, in feine Scheibchen geschnitten, Radieschen, dünne Gurkenscheiben, Bleichsellerie oder Tomatenspalten sind nur dann eine reizvolle Bereicherung, wenn sie sparsam verwendet werden.

Zwiebeln und Knoblauch im Salat sind eine reine Geschmacksache. Manche würzen gern ihre Salate damit – andere können ihren Geschmack und Geruch nicht ausstehen, und man sollte sie nicht vom Gegenteil zu überzeugen versuchen: Es geht auch ohne. Für die Zwiebelfreunde empfehle ich rote Zwiebeln in hauchdünnen Scheiben. Auch Frühlingszwiebeln eignen sich gut, aber Vorsicht, sie haben es in sich. Soll ein Salat nur nach einer Spur von Knoblauch schmecken oder duften, kann man die Salatschüssel (möglichst aus Holz) vor dem Anmengen mit einer angeschnittenen Knoblauchzehe ausreiben. Für kräftigen Knoblauchgeschmack sehr fein gewiegten oder zerdrückten Knoblauch in das Olivenöl geben.

Die geschmackliche Feinabstimmung erhält jeder Salat durch den Zusatz von frischen Kräutern. Petersilie, Dill, Basilikum, Kerbel oder Estragon frisch aus dem Kräutergarten oder Blumentopf am Küchenfenster dürfen an keinem Salat fehlen. Jeweils kleine Mengen mit einem scharfen Messer feinhacken und unter die vorbereiteten Salatblätter oder Gemüse mischen. Nicht zu viele verschiedene Arten zusammenmengen, sonst geht das feine Aroma jedes einzelnen Kräutleins in der Masse verloren.

Zum Schluß das Wichtigste: die Salatsauce. Sie wird erst kurz vor dem Anrichten aus feinstem Öl und Essig zubereitet und mit einem Hauch von Kräutern und Gewürzen versehen. Auf Fertigsaucen aus Flaschen oder Tüten wollen wir lieber verzichten, denn eine würzige Salatsauce ist im Nu hergestellt und schmeckt entschieden besser. Man kann sie kurze Zeit im voraus – wie für die folgenden Rezepte empfohlen – oder gleich in der Schüssel zubereiten: Zuerst die Schüssel mit Knoblauch ausreiben, dann den gewaschenen, getrockneten Salat hineingeben und ein paar Löffel fruchtiges Olivenöl darübergießen; kurz vermischen. Nun einen Schuß Weinessig und eine Prise Salz zufügen, großzügig schwarzen Pfeffer grob hineinmahlen, nochmals vermengen und sofort servieren.

9 Pikante Linsen in Ananas
Rezept Seite 165

10 Gefüllte Kantalupen
Rezept Seite 167

11 Fenchelschmortopf mit Zitronensauce
Rezept Seite 184

12 Geschmorte Artischocken auf griechische Art
Rezept Seite 175

EINFACHE VINAIGRETTE
(französische Essig-Öl-Marinade)

$^1/_4$ Tasse Weißwein- oder Kräuteressig
1 EL Zitronensaft
$^1/_4$ TL Senfpulver oder 1 TL Dijonsenf
Salz und frisch gemahlener schwarzer Pfeffer
$^1/_2$ Tasse Olivenöl

Essig, Zitronensaft, Senf, Salz und Pfeffer vermischen. Unter Schlagen mit dem Schneebesen nach und nach das Olivenöl zugießen und weiterschlagen, bis eine Emulsion entstanden ist, das heißt, wenn sich die untereinander löslichen Flüssigkeiten in so feinen Teilchen vermischt haben, daß eine einzige, nicht mehr auseinanderfallende Einheit geschaffen wurde. Diese Sauce kann auch im elektrischen Mixer oder mit einem Rührstab hergestellt werden: einfach alle Zutaten bei hoher Geschwindigkeit einen Augenblick mixen.
Ergibt etwa $^3/_4$ Tasse.

Feine Vinaigrette

1 Rezept Einfache Vinaigrette (siehe oben)
1 EL gehackte Petersilie
1 EL gehackte Zwiebeln oder Schnittlauch
1 TL Kapern
1 durchgepreßte Knoblauchzehe

Die einfache Vinaigrette nach Rezept zubereiten. Petersilie, Zwiebeln oder Schnittlauch, Knoblauch und Kapern zufügen und alles gut verrühren oder in der Maschine mixen.
Für eine mildere Sauce mehr Öl verwenden.
Von der Vinaigrette lassen sich viele aromatische Saucen ableiten. Durch passiertes, hartgekochtes Ei dickt man die Sauce, alle möglichen frischen oder getrockneten Kräuter verändern nach Wunsch ihren Geschmack. Getrocknete Kräuter läßt man am besten in dem Öl etwas ausziehen. Besonders gut für Salate eignen sich Dillspitzen, Oregano, Basilikum und Estragon – aber Vorsicht bei Estragon, er schmeckt leicht vor und muß deshalb sorgfältig dosiert werden.

SCHARFE VINAIGRETTE

Sie ist meine Lieblingssauce unter den Vinaigrettes. Die große Menge Knoblauch und der Senf verleihen ihr eine leicht beißende Schärfe, die ich für meine Salate besonders schätze.

$^1/_2$ Tasse Olivenöl
$^1/_4$ Tasse Weißwein- oder Estragonessig
2 EL Dijonsenf
$^1/_4$ TL Salz
frisch gemahlener schwarzer Pfeffer
2 bis 3 große Knoblauchzehen

Für die Sauce entweder alle Zutaten bei hoher Geschwindigkeit im elektrischen Mixer mehrere Minuten lang verschlagen oder nach altehrwürdiger Art vorgehen:
Essig, Senf, Salz, Pfeffer und Knoblauch vermischen. Den Knoblauch durchgepreßt oder feingehackt verwenden. Das Olivenöl nach und nach mit einer Gabel oder dem Schneebesen dazuschlagen, bis die Sauce emulgiert.
Unbedingt frischen Knoblauch verwenden, sonst wird die Sauce nicht scharf.

VINAIGRETTE FÜR OBSTSALATE

$^1/_4$ Tasse Obstessig
$^1/_4$ Tasse Wasser
3 bis 4 EL Zitronensaft
$^1/_2$ Tasse Distel- oder Olivenöl
1 Prise Salz
$^1/_2$ TL Kapern
1 Knoblauchzehe
$^1/_4$ TL Paprika
$^1/_8$ TL zerstoßener Estragon
$^1/_8$ TL zerstoßenes Basilikum
$^1/_8$ TL pulverisierter Majoran

Alle Zutaten im Mixer bei hoher Geschwindigkeit einige Minuten verschlagen oder gut mit der Hand verrühren. Diese Sauce sparsam für frische Obstsalate verwenden.

KRÄUTERSAUCE

Sie schmeckt am besten mit grünem Misch- oder Spinatsalat, kann aber im allgemeinen wie normale Vinaigrette gebraucht werden.

3 EL Weißweinessig
1/4 TL Senfpulver
1/2 TL Salz
1/8 TL Pfeffer
1 Prise Cayennepfeffer
2/3 Tasse Olivenöl
1 EL feingeschnittener frischer Schnittlauch
1 EL feingehackte frische Petersilie
1 kleine feingewiegte Knoblauchzehe
1/2 TL zerstoßenes Basilikum
1/4 TL zerstoßener Oregano
1/4 TL zerstoßener Estragon

Essig, Senf, Salz, Pfeffer und Cayennepfeffer mit dem Schneebesen verschlagen. Unter weiterem Schlagen nach und nach das Olivenöl zugießen, dann die Kräuter einrühren. Wenn Sie frisches Basilikum, Oregano und Estragon bekommen können oder im Kräutergarten haben, verwenden Sie es unbedingt. Nehmen Sie aber die doppelte Menge.
Ergibt etwa 1 Tasse.

CHIFFONADE-SAUCE

Probieren Sie diese Sauce mit römischem Salat, Buttersalat und Brunnenkresse.

1/4 Tasse Weißweinessig
1/4 TL Senfpulver
1/2 TL Salz
frisch gemahlener Pfeffer nach Geschmack
3/4 Tasse Olivenöl
2 feingehackte hartgekochte Eier
2 EL feingewiegte frische Petersilie
2 EL feingehackte eingelegte rote Bete
1 EL feingehackte Zwiebeln
1 EL feingehackte grüne Oliven

Den Essig mit Senfpulver, Salz und Pfeffer verrühren. Nach und nach das Öl darunterschlagen. Wenn die Sauce eine cremige Beschaffenheit hat, Eier, Petersilie, rote Bete, Zwiebeln und Oliven hineinmischen. Ergibt etwa 1 1/4 Tassen.

MAYONNAISE

Wer nicht zu nostalgisch ist, wird für die Zubereitung von Mayonnaise eine elektrische Küchenmaschine zu Hilfe nehmen. Hier das Grundrezept, danach eine unkomplizierte Abwandlung, die Kräutermayonnaise, die sehr gut auf belegten Broten, hartgekochten Eiern oder kalten gekochten Gemüsen schmeckt.

1 Ei
1/2 TL Salz
1/2 TL Senfpulver
2 TL Obstessig
1 1/2 EL Zitronensaft
1/8 TL Tabasco oder 1 Prise Cayennepfeffer
1/2 Tasse Olivenöl
1/2 Tasse Pflanzenöl
nach Bedarf 1 EL heißes Wasser

Zubereitung im Mixer:
Ei, Salz, Senfpulver, Essig, Zitronensaft und Tabasco oder Cayennepfeffer in den elektrischen Mixer geben und glattschlagen. Das Öl in glattem, gleichmäßigem Faden bei laufender Maschine einfließen lassen. Wenn die Mayonnaise gleich sehr fest wird, mit einem Teigschaber von den Mixgefäßwänden herunterstreichen. Bei hoher Geschwindigkeit so lange mixen, bis das ganze Öl emulgiert ist.
Zuletzt kann man 1 Eßlöffel heißes Wasser darunterschlagen, falls die Sauce die Tendenz hat, sich zu trennen. Dadurch wird sie zwar etwas »leichter«, aber die Emulsion wird gefestigt.
Ebensoleicht wie im Mixer kann man Mayonnaise mit einem elektrischen Handrührgerät schlagen. Dazu benutzt man die Quirle oder den Schnellmixstab auf höchster Stufe und verfährt wie beschrieben. Mit diesen Geräten dauert die Zubereitung nur wenig länger, das Ergebnis bleibt das gleiche.

Kräutermayonnaise

1 Rezept Mayonnaise (siehe oben)
2 EL feingewiegte Brunnenkresse
2 EL feingehackte Petersilie
1 bis 2 EL feingeschnittener Schnittlauch

Wie bei einfacher Mayonnaise vorgehen, dabei die Kräuter gleich zu Anfang mit dem Ei in den Mixer geben. Gut vermischen, bevor das Öl zugegossen wird, damit die Kräuter ganz fein zerschlagen werden. Natürlich kann man auch andere als die angegebenen Kräuter verwenden und die Mengen jeweils so verändern, daß sich ein bestimmtes Aroma entfaltet – Basilikum, Estragon, Kerbel, ein paar Spinatblätter. Nur *frische* Kräuter nehmen.
Ergibt etwa 1 ¼ bis 1 ½ Tassen.

SAURE-SAHNE-SAUCE I

1 Tasse saure Sahne
¼ Tasse frisch gepreßter Zitronensaft
3 EL Zucker
1 TL Obstessig
¼ TL Salz
1 TL getrocknete oder 2 bis 3 EL frische Dillspitzen
frisch gemahlener schwarzer Pfeffer nach Geschmack

In einer Schüssel alle Zutaten gut miteinander verrühren. Nicht mit dem Schneebesen durchschlagen, sonst wird die saure Sahne leicht schaumig.
Die vorbereiteten Salatblätter müssen völlig trocken sein, bevor sie mit der Sauce angemacht werden. Besonders delikat schmeckt ein Salat, wenn er erst mit ein paar Löffeln Olivenöl vermischt und dann mit etwas Saure-Sahne-Sauce angerichtet wird.
Ergibt etwa 1 ½ Tassen.

SAURE-SAHNE-SAUCE II

Diese Salatsauce mit *Omelettsalat*, kalten gekochten Gemüsen oder mit Mayonnaise vermengt auf gemischten Salaten servieren.

1 Tasse sehr fein gehackte Radieschen
¾ Tasse sehr fein gewiegte oder geraspelte Gurke
¾ Tasse saure Sahne
¼ Tasse Mayonnaise (Seite 142)
½ TL Salz, nach Geschmack mehr
2 EL Joghurt
frisch gemahlener schwarzer Pfeffer nach Geschmack
¼ TL Rosenpaprika
1 feingewiegte Knoblauchzehe
1 EL Zitronensaft

So viele Radieschen waschen, putzen und feinhacken, daß 1 Tasse voll wird. Eine große Gurke schälen, entkernen und feinhacken oder -raspeln. Die Gemüse in einem Sieb etwa 20 Minuten lang gut abtropfen lassen. Dann alle Zutaten in einer großen Schüssel miteinander verrühren. Abschmecken und bei Bedarf nachwürzen. Kühlen.
Ergibt etwa 2 ½ Tassen.

AVOCADOSAUCE

Sie sollte höchstens ein paar Stunden im voraus zubereitet werden, nicht eher, und paßt gut zu einfachen grünen Mischsalaten wie beispielsweise römischem und Buttersalat mit feinen Paprikaringen und einigen roten Zwiebelscheiben.

1 mittelgroße, reife Avocado (etwa 200 bis 250 g)
¼ Tasse frischer Zitronensaft
¼ Tasse Olivenöl
¼ Tasse Pflanzenöl
½ TL Salz
½ TL frisch gemahlener schwarzer Pfeffer
1 feingewiegte oder zerdrückte Knoblauchzehe
2 EL feingehackte Zwiebeln
2 EL Weißweinessig
½ TL Zucker
1 Spritzer Tabasco

Die Avocado halbieren, den Kern auslösen und das Fruchtfleisch aus der Schale in eine Schüssel schaben. Sofort Zitronensaft zufügen und das Fruchtfleisch mit einem Holzlöffel zu einer weichen, glatten Masse zer-

drücken. Mit dem Schneebesen Oliven- und Pflanzenöl darunterziehen, dann alle übrigen Zutaten zugeben und gut verrühren. Abschmecken und nötigenfalls nachwürzen.
Ergibt etwa 1 ½ Tassen.

KRÄUTERESSIG

Manchmal bleibt nach einem Essen etwas Rotwein übrig. Wenn die Flasche einmal geöffnet ist, kann man die meisten, vor allem die guten Weine, bereits nach einem oder zwei Tagen nicht mehr genießen, aber zum Weggießen sind sie zu schade. Deshalb bereite ich aus Weinresten einen wunderbaren Essig zu, der auch zum feinsten Olivenöl gut paßt.

½ l Rotwein
½ l Obstessig
2 bis 3 geschälte, kleingeschnittene Knoblauchzehen
Estragon
Pfefferkörner
Thymiansamen
Oregano oder Basilikum (nach Belieben)

Den Rotwein mit dem Essig vermischen. Knoblauch, einen kleinen Zweig frischen (oder etwas getrockneten) Estragon, ein paar Pfefferkörner, eine reichliche Prise Thymiansamen und nach Wunsch noch ein wenig Oregano oder Basilikum hinzufügen.
Das Ganze in eine Flasche gießen, verschließen und einige Wochen stehen lassen. Aus dieser Mischung wird mit der Zeit Weinessig von feinstem Aroma.

GEMISCHTER GRÜNER SALAT MIT ZUCCHINI

1 kleiner Kopfsalat
1 großer Kopf römischer Salat
4 mittelgroße Zucchini
etwa ¾ Tasse Feine Vinaigrette (Seite 141)

Salate und Zucchini sorgfältig waschen und trocknen. Die Zucchini in etwa 5 mm dicke Scheiben schneiden und in kochendem Salzwasser 5 bis 6 Minuten blanchieren. In ein Sieb geben und abschrecken.
Eine Salatschüssel mit Knoblauch ausreiben. Kopf- und römischen Salat hineinpflücken und die Zucchinischeiben dazugeben. Kurz vor dem Auftragen die Salatsauce darübergießen und alles gut vermischen. Mit einer Prise schwarzem Pfeffer würzen oder bei Tisch eine Pfeffermühle herumreichen.
6 Portionen.

BUTTERSALATHERZEN MIT ZITRONENSAUCE

Hier ein saftiger, säuerlicher Salat, der nach einem schweren, reichhaltigen Mahl eine erfrischende Gaumenfreude ist. Der krönende Abschluß eines barokken italienischen Nudelfestes!
Für 6 bis 8 Personen braucht man 3 oder 4 frische Köpfe Salat, deren äußere Blätter entfernt werden. Die übrigen Blätter abtrennen, waschen und trocknen. Eine reizvolle Ergänzung dazu sind die Herzblätter von einem römischen Salat, in große Stücke zerpflückt und mit den Kopfsalatblättern vermischt. Etwas frische gehackte Petersilie darüberstreuen.
Für die Salatsauce den Saft von 1 Zitrone und 1 *Limette* (oft auch Limone genannt) verrühren und mit etwas Salz würzen. Den Salat damit anmachen und sofort servieren. Eine Pfeffermühle und eine kleine Karaffe mit Öl herumreichen.

SALATHERZEN MIT ZERLASSENER BUTTER

Dafür nur die zartesten, knusprigsten Herzen von Kopf- oder römischem Salat verwenden.

3 bis 4 ganz frische Salatherzen
3 bis 4 EL Ghee (Seite 326)
2 EL Zitronensaft
1 EL Limettensaft
1 Knoblauchzehe, feingehackt
viel frisch gemahlener schwarzer Pfeffer
zerstoßenes Rosmarin und Dill (nach Belieben)

Den Salat gründlich waschen, trocknen und kühlen. Die *Ghee* zerlassen, dann Zitronen- und *Limetten*saft, Knoblauch und vielleicht ein wenig Rosmarin und Dill hinzufügen. Wenn alles zusammen schön heiß geworden ist, vom Feuer nehmen und abkühlen lassen, bis die Mischung nur noch lauwarm ist. Daraufhin wird sie schnell über den Salat gegossen. Vorsichtig vermengen, so daß schließlich jedes Salatblatt glänzt, viel schwarzen Pfeffer darübermahlen und sofort servieren.
Ein Salat wie dieser ist ein delikater Gang für sich – am besten der letzte nach gehaltvollen Speisen.
Für 4 bis 6 Personen.

CHAMPIGNONSALAT

500 g frische, kleine, noch völlig geschlossene Champignons
½ Tasse Olivenöl
¼ Tasse Weinessig
2 EL Kapern
½ kleine, grobgeraspelte frische Pimientoschote
1 Prise Cayennepfeffer
Salz und Pfeffer
1 großer, saftiger Kopf- oder römischer Salat
hartgekochte Eier (nach Belieben)
in Ringe geschnittene Pimientoschoten (nach Belieben)

Die Pilze sorgfältig waschen und blättrig schneiden. Aus Öl, Essig, Cayennepfeffer, geraspelter *Pimiento*schote und Kapern eine Marinade rühren und mit Salz und Pfeffer abschmecken. Die Marinade über die Pilze gießen und alles leicht vermengen. 1 oder 2 Stunden beiseite stellen und kühlen.
Die Salatblätter waschen und in mittelgroße Stücke zerpflücken. Gleichmäßig auf 6 oder 8 Teller verteilen, dabei richtet sich die Menge nach der Größe der Portionen, die serviert werden sollen. Wenn der Salat als letzter Gang aufgetragen wird, sollten die Portionen ziemlich klein sein, beim ersten Gang können sie etwas größer ausfallen. Auf jeden der (mit Salatblättern ausgelegten) Teller marinierte Pilze häufen und mit Pimientoringen und gehackten oder in Scheiben geschnittenen hartgekochten Eiern nach Belieben garnieren.
6 bis 8 Portionen.

MAROKKANISCHER SALAT

3 bis 4 große, feste Tomaten
2 große Paprikaschoten
3 EL Olivenöl
1 TL Kreuzkümmel
1 EL Weißweinessig
frisch gemahlener schwarzer Pfeffer
Salz
1 EL gehackte frische Petersilie

Die Paprikaschoten waschen und putzen, die Tomaten waschen und beide Gemüse in Würfel schneiden. Einige Zeit in einem Sieb abtropfen lassen, dann in die Salatschüssel geben.
In einer kleinen Pfanne das Olivenöl erhitzen und den Kreuzkümmel 2 bis 3 Minuten darin rösten. Vom Feuer nehmen und abkühlen lassen, danach mit dem Essig verrühren, etwas schwarzen Pfeffer hineinmahlen und mit Salz abschmecken. Die Gemüse mit der gut verrührten Sauce anmachen und etwa ½ Stunde vor dem Servieren in den Kühlschrank stellen. Mit gehackter Petersilie bestreut auftragen.
Für 4 bis 5 Personen.

PORREESALAT VINAIGRETTE

8 mittelgroße Porreestangen

Vinaigrette:
½ Tasse Olivenöl
¼ Tasse Weißweinessig mit Estragon
1 durchgepreßte Knoblauchzehe
frisch gemahlener schwarzer Pfeffer
Salz
½ TL Dijonsenf

Die Porreestangen putzen, dabei das meiste vom grünen Teil entfernen. Sorgfältig waschen und in Schei-

ben schneiden. Dann in siedendes Salzwasser geben, 7 bis 10 Minuten (fast gar) kochen, durch ein Sieb abgießen und kalt abschrecken.
Für die Vinaigrettesauce Öl, Essig, Knoblauch, Salz und Pfeffer verschlagen. Den Geschmack nach Wunsch mit etwas mehr Öl mildern oder durch mehr Essig säuern. Etwa 2/3 Tassen dieser Sauce über die Porreescheiben gießen und den Salat gut kühlen.
Für 4 bis 6 Personen.

MARINIERTER LAUCH

8 bis 10 schlanke Porreestangen (geputzt etwa 350 g)
1/3 Tasse Olivenöl
1/2 Tasse Weißweinessig
1/2 Tasse Weißwein
die inneren Teile von 2 kleinen Stangen Bleichsellerie
2 Lorbeerblätter
10 bis 12 Pfefferkörner
10 bis 12 Korianderkörner
1/2 TL Salz
3 Stengel Petersilie

Vom Porree die dunkelgrünen Blätter entfernen, das übrige waschen und, wenn die Stangen sehr lang sind, diese in etwa 7 cm lange Stücke schneiden. Dann werden sie in eine flache, emaillierte, feuerfeste Kasserolle gelegt und mit Olivenöl, Weinessig und Wein begossen. So viel Wasser zugießen, daß der Porree bedeckt ist.
Die Selleriestangen in 7 cm lange Stücke und diese Stücke der Länge nach in Streifen von der Größe grüner Bohnen schneiden. Mit den restlichen Zutaten zum Porree geben. Das Ganze erhitzen und etwa 20 Minuten zugedeckt bei mittlerer Hitze leise sieden. Über Nacht abkühlen lassen.
Als Vorspeise für 4 bis 6 Personen.

PIKANTER GURKENSALAT

4 bis 5 Gurken oder 2 Salatgurken
Salz nach Geschmack
1/3 Tasse Weißweinessig
1/2 große Zwiebel, in hauchdünne Scheiben geschnitten
2 TL Edelsüßpaprika
1 1/2 TL Zucker
1 EL feingewiegte frische oder 1 TL getrocknete Dillspitzen
frisch gemahlener schwarzer Pfeffer nach Geschmack
1 Prise Rosenpaprika (nach Belieben)

Die Gurken schälen, der Länge nach halbieren und entkernen. Die Hälften in feine Scheibchen schneiden und mit reichlich Salz vermischt 1/2 Stunde in einem Sieb abtropfen lassen.
Aus den übrigen Zutaten eine Marinade anrühren und 1/2 Stunde beiseite stellen. Danach werden die vorbereiteten Gurkenscheiben unter kaltem Wasser abgespült und mit einem Tuch getrocknet. Mit der Salatsauce anmachen, abschmecken und mindestens 20 Minuten durchziehen lassen.
Für 6 bis 8 Personen.

GURKEN IN SAURER SAHNE

In diesem Rezept versuchen Gurken, Gewürzgurken zu werden, schaffen es aber nicht ganz. Sie sind dafür so frisch und delikat, wie eingelegte Gurken nie sein können, und haben ein viel feineres Aroma als gewöhnlicher Gurkensalat.

4 bis 5 mittelgroße Gurken oder 2 Salatgurken
1 1/2 EL Salz
2 EL saure Sahne
1 EL feingewiegter Schnittlauch
2 EL gehackter frischer Dill
1 Knoblauchzehe, durch die Presse gedrückt
frisch gemahlener schwarzer Pfeffer

Die Gurken schälen, der Länge nach vierteln und entkernen. Die langen Streifen nun schräg in gleichmäßige Scheibchen schneiden, mit Salz vermischen und 1 Stunde beiseite stellen. Dann gründlich abspülen und überschüssige Flüssigkeit herauspressen.
Zu den vorbereiteten Gurkenscheiben die saure Sahne, Schnittlauch, Dill, Knoblauch und schwarzen Pfef-

fer nach Geschmack rühren. Das Ganze mindestens 1 Stunde kühlen, noch einmal umrühren und servieren.
Für 4 bis 6 Personen.

GRÜNE BOHNEN VINAIGRETTE

500 g frische grüne Bohnen
½ mittelgroße Zwiebel
1 kleine Knoblauchzehe
⅓ Tasse frisch geriebener Parmesankäse
6 EL Olivenöl
2 EL Weißweinessig mit Estragon
½ TL Salz
frisch gemahlener schwarzer Pfeffer

zum Garnieren:
Tomaten und Oliven

Die Bohnen waschen, putzen und kleinschneiden, in Salzwasser eben gar kochen, abgießen und abtropfen lassen.
Die halbe Zwiebel feinhacken und den Knoblauch zerdrücken. Alle Zutaten miteinander vermischen, den fertigen Salat kühlen und mit Tomaten, Oliven und anderen frischen oder marinierten Gemüsen nach Wunsch verzieren.
Für 4 bis 6 Personen.

POLNISCHE TOMATEN

Etwa 6 feste reife Tomaten
1 kleine feingewiegte Zwiebel
Basilikum
Dillspitzen
Salz und Pfeffer
1 Prise Petersilie
4 EL Olivenöl
3 EL Weinessig

Die Tomaten waschen und in dicke Scheiben schneiden. Mit der sehr fein gehackten Zwiebel, etwas zerstoßenem Basilikum, ein wenig Petersilie, Salz und Pfeffer in eine Schüssel geben und gut vermischen, so daß die Tomatenscheiben gleichmäßig mit Kräutern überzogen sind. Nun etwas Öl und Essig zugießen und nochmals vermengen. Gut gekühlt servieren. Dieser Salat schmeckt vorzüglich zu einer heißen, sahnigen Speise, zu Gemüsetorten oder Omeletts.

GAZPACHOSALAT

2 Paprikaschoten, geputzt und in feine Ringe geschnitten
4 feste Tomaten, feingewürfelt
2 Gurken oder 1 große Salatgurke, entkernt und mit der Schale gehackt
1 Zwiebel, geschält und feingewiegt
Salz und Pfeffer

Vinaigrette:
Etwa ½ Tasse Olivenöl
etwa ¼ Tasse Weinessig
2 Knoblauchzehen, durch die Presse gedrückt
1 Prise gemahlener Kreuzkümmel
gehackte Petersilie
2 TL gehackte Schalotten

zum Garnieren:
frische Brunnenkresse

Die Gemüse schichtweise in eine tiefe Glas- oder Kristallschüssel einlagern und jede Schicht mit etwas Salz und Pfeffer bestreuen. Mit einer Lage Paprikaringen beginnen, darüber Tomaten, dann Gurken, zuletzt Zwiebeln schichten und wieder von vorne anfangen, bis alle Gemüse verbraucht sind.
Die Vinaigrettesauce zubereiten und über den Salat gießen. Das Ganze mehrere Stunden kühl stellen. Mit Brunnenkresse garniert servieren.
Für 6 Personen.

GRIECHISCHER SALAT *Abb. 7*

1 frischer Kopfsalat
Olivenöl
Zitronensaft oder Essig
Salz und Pfeffer
500 g Fetakäse (ersatzweise bulgarischer Schafskäse)
Oregano
1 mittelgroße Gurke
2 1/2 Tassen kirschgroße Tomaten (ersatzweise 4 große, feste reife Fleischtomaten)
250 g griechische Oliven (125 g schwarze, 125 g grüne)
1 kleine grüne Paprikaschote
Avocado- und Zwiebelscheiben (nach Belieben)

Ein gut angerichteter griechischer Salat ist wohl die schönste Zierde einer Speisetafel. Er darf auf keinen Fall angemengt werden! Statt dessen wird er Schritt für Schritt in elegantester Weise kunstvoll zusammengestellt.

Hier meine Methode: Eine große rechteckige oder ovale Platte mit den saftigen äußeren Blättern des Salatkopfes belegen. Die übrigen Salatblätter werden kleingepflückt, mit etwas Olivenöl, Zitronensaft oder Essig, Salz und Pfeffer gewürzt und mitten auf die Platte gehäuft.

Den *Fetakäse* in kleine Stücke zerbröckeln oder in Scheiben schneiden, mit etwas Olivenöl beträufeln und mit feingehacktem Oregano bestreuen. Die Gurke (mit Schale) in Scheiben schneiden und mit Salz und Pfeffer würzen.

Nun den Rand der Salatplatte rundherum mit sich überlappenden Gurkenscheibchen auslegen, dabei hier und da kleine Kirschtomaten oder Fleischtomatenachtel einfügen. Als nächstes den Fetakäse in einem kleineren Kreis vor den Gurkenscheiben verteilen, dann die grünen Oliven. Zur Mitte hin die restlichen Tomaten zusammen mit den schwarzen Oliven aufhäufen. Die Paprikaschote in Ringe, Avocado und Zwiebel in Scheiben schneiden und die Salatplatte damit gefällig verzieren.

Der fertige Salat muß zu schön zum Essen sein! Das Ganze noch mit etwas Olivenöl und Zitronensaft beträufeln und zuletzt mit Oregano bestreuen. Die kunstvolle Salatplatte nun mitten auf den Tisch stellen.

Und jetzt tun Sie ein übriges: Essen Sie auf griechische Art! Statt das Salatkunstwerk durch Austeilen auf Portionsschälchen zu zerstören, spießt sich jeder Gast von der gemeinsamen Platte auf die Gabel, was er mag. Auf diese Weise geht der Salat wieder auseinander, wie er zustande gekommen ist, und jeder ißt, soviel er kann, von dem, was ihm am besten schmeckt.

HEISS-KALTER SALAT

Frische Kopfsalatherzen (genug für 4 Personen)
100 bis 125 g milder Käse, in Streifen geschnitten
1 Rezept Vinaigrette (Seite 141)
12 bis 15 eingelegte Perlzwiebelchen
250 g frische Champignons
3 bis 4 EL Butter
Salz und frisch gemahlener schwarzer Pfeffer

Den Salat waschen, trocknen und in eine große Schüssel geben, die Käsestreifen zufügen und einige Zeit kühl stellen. 1/2 bis 3/4 Tasse Vinaigrettesauce, die Perlzwiebeln und die Pfeffermühle bereithalten. Die Pilze waschen und blättrig schneiden.

Kurz vor dem Servieren in einer Kasserolle die Butter erhitzen und die Pilze darin anbraten. Den Salat mit der Vinaigrettesauce anmachen und auf einzelne Teller verteilen. Jeweils 3 oder 4 Perlzwiebelchen dazulegen.

Die Pilze häufig umrühren; nach 6 bis 8 Minuten raschen Bratens bei großer Hitze müßten sie gut sein. Auf jeden Salatteller die gleiche Menge Pilze häufen, großzügig schwarzen Pfeffer darübermahlen und sofort auftragen.

Die heißen Pilze mit dem kühlen Salat zusammen sind eine Gaumenfreude von ganz eigenem Reiz. Aber gleich essen, sonst werden die Salatblätter welk und die Pilze kalt!

4 Portionen.

KARTOFFELSALAT VINAIGRETTE

6 große feste Salatkartoffeln
Salzwasser
1 ½ Tassen Milch

Vinaigrette:
6 bis 7 EL Olivenöl
3 bis 4 EL Weißweinessig
Salz und Pfeffer
1 Knoblauchzehe
3 bis 4 Frühlingszwiebeln

Die Kartoffeln schälen und mit Salzwasser bedeckt gar kochen. Aber nicht zu lange! Abgießen und noch warm vorsichtig in Würfel schneiden. Sie dürfen nicht zerfallen.
Die Kartoffelwürfel in eine Schüssel geben und mit der Milch übergießen, so daß sie damit bedeckt sind. Etwa 20 Minuten in der Milch ziehen lassen, dann abseihen. (Diese Milch ist ein leckeres Getränk!) Kalt abschrecken und abtropfen lassen. Aus Öl, Essig, der zerdrückten Knoblauchzehe, etwas Salz und frisch gemahlenem schwarzen Pfeffer eine Vinaigrette zubereiten, die in feine Ringe geschnittenen Frühlingszwiebeln daruntermischen und die Sauce über die Kartoffelwürfel gießen. Vorsichtig ein wenig anheben und leicht wenden, damit sich die Sauce gleichmäßig verteilt.
6 Portionen.

SALAT »TORCOLOTI«

Einer der besten Salate, die ich je gegessen habe: Er wurde mir in einem Restaurant namens Torcoloti in Verona serviert, und ich habe das Rezept an Ort und Stelle sofort aufgeschrieben, um ihn mir zu Hause noch einmal schmecken zu lassen.

700 g kleine weiße Salatkartoffeln
1 Tasse plus 3 EL fruchtiges Olivenöl
¼ bis ⅓ Tasse feingewiegte frische Petersilie
Salz und frisch gemahlener schwarzer Pfeffer
500 g schlanke junge Zucchini
500 g Prinzeßböhnchen
1 Tasse hauchdünne Möhrenscheiben
2 große Köpfe Salat
¾ Tasse Weinessig
½ TL zerstoßenes Basilikum
2 sehr fein gehackte Knoblauchzehen

Die Kartoffeln in Salzwasser eben gar kochen, abseihen und kühl stellen, dann pellen und in dicke Scheiben schneiden. In einer Schüssel mit den 3 Eßlöffeln Olivenöl, der Petersilie, etwas Salz und Pfeffer anmachen und bis zum Anrichten kühlen.
Die Zucchini in etwa 5 mm dicke Scheiben schneiden (wenn sie sehr schlank sind, schräg anschneiden) und genau 5 Minuten in kochendem Salzwasser blanchieren. Abseihen, mit kaltem Wasser abschrecken und kühl stellen.
Die grünen Bohnen waschen, putzen und in etwa 3 cm lange Stücke brechen. In Salzwasser kochen, bis sie zwar gar, aber noch knackig sind. Abseihen, abschrekken und erkalten lassen.
Den Salat waschen, die Blätter sanft mit einem Tuch trocknen und in mundgerechte Stücke zerpflücken.
Die restliche Tasse Olivenöl mit dem Essig, Basilikum, Knoblauch, Salz und Pfeffer gut verschlagen – mit dem Schneebesen, einem Schnellmixstab oder im elektrischen Mixer.
Kurz vor dem Servieren alle Gemüse in einer Schüssel zusammengeben, die Salatsauce darübergießen und behutsam, aber gründlich mischen. Mit Salz und frisch gemahlenem schwarzen Pfeffer abschmecken.
Für 6 bis 8 Personen.

PAPRIKASALAT

Mit Pumpernickel und *Liptauer Käse* ein herrlicher erster Gang!

3 große rote Paprikaschoten (oder Pimientos)
½ mittelgroße Zwiebel
2 EL Olivenöl
2 EL Weißweinessig
1 TL Zucker
Salz und Pfeffer nach Geschmack

Die Paprikaschoten vierteln und von weißem Pelz und Samen befreien, dann mit einem sehr scharfen Messer oder dem Gurkenhobel in hauchfeine Streifen schneiden. Die Zwiebel schälen, vierteln und in dünne Scheibchen schneiden.
Paprikastreifen und Zwiebelscheiben mit den übrigen Zutaten vermischen, abschmecken und bei Bedarf nachwürzen. Vor dem Servieren ein paar Stunden durchziehen lassen.
Für 4 bis 6 Personen.

BOHNENSALAT MIT BRUNNENKRESSE

Mit Roggenbrot oder Pumpernickel ein herzhafter Schmaus!

1 mittelgroße Kartoffel
500 g grüne Bohnen
etwa 125 g geputzte Brunnenkresse
1/2 mittelgroße rote Zwiebel
4 hartgekochte Eier
1 mittelgroße Gurke
9 bis 10 große, feste Champignons
(in Scheiben gut 1 Tasse)
3/4 Tasse Saure-Sahne-Sauce I (Seite 143)
1/2 Tasse Mayonnaise

Die Kartoffel schälen, würfeln, in Salzwasser gar kochen, abgießen, mit kaltem Wasser abschrecken und kühl stellen.
Anmerkung d. Übers.: Noch besser und einfacher, wenn Sie eine in der Schale gekochte Kartoffel vom Vortage haben. –
Die Bohnen waschen, putzen, in etwa 3 cm lange Stücke brechen und in Salzwasser eben gar kochen – keine Sekunde länger. Kalt abschrecken und kühl stellen.
Die vorbereitete Brunnenkresse (harte Stiele entfernen) waschen, größere Blätter halbieren. Die Zwiebel vierteln und in dünne Scheiben schneiden. Die hartgekochten Eier pellen und grobhacken. Die Gurke schälen, der Länge nach halbieren und in Scheiben schneiden. Die Pilze säubern, entstielen und blättrig schneiden.
Alle Gemüse in einer Schüssel zusammenmischen. Die Saure-Sahne-Sauce mit der Mayonnaise verrühren und den Salat damit anmachen.
Für 4 bis 6 Personen.

SPINATSALAT

500 g frischer Spinat
225 g frische Champignons
225 g Schicht- oder Hüttenkäse
(oder trockener Quark)
1 rote Zwiebel
2/3 Tasse Olivenöl
1/3 Tasse Rotweinessig
Oregano
Salz und Pfeffer nach Geschmack

zum Garnieren:
Guacamole (Seite 321)

Die Spinatblätter sorgfältig waschen, von den Stielen befreien und mit einem Tuch trocknen. Die größeren Blätter kleinpflücken. Die Pilze waschen, putzen und in dicke Scheiben schneiden. Den Käse zerbröckeln, die Zwiebel schälen, vierteln und in feine Scheiben schneiden.
Spinat, Pilze, Käse und Zwiebelscheiben zusammen in eine große Schüssel geben. Olivenöl, Essig, Oregano und etwas Salz mit dem Schneebesen verschlagen, über den Salat gießen und alles vermengen, so daß jedes Blättchen gleichmäßig von Sauce überzogen wird. Schwarzen Pfeffer darübermahlen und nochmals leicht vermischen.
Den Salat in 6 flachen Schälchen anrichten und jeweils mit 2 oder 3 gehäuften Eßlöffeln *Guacamole* garnieren.
Für 6 Personen.

FLORENTINER BROTSALAT

Dieser grüne Salat stammt aus der Toskana und ermöglicht die Verwendung von altbackenem Brot. Im Gegensatz zu den meisten Blattsalaten kann er mehrere Stunden im voraus zubereitet werden, denn er bleibt wunderbar frisch. Nur kurz vor dem Auftragen noch einmal vermengen. Für sich ein feiner erster Gang, oder man serviert ihn als Teil einer Vorspeise *(Antipasto)*.

500 g römischer Salat (1 großer oder 2 kleine Köpfe)
1 große Gurke
2 bis 3 Stangen Bleichsellerie, in dünne Scheiben geschnitten
1 große Tomate, in feine Spalten geschnitten
1 Tasse Radieschenscheiben
250 g leicht altbackenes Französisches Brot (Seite 62), in etwa 3 cm dicke Würfel geschnitten (etwa 4 Tassen)
½ rote Zwiebel, in feine Scheibchen geschnitten
1 Tasse Olivenöl
½ Tasse Weinessig
1 TL Basilikum
2 bis 3 Knoblauchzehen, sehr fein gewiegt oder zerdrückt
½ TL Salz
frisch gemahlener schwarzer Pfeffer nach Geschmack
½ Tasse frisch geriebener Parmesankäse

Die Salatblätter waschen, trocknen und in mundgerechte Stückchen zerpflücken. Die Gurke schälen, der Länge nach halbieren, mit einem Teelöffel entkernen und in dünne Scheiben schneiden.

Salat und Gurkenscheibchen mit dem Sellerie, den Tomatenspalten, Radieschenscheiben, Brotwürfeln und Zwiebelscheiben zusammen in eine große Schüssel geben.

Öl, Essig, Basilikum, Knoblauch, Salz und eine Prise Pfeffer bei hoher Geschwindigkeit im elektrischen Mixer verschlagen (etwa 1 Minute). Die Sauce über den Salat gießen, etwas Parmesankäse darüberstreuen und alles einige Minuten lang vorsichtig vermischen.

Das trockene Brot saugt eine Menge Sauce auf. Abschmecken und nötigenfalls mit mehr Salz und Pfeffer würzen.

Den Salat ½ Stunde durchziehen lassen.

Für 6 bis 8 Personen.

SALAT »CÄSAR«

Von diesem Salat gibt es zahllose Versionen überall in der Welt. Sie mögen recht gut sein, aber die Vorlage zu nachstehendem Rezept soll, wie aus verläßlicher Quelle verlautet, von Cäsar selbst stammen.

175 g französisches Brot (etwa 15 bis 18 Scheiben einer schlanken Baguette)
4 EL Olivenöl zum Braten
2 zerdrückte Knoblauchzehen
2 Eier
3 große Köpfe frischer, saftiger römischer Salat
¾ bis 1 Tasse fruchtiges Olivenöl, nach Geschmack mehr
Saft von 2 großen Zitronen (etwa ⅓ Tasse)
Salz und frisch gemahlener schwarzer Pfeffer nach Geschmack
1 Spritzer Worcestersauce, nach Geschmack mehr
½ Tasse frisch geriebener Parmesankäse

Die *Baguette* in Scheiben schneiden und jede Scheibe halbieren oder dritteln. Diese Brotstückchen etwa 20 Minuten im mittelheißen Backofen trocknen. In einer großen Pfanne die 4 Eßlöffel Olivenöl erhitzen, den Knoblauch zufügen und das getrocknete Brot auf kleiner Flamme etwa 5 bis 10 Minuten darin wenden, dann beiseite stellen.

Die Eier genau 1 Minute lang kochen, kalt abschrekken und gleichfalls beiseite legen.

Die großen äußeren Blätter vom römischen Salat entfernen und für ein andermal aufbewahren. Die Salatherzen auseinandernehmen, die Blätter waschen und trocknen.

Um den Salat am Tisch anzurichten, alle Zutaten in schönen Gefäßen auf einem Tablett auftragen. Die Salatblätter in die größte Schüssel geben, die vorhanden ist. Wenn sie, wie im Originalrezept, unzerkleinert verwendet werden sollen, legt man sie der Länge nach

so in die Schüssel, daß man sie gut beliebig oft übereinanderrollen kann, ohne sie zu zerbrechen. Dafür 2 große Holzlöffel bereithalten.
Etwa die Hälfte des Olivenöls über den römischen Salat gießen und die Salatblätter nun von der einen Seite zur andern durch Anheben und Übereinanderschieben vermischen. Die Eier darüberschlagen und die Blätter wieder mehrmals umschichten. So fortfahren, dabei nach und nach mehr Olivenöl, dann den Zitronensaft, schließlich etwas Salz und frisch gemahlenen schwarzen Pfeffer, einen Spritzer Worcestersauce und zuletzt den Parmesankäse zufügen und bei jeder Zugabe alles aufs neue vorsichtig vermischen. Zum Schluß die *Croûtons* (geröstete Brotstücke) darunterheben. Die Würze korrigieren und bei Bedarf noch etwas Öl, Salz, Pfeffer oder Worcestersauce zufügen. Den Salat sofort austeilen.
Für 4 bis 6 Personen.

KICHERERBSENSALAT

1 Tasse Olivenöl
1/2 Tasse Rotweinessig
4 sehr fein gehackte Knoblauchzehen
1 TL Zucker
Salz und frisch gemahlener schwarzer Pfeffer nach Geschmack
3 EL der Kichererbsenbrühe (vom Garen)
6 Tassen gekochte, abgetropfte Kichererbsen (siehe unten)
1 1/2 kleine rote Zwiebeln, geschält, geviertelt und in feine Scheibchen geschnitten

Aus Öl, Essig, Knoblauch, Salz, Pfeffer, Zucker und Kichererbsenbrühe eine Marinade herstellen. Die noch warmen Kichererbsen mit den Zwiebelscheiben vermischen und mit der Marinade begießen. Alles gut vermengen und mehrere Stunden durchziehen lassen. Gekühlt oder zimmerwarm servieren.
Für 8 bis 10 Personen.

Das Garen von Kichererbsen:
Die Erbsen mit Wasser, dem eine Messerspitze Natron beigefügt wurde, bedecken und über Nacht darin einweichen. Am nächsten Tag nach Bedarf noch etwas Wasser zugießen, gut salzen und zum Kochen bringen. Die Hitze zurücknehmen und die Erbsen auf kleiner Flamme etwa 1 bis 1 1/2 Stunden leicht wallen lassen, bis sie alle gar sind.
Kichererbsen kann man auch kochen, ohne sie vorher einzuweichen, dabei verlängert sich aber die Garzeit um 1/2 bis 1 Stunde. Wenn sie weich sind, abseihen und wie beschrieben zubereiten. (Es gibt sie auch in Dosen zu kaufen.)

PEPERONATA

(italienischer Paprikasalat)

Dieser Salat paßt gut zu *Antipasti* (Vorspeisen), kann aber auch als Gang für sich serviert werden.

2 große grüne Paprikaschoten
2 große rote Paprikaschoten
1 EL Olivenöl
1 TL Weißweinessig
1 TL frischer Zitronensaft
Salz
frisch gemahlener schwarzer Pfeffer nach Geschmack

Die Paprikaschoten im Grill (oder heißen Backofen) unter gelegentlichem Wenden so lange rösten, bis ihre Haut Blasen wirft und schwärzlich ist. Herausnehmen und etwas abkühlen lassen. Wenn sie angefaßt werden können, die verkohlte, papierdünne Haut abziehen, die Schoten aufschneiden, putzen und in gleichmäßige Streifen von etwa 5 cm Länge und gut 1 cm Breite schneiden.
Die Paprikastreifen in eine Schüssel geben, mit Öl, Essig, Zitronensaft, Salz und schwarzem Pfeffer anmachen und kalt servieren.
Als erster Gang für 2 bis 4 Personen.

LIMABOHNENSALAT

2 Tassen große getrocknete Limabohnen
(oder junge, zarte dicke Bohnen)
1 1/2 l Wasser
Salz
1/3 Tasse Olivenöl
1/4 Tasse Weißweinessig
viel frisch gemahlener schwarzer Pfeffer

Die Limabohnen mit dem Wasser und 1 Teelöffel Salz in einem großen Topf zum Kochen bringen, dann bei geringer Hitze etwa 1 Stunde sanft köcheln, bis sie eben gar sind. (Dicke Bohnen wie gewohnt kochen.) Die Bohnenbrühe in einen Saucentopf abgießen und einige Minuten sprudelnd wallen lassen, bis sie ziemlich eingekocht ist. 2/3 Tasse dieser eingedickten Flüssigkeit in eine Schüssel geben. 1 Teelöffel Salz und alle übrigen Zutaten mit dem Schneebesen darunterschlagen und mit der warmen Flüssigkeit zu einer glatten Sauce verarbeiten.
Die Sauce über die noch warmen Bohnen gießen und alles vorsichtig mit einem Holzlöffel vermengen, ohne dabei die Bohnen zu zerdrücken. Mehrere Stunden durchziehen lassen und vor dem Auftragen noch einmal vermischen.
Für 8 Personen.

MARINIERTE PILZE

500 g frische weiße Champignons
1 1/2 Tassen Wasser
1 1/2 Tassen Obst- oder weißer Essig
1 EL Einmachgewürz
oder: 4 Nelken, 4 Pfefferkörner, 1/4 TL Senfkörner, 1 bis 2 cm Zimtstange, 1 Prise getrocknetes Rosmarin, 1 Lorbeerblatt
2 1/2 EL Olivenöl
1/4 TL zerstoßenes Basilikum
1/4 TL zerstoßener Oregano
1 sehr fein gehackte Knoblauchzehe
1 Prise Thymian
1/4 Tasse gehackte frische Petersilie
Salz und Pfeffer nach Geschmack

Die Pilze waschen, putzen und, wenn sie sehr groß sind, halbieren. In einen emaillierten Topf geben und mit Wasser und Essig zu gleichen Teilen bedecken. Die Gewürze in einem Leinensäckchen hinzufügen, den Topfdeckel auflegen und das Ganze zum Kochen bringen. Etwa 5 Minuten wallen lassen, dann vom Feuer nehmen und die Pilze 1 oder 2 Stunden in der heißen Flüssigkeit marinieren.
Danach abseihen, gut abtropfen lassen, abspülen und mit einem Papiertuch trocknen. Nun werden sie in einer Schüssel mit dem Olivenöl, den Kräutern, Salz und Pfeffer angemacht. In dieser Sauce sollen sie vor dem Servieren noch ein paar Stunden ziehen. Man kann sie gekühlt oder zimmerwarm zu Tisch bringen. Sie eignen sich vorzüglich als Teil einer Zusammenstellung von Vorspeisen *(Antipasti)*.
Für 6 Personen.

REISSALAT VINAIGRETTE

Als Bestandteil verschiedener *Antipasti* oder als einzelner Gang.

1/3 Tasse feingewürfelte Möhren
3/4 Tasse grüne Bohnen, in 5 mm lange Stückchen geschnitten
1/4 Tasse gewürfelter Sellerie
1/4 Tasse gewürfelte grüne Paprikaschote
1/2 Tasse gehackte rote Zwiebeln
3 EL feingewiegte frische Petersilie
2 1/2 Tassen gekochter Reis, warm oder kalt
4 EL geriebener Parmesankäse
4 EL Olivenöl
3 EL Weißweinessig
Salz und frisch gemahlener schwarzer Pfeffer nach Geschmack
1 Prise Thymian
1 Prise Basilikum
1 Prise Oregano

Möhren und grüne Bohnen in wenig Salzwasser eben gar kochen und sofort abgießen.
Die ersten 7 Zutaten in einer großen Schüssel miteinander vermischen.

Den Käse mit Olivenöl, Essig und den Gewürzen glattrühren. Diese Sauce über den Salat gießen, alles gründlich vermengen und einige Stunden durchziehen lassen.
Für 4 bis 6 Personen.

WEISSE-BOHNEN-SALAT

500 g kleine getrocknete weiße Bohnen (etwa 2 Tassen)
2 mittelgroße Tomaten, grobgehackt
$^1/_3$ Tasse rote Zwiebeln, feingewiegt
$^1/_3$ bis $^1/_2$ Tasse eingelegte schwarze Oliven, in Scheibchen geschnitten
6 EL Olivenöl
6 EL Weißweinessig
1 bis 2 Knoblauchzehen, sehr fein gehackt
$^1/_2$ leicht gehäufte Tasse frische Petersilie, gehackt
$^1/_4$ TL getrocknetes oder frisches gehacktes Basilikum
$^3/_4$ TL Salz, nach Geschmack mehr
frisch gemahlener schwarzer Pfeffer nach Geschmack

Die Bohnen waschen, mit ein paar Litern Salzwasser zum Kochen bringen und auf kleiner Flamme etwa 1 Stunde köcheln, bis sie gerade eben gar sind. Abseihen und etwas abkühlen lassen.
Dann mit den übrigen Zutaten in eine Schüssel geben und gut vermischen. Abschmecken und bei Bedarf mit etwas mehr Salz und Pfeffer würzen. Den Salat kalt als ersten Gang oder mit anderen Gerichten als *Antipasto* servieren.
Für 8 bis 10 Personen.

MARINIERTE WEISSE BOHNEN

1 Tasse kleine getrocknete weiße Bohnen
etwa 1 Liter Wasser
$^1/_2$ Tasse Olivenöl
1 Lorbeerblatt
2 Knoblauchzehen (unzerkleinert)
Salz

Marinade:
$^1/_2$ Tasse Olivenöl
$^1/_2$ Tasse Estragon- oder einfacher Weißweinessig
3 bis 4 EL gehackte Petersilie
$^1/_2$ TL getrockneter Oregano, zerstoßen
$^1/_2$ TL getrocknetes Basilikum, zerstoßen
$^1/_4$ TL getrockneter Estragon, zerstoßen
Salz und Pfeffer

Die Bohnen waschen und über Nacht einweichen. Dann mit dem Wasser, Olivenöl, Knoblauch, dem Lorbeerblatt und etwas Salz $1\,^1/_2$ bis $2\,^1/_2$ Stunden sanft gar köcheln. Es läßt sich nicht mit Bestimmtheit voraussagen, wann sie gut sind, man muß ein paarmal probieren. Sie dürfen auf keinen Fall zu weich oder gar breiig sein. Wenn sie gerade richtig sind, abseihen und Knoblauch sowie Lorbeerblatt entfernen.
Für die Marinade alle Zutaten gut verrühren. Die Bohnen in eine Schüssel geben und mit der Marinade übergießen, so daß sie eben damit bedeckt sind. Die Schüssel abdecken und über Nacht kalt stellen.
Die gekühlten marinierten Bohnen schmecken vorzüglich zu italienischen Nudelgerichten.
Für 6 Personen.

MONEGASSISCHE ZWIEBELN

60 bis 65 frische Perlzwiebeln
$1\,^1/_2$ Tassen Weißwein
$^1/_2$ Tasse Olivenöl
$^1/_3$ Tasse Weinessig
1 TL Thymiansamen
1 Lorbeerblatt
2 bis 3 Knoblauchzehen
1 TL Salz
3 bis 4 EL Tomatenmark
$^1/_4$ TL Safran
$^3/_4$ Tasse Sultaninen

Die Zwiebeln schälen, dabei nicht zuviel vom Wurzelende abschneiden, und mit Wein, Öl, Essig, Thymiansamen, Lorbeerblatt, Knoblauch und Salz in einen Saucentopf geben. Bei Bedarf so viel Wasser zugießen, daß sie bedeckt sind, und auf kleiner Flamme sanft köcheln, bis sie fast gar sind. Dann Tomatenmark, Safran und Sultaninen zufügen, weiterköcheln. Wenn die Zwiebeln nur eben gar sind (nicht weich), vom Feuer nehmen und kalt stellen. Gut gekühlt servieren. Mit anderen Vorspeisen oder Gemüsen genug für 10 bis 12 Personen. Die Zwiebeln halten sich im Kühlschrank längere Zeit frisch.

GNOCCHISALAT

(italienischer Nockensalat)

3/4 Tasse frische Erbsen
500 g kalte gekochte Gnocchi (siehe *Anmerkung)*
1 1/2 Tassen rote, grüne und gelbe Paprikaschoten, in feine, kurze Streifen geschnitten
3 EL feingehackte rote Zwiebeln
2 EL Olivenöl
2 EL dickes Tomatenpüree oder 1 1/2 EL Tomatenmark
1 EL Rotweinessig
Salz und Pfeffer nach Geschmack
zerstoßenes Basilikum nach Geschmack

Die Erbsen in siedendes Salzwasser geben und eben gar kochen. Sie dürfen nicht zu weich werden. Abgießen und mit kaltem Wasser abschrecken.
Die kalten Gnocchi mit den Erbsen, Paprikastreifen und gehackter Zwiebel vermischen. Aus Olivenöl, Tomatenpüree, Weinessig, Salz, Pfeffer und Basilikum eine Salatsauce rühren und darübergießen. Alles gut vermengen, bis die Sauce gleichmäßig verteilt ist, und mehrere Stunden durchziehen lassen.
Kalt zu einer Auswahl von Vorspeisen servieren. Für 6 bis 8 Personen.

Anmerkung: Man kann für diesen Salat kalte Kartoffelgnocchi (Seite 293) verwenden oder tiefgefrorene Gnocchi in einem italienischen Geschäft oder Delikatessenladen kaufen, kochen und einige Zeit kühlen.

INSALATONE

(italienischer Gemüsesalat)

Diesen Salat habe ich in Bologna gekostet. Er wird aus marinierten gekochten und rohen Gemüsen zusammengestellt und eignet sich gut als Teil von verschiedenen *Antipasti*, ist aber auch ein wunderbarer erster Gang.

700 g Kartoffeln
250 g Zucchini (etwa 3 mittelgroße)
1 1/2 Tassen in Scheiben geschnittene Herzteile von Stangen- oder Bleichsellerie
2 rote Tomaten
2 grüne Tomaten (gibt es auch in Gläsern)
7 EL Olivenöl
4 EL Weinessig
3 EL feingewiegte frische Petersilie
1/2 TL Salz
1/2 TL zerstoßenes Basilikum
1/2 TL zerstoßener Oregano
frisch gemahlener schwarzer Pfeffer nach Geschmack

Marinade:
2/3 Tasse Rotweinessig
2 bis 3 EL Olivenöl
Salz nach Geschmack
etwa 1 1/2 Tassen Wasser

Die Kartoffeln in der Schale eben gar (keinesfalls zu weich) kochen und erkalten lassen.
Die Zucchini waschen und in etwa 5 mm dicke Scheiben schneiden. Die Scheiben mit der Marinade in einen Emailletopf geben und so viel Wasser dazugießen, daß sie völlig bedeckt sind. Die Marinade zum Kochen bringen, dann die Hitze etwas zurücknehmen und die Zucchinischeiben genau 5 Minuten darin kochen, mit einem Schaumlöffel herausnehmen (die Marinade wird noch gebraucht), kalt abschrecken und abkühlen lassen.
Die Herzteile von Knolle und Stangen des Selleries in Scheibchen schneiden, in die Marinade geben, zum Sieden bringen und 8 bis 10 Minuten kochen. Dann abseihen, kalt abschrecken und kühl stellen.
Die Kartoffeln pellen, der Länge nach vierteln und in

dicke Scheiben schneiden. Die Tomaten vierteln und ebenfalls in Scheiben schneiden. In einer großen Schüssel alle Gemüse miteinander vermischen, die übrigen Zutaten hinzufügen und alles vorsichtig vermengen, bis die Sauce gleichmäßig verteilt ist. Abschmekken und die Würze korrigieren.
Den Salat mindestens 1 oder 2 Stunden durchziehen lassen und nochmals vermengen.
Für 6 bis 8 Personen.

AUBERGINENKAVIAR

Als Salat auf Kräckern anrichten oder zu gemischten *Antipasti* auftragen.

1125 g feste Auberginen
1 große, feste Tomate
$^{1}/_{2}$ Tasse gehackte Zwiebeln
2 sehr fein gewiegte Knoblauchzehen
$^{1}/_{2}$ Gurke, geschält, entkernt und geraspelt
12 bis 15 entsteinte eingelegte Oliven,
in längliche Scheibchen geschnitten
1 $^{1}/_{2}$ EL Olivenöl
1 EL Weinessig
1 EL Zitronensaft, nach Geschmack mehr
Salz und frisch gemahlener schwarzer Pfeffer
nach Geschmack

Die Auberginen einige Male mit einer Gabel einstechen und 50 bis 60 Minuten bei 200 bis 210 Grad backen. Abkühlen lassen, bis man sie anfassen kann, mit einem scharfen Messer der Länge nach aufschneiden und das Fruchtfleisch aus den Schalen kratzen. Wenn die Samenkörner dunkelbraun sind und sich vom Fruchtfleisch lösen, sind sie bitter und müssen entfernt werden. Die Schalen wegwerfen, das Fruchtfleisch grobhacken und überschüssige Flüssigkeit herauspressen.
Die Tomaten gleichfalls grobhacken. Alle Zutaten gründlich vermischen. Abschmecken und bei Bedarf nachwürzen. Kalt servieren.
Als erster Gang für 6 bis 8 Personen.

SELLERIESALAT

500 g Knollensellerie
1 $^{1}/_{2}$ l Wasser
$^{1}/_{2}$ Tasse Milch
2 EL Zitronensaft
1 $^{1}/_{2}$ EL Weißweinessig
2 $^{1}/_{2}$ EL Mayonnaise
2 TL Dijonsenf
1 EL Sahne
Salz und Pfeffer nach Geschmack

Die Sellerieknolle schälen und in streichholzgroße Streifen schneiden. Wasser, Milch und Zitronensaft in einem großen Saucentopf zum Kochen bringen, die Selleriestreifen hineingeben und darin ziehen lassen, bis die Flüssigkeit wieder aufwallt. Abseihen, mit kaltem Wasser abschrecken und auspressen.
In einer Schüssel die Selleriestreifen mit dem Essig vermengen. Mayonnaise, Senf, Sahne, etwas Salz und 1 Prise Pfeffer verrühren und die Sauce über den Sellerie gießen.
Alles gut vermischen. Abschmecken und die Würze korrigieren. Den Salat 1 oder 2 Stunden durchziehen lassen, bevor er aufgetragen wird.
Für 4 bis 6 Personen.

AUBERGINENSALAT MIT INGWER

1000 g feste junge Auberginen
1 EL Erdnußöl
2 EL Obstessig
2 $^{1}/_{2}$ EL brauner Zucker (Rohzucker)
2 kleine Knoblauchzehen, sehr fein gewiegt
2 EL sehr fein gehackte Zwiebeln
2 gehäufte TL geriebener frischer Ingwer
2 TL frischer Zitronensaft

Die Auberginen mehrmals mit einer Gabel einstechen und im heißen Ofen bei 200 bis 210 Grad rösten, bis sie ziemlich weich sind.
Wenn sie so weit abgekühlt sind, daß man sie anfassen kann, halbieren und das Fruchtfleisch sorgfältig aus den Schalen kratzen. Sind die Samen braun und losge-

löst, müssen sie entfernt werden, denn sie schmecken bitter. (Das heißt, die Auberginen waren dann nicht mehr die jüngsten oder nicht frisch.) Helle und sehr kleine Samenkernchen kann man getrost mitverarbeiten.
Das Auberginenfruchtfleisch in einem großen Sieb gut abtropfen lassen, dann sehr fein hacken, in einer Schüssel mit allen übrigen Zutaten gründlich vermischen und einige Stunden an einem kühlen Ort durchziehen lassen.
Kleine Portionen des gekühlten Auberginensalates auf Salatblättern anrichten und als ersten Gang servieren oder als Aufstrich zu ungesalzenen Kräckern reichen.
Für 4 bis 6 Personen.

HOMMOS BI TAHINI

(Kichererbsen-Sesam-Paste)

Diese Paste wird abgekühlt oder zimmerwarm zu Kräckern oder Fladenbrot serviert.

3 Tassen gekochte Kichererbsen
(ein wenig Kochflüssigkeit für späteren Gebrauch aufbewahren)
2 große Knoblauchzehen, sehr fein gewiegt
5 EL frischer Zitronensaft
1 1/2 TL Salz, nach Geschmack mehr
3/4 Tasse Taratoursauce (Seite 135)
1 EL Olivenöl
ungefähr 2 EL gehackte frische Korianderblätter
(notfalls durch glatte Petersilie ersetzen)

Die Kichererbsen in einer großen Schüssel mit einem Stößel zu Brei zerstampfen oder durch ein grobes Sieb pressen. Den zerdrückten Knoblauch dazurühren und mit dem Schneebesen Zitronensaft, Salz und die Taratoursauce darunterziehen.
Das Hommos sollte eine ähnliche Konsistenz wie Mayonnaise haben und leicht zu streichen sein. Wenn es zu fest ist, nach und nach ein paar Löffel der Kichererbsenbrühe hineinschlagen, bis die Paste die gewünschte Beschaffenheit hat.
Das Hommos in eine flache Schale streichen, die Oberfläche glätten, das Olivenöl darüber verteilen und die gehackten Korianderblätter daraufstreuen.
Als erster Gang für 4 bis 6 Personen.

BABA GHANOUJ

(Auberginen-Sesam-Paste)

Mit Kräckern oder heißem Fladenbrot als erster Gang.

500 g Auberginen
1/3 Tasse Taratoursauce (Seite 135)
1/3 Tasse frischer Zitronensaft
1 TL Salz, nach Geschmack mehr
1/4 TL Pfeffer
1 EL plus 1 TL Olivenöl
2 EL gehackte frische Korianderblätter
(ersatzweise glatte Petersilie)

Die Auberginen mehrmals mit einer Gabel einstechen und im vorgeheizten Backofen bei 200 bis 210 Grad 45 bis 55 Minuten rösten, bis sie ganz weich sind. Wenn sie abgekühlt sind, halbieren und das Fruchtfleisch aus den Schalen kratzen, zerdrücken und gründlich mit Taratoursauce, Zitronensaft, Salz, Pfeffer und 1 Teelöffel Olivenöl verrühren. Abschmecken und bei Bedarf nachwürzen.
Die Auberginenmasse gleichmäßig in eine flache Schale streichen, mit dem restlichen Olivenöl beträufeln, mit gehackten Korianderblättern bestreuen und einige Stunden kühl stellen.
Für 4 bis 6 Personen.

MOZZARELLASALAT

(italienischer Käsesalat)

Dieser *Antipasto*-Salat wird aus frischem, weißem Mozzarella zubereitet, der in einer Wasserlake liegt und eine andere Textur als reifer Mozzarella hat. Man bekommt ihn in italienischen Lebensmittelgeschäften, Delikatessenläden oder an den Käsetheken größerer Kaufhäuser.

450 g frischer Mozzarella
3 kleine Tomaten (etwa 350 g)
350 g Zucchini
½ Tasse hauchdünne rote Zwiebelscheiben
6 EL Olivenöl
3 EL Weinessig
1 TL Salz
ungefähr ¼ Tasse gehackte frische Petersilie
¼ TL Oregano
schwarzer Pfeffer nach Geschmack

Den Mozzarella in Streifen oder kleine, etwa 5 mm dicke Scheiben, die Tomaten in schmale Spalten schneiden. Die Zucchini gleichfalls in 5 mm dicke Scheiben schneiden, 2 Minuten in kochendem Salzwasser blanchieren, abseihen und kurz mit kaltem Wasser abschrecken.
Alle Zutaten in einer Schüssel gut vermengen. Sofort servieren, oder ein paar Stunden marinieren, nochmals vermischen und anrichten.
Für 6 Personen.

LIMABOHNEN IN PIKANTER TOMATENSAUCE

500 g getrocknete große Limabohnen (ersatzweise eine entsprechende Menge frischer junger dicker Bohnen)
3 EL Olivenöl
5 bis 6 Knoblauchzehen, zerdrückt oder sehr fein gewiegt
½ bis 1 TL Rosmarin, zerstoßen
2 Tassen dickes Tomatenpüree
3 abgezogene Tomaten, grobgehackt
⅓ Tasse trockener Rotwein
1 TL Salz
¼ Tasse Zitronensaft
1 TL Zucker
frisch gemahlener schwarzer Pfeffer nach Geschmack
3 EL gehackte Zwiebeln

Die Limabohnen mit etwa 2 Litern Salzwasser zum Kochen bringen und bei mäßiger Hitze sanft wallen lassen, bis sie gar, aber keinesfalls breiig sind. Die Kochflüssigkeit abgießen und aufbewahren, sie ist sehr schmackhaft und gut als Suppengrundlage geeignet.
In einem großen Saucentopf das Olivenöl erhitzen und den Knoblauch mit dem Rosmarin ein paar Minuten darin rösten. Tomatenpüree, gehackte Tomaten, Rotwein, Salz, Zitronensaft, Zucker und eine reichliche Prise schwarzen Pfeffer zufügen und die Sauce unter häufigem Rühren etwa 15 Minuten köcheln. Dann die abgetropften Limabohnen zugeben und das Ganze weitere 5 bis 10 Minuten leicht kochen lassen, dabei gelegentlich mit einem Holzlöffel umrühren. Die Sauce sollte ziemlich stark einkochen.
Wenn die Limabohnen heiß aufgetragen werden sollen, kurz vorher die gehackten Zwiebeln dazurühren. Ist ein kalter Salat erwünscht, die Bohnen abkühlen lassen, dann erst die gehackten Zwiebeln zufügen und ein paar Stunden oder über Nacht durchziehen lassen, damit sich das Aroma voll entfalten kann. Nach Belieben gekühlt servieren.
Für 8 bis 10 Personen.

TOMATEN MIT PALMHERZENFÜLLUNG

2½ Tassen Palmherzen (Palmitos), in 5 mm dicke Scheiben geschnitten
¼ Tasse fruchtiges Olivenöl
3 EL Weißweinessig
frisch gemahlener schwarzer Pfeffer nach Geschmack
⅓ Tasse gehackte frische Petersilie
Salz nach Geschmack
10 mittelgroße Tomaten

Die Palmherzen abseihen, abspülen und in Scheiben schneiden. Zusammen mit dem Olivenöl, Essig, Pfeffer, Petersilie und Salz in eine Schüssel geben und alles vorsichtig vermengen, bis die Palmherzen völlig mit Sauce überzogen sind. Die Schüssel zudecken und den Salat einige Stunden kühl stellen.
Die Tomaten quer halbieren und die Hälften mit einem Teelöffel oder einem kleinen, scharfen Messer aushöhlen. Das Mark für späteren Gebrauch aufheben. Die vorbereiteten Tomatenhälften leicht salzen und pfeffern. Nun die marinierten Palmherzen

gleichmäßig auf die 20 Tomatenhälften verteilen und etwas aufhäufen.
Für 6 bis 10 Personen.

TOPINAMBURSALAT

Dieser Salat gleicht einem Kartoffelsalat, hat aber einen viel reizvolleren Geschmack und ist nicht so mehlig. Er wird kalt zu Tisch gebracht und und ist ein erfrischendes Sommergericht.

500 g Topinamburknollen
(Jerusalemer Artischocken)
das Eiweiß von 2 hartgekochten Eiern
1 große rote Paprikaschote
1 große Gewürzgurke
grüne Oliven
eingelegte Perlzwiebeln
1 frische Stange Bleichsellerie
2/3 Tasse frische Zuckererbsen, kurz gegart
Salz
Pfeffer

Die Knollen 10 bis 15 Minuten dämpfen, pellen und mit dem Eiweiß, der Paprikaschote, der Gewürzgurke, den Oliven und Zwiebeln (jeweils etwa 1 Dutzend) und der Selleriestange kleinschneiden.
Alle Zutaten (Erbsen nicht vergessen!) gut miteinander vermischen und mit Salz und Pfeffer würzen. Kühl stellen und in der Zwischenzeit die folgende Sauce zubereiten:

Remoulade nach alter Art:
Eigelb von 2 hartgekochten Eiern
2 EL Zitronensaft
1 EL Distelöl
1/4 Tasse Mayonnaise
1/4 Tasse saure Sahne
2 TL Dijonsenf
Salz
Pfeffer

Die Eigelb zerdrücken, nach und nach abwechselnd Zitronensaft und Öl tropfenweise dazugeben und alles zu einer cremigen Masse verrühren. Dann Mayonnaise, saure Sahne und Senf zufügen, gut untermengen und nach Geschmack mit Salz und Pfeffer würzen. Die Gemüse mit dieser Remoulade anmachen und vorsichtig darin wenden, ohne die weicheren Ingredienzen dabei zu zerdrücken.
Für 6 Personen.

FRANZÖSISCHER GEMÜSESALAT

2 große festkochende Frühkartoffeln, gewaschen und geschabt
3 große Möhren, geputzt und gewaschen
1 Tasse frische gelbe Wachs- oder grüne Bohnen, gewaschen und in Stücke gebrochen
1 Tasse frische Zuckererbsen (ohne Schoten)
1/2 frischer Blumenkohl
1 große Gurke
etwa 1 Tasse Einfache Vinaigrette (Seite 141), gut gesalzen und mit etwas Knoblauch versetzt
Salz
frisch gemahlener schwarzer Pfeffer
gehackte frische Petersilie
1 bis 2 EL Kapern (nach Belieben)

Kartoffeln und Möhren etwa doppelt erbsengroß würfeln und mit den Brechbohnen und Erbsen 6 bis 7 Minuten in Salzwasser kochen. Sie sollen eben gar, aber noch schön fest sein. Den Blumenkohl in kleine Röschen zerteilen und gleichfalls nur kurz kochen, so daß er noch etwas hart ist.
Die Gurke schälen, entkernen und würfeln. Wenn die gekochten Gemüse abgekühlt sind, werden sie mit den Gurkenwürfeln vermischt, mit der Vinaigrette angemacht und mit Salz und Pfeffer abgeschmeckt. Den Salat 1 oder 2 Stunden durchziehen lassen, nochmals vermengen und auf einer Platte anrichten. Mit gehackter Petersilie und vielleicht ein paar Kapern bestreuen.
Für 6 bis 8 Personen.

MARINIERTER GEMÜSESALAT *Abb. 8*

500 g grüne Bohnen oder 250 g grüne, 250 g gelbe Bohnen, in Stücke gebrochen und gekocht
500 g gekochte weiße Bohnen
375 g marinierte Artischockenherzen
100 bis 125 g entsteinte reife Oliven
1 kleine (rote) Zwiebel, in dünne Scheiben geschnitten
125 bis 175 g eingelegte Pilze
250 g gekochte Kichererbsen (siehe Seite 152)
75 g gehackte Pimientoschoten
1 gehäufter EL Kapern
1 gehäufter EL gehackte Frühlingszwiebeln oder Schnittlauch
$^1/_3$ Tasse feingewiegte frische Petersilie

Marinade:
$^1/_2$ Tasse Olivenöl
$^1/_4$ Tasse Kräuteressig (Seite 144)
$^1/_4$ TL Estragon, zerstoßen
$^1/_4$ TL Kerbel, zerstoßen
1 Prise Cayennepfeffer
Salz und frisch gemahlener schwarzer Pfeffer
1 Knoblauchzehe

Die Salatzutaten zusammen in eine große Schüssel geben.
Die Marinade im elektrischen Mixer zubereiten, wobei alle Zutaten in kürzester Zeit miteinander verschlagen werden. Wenn kein Mixgerät vorhanden ist, die Kräuter im Mörser zerreiben, die Knoblauchzehe durch die Presse drücken, und alle Zutaten in einem Schraubglas gut zusammenschütteln.
Die Marinade über die Gemüse gießen und alles vorsichtig, aber gründlich vermischen. Die Schüssel zudecken und den Salat über Nacht durchziehen lassen. Marinierter Gemüsesalat eignet sich gut als Vorspeise *(Antipasto)* zu den verschiedensten Nudelgerichten, schmeckt köstlich zu Käsespeisen und ist ideal für Picknicks. Er ist sehr ergiebig und reicht für etwa ein Dutzend Esser, kann aber auch gut eine Woche oder länger in einem festverschlossenen Gefäß im Kühlschrank aufbewahrt werden.

MARINIERTER BLUMENKOHL AUF GRIECHISCHE ART

1 Blumenkohl
2 Tassen Wasser
$^3/_4$ Tasse Olivenöl
$^1/_4$ Tasse Obstessig
$^1/_2$ Tasse Zitronensaft
$^3/_4$ TL Fenchelsamen
$^1/_2$ TL getrockneter Kerbel
$^1/_2$ TL getrockneter Thymiansamen
1 kleines Lorbeerblatt
$^3/_4$ TL gemahlener Koriander
8 bis 10 Pfefferkörner
$^3/_4$ TL Salz
1 Stange Bleichsellerie, in Scheiben geschnitten
2 Knoblauchzehen, durch die Presse gedrückt

Den Blumenkohl waschen, putzen und in kleine Röschen zerteilen. Dann alle Zutaten zusammen in einen großen Topf geben und zum Kochen bringen. Bei einem besonders großen Blumenkohl so viel Wasser zugießen, daß die Röschen ganz mit Marinade bedeckt sind. Etwa 10 Minuten köcheln, vom Feuer nehmen und mindestens 24 Stunden durchziehen lassen. Danach abseihen und die Blumenkohlröschen zum Abtropfen für ein paar Minuten in ein Sieb geben. Auf einer Platte mit anderen kalten oder eingelegten Gemüsen anrichten oder allein als Appetithappen oder Salat servieren.

GRIECHISCH MARINIERTE GEMÜSE

Hier ein Grundrezept zum Marinieren verschiedenster Gemüse. Es stammt ursprünglich aus Griechenland, ist aber inzwischen in der internationalen feinen Küche etabliert.

2 Tassen Weißwein
$^2/_3$ Tasse Olivenöl
1 TL Salz
10 bis 12 Pfefferkörner
1 Lorbeerblatt
1 TL getrockneter Thymian

1 Prise Estragon
2 oder 3 Knoblauchzehen

nach Belieben:
Zwiebeln
Zitronensaft
Essig (für eine schärfere Marinade)

Öl und Wein mit den Einmachgewürzen in einen großen Topf geben. Das zum Marinieren vorgesehene geputzte Gemüse hineinlegen, so viel Wasser zugießen, daß es bedeckt ist, und in dieser Flüssigkeit eben gar kochen. Abseihen, das Öl abtropfen lassen, und vor dem Anrichten gut kühlen.
Zum Einlegen auf diese Art eignen sich am besten längs geviertelte, zarte, kleine Zucchini, schlanke junge Möhren oder Karotten, grüne Bohnen, halbierte frische Pilze, junge grüne Frühlingszwiebeln und Porreestangen.
Sollen verschiedene Gemüse in der gleichen Marinade gekocht werden, die feineren zuerst verarbeiten. Bei hellen Gemüsen (Blumenkohl, Spargel etc.) etwas Weinessig oder Zitronensaft zufügen.
Die marinierten Gemüse auf einer eleganten Platte anrichten und mit gehackter Petersilie bestreuen.

FESTTAGSSALAT

Er ist in meinen Augen der beste aller Mischsalate und wird bei mir zu Hause am Heiligabend oder zu anderen festlichen Anlässen gegessen. Die Mengenangaben dieses Rezeptes sind auf eine große Tischgesellschaft ausgerichtet. Ich kann aber nur empfehlen, ruhig soviel zuzubereiten: Dieser Salat schmeckt von Tag zu Tag besser und hält sich bis zu einer Woche lang frisch.

225 g marinierte Pilze
6 bis 8 festkochende Kartoffeln
4 säuerliche grüne Äpfel
2 1/2 Tassen gewürfelte Gewürzgurken
4 Eier plus 3 Eiweiß
1 1/2 Tassen Zuckererbsen
1 1/2 Tassen Möhren
1/2 Tasse marinierte Perlzwiebeln
1/2 feingewiegte Zwiebel
Pilzmarinade
Olivenöl
Weinessig
Salz und frisch gemahlener schwarzer Pfeffer

Remoulade:
3 hartgekochte Eigelb
6 bis 8 EL Olivenöl
3 bis 4 EL Zitronensaft
1 TL Zucker
1/4 Tasse saure Sahne (nach Belieben mehr)
1 EL französischer Senf
Salz und Pfeffer

zum Garnieren:
rote und grüne Paprikaschoten
Radieschen
grüne und schwarze Oliven
rohe Möhren
frische Petersilie

Einen Tag im voraus die Pilze folgendermaßen zubereiten: Waschen, in Scheiben schneiden, mit einer Marinade aus heißem Obstessig, einem Lorbeerblatt und etwa 1 Teelöffel Einmachgewürz übergießen und darin 24 Stunden ziehen lassen.
Die Kartoffeln in der Schale kochen, dann pellen und würfeln. Die Äpfel schälen, vom Kerngehäuse befreien und ebenfalls würfeln. Die 4 hartgekochten Eier und 3 hartgekochten Eiweiß hacken (die Eigelb für die Remoulade verwenden), die gekochten Möhren in Scheiben schneiden.
Alle diese Zutaten in eine sehr große Schüssel geben und mit den Gewürzgurkenwürfeln, nur eben gar gekochten Erbsen, eingelegten Perlzwiebelchen und der gehackten Zwiebel vermischen. Die Pilze abseihen (die Marinade auffangen) und untermengen.
Den Salat mit Salz, frisch gemahlenem schwarzem Pfeffer, etwas Olivenöl, einem Schuß Weinessig und ein wenig Pilzmarinade (ohne die darin schwimmenden Einmachgewürze) abschmecken.
Alles leicht vermischen, nochmals kosten und nötigenfalls nachwürzen.

Die Remoulade wie folgt zubereiten (mit Hilfe eines Mixers oder einer Küchenmaschine hat man sie im Nu fertig): Zuerst die Eigelb mit Olivenöl, Zitronensaft und Zucker bei hoher Geschwindigkeit verschlagen, bis das Öl emulgiert und eine glatte Paste entstanden ist. Nun saure Sahne, Senf, Salz und Pfeffer hinzufügen und erneut mixen. Die Sauce muß dickflüssig und hellgelb sein.
Ein paar Löffel Remoulade über den Salat geben und gründlich hineinmengen. Abschmecken – der Salat darf nicht fade, sondern muß kräftig gewürzt sein. Dann wird er in eine besonders schöne Schüssel umgefüllt, die bis zum Rand voll werden sollte. Die Oberfläche einebnen und mit einer Gabel vorsichtig so tief wie möglich drücken. Darauf die restliche Remoulade gleichmäßig verteilen.
Jetzt kommt die vergnügliche Arbeit: mit ringförmig geschnittenen *Pimiento*- oder grünen Paprikaschoten, feinen Radieschen- oder Möhrenstreifen, Olivenscheibchen oder anderen farbenfrohen, pikanten Gemüsen den Salat, so schön es nur geht, verzieren.
Reichlich für 10 bis 12 Personen.

MARINIERTE LINSEN

300 g Linsen
1 große Zwiebel, feingehackt
Salz und Pfeffer
kleine Stückchen getrocknete Cayennechilis
4 EL Olivenöl
2 Knoblauchzehen, durchgepreßt
2 Lorbeerblätter
knapp 2 l Wasser
3 EL Weinessig
1 EL Zitronensaft

Marinade:
½ große Zwiebel, feingewiegt
½ bis ⅔ Tasse gehackte frische Petersilie
1 TL Senf
Salz und Pfeffer
ungefähr 3 EL Olivenöl
Saft von 1 Zitrone

zum Garnieren:
gefüllte Oliven
Tomatenspalten
Petersiliensträußchen

Die Linsen über Nacht einweichen, dann abseihen. 1 Tasse der Linsen mit etwa ½ Liter Wasser, etwas gehackter Zwiebel, Salz, Pfeffer und ein paar Stückchen Cayennechili ungefähr 1½ Stunden leise köcheln lassen.
In einem großen Topf die gehackte Zwiebel in 2 Eßlöffeln Olivenöl glasig schwitzen. Knoblauch, Lorbeerblätter, 1½ Liter Wasser, eine Prise Salz und die restlichen Linsen zusetzen und alles zusammen gleichfalls etwa 1½ Stunden sanft wallen lassen. Wenn die Linsen gar sind, abseihen und abschrecken. Die gekochten Linsen getrennt voneinander abkühlen lassen, dann erst vermischen und mit 2 Eßlöffeln Olivenöl, Essig und Zitronensaft anmachen. Mit Salz und Pfeffer abschmecken und über Nacht durchziehen lassen.
Für die Marinade Zwiebel, Petersilie, Senf, Salz und Pfeffer gut vermischen. Nach und nach unter Schlagen das Olivenöl zugießen und weiterschlagen, bis die Sauce gebunden ist. Dann den Zitronensaft darunterziehen, das Ganze über die Linsen geben und gründlich untermengen. Gut gekühlt auf einer Platte anrichten und rundherum mit gefüllten Oliven, Tomatenspalten und frischen Petersiliensträußchen garnieren.
Dieses Gericht hat einen sehr hohen Eiweißgehalt.
Ergibt reichliche Portionen für 6 Personen.

MARINIERTER BOHNENSALAT

1½ Tassen gekochte Brechbohnen, in etwa 3 cm lange Stücke gebrochen
1½ Tassen gelbe Wachsbohnen, gleichfalls in etwa 3 cm langen Stücken
1½ Tassen gekochte rote Bohnen
1½ Tassen gekochte Kichererbsen
1 große Zwiebel, in gut 1 cm dicke Scheiben geschnitten
⅔ Tasse Olivenöl
⅔ Tasse scharfer Wein- oder Obstessig

Salz
reichlich frisch gemahlener schwarzer Pfeffer
2 bis 3 EL Zucker
gehackte Pimiento- und grüne Paprikaschote (nach Belieben)
feingewiegte frische Kräuter, Basilikum oder Minze (nach Belieben)

Die verschiedenen Bohnensorten zusammen in eine große Schüssel geben und mit einer Marinade aus den übrigen Zutaten anmachen. Zugedeckt über Nacht darin ziehen lassen.
6 bis 8 Portionen.

PIMIENTOSCHOTEN IN ÖL

4 große rote spindelförmige Paprikaschoten (Pimientos)
10 bis 12 marinierte schwarze Oliven aus Griechenland oder Italien
1 gut zerdrückte Knoblauchzehe
Salz
Olivenöl
Zitronensaft

Die *Pimiento*schoten im heißen Backofen rösten, dabei häufig umwenden, ohne die Haut zu zerstören. Wenn sie nach etwa 20 Minuten schwärzlich geworden sind, herausnehmen, etwas abkühlen lassen, vorsichtig enthäuten und putzen, dann in feine Streifen schneiden.
Die Oliven entsteinen und stifteln, mit den Pimientostreifen vermischen, mit etwas Salz bestreuen und den feinzerdrückten Knoblauch, 1 oder 2 kleine Löffel Olivenöl und ein wenig Zitronensaft zufügen. Alles gut mit einem Holzlöffel oder den Händen vermengen, ohne die feinen Streifen zu zerreißen, und den Salat auf einer Platte anrichten.
Nach Belieben heiß oder kalt zu *Antipasti* servieren.
Für 6 bis 8 Personen.

KARTOFFELSALAT MIT KÜMMEL

3 große festkochende Kartoffeln
½ Zwiebel
7 EL Weißweinessig
¼ TL Kümmel
7 EL Olivenöl
Salz, Pfeffer
3 EL feingehackter frischer Schnittlauch

Die Kartoffeln in der Schale gar kochen, abgießen und abkühlen lassen. Pellen, solange sie noch warm sind, und in mittelgroße Würfel schneiden. Die Zwiebel sehr fein hacken.
Kartoffelwürfel und Zwiebeln in einer großen Schüssel vermischen. Essig mit Kümmel erhitzen, darübergießen und alles vorsichtig gründlich vermengen.
Nun das Olivenöl zugießen, Salz und Pfeffer nach Geschmack und den gehackten Schnittlauch zufügen. Wieder mischen, nochmals abschmecken und bei Bedarf nachwürzen. Den Salat mehrere Stunden gut durchziehen lassen und ein letztes Mal mengen.
Für 6 Personen.

EINFACHER KARTOFFELSALAT

2000 g Salatkartoffeln
1 große feingehackte Zwiebel
1 Tasse Weißweinessig
½ Tasse Mayonnaise
¼ Tasse Olivenöl
1½ TL getrocknete Dillspitzen
Salz und Pfeffer

Die Kartoffeln in der Schale eben gar kochen, abgießen und etwas abkühlen lassen, dann pellen und in 1,5 cm große Würfel schneiden.
Anmerkung d. Übers.: Eventuell Kartoffeln schon am Vortag kochen. Frisch gekochte Kartoffeln matschen oder zerfallen beim Kleinschneiden leicht. –
Die Kartoffelwürfel gleichmäßig in einer flachen Schüssel verteilen, den Essig darübergießen und die feingehackte Zwiebel daraufstreuen. Ruhen lassen, bis der Essig eingezogen ist, dabei ab und zu mit einem Spachtel wenden.

Nach etwa 1/2 Stunde den überschüssigen Essig abgießen. Die Kartoffeln vorsichtig mit Mayonnaise, Olivenöl und Dill vermengen und mit Salz und Pfeffer abschmecken. Warm oder kalt servieren.
Für 8 bis 10 Personen.

KARTOFFELSALAT »TZAPANOS«

Diesen Salat habe ich in der Taverna Tzapanos in Athen entdeckt, daher sein Name.

1400 g festkochende Kartoffeln
700 g Möhren
1/4 Tasse Olivenöl
1/3 Tasse Weißweinessig
2 TL Salz
4 TL getrocknete Dillspitzen oder
 3 EL feingewiegter frischer Dill
2 Knoblauchzehen, sehr fein gehackt oder
 durchgepreßt

Die Kartoffeln in der Schale kochen, bis sie eben gar sind. Sofort abgießen und abkühlen lassen.
Die Möhren schaben, in große Stücke schneiden, gar kochen, abseihen und erkalten lassen.
Die Kartoffeln in 1,5 cm große Würfel schneiden, die Möhren grobhacken. Beide Gemüse in einer großen Schüssel mit den übrigen Zutaten gründlich vermengen. Den Salat mehrere Stunden durchziehen lassen und kurz vor dem Auftragen noch einmal mischen.
Für 8 bis 10 Personen.

GARTENSALAT

Er ist aus reiner Salatliebe entstanden und besonders erfrischend an heißen Sommerabenden, wenn man keine schweren, warmen Mahlzeiten essen mag. Eines schönen Tages im April kam er zum erstenmal als kleiner, bescheidener Salat auf den Tisch. Im Mai verfeinerten junge, süße Zuckererbsen seinen Geschmack. Der Juni brachte reife Avocados und die schönsten Tomaten, die zu neuen, wunderbaren Salatkombinationen anregten. Und zur Sommersonnenwende endlich war der Salat in seiner ganzen Pracht fertig, er wurde zum bunten Gartensalat und Schlemmermahl. Aber trotz seiner vielen Zutaten ist und bleibt er ein echter Salat, erlesen, saftig und frisch wie ein junger Sommermorgen.

Salatsorten zur Auswahl:
Römischer Salat, Kopfsalat, zarte junge Spinatblätter, Eisbergsalat, glatter und krauser Endiviensalat, Radicchiosalat, Feldsalat, Chicorée

Beliebteste Zutaten:
frische Zuckererbsen mit und ohne Schoten, grüne Paprikaschoten, feste frische Champignons, Avocados, grüne Frühlingszwiebeln, Tomaten, säuerliche grüne Äpfel, Gurken, Radieschen oder Rettich

Weitere Zutaten:
Käsewürfel, Alfalfakeime, Sonnenblumenkerne, grüne Oliven, Pimientoschoten, Pinienkerne

Dazu immer Vinaigrette (Seite 141)

Eine gute Salatmischung ergibt sich, wenn man zur Hälfte grüne Blattsalate und zur Hälfte Gemüse und sonstige Zutaten verwendet.
Die Salatblätter sorgfältig waschen, trocknen und in mundgerechte Stücke zerpflücken. Für 4 bis 6 Salatliebhaber mit gutem Apetit braucht man etwa die gleiche Menge wie normalerweise für 8 bis 10 Personen, nämlich 1 1/2 bis 2 große Köpfe Salat.
Dieser Salatmenge 1/2 bis 1 Tasse frische Zuckererbsen beifügen, je nach Geschmack. 1 Paprikaschote in Streifen schneiden. Etwa 10 recht große, feste, frische Champignons waschen und feinblättrig schneiden. 1 Avocado schälen und in bissengroße Stücke schneiden. 3 oder 4 Frühlingszwiebeln (mit Grün) hacken, 3 oder 4 feste, reife Tomaten in Sechstel oder Achtel schneiden. 1 säuerlichen grünen Apfel waschen, vierteln und in Scheiben schneiden. 1 mittelgroße Gurke schälen und in Scheiben schneiden. Zuletzt eine kleine Handvoll Radieschen in feine Scheibchen schneiden.
Die Salatblätter mit den zerkleinerten Gemüsen und Früchten vermischen. Die jeweiligen Mengen können

natürlich nach Vorliebe und Geschmack verändert werden. Wer gerne Käse im Salat hat, kann etwa 100 bis 125 g seiner Wahl in Würfel schneiden und unter den Salat mengen. Besonders empfehlenswert ist scharfer Cheddarkäse, Emmentaler, Gruyère, italienischer Fontinakäse (halbweich), Roquefort und Schafskäse.
Nun kann man auch noch grüne Oliven und, zu festlichen Gelegenheiten, Pinienkerne zufügen. Diese beiden Zutaten haben ein sehr eigenes Aroma, darum erst kosten und dann nach Geschmack zumessen.
Die Sauce bereitet man am besten gleich auf dem Salat in der Schüssel zu. Zuerst etwas Olivenöl darübergießen und untermengen, dann Weinessig, wieder vermischen. Mit Salz, Pfeffer und beliebigen Kräutern nach Geschmack würzen und erneut alles vermischen. Zwischendurch ständig abschmecken, nachwürzen, wieder kosten und etwas Gewürz zufügen, bis der Salat ein erlesenes Aroma hat. Natürlich kann die Vinaigrette auch in einer Extraschüssel hergestellt und auf einmal über den Salat gegossen werden. Eine kräftige Würze erreicht man mit viel Knoblauch, etwas feingewiegtem Basilikum und Oregano, einer Prise Estragon und Dillspitzen, die man in die Vinaigrette rührt. Den Salat schön angerichtet zu Tisch bringen und dazu eine Pfeffermühle herumreichen.

PIKANTE LINSEN IN ANANAS *Abb. 9*

1 Ananasfrucht
1 1/2 EL Butter
2 1/2 Tassen gekochte Linsen (etwa 1 Tasse ungekocht)
1/2 TL Salz
3/4 TL Kreuzkümmel
1/2 TL Senfkörner
1/2 TL Kurkuma
1/2 TL gemahlener Koriander
1 Prise Cayennepfeffer
2 große, feste Tomaten

Vinaigrette:
2 EL Weißweinessig
6 EL Olivenöl
1 TL Worcestersauce
1 TL französischer Senf
1 Knoblauchzehe
1/4 Tasse trockener Weißwein
Salz und frisch gemahlener schwarzer Pfeffer

Von einer großen, reifen Ananasfrucht den oberen Teil wie einen Deckel abschneiden und beiseite legen. Vorsichtig die Frucht völlig aushöhlen. Das harte Kernstück entfernen, den Saft abgießen und das Fruchtfleisch in kleine Stückchen schneiden. Die leere Schale umdrehen und mindestens 1/2 Stunde lang abtropfen lassen.
In einem Saucentopf die Butter zerlassen und die Gewürze hinzufügen. Nach einigen Minuten die gekochten, gut abgetropften Linsen dazugeben und alles gründlich vermischen. Dann erkalten lassen.
Die Tomaten in mundgerechte Stücke schneiden und mit dem kleingeschnittenen Ananasfleisch und den abgekühlten Linsen vermengen.
Aus Öl, Essig, Knoblauch, Senf und der Worcestersauce eine Vinaigrette zubereiten. Den Weißwein zugießen, und mit Salz und reichlich schwarzem Pfeffer würzen.
Die Linsen-Ananas-Mischung mit der Sauce anmachen und soviel wie möglich davon in die vorbereitete Ananasschale füllen. Zuletzt den Fruchtdeckel wieder aufsetzen, den übrigen Salat um die Frucht häufen und das Ganze gut gekühlt servieren.

Auf andere Art:

3 Ananasfrüchte der Länge nach halbieren, ohne die Spitzen abzuschneiden. Aus den 6 Hälften das Fruchtfleisch herauslösen. Nur das Fleisch von 2 Früchten verwenden, das übrige für späteren Gebrauch im Kühlschrank aufbewahren. Die Mengen der anderen Zutaten in angemessenem Verhältnis (also etwa auf das Dreifache) anheben, und weiter nach Rezept vorgehen. Zum Schluß große Portionen des Ananas-Linsen-Salates in die Schalenhälften häufen.
Für 6 Personen.

ZUCCHINI MIT AVOCADOFÜLLUNG

6 rundliche, gleichmäßig geformte Zucchini (etwa 750 g)
2 mittelgroße reife Avocados (etwa 350 g)
1 EL frischer Zitronensaft
1 EL Olivenöl
1 EL Weinessig
2 EL gehackte frische Korianderblätter (ersatzweise Petersilie)
½ kleine Zwiebel, feingewiegt
1 TL Salz

zum Garnieren:
Edelsüßpaprika
Korianderblätter (oder Petersilie)

Die Zucchini von den Stielen befreien und längs halbieren. In kochendem Salzwasser 4 Minuten blanchieren, abseihen und 1 Minute unter kaltem Wasser abschrecken. Mit einem Teelöffel vorsichtig aus jeder Zucchinihälfte so viel Fruchtfleisch herausstechen, daß noch eine etwa 5 mm dicke Schicht an der Schale bleibt. Das Fruchtfleisch zum Abtropfen in ein Sieb geben, die ausgehöhlten Schalen mit der Öffnung nach unten ungefähr 10 Minuten auf einen Gitterrost legen. Das gut abgetropfte Zucchinifruchtfleisch kleinhakken. Die Avocados schälen, entsteinen und feinhakken oder mit einer Gabel zerdrücken. Zucchini- und Avocadomasse vermengen, alle übrigen Zutaten hinzufügen und gut daruntermischen.
Die Zucchinischalen mit dieser Gewürzmasse füllen. Darüber der Länge nach eine Paprikaspur streuen, in die Mitte jeweils ein paar Korianderblätter stecken und die gefüllten Zucchini auf einer Platte anrichten. 1 oder 2 Stunden vor dem Auftragen kühl stellen.
Für 6 Personen als erster Gang.

SPARGELSCHAUM

2 Tassen Spargelpüree (von etwa 700 g geputztem, frisch gekochtem Spargel)
2 EL gemahlene weiße Gelatine
½ Tasse kaltes Wasser
1½ Tassen heiße Milch
½ Tasse Spargelbrühe (vom Spargelkochen)
2 EL Butter
3 Eier
1 Tasse Mayonnaise
½ Tasse saure Sahne
2 EL Zitronensaft
1 TL Zucker
½ TL Salz
1 reichliche Prise Cayennepfeffer
1 Prise Muskat
Pfeffer nach Geschmack

zum Garnieren nach Belieben:
Pimientostreifen
feine Gurkenscheiben
in Scheibchen geschnittene schwarze Oliven

Die Gelatine mit dem kalten Wasser anrühren und mit Spargelbrühe und Butter in die heiße Milch geben. Dieses Gemisch auf kleinster Flamme rühren, bis Gelatine und Butter völlig aufgelöst sind. Die Flüssigkeit vom Feuer nehmen, mit dem Schneebesen die Eier darunterziehen und das Ganze etwa 2 Minuten lang aufschlagen. Danach die Mischung kühl stellen, bis sie anfängt, fest zu werden, aber noch leicht gerührt werden kann.
Das Spargelpüree mit Mayonnaise, saurer Sahne, Zitronensaft, Zucker, Salz und Gewürzen zu einer glatten Masse verschlagen. Dann die Gelatinemischung hineinrühren. Das Ganze in eine geölte Zweiliterform gießen und etwa 3 Stunden kühlen, bis es fest geworden ist.
Den Spargelschaum auf eine gut gekühlte Platte stürzen und nach Belieben mit feinen *Pimiento*streifen, hauchdünnen Gurkenscheiben und Olivenscheibchen garnieren.
Für 8 Personen.

KALTER BROKKOLISCHAUM

Den Schaum zu heißen *Käseplätzchen* servieren.

1000 g Brokkoli
250 g Champignons
2 EL Butter
1 ½ TL Salz, nach Geschmack mehr
frisch gemahlener Pfeffer nach Geschmack
2 EL gemahlene weiße Gelatine
¼ Tasse kaltes Wasser
1 Tasse Sahne
¾ Tasse Gemüsebrühe II (Seite 90)
2 verquirlte Eier
1 TL zubereiteter Meerrettich (Glas)
¼ Tasse Zitronensaft
1 Tasse Mayonnaise

zum Garnieren:
kirschgroße Tomaten
Petersiliensträußchen

Den Brokkoli waschen und putzen. Den oberen Teil in Röschen zerteilen, die Stiele schälen und in Scheiben schneiden. In Salzwasser garen und sofort abseihen. Die eine Hälfte des Brokkoli feinhacken, die andere im Mixer oder mit einem Schnellmixstab pürieren. Die Pilze waschen und sehr fein hacken oder durch den Wolf (feine Scheibe) drehen, dann unter ständigem Rühren in Butter weichdünsten, bis alle Flüssigkeit verdampft ist. Mit Salz und Pfeffer abschmecken. Die Gelatine mit dem Wasser anrühren. Die Gemüsebrühe mit der Sahne erhitzen, die Gelatine zufügen und auf kleiner Flamme so lange rühren, bis sie völlig aufgelöst ist. Die Flüssigkeit vom Feuer nehmen und die Eier darunterschlagen.
Pilze, gehackten und pürierten Brokkoli, 1 ½ Teelöffel Salz, Meerrettich, Pfeffer, Zitronensaft und Mayonnaise gründlich miteinander vermischen.
Die Gelatinemischung unter gelegentlichem Rühren abkühlen lassen, bis sie fest zu werden beginnt. Jetzt das Brokkoligemisch hineinrühren. Abschmecken und die Würze korrigieren. Den Schaum in 6 bis 8 geölte Portionsförmchen oder Tassen füllen und mehrere Stunden in den Kühlschrank stellen, bis er ganz fest geworden ist. Die Schäumchen auf Teller stürzen und mit Kirschtomaten oder Fleischtomatenachteln und Petersilie verzieren.
Für 6 bis 8 Personen.

ROTE-BETE-ANANAS-SALAT

4 große rote Bete (etwa 700 g oder gekocht und gewürfelt 3 ½ Tassen)
1 ½ Tassen kleingeschnittene, abgetropfte frische Ananas
1 Tasse in dünne Scheiben geschnittener Bleichsellerie (nur die inneren Stangen)
¼ Tasse feingewiegte Zwiebeln
2 EL Olivenöl
6 EL Rotweinessig
Salz nach Geschmack

Die roten Bete in der Schale gar kochen (etwa 45 Minuten bis 1 Stunde). Abkühlen lassen, schälen und in etwa 5 mm dicke Würfel schneiden. Die Rübenwürfel mit den Ananasstückchen, Selleriescheiben und gehackter Zwiebel vermischen. Öl und Essig darübergießen, abschmecken und bei Bedarf noch etwas Salz zufügen. Alles gründlich vermengen und den Salat mehrere Stunden durchziehen lassen. Er soll kalt, aber nicht eiskalt serviert werden. In kleinen Schälchen oder auf Salatblättern anrichten.
Für 8 Personen.

GEFÜLLTE KANTALUPEN *Abb. 10*

Als ersten Gang mit dünnen, butterbestrichenen Brotscheiben oder knusprigen *Käseplätzchen* servieren.

1 große Gurke
1 mittelgroße Avocado
2 Tassen in Scheiben geschnittene frische Erdbeeren
½ Tasse Zitronensaft
2 EL Pflanzenöl
4 TL Zucker
¼ TL Salz
2 mäßig große Kantalupen (Zuckermelonen)

Die Gurke schälen, der Länge nach vierteln, entkernen und die vier Streifen in feine Scheibchen schneiden. Die Avocado halbieren, entsteinen und in mittelgroße Würfel schneiden. Gurkenscheiben, Avocadowürfel und Erdbeerscheibchen in einer Schüssel vermischen, mit Zitronensaft und Öl beträufeln und mit Zucker und Salz abschmecken. Den Salat gut mengen und 1 Stunde oder länger durchziehen lassen, nach Belieben im Kühlschrank.
Die Kantalupen durch Zickzackschnitt folgendermaßen halbieren: Mit einem scharfen, spitzen Messer einen schrägen, etwa 2 cm langen Schnitt bis in die Bauchmitte der Melone machen. Das Messer herausziehen und an diesen Schnitt anschließend den nächsten so anbringen, daß ein Winkel von etwa 90 Grad entsteht. In dieser Weise rund um die Melone fortfahren, bis sich der letzte Schnitt mit dem ersten trifft. Nun die Melonenhälften auseinanderziehen und entkernen.
Die Kantalupenhälften mit dem marinierten Obst-Gemüse-Gemisch füllen und vor dem Auftragen kurz kühlen.
Für 4 Personen.

OMELETTSALAT

6 Eier
3 EL Butter
Salz und Pfeffer nach Geschmack
4 EL feingewiegte frische Petersilie
3 EL feingehackter frischer Schnittlauch
3 EL feingewiegter frischer Dill
½ EL feingehackte frische Korianderblätter (oder mehr Petersilie)
2 EL Hausmacher-Mayonnaise (Seite 142)
1 Rezept Saure-Sahne-Sauce II (Seite 143)
Radicchio oder Kopfsalat
3 frische, reife Tomaten
1¼ Tassen eingelegte rote Bete in Scheiben

zum Garnieren:
Petersiliensträußchen
Radieschenrosetten

Aus jeweils 2 Eiern 3 dünne, einfache Omeletts von etwa 20 cm Durchmesser unter Verwendung der Butter (nach Anweisung Seite 214/215) herstellen, glatt auf einen Teller gleiten lassen und beiseite stellen.
Die Mayonnaise mit den frischen feingewiegten Kräutern und etwas Salz und Pfeffer würzen. Die 3 Omeletts gleichmäßig mit einem Drittel dieser Mischung bestreichen und fest aufrollen. Mit der Saumseite nach unten auf einen Teller legen, so daß sie sich nicht wieder öffnen können. Dann alle drei für 1 oder 2 Stunden in den Kühlschrank stellen.
Der Salat kann auf Portionsschälchen oder einer Platte angerichtet werden. Zuerst Salatblätter auslegen, darauf eine Schicht Tomatenscheiben, die mit jeweils einer essigsauren Rote-Bete-Scheibe belegt werden.
Die gekühlten Omelettrollen in etwa 2 cm dicke Scheiben schneiden und auf den Tomaten- und Rübenscheiben anrichten. Die Salatplatte mit Petersilie und Radieschenrosetten verzieren, auftragen und die gekühlte Saure-Sahne-Sauce dazu herumreichen.
Für 4 bis 6 Personen.

GEFRORENER OBSTSALAT

2 Tassen geschälte oder abgezogene frische Früchte (Gut geeignet sind Pfirsiche, Nektarinen, Erdbeeren, feste Bananen und entkernte Weintrauben; man kann nach Belieben nur eine Sorte oder gemischtes Obst verwenden.)
2 bis 4 TL Zucker
450 g Doppelrahm-Frischkäse
1 TL gemahlener Ingwer
¼ TL Salz
2 EL Zitronensaft
⅓ Tasse steifgeschlagene Sahne
½ Tasse gehackte Nüsse (nach Belieben)
Salatblätter
zusätzliche frische Früchte

Den Kühlschrank auf größte Kälte einstellen.
Die ausgewählten Früchte schälen oder enthäuten, würfeln und mit wenig Zucker süßen. Beiseite stellen und zunächst die anderen Zutaten verarbeiten.

Den Frischkäse mit Ingwer, Salz und Zitronensaft verrühren. Unter die cremige Käsemasse die Schlagsahne und die vorbereiteten Früchte heben, zuletzt nach Belieben gehackte Nüsse daruntermischen.
Die Masse in eine Form geben, zum Beispiel in Eiswürfelbehälter (ohne Einsatz) oder in kleine Portionsförmchen, und im Eisfach oder Tiefkühlfach erstarren lassen. Nach etwa 3 Stunden müßte die Masse fest sein. Dann taucht man die Form für einen kurzen Moment bis zum Rand in heißes Wasser und stürzt das Gefrorene auf einen Teller. Vereinfacht wird dieser Vorgang, wenn man die Förmchen vor dem Füllen ausfettet. Hat man den Salat in Eiswürfelbehältern gefroren, wird er vor dem Stürzen in Scheiben geschnitten. Auf Salatblättern anrichten und mit frischen Früchten garnieren. Dazu kann man *Vinaigrette für Obstsalate* reichen.
Etwa 8 Portionen.

OBSTSALAT

Dieses Rezept ist nicht auf bestimmte Zutaten festgelegt, denn die Früchte müssen der Jahreszeit entsprechen, wenn sie frisch sein sollen. Und die einzige goldene Regel für einen feinen Obstsalat ist: Nur ganz frische Früchte verwenden!
Es gibt die verschiedensten Saucen, mit denen man einen frischen Obstsalat anmachen kann. Wenn man die richtigen Früchte zusammenmischt, schmeckt er oft sogar ohne Sauce am besten. Saure Früchte kann man zuerst mit etwas Zucker bestreuen und dann mit Wein oder Weinbrand beträufeln. Saure Sahne eignet sich auch als Sauce, sollte aber sehr sparsam verwendet werden. Und, so seltsam es anmutet, auch eine Vinaigrettesauce paßt gut zu einigen Obstsalaten. Das Rezept für die geeignete Vinaigrette finden Sie auf Seite 141.

Hier ein paar Vorschläge für die Obstzusammenstellung:

Erdbeeren
Bananenscheibchen
Orangenscheiben
Nektarinen
entsteinte Pflaumen
entsteinte Aprikosen

Ananasstücke
entkernte Weintrauben
säuerliche ungeschälte Äpfel,
ohne Kerngehäuse gewürfelt
Erdbeeren

Pampelmusenspalten
Orangenspalten
Birnenscheiben

Weitere Salatrezepte finden Sie in den Kapiteln für ausländische Spezialitäten und bei *Torten und Desserts*:
Ensaladilla Russa, Weiße-Bohnen-Salat »Barcelona«, Geröstete Auberginen und Pimientoschoten in Öl, Guacamole, Cachumber, Gemischtes Eingemachtes, Früchte »Ambrosia«, Kalifornischer Obstsalat.

Warme Gemüsegerichte

Im Herzen der italienischen Stadt Verona liegt die wunderschöne *Piazza delle Erbe*. Auf der einen Seite dieses Platzes stehen mittelalterliche Amtsgebäude, auf der anderen ein Palazzo späteren Baustils. Dazwischen sind Dutzende von Gemüseständen mit Sonnenschirmen aufgebaut, und überall hört man fröhliches Lärmen und Feilschen um glänzende violette Auberginen, erdfarbene Pilze, rubinrote Tomaten, saftige, süß duftende Beeren und bunte Schnittblumen.

Inmitten des Marktgewühls plätschert ein anmutiger Brunnen des 13. Jahrhunderts, von dem herab eine schlanke steinerne Maid ernsthaft über den Platz blickt. Zu ihren Füßen schwimmen viele kleine Plastikschläuche, mit deren Hilfe das Brunnenwasser in Eimer und Gießkannen gefüllt wird. Damit werden die farbenprächtigen Blumen, Früchte und Gemüse laufend besprengt, um sie frisch zu halten.

Die Piazza delle Erbe ist wohl einer der schönsten Marktplätze, die es gibt, und sicher nicht allein wegen der verschwenderischen Fülle von herrlichem Obst, Gemüse und Blumen. Vielmehr ist sie der Ausdruck italienischer Lebensfreude, sie offenbart den Feinsinn der Italiener für Ästhetik, wie er sich in den Bauwerken und Brunnen widerspiegelt, und ihren praktischen Verstand, der sich darin äußert, daß sie Wasser aus dem öffentlichen Brunnen schöpfen und ihre Ware damit besprengen.

Alle Marktplätze der Welt haben eine eigene, faszinierende Atmosphäre, jeder einzelne ist wie ein bunter Salat mit einem ganz bestimmten Aroma, und einer übertrifft den andern im reichen Überfluß von Früchten und Gemüsen der Jahreszeit.

Covent Garden, einer der bekanntesten und beliebtesten Märkte Englands, ist inzwischen aus der Enge eines kleinen Platzes auf eine größere Marktfläche außerhalb der Stadt umgezogen. Der alte, einst so lebendige Marktplatz lag, als ich ihn zuletzt wiedersah, gespenstisch still und verlassen da und wartete auf neue Aktivitäten. Wer den Markt hier noch erlebt hat, wird sich gerne daran erinnern, wie man in der Station Covent Garden aus der Untergrundbahn in den großen Aufzug stieg. Schon etliche Stockwerke tief unter der Erde roch man die intensiven Düfte der Hunderte von Früchten und Gemüsen, und oben tauchte man in ein Wunderland der Kohlköpfe, Äpfel und Orangen ein, mitten im Herzen der Stadt.

In vielen anderen Städten überleben die alten Marktplätze, oft stehen sie in neuer Blüte. In Warschau ist überall Markt, auf jedem Platz und in jeder Straße stehen einzelne oder kleine Gruppen von hölzernen Ständen und bieten alles feil, was die Jahreszeit mit sich bringt. Auf Schritt und Tritt sieht man verführerische Angebote – hier einen kleinen Karren voller dunkelroter Herzkirschen, dort einen großen überdachten Stand, von dem lange Ketten getrockneter schwarzer Pilze auf Dutzende von schön aufgebauten Gemüsen herabhängen.

Der Straßenmarkt von Kairo ist Tag und Nacht geöffnet, Händler mit Turban und Kaftan sitzen ruhig bei ihren Schätzen von Gemüsen, Gewürzen, Kräutern und Früchten oder hinter Bergen von leuchtend roten, saftigen Wassermelonen, den besten der Welt. Der *San-Juan*-Markt von Barcelona erstreckt sich aus seinen großen Hallen und Gängen bis weit in die blumenbewachsene *Rambla* hinein, eine breite, parkähnliche Straße, allabendlicher Treffpunkt der Spaziergänger.

Für mich war es manchmal frustrierend, über solche Märkte zu gehen. Wie gerne hätte ich immer gleich alles mögliche eingekauft und in meine Küche getragen! Statt dessen konnte ich die ausgebreiteten Schätze nur betrachten und meiner Phantasie freien Lauf lassen. Aber ich machte mir auch Notizen, die ich dann mit nach Hause genommen habe. Mehr als einmal habe ich mir Gerichte und ganze Mahlzeiten ausgedacht, während ich über den *Farmers Market* von Los Angeles schlenderte und Köchen und Einkäufern zusah, wie sie Gurken einstachen und an Melonen schnupperten. Bei einem meiner Entdeckungsgänge kam mir auch der Gedanke an *Gefüllte Riesenchampignons*: Eines Tages fand ich ungemein große frische Champignons, mit Hüten von mindestens 8 cm Durchmesser – riesig, fest und rund. Ich kam nicht umhin, sie zu kaufen, und dann ging ich auf die Suche nach geeignetem Gemüse zum Füllen. Dabei stellte ich in Gedanken bereits ein Menü mit den Pilzen zusammen, zu dem ich Freunde einladen wollte. Abends gab es dann auch wirklich ein kleines Festessen.

Die meisten Gemüsezubereitungen sind keine Beilagen, sondern stehen wie die Riesenpilze im Mittelpunkt einer Mahlzeit. Viele sind herzhafte Winterspeisen von der Art, nach der man sich an stürmischen Regentagen, wenn es schon um fünf Uhr nachmittags dunkel wird, so recht sehnt. Dann sitzt man am liebsten am warmen Ofen oder Kaminfeuer und genießt einen Schmortopf und dunkles, hausgebackenes Brot. Doch selbst unter einfachen »Hordentöpfen« finden sich besonders reizvolle Kombinationen. *Süßsauer gefüllte Kohlbälle* nach dem mündlich überlieferten Familienrezept einer guten Freundin haben ein überraschend pikantes und feines Aroma. Ein Gericht wie der *Bunte Gemüsetopf* mit weichen, goldenen *Maismehlklößchen* ergibt mit gemischtem Salat, einer einfachen Süßspeise, Früchten und Käse zusammen eine vorzügliche Mahlzeit. Schmortöpfe und Aufläufe sind so leicht zuzubereiten, daß sie sich ideal für Feste und Buffets eignen. Als ersten Gang kann man ein elegantes kaltes Gemüsegericht wie zum Beispiel *Brokkolischaum* servieren und das Menü mit einer Torte oder der sündhaft fetten *Creme à la Irena* beschließen.

Im Sommer ist oft eine leichte heiße Speise die richtige Ergänzung für eine Kaltschale oder einen opulenten Salat. Probieren Sie einmal *Fritierte Champignons*! Außen sind sie knusprig, innen saftig, dazu gibt es Tatarsauce, *Paprikasauce* oder *Einfache Tomatensauce* und zum Nachspülen kühlen Weißwein. Bringen Sie nun noch Pfirsiche oder frische Himbeeren mit Kirschwasser auf den Tisch, und Sie haben ein feines Menü für ein Mittag- oder Abendessen im Freien.

Die Gemüsezubereitung erfordert höchste Sorgfalt und Aufmerksamkeit. Französische und chinesische Köche haben zu allen Zeiten der Gartenfrische von Gemüsen größten Wert beigemessen. Sie haben auch verstanden, daß eine schonende Zubereitungsart nicht nur den Nährwert der Gemüse weitgehend erhält, sondern gleichzeitig den frischesten, feinsten Geschmack und die beste Textur garantiert.

Wenn man Gemüse in Wasser auslaugen läßt oder zu lange kocht, begeht man eine Todsünde gegen den reinen Geschmack. Für einfaches Garen ist Dämpfen oder Dünsten zu empfehlen. Je kürzer die Kochzeit ist, desto besser bleiben Nährwert und Aroma erhalten. Soll Gemüse gekocht werden, so wenig Wasser wie nur möglich dazu verwenden. Es muß sprudelnd wallen, bevor das Gemüse hineingegeben wird. Ebenso muß das Fett zum Sautieren in der Pfanne zischen, dann erst wird das Gemüse darin angeschmort. Schälen sollte man Gemüse, so dünn es geht, denn oft sitzen die Vitamine und das feinste Aroma direkt unter der Haut. Frühkartoffeln, Möhren, Rettiche und dergleichen werden geschabt oder nur gründlich gebürstet.

Gemüse sind keine bloßen Zugaben. Sie haben ihren besonderen Charakter und einen Eigenwert, den man anerkennen und dem man Rechnung tragen sollte. Man kann verschiedene Gemüsesorten zusammenbringen; man kann sie mit Eiern und Käse kombinieren oder durch Kräuter und Gewürze geschmackliche Feinheiten herausstellen. Manche Gemüse dominieren auf dezente Weise, wenn sie allein oder in Verbindung mit anderen Köstlichkeiten auf dem Tisch stehen. Gut zubereitete Gemüse sind eine reine Gaumenfreude auch für den verwöhntesten Feinschmekker.

ROTE BETE IN ZITRONENSAUCE

750 bis 1000 g junge rote Bete (rote Rüben)
1 1/4 Tassen Rübenbrühe (vom Kochen)
1 Zitrone
1 EL frisch abgeriebene Orangenschale
2 1/2 EL Zucker
1/2 TL Salz
1/2 TL gemahlene Nelken
2 EL tiefgefrorenes Orangensaft-Konzentrat
1 1/2 EL Maisstärkemehl
1 EL Butter

Die roten Bete in der Schale eben gar kochen und abseihen; dabei die Kochflüssigkeit auffangen. Schälen und in dünne Scheiben schneiden (oder die gleiche Menge Bete aus der Konserve verarbeiten). Die Rübenbrühe (vom Kochen oder aus dem Glas) mit der abgeriebenen Schale und dem Saft der Zitrone, Orangenschale, Zucker, Salz, Nelkenpulver und Saft-Konzentrat in einen Topf geben. Die Maisstärke mit etwas Wasser zu einer glatten Paste verrühren und hinzufügen. Die Mischung leicht mit dem Schneebesen aufschlagen und kochen, bis sie klar ist.
Nun die Rote-Bete-Scheiben und die Butter zugeben, das Ganze noch einmal heiß werden lassen, abschmecken und sehr heiß servieren.
Für 6 bis 8 Personen.

ARTISCHOCKEN VINAIGRETTE

Zubereitung der Artischocken: Die Artischocken waschen, die äußeren Blätter entfernen, die Stiele und die Spitzen der verbliebenen äußeren Blätter abschneiden. Dann in sprudelnd kochendes Salzwasser mit etwas Olivenöl und Zitronensaft geben und zugedeckt etwa 40 Minuten garen, bis sich ein Blatt leicht herausziehen läßt. Aus dem Wasser nehmen und umgedreht zum Abtropfen hinstellen. Man kann sie heiß oder kalt servieren und reicht eine Sauce zum Eintunken dazu. Empfehlenswert ist Vinaigrettesauce oder Zitronenbutter mit frischen Kräutern.
Wie man Artischocken ißt: Man zieht jeweils ein Blatt aus der Frucht, taucht es in die Sauce und verzehrt den zarten unteren Teil des Blattes. Sind die Blätter alle ausgesogen, vom verbleibenden Teil die Fäserchen abkratzen und das Herz essen.
(Siehe auch *Artischocken-Cremesuppe*)

GESCHMORTE ARTISCHOCKEN AUF GRIECHISCHE ART *Abb. 12*

6 bis 8 kleine oder 4 große Artischocken
2 Zitronen
3/4 Tasse Olivenöl
1 feingehackte Zwiebel
4 große Möhren
12 bis 16 winzige Zwiebelchen
4 große Kartoffeln
1 TL Mehl
1 Bund frischer Dill, gehackt,
  oder 1 EL getrocknete Dillspitzen
Salz
frisch gemahlener schwarzer Pfeffer

Die Artischocken putzen (wie im vorigen Rezept beschrieben), bürsten, mit Zitrone einreiben und in gut gesalzenes Wasser legen, damit sie nicht schwarz werden.
Die Möhren schaben und in etwa 3 cm lange Stücke schneiden. Die kleinen Zwiebeln schälen. Die Kartoffeln schälen und in jeweils etwa 6 Stücke zerschneiden. In einem Schmortopf oder einer großen Kasserolle das Olivenöl erhitzen und die gehackte Zwiebel darin rasch andünsten.
Dann alle Gemüse außer den Artischocken in die Kasserolle geben und in dem heißen Öl einige Minuten unter ständigem Umwenden anbraten, bis die Kartoffeln Farbe nehmen. Zuletzt Mehl und Dill zufügen und gut rühren.
Den Topf vom Feuer nehmen, die Artischocken hineinlegen und die anderen Gemüse darum verteilen. Den Saft einer Zitrone darüberpressen, Salz und Pfeffer zufügen und die Gemüse knapp mit heißem Wasser bedecken. Einen gut schließenden Deckel auflegen und das Ganze je nach Größe der Artischocken 50 Minuten bis 1 1/2 Stunden im Ofen bei 190 Grad backen. Dabei sollte die Flüssigkeit sanft köcheln. Sehr

heiß auftragen. Der Kochsud wird zu einer köstlichen Sauce, die durch die Kartoffeln ganz leicht angedickt ist.
Ergibt 4 bis 6 Portionen.

WINTERGEMÜSETOPF

9 EL Butter
4 mittelgroße Porreestangen
500 g Zwiebeln
100 g Petersilienwurzeln
3 bis 4 sehr fein gewiegte Knoblauchzehen
1/4 TL Thymian
2 Lorbeerblätter
Rosmarin nach Geschmack
450 g Champignons
2 mittelgroße weiße Rüben
2 1/2 Tassen trockener Weißwein
3 EL Worcestersauce
500 g mehlige Kartoffeln
250 g kleiner Rosenkohl
3 EL Mehl
2 Tassen heiße Gemüsebrühe (Seite 90)
2 EL Weinessig
3 EL Melasse (oder Rübenkraut)
3 TL Paprika
1 Spritzer Tabasco
Salz und Pfeffer

In einem großen, schweren Topf 6 Eßlöffel Butter zerlassen. Den Porree putzen, die dunkelgrünen Teile wegschneiden, was übrigbleibt waschen und in Scheiben schneiden. Die Petersilienwurzeln schaben und in feine Scheibchen schneiden, die Zwiebeln schälen und vierteln.
Porree, Zwiebeln und Petersilienwurzeln mit Knoblauch, Thymian, Lorbeerblättern und Rosmarin in der Butter anbraten, bis der Porree Farbe genommen hat. Die Pilze waschen und putzen, sehr große Exemplare halbieren. Die Rüben schälen und in gut 1 cm dicke Würfel schneiden. Beide Gemüse mit dem Wein und der Worcestersauce zu dem Porree geben, umrühren und die Hitze drosseln.
Die Kartoffeln schälen und würfeln, den Rosenkohl waschen und putzen, beides zusammen in den Gemüsetopf geben, wieder umrühren und den Deckel auflegen.
In einem kleinen, schweren Saucentopf die restlichen 3 Eßlöffel Butter zerlassen und das Mehl hineinrühren. Die Einbrenne ein paar Minuten anschwitzen, mit der heißen Gemüsebrühe ablöschen und schnell mit dem Schneebesen durcharbeiten. Essig, Melasse, Paprika und einen Spritzer Tabasco zufügen, die Sauce mit dem Schneebesen glattschlagen und über das Schmorgemüse gießen. Das Ganze zugedeckt etwa 1 Stunde köcheln lassen, bis die Gemüse gar sind. Mit Salz und Pfeffer abschmecken. Sehr heiß servieren.
Für 8 bis 10 Personen.

GEBACKENE BOHNEN NACH ART DER CHARENTE

500 g getrocknete weiße Bohnen
Salzwasser
1 mittelgroße Zwiebel, mit 2 oder 3 Nelken gespickt
2 Knoblauchzehen
1/2 TL Thymian
1 Lorbeerblatt
1/4 Tasse Butter
1 kleine gehackte Zwiebel
1 Tasse Tomatenmark
1 Tasse der Bohnenbrühe
2 EL getrocknete Petersilie
1/4 Tasse Cognac
1/2 Tasse trockener Rotwein
Salz und Pfeffer nach Geschmack
1 TL Worcestersauce

nach Belieben:
2 Tomaten
1 Aubergine
Olivenöl

Die gewaschenen Bohnen mit Wasser bedeckt über Nacht einweichen. Am nächsten Tag mit noch zugegossenem Wasser in einen großen Topf geben, die gespickte Zwiebel, Knoblauch, Thymian und das Lorbeerblatt hinzufügen und das Ganze etwa 1 1/2 bis 2

Stunden sanft kochen, bis die Bohnen weich sind. Abseihen, dabei 1 Tasse der Flüssigkeit auffangen, und Zwiebel, Lorbeerblatt und Knoblauch entfernen.
In einem Saucentopf die Butter zerlassen und die gehackte Zwiebel darin weichdünsten. Dann Tomatenmark, Petersilie, die Bohnenbrühe, Cognac und Wein zufügen. (Guten Wein und feinen Cognac verwenden – das ist sehr entscheidend für das Aroma der Bohnen.) Die Sauce sollte mindestens 15 Minuten köcheln, bis sie leicht eingedickt und sämig ist. Daraufhin wird sie mit einer Prise Salz, viel frisch gemahlenem schwarzem Pfeffer und einem Schuß Worcestersauce gewürzt.
Nun die abgetropften Bohnen gut mit der Sauce verrühren. Eine große Kasserolle dünn mit Olivenöl auspinseln und die Bohnen hineinschütten. Wer das Besondere liebt, kann jetzt noch 1 Aubergine und 2 Tomaten in etwa 1 cm dicke Scheiben schneiden. Die Auberginenscheiben leicht mit Olivenöl bepinseln und kurz grillen. Dann Auberginen- und Tomatenscheiben mit Salz und Pfeffer bestreuen und abwechselnd in Kreisen so auf die Bohnen legen, daß sie sich überlappen. Die Kasserolle verschließen und die Bohnen 1 bis 1 $^1/_2$ Stunden bei 165 Grad backen. Heiß zu Tisch bringen
Ergibt 6 Portionen.

WÜRZIGE SOJABOHNENKASSEROLLE

Knapp 1 Tasse getrocknete Sojabohnen
(2 $^1/_2$ Tassen gekochte)
1 Tasse der Bohnenbrühe
3 EL Butter
$^1/_2$ TL Thymian
1 EL zerriebene getrocknete Petersilie
2 zerdrückte Knoblauchzehen
1 kleine feingehackte Zwiebel
$^1/_2$ TL Dillspitzen
Pfeffer
3 mittelgroße Tomaten
2 große (etwa 350 g) Squashfrüchte
(ersatzweise Zucchini)
$^1/_2$ Tasse geriebener Parmesankäse

Die Sojabohnen gründlich waschen und über Nacht in Salzwasser einweichen. Bei Bedarf noch Wasser zufügen und die Bohnen 3 oder 4 Stunden kochen, bis sie gar sind. Abseihen und 1 Tasse der Kochflüssigkeit für spätere Verwendung auffangen und bereithalten.
In einer großen Pfanne die Butter zerlassen, die Zwiebel einige Minuten darin anschwitzen, dann die Kräuter zufügen, alles zusammen noch ein paar Minuten dünsten, zuletzt die Sojabohnen mit ihrer Brühe zugeben und in der Pfanne brodeln lassen, bis die Flüssigkeit nach 10 bis 15 Minuten etwas eingekocht ist. In der Zwischenzeit eine große Kasserolle ausfetten, die Tomaten waschen und in Scheiben schneiden, den *Squash* waschen und mit Schale in hauchdünne Scheiben schneiden.
Den geriebenen Parmesankäse unter die Bohnen ziehen und die Hälfte dieser Masse in die Kasserolle füllen. Darauf zuerst eine Schicht Tomaten-, dann Kürbisscheiben (Squash) geben, das restliche Bohnengemisch darübergießen und wieder Tomaten und Squash einschichten. Obenauf Butterflöckchen verteilen und etwas Pfeffer streuen. Zugedeckt 2 Stunden bei 150 bis 160 Grad backen.
Für 4 bis 6 Personen.

GEBACKENE WACHTELBOHNEN MIT CHUTNEY

2 Tassen getrocknete Wachtelbohnen
1 Tasse der Bohnenbrühe
1 feingewiegte Zwiebel
$^1/_2$ Tasse beliebiges Chutney, sehr fein gehackt
(wenn es sehr scharf ist, nur $^1/_3$ Tasse verwenden)
1 $^1/_2$ TL Senfpulver
$^1/_2$ Tasse Honig
Salz
frisch gemahlener schwarzer Pfeffer
$^1/_3$ bis $^1/_2$ Tasse Joghurt (nach Belieben)

Die Bohnen gründlich waschen und in einem großen Topf mit etwa 1 Liter Wasser zum Kochen bringen. Auf kleiner Flamme zugedeckt mindestens 1 $^1/_2$ Stunden leise wallen lassen. Dann die Brühe abgießen, dabei 1 Tasse auffangen und in eine kleine Schüssel geben. Darin das Senfpulver auflösen, Zwiebel und Chutney sowie Salz und Pfeffer zufügen. Diese Sauce unter die Bohnen rühren. Das Bohnengemisch nun in eine Kasserolle oder feuerfeste Form gießen, den Honig gleichmäßig darauf verteilen und das Ganze zugedeckt 1 ½ Stunden bei 165 Grad backen. Nach dieser Zeit den Deckel abnehmen und die Bohnen im offenen Topf eine weitere halbe Stunde backen. Kochendheiß in der Kasserolle auftragen, dazu deftiges Brot und eine Schüssel frischen Salat reichen. Für 4 bis 6 Personen.

Dieses Gericht bekommt eine pikante Note, wenn man kurz vor dem Auftragen ein paar Löffel Joghurt unter die Bohnen hebt. Der Joghurt bringt das würzige Aroma und die feine Schärfe der Speise erst zur vollen Entfaltung. Joghurtfreunde schwören darauf, und wer kein Joghurtliebhaber ist, sollte es trotzdem einmal versuchen – wahrscheinlich wird er bekehrt!

BAKED BEANS

(gebackene Bohnen)

2 Tassen getrocknete Wachtelbohnen
1 Prise Natron
2 Zwiebeln
2 Knoblauchzehen
2 EL Olivenöl
1 Lorbeerblatt
Salz
3 bis 4 Tassen Brühe (Kartoffelschalen- oder Gemüsebrühe, Seite 91 oder 90)
½ Tasse Tomatenmark
1 EL scharfer Senf
1 Prise Cayennepfeffer
½ Tasse Melasse (ersatzweise Rübenkraut)
1 ½ TL gemahlener Ingwer
1 TL Hefeextrakt
2 EL Worcestersauce
3 EL Weinessig
4 Möhren
3 EL Butter
3 saftige grüne Äpfel
frisch gemahlener schwarzer Pfeffer

Die Bohnen über Nacht in Wasser mit einer Messerspitze Natron einweichen, dann zusammen mit 1 geschälten Zwiebel, Knoblauch, Olivenöl, dem Lorbeerblatt und etwas Salz ungefähr 2 Stunden leise kochen lassen. Danach seiht man sie ab. Ihre Schalen müssen gleich aufplatzen, wenn man darauf pustet. Aus 1 Tasse der Bohnenbrühe, Tomatenmark, 1 gehackten Zwiebel, dem Senf, Cayennepfeffer, Melasse, Ingwer, Hefeextrakt, Worcestersauce und Essig eine Sauce herstellen und gut unter die Bohnen mischen. Die Möhren schaben, in große Stücke schneiden und in einem gut verschlossenen Topf in Butter weichdünsten. Die Äpfel schälen, vom Kerngehäuse befreien und in Ringe schneiden.
In einen feuerfesten Tontopf oder eine schwere Kasserolle zuerst eine Lage der Bohnenmasse schichten, salzen und pfeffern, dann eine Schicht Möhren und Äpfel, darauf wieder Bohnen einfüllen und so fortfahren, bis alle Zutaten verbraucht sind. So viel Brühe zugießen, daß die Bohnen eben bedeckt sind. Den Topf fest verschließen und das Gemüse 7 bis 8 Stunden bei 150 bis 160 Grad backen. Alle 2 oder 3 Stunden nachsehen, ob die Bohnen auch nicht austrocknen, und nötigenfalls noch Brühe zugießen.
Für 6 bis 8 Personen.

PIKANT GEBACKENE KICHERERBSEN

1 Tasse getrocknete Kichererbsen
1 Prise Natron
3 reife Tomaten
1 große grüne Paprikaschote
1 Zwiebel
2 bis 3 EL Olivenöl
2 feingehackte Knoblauchzehen
Estragon
Basilikum
Petersilie
Salz und Pfeffer

Die Kichererbsen über Nacht in Wasser mit einer Prise Natron einweichen. Am nächsten Tag abseihen, abschrecken und knapp mit Wasser bedeckt etwa 1 Stunde kochen.

Die Tomaten ganz kurz in kochendheißes Wasser tauchen und abhäuten. In ziemlich große Stücke hacken. Die Paprikaschote in feine streichholzgroße Streifen schneiden. Die Zwiebel schälen, vierteln und in dünne Scheibchen schneiden. Die feinen Paprikastreifen und hauchdünnen Zwiebelscheiben mit dem Knoblauch in etwas heißem Olivenöl ein paar Minuten anbraten, dann eine Prise zerstoßenes Basilikum, etwas zerriebenen Estragon und die gehackten Tomaten hinzufügen. Während diese Mischung 1 oder 2 Minuten gedünstet wird, die Erbsen abseihen und von abgeplatzten Schalen befreien.
Nun Kichererbsen und Tomatengemisch vermengen, in eine schöne feuerfeste Tonform geben, fest verschließen und im Ofen 1 Stunde bei 165 Grad backen. Ergibt 4 bis 6 Portionen. Auch kalt ein Hochgenuß!

GEBACKENE SOJABOHNEN MIT CHUTNEY

1 Tasse getrocknete Sojabohnen
1/3 Tasse feingewiegtes Chutney
(vorzugsweise Mangochutney)
175 g Tomatenmark (2 1/2 kleine Dosen)
1 1/2 TL Senfpulver
1 1/2 Tassen der Bohnenbrühe
16 bis 20 kleine Zwiebeln
3 EL Melasse (bzw. Rübenkraut)

Die Bohnen gründlich waschen und über Nacht in Salzwasser einweichen. Wenn nötig, noch etwas Wasser zugießen, und die Bohnen 3 oder 4 Stunden gar kochen. Abseihen, dabei 1 1/2 Tassen der Brühe auffangen.
Chutney, Tomatenmark und Senfpulver gut miteinander verrühren. Die abgetropften Bohnen mit der zurückbehaltenen Brühe, die geschälten Zwiebeln sowie die Melasse dazumischen und alles zusammen so lange köcheln, bis die Flüssigkeit eingekocht und dicklich ist. In eine Kasserolle oder andere feuerfeste Form gießen und zugedeckt 1 bis 1 1/2 Stunden bei 165 Grad backen.
Durch das Chutney bekommt der Bohnentopf ein kräftiges, pikantes Aroma. Wer die gebackenen Bohnen lieber süßlich mag, kann etwas mehr Melasse zufügen.
Für 4 Personen.

ÜBERBACKENE GEFÜLLTE AUBERGINEN

3 mittelgroße runde Auberginen
2 rote Paprikaschoten
4 bis 5 EL Olivenöl
Salz und Pfeffer
sehr fein gewiegter Knoblauch
2 Zwiebeln
3 bis 4 Stengel frische Petersilie
Basilikum
3 bis 4 Tomaten

zum Überbacken:
1 Tasse geriebene Walnüsse
1/2 Tasse Weizenkeime
3/4 Tasse geriebener Parmesankäse
2 EL zerlassene Butter
1 Tasse Milch oder Sahne

Die Auberginen längs halbieren und so aushöhlen, daß eine etwa 5 mm dicke Schicht Fruchtfleisch an der Schale bleibt. Das herausgeschabte Fruchtfleisch in ziemlich große, die Paprikaschoten in kleine Würfel schneiden, ein Drittel einer Paprikaschote zum Verzieren zurückbehalten.
In einer großen Pfanne etwa 3 Eßlöffel Olivenöl erhitzen und die beiden zerkleinerten Gemüse unter leichtem Wenden darin andünsten. Wenn die Auberginenwürfel weich werden, etwas Salz, Pfeffer und nach Wunsch ein wenig zerdrückten Knoblauch zufügen. Diese Mischung gleichmäßig auf die 6 Auberginenschalen verteilen und gut hineindrücken. Zwiebeln, Petersilie und Tomaten hacken. Die Zwiebeln mit der Petersilie, einer Prise zerstoßenem Basilikum und etwas feingewiegtem Knoblauch in dem restlichen Olivenöl anschwitzen. Wenn sie eben weich sind, die gehackten Tomaten zugeben, das Ganze ein paar Minuten dünsten und ebenfalls in die Auberginenhälften füllen, so daß die Schalen bis zum Rand voll sind, aber nicht überlaufen.

Zuletzt Weizenkeime, Walnußmehl und Parmesankäse vermischen und mit der flüssigen Butter sowie Milch (nach Bedarf) zu einer cremigen Paste verrühren. Die Auberginenhälften damit bestreichen und mit feinen Streifen der zurückbehaltenen roten Paprikaschote verzieren. In eine gefettete Form geben und etwa 45 Minuten bei 175 Grad backen. Sehr heiß servieren.
6 Portionen.

GESCHMORTE AUBERGINEN

2 große Auberginen
Olivenöl und Salz nach Geschmack
2 große Zwiebeln
3 sehr fein gewiegte Knoblauchzehen
1/3 Tasse Olivenöl
3 große Tomaten
1 Tasse gekochter, gehackter Spinat
1/4 Tasse feingehackter Schnittlauch
1/2 Tasse gehackte Sellerieblätter
1 1/2 TL Oregano
reichlich Pfeffer nach Geschmack
2 EL Zitronensaft
1/4 Tasse Sesamkörner

Die Auberginen schälen, der Länge nach in knapp 1 cm dicke Scheiben schneiden und diese nochmals in 2 bis 3 Längsstreifen zerteilen. Die Streifen auf ein Backblech legen, mit Olivenöl bepinseln, leicht salzen und im vorgeheizten Grill bei mäßiger Hitze in 7 bis 10 Minuten goldbraun werden lassen. Umwenden, die andere Seite mit Öl bestreichen und auch goldbraun grillen.
In der Zwischenzeit die Zwiebeln schälen und hacken, den Knoblauch zerdrücken und beides zusammen im Olivenöl glasig schwitzen. Nun die in Spalten geschnittenen Tomaten, den Spinat, Schnittlauch und Sellerieblätter zufügen und etwa 10 Minuten mitdünsten. Das Ganze mit Salz, Pfeffer, Oregano und Zitronensaft abschmecken.
Ein paar Eßlöffel dieser Sauce auf dem Boden einer ziemlich großen feuerfesten Tonkasserolle verteilen, und etwa ein Drittel der gegrillten Auberginenstreifen darauf auslegen. Wieder etwas Sauce darüberfüllen und weiter einschichten, bis alles aufgebraucht ist. Die letzte Auberginenschicht mit der restlichen Sauce bedecken. Die Tonform mit einem Deckel dicht verschließen und die Gemüse auf mittlerer Flamme 10 Minuten köcheln.
Die Sesamkörner auf ein Backblech geben und im heißen Ofen bei 175 Grad unter gelegentlichem Rühren goldbraun rösten. Die Auberginen damit kurz vor dem Anrichten bestreuen.
Für 5 bis 6 Personen.

AUBERGINEN AUF UKRAINISCHE ART

1 Tasse gehackte Zwiebeln
4 EL Olivenöl
250 g (4 mittelgroße) Möhren
2 mittelgroße grüne Paprikaschoten
1000 g Auberginen
750 g abgezogene, geviertelte Tomaten
2 sehr fein gewiegte Knoblauchzehen
2 1/2 TL Salz
1 Prise Cayennepfeffer
2/3 Tasse Zitronensaft
2 TL Zucker
frisch gemahlener schwarzer Pfeffer nach Geschmack

zum Garnieren:
1/2 Tasse feine Zwiebelringe (von jungen Zwiebeln oder Frühlingszwiebeln mit Grün)

Die gehackten Zwiebeln 5 Minuten im Olivenöl braten. Inzwischen die Möhren schaben und in feine Scheibchen schneiden. Die Paprikaschoten waschen, putzen und in schmale, 2 bis 3 cm lange Streifen schneiden. Die Auberginen der Länge nach in 1 cm dicke Scheiben, dann in 1 cm breite, etwa 4 cm lange Streifen schneiden.
Die Möhrenscheiben zu den Zwiebeln in die Kasserolle geben und 5 Minuten andünsten. Nun Paprika- und Auberginenstreifen, Tomatenviertel, Knoblauch, Salz, Cayennepfeffer, Zitronensaft, Zucker und Pfeffer hinzufügen und das Gemüse 1/2 Stunde im geschlossenen, dann ungefähr 15 Minuten im offenen Topf

13 Gefüllte Riesenchampignons
Rezept Seite 184

14 Ratatouille
Rezept Seite 197

15 Florentiner Eier
Rezept Seite 202

16 Dreikäsehochs
Rezept Seite 213

schmoren lassen, dabei gelegentlich umrühren. Die Tomatenflüssigkeit soll stark einkochen.
Die Auberginen mit grünen Zwiebelringen bestreuen und heiß oder kalt servieren.
Für 8 Personen.

AUBERGINENKASSEROLLE MIT TOMATEN

1 große Aubergine (etwa 750 g)
1 ½ TL Salz
2 verquirlte Eier
2 EL zerlassene Butter
frisch gemahlener schwarzer Pfeffer
2 bis 3 EL gehackte Zwiebeln
½ TL zerstoßener Oregano
½ Tasse Paniermehl
2 große, in dünne Scheiben geschnittene Fleischtomaten
60 g geriebener Cheddarkäse (ersatzweise Chester oder Gruyère)
¼ Tasse geriebener Parmesankäse
Paprika

Die Aubergine schälen und in Scheiben schneiden. Eine Pfanne etwa 3 cm hoch mit siedendem Salzwasser füllen, die Auberginenscheiben hineinlegen und zugedeckt ungefähr 10 Minuten kochen, dann abseihen. Das weiche Fruchtfleisch zerstampfen und mit den Eiern, der flüssigen Butter, Pfeffer, gehackter Zwiebel, Oregano und Paniermehl verrühren.
Eine flache feuerfeste Form von 1 ½ Litern Fassungsvermögen ausfetten und ihren Boden mit der Hälfte der Tomatenscheiben belegen. Die Auberginenmasse gleichmäßig darauf verteilen und mit den restlichen Tomatenscheiben bedecken. Die geriebenen Käse vermischen und darüberstreuen. Zuletzt mit etwas Paprika verzieren.
Das Gemüse ungefähr 45 Minuten bei 190 Grad backen.
Für 6 Personen.

AUBERGINE MIT KAPERN

1 große Aubergine, kleingewürfelt
3 EL Olivenöl
1 Knoblauchzehe, sehr fein gewiegt
1 Zwiebel, geviertelt und in feine Scheibchen geschnitten
½ bis ¾ Tasse Sellerie, gehackt
1 EL Tomatensauce
Wasser nach Bedarf
3 bis 4 EL Kapern
12 entsteinte schwarze Oliven
6 grüne gefüllte Oliven
2 bis 3 EL Weinessig
1 EL Zucker
Salz
Pfeffer nach Geschmack
Zitronenscheiben

Für dieses Gericht eignet sich am besten ein spezialbeschichteter Schmortopf, in dem nichts klebenbleibt und anbrennt, mit fest schließendem Deckel.
Die Aubergine in 2 Eßlöffeln Olivenöl anbraten. Wenn sie weich zu werden beginnt, aus dem Topf nehmen und beiseite stellen. Den dritten Löffel Olivenöl erhitzen und die Zwiebel mit dem Knoblauch darin goldgelb schwitzen. Dann Sellerie, Tomatensauce und ein paar Löffel Wasser zufügen und alles zusammen im geschlossenen Topf 10 bis 15 Minuten dünsten, dabei ab und zu umrühren. Bei Bedarf noch etwas Wasser zugießen.
Danach die Aubergine wieder hineingeben, dazu auch die Kapern und die gehackten Oliven. Den Essig mit dem Zucker erhitzen und gleichfalls zugießen. Das Ganze mit Salz und Pfeffer abschmecken und weitere 10 bis 15 Minuten sanft köcheln. Aufpassen, daß es nicht anbrennt. Heiß oder kalt mit Zitronenscheiben garniert servieren.
Eine pikante appetitanregende Vorspeise für 6 bis 8 Personen.

AUBERGINEN MIT KÄSE UND WALNÜSSEN

1125 g feste Auberginen
Salz
3 oder 4 Knoblauchzehen, in Scheiben geschnitten
$^1/_2$ Tasse Olivenöl
2 rote Zwiebeln, geschält, halbiert und in Scheiben geschnitten
3 Tassen abgezogene italienische (längliche) Tomaten mit ihrem Saft (evtl. aus der Dose)
$^1/_3$ Tasse trockener Weißwein
frisch gemahlener schwarzer Pfeffer
1 $^1/_3$ Tassen Walnußstückchen
250 g Fontinakäse (ersatzweise junger Gouda)
125 g Mozzarellakäse

Die Auberginen entstielen und der Länge nach in gut 1 cm dicke Scheiben schneiden. Die Scheiben beidseitig kräftig salzen, $^1/_2$ Stunde Saft ziehen und abtropfen lassen.
In einer großen Pfanne das Olivenöl erhitzen und den Knoblauch darin einige Minuten rösten, dann entfernen. Die Auberginenscheiben abspülen, kurz zwischen den Handflächen auspressen, mit dem Olivenöl aus der Pfanne bepinseln und portionsweise von beiden Seiten ein paar Minuten grillen, bis sich schwarze Fleckchen zeigen.
In dem in der Pfanne verbliebenen Öl die Zwiebelscheiben bei großer Hitze rasch etwas Farbe nehmen lassen. Nun die in sehr dicke Scheiben geschnittenen Tomaten mit ihrem Saft zufügen, den Wein einrühren und das Ganze unter häufigem Rühren ein paar Minuten auf großer Flamme brodeln lassen. Mit einem halben Teelöffel Salz und einer Prise Pfeffer nach Geschmack würzen.
Die Tomatensauce in eine große, flache Kasserolle geben. Darauf die gegrillten Auberginenscheiben so auslegen, daß sie sich überlappen, etwas Salz und Pfeffer darüberstreuen und die Walnußstückchen gleichmäßig obenauf verteilen. Nun den in Scheiben oder Streifen geschnittenen Fontinakäse über die Nüsse legen und zum Schluß mit dem geriebenen Mozzarella bestreuen.
Das Ganze im vorgeheizten Ofen bei 175 Grad 10 bis 30 Minuten backen: Es muß vor Hitze blubbern und eine leicht gebräunte Kruste aus geschmolzenem Käse haben. Sofort auftragen.
Für 8 Personen.

AUBERGINE »PARMIGIANA«

(Aubergine mit Parmesankäse)

1 mittelgroße Aubergine in dicken Scheiben
Mehl
1 Ei, mit etwas Milch verquirlt
Paniermehl, Weizenkeime oder geriebene Kräcker
Olivenöl
225 g Emmentaler oder Mozzarella, in Scheiben geschnitten
175 g (2 $^1/_2$ kleine Dosen) Tomatenmark
Weiß- oder Rotwein nach Bedarf
1 Prise Oregano
1 Knoblauchzehe
Salz und Pfeffer
1 Tasse frisch geriebener Parmesankäse

Anmerkung d. Übers.: Statt Emmentaler oder Mozzarella nehmen Sie noch besser ganz jungen Parmesan, wenn Sie diesen bekommen sollten. Er darf aber nicht zu fest sein, denn sonst zerläuft und bräunt er nicht, wird beim Überbacken auch bitter.

Die Aubergine waschen und mit der Schale in etwa 2 cm dicke Scheiben schneiden. Diese Scheiben zuerst in Mehl, dann in verquirltem Ei und zuletzt in Semmelmehl wenden, so daß sie rundherum gut paniert sind. Jetzt werden sie portionsweise in etwas Olivenöl auf beiden Seiten schön braun gebraten. Dabei gut aufpassen und nötigenfalls Öl nachgießen.
Sind die Auberginenscheiben knusprigbraun, verteilt man sie auf ein Backblech und belegt jede mit einer oder zwei Scheiben Emmentaler Käse oder italienischem Mozzarella. Aus Tomatenmark und Wein eine dickliche Sauce herstellen und mit Oregano, Salz, Pfeffer sowie einer zerdrückten Knoblauchzehe würzen. Jeweils 2 oder 3 Eßlöffel dieser Sauce auf jede Käsescheibe streichen. Zuletzt den geriebenen Parmesankäse darüberstreuen. Die Auberginenscheiben

bei 200 bis 210 Grad etwa 15 Minuten überbacken und ofenheiß servieren.
Ein herzhafter Schmaus für 4 bis 6 Personen.

SESAMAUBERGINE

1 große Aubergine
1 durchgepreßte Knoblauchzehe
3/4 TL Salz
3 EL saure Sahne
1 TL Zitronensaft
1 Prise Cayennepfeffer
eine reichliche Menge frisch gemahlener schwarzer Pfeffer
2 1/2 EL Sesamkörner

Die Aubergine mehrmals mit einer Gabel einstechen und im Ofen bei mittlerer Hitze mindestens 1 Stunde backen – sie soll butterweich sein. Etwas abkühlen lassen, dann das ganze Fruchtfleisch aus der Schale kratzen und gut zerstampfen. Alle Zutaten außer den Sesamkörnern dazumischen.
Den Sesam in einer kleinen Pfanne entweder im Backofen bei 200 bis 210 Grad oder unter ständigem Rühren auf dem Herd rösten. Wenn er goldbraun geworden ist, aus dem Ofen oder vom Feuer nehmen und leicht abkühlen lassen. Etwa die Hälfte davon unter die Auberginenmasse ziehen, das Gemüse in einer attraktiven Schüssel anrichten und mit dem übrigen gerösteten Sesam bestreuen. Als Teil einer *Antipasti*-Platte, als Aufstrich zu Knäckebrot oder als Beilage zu *Überbackener Polenta* servieren.
Ergibt bei Verwendung einer mittelgroßen Aubergine etwas weniger als 2 Tassen.

BUNTER GEMÜSETOPF

1 1/2 große Zwiebeln
4 1/2 EL Olivenöl
5 bis 6 Knoblauchzehen, sehr fein gewiegt
3/4 TL gemahlener Kreuzkümmel
3/4 TL Zimt
3/4 Tasse scharfe Chilischoten, gewürfelt
1 1/2 l gekochte Tomaten mit der Flüssigkeit
600 g Kürbis, geschält und in gut 1 cm große Würfel geschnitten
1 1/2 TL Salz
1 1/2 Tassen Wasser
1 Rezept Maismehlklößchen (nachstehendes Rezept)
600 g Zucchini, in etwa 5 mm dicke Scheiben geschnitten
3 bis 4 EL gehackte frische Korianderblätter (ersatzweise glatte Petersilie)
1 1/2 TL Zucker

Die Zwiebeln schälen, vierteln und in Scheiben schneiden. In einem großen Topf das Olivenöl erhitzen und die Zwiebeln darin glasig dünsten, dann Knoblauch, Kreuzkümmel, Zimt sowie gehackte Chilischoten zufügen und alles unter ständigem Rühren noch einige Minuten rösten. Zuletzt die Tomaten mit ihrem Saft, Kürbiswürfel, Salz und Pfeffer zugeben. Bei mäßiger Hitze im geschlossenen Topf etwa 1 Stunde sanft köcheln.
In der Zwischenzeit den Klößchenteig zubereiten.
Nach einer Stunde die Zucchini, Korianderblätter und Zucker in den Gemüsetopf geben und 5 bis 6 Minuten mitköcheln lassen.
Nun die Klößchenmasse teelöffelweise zu dem Gemüse geben, den Topf dicht verschließen. Weitere 20 Minuten leicht kochen.
Für 6 bis 8 Personen.

MAISMEHLKLÖSSCHEN

1 Tasse (gelbes) Maismehl
1/3 Tasse Weizenmehl
1 TL Backpulver
3/4 TL Salz
1 TL Zucker
1 Ei
1/2 Tasse Sahne
1 1/2 EL zerlassene Butter

Das gesiebte Mehl mit Backpulver, Salz und Zucker vermischen. Das Ei mit der Sahne verschlagen und dazurühren, dann die flüssige Butter zufügen und den

Teig abrühren. Mit einem Teelöffel kleine Klößchen abstechen und in siedender Suppe, Schmorgemüse oder stark gesalzenem Wasser 14 bis 15 Minuten ziehen lassen.
Ergibt etwa 2 Dutzend Klößchen.

FENCHELSCHMORTOPF MIT ZITRONENSAUCE *Abb. 11*

500 g getrocknete Limabohnen (etwa 2 Tassen – oder eine entsprechende Menge halbgar gekochte dicke Bohnen)
9 Tassen kaltes Wasser
2 1/2 TL Salz, nach Geschmack mehr
gut 1000 g Fenchelknollen
2 große Zwiebeln
350 g grüne Bohnen
250 g Möhren
250 g Champignons
1/2 Tasse Butter
3 Eier
Saft von 2 großen Zitronen (etwa 1/3 Tasse)
Pfeffer nach Geschmack

Die Limabohnen mit 7 Tassen kaltem Wasser und 1 Teelöffel Salz zum Kochen bringen, dann auf kleiner Flamme 1 Stunde sanft köcheln. Von Zeit zu Zeit abschäumen.
Den Fenchel putzen, dabei die Strünke und schlechten äußeren Blätter entfernen. Sehr sorgfältig waschen, damit kein Schmutz zwischen den Blättern hängenbleibt, und in Stücke von 2 cm Breite und 5 cm Länge schneiden. Die Zwiebeln schälen und in 2 cm große Würfel schneiden, die Brechbohnen putzen und in 2 cm lange Stücke schneiden. Die Möhren schaben und in dicke Scheiben oder, wenn sie sehr schlank sind, in 2 cm lange Stücke schneiden. Die Pilze waschen und putzen.
In einem großen Topf die Butter zerlassen und den Fenchel mit den Zwiebeln unter gelegentlichem Rühren 10 bis 12 Minuten darin andünsten. Grüne Bohnen, Möhren und Pilze dazugeben und ein paar Minuten braten. Dann die halbgaren Limabohnen (oder dicken Bohnen) mit ihrer Brühe, zusätzliche 2 Tassen Wasser und noch 1 1/2 Teelöffel Salz vorsichtig unter das Gemüse rühren, den Topf verschließen, und das Ganze 45 Minuten oder länger auf kleiner Flamme leise köcheln lassen, bis alles gar ist.
Die Eier mit dem Zitronensaft verquirlen und mit etwa 1 Tasse der heißen Gemüsebrühe kräftig verschlagen. Die Bindeflüssigkeit an das Gemüse gießen und auf kleinster Flamme so lange rühren, bis die Gemüsebrühe legiert ist – nicht mehr kochen lassen. Nochmals mit Salz und Pfeffer abschmecken und servieren.
Für 6 bis 8 Personen.

GEFÜLLTE RIESENCHAMPIGNONS *Abb. 13*

10 bis 12 sehr große frische Champignons (700 bis 900 g)
6 EL Butter
2 durchgepreßte Knoblauchzehen
1 TL Thymian
1 mittelgroße gehackte Zwiebel
3 kleingeschnittene Stangen Bleichsellerie
1 säuerlicher grüner Apfel, geputzt, geschält und kleingehackt
1 EL Petersilie
1/8 TL Majoran
1/8 TL Oregano
Salz und frisch gemahlener schwarzer Pfeffer
etwa 4 Tassen Weißbrotwürfel
1 Tasse Gemüsebrühe (Seite 90)

Die Pilze sehr sorgfältig waschen und von den Stielen befreien. Wenn die Stiele beim Herausbrechen keine große Höhlung hinterlassen, mit einem Teelöffel die Mulde vergrößern. In einer großen Pfanne 2 Eßlöffel Butter zerlassen, 1 zerdrückte Knoblauchzehe und den Thymian hineinrühren und 1 Minute anschwitzen. Dann die Pilzhüte zufügen und ein paar Minuten braten, dabei in der Pfanne bewegen, damit sie gleichmäßig bräunen. Herausnehmen und beiseite stellen.
Die restliche Butter mit der zweiten Knoblauchzehe, den Kräutern, der gehackten Zwiebel, dem Sellerie und den kleingeschnittenen Äpfeln in die Pfanne geben. Die Pilzstiele hacken und gleichfalls beifügen.

Diese Mischung unter häufigem Rühren so lange andünsten, bis die Zwiebeln glasig sind. Nun die Brotwürfel hinzufügen und gut mit den anderen Zutaten vermengen. Salzen und freizügig mit Pfeffer bestreuen. Weiterbraten, bis die Brotwürfel die Butter völlig aufgesogen haben. Sollte das Gemüse zu trocken werden, mit etwas Brühe anfeuchten.

Diese Füllung in die Pilzhüte streichen und ein wenig aufhäufen. Eine große feuerfeste Form mit gut schließendem Deckel ausfetten und ihren Boden mit einer Schicht gefüllter Pilze belegen. Die übrigbehaltene Gemüsebrühe dazugießen und den Deckel auflegen. Die Pilze 45 bis 50 Minuten bei 175 Grad backen. Ab und zu nachsehen, ob sie nicht austrocknen. Heiß auf den Tisch bringen.

Als erster Gang für 4 bis 5 oder als Vorspeise für 8 bis 10 Personen.

PILZE »BERKELEY«

500 g frische Champignons
2 mittelgroße Paprikaschoten
1 Zwiebel
$^1/_2$ Tasse Butter

Sauce:
2 EL Dijonsenf
2 EL Worcestersauce
$^1/_2$ Tasse brauner Zucker
$^3/_4$ Tasse milder Rotwein
frisch gemahlener schwarzer Pfeffer
Gewürzsalz

Die Pilze waschen und die größeren Exemplare halbieren. Die Paprikaschoten waschen, putzen und in etwa 2 cm große Würfel schneiden. Die Zwiebel schälen und hacken. In einem großen Saucentopf die Butter zerlassen und die Zwiebel darin glasig dünsten. Die Sauce folgendermaßen zubereiten: Senf, Zucker und Worcestersauce zu einer glatten Paste verrühren. Mit dem Wein aufgießen, mit einer reichlichen Prise frisch gemahlenem Pfeffer sowie etwas Gewürzsalz abschmecken und gut durchrühren.

Ist die Zwiebel glasig geworden, Pilze und Paprikastückchen dazugeben und unter häufigem Umrühren anbraten. Wenn die Pilze anfangen zu bräunen und zusammenzuschrumpfen, mit der Weinsauce ablöschen.

Das Ganze bei Mittelhitze etwa 45 Minuten sanft wallen lassen, bis die Sauce eingekocht und dicklich ist. Pilze und Paprikawürfel werden zuletzt schwärzlich und unansehnlich, sind aber in Geschmack und Aroma unvergleichlich.

4 bis 6 Portionen.

MARINIERTE PILZE ORIENTALISCH

500 g halbierte Champignons
3 EL Butter oder Ghee (Seite 326)
2 oder 3 Lorbeerblätter
1 Prise zerriebener Thymian
1 feingehackte Zwiebel
1 Tasse kräftige Gemüsebrühe oder Gemüse- und Kartoffelschalenbrühe (Seite 90 bis 91) gemischt
1 Tasse trockener Rotwein
2 EL Tomatenmark
1 EL feingewiegte Petersilie
Salz und Pfeffer

In einem großen Saucentopf die Butter zerlassen und die Lorbeerblätter sowie den zerstoßenen Thymian etwa 5 Minuten darin anschwitzen. Dann die Zwiebel und einige Minuten später die Pilze hinzufügen. Kurze Zeit rasch anbraten und mit der Brühe aufgießen. Wein, Tomatenmark und Petersilie unterrühren, großzügig schwarzen Pfeffer hineinmahlen und mit Salz abschmecken. Alles zusammen $^1/_2$ Stunde oder länger langsam köcheln lassen, bis die Flüssigkeit zu einer dicken Sauce eingekocht ist. Die Lorbeerblätter entfernen und die Pilze sehr heiß in einer tiefen Deckelschüssel anrichten.

6 Portionen.

PIKANT GEFÜLLTE PILZE

16 bis 20 große frische Pilze
(Champignons oder Wildpilze)
2 Dutzend entsteinte reife Oliven
8 bis 10 essigsaure Perlzwiebeln
1 Tasse kräftige Gemüsebrühe
Paniermehl nach Bedarf
Salz und Pfeffer
Butter

Die Pilze waschen, entstielen und etwas aushöhlen. Die Stiele feinhacken und in Butter leicht anschwitzen. Oliven und Zwiebelchen sehr fein schneiden und mit ein paar Eßlöffeln der Brühe zu den Pilzstielen geben. So viel Paniermehl dazurühren, daß eine feste, formbare Masse entsteht. Mit Salz und Pfeffer würzen.
Die Pilzhüte mit diesem Teig ausstopfen, in eine Backform setzen und mit der restlichen Gemüsebrühe begießen. Hier und da mit Butterflöckchen belegen und im Ofen bei 175 Grad etwa 15 Minuten backen. Sehr heiß auftragen.
Mit verschiedenen kalten marinierten Gemüsen zusammen ein delikater erster Gang.
6 bis 8 Portionen.

PILZE »NEWBURG«

750 g mittelgroße Champignons
$^1/_4$ Tasse Butter
3 EL gehackte Zwiebeln
3 EL Sherry

Sauce:
2 EL Butter
2 EL Mehl
2 Tassen Sahne oder 1 Tasse Sahne mit 1 Tasse Milch
gemischt, erhitzt
2 Eigelb
2 EL Wasser
Salz
Cayennepfeffer
Muskat
geröstete Brotscheiben

In einer Pfanne die Vierteltasse Butter erhitzen, bis sie schäumt. Darin die unzerkleinerten, sorgfältig gewaschenen und abgetropften Pilze mit der Zwiebel fast weich dünsten, während die Sauce zubereitet wird. Zuletzt den Sherry zugießen und alles noch 1 oder 2 Minuten köcheln.
Die Sauce wie folgt herstellen: In einem kleineren Saucentopf aus Butter und Mehl eine Einbrenne schwitzen, mit der heißen Sahne ablöschen und mit dem Schneebesen schlagen, bis sie gebunden ist. Die Eigelb mit dem Wasser verschlagen und unter die weiße Sauce ziehen. Unter Rühren erhitzen und dick werden lassen, aber nicht mehr kochen, da das Eigelb sonst ausflockt. Die fertige Sauce gut mit den Pilzen verrühren, mit etwas Salz, einer Prise Muskat und einer Spur Cayennepfeffer würzen und sogleich auf frischem Toast anrichten.
Ergibt 4 bis 6 Portionen.

ITALIENISCHE PILZKASSEROLLE

700 g frische Champignons
2 EL Butter
$^1/_4$ TL Basilikum
$^1/_4$ TL Thymian
$^1/_4$ TL Oregano
1 zerdrückte Knoblauchzehe
$^1/_4$ TL Paprika
$^1/_4$ TL Rosmarin
Salz und frisch gemahlener schwarzer Pfeffer
nach Geschmack
100 bis 125 g geriebener Parmesankäse
etwa 1 Liter Auberginensauce (Seite 292)

Die Pilze gründlich säubern. In einer großen Pfanne die Butter zerlassen, die Kräuter hineingeben und die Pilze darin etwa 10 Minuten dünsten, bis sie weich sind. Ab und zu umrühren, damit sich die Kräuter gleichmäßig verteilen, und mit Salz und Pfeffer abschmecken.
Eine mittelgroße feuerfeste Form mit Butter oder Öl ausfetten und die Pilze ebenmäßig einschichten. Mit dem geriebenen Parmesankäse bestreuen und die Auberginensauce darauf verteilen. Die Kasserolle ver-

schließen und die Pilze im heißen Ofen bei 175 Grad kurz backen, etwa 15 Minuten, bis sie schön durchgewärmt sind.
Für 4 Personen.

PILZSCHMORTOPF

5 EL Butter
1 EL Olivenöl
2 Lorbeerblätter
2 sehr fein gewiegte Knoblauchzehen
1 große gehackte Zwiebel
2 EL Mehl
1 Tasse Gemüsebrühe
1 Tasse Tomatensaft
2 Tassen abgezogene, geviertelte Tomaten
1 TL Thymian
700 g Champignons, gewaschen
500 g Zwiebeln
Rotwein und gehackte frische Petersilie nach Geschmack
Salz und Pfeffer
1 Tasse entsteinte grüne Oliven

In einem mittelgroßen Saucentopf 2 Eßlöffel Butter mit dem Olivenöl erhitzen und die Lorbeerblätter, den Knoblauch und die Zwiebeln darin goldgelb rösten, dann das Mehl einrühren und die Hitze zurücknehmen.
Die Einbrenne unter ständigem Rühren einige Minuten anschwitzen und mit Gemüsebrühe und Tomatensaft aufgießen. Die Sauce kräftig mit dem Schneebesen durchschlagen, damit sich keine Mehlklümpchen bilden, und die enthäuteten Tomaten hinzufügen.
In einem zweiten, größeren Topf die restlichen 3 Eßlöffel Butter zerlassen und die Pilze mit dem Thymian darin auf großer Flamme mehrere Minuten lang unter häufigem Umwenden anbraten. Zwiebeln und Tomatensauce zufügen, die Hitze drosseln und alles etwa 20 Minuten langsam schmoren. Etwas Rotwein, gehackte Petersilie sowie Salz und Pfeffer nach Geschmack hineinrühren. Zuletzt die grünen Oliven unterheben und das Ganze noch ein paar Minuten kochen lassen. Heiß mit knusprigem Brot und Rotwein zu Tisch bringen.
Für 6 Personen.

PILZE UND KARTOFFELN IN WEINSAUCE

50 g getrocknete Wildpilze
5 EL Butter
$^2/_3$ Tasse gehackte Zwiebeln
1 zerdrückte Knoblauchzehe
1000 g mehlige Kartoffeln
1 $^3/_4$ Tassen trockener Weißwein
1 TL Salz, nach Geschmack mehr
250 g frische Champignons
$^1/_4$ TL getrocknete Dillspitzen
$^1/_4$ TL getrockneter Thymian
4 EL gehackte frische Petersilie
frisch gemahlener schwarzer Pfeffer

Die getrockneten Pilze in einer Schüssel mit heißem Wasser übergießen und damit bedeckt etwa 1 Stunde oder länger quellen lassen. Abseihen und die Flüssigkeit aufbewahren. Die eingeweichten Pilze sehr sorgfältig waschen, in breite Streifen schneiden und beiseite stellen. Die Pilzflüssigkeit durch mehrere Lagen von Quarktüchern oder einen Papierfilter gießen, danach in einem kleinen Topf auf 1 Tasse einkochen.
In einem großen Saucentopf 3 Eßlöffel Butter zerlassen und die Zwiebeln mit dem Knoblauch darin goldgelb anbraten. Die Kartoffeln schälen, in 2 cm große Würfel schneiden und zu den Zwiebeln geben. Mit dem Weißwein aufgießen, Salz zufügen, umrühren und den Topf verschließen. Bei geringer bis mittlerer Hitze 10 Minuten dünsten, dann die eingeweichten Pilze mit der eingekochten Brühe hineinrühren. Alles zusammen unter gelegentlichem Rühren weitere 20 Minuten köcheln lassen, bis die Kartoffeln völlig gar sind.
In der Zwischenzeit die Champignons waschen, putzen und in Scheiben schneiden. Die restliche Butter in einer Kasserolle zerlassen und die Pilzscheibchen mit den Kräutern unter ständigem Rühren darin weichdünsten.
Wenn die Kartoffeln gar sind, die gebratenen Kräuterpilze hinzufügen und das Ganze im offenen Topf unter öfterem Rühren ein paar Minuten köcheln lassen. Mit Salz und schwarzem Pfeffer abschmecken. Die Flüssigkeit soll zu einer dicksämigen Sauce eingekocht sein. Heiß servieren.
Ergibt 6 Portionen.

CHAMPIGNONS AUF TOAST

Für dieses Rezept nur frische, feste, ziemlich kleine Pilze verwenden und unbedingt frische Kräuter, keine getrockneten. Das wundervolle Aroma beruht auf der Ausgewogenheit der Gewürze.

700 g frische Champignons
4 EL Olivenöl
4 EL feingewiegte frische Petersilie
2 mittelgroße, zerdrückte Knoblauchzehen
Salz und frisch gemahlener schwarzer Pfeffer nach Geschmack
2 ½ EL Butter
2 EL frischer Zitronensaft
1 ½ EL Obst- oder Weinessig
2 EL gehackte frische Korianderblätter (ersatzweise Petersilie)
4 bis 6 große Scheiben geröstetes Weiß- oder Graubrot

Die Champignons waschen und entstielen, größere Exemplare halbieren. In einer Schüssel mit Olivenöl, Petersilie, Knoblauch, Salz und Pfeffer vermischen. Die so vorbereiteten Pilze können im Kühlschrank zugedeckt bis zu einem Tag frisch gehalten werden.
In einer großen Pfanne die Butter erhitzen. Wenn sie zischt, die Pilze hineingeben und unter ständigem Rühren 5 oder 6 Minuten auf großer Flamme rasch braten, bis sie eben gar sind und Saft ziehen.
Nun Zitronensaft, Essig und Korianderblätter zufügen und alles zusammen bei starker Hitze unter dauerndem Rühren weitere 5 Minuten dünsten. Die fertige Pilzmasse auf die gerösteten Brotscheiben häufen und mit dem Rest Flüssigkeit aus der Pfanne beträufeln. Sofort servieren!
Für 4 bis 6 Personen.

FRITIERTE CHAMPIGNONS

Die Pilze können im voraus ausgebacken und für die Mahlzeit 10 Minuten im sehr heißen Ofen aufgewärmt werden. Allerdings sind sie dann nicht mehr ganz so knusprig wie frisch fritiert.

750 g frische feste Champignons
1 Tasse Paniermehl oder geriebene Kräcker
⅓ Tasse sehr fein gewiegte Petersilie
2 Eier
1 sehr fein gehackte oder durch die Presse gedrückte Knoblauchzehe
Salz
frisch gemahlener Pfeffer nach Geschmack
½ Tasse Mehl
Pflanzenöl zum Ausbacken

zum Garnieren:
Tatarsauce, Pikante Paprikasauce (Seite 132) oder Einfache Tomatensauce (Seite 131)
geriebener Parmesankäse

Ziemlich kleine Pilze von gleicher Größe aussuchen, schnell waschen, die Stiele auf der Höhe des Hutrandes abschneiden und die Pilze mit einem Tuch trocknen.
In einer flachen Schale das Paniermehl mit der Petersilie vermischen. In einer zweiten Schale die Eier mit dem zerdrückten Knoblauch, einer reichlichen Prise Salz und etwas Pfeffer verschlagen. In eine dritte Schale das leicht gesalzene und gepfefferte Mehl geben.
Die Pilze einzeln zuerst in Mehl wälzen, dabei aufpassen, daß sich kein Mehl um die Stielenden klumpt, dann in die Eier tauchen und sofort im Paniermehl wenden.
Die panierten Pilze in heißem Pflanzenöl schwimmend goldbraun ausbacken, auf Papiertüchern abtropfen lassen und heiß mit Tatarsauce, pikanter Paprikasauce oder einfacher Tomatensauce und geriebenem Parmesankäse servieren.
Für 6 Personen.

PILZE »STROGANOW«

Für dieses Gericht verwendet man frische *und* getrocknete Pilze. Die Trockenpilze können schwarze oder dunkelbraune Wildpilze aus Italien oder Osteuropa oder auch japanische Waldpilze sein, die ein besonders würziges Aroma haben.

Anmerkung d. Übers.: Am edelsten schmeckt das Gericht mit echten Morcheln!

60 g getrocknete schwarze Pilze (z. B. japanische Shitake oder Tongupilze)
1 Liter heißes Wasser
500 g frische, feste Champignons
½ mittelgroße, sehr fein gewiegte Zwiebel
4 EL Butter
1 Prise Thymian
Salz
frisch gemahlener schwarzer Pfeffer
1 gute Tasse saure Sahne
2 EL Weinbrand
2 EL trockener Sherry
500 g breite Eiernudeln
3 bis 4 EL zerlassene Butter
2 bis 3 TL Mohn

Die Trockenpilze mehrere Stunden in dem heißen Wasser quellen lassen, dann abseihen und die Flüssigkeit auffangen. Einzeln unter fließendem Wasser gründlich säubern, von den harten Stielenden befreien und in breite Streifen schneiden. Die Pilzbrühe durch mehrere Lagen Mulltücher oder einen Papierfilter gießen. Es sollten etwa 2 Tassen klare Brühe übrigbleiben. Diese Flüssigkeit in einem Saucentopf auf knapp die halbe Menge einkochen lassen.
In der Zwischenzeit die frischen Pilze waschen, putzen und in dicke Scheiben schneiden. Die feingewiegte Zwiebel in der Butter glasig dünsten, die frischen Pilze zufügen und auf größter Flamme unter stetem Wenden rasch anbraten, so daß der austretende Saft schnell verdampft. Mit einer Prise Thymian, Salz und Pfeffer abschmecken. Die eingeweichten Pilze daruntermischen und die Hitze zurücknehmen.
Nach und nach die eingekochte Pilzbrühe mit dem Schneebesen unter die saure Sahne schlagen und das Gemisch an die Pilze geben. Das Ganze unter häufigem Rühren etwa 15 bis 20 Minuten sanft köcheln, bis die Sauce leicht gebunden ist und die Pilze weich sind. Weinbrand und Sherry zugießen, abschmecken und die Würze korrigieren.
Die Nudeln in reichlich Salzwasser sprudelnd eben gar kochen. Sofort abseihen und in einer vorgewärmten Schüssel in der flüssigen Butter und dem Mohn schwenken.
Die Pilze mit den Mohnnudeln zu Tisch bringen und einen zarten, knusprigen Salat dazu reichen.
Für 6 Personen.

ÜBERBACKENE KARTOFFELN AUF ITALIENISCHE ART

1000 g mehlige Kartoffeln
6 EL Butter
½ TL Salz (nach Geschmack mehr)
700 g reife Tomaten,
Pfeffer nach Geschmack
1½ TL zerstoßenes Basilikum
300 g Mozzarellakäse
6 hartgekochte Eier
⅔ Tasse gehackte frische Petersilie
½ Tasse frisch geriebener Parmesankäse

Die Kartoffeln in der Schale eben gar kochen, abgießen, pellen und kreuzweise in ziemlich dicke Scheiben schneiden.
Die Butter zerlassen, davon 2 Eßlöffel auf dem Boden einer großen, flachen Kasserolle verteilen. Eine Lage Kartoffeln einschichten und salzen. Die Tomaten in Scheiben schneiden, auf die Kartoffelschicht legen und mit Salz, Pfeffer und dem zerriebenen Basilikum bestreuen. Den Mozzarella erst in Scheiben, dann in Streifen schneiden und darübergeben.
Die Eier pellen, grobhacken und in einer Schüssel mit der restlichen flüssigen Butter, Petersilie, ½ Teelöffel Salz und etwas Pfeffer gründlich vermischen. Diese Masse gleichmäßig auf den Mozzarella streichen. Mit Parmesankäse bestreuen und im vorgeheizten Ofen bei 175 Grad 25 bis 30 Minuten goldbraun überbakken.
Für 5 bis 6 Personen

KARTOFFELPLATZ

Er kann heiß oder kalt als Beilage, aber auch mit einer Suppe oder Salat und einem Fruchtdessert als leichte Mahlzeit aufgetragen werden.

4 große Kartoffeln (etwa 1000 g)
1 große Zwiebel
2 Eier
1 TL Salz
Pfeffer nach Geschmack
3 EL Pflanzenöl
zum Garnieren saure Sahne

Kartoffeln und Zwiebel schälen und schnell reiben. Die Eier leicht verquirlen und mit der Kartoffelmasse, Salz und Pfeffer verrühren. Bei diesen Vorbereitungen erspart eine elektrische Küchenmaschine viel Zeit. Den Backofen auf 175 Grad vorheizen. Das Öl in eine mittelgroße, flache Kasserolle gießen und ein paar Minuten erhitzen. Nun die Teigmischung in das heiße Fett geben und 1 Stunde backen. Der Kartoffelplatz sollte aufgegangen und schön gebräunt sein. Heiß mit saurer Sahne servieren.
Für 6 bis 8 Personen.

KARTOFFELN »ROMANOW«

6 große Kartoffeln, geschält, gegart und gewürfelt
2 Tassen Hüttenkäse
1 Tasse saure Sahne
1 bis 2 Knoblauchzehen, durch die Presse gedrückt
1 TL Salz
2 bis 3 feingewiegte Frühlingszwiebeln (mit Grün)
1 Tasse geriebener Cheddarkäse
Paprika

Die Kartoffeln eben gar kochen (keinesfalls zu weich), in ziemlich kleine Würfel schneiden und mit Hüttenkäse, saurer Sahne, Knoblauch, Salz und den Frühlingszwiebeln vermischen. Die Masse in eine gefettete Kasserolle geben, mit Cheddarkäse und etwas Paprika bestreuen und ½ Stunde bei 175 Grad backen. Heiß servieren.
6 bis 8 Portionen.

GEBACKENE GREYERZER KARTOFFELN

Manchmal weiß man nicht, was man mit den Kartoffeln machen soll, deren Schalen man für die Brühe ausgekocht hat. Hier ein heißer Tip:

4 bis 5 geschälte, in dünne Scheiben geschnittene Kartoffeln
1 Tasse saure Sahne
125 bis 175 g geriebener Gruyère
1 kleine feingehackte Zwiebel
2 EL feingewiegter Schnittlauch
Salz und Pfeffer
Butter
Weizenkeime oder Paniermehl

Die saure Sahne mit dem geriebenen Käse, Zwiebeln und Schnittlauch verrühren. In eine gefettete Kasserolle zuerst einen Teil der vorbereiteten Kartoffeln geben, gut salzen und pfeffern. Darauf nun die Hälfte der Käsemasse und wieder Kartoffeln schichten und mit dem Rest des Käsegemischs abschließen. Mit Weizenkeimen bestreuen, Butterflöckchen darüber verteilen und einen gefetteten Deckel auflegen. Bei 175 Grad 2 Stunden backen. Dampfendheiß servieren. Ergibt 4 große Portionen.

KARTOFFELN IN WEIN

4 große mehlige Kartoffeln
3 EL Butter
8 sehr kleine weiße Zwiebeln
Lorbeerblatt, Salz und Pfeffer
trockener Weißwein (mindestens eine halbe Flasche)

Mehlige Kartoffeln sind die unerläßliche Voraussetzung für dieses Gericht; mit festkochenden oder Salatkartoffeln gelingt es nicht.
In einem Schmortopf die Butter zerlassen. Die Zwiebeln schälen, dritteln und einige Minuten darin rasch anbraten. Die Kartoffeln schälen, in 5 mm dicke Scheiben schneiden und mit Salz, Pfeffer sowie dem Lorbeerblatt zu den Zwiebeln geben. Mit trockenem Weißwein aufgießen, bis sie knapp bedeckt sind.

Den Topf verschließen und die Kartoffeln mindestens eine Stunde sanft kochen lassen. Während der ganzen Kochzeit sollten sie mit Wein bedeckt sein, deshalb ab und zu nachsehen und nötigenfalls noch etwas nachgießen. Sie müssen auch vorsichtig ein wenig hin und her bewegt werden, damit sie gleichmäßig garen.
Wenn sie gut sind, mit einem Schaumlöffel aus dem Topf heben und in einer Schüssel anrichten. Die Weinsauce schnell noch einmal aufkochen und darübergießen. Sehr heiß servieren. Man ißt leicht zuviel von diesem leckeren Gericht, so gut schmeckt es.
Für 4 bis 6 Personen.

KARTOFFELRAGOUT

6 sehr große mehlige Kartoffeln (etwa 1300 g)
2 große Zwiebeln
1/4 Tasse Butter
1 TL Hefeextrakt
2 bis 3 zerdrückte oder durchgepreßte Knoblauchzehen
1 Tasse kräftige Gemüsebrühe
1 EL frischer oder 1/2 TL getrockneter Estragon
Salz und Pfeffer
Olivenöl
Weinessig
gehackte Petersilie

Die Kartoffeln schälen und würfeln, die Zwiebeln schälen und grobhacken. In einem großen Brattopf die Butter erhitzen und den Hefeextrakt hineinrühren. Darin die Zwiebeln mit dem Knoblauch glasig dünsten. Die Kartoffelwürfel zufügen und ein paar Minuten im heißen Fett schwenken.
Wenn sie gleichmäßig angedünstet und warm sind, die Gemüsebrühe, Estragon, eine Prise Salz, etwas Pfeffer und so viel Wasser dazugeben, daß die Kartoffeln knapp bedeckt sind, höchstens 1 Tasse. Das Ganze unter häufigem Rühren etwa 45 Minuten sanft köcheln lassen, bis die Kartoffeln gar sind und die Flüssigkeit fast ganz eingekocht und durch zerfallene Kartoffelstückchen gebunden ist.
Etwa 2 Eßlöffel Olivenöl und etwas Weinessig über die Kartoffeln träufeln und gut untermischen. Das Ragout mit gehackter frischer Petersilie bestreuen und kochendheiß servieren.
Für 6 bis 8 Personen.

ROTKOHL MIT ÄPFELN

1000 g Rotkohl, geputzt und geschnetzelt
1 mittelgroße gelbe Zwiebel, gehackt
750 g säuerliche grüne Äpfel (Boskop), geschält, vom Kernhaus befreit, geviertelt und in Scheibchen geschnitten
1/2 Tasse Butter
1 TL Salz
2 EL brauner Zucker (Rohzucker)
2 EL Obstessig
1/4 TL gemahlene Nelken
1 Prise Zimt
1 Prise Muskat
frisch gemahlener schwarzer Pfeffer
3/4 Tasse helles Bier

Rotkohl, Zwiebeln und Äpfel etwa 10 Minuten unter häufigem Rühren in der Butter anbraten, dann Salz, braunen Zucker, Obstessig, Nelken, Zimt, Muskat, schwarzen Pfeffer nach Geschmack und das Bier hinzufügen. Alles gut vermengen und im geschlossenen Topf bei mäßiger Hitze 1 Stunde dünsten, ab und zu einmal umrühren. Danach ist der Kohl fertig zum Auftragen. Er schmeckt aber besser, wenn man ihn erkalten läßt und erst mehrere Stunden später oder am nächsten Tag wieder aufwärmt.
Für 6 bis 8 Personen.

GEBACKENES SAUERKRAUT MIT ERBSEN

4 Tassen abgetropftes Sauerkraut
30 g schwarze Trockenpilze
1 Tasse getrocknete gelbe oder grüne Erbsen
1 Tasse saure Sahne
Salz
Pfeffer

Die Pilze knapp 1 Stunde in 3 Tassen Salzwasser kochen, abseihen und die Brühe durch ein Tuch oder einen Papierfilter laufen lassen; sie muß ganz klar sein. Die Pilze einzeln gründlich säubern und grobhacken. Mit der Brühe, Salz und Pfeffer nach Geschmack sowie der sauren Sahne zum Sauerkraut geben und alles im offenen Topf unter häufigem Rühren eine weitere Stunde köcheln, wobei die Flüssigkeit stark einkocht. Eine ziemlich tiefe Tonkasserolle oder Backform ausfetten und wechselweise Sauerkraut und Erbsen hineinschichten. Auf die letzte Lage Sauerkraut noch ein paar Erbsen streuen, die restliche Brühe darübergießen, und das Ganze 1/2 Stunde bei 175 Grad backen. Ergibt 8 bis 10 Portionen.

PROVENZALISCHER SPINAT

1000 g frischer Spinat
1 große Zwiebel
1 Knoblauchzehe
Olivenöl
Butter
2 verquirlte Eier
1 Tasse frisch geriebener Parmesankäse
Salz und frisch gemahlener schwarzer Pfeffer

Die Spinatblätter sorgfältig waschen, die Zwiebel hacken und den Knoblauch sehr fein wiegen. Zwiebel und Knoblauch in Olivenöl einige Minuten anschwitzen. Wenn die Zwiebelstückchen glasig sind, den Spinat zufügen und den Topf verschließen. Nach etwa 2 Minuten ist der Spinat so zusammengefallen, daß er mit Öl und Zwiebeln verrührt werden kann. Noch ein paar Minuten dünsten, dann vom Feuer nehmen.
Eine mittelgroße feuerfeste Form ausfetten. Unter den leicht abgekühlten Spinat die Eier und 1/2 Tasse Parmesankäse ziehen. Mit Salz und Pfeffer würzen, in die Form geben, mit dem restlichen Parmesankäse bestreuen und mit Butterflöckchen belegen.
Den Spinat im Ofen bei 190 Grad 10 bis 15 Minuten backen und dampfendheiß auftragen.
Für 4 Personen.

ZUCCHINI-AUBERGINEN-ROULADE

Diese Roulade, eine Art um eine Füllung gerolltes Soufflé, wird heiß serviert, in Scheiben geschnitten und mit einer Sauce übergossen.

500 g Zucchini
etwa 1 TL Salz, nach Geschmack mehr
1 große Aubergine (400 bis 500 g)
2 EL Olivenöl
2 Tassen abgezogene, gekochte Tomaten mit der Flüssigkeit
2 TL Zucker
2 TL Zitronensaft
1/3 Tasse Sahne
Salz und Pfeffer nach Geschmack
1/2 Tasse Butter
1/3 Tasse gehackte Zwiebeln
2/3 Tasse Mehl
1 Tasse warme Milch
4 Eigelb
4 Eiweiß
1/2 Tasse geriebener Parmesankäse
Paniermehl
1/3 Tasse Pinienkerne

dazu: Sauce Mornay (Seite 129)

Die Zucchini waschen, raspeln, mit 1 Teelöffel Salz vermischen und 20 Minuten in einem Sieb abtropfen lassen. Abspülen, wenn sie zu salzig sind, und auspressen, damit überschüssige Flüssigkeit abläuft.
Für die Füllung die Aubergine schälen, raspeln und unter häufigem Rühren 10 Minuten im Olivenöl rasch anbraten. Die Tomaten, Zucker und Zitronensaft zufügen und alles zusammen auf mittlerer Flamme so lange rühren, bis eine dickliche Sauce entstanden ist. Sahne, Salz und Pfeffer hineingeben und weiterkochen, bis sie sehr dicksämig ist.
In einem mittelgroßen Saucentopf die Butter zerlassen und die Zwiebeln darin glasig dünsten. Das Mehl zufügen und auf kleiner Flamme etwa 5 bis 6 Minuten rühren, bis es goldgelb geworden ist. Nun mit der warmen Milch ablöschen und die Sauce mit dem Schneebesen glattschlagen. Vom Feuer nehmen und 5

Minuten abkühlen lassen. Mit den 4 Eigelb abziehen und mit Zucchini und Parmesankäse verrühren.
Die 4 Eiweiß zu ziemlich steifem Schnee schlagen. Die Hälfte des Eischnees gründlich in die Zucchinimasse arbeiten, den übrigen vorsichtig unterheben.
Eine etwa 35 cm lange und 25 cm breite Backform ausfetten und mit Paniermehl bestreuen. Darin die Zucchini-Käse-Masse gleichmäßig verteilen und im vorgeheizten Ofen bei 190 Grad etwa 15 Minuten backen, bis sie aufgegangen ist und sich von den Wänden der Form abgelöst hat.
Diesen Rouladenteig auf ein Tuch geben und mit der Auberginenfüllung bestreichen, dabei an einer Seite einen 4 cm breiten Streifen frei lassen. Die Pinienkerne über die Füllmasse streuen und die Roulade vom leeren Randstreifen aus der Länge nach aufrollen. Das geht sehr leicht und gleichmäßig, wenn man das Tuch anhebt, wobei die Roulade sich fast von selbst aufrollt. 5 Minuten in den heißen Ofen zurückstellen und sofort mit Sauce Mornay zu Tisch bringen.
Für 6 bis 8 Personen.

ÜBERBACKENE GEFÜLLTE TOMATEN

350 g (etwa 2 große) grüne Paprikaschoten
350 g Zucchini
250 g Auberginen
1 kleine Zwiebel
¼ Tasse Olivenöl
1 ½ TL Salz, nach Geschmack mehr
2 EL gehackte frische Korianderblätter (ersatzweise Petersilie)
1 TL zerstoßene rote Pfefferschoten
1 Prise Oregano
1 ½ EL Zitronensaft
schwarzer Pfeffer nach Geschmack
6 bis 8 große reife Tomaten
250 g geriebener Gruyère
2 EL Paniermehl

Die Paprikaschoten unter häufigem Wenden grillen, bis ihre Haut Blasen wirft und verkohlt. Unter fließendem Wasser die Haut abziehen, Stiele und Samenkerne entfernen und die Schoten in kurze, feine Streifen schneiden. Zucchini und Auberginen putzen und feinwürfeln. Die Zwiebel schälen und hacken.
In einer großen Pfanne das Olivenöl erhitzen und die Zwiebeln darin bei starker Hitze rasch anbraten, dabei ständig rühren. Wenn sie Farbe genommen haben, die Zucchini- und Auberginenwürfel hinzufügen und gleichfalls auf großer Flamme 5 oder 6 Minuten unter öfterem Wenden braten. Mit Salz, Korianderblättern, feingehackter Pfefferschote, Oregano, Zitronensaft und schwarzem Pfeffer abschmecken und vom Feuer nehmen.
Von den Tomaten einen Deckel abschneiden, das Mark herausschaben, grobhacken, in die Gemüsepfanne geben und bei starker Hitze so lange rühren, bis die Flüssigkeit zu einer dicken Paste eingekocht ist. Wieder vom Feuer nehmen und schnell zwei Drittel des geriebenen Käses darunterziehen.
Die Masse in die ausgehöhlten Tomaten füllen. Den restlichen Käse mit dem Paniermehl vermischen und gleichmäßig auf die gefüllten Tomaten häufen.
Die Tomaten im vorgeheizten Ofen bei 175 Grad 15 bis 20 Minuten überbacken und sofort servieren.
Für 6 bis 8 Personen.

PIKANTE TOMATEN NACH BAUERNART

6 große, feste Tomaten
1 ½ EL getrocknetes oder 3 bis 4 EL frisches Basilikum
1 kleiner Bund frische Petersilie
2 bis 3 EL gehackte Frühlingszwiebeln mit Grün
2 bis 3 sehr fein gewiegte Knoblauchzehen
¼ TL getrockneter Thymian
Salz und Pfeffer
½ bis 1 Tasse dunkles Paniermehl (von Graubrot)
Olivenöl
Zitronenscheibchen

In jede Tomate eine kleine, kreisrunde Öffnung schneiden, das Mark herausschaben und etwas abtropfen lassen. Die ausgehöhlten Früchte umdrehen, so daß der Saft ablaufen kann.
Das Tomatenmark mit den gehackten Kräutern vermischen, mit Salz und Pfeffer würzen und mit so viel

Graubrotbröseln vermengen, daß eine feste Paste entsteht. Die abgetropften Tomaten damit füllen.
Eine feuerfeste Form und deren Deckel dünn mit Öl auspinseln, die Tomaten hineingeben und zugedeckt zuerst 1/2 Stunde bei 175 Grad, dann in der offenen Form noch 5 Minuten bei 200 bis 210 Grad backen.
Heiß auftragen, dazu Zitronenscheibchen herumreichen.
Für 6 Personen.

ZITRUS-SQUASH ORIENTALISCH

3 kleine Squashfrüchte (ersatzweise Zucchini)
Butter
1/2 Tasse Orangenmarmelade
1 EL kandierter Ingwer, in sehr kleine Stückchen geschnitten
1 EL Zitronensaft
1 Prise Muskat

Die *Squash*früchte längs halbieren, entkernen, mit Butter bestreichen und mit der Schnittfläche auf ein gefettetes Blech legen. Etwa 40 Minuten bei 175 Grad backen.
Dann werden die ausgehöhlten Fruchthälften mit einer Mischung aus Marmelade, feingewiegtem Ingwer, Zitronensaft und Muskat gefüllt und erneut 15 Minuten gebacken. Sehr heiß zu Tisch bringen.
6 Portionen.

MIT AUBERGINEN GEFÜLLTE RIESENCHAMPIGNONS

8 sehr große, feste Champignons (von etwa 8 cm Durchmesser)
2 bis 3 EL Butter
1 mittelgroße Aubergine
1 TL Salz, nach Geschmack mehr
1 mittelgroße rote Paprikaschote
2 EL Olivenöl
1/2 TL gemahlener Kreuzkümmel
1 TL Paprika
3 große, sehr fein gewiegte Knoblauchzehen
3 EL Weißweinessig
3 EL Tomatenmark
2 1/2 EL gehackte rote Zwiebeln
1/2 Tasse gehackte Walnüsse
1 Prise Oregano
frisch gemahlener schwarzer Pfeffer
1 Tasse frischer geriebener Emmentaler Käse

Die Pilze sorgfältig säubern und von den Stielen befreien. Mit einem Pampelmusenlöffel oder einem anderen geeigneten Instrument vorsichtig etwas aushöhlen. Dann einige Minuten auf beiden Seiten rasch in Butter braten, vom Feuer nehmen und beiseite stellen.
Die Aubergine schälen, längs in etwa 5 mm dicke Scheiben schneiden, diese der Länge nach in gut 1 cm breite Streifen schneiden und die Streifen in 2 bis 3 cm lange Stücke zerteilen. Mit 1 Teelöffel Salz vermischen und etwa 1/2 Stunde in einem Sieb Saft ziehen lassen. Die Paprikaschote waschen, putzen und in streichholzgroße Streifen schneiden.
In einem großen, schweren Topf das Olivenöl erhitzen und Kreuzkümmel, Paprika und feingewiegten Knoblauch hineingeben. Die Auberginenstückchen abspülen und gut auspressen. Mit den Paprikastreifen in dem heißen Fett braten, bis die Gemüse eben gar sind. Essig, Tomatenmark, gehackte Zwiebeln und Walnüsse dazurühren und die Masse mit Oregano, Salz und frisch gemahlenem schwarzem Pfeffer abschmekken. Noch ein paar Minuten schmoren lassen, dann die Hälfte vom geriebenen Käse unterziehen.
Diese Füllung in die ausgehöhlten Pilzhüte häufen und mit dem restlichen Käse bestreuen. Die gefüllten Pilze in eine leicht ausgefettete feuerfeste Form mit Deckel setzen und im vorgeheizten Ofen bei 175 Grad 25 bis 30 Minuten überbacken.
Heiß servieren, vielleicht zu *Spinatreis mit Dill*.
Für 4 Personen.

GEFÜLLTE KARTOFFELPUFFER AUF UNGARISCHE ART

1750 g Kartoffeln
4 verquirlte Eier
1 Tasse Mehl
$^{2}/_{3}$ Tasse Sahne
$^{1}/_{2}$ Tasse gehackte frische Petersilie
1 TL Salz
frisch gemahlener schwarzer Pfeffer nach Geschmack
Butter

Für den Teig die Kartoffeln schälen, 10 Minuten in kaltem Wasser liegen lassen, und reiben. Die Eier mit Mehl und Sahne verschlagen, dann mit den Kartoffeln, der Petersilie, Salz und Pfeffer verrühren.
In einer Pfanne von 26 bis 30 cm Durchmesser etwa 2 Teelöffel Butter zerlassen. Ungefähr $^{1}/_{2}$ Tasse Teig hineingeben, durch Schwenken der Pfanne gleichmäßig verteilen und ein paar Minuten braten. Dann wenden und noch 1 oder 2 Minuten braten. Der Reibekuchen muß auf beiden Seiten goldbraun sein. In gleicher Weise den ganzen Teig verarbeiten, dabei jedesmal ein wenig frische Butter in die Pfanne geben, und die fertigen Kartoffelpuffer auf einem Teller stapeln. Damit sie nicht austrocknen, mit einem Tuch abdekken.
Ergibt 6 bis 8 große Kartoffelpuffer (Reibekuchen).

Pilzfüllung:
40 bis 50 g getrocknete Wildpilze
2 Tassen heißes Wasser
350 g Zwiebeln
2 EL Butter
1 $^{2}/_{3}$ Tassen in Scheiben geschnittener Bleichsellerie
$^{1}/_{2}$ Tasse gehackte Walnüsse
Salz und Pfeffer
ungefähr 1 $^{1}/_{2}$ Tassen Pikante Paprikasauce (Seite 132)

Die Trockenpilze etwa 1 Stunde in dem heißen Wasser quellen lassen. Dann abseihen, dabei die Brühe auffangen, einzeln sehr sorgfältig waschen und in dicke Streifen schneiden. Die Einweichflüssigkeit durch einen Papierfilter oder eine doppelte Lage Mulltücher gießen.
Die Zwiebeln schälen und, wenn sie groß sind, halbieren. Zwiebeln und Sellerie in Butter etwa 5 Minuten anbraten. Walnüsse, Pilze mit Brühe und die Paprikasauce hinzufügen.

Alles zusammen unter gelegentlichem Rühren köcheln, bis die Gemüse gar sind und die Sauce sämigglänzend ist. Abschmecken.
Füllen der Kartoffelpuffer: Die fertig zubereitete Füllung und zusätzliche Paprikasauce heiß bereithalten. Jeden Reibekuchen schnell von beiden Seiten in einer sehr heißen Pfanne aufwärmen. Die Puffer auf Teller verteilen (jeweils einen), mit Füllmasse belegen und falten. Pikante Paprikasauce darüberlöffeln und die Kartoffelpuffer sofort servieren.

TOMATEN »DALLY-DILLY«

6 große, feste Tomaten
etwa 2 $^{1}/_{2}$ Tassen Pikantes Dal (Seite 333)
gehackter frischer oder getrockneter Dill
Salz und Pfeffer

Tomaten anschneiden und das Mark so herausschaben, daß eine gut 1 cm dicke Fruchtschicht unter der Haut erhalten bleibt. Das Innere gut salzen und großzügig mit Dill ausstreuen.
Falls fertiges *Dal* vom Vortag verwendet wird, muß es aufgewärmt werden. Frisch gekochtes kann gleich verarbeitet werden. So viel heißes Dal in jede ausgehöhlte Tomate füllen, wie unter leichtem Pressen hineingeht, ohne daß die Frucht aufplatzt. Die Oberfläche einebnen und mit jeweils einer Prise Pfeffer und etwas Dill bestreuen.
Die gefüllten Tomaten in eine gefettete Kasserolle oder feuerfeste Form setzen und zugedeckt 15 bis 20 Minuten bei 190 Grad backen, bis sie heiß und gar, aber keinesfalls zu weich sind. Sofort servieren.
6 Portionen.

LECAS
(baskischer Bohnentopf)

500 g grüne Bohnen
$^1/_4$ Tasse Olivenöl
2 sehr fein gewiegte oder in dünne Scheibchen geschnittene Knoblauchzehen
1 große gehackte Zwiebel
500 g geschälte, grobgehackte Tomaten (eventuell aus der Dose)
$^1/_2$ bis $^3/_4$ TL Salz
frisch gemahlener schwarzer Pfeffer nach Geschmack
1 reichliche Prise Oregano

Die Bohnen waschen, putzen und in etwa 3 cm lange Stücke schneiden. In einem mittelgroßen Topf stark gesalzenes Wasser zum Kochen bringen.
In einem ziemlich großen Saucentopf das Olivenöl erhitzen und die Zwiebeln mit dem Knoblauch rasch darin anbraten. Wenn sie Farbe genommen haben, die Tomaten mit Saft hinzufügen und alles zusammen köcheln lassen.
Die grünen Bohnen in dem siedenden Salzwasser 5 Minuten blanchieren, abseihen und an die Tomatensauce geben. Sollte die Sauce zu dick sein, einen kleinen Schuß Wasser zugießen, so daß die Bohnen knapp bedeckt sind. Mit Salz und Pfeffer würzen und zugedeckt etwa $^1/_2$ Stunde leicht kochen.
Zuletzt Oregano hineinrühren, nochmals abschmekken und nötigenfalls nachwürzen. Die Bohnen noch einige Minuten im offenen Topf kochen lassen und servieren. Für 4 bis 6 Personen.

GLASIERTE MÖHREN

700 g junge, schlanke Möhren
3 EL Butter
$^3/_4$ Tasse Wasser
2 EL Zitronensaft
Salz nach Geschmack
1 EL Obstessig
$^1/_3$ Tasse brauner Zucker
1 Prise Muskat

Die Möhren putzen und in etwa 3 cm lange Stücke schneiden. In einem schweren Topf 2 Eßlöffel der Butter zerlassen und Möhren, Wasser, Zitronensaft sowie eine Prise Salz zufügen. Das Ganze zuerst 20 Minuten zugedeckt köcheln, dann auf großer Flamme im offenen Topf unter häufigem Rühren etwa 6 bis 8 Minuten brodeln lassen, bis nahezu alle Flüssigkeit verdampft ist. Noch einen Eßlöffel Butter, den Obstessig, Zucker und eine winzige Prise Muskat zugeben und bei mäßiger Hitze so lange rühren, bis der Zucker geschmolzen ist und die Möhren fest mit Glasur überzogen sind. Abschmecken, bei Bedarf noch etwas salzen, und auftragen.
Für 4 bis 6 Personen.

GEFÜLLTER KÜRBIS

1 mittelgroßer Kürbis (5$^1/_2$ bis 7 Pfund schwer, mit einem Durchmesser von ungefähr 35 cm)
1 Rezept Risotto »Doug Edwards« (Seite 270)
Soja- oder Worcestersauce
Salz und Pfeffer

Aus dem Kürbis einen Deckel von 18 bis 20 cm Durchmesser herausschneiden. Sorgfältig alle Kerne und harten Fasern aus der Frucht kratzen. Die Innenwände freizügig mit Soja- oder Worcestersauce beträufeln und mit Salz und Pfeffer ausstreuen. Nun den Kürbis beiseite stellen, damit das Fruchtfleisch »marinieren« kann. In der Zwischenzeit das Risotto zubereiten.
Das fertige Risotto in den Kürbis füllen, den ausgeschnittenen Deckel wieder genau einpassen, und den Kürbis in eine flache feuerfeste Form setzen. Im vorgeheizten Ofen bei 220 Grad etwa 1 Stunde backen, bis seine Schale zu verkohlen beginnt, Blasen wirft und bei Fingerdruck nachgibt.
Sehr heiß servieren, große Portionen der Füllung herausschöpfen und dazu immer etwas weiches Kürbisfleisch mit ablösen.
Für 6 bis 8 Personen.

RATATOUILLE *Abb. 14*

(Gemüsespezialität aus Nizza)

1 Zwiebel (oder 1 Tasse Perlzwiebeln)
1 ziemlich kleine Aubergine
2 kleine Paprikaschoten
3 mittelgroße Zucchini
1 kleine Gurke
2 bis 3 Knoblauchzehen
1 kleine, scharfe rote Pfefferschote
4 EL Olivenöl
1 Tasse Gemüsebrühe (Seite 90)
1 Tasse Kartoffelschalenbrühe (Seite 91)
3/4 Tasse Tomatenmark
3 Tomaten
2/3 Tasse Einfache Vinaigrette (Seite 141)

Die geschälte Zwiebel grobhacken (Perlzwiebeln nur schälen), die Aubergine in etwa 2 cm große Würfel schneiden, die Paprikaschoten vierteln und in Streifen schneiden, die Zucchini in 5 mm dicke Scheiben schneiden, die Gurke schälen, entkernen und würfeln, die Pfefferschote sehr fein hacken, und die abgezogenen Knoblauchzehen durch die Presse drücken.
In einem sehr großen Schmortopf das Olivenöl erhitzen und die Pfefferschote mit dem Knoblauch hineingeben. Nach 2 oder 3 Minuten die Zwiebeln zufügen, wieder ein paar Minuten rühren, dann Zucchinischeiben, Auberginen- und Paprikawürfel untermischen. Die Gemüse mit Hilfe von zwei Löffeln gut vermengen und umrühren, bis alle gleichmäßig von einer Ölschicht überzogen sind. Die heiße Gemüsebrühe in einer Schüssel mit der kräftigen Kartoffelschalenbrühe und dem Tomatenmark verrühren und die Flüssigkeit über das Gemüse gießen. Zuletzt die Gurkenwürfel zugeben.
Das Gemüse unter gelegentlichem Rühren langsam garen, bis nach etwa 1 Stunde die Brühe fast ganz eingekocht ist. Die einzelnen Gemüse sollten jetzt sehr weich sein, aber nicht zerfallen. Kurz bevor die Ratatouille vom Feuer genommen wird, die in Achtel geschnittenen Tomaten hineingeben. Das Gemüse gut kühlen und zum Schluß leicht mit der Vinaigrettesauce vermischen. Kalt zu warmen Brötchen oder frischem Brot servieren.
Ratatouille schmeckt auch heiß ausgezeichnet, wobei das Anrichten mit Vinaigrette entfällt.
Ergibt 8 Portionen.

MAISPUDDING

2 Eier
3 EL Mehl
1/2 Tasse Sahne
1 Tasse Milch
1/2 TL Salz
1/4 TL weißer Pfeffer
1 EL Zucker
1 1/2 Tassen frische Maiskörner (von etwa 3 Kolben Zuckermais oder auch aus der Dose)
3 EL zerlassene Butter
75 bis 100 g geriebener scharfer Cheddarkäse (evtl. alter Gouda)
1/4 Tasse feingehackte grüne Chilischoten

Die Eier mit dem Mehl zu einer glatten Masse verrühren, darunter Sahne, Milch, Salz, Pfeffer und Zucker schlagen. Mais, zerlassene Butter, geriebenen Käse und die gehackten Chilischoten zufügen und alles gründlich vermengen.
Die Maismasse in eine mittelgroße, ausgefettete Puddingform geben und im Wasserbad im vorgeheizten Ofen bei 175 Grad 50 bis 55 Minuten backen, bis sie leicht aufgegangen und goldbraun ist. Heiß servieren.
Für 4 bis 6 Personen.

In den folgenden Kapiteln gibt es eine Menge Anregungen, was man sonst noch alles mit Gemüse machen kann. Für besonders exotische Gemüsegerichte blättern Sie einmal durch das Kapitel *Indische Küche*! Aber auch die anderen ausländischen Spezialitäten sind voller Überraschungen.

Einfache Eierspeisen, Soufflés und Omeletts

17 Gemüsecrêpes
Rezept Seite 228

18 Blinis *(russische Hefeplinsen)*
Rezept Seite 230

19 Eierpastete mit Oliven
Rezept Seite 241

20 Gefüllter Edamer
Rezept Seite 246

Eier passen zu jeder Mahlzeit, zu einem schlichten Frühstück ebensogut wie zu einem exquisiten Abendessen.

Ein einfaches Hühnerei läßt sich so vielseitig verwerten, daß man dieses Wunderwerk der Schöpfung nur mit Hochachtung anstaunen kann. Aus der Kochkunst ist es nicht wegzudenken – es bindet, dickt, lockert, verfeinert, kräftigt und treibt. Durch Ei werden Backwaren hoch und locker, mit Ei überglänzt man Brote und Gebäck, zieht man Saucen ab, legiert man köstliche Suppen, mischt man Käse und Gemüse. Ohne Eier gäbe es keine Cremespeisen, Crêpes, Aufläufe und dergleichen Leckerbissen.

Im folgenden Kapitel sind frische Eier das A und O der Rezepte. Man kann sie auf tausenderlei Weise würzen, macht morgens ein bescheidenes Spiegelei daraus und abends vielleicht ein königliches Soufflé. Zwischen diesen beiden Extremen gibt es eine ganze Palette feinster Zubereitungen aus Eiern.

Den Ruhm von Eiergerichten aber hat das Omelett begründet: Ei in seiner erhabensten Form. Mit Omeletts harmoniert einfach alles – Käse, Gemüse, Kräuter, Gewürze, Sahne, Saucen, Konfitüren, Früchte und Liköre.

Einfache Eierspeisen

GEFÜLLTE EIERSCHALEN

6 Eier
1 Bund frische Petersilie
7 EL Butter
Salz und Pfeffer

Die Eier 10 bis 15 Minuten kochen, aber vorsichtig, damit die Schalen nicht eingedrückt werden. Wenn sie hartgekocht sind, etwas abkühlen lassen, damit man sie anfassen kann. Jeweils ein Ei in die hohle Hand nehmen, mit einem scharfen Messer (möglichst mit Sägeschneide) der Länge nach rundherum leicht anschlagen und dann mit einem Schnitt halbieren. Lose Schalenstückchen entfernen, die Eierhälften vorsichtig aus der Schale heben und in eine Schüssel geben. In gleicher Weise die übrigen Eier halbieren und aus den Schalen holen, bis mit etwas Glück und viel Geschick 12 makellose Eierschalenhälften (10 oder 11 tun's auch) daliegen. Nach der harten Arbeit nun das Vergnügen.

Die Petersilie waschen und feinhacken. Die Eier zerhacken und mit 3 oder 4 Eßlöffeln weicher Butter, Petersilie, Salz und Pfeffer zu einer festen Paste verrühren. Mit dieser Masse die Eierschalen bis zum Rand füllen und die Oberfläche glattstreichen. So viel kann im voraus getan werden.

Kurze Zeit vor dem Anrichten etwas Butter in einer Pfanne zerlassen und die Eier mit der Schnittfläche hineinlegen. Auf kleiner Flamme 10 Minuten leicht braten, bis die Schnittfläche goldgelb und knusprig geworden und die Eiermasse durchwärmt ist. Dann werden die gefüllten Eierschalen auf eine Platte gesetzt und aufgetragen. Man ißt die Füllung mit einer Gabel aus der Schale heraus.

GEFÜLLTE EIER

6 hartgekochte Eier
4 bis 5 EL saure Sahne
4 bis 5 EL gehackter frischer Dill
Salz und Pfeffer

In der Zubereitung nicht so schwierig wie die gefüllten Schalen, aber auch nicht so langweilig wie die üblichen Senf-und-Mayonnaise-Kreationen.
Die Eier pellen, halbieren, die herausgelösten Eigelb mit saurer Sahne und Dill vermengen und nach Geschmack mit Salz und Pfeffer würzen. Diese Masse wieder in die Eiweißhälften füllen und mit etwas Dill bestreuen.

FLORENTINER EIER *Abb. 15*

1000 g frischer junger Spinat
3 EL Olivenöl
4 Eier
Salz und Pfeffer
Butter
3 bis 4 EL geriebener scharfer italienischer Käse
Béchamelsauce (Seite 128)

Die Spinatblätter sorgfältig waschen und entstielen. In einem ziemlich großen Topf das Olivenöl erhitzen, den vorbereiteten Spinat hineingeben und zugedeckt etwa 5 Minuten dünsten, dann den Deckel entfernen und so lange rühren, bis er zusammengefallen ist und alle Blätter von einer Ölschicht überzogen sind. Noch einige Minuten dünsten und mit Salz und Pfeffer abschmecken.
Eine etwa 5 cm tiefe feuerfeste Form leicht mit Öl oder Butter auspinseln. Darin den Spinat so verteilen, daß er zu den Gefäßwänden hin einen Rand bildet. In die Vertiefung mit einem Löffel 4 Mulden drücken, etwas flüssige Butter hineingießen und vorsichtig die 4 Eier hineinschlagen. Mit geriebenem Käse bestreuen und zuletzt knapp 1 Tasse Béchamelsauce darübergeben. 10 bis 15 Minuten bei 175 Grad backen und heiß servieren.
4 Portionen.

GEFÜLLTE EIER IN CURRYSAUCE

6 hartgekochte Eier
2 EL saure Sahne
2 EL getrocknete oder 3 bis 4 EL frische Dillspitzen
1 Tasse gehackte, gebratene Champignons
Salz und Pfeffer

Sauce:
3 EL Butter
3 EL Mehl
2 TL Currypulver
2 Tassen heiße Milch
Salz und Pfeffer
Paprika

Die Eier halbieren und die herausgelösten Eigelb in einer Schüssel mit der sauren Sahne, Dill, etwas Salz und einer reichlichen Prise frisch gemahlenem schwarzem Pfeffer vermengen. Dann die rasch in etwas Butter leicht gebräunten Pilze zufügen, gut unterrühren und die Masse in die Eiweißhälften häufen. Die gefüllten Eier in eine flache, ausgefettete feuerfeste Form setzen.
In einem kleinen Saucentopf oder im Wasserbad aus Butter und Mehl eine Einbrenne herstellen, mit dem Currypulver würzen und mit der heißen Milch ablöschen. So lange rühren, bis eine glatte Sauce entstanden ist. Mit Salz und Pfeffer abschmecken und über die Eier gießen, mit etwas Paprika bestreuen und im heißen Ofen bei 190 Grad 10 bis 15 Minuten backen. Sofort servieren.
2 bis 3 Portionen.

GEBACKENE EIER AUF ZUCCHINI

1750 g Zucchini
2 bis 3 gehackte Frühlingszwiebeln mit Grün
2 EL Butter
2 EL Olivenöl
6 Eier
Salz und Pfeffer
Holländische Sauce (Seite 129)

Die Zucchini vorsichtig unter fließendem Wasser bürsten und grobhacken. In einer großen Schüssel mit 2 Teelöffeln Salz vermischen und etwa 5 Minuten Saft ziehen lassen. Dann jeweils eine Handvoll herausnehmen, auspressen und auf Papiertüchern abtropfen lassen. So vorbereitete Zucchini werden nicht breiig, wenn man sie kocht. In der Zwischenzeit die 6 Eier aus dem Kühlschrank holen, damit sie vor Gebrauch zimmerwarm werden, und den Backofen auf 175 Grad vorheizen.
Nun Butter und Olivenöl in einer großen Pfanne erhitzen und die gehackten Frühlingszwiebeln hineingeben. Nach einigen Minuten die Zucchini mit etwas frisch gemahlenem schwarzem Pfeffer zufügen und auf mittlerer Flamme ungefähr 8 bis 10 Minuten dünsten, dabei fast ununterbrochen rühren.
6 kleine feuerfeste Portionsförmchen mit Butter auspinseln. Die Zucchinimasse gleichmäßig darauf verteilen und eine flache Mulde hineindrücken.
Etwa 15 Minuten vor Beginn der Mahlzeit jeweils 1 Ei in jede Vertiefung schlagen: Es sollte genau hineinpassen. Mit etwas Salz bestreuen und Pfeffer darübermahlen. 15 Minuten bei 175 Grad backen. Danach muß das Eiweiß gestockt, das Eigelb aber noch weich sein.
Die Eier aus dem Ofen nehmen und über jedes ein wenig *Holländische Sauce* geben. Sofort servieren. In dieser Weise angerichtet sind die gebackenen Eier ein schmackhafter erster Gang. Wünscht man sie zum Hauptgang, die Zutatenmengen verdoppeln, die Zucchinimasse in etwas größere ovale feuerfeste Formen (Gratinierplatten) geben und pro Person 2 Eier darin backen.
Für 6 Personen.

Soufflés

Wie entscheidend das richtige *Know-how* für den Umgang mit Eiern ist, hat schon Kolumbus bewiesen. Als er die Neue Welt entdeckt hatte (in dem Glauben, es handle sich um Ostindien), gaben Ferdinand und Isabella von Spanien ihm zu Ehren ein Fest. Jeder dürfte die nun folgende kleine Episode kennen:
An der Tafel neben Kolumbus saß ein Adeliger, der ihm seinen Ruhm mißgönnte und meinte, es sei doch wohl nichts Besonderes, auf Ostindien zu treffen, wenn man nach Westen segle. Er halte es für ziemlich einfach, mit dem Wissen, daß die Erde rund sei, sich einem Land von der anderen Seite zu nähern.
Nach der Überlieferung nahm Kolumbus daraufhin ein hartgekochtes Ei in die Hand, reichte es seinem Nachbarn und fragte ihn, ob er es aufrecht hinstellen könne. Der Adelige versuchte sein Bestes, aber ohne Erfolg – das Ei fiel immer wieder um. Schließlich gab er seine Bemühungen auf und bemerkte, es sei unmöglich. Kolumbus nahm das Ei fest in die Hand, schlug es mit dem stumpfen Ende kräftig auf dem Tisch auf, wobei seine Schale eingedrückt wurde – und da stand es. »Sehen Sie«, sagte er, »es ist ganz einfach, wenn man nur weiß, wie.«
Ebenso einfach ist es, aus Eiern Soufflés zu zaubern – wenn man weiß, wie. Es gibt viel Geheimnistuerei darum, dabei kann es jeder normale Sterbliche ohne Beschwörung und Hexerei lernen, er muß lediglich den Anweisungen genau folgen und die richtigen Geräte benutzen. Wer einmal die Grundbegriffe kennt, begreift alles übrige von selbst, und was vorher eine hohe Kunst zu sein schien, erweist sich plötzlich als ganz einfach und logisch.
Jedes Soufflé setzt sich aus zwei Bestandteilen zusammen, die im letzten Augenblick vor dem Backen vorsichtig vermischt werden. Der eine Teil ist eine Sauce aus Butter, Mehl, einer Flüssigkeit und Eigelb, meistens fein gewürzt. Der andere besteht aus zwei unbedingt zusammengehörenden Stoffen – Eiweiß und Luft. Das zu Schnee geschlagene Eiweiß bildet Tausende von winzigen Zellen oder Bläschen voller Luft.
Wenn der Eischnee unter die Sauce gehoben worden

ist und das Soufflé in den heißen Ofen kommt, erwärmt sich die Luft in den Eiweißzellen und dehnt sich aus, so daß das Soufflé aufgeht. Das ist alles. Natürlich muß es genau im richtigen Moment aus dem Ofen geholt werden, sonst ist die Ausdehnung der heißen Luft zu stark, die Bläschen platzen – und das schöne Soufflé fällt nach dem Herausnehmen in sich zusammen. Eine solche Katastrophe braucht aber wirklich nicht einzutreten.

Nun sind die logischen Zusammenhänge klar und wir können an die Zubereitung gehen. Zuerst einmal treffen wir die nötigen Vorbereitungen: den Backofen auf die angegebene Temperatur vorheizen und die Auflaufform herrichten. Sollte Ihr Backofen seine Mukken haben, legen Sie vorsichtshalber ein Thermometer (in Geschäften für Laborbedarf zu bekommen) hinein, damit die Backhitze auch stimmt. Denken Sie daran, den Rost so einzusetzen, daß die Soufflés genug Raum zum Aufgehen haben, ohne oben anzustoßen!

Die Souffléform

Sehr entscheidend für die Beschaffenheit eines Soufflés ist die Backform. Ist sie zu breit, verteilen sich die Luftblasen bei der Ausdehnung zunächst auf die Fläche und das Soufflé geht nicht so hoch auf, wie man möchte. Sie sollte allerdings einen etwas größeren Durchmesser haben, als sie tief ist, und glatte, gerade Seitenwände. Man füllt sie zu mindestens zwei Dritteln und höchstens sieben Achteln mit der Soufflémasse.

Die ausgewählte Souffléform wird ausgefettet und mit einem »Kragen« versehen. Dazu braucht man ein Stück Aluminiumfolie, das 5 bis 10 cm länger ist als der Umfang der Form. Das Folienstück längs auf die Hälfte falten. Nun eine der Längskanten etwa 8 cm breit (ungefähr bis zur Mitte der Folie) mit Butter bepinseln. Den »Kragen« um die Auflaufform legen, wobei der gefettete Rand nach innen gewendet ist und etwa 8 cm über die Form hinausragt. Mit einem starken Bindfaden gut festbinden und die Folie glätten, so daß sie einen geraden Zylinder bildet, durch den das Soufflé beim Aufgehen in Form gehalten wird. Wenn man es aus dem Ofen genommen hat, entfernt man die Folie – jetzt ist das Soufflé fest genug, verändert seine Form nicht mehr und ist prächtig aufgegangen.

Die Basis des Soufflés

Die Basis eines Soufflés ist eine ziemlich dicksämige Sauce, die manchmal auch mit Gemüsestücken und dergleichen angereichert ist. Diese Basis muß genau die richtige Konsistenz haben: ein Mittelding zwischen einer dicklichen Sauce und einem dünnen Pudding. Für jedes Soufflé gelten andere Mengenverhältnisse, richten Sie sich bitte genau nach den jeweiligen Rezeptanweisungen.

Für die Sauce zuerst die angegebene Menge Butter in einem Saucentopf mit schwerem Boden zerlassen und Mehl hineinrühren. Diese Einbrenne auf kleinster Flamme zwei oder drei Minuten anschwitzen, dabei ständig rühren. Mit heißer Milch oder Sahne ablöschen, und unter weiterem Schlagen mit dem Schneebesen bei Mittelhitze ein oder zwei Minuten köcheln, bis die Sauce dicksämig und völlig glatt ist.

Vom Feuer nehmen und die Eigelb einzeln nacheinander mit dem Schneebesen unterziehen. Jetzt kann man Käse, gehackte oder pürierte Gemüse, Gewürze und andere Geschmackszutaten hinzufügen. Wenn alles richtig untergehoben und die Sauce wieder abgerührt (bis auf Zutatenstückchen, die laut Rezept erforderlich sind) und dicklich wie Mayonnaise ist, sind Sie schon auf dem besten Wege zu einem schönen Soufflé.

Die Sauce kann nach Belieben im voraus fertiggestellt und im Kühlschrank ein paar Stunden oder auch einen Tag aufbewahrt werden, doch sollte in diesem Fall ihre Oberfläche mit flüssiger Butter überzogen werden, damit sich keine Haut bildet. Zum Weiterverarbeiten darf die Sauce aber auf keinen Fall steif und kalt sein, sondern muß langsam und vorsichtig unter Schlagen mit dem Schneebesen erwärmt werden, bis sie eben lau und glatt ist.

Das Eiweiß

Jetzt kommen wir zum überaus wichtigen Schneeschlagen. Am besten fügt man dem Eiweiß eine Prise Weinstein zu, wodurch es eine größere Festigkeit erhält und beim Schlagen weder näßt noch ausflockt. Die Anzahl der Eiweiß im Soufflé richtet sich nach der Menge der Eigelb. Normalerweise verarbeitet man ein oder zwei mehr Eiweiß als Eigelb. Auf diese Weise ist für die luftige Leichtigkeit des Endproduktes gesorgt, sollten auch ein paar Schaumbläschen platzen, wenn der Eischnee unter die Sauce gehoben wird.

Achtgeben, daß keine Spur von Eigelb mit ins Eiweiß gerät, da es durch jede Art von Fremdstoff seine Fähigkeit verliert, zu steifem Schnee zu werden. Falls sich doch etwas Eigelb hineingemischt hat, mit einem Stück Eierschale herausfischen.

Die Eiweiß lassen sich besser schlagen, wenn sie Zimmertemperatur haben. Sind sie sehr kalt, wird es schwierig, sie in ein luftiges, glänzendes Schaumgebilde zu verwandeln. Kalte Eiweiß kann man ohne weiteres leicht anwärmen, indem man sie in eine Schüssel gibt, die man in heißes Wasser stellt. Darin eine oder zwei Minuten rühren, bis sie bei Prüfung mit dem Finger Zimmertemperatur haben; die Schüssel aus dem Wasser nehmen und die Eiweiß zu Schnee schlagen.

Am einfachsten ist es, die Eiweiß mit einem elektrischen Handrührgerät (bei höchster Geschwindigkeit) steifzuschlagen. Aber es geht auch mit dem Schneebesen, den man in schneller, kreisender Bewegung halten muß. Dabei bildet sich zuerst lockerer Schaum, dann entstehen weiche Zipfel und zum Schluß steife Schneegipfel. Jetzt sofort mit dem Schlagen aufhören. Der Eischnee hat in diesem Augenblick eine glänzende Oberfläche und samtige Textur. Schlägt man zu lange, wird er trocken, zerfällt in Flocken und löst sich zuletzt gar wieder in Flüssigkeit auf. Das einzige, was man dann noch tun kann, ist – mit frischem Eiweiß von vorne anfangen. Nichts auf der Welt wird das zu lange geschlagene Eiweiß dazu bringen, erneut fest zu werden.

Ein Viertel des steifen, nicht zu trockenen Eischnees unter die Sauce ziehen. Dadurch bekommt sie eine lockere Konsistenz, so daß der restliche Schnee leicht untergehoben werden kann. Die aufgelockerte Sauce in eine große Schüssel geben, den restlichen Eischnee darauf häufen und mit einem Spachtel vorsichtig unterheben. Nicht rühren, sonst platzen die Luftbläschen, und der Schnee fällt zusammen.

Sobald die Masse einigermaßen homogen ist, wird sie in die vorbereitete Souffléform gefüllt. Die Oberfläche etwas glätten und das Soufflé in die Mitte des vorgeheizten Backofens stellen. Die Ofentür leise schließen und die im jeweiligen Rezept angegebene Mindestbackzeit einhalten. Dann nachsehen, wie das Kunstwerk aussieht. Wenn Sie den Anweisungen genau gefolgt sind, die Temperatur im Backofen stimmte und kein Erdbeben Ihre Küche während der Backzeit erschüttert hat, ist das Soufflé hoch aufgegangen, luftig und golden. Der obere Teil sollte hell gebräunt sein und bei sanftem Anstoßen der Form nur leicht wackeln. Wer sein Soufflé lieber etwas feuchter mag, muß die Backzeit entsprechend verkürzen, vielleicht um 5 Minuten.

Das fertige Soufflé sofort servieren!

In seiner duftigen Pracht bietet das Soufflé einen atemberaubenden Anblick. Aber es benimmt uns den Atem nur so lange, wie es die eigene Luft hält, und das sind nur wenige Minuten. In der Kürze liegt die Würze, kann man da nur sagen. Noch steht ein stolzes, luftiges, leise zitterndes Gebilde da, dann wird es aufgetragen, gekostet – und ist im nächsten Augenblick zergangen. Ein Soufflé warten zu lassen, ist ein unverzeihlicher Fauxpas. Von einem französischen Koch wird erzählt, er sei einmal gezwungen gewesen, mit einem fertigen, wohlgelungenen Soufflé zu warten, da sich das Essen verzögert hatte. Während dieser Zeit mußte er mit ansehen, wie seine herrliche Schöpfung zu einer gestaltlosen Masse zusammensank. Es ging ihm so zu Herzen, daß er sich mit einem Messer erstach. Das war vielleicht etwas übertrieben, aber es soll uns eine Warnung dafür sein, ein Soufflé nie warten zu lassen. Eher können Ihre Gäste ein paar Minuten warten: Sie werden große Augen machen und sich regelrecht gebauchpinselt fühlen, wenn sie das Traumgebilde verzehren, das Ihnen so viel Mühe bereitet hat.

BROKKOLI-WALNUSS-SOUFFLÉ

4 EL Butter
4 EL Mehl
1 1/2 Tassen heiße Milch
5 Eigelb
1 1/2 Tassen gehackter, gekochter Brokkoli
1/2 Tasse feingehackte oder in Scheiben geschnittene Walnüsse
3 EL sehr fein gewiegte Zwiebeln
2 EL geriebener Parmesankäse
1/2 TL Salz
frisch gemahlener Pfeffer nach Geschmack
7 Eiweiß
1 Prise Weinstein

zum Garnieren:
Sahne-Meerrettich-Sauce (Seite 130)

Eine Auflaufform von etwa 2 Litern Fassungsvermögen ausbuttern und mit einem gefetteten »Kragen« (Seite 204) versehen.

In einem schweren Saucentopf die Butter zerlassen, das Mehl zufügen und unter ständigem Rühren auf mittlerer Flamme 1 oder 2 Minuten anschwitzen. Mit der heißen Milch ablöschen und so lange mit dem Schneebesen durcharbeiten, bis die Sauce abgebunden hat.

Ist die Sauce abgerührt, vom Feuer nehmen und die Eigelb eins nach dem andern darunterschlagen. Dann den gekochten Brokkoli, Walnüsse, Zwiebeln und Käse gut untermengen. Mit Salz und Pfeffer abschmecken.

In einer Rührschüssel die Eiweiß mit einer Prise Weinstein zu steifem, aber nicht trockenem Schnee schlagen.

Etwa 1 Tasse des Eischnees unter die warme Sauce ziehen, den Rest vorsichtig darunterheben, wobei möglichst wenig Luft verlorengehen sollte.

Die Masse in die vorbereitete Souffléform füllen und im vorgeheizten Ofen bei 190 Grad 40 bis 45 Minuten backen.

Sofort mit heißer *Sahne-Meerrettich-Sauce* servieren.

Für 5 bis 6 Personen.

WALNUSS-KÄSE-SOUFFLÉ

2 EL Butter
1 Knoblauchzehe, durch die Presse gedrückt
1/2 sehr fein gewiegte Zwiebel
1 Prise Thymian
3 EL Mehl
1 Tasse Tomatenpüree
1/2 Tasse Sahne
3/4 Tasse feingemahlene Walnüsse
1 Tasse geriebener milder Cheddarkäse (ersatzweise Chester oder Gouda)
1/4 TL Senfpulver
Salz
frisch gemahlener schwarzer Pfeffer
4 Eigelb
6 Eiweiß
1/8 TL Weinstein

Die Butter in einem schweren Saucentopf zerlassen und die Zwiebel mit dem Knoblauch darin glasig dünsten. Eine Prise Thymian zufügen, das Mehl einrühren und die Einbrenne einige Minuten anschwitzen, dann unter Schlagen mit dem Schneebesen mit Sahne und Tomatenpüree ablöschen und zu einer glatten Sauce abrühren. Wenn sie schön heiß und dicksämig ist, mit dem Schneebesen Walnüsse und Käse daruntermischen.

Die Sauce vom Feuer nehmen, mit den Eigelb abziehen und Senfpulver, Salz und den frisch gemahlenen Pfeffer hineinrühren.

Die Eiweiß mit einer Prise Weinstein zu steifem, aber nicht trockenem Schnee schlagen. Davon ein Drittel an die Sauce rühren, den Rest vorsichtig darunterheben. Die Masse in eine 1 1/2 Liter fassende Souffléform geben und in den auf 200 bis 210 Grad vorgeheizten Ofen stellen. Die Hitze sofort drosseln, und das Soufflé bei 190 Grad 35 bis 40 Minuten backen.

Für 4 bis 6 Personen.

ZWIEBEL-KÄSE-SOUFFLÉ

6 mittelgroße Zwiebeln (etwa 700 g)
4 EL Butter
4 EL Mehl
knapp 1/2 Tasse Sahne
1/2 TL Salz
weißer Pfeffer nach Geschmack
1 Prise Muskat
1 Prise Cayennepfeffer
2 EL geriebener Parmesankäse
4 Eigelb
5 Eiweiß
1 Prise Weinstein

dazu: eine feine, leichte Tomatensauce

Die Zwiebeln schälen, 5 Stück vierteln und diese Viertel mit leicht gesalzenem Wasser bedeckt gar kochen. Abseihen, die Brühe aufheben, und die weichen Zwiebeln sehr fein schneiden.
Die letzte Zwiebel feinhacken und in einem schweren, mittelgroßen Saucentopf in der Butter rasch anbraten. Wenn sie Farbe genommen hat, die Hitze zurücknehmen und das Mehl zurühren. Die Einbrenne unter ständigem Rühren ein paar Minuten anschwitzen, dann mit 1/3 Tasse der aufbewahrten Zwiebelbrühe und der Sahne aufgießen. Die Sauce auf kleinster Flamme abrühren.
Danach vom Feuer nehmen, die feingewiegten gekochten Zwiebeln, Salz, etwas weißen Pfeffer, Muskat, Cayennepfeffer sowie den geriebenen Parmesankäse hineinrühren und die Eigelb nacheinander darunterschlagen.
Die Eiweiß mit einer Prise Weinstein so lange schlagen, bis der Schnee steife, glänzende Zipfel bildet. Etwa 1 Tasse des Eischnees unter die Zwiebelsauce ziehen, den übrigen vorsichtig darunterheben.
Die Masse behutsam in eine ausgefettete Auflaufform von etwa 2 Litern Fassungsvermögen (Seite 204) häufen und im vorgeheizten Ofen bei 175 Grad 35 bis 40 Minuten backen. Sofort mit *Einfacher Tomatensauce* zu Tisch bringen.
Für 4 bis 6 Personen.

KÄSESOUFFLÉ

175 g Emmentaler oder Gruyère, gerieben
2 EL Parmesankäse, gerieben
6 Eigelb
8 Eiweiß
3 1/2 EL Butter
4 EL Mehl
1 1/2 Tassen Milch
Salz
1/8 TL Weinstein
1 1/2 TL Dijonsenf
1/4 TL Knoblauchpulver
1/4 TL pulverisierte Zitronenschale
1 Prise Cayennepfeffer
1 Prise Muskat
gemahlener schwarzer Pfeffer

In einem Saucentopf aus Butter und Mehl eine Einbrenne herstellen, mit der Milch ablöschen und mit dem Schneebesen durcharbeiten, bis eine glatte, dicksämige Sauce entstanden ist. Die Sauce vom Feuer nehmen und den Käse mit den Gewürzen hineinrühren. Wenn sie stark abgekühlt ist, mit dem Schneebesen die Eigelb darunterziehen.
Die Eiweiß mit etwas Salz und einer Prise Weinstein zu festem Schnee schlagen.
Eine Souffléform ausfetten und mit einem »Kragen« versehen (Seite 204). Die Käsesauce mit etwa 1 Tasse des Eischnees auflockern und den restlichen Schnee behutsam unterheben. Die Masse in die vorbereitete Form füllen.
In den 200 bis 210 Grad heißen Ofen stellen, die Hitze gleich auf 190 Grad vermindern, und das Soufflé bei dieser Temperatur 40 bis 45 Minuten backen. Sofort mit *Weißwein-* oder *Kräuter-Weinsauce* auftragen.
Für 6 Personen.

HÜTTENKÄSESOUFFLÉ

Nicht süß genug für ein Dessert, aber exzellent als zweites Frühstück oder leichtes Mittagessen.

1 Tasse Hüttenkäse
1/2 Tasse saure Sahne
5 EL Mehl
5 TL Zucker
1/2 TL Salz
1/4 TL Zimt
zerstoßene Samen aus 2 Kardamomkapseln
1 EL zerlassene Butter
5 Eigelb
5 Eiweiß
1 Prise Weinstein

zum Garnieren:
Preiselbeerkompott (Seite 395), Apfelmus oder frisches Obst

Den Hüttenkäse mit der sauren Sahne in einen schweren Saucentopf geben. Unter Rühren nach und nach das Mehl einstreuen, dann Salz, Zucker, Zimt, Kardamom, flüssige Butter und die Eigelb zufügen. Die Masse gründlich mit dem Schneebesen durchschlagen, so daß alle Zutaten gut vermischt und keine Mehlklümpchen mehr vorhanden sind.
Nun wird sie langsam unter ständigem Rühren auf kleinster Flamme erhitzt, bis sie gebunden ist. Noch etwa 3 Minuten weiterrühren, aber auf keinen Fall aufwallen lassen. Danach sollte die Sauce eine cremige Konsistenz haben. Vom Feuer nehmen und unter gelegentlichem Umrühren abkühlen lassen, bis sie nur noch lauwarm ist.
Die Eiweiß mit einer Prise Weinstein zu steifem Schnee schlagen. Etwa ein Drittel des Eischnees unter die Sauce ziehen, den übrigen ganz vorsichtig darunterheben.
Die luftige Masse in eine gefettete, etwa 2 Liter fassende Auflaufform (siehe Seite 204) füllen und im vorgeheizten Ofen bei 175 Grad 35 bis 40 Minuten backen. Sofort mit *Preiselbeerkompott*, Apfelmus oder frischen Früchten garniert auftragen.
Für 4 bis 5 Personen.

PIKANTER KARTOFFELAUFLAUF MIT KÄSE

5 EL Butter
3 EL Mehl
1 1/3 Tassen heiße Milch
6 Eigelb
175 g Munsterkäse
2 große Kartoffeln (knapp 250 g)
1 mittelgroße Zwiebel, geschält, geviertelt und in feine Scheiben geschnitten
4 bis 5 TL zerstoßene getrocknete rote Pfefferschoten
1 TL Salz
8 Eiweiß
1 Prise Weinstein

dazu: Dillsauce (Seite 133)

Aus 3 Eßlöffeln Butter und dem Mehl eine Einbrenne herstellen und bei geringer Hitze unter ständigem Rühren ein paar Minuten anschwitzen. Mit heißer Milch ablöschen, dabei mit dem Schneebesen durcharbeiten, und weiterschlagen, bis die Sauce dicksämig und glatt ist.
Vom Feuer nehmen, nacheinander die einzelnen Eigelb unterziehen und schließlich den in kleine Stücke geschnittenen Käse einrühren. Auf kleiner Flamme weiterrühren, bis der Käse eben geschmolzen ist, und die Sauce beiseite stellen.
Die Kartoffeln schälen, in gut 5 mm große Würfel schneiden, wenige Minuten in Salzwasser kochen und sofort abgießen. In einer Pfanne die restliche Butter zerlassen und die Zwiebeln darin auf mittlerer Flamme rasch anbraten. Wenn sie Farbe genommen haben, die Kartoffelwürfel zufügen und unter ständigem Rühren braten, bis sie goldbraun und gar sind. Zuletzt die zerstoßenen Pfefferschoten daruntermischen und weitere 2 oder 3 Minuten rühren.
Die Gemüse nun mit dem Salz an die Käsesauce geben.
Die Eiweiß mit einer Prise Weinstein schlagen, bis sie steife Zipfel bilden. Etwa ein Drittel des Eischnees in die Käsemasse ziehen, den Rest vorsichtig unterheben. Die Masse in eine vorbereitete Auflaufform von etwa 2 Litern Fassungsvermögen (Seite 204) füllen

und in die Mitte des auf 190 Grad vorgeheizten Ofens stellen. Die Hitze auf 175 Grad drosseln und das Soufflé bei dieser Temperatur etwa 40 Minuten backen. Sofort mit *Dillsauce* servieren.
Für 4 bis 6 Personen.

SPARGELSOUFFLÉ

3 EL Butter
4 EL Mehl
1 ½ Tassen Milch
6 Eigelb
1 EL gehackte frische Petersilie
1 EL gehackter Schnittlauch
Salz und Pfeffer
4 bis 5 EL geriebener Parmesankäse
1 Tasse gekochter Spargel, in kleine Stücke geschnitten
8 Eiweiß
1 Prise Weinstein

Die Butter zerlassen und mit dem Mehl zu einer glatten Einbrenne verrühren. Unter Schlagen langsam die Milch zugießen, die Sauce abrühren und vom Feuer nehmen. Die Eigelb nacheinander vorsichtig mit dem Schneebesen darunterziehen, dann die Gewürze, den Käse und die Spargelstückchen hineinrühren. Keine holzigen Spargelenden verwenden!
Das zimmerwarme Eiweiß mit etwas Salz und einer Prise Weinstein zu steifem, aber nicht trockenem Schnee schlagen.
Mit ein paar Löffeln des Eischnees die Sauce auflokkern, den übrigen Schnee ganz behutsam unterheben. Die Masse vorsichtig in die vorbereitete Form (siehe Seite 204) häufen und im vorgeheizten Ofen bei 175 Grad etwa 35 bis 40 Minuten backen, bis sie über die Form hinaus aufgegangen ist und bei leichtem Anstoßen kaum noch wackelt.
Dieses Soufflé reicht für 6 Personen, wenn außerdem noch andere Gänge serviert werden; bei sehr hungrigen Gästen oder als Hauptattraktion nur für 4 Personen. Ofenfrisch, mit heißer *Dillsauce* aufgetragen, schmeckt es phantastisch.

MARONENSOUFFLÉ

Dieses Gericht kann man mit leichten Veränderungen einmal als pikantes Soufflé zu einem großen Essen servieren und damit alle Unterhaltung in ehrfurchtsvolles Schweigen verwandeln, oder zum andern als feines Frühstück oder Dessert auftischen. Die wenigsten Feinschmecker kennen sein eigenartiges Aroma. Aber wer davon kostet, wird nicht widerstehen können und nach mehr verlangen.
Frische Maronen gibt es nur im Herbst, zu anderen Zeiten kann man sich gut mit ganz oder püriert konservierten Eßkastanien aus der Dose behelfen, die in den Lebensmittelabteilungen großer Kaufhäuser oder in Delikatessenläden erhältlich sind.
Anmerkung d. Übers.: Aber Vorsicht, wählen Sie Maronen *au naturel*, nicht in Zuckersirup oder mit Vanille!

3 EL Butter
4 EL Mehl
1 Tasse Sahne oder Milch
6 Eigelb
7 Eiweiß
1 Prise Weinstein
2 bis 3 EL geriebener Parmesankäse
1 Tasse Maronenpüree
1 winzige Prise Muskat
Salz und Pfeffer

Aus Butter und Mehl eine Einbrenne herstellen, mit Milch oder Sahne ablöschen und mit dem Schneebesen abrühren. Den Topf vom Feuer nehmen und nacheinander die Eigelb mit dem Schneebesen unter die Sauce ziehen. Dann den Käse, das Maronenpüree und die Gewürze hineinrühren.
Die zimmerwarmen Eiweiß mit einer Prise Weinstein zu festem, aber nicht trockenem Schnee schlagen. Davon ein paar Löffel an die Sauce rühren und den restlichen Eischnee sehr vorsichtig unterheben. Die Masse in eine vorbereitete, knapp 1 ½ Liter fassende Souffléform (Seite 204) füllen und im vorgeheizten Ofen bei 175 Grad etwa 35 bis 40 Minuten backen, bis das Soufflé bei Überprüfung die richtige Beschaffenheit hat. Sofort servieren.

Für ein süßes Soufflé einfach 2 bis 3 Eßlöffel Zucker und etwas Vanilleextrakt oder -zucker mit dem Maronenpüree vermischen bzw. eine süße Konserve verwenden. Der Parmesankäse entfällt natürlich. Nach Geschmack kann das Maronenpüree auch mit einem Eßlöffel Cognac verdünnt werden. Ein Sonntagsfrühstück mit süßem Maronensoufflé, heißem *Maisbrot*, starkem Kaffee und Früchten der Jahreszeit ist ein Hochgenuß!
Für 4 bis 6 Personen.

AUBERGINENSOUFFLÉ

1 Aubergine (etwa 500 g)
1 TL Salz
2 EL Butter
1 kleine Knoblauchzehe, durch die Presse gedrückt
2 EL Mehl
1 Tasse Milch
50 bis 100 g frisch geriebener Parmesankäse
½ TL frisch gemahlener schwarzer Pfeffer
3 Eigelb
4 Eiweiß
⅛ TL Weinstein

Die Aubergine in einer feuerfesten Form etwa 45 Minuten im 200 bis 210 Grad heißen Ofen backen, bis das Fruchtfleisch weich ist. Unter kaltem Wasser abkühlen, so daß man sie anfassen kann, dann längs halbieren und gut abtropfen lassen. Das Fruchtfleisch aus den Schalenhälften schaben und völlig zerstampfen. Mit 1 Teelöffel Salz abschmecken.
In einem kleinen Saucentopf die Butter zerlassen und den Knoblauch hineingeben. Dann Mehl zurühren und die Einbrenne einige Minuten anschwitzen. Mit der leicht erwärmten Milch ablöschen, dabei mit dem Schneebesen durcharbeiten, bis die Sauce gebunden ist. Vom Feuer nehmen, geriebenen Käse und Auberginenmasse dazurühren und mit schwarzem Pfeffer würzen. Zuletzt mit den leicht verquirlten Eigelb abziehen.
Die Eiweiß mit etwas Weinstein zu festem, aber nicht trockenem Schnee schlagen. Etwa ein Drittel des Eischnees gründlich in die Sauce rühren, den Rest behutsam unterheben.
Die Masse in eine ausgebutterte 1½-Liter-Souffléform (Seite 204) füllen und vorsichtig in den auf 175 Grad vorgeheizten Ofen stellen. Ungefähr 45 bis 50 Minuten backen und sofort danach zu Tisch bringen.
Für 4 Personen.

KARTOFFELSOUFFLÉ

2 Tassen heißes Kartoffelpüree
(von 3 oder 4 großen, mehligen Kartoffeln)
½ Tasse saure Sahne
100 g geriebener scharfer Cheddarkäse
(etwa ¾ bis 1 Tasse)
4 Eigelb
4 Eiweiß
Weinstein
Salz und Pfeffer
3 EL gehackter Schnittlauch
oder Frühlingszwiebeln mit Grün

Die Stampfkartoffeln mit der sauren Sahne, dem geriebenen Käse, Salz, Pfeffer und den Eigelb verschlagen. Mit einem elektrischen Mixer oder Schnellmixstab ist diese Arbeit in etwa 2 Minuten getan. Zum Schluß Schnittlauch oder Frühlingszwiebeln (mit Grün) dazurühren.
Die Eiweiß mit etwas Salz und einer Prise Weinstein steifschlagen und vorsichtig unter die Kartoffelmasse heben. Das Ganze in eine gefettete Souffléform (Seite 204) häufen und im vorgeheizten Ofen bei 175 Grad etwa 45 Minuten backen. Sofort servieren.
Für 4 Personen.

PILZAUFLAUF MIT DILL

50 g getrocknete schwarze Pilze
(z. B. japanische Shitake)
5½ EL Butter
4 EL Mehl
1 Tasse heiße Milch
½ Tasse saure Sahne
Salz und Pfeffer nach Geschmack

1 Prise Cayennepfeffer
6 Eigelb
2 EL gehackter frischer Dill
1 kleine feingehackte Zwiebel
¼ Tasse gewiegte Schalotten
8 Eiweiß
1 Prise Weinstein
1 bis 2 EL geriebener Parmesankäse

dazu: Holländische Sauce (Seite 129)
oder Pikante Mousselinesauce (Seite 131)

Etwa 1½ Tassen kochendes Wasser über die Trokkenpilze gießen und sie darin mehrere Stunden oder über Nacht einweichen. Wenn sie gequollen sind, abseihen, dabei die Brühe auffangen. Die Pilze gründlich säubern, so daß nicht ein einziges Sandkörnchen haftenbleibt, und grobhacken.
In einem Saucentopf 3½ Eßlöffel Butter zerlassen und das Mehl hineinrühren. Die Einbrenne mehrere Minuten unter ständigem Rühren auf kleiner Flamme anschwitzen. Heiße Milch und saure Sahne schnell mit dem Schneebesen verschlagen und damit die Einbrenne ablöschen. Die Sauce bei geringer Hitze weiter mit dem Schneebesen durcharbeiten, bis sie dicksämig und glatt ist.
Mit Salz, Pfeffer und einer Prise Cayennepfeffer abschmecken. Dann vom Feuer nehmen und die Eigelb nacheinander darunterziehen. Zuletzt den gehackten Dill zufügen und die Sauce beiseite stellen.
In einer Pfanne die restlichen 2 Eßlöffel Butter zerlassen und die gewiegte Zwiebel und Schalotten darin goldgelb dünsten, daraufhin die Pilze mit Salz und Pfeffer zugeben. Die zurückbehaltene Pilzbrühe durch Mulltücher (oder einen Papierfilter) filtern und mit einer Tasse dieser Flüssigkeit den Pfanneninhalt aufgießen. Das Ganze unter häufigem Rühren so lange brodeln lassen, bis die Brühe ganz eingekocht oder verdampft ist. Nun die Pilze gut mit der weißen Sauce verrühren.
Eine Souffléform von etwa 2 Litern Fassungsvermögen ausfetten und mit Parmesankäse ausstreuen. Einen hohen, festen, gefetteten Pergamentpapierbogen oder Aluminiumfolie um die Form legen und befestigen (vgl. Seite 204).
Die Eiweiß in einer tiefen, sauberen Rührschüssel mit etwas Salz und einer Prise Weinstein zu steifem Schnee schlagen.
Den Backofen auf 200 bis 210 Grad vorheizen.
Ein paar Löffel Eischnee vorsichtig unter die Sauce ziehen. Die so aufgelockerte Sauce über den übrigen Eischnee gießen, der mit einem Spachtel oder Löffel behutsam daruntergehoben wird. Die Masse in die vorbereitete Auflaufform geben, mitten in den heißen Ofen stellen und die Hitze auf 190 Grad vermindern. Das Soufflé etwa 35 bis 40 Minuten backen und sofort mit Holländischer Sauce oder Pikanter Mousselinesauce auftragen.
Für 6 Personen.

ZUCCHINISOUFFLÉ

450 g frische Zucchini
1 kleine Zwiebel
5 EL Butter
¾ TL Salz, nach Geschmack mehr
¼ bis ½ TL zerstoßenes getrocknetes Basilikum
frisch gemahlener Pfeffer nach Geschmack
3 EL Mehl
1⅓ Tassen warme Milch
6 Eigelb
7 Eiweiß
1 Prise Weinstein
2 EL geriebener Parmesankäse

dazu: Holländische Sauce (Seite 129)
oder eine Käsesauce

Die Zucchini waschen, putzen und feinraspeln. Die Zwiebel schälen und hacken. In einer Pfanne 2 Eßlöffel Butter zerlassen und die Zwiebel darin eben gar dünsten. Die geriebenen Zucchini dazumischen und bei ziemlich starker Hitze rasch braten, dabei rühren, bis sie gar sind und alle ausgetretene Flüssigkeit verdampft ist. Salz, Basilikum und etwas frisch gemahlenen schwarzen Pfeffer hinzufügen, noch ein paar Minuten rühren und die Pfanne vom Feuer nehmen.
Die restlichen 3 Eßlöffel Butter in einem mittelgroßen Saucentopf mit schwerem Boden zerlassen und das

Mehl hineinrühren. Die Einbrenne einige Minuten auf kleinster Flamme anschwitzen, dann mit der warmen Milch ablöschen. Die Sauce bei mittlerer Hitze leicht mit dem Schneebesen durcharbeiten, bis sie dicksämig und glatt ist.
Vom Feuer nehmen und die einzelnen Eigelb nacheinander darunterziehen. Zuletzt Parmesankäse und gebratene Zucchini unterrühren und das Ganze nochmals mit Salz und Pfeffer abschmecken.
Die Eiweiß mit etwas Weinstein zu festem Schnee schlagen. Mit etwa einem Viertel des Eischnees die Sauce auflockern, dann den übrigen behutsam unterheben. Die Masse in eine vorbereitete, etwa 2 Liter fassende Souffléform (Seite 204) füllen und im vorgeheizten Ofen bei 175 Grad 35 bis 40 Minuten backen. Die Oberfläche sollte goldbraun sein. Das Soufflé sofort mit Holländischer Sauce oder einer Käsesauce zu Tisch bringen.
Für 4 bis 6 Personen.

SPINATSOUFFLÉ

900 g frischer Spinat
2 TL Salz
1/3 Tasse gehackte Frühlingszwiebeln
1 EL Olivenöl
1/2 TL Obstessig
1/4 TL getrocknete Dillspitzen
3 EL Butter
4 EL Mehl
1 Tasse heiße Milch
1 Prise Muskat
1 Prise Cayennepfeffer
6 Eigelb
7 Eiweiß
1 Prise Weinstein
3 EL geriebener Parmesankäse
schwarzer Pfeffer nach Geschmack

dazu: Holländische Sauce
oder Sauce Mornay (beide Seite 129)

Den Spinat waschen und putzen. Die Blätter mit 1 1/2 Teelöffeln Salz vermischen und bei Mittelhitze im austretenden eigenen Saft dünsten, dabei ständig wenden und mischen. Wenn sie zusammengefallen und gar sind, abseihen, gut abtropfen lassen und feinhacken. Die Frühlingszwiebeln im Olivenöl weichdünsten, dann den Spinat, Obstessig und Dill hinzufügen.
In einem schweren Saucentopf die Butter zerlassen und das Mehl zurühren. Die Einbrenne unter häufigem Rühren mehrere Minuten auf kleinster Flamme anschwitzen, mit der heißen Milch ablöschen und so lange rühren, bis die Sauce gebunden ist. Mit etwas Muskat und Cayennepfeffer würzen, vom Feuer nehmen und die Eigelb einzeln mit dem Schneebesen darunterziehen. Die Sauce auf die sehr kleine Flamme zurückstellen, den Parmesankäse hineingeben und 2 bis 3 Minuten verrühren. Wieder vom Herd nehmen, das Spinatgemisch zufügen und das Ganze mit dem restlichen halben Teelöffel Salz und einer Prise schwarzem Pfeffer würzen.
Die Eiweiß mit etwas Weinstein zu steifem Schnee schlagen, ein Viertel dieser luftigen Masse an die Spinatsauce rühren und den Rest vorsichtig darunterheben.
Die Soufflémasse in eine vorbereitete 2-Liter-Form oder eine 1 1/2-Liter-Form mit »Kragen« (siehe Seite 204) füllen und im vorgeheizten Ofen bei 175 Grad 35 bis 40 Minuten backen. Sofort mit Holländischer Sauce oder Sauce Mornay servieren.
Für 4 bis 6 Personen.

LÖFFELBROT: EIN MAISMEHLAUFLAUF

Löffelbrot ist etwas schwerer als andere Soufflés durch die grobe Textur des Maismehls. Aber gerade deshalb ist es besonders reizvoll und schmeckt mit Frischkäse und Konfitüren herrlich zum Frühstück, ebensogut zu einem gemütlichen Mittag- oder Abendessen mit *Baked Beans*.

1 1/2 EL Butter
2 Tassen Milch
1/2 Tasse Maismehl
3 Eigelb
3 Eiweiß
1 Prise Weinstein
3/4 TL Salz

Eine Auflaufform mit einem kleinen Teil der Butter ausfetten und den Backofen auf 200 bis 210 Grad vorheizen. Die Milch aufkochen, die restliche Butter und das Maismehl hineingeben und unter Rühren ausquellen lassen. Wenn die Masse fest ist, läßt man sie lauwarm werden. Dann wird sie mit den Eigelb abgezogen.
Die Eiweiß mit etwas Salz und einer Prise Weinstein zu steifem Schnee schlagen und vorsichtig unter den Maisbrei heben. Diese Masse in die vorbereitete Form füllen und etwa 40 Minuten bei 200 bis 210 Grad bakken. Gleich zu Tisch bringen.
Für 3 bis 4 Personen.

ARTISCHOCKEN-KÄSE-AUFLAUF

Er schmeckt heiß ebensogut wie kalt und wird in Vierecke oder Tortenstücke geschnitten. Eine feine Vorspeise, oder mit einem herzhaften Salat zusammen ein delikates kleines Abendessen.

350 g in Öl marinierte Artischockenherzen
1 mittelgroße, grobgehackte Zwiebel
5 Eier
3/4 TL Salz
frisch gemahlener schwarzer Pfeffer nach Geschmack
2 EL Mehl
175 g geriebener Cheddarkäse
30 g geriebener Parmesankäse

Von den Artischockenherzen 1/4 Tasse Öl abgießen und in einer großen Pfanne oder flachen, feuerfesten Form erhitzen. Darin die Zwiebel rasch anbraten und Farbe nehmen lassen.
Die Artischockenherzen in dicke Scheiben schneiden oder vierteln. Die Eier mit Salz, etwas frisch gemahlenem schwarzen Pfeffer und dem Mehl gut verschlagen. Es dürfen keine Mehlklümpchen darin schwimmen. Nun die beiden geriebenen Käsesorten in die Flüssigkeit rühren.
Die Artischockenherzen zu den Zwiebeln in die Pfanne geben, kurz darin schwenken und schließlich gleichmäßig auf dem Pfannenboden oder in der feuerfesten Form verteilen. Die Eiermischung darüberlöffeln, vorsichtig über dem Gemüse ausbreiten und den Auflauf im vorgeheizten Ofen bei 175 Grad 20 bis 25 Minuten backen, bis die Eier gestockt sind und die Oberfläche goldbraun und leicht knusprig ist.
Für 8 bis 10 Personen als Appetithappen, andernfalls für 4 bis 6 Personen.

DREIKÄSEHOCHS *Abb. 16*

5 Eigelb
5 Eiweiß
2 EL Weinbrand
1/4 TL Senfpulver
1 Prise zerstoßener Thymian
1 Prise geriebene Muskatnuß
1 Prise Cayennepfeffer
Salz
frisch gemahlener schwarzer Pfeffer
1/2 Tasse Ricottakäse (notfalls durch einen milden, weichen Schafskäse ersetzen)
3/4 Tasse geriebener Romanokäse (ersatzweise kann Pecorino genommen werden)
3/4 Tasse geriebener Emmentaler Käse

Die Eigelb mit Weinbrand und Gewürzen verschlagen, dann den Käse darunterrühren.
Die Eiweiß zu festem Schnee schlagen, ein Viertel davon abnehmen und gut mit dem Eigelbgemisch verrühren. Den übrigen Eischnee vorsichtig darunterheben.
Diese Masse in 4 kleine, gefettete feuerfeste Förmchen füllen und im 220 Grad heißen Ofen etwa 15 bis 20 Minuten backen, bis sie hoch aufgegangen und die Oberfläche schön gebräunt ist. Sogleich ofenheiß servieren.
Für 4 Personen.

RAMEQUINS MIT ARTISCHOCKENPÜREE

450 g Artischockenherzen *au naturel* (abgetropft)
4 EL Olivenöl
1 EL Weißweinessig
1 Prise Estragon
1 zerdrückte Knoblauchzehe
Salz und schwarzer Pfeffer
8 Eier
6 EL saure Sahne
1 1/2 Tassen fein geriebener Parmesankäse
1 EL Weinbrand
1/8 TL Muskat
1/8 TL Cayennepfeffer
1 Tasse frische Weißbrotkrumen
1 Prise Weinstein

Die Artischockenherzen mit Olivenöl, Essig, Estragon, Knoblauch, Salz und Pfeffer im Mixer pürieren und glatt in 6 oder 8 feuerfeste ausgefettete Portionsförmchen streichen.
Die Eigelb von den Eiweiß trennen und mit allen übrigen Zutaten außer dem Weinstein gut verrühren. Das Eiweiß mit dem Weinstein zu steifem, aber nicht trokkenem Schnee schlagen. Ein Drittel des Eischnees unter das Eigelbgemisch ziehen, den Rest ganz behutsam darunterheben. Diese Masse gleichmäßig auf dem Artischockenpüree in den Auflaufförmchen verteilen. Die Ramequins bei 175 Grad etwa 25 Minuten bakken, bis sie aufgegangen und schön gebräunt sind. Für 6 bis 8 Personen.

Omeletts

Ein feines Omelett paßt zu jeder Mahlzeit. Obwohl es zu den einfachsten Gerichten zählt, erfordert seine Zubereitung doch Geschicklichkeit und Fingerspitzengefühl. Lassen Sie sich Zeit, und machen Sie sich nichts daraus, nach den ersten Versuchen Rührei statt Omelett essen zu müssen – Übung macht den Meister! Bald werden Sie gelernt haben, mühelos zarte, goldgelbe Omeletts herzustellen, die so schön aussehen, daß man sie kaum aufessen mag.
Das Gelingen eines Omeletts ist nicht zuletzt von der Qualität der Zutaten abhängig. Verwenden Sie nur ganz frische Eier und reichlich gute Butter. Für ein einfaches Omelett braucht man nun noch etwas Salz und Pfeffer zum Würzen. Wer mag, kann es auch mit ein wenig Milch oder Sahne anreichern, aber das ist reine Geschmacksache. Omeletts können exquisit mit den verschiedensten feinen Gemüsen gefüllt werden, oder man gibt ihnen eine delikate Sauce bei.
Die für die Zubereitung nötigen einfachen Geräte finden sich in jeder Küche: Rührschüssel und Schneebesen oder Eierschläger. Bei der Pfanne wird es manchmal schon kritisch. Eine gute Omelettpfanne hat einen schweren Boden mit sanft ausladendem oder gewölbtem Rand. Am besten eignet sich eine Pfanne aus Gußeisen, die nie gespült, sondern nur mit Papier oder Salz ausgerieben wird und im Lauf der Zeit eine glatte Patina ansetzt, oder eine mit Teflon beschichtete. Sehr nützlich ist ein langes, biegsames Pfannenmesser.
Zu einem *Omelett für eine Person* braucht man normalerweise zwei, bei großem Hunger drei Eier. Die Eier mit etwas Salz und einer kleinen Prise Pfeffer, nach Belieben auch mit einem Schuß Milch oder Sahne, in einer Schüssel eben verschlagen. Eine Omelettpfanne von 20 oder 22 cm Durchmesser erhitzen, einen Eßlöffel Butter darin zerlassen und die Pfanne schwenken, damit sich die Butter gleichmäßig über den Pfannenboden verteilt. Wenn sie geschmolzen ist, schäumt und gerade anfängt, sich haselnußbraun zu färben, die Hitze etwas zurücknehmen und die Eier in die Butter gießen, dabei die Pfanne leicht hin und her kippen, damit sich die Flüssigkeit auf die gesamte Fläche verteilt. Im Nu beginnen die Eier zu stocken. Dar-

aufhin wird der Omelettrand rundherum mit dem Pfannenmesser (oder einem Spachtel) von der Pfanne gelöst. Die Pfanne ein wenig schütteln, den Omelettrand hier und da hochheben und bei schräg gehaltener Pfanne die noch flüssige Eiermasse von der Oberfläche herab unter das Omelett laufen lassen.
Nach weniger als einer Minute sind die Eier gestockt. Die Pfanne erneut kurz schwenken, damit das Omelett nicht festbackt. Seine Oberfläche darf nicht mehr flüssig sein, sondern nur noch feucht. Jetzt kann das Omelett nach Wunsch gefüllt werden. Die vorbereitete Füllung daraufgeben und eine Omeletthälfte mit Hilfe des Pfannenmessers vorsichtig darüberschlagen. Nach ein paar Sekunden auf einen vorgewärmten Teller gleiten lassen. Das fertige Omelett soll außen goldgelb, innen von zartem Schmelz sein und muß sofort aufgetragen werden.
Oft mißlingt ein Omelett nur, weil es zu lange gebakken wird. Sobald die Eier stocken, heißt es aufpassen, sonst wird das Omelett zäh und gummiartig.
Ein Omelett für zwei Personen wird in gleicher Weise zubereitet, wobei die Zutatenmengen verdoppelt werden und eine etwas größere Pfanne verwendet wird. Kleine Omeletts kann man jedoch viel leichter herstellen, darum rate ich Anfängern, damit zu beginnen und später, wenn sich die nötige Erfahrung eingestellt hat, zu den größeren überzugehen.
Omeletts erfordern eine so kurze Zubereitungszeit, daß sie ideal für ein schnell improvisiertes Essen sind. Außerdem bilden sie eine neutrale Grundlage und können in Verbindung mit Gemüsen und Zutaten jeder Art, mit Käse, *Holländischer Sauce* oder *Tomatensauce* jedem Geschmack angepaßt werden. Süße Omeletts sind ein köstliches Dessert oder feines *Brunch*. Man kann sie zum Beispiel mit Marmelade oder gebratenen Apfelscheiben füllen. Es gibt unzählige Möglichkeiten, aus einem einfachen Omelett einen Leckerbissen zu machen!

EINFACHES OMELETT FÜR ZWEI PERSONEN

5 Eier
1 EL Wasser
2 EL Butter
2 TL geriebener Parmesankäse
Salz und Pfeffer

4 Eier in eine Schüssel schlagen, vom fünften nur das Eigelb dazugeben, das Eiweiß in einer gesonderten Schüssel schaumig schlagen. Die übrigen Zutaten eben unter die Eigelb ziehen. (Bei sparsamer Verwendung schmeckt der Käse nicht vor, sondern intensiviert den Eigeschmack.)
Die Pfanne erhitzen und die Butter darin zerlassen. Wenn sie zischt, das schaumige Eiweiß unter die Eigelbmasse mengen, alles zusammen in die Pfanne gießen und einmal mit dem Schneebesen hindurchkreisen. Sobald die Eier zu stocken beginnen, den Omelettrand mit dem Pfannenmesser leicht anheben, so daß die Flüssigkeit darunterläuft. Diesen Vorgang wiederholen, bis nichts mehr abfließt, die Oberfläche aber noch schaumig ist. Nun läßt man das Omelett auf eine Pfannenseite gleiten und faltet es auf die Hälfte oder ein Drittel zusammen. Soll es gefüllt werden, gibt man die vorbereitete Füllung kurz vor dem Übereinanderschlagen darauf. Sofort servieren.

KLEINE OMELETTS

Pro Portion:
2 Eier
1 TL Wasser
Salz
1 EL geriebener Parmesankäse

nach Belieben:
2 EL schaumig geschlagenes Eiweiß
Butter

Die Menge der Zutaten auf die jeweilige Personenzahl ausrichten. Die Eier leicht mit Wasser, Salz und Parmesankäse verschlagen, das schaumige Eiweiß und eine heiße Pfanne mit Butter bereithalten.

Für jedes einzelne Omelett die anteilige Menge Eierflüssigkeit in die zischende Butter gießen und mit dem Schneebesen etwas geschlagenes Eiweiß darunterziehen. Den Omelettrand mit dem Pfannenmesser anheben. Wenn die Eier leicht gestockt sind, Füllung oder Käse daraufgeben, das Omelett darüberfalten, und sofort servieren.

EINFACHES PILZOMELETT

4 bis 5 Eier
12 bis 15 frische Champignons
2 Schalotten
1 EL Sahne (nach Belieben)
Butter
Salz und Pfeffer
saure Sahne oder Sauce nach Belieben

Die Pilze sorgfältig waschen, die Schalotten schälen, und beides in Scheiben schneiden. Die Schalotten in ein paar Löffeln Butter rasch anbraten. In einer Schüssel die Eier (nach Belieben mit 1 Eßlöffel Sahne) kurz verschlagen, mit Salz und Pfeffer würzen. Die Omelettpfanne erhitzen und etwas Butter hineingeben. Kurz bevor die Eier zugegossen werden, die Pilze zu den Schalotten in die erste Pfanne geben, auf mittlerer Flamme braten und, während die Omelettmasse in der anderen Pfanne zu stocken beginnt, überwachen und gelegentlich umrühren. Omelett und Pilze sollten zu gleicher Zeit fertig sein. Dann wird das Pilzgemisch auf eine Omeletthälfte gehäuft, die freie Omeletthälfte darübergeschlagen und das fertige Omelett sofort aufgetragen. Es kann mit saurer Sahne oder einer vorher zubereiteten pikanten Sauce angerichtet werden, schmeckt aber auch ohne jegliche Garnierung. 2 Portionen.

FEINE PILZOMELETTS

Füllung:
30 g getrocknete Wildpilze
3 EL Butter
2 EL sehr fein gewiegte Zwiebeln
1 Tasse saure Sahne
5 bis 6 große, frische Pilze (Champignons), in Scheiben geschnitten
1 Prise Thymian
½ TL Salz
Pfeffer nach Geschmack
½ TL getrocknete oder 1 TL frische Dillspitzen

Omeletts:
8 Eier
Salz und Pfeffer nach Geschmack
¼ Tasse Milch oder Sahne
Butter zum Braten

zum Garnieren: gehackte frische Petersilie

Die Trockenpilze einige Stunden in etwa 2 Tassen heißem Wasser aufquellen lassen, dann sorgfältig waschen. Das Einweichwasser durch mehrere Lagen Mulltücher oder einen Papierfilter gießen und aufbewahren. Die Pilze grobhacken.
In einer Pfanne 2 Eßlöffel Butter zerlassen und die Zwiebeln darin anbraten. Wenn sie Farbe genommen haben, die gehackten Pilze, saure Sahne und 1 Tasse gefilterte Pilzbrühe hinzufügen. Das Ganze bei mäßiger Hitze unter gelegentlichem Rühren köcheln, bis die Pilze ganz weich geworden sind und die Flüssigkeit zu einer dicken Sauce eingekocht ist.
Den restlichen Eßlöffel Butter in einer kleinen Pfanne erhitzen und die frischen Pilze darin 5 oder 6 Minuten rasch braten. Mit etwas Thymian bestreuen, auf großer Flamme kurz vermischen und an die Pilzsauce rühren. Die Sauce mit Salz, Pfeffer sowie Dill abschmekken. Weiterköcheln lassen, bis sie völlig eingedickt ist. Nach den Anweisungen auf Seite 214/215 2 mittelgroße oder 4 kleine Omeletts herstellen, gleichmäßig mit der Pilzmasse füllen und aufrollen. Mit Petersilie bestreuen und sofort zu Tisch bringen.
Für 4 Personen.

KÄSEOMELETT MIT PAPRIKARINGEN

5 Eier
Salz und frisch gemahlener schwarzer Pfeffer
Butter
½ Tasse frisch geriebener Parmesankäse
100 bis 125 g geriebener Gruyère
½ grüne Paprikaschote, geputzt und in feine Ringe geschnitten

Die Eier leicht mit Salz und Pfeffer verschlagen und den Parmesankäse unterziehen. In einer Omelettpfanne etwas Butter schaumig werden lassen, die Eier hineingießen und einmal mit dem Schneebesen hindurchfahren.
Wenn die Eier leicht gestockt sind, die Omelettoberfläche aber noch schaumig-locker ist, den geriebenen Gruyère daraufstreuen und die Paprikaringe darüberlegen. Das Omelett etwa 2 bis 3 Minuten grillen, bis der Käse Blasen wirft.
Dann wird es gefaltet und auf einem vorgewärmten Teller gleich serviert.
Für 2 Personen.

KÄSEOMELETT MIT CHUTNEY

125 g Schicht- oder Hüttenkäse
4 EL Chutney
4 bis 5 Eier
Salz und frisch gemahlener schwarzer Pfeffer nach Geschmack
Butter

Den Käse grob zerkrümeln, das Chutney aus dem Glas löffeln (je nach seiner Schärfe kann man etwas mehr oder weniger nehmen) und größere Fruchtstücke kleinschneiden.
Nach den Anweisungen auf Seite 214f. ein einfaches Omelett herstellen. Wenn die Eier eben gestockt sind, den zerbröckelten Käse auf eine Omeletthälfte streuen und das Chutney darüberfüllen. Die freie Omelettseite über die Füllung schlagen und das Omelett auf kleiner Flamme noch eine Minute in der Pfanne lassen, so daß Käse und Chutney warm werden.
Sofort auf einer vorgewärmten Platte anrichten.
Dieses Omelett reicht für 2 Personen – nach Wunsch kann man auch zwei einzelne Omeletts aus den gleichen Zutaten zubereiten.

OMELETTS MIT PAPRIKAGEMÜSE UND FRISCHKÄSE

Etwa 700 g Paprikaschoten (4 mittelgroße)
1 große Zwiebel
3 EL Olivenöl
1 große Tomate, grobgehackt
¾ TL Salz
frisch gemahlener schwarzer Pfeffer nach Geschmack
125 g Doppelrahm-Frischkäse
8 bis 10 Eier
Salz und Pfeffer nach Geschmack
Butter zum Braten

Für die Füllung zuerst die Paprikaschoten – rote oder grüne – unter häufigem Wenden grillen, bis ihre Haut gleichmäßig verkohlt ist und Blasen wirft. Kurz unter kaltes Wasser halten und die Haut abziehen, dann Samenkerne und pelzige Rippen entfernen und die Schoten in etwa 3 cm lange, gut 1 cm breite Streifen schneiden.
Die Zwiebel schälen, vierteln, in dicke Scheiben schneiden und in dem Olivenöl dünsten, bis sie glasig geworden ist und eben Farbe nimmt. Nun die gehackte Tomate, Paprikastreifen, ¾ Teelöffel Salz und frisch gemahlenen Pfeffer zufügen und auf mittlerer Flamme rühren. Wenn die Tomatenstückchen weich sind, den kleingeschnittenen Frischkäse dazugeben und weiterrühren, bis der Käse geschmolzen ist und die Gemüse wie eine Sauce überzieht. Die Füllung warm halten und derweilen die Omeletts zubereiten.
Nach den Angaben auf Seite 214f. 4 oder 5 kleine Omeletts herstellen. Sobald ein Omelett gestockt, aber noch feucht-schaumig an der Oberfläche ist, die Füllung auf eine Seite geben und die andere Omeletthälfte darüberfalten. Nach etwa 30 Sekunden aus der Pfanne heben und sofort auftragen.
Für 4 bis 5 Personen.

OMELETTS MIT ZWIEBELN UND MOZZARELLA

2 große rote Zwiebeln (etwa 450 g)
3 EL Olivenöl
½ TL Salz
½ TL zerstoßene getrocknete rote Chilischoten
¼ TL zerstoßener Oregano
schwarzer Pfeffer nach Geschmack
75 bis 100 g geriebener Mozzarellakäse
4 Eier
Salz und Pfeffer nach Geschmack
Butter zum Braten

Die Zwiebeln schälen, vierteln, in dicke Scheiben schneiden und in Olivenöl braten, bis sie weich sind und eben Farbe nehmen. ½ Teelöffel Salz, die zerstoßenen Chilis sowie schwarzen Pfeffer hinzufügen und auf mittlerer Flamme ein paar Minuten anschwitzen. Nach den Angaben auf Seite 214 oder Rezepten Seite 215 2 kleine oder 1 großes Omelett herstellen. Sobald die Eier eben gestockt sind, auf die noch feuchte Oberfläche die heißen Zwiebeln über eine Omeletthälfte verteilen (bei 2 kleinen Omeletts gleichmäßig aufteilen), den geriebenen Mozzarella darüberstreuen und die freie Omeletthälfte über die Füllung schlagen. Das Omelett noch eine Minute auf mittlerer Flamme in der Pfanne lassen, bis der Käse geschmolzen ist. Sogleich servieren.
Für 2 Personen.

OMELETT MIT KÄSE UND CHILI

Pro Omelett:
2 oder 3 Eier
Salz und Pfeffer nach Geschmack
1 bis 2 EL Butter
50 g geriebener milder Käse
1 große gehackte Frühlingszwiebel
2 EL gewiegte grüne Chilischoten (ziemlich scharf)

zum Garnieren: nach Belieben saure Sahne

Nach Angaben auf Seite 214 f. ein kleines Omelett zubereiten. Wenn die Eier eben gestockt, aber obenauf noch schaumig sind, den geriebenen Käse schnell auf eine Omelettseite streuen. Die gehackte Zwiebel und die Chilis gleichmäßig darauf verteilen und die andere Omeletthälfte darüberfalten. Das gefüllte Omelett noch etwa eine Minute bei ziemlich geringer Hitze in der Pfanne lassen, damit der Käse schmelzen kann. Das fertige Omelett auf einen vorgewärmten Teller geben, mit saurer Sahne garnieren und sofort zu Tisch bringen.

APFELOMELETT MIT ROQUEFORT

5 Eier
2 bis 3 EL geriebener Parmesankäse
Salz und frisch gemahlener schwarzer Pfeffer
1 säuerlicher grüner Apfel
2 EL Butter
50 g zerbröckelter Roquefort

Die Eier leicht mit Salz, Pfeffer und Parmesankäse verschlagen. Den Apfel schälen, vierteln, vom Kerngehäuse befreien und in Scheiben schneiden. Einen Eßlöffel Butter in der Omelettpfanne zerlassen und die Apfelscheiben etwa 1 Minute darin andünsten. Wenn sie heiß sind, aus der Pfanne nehmen. Nun die restliche Butter erhitzen, bis sie schäumt und zischt, und die Eier hineingießen.
Sobald sie gestockt, aber noch nicht ganz trocken sind, die warmen Apfelscheiben und Roquefortkrümel darauf verteilen, das Omelett falten und augenblicklich servieren.
Für 2 Personen.

KARTOFFEL-ZUCCHINI-OMELETTS

Diese Omeletts hat man schnell zubereitet, sie sind zu jeder Tageszeit eine herzhafte, sättigende Mahlzeit. Sehr kräftigend auch nach einer langen Nacht!

250 g Kartoffeln (gewürfelt ungefähr 1 1/4 Tassen)
250 g Zucchini (gewürfelt ungefähr 1 1/2 Tassen)
2/3 Tasse gehackte Zwiebeln
1 EL Butter
2 EL Olivenöl
1/4 TL getrocknete Dillspitzen
1/4 TL zerstoßenes getrocknetes Basilikum
1/2 TL zerstoßene getrocknete rote Pfefferschoten
Salz und frisch gemahlener schwarzer Pfeffer nach Geschmack
5 bis 6 Eier
Butter zum Braten

zum Garnieren: saure Sahne

Die Kartoffeln schälen oder bürsten und in gut 1 cm dicke Würfel schneiden. Die Zucchini waschen, putzen und feinwürfeln. Die Kartoffelwürfel 5 Minuten in kochendem Salzwasser blanchieren, abseihen und beiseite stellen. Die Zucchini nur 3 bis 4 Minuten brühen, abseihen und ebenfalls wegstellen.
Butter und Olivenöl in einer mittelgroßen Pfanne erhitzen und die Zwiebeln darin Farbe nehmen lassen. Dann die angekochten Gemüsewürfel, Dillspitzen, Basilikum, zerriebene Pfefferschoten und Salz zufügen. Das Ganze auf mittlerer Flamme unter häufigem Rühren braten, bis die Kartoffeln eben gar sind. Bei Bedarf noch etwas schwarzen Pfeffer hineinmahlen und mit Salz abschmecken.
2 mittelgroße oder 3 kleine Omeletts nach den Angaben auf Seite 214/215 herstellen. Wenn die Eier gerade gestockt sind, auf die Hälfte des Omeletts einen Teil der heißen Gemüsemasse füllen und die andere Hälfte darüberschlagen. Die fertigen Omeletts auf eine gewärmte Platte gleiten lassen und sofort mit saurer Sahne garniert auftragen.
Für 2 bis 3 Personen.

PROVENZALISCHE TOMATENOMELETTS

1000 g Tomaten (etwa 8 mittelgroße)
1 TL Salz, nach Geschmack mehr
1 mittelgroße Zwiebel
2 Knoblauchzehen
3 EL Olivenöl
2 Lorbeerblätter
1/2 TL zerstoßenes getrocknetes Basilikum
1/2 TL zerstoßener getrockneter Estragon
2 EL gehackte frische Petersilie
5 eingelegte schwarze Oliven, entsteint und in Scheibchen geschnitten
grobgemahlener schwarzer Pfeffer nach Geschmack
8 bis 10 Eier
Milch
Butter zum Braten

Die Tomaten etwa 2 Minuten in siedendes Wasser tauchen, abziehen, grobhacken und mit Salz bestreut beiseite stellen.
Die Zwiebel hacken, den Knoblauch sehr fein wiegen, und beides zusammen in einer großen Pfanne im Olivenöl anbraten. Wenn sie Farbe genommen haben, die Lorbeerblätter zugeben und ein paar Minuten mitbraten. Dann Tomaten, Basilikum, Estragon, Petersilie und Olivenscheiben zufügen und alles bei mittlerer Hitze unter gelegentlichem Umrühren dünsten, bis die Tomaten nach etwa 40 bis 45 Minuten zu einer dicken Sauce eingekocht sind.
Nach Angaben auf Seite 214f. kleine Omeletts zubereiten. Wenn die Eier eben gestockt sind, jeweils etwas heiße Sauce daraufgeben und die Omeletts falten. Sogleich servieren.
Für 4 bis 5 Personen.

AVOCADO-OMELETTS

1 mittelgroße reife Avocado (200 bis 250 g)
1 ½ EL Mayonnaise
1 EL frischer Zitronensaft
1 EL feingewiegte rote Zwiebel
Salz
frisch gemahlener schwarzer Pfeffer
4 bis 5 Eier
2 bis 3 EL Butter

zum Garnieren:
nach Belieben saure Sahne
und scharfe mexikanische Würzsauce

Die Avocado halbieren, entsteinen, schälen und von braunen Stellen befreien. Das Fruchtfleisch kleinschneiden und in einer Schüssel mit Mayonnaise, Zitronensaft und gehackter Zwiebel gründlich vermengen und zu Brei zerstampfen.
Mit Salz und Pfeffer abschmecken.
Nach den Anweisungen auf Seite 214/215 2 kleine Omeletts herstellen. Wenn die Eier eben gestockt, aber noch etwas feucht sind, jeweils die Hälfte der Füllung daraufgeben und die Omeletts falten. Eine weitere Minute in der Pfanne lassen, dann sogleich auf vorgewärmten Tellern anrichten. Dazu kann eine Schale mit saurer Sahne oder eine beliebige scharfe Würzsauce herumgereicht werden.
Für 2 Personen.

SPANISCHE OMELETTS

6 kleine oder 3 große Omeletts (Seite 215)
1 lange grüne Chilischote (gewürfelt etwa 2 EL)
1 mittelgroße grüne Paprikaschote
(gewürfelt etwa ¾ Tasse)
1 Zwiebel (gewürfelt etwa ¾ Tasse)
2 Knoblauchzehen
3 EL Olivenöl
450 g geschälte, gehackte Tomaten
¼ Tasse in Scheibchen geschnittene grüne Oliven
2 EL Kapern
1 Lorbeerblatt
1 reichliche Prise Thymian
1 Prise zerstoßener Estragon
geriebener scharfer Cheddarkäse
Salz und frisch gemahlener schwarzer Pfeffer

Die Chilischote unter häufigem Wenden im Grill oder Backofen rösten, bis ihre Haut verkohlt und knusprig ist. Dann aufschneiden, die Samenkerne entfernen, das Fruchtfleisch aus der Haut lösen und kleinhacken. Die Paprikaschote putzen und würfeln, die Zwiebel hacken. Den Knoblauch durch die Presse drücken.
In einer großen Pfanne das Olivenöl erhitzen und Zwiebeln, Knoblauch und Chili- sowie Paprikawürfel darin anschwitzen. Wenn die Zwiebelstückchen glasig geworden sind, Tomaten, Oliven, Kapern und Kräuter hinzufügen. Nach Geschmack mit Salz und Pfeffer würzen und ½ Stunde oder länger sanft köcheln lassen, dabei gelegentlich umrühren.
Die Omeletts nach Rezept zubereiten. Auf die eben gestockte Eiermasse jeweils etwas heiße Sauce geben, mit geriebenem scharfem Cheddar bestreuen, und die Omeletts in den Grill stellen, bis der Käse geschmolzen ist und Blasen wirft. Nun sofort auftragen.
Die Sauce reicht für 6 kleine oder 3 große Omeletts.

Blättern Sie für weitere Rezepte von pikanten Eierspeisen auch durch die Kapitel für ausländische Spezialitäten. Bei *Torten und Desserts* finden Sie: Kirschsoufflé mit Amaretto und Kaltes Zitronensoufflé.

Crêpes und Pfannkuchen

Bei Crêpes denkt jeder sofort an elegante Restaurants, wo als feines Dessert Crêpe Suzette serviert wird. Aber man braucht nicht groß auszugehen, um in den Genuß dieser köstlichen, dünnen Pfannkuchen zu kommen: Sie können jederzeit zu Hause hergestellt werden. Crêpes haben wie Omeletts ein so mildes Aroma, daß man sie mit den verschiedensten Füllungen und Saucen kombinieren und ihnen je nach Wunsch einen süßen, säuerlichen, würzigen oder pikanten Geschmack verleihen kann. Sie schmecken aber auch wunderbar *au naturel* oder nur hauchfein mit Puderzucker überstäubt!

Die Zubereitung von Crêpes ist höchst einfach. Sie erfordert natürlich etwas Zeit, aber das meiste kann im voraus getan werden. Man kann Crêpes ruhig einen oder zwei Tage vor dem Anrichten herstellen und gut eingewickelt im Kühlschrank aufbewahren. Gefüllte Crêpes werden fast immer nochmals mit ihrer Füllung erwärmt, können also kalt fertiggemacht werden. Allerdings sollten sie vor dem Füllen Zimmertemperatur erreichen, damit sie sich leichter falten oder aufrollen lassen. Ebenso kann man die Füllungen und Saucen ein paar Stunden vor Beginn der Mahlzeit zubereiten. Normalerweise können die Crêpes sogar schon im voraus gefüllt werden, so daß man sie in letzter Minute nur noch aufbacken und mit der Sahne anrichten muß. Diese Zeiteinteilung erlaubt dem Koch, ein elegantes, appetitliches Essen aufzutragen, ohne dafür stundenlang schwitzend in der Küche hantieren zu müssen, während die Tischgäste den Wein austrinken.

Die Rezepte in diesem Kapitel sind eigentlich nur Vorschläge zum Thema Crêpes. Jede Füllung, die sich für ein kleines Omelett eignet, schmeckt gleich gut zu Crêpes. Holen Sie sich deshalb auch Anregungen aus dem Kapitel »Omeletts«. Die Füllmenge für ein Omelett entspricht etwa der für eine mittelgroße Crêpe, wobei sich die Mengenverhältnisse nach dem persönlichen Geschmack richten sollen. Man kann Crêpes auch ausgezeichnet mit Krokettenteig füllen; dazu gibt man ein paar Löffel der Masse mitten auf die Crêpe, faltet den Pfannkuchen wie einen Briefumschlag und rollt ihn auf. Die gefüllten Crêpes nun auf beiden Seiten langsam braten, bis sie durch und durch heiß sind – fertig ist ein neuer Leckerbissen!

Für ein verlockendes Frühstück dünstet man frisches Obst mit etwas Butter und Zucker eben weich, füllt es in heiße Crêpes, die mit saurer Sahne garniert sofort serviert werden. Diese Fruchtcrêpes kann man auch in ein extravagantes Dessert verwandeln, indem man die Füllung mit einem Schuß Likör oder Weinbrand verfeinert und statt Sauerrahm Schlagsahne zum Garnieren verwendet. Man hat die Wahl zwischen in Scheiben geschnittenen Äpfeln oder Birnen, Erdbeeren, Kirschen, Bananen, Pfirsichen und Pflaumen, außerdem läßt sich das Aroma durch eine Prise Zimt oder Muskat pikant verändern. Wem das alles zuviel Arbeit macht, der bestreicht die Crêpes einfach mit guter Konfitüre oder Mus, faltet sie zu Vierecken zusammen, brät sie schnell von beiden Seiten in Butter, garniert sie mit jeweils einem Klecks saurer Sahne – und hat so in kürzester Zeit einen wunderbaren Nachtisch bereitet.

Nun zur Zubereitung: Sie ist so einfach, daß man nach zwei oder drei Versuchen schon ein Crêpemeister sein kann. Am besten besorgt man sich eine Crêpepfanne – eine schwere, flache Bratpfanne mit sanft ausschwingendem Rand –, oder man benutzt eine gute Omelettpfanne. Zum Braten nimmt man reichlich Butter und schwenkt vor jeder weiteren Crêpe die Pfanne wieder neu mit einem Stückchen Butter aus. Die erste Crêpe gerät meistens nicht so, wie sie soll. Sobald man aber die Pfannenhitze richtig reguliert hat, steht dem Gelingen aller nachfolgenden nichts mehr im Weg. In die heiße Butter gibt man nun etwa 2 oder 3 Eßlöffel des Teiges und schwenkt die Pfanne schnell einmal sanft im Kreis, damit der Teig sich gleichmäßig verteilt. Dann wird die Crêpe ungefähr 1 Minute gebacken, bis sie fest genug zum Umwenden ist, gewendet und auch auf der anderen Seite goldbraun gebraten. Crêpes bestehen größtenteils aus Milch und Eiern, die durch etwas Mehl gebunden werden, darum sind und bleiben sie hauchdünn und zart, selbst wenn sie im voraus zubereitet wurden.

Zu einem typischen amerikanischen Frühstück gehören *Pancakes*, dicke, runde Puffer, die mit Ahornsirup oder Honig serviert werden. Dafür wird Backpulver als Treibmittel verwendet, trotzdem aber sollte man Pancakes heiß essen, weil sie sonst ihr Aroma verlieren, zusammenfallen und zäh werden.

Pancakes schmecken am besten, wenn man sie gleich

in der Küche aus der Pfanne ißt. Für alle, die lieber am Tisch als am Herd speisen, empfehle ich *Apfeleierkuchen* – er sieht schön aus, ist im Nu angerichtet und schmeckt zu jeder Tageszeit gut. Man bäckt den ganzen Teig auf einmal in einer Pfanne, überhäuft den aufgegangenen, dicken Pfannkuchen dann mit heißen, gewürzten, butterigen Apfelscheiben, faltet ihn zusammen und trägt ihn sofort auf. Scharfer alter Cheddarkäse vervollständigt die deftige Mahlzeit.

EINFACHE CRÊPES

Diese zarten Crêpes sind leicht zu verarbeiten, zudem kann man sie gut wieder aufwärmen. Durch Zusatz von einer Spur Zucker entfaltet sich das delikate Aroma, ohne daß die Crêpes schon süß schmecken. Sie können ebensogut als Vorspeise wie auch als Dessert gereicht werden.

3 große Eier
2/3 Tasse Milch
1/3 Tasse Sahne
1/2 Tasse Wasser
1/2 TL Salz
1 Tasse Mehl
1 EL zerlassene Butter
1 EL Zucker
2 EL Cognac

Die verquirlten Eier mit Milch, Sahne, Wasser und Salz verschlagen. Wenn die Mischung homogen ist, nach und nach das Mehl dazusieben und mit dem Schneebesen hineinarbeiten, bis die Masse ganz glatt ist. (Schneller und einfacher geht es im elektrischen Mixer.)

Dann die flüssige Butter, Zucker und Cognac zufügen und den Teig mindestens 2 Stunden zum Ruhen beiseite stellen.

Die Crêpepfanne erhitzen und ein Stück Butter darin zerlassen. Sobald sich der Schaum gesetzt hat, etwas Teig hineingießen und die Pfanne vorsichtig schwenken, damit er sich gleichmäßig auf dem Pfannenboden ausbreitet. (Für eine etwa 18 cm große Pfanne nimmt man ungefähr 2 1/2 bis 3 Eßlöffel Teig.)

Die Crêpe auf mittlerer Flamme etwa 1 Minute bakken. Danach den Rand ringsum mit einem Pfannenmesser von der Pfanne lösen, die Crêpe umwenden und die andere Seite knapp 1 Minute backen. Jetzt sollte sie goldgelb und mit braunen Fleckchen gesprenkelt sein.

Bevor die nächste Crêpe gebacken wird, die Pfanne mit etwas Butter auspinseln. Wenn die Butter sofort laut zischt und sich haselnußbraun färbt, ist die Pfanne zu heiß, so daß der Teig sich nicht ebenmäßig darin verteilt. Sollte hingegen der Teig beim Schwenken der

Pfanne nicht gleich auf der ganzen Fläche zu stocken beginnen, ist sie noch zu kalt. Manchmal gelingt es allerdings erst nach 2 oder 3 Crêpes, die Hitze genau zu regulieren.
Dieses Rezept ergibt etwa 15 bis 18 Crêpes von 18 cm Durchmesser.
Man kann sie entweder sofort weiter verarbeiten, eine Weile im Ofen warm halten oder sie kühl stellen und später aufwärmen. Zum Warmhalten stapelt man sie auf einen Teller, deckt sie mit einem schwach angefeuchteten Tuch ab und stellt sie in den warmen Backofen. Zum Aufwärmen werden sie luftdicht in Folie verpackt und 15 bis 20 Minuten bei mäßiger Hitze im Ofen gelassen, bis sie wieder durch und durch heiß sind.

PARMESANCRÊPES

Sie schmecken vorzüglich so, wie sie aus der Pfanne kommen, aber noch besser mit Tomaten- oder Pilzsauce. Und mit einer der vielen Füllungen, die in den nachfolgenden Rezepten beschrieben werden, sind sie ein Gedicht!

1 Tasse Mehl
1 TL Salz
6 verquirlte Eier
3 Tassen Milch
3 EL zerlassene Butter
½ Tasse feingeriebener Parmesankäse (am besten von echtem, reifem italienischem Parmesan am Stück)
Butter zum Braten

Das Mehl mit dem Salz in eine Schüssel sieben und die Eier dazurühren. Unter Schlagen mit dem Schneebesen langsam die Milch zugießen, dann die flüssige Butter und den Parmesankäse hineinarbeiten. Der Teig muß dicksahnig-glatt sein und 1 oder 2 Stunden ruhen, bevor er verbacken wird.
Die Crêpepfanne erhitzen und etwa 2 Teelöffel Butter darin zerlassen. Wenn die Butter geschmolzen ist und der Schaum sich gesetzt hat, ungefähr 3 Eßlöffel Teig hineingeben und die Pfanne rasch einmal schwenken, so daß er sich verteilt. Die Crêpe auf jeder Seite etwa 1 Minute backen.
Vor jeder weiteren Crêpe wieder ein wenig Butter in der Pfanne zerlassen, damit sie nicht anbackt. Die fertigen Pfannkuchen aufstapeln. Wenn sie gleich gegessen werden sollen, kann man die fertigen im Backofen warm halten, bis der ganze Teig verbraucht ist. Oder man verwahrt sie im Kühlschrank für später und wärmt sie bei Bedarf wieder auf, indem man sie fest in Folie verpackt etwa 10 Minuten in den mäßig heißen Ofen stellt.
Diese pikanten Crêpes kann man um Spargel wickeln, mit *Feta*käse füllen, um eine Füllung aus Artischokken- und Palmherzen oder Rahmpilzen rollen oder in eine schmackhafte Torte verwandeln.
Ergibt etwa 20 bis 24 Crêpes.

SPARGELCRÊPES

750 g frischer junger Spargel (24 bis 30 mittelgroße Stangen)
250 g Emmentaler Käse
12 Crêpes (Seite 224)
Butter zum Braten
heiße Gurken-Avocado-Sauce (Seite 133)

zum Garnieren:
feine Melonenspalten
reife Erdbeeren

Die Spargelstangen putzen und auf gleiche Länge (etwa 18 bis 20 cm) zurechtschneiden. Dann in Salzwasser ungefähr 8 bis 10 Minuten (dicke Stangen länger) kochen, bis sie gar, aber nicht zu weich sind. Sofort abgießen.
Den Käse reiben oder in kleine, hauchdünne Scheibchen schneiden. Die Spargelstangen halbieren.
Jeweils eine kleine Menge Käse mitten auf eine Crêpe geben, 4 oder 5 Spargelstücke darüberlegen, und die Crêpe wie einen Umschlag zusammenfalten, so daß sie ein Rechteck von etwa 10 cm Länge und 5 cm Breite bildet.
Vor dem Anrichten werden die gefüllten Crêpes kurz auf beiden Seiten in Butter gebraten, bis sie goldbraun

und ganz heiß sind. Auf eine Platte oder einzelne Teller verteilen, mit heißer *Gurken-Avocado-Sauce* übergießen und mit Melonenstreifen und ein paar reifen Erdbeeren verzieren.
Für 6 Personen.

CRÊPES MIT FETAKÄSE

350 g Hütten- oder Schichtkäse (zerkrümelt etwa 2 Tassen)
175 g Fetakäse (zerbröckelt etwa 1 Tasse – ersatzweise milder französischer oder bulgarischer Schafskäse)
3 EL Olivenöl
2 leicht verquirlte Eier
½ TL zerstoßener getrockneter Oregano
½ TL zerriebene getrocknete Dillspitzen
2 sehr fein gewiegte oder zerdrückte Knoblauchzehen
frisch gemahlener schwarzer Pfeffer nach Geschmack
12 Crêpes (Seite 224)
Butter

zum Garnieren: Kantalupen- oder Netzmelonenspalten

Die beiden Sorten Käse zusammen mit einer Gabel zerdrücken, bis keine größeren Stückchen mehr vorhanden sind, und gut mit Olivenöl, Eiern und Gewürzen verrühren. Kein Salz zufügen, weil der Schafskäse schon sehr salzig ist.
Jeweils 1 gehäuften Teelöffel der Füllung gleichmäßig auf eine Crêpehälfte streichen und die andere Hälfte darüberschlagen. Wieder einen leicht gehäuften Teelöffel Füllmasse auf die eine Hälfte der gefalteten Crêpe geben und nochmals falten, so daß nun ein Viertelkreis mit Käseschichten daliegt. Alle 12 Crêpes in dieser Weise füllen.
Kurz vor dem Servieren die gefüllten Crêpes auf beiden Seiten mehrere Minuten braten, bis sie leicht gebräunt und schön heiß sind. Jedes Crêpetäschchen mit einem Melonenstreifen verzieren.
Für 4 bis 6 Personen.

CRÊPES MIT ARTISCHOCKEN- UND PALMHERZENFÜLLUNG

2 Tassen in Scheiben geschnittene gekochte Artischockenherzen (etwa 450 g)
1½ Tassen in Scheiben geschnittene Palmherzen (etwa 400 g)
5 EL Butter
Butter zum Braten
2 EL Zitronensaft
2½ TL Zucker
1 verquirltes Ei
Salz nach Geschmack
12 Crêpes (Seite 224)
Holländische Sauce (Seite 129)

Frisch gekochte Artischocken halbieren, den Herzteil herauslösen und in feine Scheiben schneiden. Wenn Sie Artischockenherzen aus der Dose verwenden, diese zusammen mit den Palmherzen gründlich unter kaltem Wasser abspülen und in etwa 5 mm dicke Scheiben schneiden. Große Palmherzen vor dem Kleinschneiden längs halbieren.
In einem Schmortopf die Butter zerlassen und die Gemüse darin unter ständigem Rühren etwa 10 Minuten dünsten. Zitronensaft, Zucker und etwas Salz hinzufügen und umrühren.
Das Gemüse vom Feuer nehmen und schnell das verquirlte Ei darunterziehen. Durch die Hitze des Gemüses stockt es sofort leicht. Noch eine Minute oder zwei weiterrühren.
Von dieser Masse jeweils etwa 2 gehäufte Eßlöffel in die Mitte jeder Crêpe geben. Die Pfannkuchen um die Füllung herum aufrollen und vor dem Auftragen kurz auf beiden Seiten in Butter braten, bis sie ganz heiß und leicht gebräunt sind. Warm mit Holländischer Sauce und frischem *Obstsalat* zu Tisch bringen.
Für 6 Personen.

CRÊPETORTE MIT WILDPILZEN

100 bis 125 g getrocknete schwarze Pilze
(sehr würzig sind japanische Shitake)
3 EL Butter
1 große gehackte Zwiebel
1/4 Tasse Rotwein
Salz und Pfeffer
2 große Köpfe Salat
2 1/2 Tassen Béchamelsauce (Seite 128)
1 Rezept Parmesancrêpes (Seite 225)
350 g geriebener Gruyère

Tomatensauce mit Pimientos:
1 1/2 EL Olivenöl
4 sehr fein gewiegte Knoblauchzehen
3 Tassen frisches Tomatenpüree
2/3 Tasse feingehackte, geröstete Pimientoschoten
2 Lorbeerblätter
2 bis 3 EL Rotwein
Salz und Pfeffer

zum Garnieren: Paprika

Die Trockenpilze in einer Schüssel mit heißem Wasser bedeckt einweichen. In der Zwischenzeit die Tomatensauce zubereiten.
In einem großen Saucentopf das Olivenöl erhitzen und den Knoblauch darin goldbraun braten. Dann Tomatenpüree, kleingeschnittene *Pimientos*, Lorbeerblätter, Wein sowie Salz und Pfeffer hinzufügen und die Sauce 1 oder 2 Stunden sanft köcheln lassen, bis sie auf die halbe Menge eingekocht und ziemlich dick ist. Nun darf sie leicht abkühlen.
Wenn die Pilze etwa 1/2 Stunde lang aufgequollen sind, werden sie einzeln aus der Schüssel genommen und sehr sorgfältig von Sand und Erde gereinigt. Das Einweichwasser durch Mulltücher oder einen Papierfilter gießen und bereithalten.
Die Pilze entweder durch den Wolf (feine Scheibe) drehen oder mit einem Messer sehr fein hacken. In einer großen Pfanne die Butter zerlassen und die gehackte Zwiebel darin rasch anbraten. Dann die zerkleinerten Pilze, einen Schuß Rotwein, etwas Salz und Pfeffer nach Geschmack und zuletzt mindestens 2 1/2 Tassen der gefilterten Pilzbrühe zufügen. Das Ganze unter gelegentlichem Rühren so lange leise wallen lassen, bis die Flüssigkeit fast völlig eingekocht und ein dicklicher Brei entstanden ist.
Den Salat in einem großen Topf mit siedendem Salzwasser mehrere Minuten blanchieren. Wenn die Blätter zusammengefallen sind, die Salatköpfe in ein Sieb geben und das Wasser herauspressen. Jetzt wird der Salat kleingeschnitten, mit ein paar Löffeln Béchamelsauce gebunden und mit Salz abgeschmeckt.
In die Mitte einer feuerfesten Platte oder einer flachen Backform eine Crêpe legen und dünn mit Pilzmasse bestreichen. Darauf die nächste Crêpe geben und gleichmäßig mit Tomatensauce überziehen. Mit einer weiteren Crêpe bedecken, die mit gehacktem Salat beschichtet wird, die darauffolgende Crêpe dünn mit geriebenem Käse bestreuen, und nun wieder von vorne beginnen, bis etwa die Hälfte der Crêpes mit wechselnder Füllung hoch aufgeschichtet ist. Über die oberste, mit Käse bestreute Crêpe etwas Béchamelsauce gießen und mit einer Prise Paprika verzieren.
Einen zweiten Crêpekuchen in gleicher Weise zubereiten, dabei die restliche Pilzmasse, Tomatensauce und den gehackten Salat aufbrauchen. Zum Schluß müßten noch etwa 1 1/2 Tassen Béchamelsauce übrigbleiben, die mit dem restlichen geriebenen Käse verrührt werden.
Die Crêpetorten im vorgeheizten Ofen bei 200 bis 210 Grad ungefähr 20 Minuten backen. Die zurückbehaltene Béchamelsauce aufwärmen. Die Crêpekuchen in Tortenstücke zerteilen und dazu die Sauce reichen.
Für 6 bis 8 Personen.

CRÊPES MIT RAHMPILZEN

12 Crêpes (Seite 224)
650 g Champignons
4 1/2 EL Butter
1/4 Tasse feingewiegte Zwiebeln
2 EL Mehl
1 Tasse heiße Sahne
Salz und Pfeffer
1 1/2 EL trockener Sherry
1 EL Weinbrand

zum Garnieren:
nach Belieben frische Melonenscheiben

Die Crêpes im voraus zubereiten, zugedeckt oder in Folie verpackt bei geringer Hitze im Backofen warm halten oder vor dem Füllen wieder aufwärmen.
Die Pilze waschen, putzen und in dicke Scheiben schneiden. Die Zwiebeln 2 Minuten in 2 1/2 Eßlöffeln Butter rasch anbraten, dann die Pilzscheiben hinzufügen und auf großer Flamme unter öfterem Rühren oder Wenden braten, bis der austretende Saft völlig verdampft ist. Nach Geschmack mit Salz und Pfeffer würzen.
In einem kleinen Saucentopf die restliche Butter zerlassen und das Mehl einrühren. Die Einbrenne auf kleiner Flamme etwa 2 Minuten anschwitzen, dabei ständig rühren; mit der heißen Sahne ablöschen. Leicht mit dem Schneebesen durchschlagen, bis die Sauce gebunden und glatt ist, und unter weiterem Rühren noch einige Minuten köcheln. Dann mit Sherry und Weinbrand verfeinern.
Die Sauce über die Pilze gießen und alles zusammen unter häufigem Rühren nochmals ein paar Minuten erhitzen.
Mitten auf jede Crêpe eine kleine Menge der Rahmpilze geben und die Crêpes aufrollen. Jeweils mit frischen Melonenscheibchen verzieren und mit einem Salat heiß zu Tisch bringen.
Für 4 bis 6 Personen.

GEMÜSECRÊPES

Abb. 17

3 EL Olivenöl
3/4 Tasse gehackte Zwiebeln
3/4 Tasse gehackte Frühlingszwiebeln mit Grün
2 Knoblauchzehen, durch die Presse gedrückt
1 1/2 Tassen gewürfelte grüne Paprikaschoten
2 Tassen geschälte, kleingeschnittene Tomaten
1 TL zerstoßenes Basilikum
2 TL getrocknete Petersilie
Salz und frisch gemahlener schwarzer Pfeffer
1/3 Tasse Milch
1/3 Tasse Mehl
2 Eier
1 EL zerlassene Butter
100 g geriebener Emmentaler oder Gruyère
gut 50 g geriebener Parmesankäse

In einem Brattopf das Olivenöl erhitzen und weiße sowie grüne Zwiebeln, Knoblauch und Paprikawürfel darin andünsten, bis die Zwiebeln glasig sind. Bei großer Flamme die Tomatenstückchen mit den Kräutern zufügen, großzügig mit Salz und Pfeffer würzen, und unter Rühren dünsten, bis der Tomatensaft fast ganz verdampft ist. Abschmecken und vom Feuer nehmen.
Für den Pfannkuchenteig Milch, Mehl, Eier, flüssige Butter und etwas Salz vermischen und 1/2 Stunde ruhen lassen.
Danach wird der Teig unter das abgekühlte Gemüsegemisch gerührt. In einer Pfanne mit schwerem Boden etwas Butter zerlassen und pro Crêpe knapp 1/4 Tasse der Teigmischung hineingeben. Die Crêpes auf beiden Seiten goldbraun braten.
Wenn alle Crêpes fertig sind, werden sie auf Backbleche gelegt und mit jeweils einem gehäuften Eßlöffel gemischtem geriebenen Käse bestreut. Solange sie noch warm sind, kann man sie nun kurz im Grill überbacken. Sollten sie aber schon kalt sein, schiebt man sie für 7 oder 8 Minuten in den 175 Grad heißen Backofen.
Für 4 bis 5 Personen.

CRÊPES AU FROMAGE

(Crêpes mit Käsefüllung)

1 Rezept Einfache Crêpes (Seite 224)
6 EL Butter
8 EL Mehl
2 Tassen heiße Milch
75 g geriebener Schweizer Emmentaler oder Gruyère
30 g geriebener Pecorinokäse (ersatzweise frisch geriebener Parmesan)
3 Eigelb
frisch gemahlener schwarzer Pfeffer
Muskat
Weißweinsauce (Seite 133)

Den Crêpeteig nach dem Rezept auf Seite 224 zubereiten.
In einem Saucentopf mit schwerem Boden die Butter zerlassen und das Mehl einrühren. Wenn die Einbrenne ein paar Minuten gekocht hat, unter ständigem Schlagen mit dem Schneebesen nach und nach mit der heißen Milch aufgießen und weiterrühren, bis eine dicksämige, glatte Sauce entstanden ist. Nun den geriebenen Käse darunterziehen. Die Sauce vom Feuer nehmen, mit den Eigelb anreichern und mit schwarzem Pfeffer und Muskat würzen.
Eine viereckige Backform mit Öl auspinseln, die dickliche Sauce gleichmäßig darin verteilen und mehrere Stunden kühlen, bis sie so fest ist, daß man sie schneiden kann.
Inzwischen die Crêpes nach Rezeptanweisung herstellen. Dann die steife Käsesauce in ungefähr 20 schmale Rechtecke von etwa 3 cm Breite und 8 cm Länge zerschneiden. Um jedes Saucenstück eine Crêpe wickeln, dabei die Seitenränder einschlagen.
Die gefüllten Crêpes in eine leicht gefettete Backform legen und für 20 Minuten in den 200 bis 210 Grad heißen Ofen schieben. Sofort mit einer pikanten Weinsauce und *Obstsalat* auftragen.
Für 6 Personen.

MANDELCRÊPES

1 Rezept Einfache Crêpes (Seite 224)
2 Eier
1 Tasse Quark
225 g abgezogene, gemahlene Mandeln
½ Tasse geröstete Weizenkeime
1 EL Butter
½ sehr fein gewiegte Zwiebel
1 kleine Knoblauchzehe, durch die Presse gedrückt
2 EL Sesamkörner
Muskat
Salz

dazu: Weißweinsauce (Seite 133)
oder Cranberry-Cumberland-Sauce (Seite 134)

Zuerst den Crêpeteig nach dem Rezept auf Seite 224 zubereiten.
Die Eier verschlagen, den Quark darunterziehen und geriebene Mandeln sowie geröstete Weizenkeime hinzufügen.
Zwiebel und Knoblauch in der Butter glasig dünsten, dann den Sesam dazustreuen und ein paar Minuten bräunen lassen. Alles zusammen gut mit der Mandelmasse verrühren und vorsichtig mit Salz und Muskat würzen.
Die nach Rezept hergestellten Crêpes mit jeweils 2 oder 3 Eßlöffeln Mandelmasse füllen und mit eingeschlagenen Seitenrändern so aufrollen, daß fest verschlossene kleine Pakete entstehen.
Wer gerne knusprige Crêpes ißt, brät sie in etwas Butter auf beiden Seiten goldbraun. Man kann sie aber auch auf ein leicht gefettetes Blech legen und 20 Minuten im vorgeheizten Ofen bei 175 Grad backen. Heiß mit Weißweinsauce oder Cranberry-Cumberland-Sauce servieren.
Für 5 oder 6 Personen.

BLINTZE

(jüdische Pfannkuchen)

$^1/_4$ Tasse Rosinen
450 g Schichtkäse
2 Eier
2 EL saure Sahne
2 EL zerlassene Butter
3 EL Zucker
$^1/_4$ TL Salz
10 mittelgroße Crêpes (Seite 224)
Butter zum Braten

zum Garnieren:
saure Sahne und Apfelmus
oder Konfitüre

Die Füllung für die Blintze ist sehr einfach, aber durch Butter und Sahne recht gehaltvoll. Da keine Gewürze zugesetzt werden, hängt das Aroma ganz von der Frische des verwendeten Schichtkäses ab.
Zunächst einmal etwas kochendes Wasser über die Rosinen gießen, so daß sie aufquellen. Den Käse mit einer Gabel zerdrücken und mit den Eiern, saurer Sahne, zerlassener Butter, Zucker und Salz verrühren. Kurz mit der Gabel durchmengen – der Schichtkäse soll ruhig noch ein wenig stückig bleiben.
Die Rosinen abseihen und unter die Käsemasse heben. Auf jede Crêpe jeweils einen gehäuften Eßlöffel der Füllung geben, einen Teil des Pfannkuchens darüberschlagen und mit dem Aufrollen beginnen. Die Seitenränder einfalten (wie bei einem Briefumschlag) und fertig zusammenrollen. Die gefüllte Crêpe sieht jetzt wie eine kleine, dicke Walze aus. Alle Crêpes in dieser Weise verarbeiten.
Die Blintze in Butter auf beiden Seiten goldbraun braten. Heiß mit saurer Sahne und Apfelmus oder mit Marmelade servieren.
Als leichte Mahlzeit für 4 bis 5 Personen, als Dessert für 10 Personen.

BLINIS *Abb. 18*

(russische Hefeplinsen)

1 Päckchen frische Hefe
4 Tassen lauwarme Milch
2 TL zerlassene Butter
2 TL Zucker
4 Eigelb
4 Eiweiß
2 $^1/_2$ Tassen Weizenmehl
etwa 1 $^1/_2$ TL Salz
$^1/_2$ Tasse Sahne

Anmerkung d. Übers.: Eigentlich werden Blinis mit Buchweizenmehl bzw. feinem Grieß gebacken.

Die Hefe in einem Teil der lauwarmen Milch auflösen, dann die restliche Milch, flüssige Butter, Zucker, die Eigelb und das Mehl zufügen und die Masse mit dem Schneebesen glattschlagen. Mit Salz würzen und beiseite stellen. Die Eiweiß zu steifem Schnee schlagen und mit der Sahne locker unter das Mehlgemisch ziehen. Den Teig mindestens 20 Minuten an einem warmen Ort ruhen lassen.
In einer großen Pfanne Butter erhitzen und darin kleine, dünne Blinis backen. Wenn sie auf beiden Seiten leicht gebräunt sind, werden sie sofort mit saurer Sahne und gehackten hartgekochten Eiern serviert.
Für 4 bis 6 Personen.

PANCAKES

(amerikanische Pfannkuchen)

1 $^1/_4$ bis 1 $^1/_2$ Tassen Weizenmehl
1 EL Zucker
$^1/_4$ TL Salz
1 EL Backpulver
3 Eigelb
3 Eiweiß
2 Tassen Milch
$^1/_4$ Tasse zerlassene Butter

Die trockenen Zutaten in eine Rührschüssel sieben. Die Eigelb mit der Milch und der zerlassenen Butter

verschlagen und die Flüssigkeit an das Mehlgemisch rühren. Die Eiweiß zu Schnee schlagen, der nicht zu trocken sein darf, und unter den Teig heben.
Eine große Pfanne erhitzen und dünn mit Öl ausfetten. Den Pfannkuchenteig eßlöffelweise hineingeben und die Pancakes auf beiden Seiten schön braun werden lassen. Sofort mit Butter, Sirup oder Honig, Gelee, Joghurt oder anderen Leckereien servieren. Für ein ausgiebiges Sonntagsfrühstück sind frische Früchte und Joghurt besonders zu empfehlen.
Für 3 bis 4 Personen.

HÜTTENKÄSEPFANNKUCHEN

6 Eigelb
6 Eiweiß
$^1/_8$ TL Weinstein
2 Tassen Hüttenkäse
$^2/_3$ Tasse Mehl
2 EL Zucker
1 TL Salz
1 Prise Zimt
Öl oder Butter zum Braten

zum Garnieren:
saure Sahne, Konfitüren, Honig,
Apfelbutter (Seite 390) oder Puderzucker

Die Eigelb mit Hüttenkäse, Mehl, Zucker, Salz und etwas Zimt verschlagen.
In einer sauberen Schüssel die Eiweiß mit der Prise Weinstein zu festem, aber nicht trockenem Schnee schlagen und behutsam unter die Käsemasse heben. Den Teig löffelweise in eine geölte Pfanne geben und goldbraune Pfannkuchen backen. Sofort mit der gewünschten Garnierung zu Tisch bringen. Ein sehr eiweißreiches Frühstück für Schleckermäuler!
Reichlich für 4 Personen.

VOLLKORNPFANNKUCHEN MIT ORANGENSAFT

2 Eier
$^1/_4$ Tasse Öl
2 Tassen Weizenvollkornmehl
$^1/_2$ TL Natron
$^1/_2$ TL Salz
Orangensaft (etwa 1 $^1/_2$ bis 2 Tassen)

Die Eier mit dem Öl verschlagen. Die trockenen Zutaten vermischen und dazusieben. Nach und nach so viel Orangensaft zugießen, bis der Teig die gewünschte Beschaffenheit hat. Die Pfannkuchen in einer mäßig heißen Pfanne backen und sogleich servieren.
Diese Pfannkuchen haben ein ausgesprochen delikates Aroma und schmecken am besten mit saurer Sahne oder Joghurt und Honig. Für eine reizvolle geschmackliche Veränderung ein paar Löffel gemahlene oder gehackte Walnüsse unter den Teig heben.
Für 3 bis 4 Personen.

APFELEIERKUCHEN

Teig:
3 große Eier
$^3/_4$ Tasse Milch
$^3/_4$ Tasse Weizenmehl
$^1/_2$ TL Salz
1 $^1/_2$ EL Butter
$^1/_2$ Tasse feine Apfelscheibchen (nach Belieben)

Füllung:
etwa 500 g säuerliche Äpfel (z. B. Boskop)
$^1/_4$ Tasse zerlassene Butter
$^1/_4$ Tasse Zucker
gemahlener Zimt oder Muskat

zum Garnieren:
2 EL zerlassene Butter (nach Belieben)
Puderzucker

Den Backofen auf 230 Grad vorheizen. Eier, Milch, Mehl und Salz zu einer glatten Masse verschlagen.

Nach Wunsch hauchdünne Apfelscheiben hinzufügen. In einer schweren Pfanne von etwa 30 cm Durchmesser die Butter erhitzen. Sobald sie schön heiß ist, den Eierkuchenteig hineingießen und die Pfanne in den Backofen stellen. Nach 15 Minuten die Temperatur auf 175 Grad senken und den Eierkuchen dabei weitere 10 Minuten backen, bis er leicht gebräunt und knusprig ist.
Während der ersten 10 oder 15 Minuten Backzeit kommt es vor, daß der Eierkuchen große Blasen wirft. Dann sticht man mit einem Spieß oder einer Gabel mehrmals hinein.
In der Zwischenzeit die Füllung zubereiten. Die Äpfel schälen und in feine Scheiben schneiden, in der Butter andünsten, mit dem Zucker vermischen und nach Geschmack mit Zimt und Muskat würzen. Die Apfelscheiben sollen eben gar, aber nicht zu weich sein, eine Kochzeit von 8 bis 10 Minuten bei mittlerer Hitze dürfte ausreichen. Die Füllung kann auch im voraus hergerichtet und vor Gebrauch angewärmt werden.
Wenn der Eierkuchen gebacken ist, läßt man ihn auf eine ovale Platte gleiten, gibt die Apfelscheiben auf eine Seite und schlägt die andere über die Füllung. Nach Belieben etwas flüssige Butter darübergießen und das ganze Kunstwerk mit gesiebtem Puderzucker bestreuen. Sofort servieren.
Ein Schlemmermahl für 2 bis 3 oder ein gehaltvolles Dessert für 4 bis 6 Personen.

REIBEKUCHEN
(Kartoffelpuffer)

2 ½ Tassen geriebene rohe Kartoffeln
4 EL feingehackte Zwiebeln
1 TL Salz
2 große Eier
3 EL geriebene Kräcker oder Paniermehl
  (nach Bedarf mehr)
frisch gemahlener schwarzer Pfeffer nach Geschmack
Öl und Butter

zum Garnieren:
saure Sahne und Apfelmus
oder Pumpernickel und Rübenkraut

3 große Kartoffeln schälen, reiben und auspressen. Von dieser Masse 2 ½ Tassen abmessen und mit den feingehackten oder geriebenen Zwiebeln, Salz, den leicht verquirlten Eiern und 3 Eßlöffeln Paniermehl (oder mehr, wenn der Teig zu flüssig ist) verrühren. Nach Geschmack mit schwarzem Pfeffer würzen.
Eine große, schwere Pfanne erhitzen und darin etwas Butter zerlassen. Die gleiche Menge Öl dazugießen, so daß das Fett etwa 5 mm hoch in der Pfanne steht. Nun den Kartoffelteig löffelweise hineingeben und mit dem Löffelrücken ein wenig flachdrücken. Die Reibekuchen auf beiden Seiten knusprigbraun braten. Sehr heiß mit saurer Sahne und Apfelmus oder Pumpernikkel und Rübenkraut servieren.
Für 3 bis 4 Personen.

Weitere Anregungen für Dessertcrêpes finden Sie im Kapitel *Torten und Desserts*, zum Beispiel Ungarische Walnußcrêpes, Zitronencrêpes oder Crêpes mit Apfelmus.

Kroketten, Pasteten, Käse

Zur kulinarischen Ausbeute meiner Reisen gehört auch eine Riesenauswahl von Kroketten-, Pasteten- und Käserezepten. Diese Leckerbissen passen zu den unterschiedlichsten Gelegenheiten und finden beim Anrichten von feinen Vorspeisen oder als erster Gang ebenso Verwendung wie bei der Zusammenstellung von Hauptgerichten und Desserts.

Die *italienische Fonduta* mit ihrem leicht beißenden Knoblauchgeschmack ist eine pikante Abwandlung des klassischen Schweizer Fondues und wird gerne zu einem großen Essen mit Brot und Wein zusammen als Vorspeise serviert. Nahrhafte *Kroketten* jeder Art sind immer ein willkommener erster Gang für besonders hungrige Tischgesellschaften. Mit einer feinen Sauce und Salat ergeben sie auch eine komplette leichte Mahlzeit.

Pasteten und würzige Käsespezialitäten hingegen sind die Essenz eines festlichen kalten Buffets. Wenn Sie einmal ein Galaessen für Weihnachten planen, aber auch das Fest genießen wollen, ohne dauernd in der Küche hantieren zu müssen, sind sie die Retter in der Not. Mit ihrer Hilfe zaubern Sie ein hinreißendes, vielseitiges Menü auf den Tisch, das in allen Einzelheiten im voraus zubereitet werden kann, vieles sogar einige Tage vorher. Als einzige warme Gerichte servieren Sie eine Auswahl köstlicher Suppen; dazu gibt es verschiedene Pasteten, in Scheiben geschnitten und hübsch garniert, *Gefüllten Edamer* und die herrlichsten Gemüseplatten und Salate, außerdem Körbe mit deftigen und feinen Brotsorten, Töpfe voll Butter, kistenweise Wein und Champagner, Musik, überall Tannengrün und Mistelzweige und natürlich einen kerzenstrahlenden Weihnachtsbaum.

Andererseits sind Käse und Pasteten auch unentbehrlich für einfachere Mahlzeiten und improvisierte Snacks. Pasteten halten sich in fest verschlossenen Gefäßen bei Kühlung mindestens ein oder zwei Wochen lang frisch. Und pikanter Käse wird mit der Zeit immer besser, ganz besonders dann, wenn er alkoholische Zutaten enthält. Was kann es Schöneres geben, als gänzlich ausgehungert den Kühlschrank zu öffnen und solche Gaumenfreuden fertig vorzufinden! Nun braucht man nur noch Brot und Butter, vielleicht ein paar Pickles oder *Chutney*, etwas zu Trinken – und schon kann man in Ruhe schmausen. Um immer für dergleichen Gelegenheiten gerüstet zu sein, bereitet man am besten einmal im Monat eine größere Menge dieser »Mitternachtssnacks« zu und versteckt sie im Kühlschrank. Warum soll nicht auch ein improvisierter Imbiß zum Hochgenuß werden!

Geben wir zuletzt dem *Käse* die Ehre, die ihm gebührt – er steht mit Brot und Wein zusammen an der Spitze alter gastronomischer Traditionen und hat auf der Speisekarte von Gourmets in aller Welt einen Ehrenplatz.

Wem läuft nicht das Wasser im Mund zusammen beim Anblick Hunderter von Käsesorten auf einem französischen Wochenmarkt oder in den gutsortierten Kühltheken großer Kaufhäuser! Da liegt der zylindrische englische Schimmelkäse Stilton neben großen Scheiben des echten Roqueforts, da gibt es kleine, runde Camemberts aus der Normandie, deren Reife man durch Daumendruck prüft, amerikanischen Cheddar, hellorange und milde, oder durchgereiften, der zwischen den Fingern zerbröckelt, aber auf der Zunge wie Butter zergeht. Da bewundert man den italienischen Gorgonzola und den weichen Provolone, der nur dann echt ist, wenn er wirklich aus Büffelmilch hergestellt wurde und keine Imitation aus Kuhmilch ist, dazu harten, alten Parmesan, der in der Art von Tortenstücken mit einem Keilmesser abgeschlagen wird und sich vorzüglich zum Kochen eignet. Frisch vom Stück gerieben schmeckt er viel besser als das abgepackte Käsemehl, von dem böse Zungen behaupten, es sei mit gemahlenen Knöpfen versetzt.

Man könnte ins Schwärmen geraten bei der Aufzählung all der Köstlichkeiten. Entdecken Sie selbst, was die Märkte und Läden in Ihrer Umgebung an einheimischen und importierten Käsesorten zu bieten haben, und halten Sie auf Reisen in anderen Städten und Ländern die Augen offen! Hier kann ich nur ein paar Hinweise geben auf die Käsesorten, die mir persönlich besonders gut munden.

Zur Gruppe der Edelschimmelkäse gehören neben den schon genannten *Stilton, Roquefort* und *Gorgonzola* auch dänischer *Danablu*, französischer *Bresse bleu* und deutscher *Edelpilzkäse*. Sie alle sind recht unterschiedlich in Schärfe und Textur, haben aber die grünlichblauen Schimmeladern gemeinsam. Stilton und Roquefort sollten gleichmäßig von diesen Adern durchzogen sein und in der Grundfarbe eher elfenbeinern als kalkig weiß. Mit Roquefort und Rotwein oder mit einem Stückchen frischer Frucht auf Stilton geht ein Schlemmermahl stilvoll zu Ende.

Camembert und *Brie*, die beiden bekanntesten französischen Weichkäse, sind in der ganzen Welt berühmt als Dessertkäse. Sie haben eine dicke, von pelzigem Edelschimmel bedeckte Rinde und schmecken am besten, wenn sie weich sind und schon etwas laufen: Reifer Camembert oder Brie gibt bei leichtem Fingerdruck sofort nach. Weitere Dessertkäse sind *Boursin* und milder italienischer *Bel Paese*. Alle diese Käse zimmerwarm servieren, zum Beispiel mit reifen Birnen oder saftigen, kühlen Äpfeln. Erfinderischen Köchen fallen sicher immer neue lukullische Verwendungsmöglichkeiten ein.

Für Aufläufe, zum Überbacken, Schmelzen und Reiben eignet sich kein Käse so gut wie die beiden berühmten Schweizer: *Emmentaler* und *Gruyère*. Manchmal sind sie auch in einem Fondue vereint. Beide harmonieren gut mit Parmesankäse. Der echte Emmentaler (oft kopiert, nie erreicht!) hat große, gleichmäßig verteilte Löcher, einen milden Glanz und ist sehr fest. Der feinporige Gruyère ist sein »blinder« Bruder.

Ausgereifter, scharfer *Parmesankäse* hält sich jahrelang. Frisch vom Stück gegessen wird er nur, wenn er sehr jung ist. Der geriebene alte aber hat zu allen Zeiten französische und italienische Meisterköche zu kulinarischen Wunderwerken inspiriert. Von dort ist sein Ruhm in alle Lande gedrungen. Zur gleichen Familie italienischer scharfer Reibkäse gehören der *Pecorino* und *Romano*.

Hüttenkäse, Schichtkäse und *Quark* werden oft als Diätkäse abgetan, dabei sind sie ideal für die verschiedensten süßen oder pikanten Füllungen und Aufstriche. Ihr italienischer Verwandter ist der *Ricotta*, der vorzüglich zu jeder Art von gebackenen oder gekochten Nudeln paßt und für gehaltvolle Torten sowie Süßspeisen unentbehrlich ist. Alle Weichkäse müssen absolut frisch sein.

Cheddarkäse variiert im Geschmack von mild bis scharf, in seiner Farbe von elfenbein bis leuchtend orange. Seine Textur ist dicht, manchmal ist er so fest, daß er brüchig wird. Er mundet gut auf Kräckern oder Knäckebrot oder zu Salzbrezeln, Senf und Bier. Bei Cheddar kommt es auf das Alter an: Je reifer der Käse, desto voller und schärfer sein Aroma. Ein gut durchgereifter Cheddar schmilzt wunderbar, zum Beispiel auf *Welsh Rabbits* und überbackenen Speisen.

Doppelrahm-Frischkäse wird inzwischen überall auf der Welt hergestellt und findet nicht nur in Käsekuchen Verwendung, sondern in unendlich vielen pikanten Aufstrichen und süßen Füllungen. Wie bei Weichkäse ist auch bei Rahmkäse die Frische maßgebend für den Geschmack.

Vergessen wir nicht die beiden bekanntesten Holländer: *Edamer*, die Kugel mit dem leuchtend roten Wachsüberzug, und *Gouda*, der in großen, flachen Laiben reift. Sie sind, je nach Alter, mehr oder weniger fest und haben ein mildes bis würziges Aroma. Hervorragend geeignet zum Herstellen von Käsecremes!

Nun ein paar Einkaufstips: Wer sich noch nicht so recht mit Käse auskennt, sollte sich einen ehrlichen, guten Händler suchen, der ihn berät und auf den er sich verlassen kann. In größeren Kaufhäusern findet man oft gut geschultes Personal in der Käseabteilung und darf außerdem meist probieren, was einem unbekannt ist. Von solchen Fachleuten erfährt man, woher der Käse stammt, welches Alter er hat und wie er in seiner Qualität einzuordnen ist. Auf jeden Fall sollte man stets die goldene Regel beachten: Originalkäse ist der beste. Gleichgültig, wie gut Allgäuer Emmentaler ist – der echte Schweizer schmeckt anders, und so ist es mit allen Käsen, die nicht in ihrem Ursprungsland hergestellt werden.

Käse sollte mindestens eine Stunde vor dem Servieren aus dem Kühlschrank genommen werden, damit er sich auf Zimmertemperatur erwärmt. Im Sommer geht nichts über ein deftiges Brot, eine Platte mit verschiedenen reifen Käsesorten dazu, frischen Salat und kühlen Wein! Im Winter wird das Menü durch eine herzhafte heiße Suppe bereichert.

Und nun sagen Sie nicht: Das ist doch alles nur Käse!

EIERKROKETTEN

5 EL Butter
3/4 Tasse Mehl
2 Tassen warme Milch
1 rohes Ei
6 hartgekochte Eier, durchpassiert oder feingehackt
5 EL geriebener Parmesankäse
5 EL gehackte Petersilie
1 1/2 TL Salz
frisch gemahlener schwarzer Pfeffer nach Geschmack
je 1 Prise Muskat und Cayennepfeffer
2/3 Tasse Paniermehl
Mehl (etwa 1/2 Tasse)
2 verquirlte Eier
Paniermehl (etwa 1 1/2 Tassen)
Pflanzenöl zum Ausbacken

In einem mittelgroßen, schweren Saucentopf die Butter zerlassen und nach und nach das Mehl hineinrühen, bis die Mischung sich zu einer weichen Kugel zusammenballt. Auf ganz kleiner Flamme unter ständigem Rühren noch 3 oder 4 Minuten anschwitzen, dann mit der heißen Milch ablöschen und kräftig mit dem Schneebesen durcharbeiten. Wenn die Sauce cremig-dick und glatt ist, wird sie vom Feuer genommen und mit dem rohen Ei aufgeschlagen. Nun die durch ein Sieb gestrichenen oder feingehackten hartgekochten Eier, Parmesankäse, Petersilie, Salz, Pfeffer, Muskat, Cayennepfeffer und so viel Paniermehl zufügen, daß eine feste Masse entsteht.
Mit einem Teelöffel eine gehäufte Portion von dieser Masse abstechen und unter Zuhilfenahme eines zweiten Teelöffels in eine Schüssel mit Mehl geben. Jede Krokette zuerst in dem Mehl wälzen, dann in die verquirlten Eier tauchen und zuletzt im Paniermehl wenden. Noch einmal in Ei wenden und ein zweites Mal panieren. Die Kroketten etwa 1/2 Stunde kühlen und danach in heißem Pflanzenöl schwimmend goldbraun ausbacken. Auf Papiertüchern abtropfen lassen. Sie können auch im voraus fritiert und bei Bedarf im heißen Ofen ungefähr 10 Minuten aufgebacken werden. Die Kroketten heiß mit stückigem Chutney, auf Reis oder zu Gemüsepüree servieren.
Für 6 bis 8 Personen.

BRIEKROKETTEN

1 1/2 Tassen Milch
1/2 Tasse Mehl
3 EL Butter
2 Eigelb
225 g Brie ohne Rinde (mit Rinde 250 bis 275 g)
100 g Quark oder Schichtkäse
1/8 bis 1/4 TL Cayennepfeffer
1/4 TL Paprika
1 Prise Muskat
1/4 TL Salz
frisch gemahlener schwarzer Pfeffer nach Geschmack
Mehl (etwa 1/2 Tasse)
3 verquirlte Eier
1 1/2 bis 2 Tassen feines Paniermehl
Pflanzenöl zum Ausbacken

Das Mehl mit der Milch zu einer glatten Masse verschlagen und in einem mittelgroßen, schweren Saucentopf unter ständigem Rühren mit dem Schneebesen erhitzen, bis sie zu binden anfängt. Dann kräftig durcharbeiten, um Klümpchenbildung zu verhindern, vom Feuer nehmen und mit der Butter und den Eigelb aufschlagen.
Den Briekäse mit einem Holzlöffel zu einer glatten Paste zerdrücken, den Quark (oder Schichtkäse) durch ein Sieb passieren und beides in die weiße Sauce rühren. Die Sauce unter dauerndem Rühren langsam erhitzen, so daß der Käse schmilzt. Mit Cayennepfeffer, Paprika, Muskat, Salz und Pfeffer abschmecken. Diese Masse gleichmäßig auf einem großen Teller verteilen und so lange kühlen, bis sie fest ist. Nun jeweils einen gehäuften Eßlöffel davon abstechen und in eine Schale mit Mehl geben, mit den Händen zu einer runden oder ovalen Krokette formen, in verquirltem Ei wenden und im Paniermehl wälzen. So fortfahren, bis die ganze Käsemasse verarbeitet ist, und zuletzt alle Kroketten nochmals in der gleichen Weise panieren. Sie müssen rundherum eine dicke Semmelmehlkruste haben, sonst laufen sie beim Fritieren aus.
Die Kroketten in heißem Pflanzenöl schwimmend goldbraun ausbacken. So viele auf einmal in das heiße Fett geben, wie ohne Gedränge hineinpassen. Auf Papiertüchern abtropfen lassen und sofort mit Gewürz-

reis, in gekochte Gemüse eingebettet oder mit einer leichten Sauce servieren. Sie können nach Belieben im Backofen aufgewärmt werden.
Ergibt etwa 26 bis 30 Kroketten, genug für 6 Personen.

KICHERERBSENKROKETTEN

$^1/_3$ Tasse Bulgur
$^2/_3$ Tasse Wasser
2 Tassen gekochte Kichererbsen (siehe Seite 152)
$^1/_4$ Tasse frischer Zitronensaft
3 EL gehackte frische Korianderblätter (ersatzweise Petersilie)
1 $^1/_2$ TL zerstoßene getrocknete rote Chilis
$^1/_2$ TL gemahlener Kreuzkümmel
1 TL Salz
3 EL Butter
$^1/_8$ TL Zimt
1 $^1/_2$ TL frischer, sehr fein gewiegter Knoblauch
3 EL Mehl
$^3/_4$ Tasse heiße Gemüsebrühe
2 Tassen feines Paniermehl
2 leicht verquirlte Eier
Mehl (etwa $^2/_3$ Tasse)
Pflanzenöl zum Ausbacken

Den Bulgurschrot 20 Minuten in dem Wasser einweichen, dann in ein feines Sieb geben und gut auspressen. Die Kichererbsen zerstampfen und mit Zitronensaft, Korianderblättern, Chilis, Kreuzkümmel und Salz verrühren.
In einem kleinen Saucentopf die Butter zerlassen und den Knoblauch mit dem Zimt etwa 2 Minuten darin rösten, dann die 3 Eßlöffel Mehl einrühren. Die Einbrenne auf kleiner Flamme unter häufigem Rühren mehrere Minuten anschwitzen, mit der Gemüsebrühe ablöschen und so lange rühren, bis eine dicksämige, glatte Sauce entstanden ist. Die Sauce mit dem gequollenen Bulgur und der Hälfte des Paniermehls an die Kichererbsenmasse geben. Alles gründlich vermengen, abschmecken und die Würze korrigieren. Die Masse 2 Stunden kühlen.
Die verquirlten Eier in eine, das Mehl in eine andere und die restliche Tasse Paniermehl in eine dritte flache Schale geben. Jeweils einen gehäuften Eßlöffel Krokettenteig abstechen und zu einer etwa walnußgroßen Kugel formen. Nun jeden Teigball sorgfältig in Mehl wälzen. Wenn alle Kroketten gleichmäßig von Mehl bedeckt sind, werden sie nacheinander erst im verquirlten Ei gewendet und dann schnell im Paniermehl gerollt, bis sie rundherum überkrustet sind.
Immer 7 oder 8 Kroketten auf einmal schwimmend in heißem Pflanzenöl etwa 6 bis 8 Minuten goldbraun und knusprig ausbacken. Auf Papiertüchern abtropfen lassen und warm halten, während die übrigen fritiert werden. Heiß mit Salat oder *Buttermilchkaltschale* servieren.
Ergibt etwa 30 Kroketten, für 6 bis 8 Personen.

SOJABOHNENKROKETTEN

2 Tassen gekochte Sojabohnen (siehe Seite 177)
1 kleine Zwiebel
1 bis 2 Knoblauchzehen
4 kleine Schalotten
4 EL Butter
1 Tasse Milch
4 EL Mehl
$^1/_2$ TL zerstoßenes Rosmarin
$^1/_2$ TL Thymian
1 EL Petersilie
4 EL Weizenkeime
Salz und Pfeffer
1 verquirltes Ei
Paniermehl

Die Sojabohnen durch den Wolf drehen oder mit einer elektrischen Küchenmaschine zerkleinern. Zwiebel, Knoblauch und Schalotten sehr fein hacken und in 2 Eßlöffeln Butter glasig dünsten. Die restliche Butter in einem kleinen Saucentopf zerlassen, inzwischen die Milch erhitzen. Das Mehl in die Butter rühren, mit heißer Milch ablöschen und weiterrühren, bis die Sauce glatt und dicksämig ist. Zuletzt die gedünsteten Zwiebeln darunterziehen.
Die Kräuter im Mörser zerreiben und mit den Sojabohnen, der weißen Sauce und den Weizenkeimen zu-

sammen in eine große Schüssel geben, gut vermengen und mit Salz sowie frisch gemahlenem schwarzem Pfeffer abschmecken.
In einer flachen Schale Ei und Milch miteinander verschlagen, das Paniermehl auf einen Teller streuen. Nun die Sojabohnenmasse mit gefetteten Händen zu runden oder ovalen Bratlingen formen. Jede Krokette zuerst in Ei, dann leicht in Paniermehl, wieder in Ei und zum zweiten Mal in Semmelmehl wenden, bis sie rundherum gut paniert ist. Die fertigen Kroketten in eine ausgefettete, flache Backform legen und im heißen Ofen bei 210 Grad 20 bis 30 Minuten backen.
Heiß mit *Cranberry-Cumberland-Sauce* oder Apfelmus und saurer Sahne servieren.
4 bis 6 Portionen.

GEBACKENE WALNUSSBÄLLCHEN BÉCHAMEL

1 1/2 Tassen gemahlene Walnüsse
100 g geriebener milder Cheddarkäse
(oder junger Gouda)
1/2 Tasse Paniermehl
1/2 Tasse Weizenkeime
1/2 Zwiebel, sehr fein gewiegt oder gerieben
3/4 Tasse Milch
2 EL Petersilie
frisch gemahlener Pfeffer
Salz
3 Tassen Béchamelsauce (Seite 128)
2 Eier

In einer großen Schüssel das Walnußmehl mit dem feingeriebenen Käse, Paniermehl, Weizenkeimen, feingewiegter Zwiebel und der Milch verrühren. Die Masse mit gehackter Petersilie, viel frisch gemahlenem schwarzem Pfeffer und etwas Salz würzen. Zuletzt die gut verschlagenen Eier unterziehen.
Aus dem Teig Bällchen formen, etwas weniger als eigroß, und in eine gefettete Backform setzen. 3 Tassen Béchamelsauce zubereiten, pikant mit Thymian und Zwiebeln abschmecken und darübergießen. Die Bällchen im heißen Ofen bei 190 bis 200 Grad ungefähr 35 bis 40 Minuten backen. Sehr heiß in der Backform auftragen.
Ergibt etwa 20 feingewürzte Walnußbällchen, außen goldbraun und knusprig, innen locker und weich.

PILZPASTETE I

Mit Pumpernickel oder Vollkornbrot ein anregender erster Gang oder ein delikater Brotaufstrich für eine kalte Platte.

450 g gehackte frische Champignons
1/3 Tasse kleingeschnittener Sellerie
1/4 Tasse feingewiegte Petersilie
1/3 Tasse sehr fein gehackte Schalotten
4 EL zerlassene Butter
2 leicht verquirlte Eier
1/2 Tasse durchpassierter Quark oder Schichtkäse
3/4 Tasse feines Paniermehl
1/4 TL zerstoßenes Basilikum
1/4 TL zerstoßener Oregano
1/4 TL zerstoßenes Rosmarin
1 TL Salz
1 Prise Cayennepfeffer
frisch gemahlener schwarzer Pfeffer nach Geschmack

zum Garnieren:
Petersilie
feine Radieschen- oder Möhrenscheiben

Pilze, Sellerie und Petersilie zusammen durch den Wolf drehen. Die feingehackten Schalotten in 1 Eßlöffel Butter weich dünsten und in einer großen Schüssel mit der Pilzmasse vermengen. Die restliche Butter und alle übrigen Zutaten hinzufügen und alles gründlich verrühren.
Eine mittelgroße Kastenform ausfetten und so mit Wachspapier auskleiden, daß ein überstehender breiter Rand über die Öffnung gefaltet werden kann. Das Papier einfetten. Nun die Pilzmasse gleichmäßig in der Form verteilen und mit dem überstehenden gefetteten Papier abdecken.
Die Pastete im vorgeheizten Ofen bei 200 bis 210 Grad 1 1/2 Stunden backen. Etwas abkühlen lassen,

dann vorsichtig aus der Form stürzen und das Papier abziehen. Vor dem Auftragen ein paar Stunden kühlen.
Mit Petersilie bestreut und mit dünnen Radieschen- oder Möhrenscheibchen garniert auf einem Holzbrett anrichten.

PILZPASTETE II

30 g getrocknete schwarze Pilze
(empfehlenswert sind japanische Shitake)
450 g frische Champignons
1/4 bis 1/3 Tasse gehackte frische Petersilie
1/3 Tasse kleingeschnittener Sellerie
2/3 Tasse gehackte Walnüsse
2/3 Tasse Quark oder Schichtkäse
1 Tasse Paniermehl
1/3 Tasse sehr fein gewiegte Schalotten
4 EL Butter
2 verquirlte Eier
3 EL italienischer Wermutwein
1/4 TL zerstoßenes Basilikum
1/4 TL zerstoßener Oregano
1/4 TL zerstoßenes Rosmarin
1 1/4 TL Salz
1 Prise Cayennepfeffer
frisch gemahlener schwarzer Pfeffer nach Geschmack

Die Trockenpilze mehrere Stunden in heißem Wasser einweichen, abseihen und sorgfältig säubern. Die Champignons waschen und putzen. Die gequollenen Trockenpilze, Champignons, Petersilie, Sellerie, Walnüsse, Käse und Paniermehl vermischen und alles zusammen durch den Wolf (feine Scheibe) drehen oder mit einer elektrischen Küchenmaschine sehr fein zerkleinern. Die Schalotten in der Butter goldbraun rösten und mitsamt den übrigen Zutaten gut mit der Pilzmasse verrühren.
Eine mittelgroße Kastenform ausfetten und mit Wachspapier auskleiden, das groß genug ist, um auch die Öffnung abzudecken. Das Papier mit Butter bestreichen, die Pilzmasse einfüllen und das Papier lose darüberfalten. Die Pastete im vorgeheizten Ofen bei 200 bis 210 Grad 1 1/2 Stunden backen. Danach etwas abkühlen lassen, vorsichtig aus der Form stürzen und vom Papier befreien. Vor dem Servieren einige Stunden kühlen.

BOHNENPASTETE

3 Tassen gekochte weiße Bohnen
2 bis 3 gehackte Frühlingszwiebeln
4 EL Butter
1 1/2 Tassen feingeriebene Möhren
1/2 Tasse sehr fein gewiegte Zwiebeln
3 sehr fein gehackte oder durchgepreßte
Knoblauchzehen
1/4 Tasse gehackte Petersilie
2 leicht verquirlte Eier
1/2 Tasse Paniermehl
1/2 Tasse Sahne
1 1/2 TL Salz
1/4 TL gemahlener Koriander
1/4 TL Basilikum
1/4 TL Thymian
3 EL helles Bier
frisch gemahlener schwarzer Pfeffer nach Geschmack

Die Bohnen mit den Frühlingszwiebeln durch die feine Scheibe des Wolfs drehen.
In einer großen Pfanne die Butter zerlassen und Möhren, Zwiebeln und Knoblauch darin weichdünsten.
Alle Zutaten in einer großen Schüssel gründlich verrühren. Die Masse sollte ziemlich fest sein.
Eine runde Backform von 26 bis 30 cm Durchmesser ausfetten und die Masse gleichmäßig darin verteilen. Darauf ein rundes, gefettetes Wachspapier legen. Die Form mit einem Deckel verschließen und die Pastete im vorgeheizten Ofen bei 200 bis 210 Grad 50 bis 55 Minuten backen.
Die Bohnenpastete kann heiß oder kalt, in der Form oder auf einen Teller gestürzt, serviert werden.

21 Gemüsetörtchen
Rezept Seite 256

22 Pizza
Rezept Seite 259

23 Reisring mit Schmorgurken
Rezept Seite 269

24 Dolmades *(griechische gefüllte Weinblätter)*
Rezept Seite 274
Sesamkranz
Rezept Seite 71

EIERPASTETE MIT OLIVEN *Abb. 19*

Gut für ein kaltes Buffet, als Brotaufstrich oder als Sandwichfüllung geeignet.

6 hartgekochte Eier
5 EL mit Paprikastückchen gefüllte grüne Oliven
3 EL feingeschnittener Sellerie
3 EL gehackte Zwiebeln
2 EL feingewiegte Petersilie
4 EL weiche Butter
3/4 TL Salz, nach Geschmack mehr
frisch gemahlener schwarzer Pfeffer nach Geschmack
Cayennepfeffer nach Geschmack

zum Garnieren:
Petersilie
Gewürzgurken- oder Radieschenscheiben
feine rote Paprikaringe
Olivenscheibchen
Paprika

Alle Zutaten zusammenmischen und durch den Wolf drehen, vielleicht mehrere Male, damit eine homogene Masse entsteht. Abschmecken und die Würze korrigieren.
Für ein kaltes Buffet die Pastete auf eine Platte oder ein Holzbrett geben und mit einem Buttermesser zu einer ebenmäßigen Kuppel glattstreichen. Mit Petersilie, Gurken- oder Radieschenscheiben, roten Paprikaschotenringen, Paprika und Olivenscheibchen verzieren.
Als Aufstrich wird die Pastete in einer kleinen Schale oder einem Steintopf serviert.

ROQUEFORTSCHAUM

2 EL gemahlene Gelatine
1 Tasse Sahne
3 Eigelb
3 Eiweiß
1 Prise Weinstein
etwa 300 g Roquefort
1/2 Tasse Sahne, steifgeschlagen

Die Sahne in einen kleinen Topf gießen und mit der Gelatine bestreuen. Wenn die Gelatine etwas gequollen ist, die Flüssigkeit unter häufigem Rühren langsam erhitzen, bis die Gelatine sich völlig aufgelöst hat und die Sahne heiß ist. Die Eigelb schaumig schlagen. Unter weiterem Schlagen nach und nach die Hälfte der heißen Sahne dazugießen, dann alles wieder in den Topf zurückgeben und unter sanftem Rühren mit einem Holzlöffel erhitzen, bis die Flüssigkeit abzubinden beginnt.
Den Roquefort mit einer Gabel sehr fein zerdrücken, so daß keine größeren Stückchen mehr darin sind. Nun ein wenig von der Sahnemischung hinzufügen und mit dem Käse zu einer glatten Paste verrühren, dann die restliche Eiersahne zugießen und alles gut aufschlagen. Die Masse kühl stellen und in der Zwischenzeit die halbe Tasse Sahne steifschlagen, die Eiweiß mit etwas Weinstein zu festem, aber nicht trokkenem Schnee schlagen.
Sehr behutsam zuerst die Schlagsahne, daraufhin den Eischnee unter die Käsemasse heben. Das erfordert Geschicklichkeit und eine zarte Hand, sonst fällt der Eischnee zusammen und aus dem eleganten Schaum wird ein trüber Aspik. Die Schaummasse in eine gut mit Öl ausgepinselte Literform füllen und kühlen, bis sie fest ist. Vor dem Servieren auf einen Teller stürzen – vielleicht auf Salatblätter – und mit beliebigen Gemüsen garnieren. Sehr wirkungsvoll sind Tomatenspalten und Radieschenrosetten. Dazu schmecken Artischockenherzen oder gegrillte Pilze.
Der Schaum muß leicht und locker sein, nicht gummiartig zäh. Er hat ein pikantes Aroma, ist aber so delikat, daß auch reichliche Portionen mit Genuß verspeist werden.
Als Hauptgericht für 6 Personen, in einer Speisenfolge mit verschiedenen Gängen für 8 bis 10 Personen.

VARENIKI

(russische gefüllte Teigtaschen)

Teig:
1 1/2 Tassen Mehl
1/2 TL Salz
1 Ei
4 EL Wasser
1 EL zerlassene Butter

Füllung:
200 bis 250 g Quark oder Schichtkäse
1/2 Tasse saure Sahne
1 Ei
1 Prise Salz
2 1/2 EL Zucker
2 EL zerlassene Butter
zusätzliche flüssige Butter

Für den Teig Mehl und Salz in einer Schüssel vermischen, eine Mulde in die Mitte drücken und in diese Vertiefung das mit Wasser verschlagene Ei gießen. Nach und nach von außen das Mehl hineinarbeiten, bis eine feste, klebrige Masse entstanden ist. Falls noch Mehl trocken geblieben ist, ein wenig Wasser nachgießen. Die flüssige Butter zufügen und den Teig kneten, bis er ziemlich glatt ist. Jetzt wird er auf ein dünn bemehltes Backbrett gegeben und etwa 5 bis 10 Minuten weitergeknetet. Danach sollte er völlig glatt sein und sich geschmeidig anfühlen.
Für die Füllung saure Sahne, Ei, Salz, Zucker und die zerlassene Butter mit dem Schneebesen verschlagen und gut mit dem Käse verrühren. Abschmecken.
Den Teig so dünn wie möglich auf dem mit Mehl bestäubten Brett ausrollen. Daraus Kreisflächen von 5 cm Durchmesser ausstechen. Jeweils einen kleinen Löffel Füllung daraufgeben, den Teigrand mit etwas Wasser anfeuchten und über die Käsemasse falten. Die Teigsäume fest aufeinanderpressen, so daß dicht versiegelte Halbmonde entstehen.
Die Vareniki in 2 bis 3 Litern siedendem Salzwasser 12 bis 15 Minuten kochen. Gut abtropfen lassen und mit zerlassener Butter anrichten.
Für 6 Personen.

KÄSEFONDUE »NEUCHÂTEL«

(Neuenburger Fondue)

225 g alter Emmentaler
225 g Gruyère
2 1/2 EL Mehl
1 1/2 Tassen trockener Weißwein
  (z. B. Neuenburger oder Chablis)
1 große Knoblauchzehe
frisch gemahlener schwarzer Pfeffer
2 bis 4 EL Kirschwasser
in Würfel geschnittenes französisches
  oder italienisches Weißbrot

Beide Käse grobraspeln oder feinhacken und mit dem Mehl vermischen. Den Fonduetopf mit der Knoblauchzehe ausreiben, den Knoblauch darin liegen lassen und den Topf erhitzen. Dann den Wein hineingießen. Sobald Blasen aufsteigen, die Hitze drosseln und den Käse nach und nach in kleinen Mengen zufügen, dabei mit einem Holzlöffel rühren. Nach wenigen Minuten sind Käse und Wein zu einer feinen Sauce verschmolzen, die leise vor sich hin gluckst. Sie wird mit etwas schwarzem Pfeffer gewürzt und mit einem Schuß Kirschwasser aromatisiert. Nun abschmecken und nach Belieben noch ein wenig Kirschwasser darangeben, bis zu 4 Eßlöffel.
Jetzt geht es ans Essen: Man spießt einen Brotwürfel auf die Fonduegabel und taucht ihn in die Sauce. Während des Schmausens daran denken, die Flamme unter dem Topf so zu regulieren, daß das Fondue weiterhin leicht blubbert, aber nicht aufkocht. Und wer sein Brot in die Sauce fallen läßt, muß ein Pfand geben!
Für 5 bis 6 Personen.

FONDUTA

(italienisches Fondue)

Wenn es schon für sich allein oder mit einem einfachen gemischten Salat sehr gut schmeckt, wie wird Ihren Gästen erst das Wasser im Mund zusammenlaufen bei folgendem Menü: Zuerst verschiedene *Antipasti*, das können *Marinierte Pilze, Peperonata, Kichererbsensalat* und *Insalatone* sein. Legen Sie ein paar scharfe Peperoni und eingelegte Oliven dazu, und kredenzen Sie einen guten italienischen Weißwein. Zum Dessert frische Erdbeeren mit Schlagsahne, danach Espresso und Likör.

Anmerkung d. Übers.: Klassisch in Piemont: Reis mit Fonduta, darüber hauchdünn gehobelte weiße Trüffeln oder auch rohe Steinpilze.

2 bis 3 Knoblauchzehen
2 EL Olivenöl
225 g grobgeraspelter Fontinakäse
225 g grobgeraspelter Provolone
3 EL Mehl
1 1/2 Tassen trockener italienischer Weißwein
Pfeffer nach Geschmack
1 großes italienisches oder französisches Weißbrot, in Würfel geschnitten

Etwa 2 oder 3 Stunden vor Beginn der Mahlzeit den Knoblauch zu einer feinen Paste zerdrücken und mit dem Olivenöl verrühren. Die geriebenen Käse mit dem Mehl vermischen.
Eine halbe Stunde vor dem Essen den Wein in einem Fonduetopf oder emaillierten Saucentopf bis kurz vor den Siedepunkt erhitzen. Nicht aufwallen lassen! Nach und nach die Käsemischung beifügen, immer eine Handvoll auf einmal, und langsam mit einem Holzlöffel rühren, bis der Käse geschmolzen ist. Wenn er ganz aufgelöst ist, das Knoblauchöl und etwas Pfeffer hineingeben.
Noch etwa 15 Minuten mit ruhiger Bewegung weiterrühren, bis das Fondue völlig glatt ist und eine samtige Textur hat.
Anmerkung d. Übers.: In die originale Fonduta kommen zum Schluß noch einige Eigelb – sie darf dann nicht zu stark erhitzt werden! –
Das Fondue auf einem Spiritusbrenner oder »Stövchen« warm halten, und nun die Brotwürfel auf lange Gabeln spießen und in die Käsesauce tauchen, dabei jedesmal umrühren.
Für 5 bis 6 Personen.

ZWEILÄNDERFONDUE

225 g alter Emmentaler Käse
225 g ausgereifter Cheddarkäse (oder Gouda)
1 1/2 Tassen trockener Weißwein
3 EL Mehl
2 EL Kirschwasser oder Rum
1 EL Zitronensaft
Muskat
1 Knoblauchzehe
Weißbrotwürfel

Die Käse grobraspeln und gründlich mit dem Mehl vermischen.
Den Fonduetopf gut mit Knoblauch ausreiben, den Wein hineingießen und erhitzen, bis Blasen aufsteigen. Unter ständigem Rühren mit einem Holzlöffel nach und nach den Käse zufügen. Wenn er geschmolzen ist, mit Kirschwasser oder Rum, Zitronensaft und Muskat abschmecken. Auf kleiner Flamme noch etwa 5 Minuten weiterrühren, bis das Fondue samtigglatt ist.
Die Flamme unter dem Topf so regulieren, daß die Sauce heiß bleibt, ohne jedoch aufzukochen. Die Brotwürfel auf Fonduegabeln spießen, eintauchen und verspeisen.
Für 4 bis 6 Personen.

FROMAGE ROMANESQUE
(Honigkäse)

450 g Doppelrahm-Frischkäse
3/4 Tasse saure Sahne
3 TL Honig
Salz
3 Eigelb
3 Eiweiß

Den Käse mit der sauren Sahne verschlagen und mit Honig, Salz und den Eigelb verrühren. Am besten gibt man alles zusammen in den elektrischen Mixer, denn die Masse soll völlig glatt werden – der Frischkäse klumpt gerne ein wenig. Nun die Eiweiß zu festem Schnee schlagen und darunterheben. Die Masse in

eine gefettete flache feuerfeste Rundform geben und 1/2 Stunde bei 175 Grad backen. Heiß mit delikater *Sauce Mornay* zu Tisch bringen.
Dieses Gericht ist leicht, trotzdem aber sehr sättigend, und hat ein feines, etwas eigenwilliges Aroma. Es kann als separater Gang mit Sauce Mornay oder einer anderen milden Sauce serviert werden. Für eine vollständige leichte Mahlzeit reicht man gartenfrisches Gemüse und Schwarzbrotscheiben dazu. Probieren Sie Fromage Romanesque mit zartem, jungem Stangenspargel – ein Gedicht! Und verwendet man mehr Honig als angegeben, entsteht eine wunderbare Süßspeise, die mit frischem Obst und *Englischer Sauce* ein elegantes Dessert abgibt.
5 bis 6 Portionen.

NUDELGUGELHUPF

Eine Art von Pudding, der heiß am besten schmeckt. Er ist zwar süßlich, aber kein Dessert. Mit Salat oder Früchten ein leichtes Essen.

350 g Eierbandnudeln
3 Eier
1/4 Tasse Zucker
300 g zerbröckelter Schichtkäse
1/2 TL Salz
1/2 TL Zimt, zum Garnieren mehr
1/4 TL Muskat
1/4 Tasse Butter
nach Belieben saure Sahne

Die Nudeln in stark gesalzenes, kochendes Wasser einlegen und 8 bis 10 Minuten garen. Sie dürfen nicht zu weich werden. Sofort abgießen.
Die Eier leicht mit Zucker, zerkrümeltem Schichtkäse, Salz, Zimt und Muskat verschlagen. Die Hälfte der Butter in Stückchen schneiden. Die Nudeln mit der Eiermasse und den Butterstückchen vermengen.
Den Backofen auf 175 Grad vorheizen. 1 Eßlöffel Butter in eine mittelgroße feuerfeste Form geben und im Ofen schmelzen lassen. Die Form schwenken, damit die Butter sich gleichmäßig verteilt und auch die Seitenwände bedeckt, und die Gugelhupfmasse hineinfüllen. Mit etwas Zimt bestreuen und mit Butterflöckchen (von der restlichen Butter) belegen.
Den Nudelgugelhupf im heißen Ofen etwa 25 bis 30 Minuten backen, bis seine Oberfläche schön gebräunt ist.
Für 6 Personen.

BIBBELESKÄSE
(feingewürzter Weißkäse)

2 Tassen Weißkäse
6 EL saure Sahne
3 Knoblauchzehen, sehr fein gewiegt oder zerdrückt
2 1/2 EL gehackte frische Petersilie
gewiegter Schnittlauch (nach Belieben)
Salz und frisch gemahlener Pfeffer nach Geschmack

Den Weißkäse (Quark oder Schichtkäse) mit der sauren Sahne, Knoblauch und Petersilie verrühren. Nach Belieben kann man noch frischen Schnittlauch hinzufügen. Mit etwas Salz und Pfeffer würzen, nochmals gut umrühren, und in einem geschlossenen Gefäß mehrere Stunden kühlen.
Bibbeleskäse wird zu Schwarzbrot serviert. Knoblauchverächter fernhalten!
Ergibt gut 2 Tassen.

PIKANTER LIPTAUER KÄSE

250 g Quark
100 g Doppelrahm-Frischkäse
3 EL Butter
1 bis 1 1/2 TL französischer Senf, je nach Geschmack
2 EL helles Bier
1 TL sehr fein gehackte Kapern
5 EL feingewiegte Zwiebeln
1 1/2 TL Paprika
Cayennepfeffer nach Geschmack
1/4 bis 1/2 TL gemahlener Kreuzkümmel oder Kümmel,

zum Garnieren:
Paprika
Petersiliensträußchen

Den Quark mit Frischkäse und Butter zu einer glatten, homogenen Masse verrühren. Dann alle übrigen Zutaten beifügen und gründlich hineinarbeiten. Den Käse in einem fest verschlossenen Gefäß mindestens 24 Stunden im Kühlschrank durchziehen lassen.
Zum Servieren wird er auf eine Platte gehäuft, mit flacher Messerschneide glattgestrichen, mit Paprika bestreut und mit Petersiliensträußchen verziert. Dazu Schwarzbrot reichen.
Für 8 bis 10 Personen.

LIPTAUER KÄSE MIT CAMEMBERT

Diese Version erhält durch Camembert ihr spezielles Aroma. Er darf nicht zu reif sein, sonst wird die Masse flüssig.

225 g mittelreifer Camembert
275 g Schichtkäse oder Quark
4 EL weiche Butter
2 bis 3 EL dunkles Bier
1 TL Paprika
1 TL Senfpulver
1 ½ EL sehr fein gewiegte Kapern
2 EL sehr fein gehackte Zwiebeln
Salz
schwarzer Pfeffer
½ TL zerstoßener Kümmel

zum Garnieren:
Paprika

Vom Camembert die Schimmelrinde abschaben oder -schneiden. Den Käse in eine Schüssel legen, den zerkrümelten Schichtkäse (oder Quark) mit der weichen Butter daraufgeben und alles zusammen zu einer ziemlich glatten Masse verarbeiten. Je nach Cremigkeit 2 bis 3 Eßlöffel Bier hineinrühren. Die Käsepaste darf nicht breiig sein, sondern muß fest genug zum Formen sein. Paprika, Senfpulver, Kapern, Zwiebeln, Salz und Pfeffer (nach Geschmack) sowie Kümmel zufügen und gut verrühren. Den Käse auf einen Teller geben und zu einer glatten runden oder ovalen Kuppel streichen. Zugedeckt mehrere Stunden oder über Nacht kühlen. Mit Paprika bestreuen. Dazu dünn mit Butter bestrichene Schwarzbrotscheiben servieren. Für 10 bis 12 Personen.

BUNTER LIPTAUER KÄSE

450 g Ricottakäse (oder Hütten- oder weicher Rahmfrischkäse)
4 EL weiche Butter
2 TL französischer Senf
1 ½ TL Kümmel
1 EL Korinthen oder gehackte Datteln
1 bis 2 EL Kapern
Salz
viel frisch gemahlener schwarzer Pfeffer
1 bis 2 EL gehackte schwarze Oliven
Paprika

zum Garnieren:
2 bis 3 hartgekochte Eier
Pimientoschoten

Den Käse mit der Butter zu einer glatten Masse verarbeiten, mit allen anderen Zutaten außer Paprika gründlich verrühren und auf eine Platte häufen. Mit Paprika bestreuen, mit feinen *Pimiento*streifen und Eierscheiben verzieren und kühl stellen. Dieser Liptauer Käse paßt gut zu manchen Suppen und ist mit Vollkornbrot und roh eingelegten Gemüsen ein schmackhafter erster Gang.

PIKANTE KÄSECREME

225 g Cheddar (oder Gouda)
225 g Edamer
½ Tasse weiche Butter
½ Tasse plus 2 EL helles Bier
1 ½ TL Kümmel
½ TL Senfpulver
¼ TL gemahlener Kreuzkümmel
½ TL zerriebener Selleriesamen
1 sehr fein gewiegte Knoblauchzehe
1 Spritzer Tabasco

Beide Käse sehr fein reiben und mit Butter und Bier zu einer glatten Paste verrühren. Den Kümmel in einer Pfanne ausbreiten und auf mittlerer Flamme unter Rühren oder leichtem Schütteln einige Minuten rösten, dann warm mit allen übrigen Gewürzen gut unter die Käsemasse mengen oder im Mixer darunterschlagen. Die Mischung in kleine Tongefäße füllen und in den Kühlschrank stellen. Man kann sie auch ohne Tabasco, Knoblauch und Kümmel zubereiten, dann ist sie milder im Geschmack.
Ergibt etwa 800 g.

Eine reizvolle Variante:

Für kleine *Käsebällchen* (eine leckere Vorspeise) oder eine große *Käsekugel* die Käsemasse gut kühlen und nach Wunsch formen. Kugel bzw. Bällchen in einer Mischung aus feingehackten Walnüssen und gewiegter Petersilie zu gleichen Teilen wälzen und erneut kalt stellen.

GEFÜLLTER EDAMER *Abb. 20*

Etwa 650 g Edamer (1 ganze Kugel)
1 Tasse weiche Butter
½ Tasse Cognac oder Weinbrand
2 TL Edelsüßpaprika
1 Prise Rosenpaprika
½ TL Senfpulver
½ TL Selleriesamen, im Mörser fein zerrieben
Salz nach Geschmack
3 EL Sherry *(cream)*
1 TL Zucker

zum Garnieren:
eine in Streifen geschnittene Pimientoschote

Von einem Kugellaib Edamer das obere Drittel abschneiden und den Käse so aushöhlen, daß eine etwa 5 mm dicke Wand stehenbleibt. Den herausgeschnittenen Käse reiben.
In einer großen Schüssel die Butter in den geriebenen Käse hineinarbeiten. Dann die übrigen Zutaten hinzufügen und die Masse kräftig rühren oder mit den Händen durchwalken, bis sie ziemlich glatt und leicht ist. Diese Masse in den ausgehöhlten Edamer füllen und obenauf zu einer hohen, ebenmäßigen Kuppel verstreichen. Mit Folie umwickeln und etwa 1 Woche lang kühl stellen.
Den Käse mehrere Stunden vor dem Auftragen aus dem Kühlschrank nehmen und mit feinen *Pimiento*streifen verzieren.
Zimmerwarm zu Pumpernickel oder Roggenbrot servieren.

MAMALIGA

(rumänischer Maismehlpudding mit Käse)

Mamaliga ist ein rumänisch-serbisches Bauerngericht, angenehm sättigend, aber nicht zu gehaltvoll – das richtige für heiße Sommertage. Dazu paßt gut ein kühler *Borschtsch* oder eine Fruchtkaltschale.

¾ Tasse Maismehl
5½ bis 6 Tassen Wasser
1 TL Salz, nach Geschmack mehr
½ TL Zucker
4 EL Butter
etwa 350 g zerbröckelter Schichtkäse
  oder trockener Quark
1 Tasse saure Sahne
schwarzer Pfeffer nach Geschmack

In einem Topf das Maismehl mit dem Wasser verrühren und unter häufigem Rühren langsam bis zum Kochen erhitzen. Dann 1 Teelöffel Salz, Zucker sowie Butter zufügen und das Ganze unter gelegentlichem Rühren 35 bis 40 Minuten sanft köcheln. Danach muß der Maisbrei die Beschaffenheit eines dünnen Puddings haben. Wenn er zu fest oder körnig geworden sein sollte, noch etwas Wasser dazurühren.
Den Brei in einer glattwandigen Schüssel oder Puddingform erkalten lassen, wobei er erstarrt. Nach Wunsch kühlen.
Ist der Pudding fest, stürzt man ihn auf einen Teller und schneidet ihn in dicke Scheiben. Jede Portion mit ein paar Löffeln zerkrümeltem Schichtkäse bestreuen und mit einem großen Klecks saurer Sahne versehen.
Für 8 bis 10 Personen.

GEWÜRZQUARK

350 g Quark oder Schichtkäse
1 Tasse saure Sahne
1 EL feingewiegter frischer Dill
$^1/_3$ Tasse gehackter Schnittlauch
1 TL Zitronensaft
$^1/_4$ TL Rosenpaprika
Salz und frisch gemahlener schwarzer Pfeffer nach Geschmack

Den Käse mit der sauren Sahne glattrühren und mit den übrigen Zutaten durch kräftiges Schlagen zu einer homogenen Masse verarbeiten. Vor dem Servieren kurz kühlen.
Dieser Aufstrich schmeckt vorzüglich auf jeder Art von kräftigem Mischbrot (oder Pumpernickel). Er hält sich im Kühlschrank wochenlang frisch.

KARTOFFELPLATZ MIT KÄSE

4 mittelgroße Kartoffeln
225 g Käse – zu gleichen Teilen Emmentaler und Fontina (ersatzweise junger Gouda)
$^1/_2$ Zwiebel
4 Eier
2 Tassen Milch
4 EL Mehl
Salz und frisch gemahlener schwarzer Pfeffer
1 Prise Thymian
Muskat
geriebener Parmesankäse
Paniermehl
Butter

Die Kartoffeln schälen, in dicke Scheiben schneiden und 10 Minuten, nicht länger, kochen. Eine große Kasserolle gut ausfetten. Die Käse reiben und die Zwiebel hacken.
Nun zuerst eine Schicht Kartoffelscheiben in die Backform legen, salzen und pfeffern, mit gehackter Zwiebel bestreuen und dünn mit der Käsemischung bedecken. So weiterschichten, bis alle hierfür vorgesehenen Zutaten verbraucht sind.
Die Eier mit Milch und Mehl verschlagen und mit etwas Salz, Pfeffer und einer Prise Muskat würzen. Ein wenig Thymian zufügen. Diese Flüssigkeit über die Kartoffeln gießen. Sie sollte die Schichten eben bedecken. Etwas Parmesankäse und Paniermehl darüberstreuen und mit Butterflöckchen belegen.
Den Kartoffelplatz etwa 45 bis 55 Minuten bei 175 Grad backen, bis er leicht aufgegangen und schön gebräunt ist.
Für 4 bis 6 Personen.

CAMEMBERT (ODER BRIE) À LA VIERGE

(Camembert oder Brie auf Jungfernart)

Hier eine einfache Käsezubereitung – eine unschuldige kleine Freude, die es in sich hat.

Für 2 Personen:
1 Camembert oder ein Stück Tortenbrie
2 bis 3 EL Mehl
1 Ei, mit 1 EL Milch verschlagen
Salz
1 Tasse (oder mehr) Paniermehl
Butter

Einen reifen, aber nicht zu weichen Camembert oder Brie quer halbieren, so daß 2 genau gleiche flache Scheiben entstehen. Jede Hälfte zuerst in Mehl, dann in Ei und zuletzt in Paniermehl mit Salz wenden. Schnell noch einmal in Ei tauchen und in dem Semmelmehl wenden, dadurch erhält sie eine ziemlich dicke Kruste.
Nun Butter in einer Pfanne zerlassen und die Käsescheiben darin auf beiden Seiten knusprigbraun braten. Sofort mit frischem Obstsalat oder gemischtem grünen Salat und kräftigem Brot servieren.

KLASSISCHES WELSH RABBIT

(Waliser Käsetoast)

2 EL Butter
½ Tasse helles Bier oder Ale, zimmerwarm
2 Eigelb
½ TL Senfpulver
1 Prise Cayennepfeffer
1 TL Worcestersauce
3 Tassen grobgeraspelter alter Cheddar oder Gouda (etwa 250 g – der Käse muß bröckelig und scharf sein, dann hat er die richtige Reife)
gebutterter Toast oder Muffins

In einer Wärmepfanne, einem schweren, emaillierten Eisentopf oder im Wasserbad auf leicht zu regulierender kleiner Flamme die Butter zerlassen. Das Bier mit Eigelb und Gewürzen verschlagen und mit dem geriebenen Käse bereithalten, einen Holz- oder Emaillelöffel zur Hand nehmen – und auf geht's.
Nun den Käse nach und nach in die Butter streuen, dabei ständig in *einer* Richtung (niemals andersherum!) rühren. Wenn er zu einer dicklichen Masse verschmolzen ist, etwas Bier hinzufügen. Das Rühren nicht vergessen! Ist die ganze Käsemenge eingestreut und geschmolzen und so viel Bier zugegossen, daß eine glatte, samtige Sauce entstanden ist, auf kleinster Flamme noch etwa 10 Minuten weiterrühren. Das Rabbit auf keinen Fall aufwallen, nur kochendheiß werden lassen. Es dickt etwas ein, und wer mag, kann während des Rührens noch mehr von dem Biergemisch zufügen.
Wenn die Sauce schließlich so cremig wie dicker Rahm ist und in einer dicken Schicht am Rührlöffel haftet, wird sie sogleich auf gerösteten Brotscheiben oder Muffins auf warmen Tellern serviert. Als Garnierung gegrillte oder gebratene Tomatenscheiben.
Ein guter Rat: Halten Sie Röstbrot und Teller im Backofen warm, solange Sie das Rabbit rühren, dann gibt es zum Schluß keine Hetze.
Für 2 bis 3 Personen.

Anmerkung d. Übers.: Zur Erklärung des Namens Rabbit siehe Seite 29.

TOMATENRABBIT

350 g scharfer Cheddarkäse (ersatzweise alter Gouda)
3 bis 4 EL Cognac oder Weinbrand
175 g (2½ kleine Dosen) Tomatenmark
1 Prise Natron
2 EL Butter
2 EL Mehl
1 Tasse Milch
¼ TL Cayennepfeffer (für ein mildes Rabbit weniger)
¼ TL Senfpulver
Salz und frisch gemahlener schwarzer Pfeffer
4 geröstete Muffins

Zuerst den Käse reiben. Den Cognac in das Tomatenmark rühren und eine Prise Natron hinzufügen. In einem schweren Saucentopf auf kleiner Flamme die Butter zerlassen, das Mehl hineinrühren und eine helle Einbrenne kochen. Nach ein paar Minuten mit der Milch ablöschen. Wenn die Sauce gebunden ist, das aromatisierte Tomatenmark hineingeben. Dann unter sanftem Rühren mit einem Holzlöffel (für feinste Samtigkeit nur in *einer* Richtung) nach und nach den Käse und die Gewürze einstreuen. Ist der Käse völlig geschmolzen, weitere 8 bis 10 Minuten auf kleinster Flamme rühren, bis das Rabbit glänzt und sämig ist. Sollte es zu dick sein, kann noch etwas Milch oder Cognac zugegossen werden.
Das Rabbit kochendheiß über gerösteten Muffins anrichten.
Für 4 Personen.

Für süße Pasteten siehe *Torten und Desserts* und *Festliche Gerichte für Feiertage*.

Quiches,
Pies, Pizzas, Piroggen

Für die Zubereitung von *Quiches* (pikanten Torten) sind lediglich ein paar Grundkenntnisse der Backkunst erforderlich. Wer einen guten Backofen hat, einen Auslegeteig herstellen kann und darauf achtet, daß dieser groß genug ist, um eine Füllung aufzunehmen, wird leicht eine einfache Quiche herrichten können. Hat man erst einmal gemerkt, wie köstlich sie schmeckt, wie gut sie sich auf dem Tisch ausnimmt und wie vielseitig verwendbar sie ist, wird man bald nicht mehr ohne sie auskommen. Eine Quiche kann ein leichtes Mittagessen, eine elegante Vorspeise, Teil eines feinen Menüs oder auch kalt ein schmackhaftes Picknick sein.

Bei der Herstellung des Bodens und der Creme sollte man sich genau nach Rezept richten, während man für das Belegen seiner Phantasie freien Lauf lassen kann. Schon mit einer Füllung aus Eiern, Sahne, Käse und etwas Mehl, leicht mit Salz und Pfeffer gewürzt, läßt sich eine einfache Quiche zubereiten, bei deren Anblick und Duft einem das Wasser im Mund zusammenläuft. Darüber hinaus findet sich in der Speisekammer meistens so mancherlei, womit der Belag geschmacklich bereichert werden kann.

Meine Quiches werden immer alle bis zum letzten Krümel aufgegessen. Das liegt nicht zuletzt an der unwiderstehlichen Kombination von knusprig gebackenem Teig mit einer weichen, würzigen Füllung, die auf der Zunge zergeht. Solche Verbindungen sind unter den verschiedensten Namen in der ganzen Welt beliebt. In Griechenland werden *Feta*käse und Spinat in blättrige Teigschichten eingehüllt und als Torte oder in Form von kleinen Pasteten serviert. Die polnische und russische Küche bietet eine reiche Auswahl von *Piroggen* und *Piroschkis*, kleinen Hefeteigpasteten mit pikanten Füllungen. In Hongkong und Singapur gibt es Dim-Sum, in Japan Mandjus – gefüllte, meist in Dampf gegarte Hefeteigbrötchen.

Pies sind Torten oder Schüsselpasteten, die in der Backform aufgetragen werden. Sie stammen ursprünglich aus England, haben längst ihren Siegeszug durch die USA beendet und erfreuen sich auch bei uns allmählich einer wachsenden Beliebtheit. Pieformen aus Pyrex oder anderem feuerfesten Material sind bereits im Handel.

Zu den berühmtesten würzigen Backwaren zählen die italienischen *Pizzas*. Über ihre Entstehung gibt es folgende kleine Geschichte: In Italien wurde früher Brot für mehrere Tage im öffentlichen Dorfbackofen gebacken. Am Brotbacktag kamen die Hausfrauen über dem zeitraubenden Backen nicht dazu, das Essen für ihre Familie zuzubereiten. Da machten sie aus der Not eine Tugend, nahmen ein Stück ihres Brotteiges, rollten es aus, bestrichen es mit einer Sauce und belegten es mit allen möglichen Speiseresten, die von einer anderen Mahlzeit übriggeblieben waren. Dieses Gericht schoben sie dann mit den Brotlaiben zusammen in den heißen Ofen und konnten so zur rechten Zeit ein schmackhaftes Mahl servieren.

Inzwischen ist auch die Pizza zu einem Bestandteil der internationalen Küche geworden, ganz zu schweigen von der großen Popularität, die sie in Italien genießt. In Verona wird einem die Beliebtheit von Pizza auf amüsante Weise vor Augen geführt. Besichtigt man dort die berühmten Gräber der Familie Scaligeri, bleibt man mit Bewunderung vor dem herrlichen Reiterstandbild des Mastino della Scalla stehen, dem Begründer der Scaligeri-Dynastie.

Nicht weit davon entfernt ist eine bekannte Pizzeria, deren Wände mit Fresken geschmückt sind, auf denen berühmte Italiener aus allen Teilen des Landes vergnüglich ihre Pizza essen. Darunter ist auch ein überlebensgroßes Porträt Mastino della Scallas, der von seinem müde dreinblickenden Roß gestiegen ist und es lächelnd mit einem großen Stück Pizza füttert.

EINFACHER AUSLEGETEIG I

1 1/2 Tassen Mehl
1/2 bis 3/4 TL Salz
1/2 Tasse gut gekühlte Butter
knapp 1/3 Tasse Eiswasser

Mehl und Salz in eine Schüssel sieben. Die kalte Butter rasch in Scheibchen schneiden, daraufgeben und mit schnellen Bewegungen mit zwei Messern hineinarbeiten. Dazu kreuzt man immer wieder die Messer mit flach aneinanderliegenden Schneiden in der Mitte der Schüssel und zieht sie zu den Seiten hin auseinander, bis Butter und Mehl sich zu einer grießähnlichen, trockenen Mischung verbunden haben.
Über die feinkrümelige Masse nun das Eiswasser sprenkeln und leicht mit einer Gabel hineinwirken, bis der Teig gerade zusammenhält. Jetzt wird er rasch zu einer Kugel geformt, in Wachspapier oder Folie eingewickelt und etwa 2 Stunden gekühlt.
Zum Auslegen einer Form von 26 oder 30 cm Durchmesser.

EINFACHER AUSLEGETEIG II

2 Tassen Hartweizenmehl
1/2 TL Salz
1/2 TL Zucker
3/4 Tasse Butter
Zitronensaft
1 bis 3 EL Eiswasser

Mehl, Salz und Zucker in eine Schüssel sieben. Die Butter mit zwei Messern hineinarbeiten, so daß eine feinkrümelige Masse (wie grober Grieß) entsteht. Ein paar Tropfen Zitronensaft und ganz wenig Eiswasser – keinesfalls mehr als 3 Eßlöffel – darüberträufeln und leicht daruntermengen, bis der Teig zusammenzuhalten beginnt. Rasch zu einem Kloß formen und vor dem Ausrollen gut kühlen.
Zum Auslegen (Boden und Decke) einer Form mit einem Durchmesser von 22 cm oder für einen größeren oder dickeren Boden.

Das Auslegen einer Pieform:
Den gekühlten Teig auf einem bemehlten Backbrett zu einer Kreisfläche, die etwa 6 cm größer als die Backform ist, auswellen. (Meine Standardform hat einen Durchmesser von etwa 26 cm.) Die Teigplatte locker um das Nudelholz wickeln und über der gefetteten Pieform so abrollen lassen, daß sie genau in die Mitte der Form kommt. Den Teig an die Seitenwände drücken und mit den Fingerspitzen etwas hinunterschieben, damit ein Rand entsteht, der ein wenig dikker als der Boden ist. Mit einem scharfen Messer (oder mit einer sauberen Schere) den überstehenden Teig ungefähr 5 mm über der Form abschneiden.
Die herausragende Teigkante nun zur Verzierung in regelmäßigen Abständen mit dem Messerrücken einkerben. Den Boden an mehreren Stellen mit einer Gabel einstechen und die ausgelegte Form 1/2 Stunde kühl stellen.

Das Blindbacken eines Tortenbodens:
Den vorbereiteten Boden (nicht den Rand) mit einem Stück zugeschnittener Aluminiumfolie abdecken, mit Trockenbohnen oder Reis (die in einem Glas aufbewahrt und immer wieder zu diesem Zweck verwendet werden können) füllen und im vorgeheizten Ofen bei 230 Grad etwa 8 Minuten backen. Dann Bohnen und Folie entfernen, den Boden nochmals einstechen und weitere 4 oder 5 Minuten in den heißen Ofen stellen, bis er anfängt, Farbe zu nehmen. Kurz auf einem Kuchenrost abkühlen lassen, füllen oder belegen, und nach Rezept fertigbacken.

FEINER AUSLEGETEIG

2 Tassen Mehl
2/3 Tasse Butter
Salz
1 EL Zucker

Dieser Boden ist sehr zart und hat eine krümelige Textur. Er eignet sich für jede Art von Quiche und *Pikante Käsepie*.
Mehl, Zucker und eine reichliche Prise Salz in eine Schüssel sieben, die kalte Butter dazuschneiden und

hineinarbeiten, bis die Mischung wie grober Sand aussieht. Man kann die Butter statt mit zwei Messern auch zwischen den Fingerspitzen mit dem Mehl verreiben – aber schnell, sonst wird der Teig klebrig! Kein Wasser zufügen. Den Teig rasch zu einem Kloß zusammennehmen und 1 Stunde oder länger kühl stellen.
Der Teig ist zu krümelig zum Ausrollen und muß daher mit den Fingerspitzen gleichmäßig in die Form gedrückt werden. Den Rand wie beschrieben formen, den Boden mit einer Gabel einstechen und 10 Minuten bei 230 Grad backen. Nach Wunsch belegen und fertigbacken.

ROQUEFORT-QUICHE

1 Rezept Einfacher Auslegeteig I (Seite 252)
etwa 125 g zerkrümelter Roquefort
250 g trockener Quark oder Schichtkäse
²/₃ Tasse Milch
4 große Eier
Salz nach Geschmack

Den Teig herstellen, eine Form von 26 cm Durchmesser damit auslegen und den Boden nach Anweisung auf Seite 252 blindbacken.
Die zerkrümelten Käse vermischen. Die Eier mit der Milch und etwas Salz verschlagen. Das Käsegemisch gleichmäßig auf dem vorbereiteten Boden verteilen und die Eiermilch vorsichtig darübergießen.
Die Quiche im vorgeheizten Ofen bei 190 Grad 40 bis 45 Minuten backen, bis die Füllung aufgegangen und ziemlich fest ist und die Oberfläche eine goldbraune Farbe hat. Heiß oder kalt als ersten Gang servieren oder mit reifen Früchten als nicht alltägliches Dessert.
Für 6 bis 8 Personen.

PORREE-TOMATEN-QUICHE

1 Rezept Einfacher Auslegeteig I (Seite 252)
2 Tassen (3 oder 4 große) in Scheiben geschnittene Porreestangen
2 EL Butter
Salz und Pfeffer nach Geschmack
225 g Schweizer Käse
30 g Pecorino- oder Parmesankäse
1 EL Mehl
4 Eier
1³/₄ Tassen Sahne oder Milch
2 in dünne Scheiben geschnittene Tomaten

Den Teig zubereiten, eine Form von 26 cm Durchmesser damit auslegen und den Boden nach den Angaben auf Seite 252 blindbacken.
Den Porree sorgfältig waschen, längs halbieren, von den harten Grünteilen befreien und in Scheiben schneiden. Davon 2 Tassen abmessen. Die Porreescheiben in der Butter rasch anbraten, bis sie sich goldbraun färben, und mit Salz und Pfeffer würzen.
Die Käse reiben und mit dem Mehl vermischen. Die Eier mit der Sahne und etwas Salz verschlagen.
Den gebratenen Porree auf dem vorbereiteten Tortenboden verteilen und gleichmäßig mit dem geriebenen Käse bestreuen. Darüber das Eiergemisch gießen.
Zuletzt die feinen Tomatenscheiben darauflegen und mit Salz und frisch gemahlenem Pfeffer würzen.
Die Quiche im vorgeheizten Ofen 15 Minuten bei 200 bis 210 Grad backen, dann etwa 30 Minuten bei 165 Grad. Ein probeweise in die Torte eingestochenes Messer muß sich sauber herausziehen lassen. Heiß oder lauwarm servieren.
Für 6 Personen.

PIMIENTO-OLIVEN-QUICHE

1 Rezept Einfacher Auslegeteig I (Seite 252)
1 große Zwiebel, geschält und in feine Scheiben geschnitten
2 Knoblauchzehen, abgezogen und in dünne Scheibchen geschnitten
2 EL Olivenöl
225 g Schweizer Emmentaler, grobgeraspelt
2 Eier
1 Tasse Sahne
Salz und Pfeffer nach Geschmack
¹/₂ Tasse Pimientoringe (von gerösteten, abgezogenen Schoten)
¹/₄ Tasse eingelegte schwarze Oliven, entsteint und in Scheiben geschnitten

Mit dem zubereiteten Teig eine Form von 26 cm Durchmesser ausschlagen und den Boden nach der Beschreibung auf Seite 252 blindbacken.
Zwiebelscheiben und Knoblauch in Olivenöl goldbraun braten und gleichmäßig auf dem vorbereiteten Tortenboden verteilen. Darüber den geriebenen Käse streuen.
Die Eier mit der Sahne, einer Prise Salz und Pfeffer verschlagen und über den Käse gießen. *Pimiento*ringe und Olivenscheibchen kunstvoll darauf auslegen und die Quiche im vorgeheizten Ofen 15 Minuten bei 230 Grad, dann weitere 10 bis 15 Minuten bei 175 Grad backen, bis ihre Oberfläche stellenweise leicht gebräunt ist.
Sie kann heiß aufgetragen werden, schmeckt aber besser, wenn sie auf Zimmertemperatur abgekühlt oder im Kühlschrank völlig erkaltet ist.
Für 6 bis 8 Personen.

KÄSE-TOMATEN-PIE

Diese Schüsselpastete ist ein Mittelding zwischen Quiche und Pizza, auf jeden Fall aber ein Leckerbissen.

1 Rezept Einfacher Auslegeteig I (Seite 252)
1300 g reife Tomaten, geschält und entkernt
3 EL Olivenöl
1 sehr fein gewiegte oder zerdrückte Knoblauchzehe
3/4 TL Salz
2 EL gehackte frische Petersilie
1/2 TL zerriebenes getrocknetes Basilikum
frisch gemahlener schwarzer Pfeffer nach Geschmack
500 g Zwiebeln
2 EL Butter
1/3 Tasse geriebener Parmesankäse
250 g Mozzarellakäse
12 eingelegte schwarze Oliven

Mit dem vorbereiteten Teig eine *Pieform* von 26 cm Durchmesser auslegen und den Boden nach Anweisung auf Seite 252 blindbacken.
Die Tomaten grobhacken, den Saft aufbewahren. In einer großen Pfanne das Olivenöl erhitzen und den Knoblauch darin einige Minuten braten. Dann die Tomatenstückchen mit Saft, 1/2 Teelöffel Salz, Petersilie, Basilikum und etwas frisch gemahlenen schwarzen Pfeffer zufügen und diese Sauce unter gelegentlichem Rühren so lange köcheln, bis sie um etwa die Hälfte eingekocht und dickcremig ist.
Die Zwiebeln schälen, halbieren, in dicke Scheiben schneiden und in der Butter goldbraun braten. Mit dem restlichen Salz würzen.
Auf den vorgebackenen Tortenboden zuerst den Parmesankäse streuen. Darauf die gerösteten Zwiebelscheiben nebeneinander auslegen und mit der Tomatensauce bedecken.
Den Mozzarella in feine Streifen schneiden und gleichmäßig auf der Saucenschicht verteilen. Das Olivenfleisch von den Steinen schneiden und darüberstreuen.
Die Pie im vorgeheizten Ofen bei 190 Grad 35 Minuten backen und heiß servieren.
Für 6 bis 8 Personen.

LYONER ZWIEBELKUCHEN

1 Rezept Feiner Auslegeteig (Seite 252)
2 Zwiebeln
3 bis 4 EL Butter
4 Eier
3/4 Tasse Sahne
3/4 Tasse Milch
100 g geriebener Gruyère
geriebene Muskatnuß
Salz und Pfeffer

Mit dem Teig eine feuerfeste Glas- oder Porzellanform von 22 oder 26 cm Durchmesser auslegen, 1/2 Stunde kühl stellen. Danach den Boden mehrmals mit einer Gabel einstechen und bei 220 Grad etwa 10 Minuten backen.
Die Zwiebeln schälen, grobhacken und in Butter nur eben weich (nicht glasig) dünsten. Leicht abkühlen lassen. In einer Schüssel die Eier verschlagen, Milch, Sahne, geriebenen Käse, etwas Muskat, Salz und Pfeffer hinzufügen und gut verrühren.
Die Zwiebeln gleichmäßig auf dem blindgebackenen

Boden verteilen, das Eiergemisch darübergießen, mit etwas Muskat bestreuen, und den Kuchen im vorgeheizten Ofen bei 175 Grad etwa 30 Minuten backen. Er ist fertig, wenn sich ein hineingestochenes Messer sauber herausziehen läßt. Heiß oder kalt servieren. Für 6 bis 8 Personen.

SPARGELTORTE

1 Rezept Einfacher oder Feiner Auslegeteig (Seite 252)
etwa 1000 g Spargel
1 ½ Tassen Reiche Béchamelsauce (Seite 128)
60 g geriebener Schweizer Emmentaler oder Gruyère

Teig für einen Boden herstellen, eine flache feuerfeste Glas- oder Porzellanform damit auslegen und den Boden 20 Minuten backen, bis er eben gebräunt ist.
Den Spargel waschen, putzen, in etwa 3 cm lange Stücke schneiden und gar dämpfen. (Zarter, junger Spargel braucht etwa 10 Minuten, älterer eine längere Garzeit – vorsichtshalber kosten.) Den weichen Spargel auf dem vorgebackenen Boden verteilen, mit der Béchamelsauce begießen, mit Käse bestreuen und die Torte im Ofen bei mittlerer Hitze so lange backen, bis ihre Oberfläche zu bräunen beginnt. Sehr heiß servieren. Eine lukullische Überraschung für geladene Gäste!
Vorbereitungen zu diesem Gericht:
Den Tortenboden blindbacken und bereithalten. Den Spargel dämpfen und im fest verschlossenen Topf lassen, damit er nicht austrocknet. Es macht nichts, wenn er erkaltet. Die Béchamelsauce und den geriebenen Käse in verschiedenen Gefäßen bereitstellen. Etwa 15 Minuten, bevor die Torte aufgetragen werden soll, den Boden belegen und wie beschrieben bei mittlerer Hitze (150 bis 170 Grad) ungefähr 15 Minuten backen, bis sie ganz heiß und leicht gebräunt ist. Wenn man die Vorarbeiten in dieser Weise erledigt hat, braucht man die Gäste nicht lange allein zu lassen und hat die Spargeltorte genau zur rechten Zeit fertig.

ZUCCHINI-QUICHE
(Maurertorte)

1 Rezept Einfacher Auslegeteig II (Seite 252)
¼ Tasse geriebener Parmesankäse
¼ Tasse geriebener Cheddarkäse (ersatzweise alter Gouda)
½ Tasse Paniermehl
750 bis 1000 g Zucchini
2 Eigelb
2 Eiweiß
⅛ TL Weinstein
1 ½ Tassen saure Sahne
2 EL gehackter Schnittlauch
2 EL Mehl
Salz und frisch gemahlener schwarzer Pfeffer
Butter

Hier verbinden sich Gaumen- mit Augenfreuden zu einem wahren Genuß für die Freunde der visuellen *Eat-Art*. Wenn die Torte ofenfrisch und dampfend mit knuspriger Kruste auf dem Tisch steht, ist sie eine der schönsten Schüsselpasteten. Jedes herausgeschnittene Tortenstück gleicht einer kunstvollen Backsteinmauer und ist doch ein delikater, leichter Leckerbissen. Nehmen Sie es also als Kompliment, wenn jemand beim Anblick der Quiche sagt, Sie hätten auch Maurer werden können!
Zuerst den Teig nach Rezept zubereiten, die beiden geriebenen Käse vermischen und ½ Tasse davon hineinwirken. Kühl stellen, dann eine feuerfeste Glas- oder Porzellanform von 26 cm Durchmesser damit auslegen und wieder kalt stellen. Den restlichen gemischten Käse mit dem Paniermehl mischen und beiseite stellen.
Die Zucchini waschen und in vollkommen gleiche, etwa 5 mm dicke Scheiben schneiden, 5 Minuten in siedendem Salzwasser blanchieren, abseihen und abtropfen lassen.
Die Eigelb mit der sauren Sahne verschlagen und Schnittlauch, Mehl, Salz und Pfeffer dazurühren. Die Eiweiß mit dem Weinstein zu Schnee schlagen, der aber nicht trocken sein darf, und unter die Saure-Sahne-Mischung heben.
Die Zucchinischeiben dicht an dicht auf dem Torten-

boden auslegen und mit einer dünnen Schicht der Eiercreme überziehen. In gleicher Weise weitere 2 oder 3 Schichten aufbauen, bis alle Zucchinischeiben verbraucht sind, und mit dem Rest der Eiersahne beschließen. Den mit Paniermehl gemischten geriebenen Käse darüberstreuen, Butterflöckchen daraufsetzen, und die Quiche erst 10 Minuten bei 230 Grad, dann 40 Minuten bei 165 Grad backen.
6 bis 8 Portionen.

GEMÜSETÖRTCHEN *Abb. 21*

1 Rezept Einfacher Auslegeteig II (Seite 252)
2 mittelgroße Möhren
12 kleine Zwiebeln
1/3 bis 1/2 Blumenkohl
1 Tasse frische Zuckererbsen
6 große, frische, noch geschlossene Champignons
Butter
Sauce Aurore *oder* Béchamel- *oder* Holländische Sauce (Seiten 128, 129 oder 130)

Den Teig nach Rezept zubereiten und damit 6 einzelne, etwa 10 cm tiefe feuerfeste Förmchen ausschlagen. Die Böden mit einer Gabel mehrmals einstechen, mit rundgeschnittenem Pergamentpapier oder Aluminiumfolie abdecken und bei 220 Grad etwa 10 Minuten backen.
Die Möhren schaben und in dicke Scheiben schneiden, die Zwiebeln schälen, den Blumenkohl in 12 kleine Röschen zerteilen. Erbsen, Möhren und Zwiebeln etwa 4 Minuten in kochendem Salzwasser abwällen, dann den Blumenkohl zugeben, alles noch weitere 4 bis 5 Minuten blanchieren und sofort abseihen. Die Gemüse leicht abkühlen lassen und gleichmäßig auf die 6 Böden verteilen.
Die Pilze waschen und unter häufigem Wenden etwa 10 Minuten rasch in der Butter braten. Jeweils einen Pilz in die Mitte jedes Torteletts setzen. So viel Sauce Aurore (oder eine der beiden anderen Saucen) in die Förmchen gießen, daß die Gemüse eben bedeckt sind. Etwas schwarzen Pfeffer darübermahlen und die Törtchen 15 oder 20 Minuten im 190 Grad heißen Ofen backen. (Die Hollandaise erst etwas später zufügen, da sie sonst leicht gerinnt.) Die Törtchen sogleich servieren.
Für 6 Personen.

RUSSISCHE SCHÜSSELPASTETE

Teig:
1 1/4 Tassen Mehl
1 TL Zucker
1 TL Salz
110 g weicher Doppelrahm-Frischkäse
3 EL Butter

Füllung:
1 kleiner Weißkohl (geschnetzelt etwa 3 Tassen)
250 g Champignons
1 Zwiebel
Basilikum, Majoran und Estragon nach Geschmack
Salz und frisch gemahlener schwarzer Pfeffer
3 EL Butter
110 g weicher Doppelrahm-Frischkäse
4 bis 5 hartgekochte Eier
Dill

Aus den obengenannten Zutaten einen Auslegeteig herstellen: Die trockenen Zutaten zusammensieben, die kalte Butter in Stücken dazugeben und mit dem Frischkäse hineinwirken. Zwei Drittel des Teiges ausrollen und eine Pieform von 22 cm Durchmesser damit ausschlagen. Den restlichen Teig für die Decke zu einer dünnen Kreisfläche auswellen. Boden und Decke kühl stellen.
Den Weißkohl grobschnetzeln, die Pilze waschen und in Scheibchen schneiden, die Zwiebel schälen und kleinhacken.
In einem Schmortopf etwa 2 Eßlöffel Butter zerlassen und den Kohl mit der Zwiebel darin unter ständigem Rühren ein paar Minuten rasch andünsten. Von jedem Gewürzkraut, das zuvor im Mörser zerrieben wurde, jeweils mindestens 1/8 Teelöffel zufügen. Das Ganze mit Salz und Pfeffer abschmecken und so lange dünsten, bis der Kohl zusammengefallen ist und die Zwiebelstückchen weich sind, dabei häufig umrühren. Dann aus dem Topf nehmen und beiseite stellen.

Einen Eßlöffel Butter in den Topf geben und die Pilze darin 5 oder 6 Minuten unter ständigem Rühren leicht anbraten.
Den weichen Frischkäse auf den vorbereiteten Tortenboden streichen. Die Eier in Scheiben schneiden, gleichmäßig auf dem Käse verteilen und mit etwas gehacktem Dill bestreuen. Darüber den Kohl schichten, mit den Pilzen belegen und diese mit der dünn ausgerollten Teigplatte bedecken.
Die Teigdecke mit dem etwas überstehenden Rand des Bodens fest zusammenpressen und die entstandene Kante rundherum leicht einkerben. Mit einem scharfen Messer ein paar kurze Schnitte in die Oberfläche machen.
Die Pastete erst 15 Minuten im 200 bis 210 Grad heißen Ofen, dann etwa 20 bis 25 Minuten bei 175 Grad backen, bis sie leicht gebräunt ist.
Für 4 bis 6 Personen.

SPANAKOPITA
(griechische Spinattorte)

Hätte ich doch als Kind schon Spinat in solch köstlicher Zubereitung zu essen bekommen! Spanakopita ist ein leichter, goldbraun überkrusteter Kuchen, für den man ruhig die Mühe in Kauf nehmen sollte, in einem griechischen Geschäft oder Delikatessenladen *Filo* (eine Art griechischer Strudelteig) und *Feta* (Schafskäse) zu besorgen.

Anmerkung d. Übers.: Wer keinen griechischen Laden in der Nähe hat, kann ersatzweise tiefgefrorenen Blätterteig und bulgarischen Schafskäse, der leichter zu bekommen ist, verwenden. Die Blätterteigstücke müssen sehr dünn ausgerollt werden.

1000 g frischer Spinat
500 g Filo (ersatzweise Blätterteig)
7 Eier
250 g Fetakäse
1 Zwiebel
Olivenöl
Salz und Pfeffer
Oregano
Butter

Die Spinatblätter sorgfältig waschen, in eine große Schüssel geben und stark salzen. Nun die Blätter zerpflücken und dabei das Salz hineinreiben. Auf diese Weise fällt der Spinat innerhalb von wenigen Minuten auf ein Viertel seines Volumens zusammen. Dann wird das Salz gründlich herausgespült und das Gemüse zum Abtropfen in ein Sieb getan.
Die Eier verschlagen, mit dem zerbröckelten *Feta*käse verrühren und in einer Schüssel mit dem Spinat vermengen. Die Zwiebel hacken und in wenig Olivenöl rasch anbraten. Sobald sie etwas Farbe genommen hat, der Spinatmasse beifügen und das Ganze mit viel frisch gemahlenem schwarzem Pfeffer und einer Prise Oregano würzen.
Eine große, rechteckige feuerfeste Form (etwa 20 bis 25 cm breit und 30 cm lang) ausfetten. In einem kleinen Topf 3 oder 4 Eßlöffel Butter zerlassen. Fertige *Filo*blätter nach dem Auftauen auf eine flache Platte schichten. (Tiefkühlblätterteig nach dem Auftauen zu 8 bis 10 sehr dünnen Rechtecken ausrollen, weiter wie Filo behandeln.) Jede Teigfläche muß so groß sein, daß sie, in die Backform hineingedrückt, noch weit über deren Rand hängt. In die gefettete Form zuerst 1 Teigblatt einpassen und mit flüssiger Butter bestreichen. Darauf etwas versetzt das nächste Teigrechteck legen und gleichfalls mit Butter bepinseln. In derselben Weise weitere Teigblätter jeweils etwas versetzt so darüberschichten, daß ein gefächerter Rand entsteht und die überhängenden Enden nicht zusammenkleben können. 2 oder 3 Teigstücke sollten für die Decke übrigbleiben.
Jetzt die Füllung in die ausgekleidete Form schütten, die Teigränder darüberschlagen und mit etwas Butter bestreichen. Sie bilden nun eine merkwürdig aussehende, zerknautschte Decke. Die restlichen Filoblätter einfetten, darauflegen und auf die Größe der Backform einfalten. Die oberen Teigschichten mit einem scharfen Messer bis zur Füllung einschneiden und die Oberfläche mit Butter bepinseln. Die Spanakopita 50 Minuten bei 190 Grad backen. In Stücke schneiden und sehr heiß servieren.
Reichlich für 8 Personen.

BATATEN-PREISELBEER-QUICHE

Hier eine Überraschungstorte – ein wenig süß, ein wenig würzig. Sie kann heiß oder kalt, so wie sie ist oder mit saurer Sahne garniert, als Vorspeise oder zu einer Suppe gereicht werden. Sie schmeckt zum Tee und läßt sich sogar als Dessert servieren: eine richtige Allzweckquiche!

1 Rezept Einfacher Auslegeteig II (Seite 252)
200 g (etwa 2 mittelgroße) Bataten (Süßkartoffeln)
250 g (etwa 3 mittelgroße) Möhren
200 g Preiselbeeren
$^{2}/_{3}$ Tasse Zucker
$^{1}/_{2}$ Tasse Milch
4 Eier
250 g weicher Doppelrahm-Frischkäse oder Sahnequark
1 Prise Muskat
1 Prise Salz

Mit dem nach Rezept zubereiteten Teig eine flache feuerfeste Form von 26 cm Durchmesser auslegen und den Boden nach den Anweisungen auf Seite 252 blindbacken.
Die Bataten schälen, die Möhren schaben und beides entweder reiben oder feinhacken. In einen Topf geben, mit siedendem Salzwasser überbrühen, zum Kochen bringen, 5 Minuten blanchieren und sofort abseihen.
Die Preiselbeeren verlesen, waschen und in einem Emailletopf mit dem Zucker auf kleiner Flamme zugedeckt 10 Minuten kochen, dabei gelegentlich umrühren. Den Deckel abnehmen und die Beeren unter ständigem Rühren weitere 5 Minuten brodeln lassen. Dann Bataten und Möhren hinzufügen und 3 bis 4 Minuten mitkochen, dabei dauernd weiterrühren.
Milch, Eier, Frischkäse, etwas Muskat und eine winzige Prise Salz miteinander verschlagen, mit dem Gemüse verrühren und alles zusammen auf den vorgebackenen Boden geben.
Die Quiche im heißen Ofen bei 190 Grad etwa 40 Minuten backen, bis die Oberfläche goldbraun und die Füllung fest ist.
Für 6 bis 8 Personen.

KÄSEQUICHE MIT FRÜHLINGSZWIEBELN

Eine köstliche Abwandlung der klassischen Lothringer Specktorte (Quiche Lorraine) – ofenfrisch und heiß ebenso lecker wie kalt.

1 Rezept Einfacher Auslegeteig II (Seite 252)
$^{1}/_{2}$ Tasse Frühlingszwiebeln (mit Grün), gehackt
Butter
Hefeextrakt (Hefepaste)
175 bis 225 g Schweizer Emmentaler oder Gruyère, gewürfelt
3 Eier, verquirlt
1 $^{1}/_{2}$ Tassen Sahne
Muskat
Salz und Pfeffer

Eine Pie- oder glatte Tortenform mit dem Teig auslegen und den Boden im vorgeheizten Ofen bei 230 Grad 5 Minuten vorbacken. Darauf achten, daß der Boden vorher gut mit einer Gabel durchlöchert wird, damit beim Backen die Gase entweichen können, sonst bläht er sich zu einem riesigen Ballon auf, und der Koch weiß nicht, ob er lachen oder weinen soll.
Die Frühlingszwiebeln in etwa 1 Eßlöffel Butter mit etwas Hefeextrakt rösten und auf den Tortenboden streuen. Darauf die Käsewürfel verteilen.
Die Eier gut mit Sahne, etwas Muskat, einer Prise Salz und Pfeffer verschlagen und über den Käse gießen.
Die Quiche 15 Minuten bei 230 Grad, dann etwa 10 bis 15 Minuten bei 175 Grad backen, bis ein probeweise hineingestochenes Messer sich sauber herausziehen läßt. Heiß oder gekühlt servieren.
6 Portionen.

PIKANTE KÄSEPIE

1 Rezept Einfacher Auslegeteig II (Seite 252)
300 g Käse: halb Emmentaler, halb Gruyère
2 EL Mehl
2 große Zweiebeln
4 EL Butter
1 TL feingewiegtes Basilikum

2 große, feste Tomaten, in Scheiben geschnitten
2 große Eier
3/4 Tasse Sahne

Den Teig nach Rezept herstellen, eine Pieform von 26 cm Durchmesser damit auslegen und den Boden kühl stellen.
Die beiden Käse reiben und mit dem Mehl vermischen.
In einer Pfanne die Butter zerlassen und die Zwiebelscheiben darin etwa 1/2 Stunde ganz sanft rösten, bis sie sich goldbraun färben. Ein Drittel der Käsemischung auf den Tortenboden streuen und die Zwiebeln darüber verteilen. In der Butter, die noch in der Pfanne übriggeblieben ist, die Tomatenscheiben mit dem gehackten Basilikum 1 oder 2 Minuten erhitzen, dann über den Zwiebeln ausbreiten und mit dem restlichen Käse bedecken.
Die Eier mit der Sahne verschlagen und über das Ganze gießen. Wer Muskat mag, streut ein wenig darüber. Die Pie im vorgeheizten Ofen bei 175 Grad etwa 35 bis 40 Minuten backen, bis ihre Oberfläche schön gebräunt ist. Heiß auftragen und in Tortenstücke zerschneiden.
Für 6 Personen.

PIZZA

Abb. 22

Boden:
1 EL Trockenhefe oder 20 g frische Hefe
1 1/4 Tassen lauwarmes Wasser
2 TL Zucker
3 Tassen Mehl
1 1/2 TL Salz
1 EL Olivenöl
Sesamkörner

Sauce:
2 Tassen dickes Tomatenpüree
1/2 Tasse Tomatenmark
1 1/2 Tassen grobgehackte, abgezogene Tomaten
1 TL Salz
1 TL zerriebener Oregano
1 TL zerriebenes Basilikum
1/4 TL Thymian
1 Prise Majoran
1 Prise Zimt
2 EL Weinessig
1 TL Zucker
2 Knoblauchzehen, sehr fein gewiegt oder zerdrückt
frisch gemahlener schwarzer Pfeffer nach Geschmack

Belag:
1 große Aubergine
Salz
2 EL Olivenöl
1 mittelgroße Zwiebel
1 große grüne Paprikaschote
etwa 350 g Mozzarellakäse

Für den Boden die frische Hefe mit 1/2 Tasse des lauwarmen Wassers anrühren, den Zucker zufügen und 10 Minuten ruhen lassen. (Bei Verwendung von Trokkenhefe nach Anweisung auf der Packung vorgehen.) Wenn sie aufgelöst ist, mit dem übrigen warmen Wasser in eine große, angewärmte Schüssel geben. Mehl und Salz vermischen und nach und nach an die Flüssigkeit rühren, bis die Masse zu fest zum Rühren ist. Dann kurz in der Schüssel kneten, das Olivenöl zugießen und weiterkneten, bis der Teig glänzend und geschmeidig ist, dabei nach Bedarf noch etwas Mehl verarbeiten. Den Teig zu einem Kloß formen, mit Öl bepinseln, zudecken und an einem warmen Ort 1 Stunde gehen lassen.
Wenn er doppeltes Volumen erreicht hat, wird er kräftig abgeschlagen und halbiert. Die beiden Teigbälle auf ein großes, dünn bemehltes Backbrett legen und zu Kreisflächen ausrollen. Zieht sich der Teig wieder stark zusammen, mit einem Tuch bedecken, 5 bis 10 Minuten ruhen lassen, und erneut auswellen. Damit die Teigrunde schließlich den gewünschten Durchmesser von etwa 40 cm erreichen, werden sie aufgenommen und vorsichtig über den Handrücken gestreckt.
Mit dem Dehnen aufhören, wenn der Teig die angegebene Größe und eine Dicke von etwa 5 mm hat, die Form ein wenig ausgleichen. 2 Backbleche mit Öl bepinseln, mit Sesamkörnern bestreuen und die beiden Böden darauflegen.

Sauce und Belag können vorbereitet werden, während der Teig geht.
Für die Sauce einfach alle Zutaten gut miteinander verrühren. Sie muß ziemlich dick, keinesfalls wäßrig, sein.
Für den Belag zuerst die Aubergine schälen, in 5 mm dicke Scheiben schneiden, mit reichlich Salz vermischen und in einem Sieb ½ Stunde Saft ziehen lassen. Dann schnell abspülen, zwischen den Handflächen auspressen und in etwa 1 cm große Würfel schneiden. Das Olivenöl in einer großen Pfanne erhitzen und die Auberginenwürfel darin unter ständigem Schwenken und Rühren etwa 5 Minuten braten.
Die Zwiebel schälen und hacken, die Paprikaschote putzen, entkernen und würfeln. Den Mozzarella reiben.
Die vorbereiteten Teigböden gleichmäßig mit Tomatensauce bestreichen, darauf Auberginen-, Zwiebel- und Paprikawürfel verteilen und mit dem geriebenen Käse bestreuen.
Die Pizzas im vorgeheizten Ofen bei 220 Grad 15 bis 20 Minuten backen, bis die Böden knusprig sind und der Käse Blasen wirft und zu bräunen anfängt.
Ergibt 2 große Pizzas.

PIZZA RUSTICA

(ländliche Pizza)

Eine solche Pizza wird man bei uns weit und breit vergeblich suchen, so gut ist sie – *echt italienisch*.

1 Rezept Einfacher Auslegeteig II (Seite 252)
5 Eier
450 g Ricottakäse (ersatzweise sehr trockener Quark oder milder Schafskäse)
2 EL gehackte Zwiebeln
1 Tasse geriebener Parmesankäse
etwa 1 EL gehackte frische Petersilie
Salz
frisch gemahlener schwarzer Pfeffer
2 EL Olivenöl
2 Knoblauchzehen
etwa 300 g Tomatenpüree
110 g Tomatenmark (1½ kleine Dosen)
¼ TL getrockneter Majoran
½ TL getrockneter Oregano
⅔ Tasse in Scheiben geschnittene schwarze Oliven
225 g in feine Scheiben geschnittener Mozzarellakäse
1 sehr große Paprikaschote

Den Teig nach Rezept zubereiten. Dabei liegt für diese Pizza ein besonderer Reiz darin, statt Wasser nur Zitronensaft und *Marsala* (sizilianischer Dessertwein) zum Anfeuchten zu verwenden. Mit der Hälfte des Teiges eine glatte Form von 26 cm Durchmesser auslegen, den Rest für die Decke ausrollen.
Die Eier verschlagen, mit Ricotta, Zwiebeln, Petersilie und Parmesankäse verrühren und großzügig mit Salz und Pfeffer würzen. Beiseite stellen.
In einem kleinen Saucentopf das Olivenöl erhitzen und erst den zerdrückten Knoblauch, dann die Kräuter hineingeben. Wenn der Knoblauch glasig ist und eben anfängt, sich golden zu färben, Tomatenpüree, Tomatenmark und Oliven zufügen und alles erneut mit Salz und schwarzem Pfeffer abschmecken.
Den Mozzarella in dünne Scheiben, die Paprikaschote in streichholzgroße Streifen schneiden.
Jetzt kann es losgehen: Die Hälfte (oder etwas mehr) der Ricottamasse auf den vorbereiteten Tortenboden streichen. Ebenfalls die Hälfte der Mozzarellascheiben darauflegen, mit der Hälfte der Tomatensauce bedecken und mit gleichfalls der Hälfte der Paprikawürfel bestreuen. Noch einmal in der gleichen Reihenfolge einschichten und die Teigdecke auflegen, gut an den Bodenrand drücken und die Kante ringsum einkerben. In die Oberfläche 3 lange, parallele Schnitte machen.
Die Pizza im 220 Grad heißen Ofen etwa 35 bis 40 Minuten backen, bis sie schön gebräunt ist. Vor dem Servieren ½ Stunde abkühlen lassen.
Reichlich für 6 bis 8 Personen.

PIROGGEN

(russische Hefeteigpasteten)

Nicht nur in Rußland, auch in Polen ißt man sie gerne, diese pikant mit den verschiedensten Leckereien gefüllten Pasteten. Manchmal werden sie in Salzwasser

25 Antipasti *(italienische Appetithappen)*
siehe Seiten 280, 298 u.a.

26 Gefüllte Cannelloni *(gefüllte Nudelröhren)*
Rezept Seite 288

27 Kartoffelrolle mit Spinatfüllung
Rezept Seite 294

28 Zwiebel-Kräuter-Frittata
(Zwiebeleierkuchen mit Kräutern)
Rezept Seite 298

gegart, ein andermal in Butter gebraten – diese werden mit Hefe hergestellt und darum gebacken. Piroggen kann man sich heiß, warm oder abgekühlt als deftigen kleinen Imbiß oder zu einer Suppe schmecken lassen. Eine Auswahl verschieden gefüllter, ofenfrischer Piroggen ergibt mit einem Salat oder Gemüseschmortopf zusammen ein herzhaftes Essen.

Hefeteig:
1 EL Trockenhefe oder 20 g frische Hefe
1/4 Tasse warmes Wasser
2 1/2 EL Zucker
3/4 Tasse Milch
1/2 Tasse Butter
1 1/2 TL Salz
4 bis 5 Tassen Mehl
2 Eier
1 Eigelb

Frische Hefe mit 1 Teelöffel Zucker im lauwarmen Wasser auflösen und 10 Minuten ruhen lassen. (Bei Verwendung von Instant-Trockenhefe, die gleich mit dem Mehl vermischt wird, nach Anweisung auf der Packung vorgehen.) Die Milch mit Butter, restlichem Zucker und Salz erhitzen, bis die Butter geschmolzen ist. Die Flüssigkeit auf Zimmertemperatur abkühlen lassen.
Dann nach und nach etwa 2 Tassen Mehl an die Milch rühren. Wenn die Masse glatt ist, die aufgelöste Hefe dazugeben. Zuletzt mit dem Schneebesen oder einem elektrischen Rührgerät Eier und Eigelb unter den Teig ziehen und einige Minuten weiterschlagen.
Den Teig auf ein dick mit Mehl bestreutes Backbrett geben, Mehl darübersieben und zu kneten beginnen. Etwa 10 bis 15 Minuten durchwalken, dabei so viel Mehl unterkneten, daß ein glatter, seidiger, geschmeidiger Teig entsteht.
Aus dem Teig eine Kugel formen, leicht mit flüssiger Butter bepinseln und in der Schüssel zugedeckt mehrere Stunden kühlen.
Zum Formen der Piroggen den Teig aus dem Kühlschrank nehmen, abschlagen und auf einem mehlbestäubten Brett 5 mm dick ausrollen. Daraus Kreisflächen von 9 bis 10 cm Durchmesser ausstechen. Sollte sich der Teig bei dieser Arbeit zu stark zusammenziehen, die Piroggenstücke vor dem Füllen nochmals kurz auswellen, damit sie dünn genug sind.

Pilzfüllung:
40 g getrocknete Wildpilze
250 g frische Champignons
2 Scheiben Schwarzbrot
2 1/2 EL Butter
1 mittelgroße gehackte Zwiebel
1 sehr fein gewiegte Knoblauchzehe
reichlich Salz und Pfeffer
Dill

Die Trockenpilze etwa 1 Stunde in heißem Wasser einweichen, dann sorgfältig abspülen. Die Champignons waschen und putzen. Nun zuerst die Pilze (beide Sorten) und danach das in Stücke gebrochene Brot durch den Wolf drehen.
In einem schweren Topf die Butter zerlassen und die Zwiebeln mit dem Knoblauch darin goldbraun braten. Das Pilzgemisch hinzufügen, das Ganze nach Geschmack mit Salz, Pfeffer und Dillspitzen abschmekken und auf kleiner Flamme 20 bis 30 Minuten dünsten, bis die Pilze gar sind und eine feste Masse entstanden ist. Erneut abschmecken und die Würze korrigieren.

Weißkohlfüllung:
1 große Zwiebel
3 EL Butter
3 reichliche Tassen in feine Streifen geschnittener Kohl
reichlich Salz und frisch gemahlener schwarzer Pfeffer
2 hartgekochte Eier
2 EL gehackte frische oder 2 TL getrocknete Dillspitzen

Die Zwiebel feinhacken und in der Butter rasch braten, bis sie Farbe genommen hat. Dann den Kohl und eine reichliche Prise Salz und Pfeffer hinzufügen und das Gemüse zugedeckt auf sehr kleiner Flamme unter gelegentlichem Rühren etwa 1/2 Stunde dünsten.
Wenn es etwas abgekühlt ist, die durchpassierten hartgekochten Eier mit dem Dill darunterrühren. Abschmecken und eventuell nachwürzen.

Auch *Feta*käsefüllung, wie sie für Crêpes (Seite 226) verwendet wird, eignet sich vorzüglich für Piroggen.

Füllen der Piroggen:
In die Mitte jeder ausgeschnittenen Teigfläche jeweils einen gehäuften Eßlöffel der gewünschten Füllung geben. Nun aus dem Teigkreis einen festverschlossenen Zylinder machen: Dazu zuerst ein freies Teigende über die Füllung schlagen, dann die beiden Seiten einfalten und zum Schluß das untere Ende darüberlegen, so daß die gefüllte Pirogge wie eine chinesische Frühlingsrolle aussieht. Die Form noch ein wenig ausgleichen und abrunden und die Teigsäume gut andrücken, damit sie sich nicht öffnen.
Die Piroggen mit der Saumseite nach unten auf ein gefettetes, mit Mehl bestreutes Backblech setzen, mit einem Tuch bedecken und $^1/_2$ Stunde gehen lassen.
Zum Überglänzen 1 Ei mit einem Eßlöffel Milch oder Sahne verschlagen, die Piroggen damit bestreichen und im vorgeheizten Ofen bei 190 Grad $^1/_2$ Stunde backen, bis sie knusprigbraun und glänzend sind.

PIROSCHKI

Diese kleinen Piroggen brauchen bei der Zubereitung ebenso ihre Zeit wie die Hefeteigpasteten, haben aber den Vorteil, daß man sie schon am Vortag fertigstellen kann und erst bei Bedarf bäckt. Das Rezept reicht für etwa 35 Stück.

Teig:
1 Tasse Butter
250 g Doppelrahm-Frischkäse
$^1/_4$ Tasse Sahne
3 Tassen Mehl
1 TL Salz
1 Ei
1 TL Wasser

Butter und Käse zusammen weichkneten, dann die Sahne, $2^3/_4$ Tassen des Mehls und Salz dazurühren. Das restliche Mehl zum Ausrollen aufheben. Den Teig gut kühlen.
Ein großes Holzbrett oder eine andere glatte Fläche mit etwas Mehl bestäuben, das Nudelholz einmehlen und den Teig vorsichtig etwa 2 mm dick auswellen. Aufpassen, daß er nicht an der Unterlage festklebt. Den ausgerollten Teig in etwa 8 mal 8 cm große Quadrate zerschneiden. Auf jedes Viereck einen gehäuften Teelöffel der Pilzmasse geben, die Kanten mit etwas Ei, das mit Wasser verquirlt wurde, befeuchten, und die vier Ecken des Teigstücks über die Füllung zur Mitte ziehen. Die diagonalen Teigsäume sehr sorgfältig zusammenpressen, da sie sich sonst leicht beim Backen öffnen.
Die Piroschki obenauf mit verquirltem Ei bestreichen und im vorgeheizten Ofen bei 190 Grad etwa 15 bis 20 Minuten goldbraun backen.

Pilzfüllung:
Etwa 150 g getrocknete schwarze Pilze
(z. B. japanische Shitake)
1 große feingehackte Zwiebel
3 EL Butter
2 Scheiben Schwarzbrot
2 TL Dillspitzen
2 hartgekochte Eier
Salz und Pfeffer
2 bis 3 EL saure Sahne (nach Belieben)

Die Trockenpilze in ganz wenig Wasser $^1/_2$ Stunde oder länger kochen. Die Brühe durch Mull oder Papier filtern und aufbewahren. Die Pilze einzeln sorgfältig waschen, damit kein Sandkörnchen daran haften bleibt, durch den Wolf drehen oder kurz feinhacken und mit der Zwiebel in der Butter braten.
Das in Stücke gebrochene Schwarzbrot in der Pilzbrühe einweichen, durch den Wolf drehen und an die Pilze geben. Die Masse mit Dill würzen und kräftig mit Salz und Pfeffer abschmecken. Die beiden hartgekochten Eier mit einer Gabel zerdrücken oder durch ein Sieb streichen und gleichfalls unter die Bratmasse rühren. Erneut abschmecken und die Würze korrigieren. Wer ein mildwürziges Aroma bevorzugt, zieht jetzt die saure Sahne darunter. Ohne die Sahne kann man das Ganze noch weitere 10 Minuten dünsten. Dann läßt man die Masse abkühlen und füllt die Piroschki damit, wie oben beschrieben.

LENIWE PIEROGI

(polnische Quarkklößchen)

Die wörtliche Übersetzung für *Leniwe pierogi* lautet »faule Klößchen«: Im Gegensatz zu gefüllten Piroggen sind sie schnell und einfach zuzubereiten. Ein reizvoller Ersatz für Kartoffelklöße und besonders eiweißreich.

500 g Quark oder Hüttenkäse
1 EL weiche Butter
1 TL Salz
1 Ei
3 Eigelb
3 Eiweiß
ungefähr 1 ½ Tassen Mehl
4 bis 5 EL zerlassene Butter
½ Tasse Paniermehl

Quark oder Hüttenkäse durch ein Sieb streichen und gut mit der weichen Butter, Salz, einem Ei, 3 Eigelb und 1 Tasse Mehl verrühren und die zu steifem Schnee geschlagenen Eiweiß darunterziehen. So viel von dem restlichen Mehl zufügen, daß ein weicher, etwas zäher Teig entsteht.
Einen großen Topf zu zwei Dritteln mit Salzwasser füllen und das Wasser zum Kochen bringen.
Für die Originalpierogi wird der ziemlich weiche, klebrige Teig jetzt auf einem bemehlten Backbrett ausgerollt und in hübsche Rauten zerschnitten, die aber leider am Ende immer zu unansehnlichen Klumpen werden. Besser und einfacher kann man mit einem Löffel Klößchen von der Teigmasse abstechen. Die Teigstückchen oder Klöße in das sprudelnd kochende Salzwasser geben. Nach kurzer Zeit steigen sie an die Wasseroberfläche, dann läßt man sie noch einige Minuten ziehen und hebt sie schließlich vorsichtig mit einem Schaumlöffel heraus. Sie werden warm gehalten, bis alle Klößchen auf diese Weise gegart sind.
Die Quarkklößchen mit in Butter gerösteten Semmelbröseln heiß zu Tisch bringen. Diese Zusammenstellung von Knusprig und Weich hat einen ganz besonderen Reiz!
Für 4 bis 6 Personen.

COCKTAIL-PROFITEROLES

(kleine französische Windbeutel)

Wenn eine Bäckerei in Ihrer Nähe kleine Windbeutel verkauft, dann sparen Sie sich die Mühe des Selberbackens und verwenden Sie die fertigen. Statt dessen können Sie mehr Zeit an die Zubereitung einer köstlichen Füllung wenden. Für die, die gerne selber Windbeutel backen wollen, hier ein relativ einfaches Rezept. Ein elektrisches Rührgerät oder ein Schnellmixstab sind dabei sehr nützlich.

Brandteig:
1 Tasse Wasser
½ Tasse Butter
½ TL Salz
1 ½ TL Zucker
1 Tasse plus 2 EL Mehl
4 Eier

Das Wasser mit Butter, Salz und Zucker in einem mittelgroßen Saucentopf zum Kochen bringen. Sobald die Butter geschmolzen ist, die Hitze zurücknehmen, so daß das Wasser nur noch leicht siedet, und das ganze Mehl auf einmal hineinschütten. Die Zutaten unter kräftigem Rühren schnell zu einem Kloß abbrennen. Noch 3 oder 4 Minuten weiterrühren, dabei den Teig gegen die Topfwände drücken. Den Herd ausstellen und den Teig etwa 5 Minuten ruhen lassen. Mit einem elektrischen Schnellmixstab oder Schneidstab den Teig etwa 20 Sekunden durcharbeiten, daraufhin die Eier zufügen und weitere 50 Sekunden schlagen. Nun ist er gebrauchsfertig.
Für die Profiteroles mehrere große Backbleche einfetten und den Backofen auf 190 Grad vorheizen. Mit einer Spritztüte oder zwei Teelöffeln aus dem Brandteig knapp walnußgroße Bällchen formen. Sollten Sie mit beiden Methoden Schwierigkeiten haben, fetten Sie Ihre Hände und rollen Sie die Bällchen leicht und schnell zwischen Ihren Handflächen, bis sie ebenmäßig sind.
Die Bällchen in Abständen von etwa 4 cm auf die Bleche setzen und 20 oder 30 Minuten backen, bis sie aufgegangen und goldbraun sind. Mit der Spitze eines scharfen Messers jeweils seitlich etwas einschneiden

und weitere 15 bis 20 Minuten im ausgestellten warmen Backofen lassen.
Die Windbeutel so aufschneiden, daß sie geöffnet und gefüllt werden können, aber beide Hälften noch miteinander verbunden sind.
Ergibt etwa 3 1/2 Dutzend Windbeutel.

Füllung:
6 hartgekochte Eier, gepellt und gehackt
1/2 Tasse feingewiegte frische Petersilie
1/3 Tasse feingehackte marinierte Pilze
2/3 Tasse kleingeschnittener gekochter Spargel
1/4 Tasse zerlassene Butter
3/4 TL Salz
1 EL Weißweinessig
frisch gemahlener schwarzer Pfeffer nach Geschmack

In einer großen Schüssel die gehackten Eier mit Petersilie, marinierten Pilzen und Spargel vermischen, die flüssige Butter darübergießen und alles leicht vermengen.
Salz und Essig zufügen, reichlich Pfeffer hineinmahlen und vorsichtig untermengen. Abschmecken und nötigenfalls nachwürzen.
Jeweils einen leicht gehäuften Teelöffel dieser Masse in jeden Windbeutel füllen und das Gebäck etwas zusammendrücken, damit die Füllung auch fest darinbleibt.
Die Profiteroles kalt zu Cocktails oder mit gekühltem Wein als ersten Gang servieren.
Ergibt etwa 3 1/2 Dutzend gefüllte Windbeutel.

TIROPITES
(griechische Blätterteigtaschen)

Mit griechischem *Filo* (siehe auch Seite 49), dem zartesten Teig der Welt, geht dieses Gebäck herrlich auf und wird ganz knusprig.

500 g griechischer Filo
(ersatzweise Tiefkühlblätterteig)
zerlassene Butter
500 g Fetakäse (ersatzweise bulgarischer Schafskäse)
1/4 Tasse geriebener Parmesankäse
2 Eier
viel frisch gemahlener schwarzer Pfeffer
gehackter Oregano
Olivenöl

Die Hälfte der (aufgetauten) *Filo*blätter jeweils mit flüssiger Butter bestreichen und aufeinanderschichten. (Tiefgefrorenen Blätterteig auftauen und sehr dünn zu Quadraten von etwa 30 cm Seitenlänge ausrollen und übereinanderlegen. Weiter wie mit Filo verfahren.) Das geschichtete Teigstück in 9 gleichgroße Quadrate von 10 bis 11 cm Seitenlänge zerschneiden. Den restlichen Teig ebenso verarbeiten.
Den *Feta*käse zerbröckeln und mit Parmesankäse, Eiern, etwas Oregano und etwa 1 Teelöffel Olivenöl vermischen. Eine reichliche Prise schwarzen Pfeffer dazumahlen – kein Salz zufügen, da der Schafskäse sehr salzig ist. Alles gut verrühren. Auf jedes Teigquadrat einen Löffel dieser Masse geben, die Teigränder mit Wasser befeuchten und den Teig über die Füllung zu einem Dreieck zusammenfalten. Die Kanten fest zusammenpressen.
Die Teigtaschen mit Butter bepinseln und im 175 Grad heißen Ofen etwa 1/2 Stunde backen, bis sie schön gebräunt sind. Sehr heiß servieren. Dazu schmecken vorzüglich kalte marinierte Gemüse oder *Griechischer Salat*.
Für 6 bis 8 Personen.

Rezepte für *süße* Pies finden Sie im Kapitel *Torten und Desserts*.

Reis- und andere Getreidegerichte

Reis ist das Hauptnahrungsmittel für die Hälfte der Weltbevölkerung. Auch in unseren westlichen Breiten setzt er sich immer mehr durch – dabei wissen viele nicht, wie man ihn richtig kocht.
Es gibt viele verschiedene Reissorten, und für jede gilt eine etwas andere Garmethode, wobei die zu verwendende Wassermenge und die jeweilige Kochzeit beträchtlich variieren. Aber lassen Sie sich nicht entmutigen! Wenn Sie erst einmal die beiden Grundrezepte für das Garen von weißem und braunem Reis beherrschen, werden Sie bald erfahren genug sein, auch die feineren Unterschiede zu beachten. Reiskochen erfordert Sorgfalt und Fingerspitzengefühl. Nur eigene Unaufmerksamkeit ist schuld daran, wenn der Reis nicht so gerät, wie er soll. Gehen Sie mit Lust und Liebe an die Zubereitung und halten Sie sich dabei den Lohn Ihrer Mühe vor Augen: vollendete, exotische Reisspezialitäten.
Anmerkung d. Übers.: In Japan, dem Lande der höchsten Reiskultur, wird Reis meistens in einem eigens dafür entwickelten, elektrisch beheizten Spezialtopf gegart. Sobald er ausgequollen ist, d. h. die Flüssigkeit völlig absorbiert hat, wird die Stromzufuhr automatisch auf ein Minimum beschränkt, so daß er lediglich noch warm gehalten wird. Ein Tonsignal gibt das Ende der Garzeit an. Diese Töpfe sind auch hierzulande schon zu beziehen. –
Nun zu den Grundregeln. Zuerst müssen alle Reissorten (mit Ausnahme von Parboiled, Kochbeutel- und Minutenreis) gründlich so lange in kaltem Wasser gewaschen werden, bis das Wasser klar bleibt. Dann läßt man den Reis abtropfen und trocknet ihn zwischen sauberen Tüchern. Niemals vor dem Kochen einweichen! Planen Sie die Garzeit so ein, daß er genau zum Essen fertig ist. Sobald er mit Wasser aufgesetzt ist, heißt es aufpassen: Sehen Sie auf die Uhr und lassen Sie den Reis keine Minute länger als notwendig kochen, sonst ist es vorbei mit seiner lockeren Körnigkeit – er wird matschig-weich.
Die Wahl zwischen braunem und weißem Reis ist natürlich Geschmacksache, denken Sie jedoch daran, daß brauner Naturreis zweifellos nahrhafter und gesünder ist als weißer polierter Reis. Er enthält doppelt soviel Eiweiß, ist vitaminreicher und hat einen weit höheren Mineralgehalt.
Auch Naturreissorten sind sehr unterschiedlich in der Qualität und erfordern ganz verschiedene Garzeiten. Auf jeden Fall muß brauner Reis länger kochen oder quellen als weißer polierter Reis. Brauner Langkornreis absorbiert in der Regel etwas mehr Wasser als Rundkornreis – aber selbst das hängt von der verwendeten Sorte ab. Am besten probieren Sie die nachfolgenden Rezepte einmal mit der Reissorte aus, die Sie bevorzugen, und notieren sich dann die entsprechenden Wassermengen und Kochzeiten. So wird Ihnen jeder Reis bestens gelingen!

GEKOCHTER WEISSER REIS

Zuerst in einem großen Topf eine reichliche Menge Wasser – pro Tasse Reis etwa 1 Liter oder mehr – mit etwas Salz, ein paar Tropfen Zitronensaft und einem Stich Butter zum Kochen bringen. Dann unter sanftem Rühren mit einem Holzlöffel langsam den gewaschenen Reis einstreuen. Nach 15 Minuten ein paar Körner herausfischen und probieren. Sie sollten gar, aber nicht zu weich sein – *al dente*, wie der Italiener sagt. Wenn sie noch hart sind, weitere zwei oder drei Minuten kochen lassen. Sobald der Reis zartkörnig ist, wird er abgeseiht. Auf keinen Fall kalt abschrecken oder jetzt noch mit einem Löffel umrühren, dadurch wird er breiig. Am besten lockert man ihn nur vorsichtig mit zwei Gabeln auf.
Nach Möglichkeit den fertigen Reis gleich auftragen. Aber einige Minuten hält er sich auch im geschlossenen Topf durch den natürlichen Dampf heiß (ohne Wasser). Es ist nicht zu empfehlen, ihn länger warm zu halten. Sollte es doch einmal nötig sein, gibt man ihn in ein Sieb über kochendes Wasser.

AUSGEQUOLLENER BRAUNER REIS

Naturreis läßt man am besten ausquellen. Er braucht zum Garwerden erheblich länger als weißer Reis.
Den Reis sorgfältig waschen. Für jede Tasse Reis 2 Tassen Wasser in den Topf geben, leicht salzen und die Körner in das kalte Wasser streuen. 5 Minuten im offenen Topf sprudelnd kochen, dann auf kleinster Flamme (Elektroherd auf der Quellstufe) zugedeckt 45 Minuten ausquellen lassen. Während dieser Zeit *nicht* den Deckel abheben, um nachzusehen, wie weit er ist!
Nach 45 Minuten den Herd abschalten und den Reis noch weitere 10 Minuten im geschlossenen Topf stehenlassen. Jetzt hat er das ganze Wasser absorbiert und dürfte perfekt sein – zart und körnig. Mit einer Gabel auflockern und servieren.
1 Tasse ungekochter brauner Reis ergibt 3 Tassen gekochten – 4 Portionen.

NATURREIS MIT SAFRAN

Für jede Tasse ungekochten Reis:
2 1/2 Tassen Wasser
1 EL Zitronensaft
1/4 TL gemahlener Safran
1/2 TL Salz
1/4 Tasse Korinthen (nach Belieben)

Den Reis mit dem kalten Wasser aufsetzen. Sobald das Wasser zu kochen beginnt, die Gewürze und (nach Belieben) Korinthen zugeben und den Reis, wie im vorigen Rezept beschrieben, ausquellen lassen.
Ein delikater Reis, der gut zu indischen Currys paßt.

EINFACHER SAFRANREIS

3 Tassen gekochter weißer Reis
1 1/2 EL Zitronensaft
1/4 TL gemahlener Safran
Korinthen (nach Belieben)

Den weißen Reis nach obigem Rezept zubereiten. Den Safran sorgfältig im Zitronensaft auflösen und leicht unter den fertigen Reis mischen. Wer dazu Korinthen mag, kocht sie mit dem Reis zusammen oder läßt sie für sich aufquellen, so daß sie dick, rund und saftig werden und von ihrer anfänglichen schrumpeligen Trockenheit nichts mehr zu merken ist.
5 bis 6 Portionen.

SPINATREIS MIT DILL

500 g frischer Spinat
3 EL Olivenöl
2 sehr fein gewiegte Knoblauchzehen
2 TL Salz
1 TL getrocknete Dillspitzen
2 TL Weißweinessig
frisch gemahlener schwarzer Pfeffer nach Geschmack
4 Tassen Wasser
1 1/2 Tassen weißer Langkornreis
1/2 Tasse fein zerkrümelter Schafskäse
1/2 Tasse frisch geriebener Parmesankäse

Den Spinat waschen, putzen und feinhacken. In einer Pfanne das Olivenöl erhitzen, den Spinat mit dem Knoblauch hineingeben und mit ½ Teelöffel Salz, dem Dill, Essig und etwas schwarzem Pfeffer würzen. Unter häufigem Rühren etwa 10 Minuten dünsten, bis alle Flüssigkeit verdampft und ein dickes Püree entstanden ist.

In einem größeren, schweren Topf das Wasser mit dem restlichen Salz zum Kochen bringen, den Reis einstreuen und bei geringer Hitze zugedeckt etwa 25 Minuten ausquellen lassen. Dann das Spinatgemisch mit Hilfe von zwei Löffeln darunterziehen, den Topf wieder verschließen, und das Ganze weitere 3 oder 4 Minuten auf kleiner Flamme stehenlassen.

Die beiden Käsesorten vermischen. Den grünen Reis auf einer vorgewärmten Platte anrichten und mit dem Käse bestreuen. Sofort servieren.

Ergibt 8 Portionen.

REISRING MIT SCHMORGURKEN *Abb. 23*

3 große, feste Gurken
3 EL Butter
½ Tasse Milch
170 g geriebener scharfer Cheddarkäse
(ersatzweise kann alter Gouda verwendet werden)
2 EL Mehl
Salz und frisch gemahlener schwarzer Pfeffer
1½ Tassen weißer Langkornreis
1 große gehackte Zwiebel
2 EL Butter
½ TL zerriebenes Basilikum
1 EL Kreuzkümmel, im Mörser leicht zerstoßen
3 feste, reife Tomaten, gewürfelt
½ Tasse feingewiegte frische Petersilie

Die Gurken schälen, der Länge nach vierteln und von den Kernen befreien. Diese Streifen schräg in dicke Scheiben schneiden. In einem Schmortopf die 3 Eßlöffel Butter zerlassen und die Gurkenscheiben darin 7 bis 10 Minuten rasch braten, dann die Milch zugießen und einige Minuten heiß werden lassen. Den geriebenen Käse mit dem Mehl vermischen und langsam an die Gurken rühren.

Kräftig mit frisch gemahlenem schwarzem Pfeffer und Salz abschmecken und das Gurkengemüse auf kleinster Flamme unter häufigem Rühren vor sich hin köcheln lassen. Währenddessen den Reis zubereiten.

Den Reis in reichlich Salzwasser kochen. In der Zwischenzeit die gehackte Zwiebel in den 2 Eßlöffeln Butter mit Basilikum und halbzerstoßenem Kreuzkümmel rösten. Sobald der Reis gar ist (nach etwa 15 Minuten), abseihen und zu den Zwiebelstückchen in die Butter rühren. Die gewürfelten Tomaten daruntermengen und, wenn sie heiß sind, die Petersilie und etwas Salz und Pfeffer nach Geschmack zufügen.

Die Schmorgurken mitten auf einer großen Platte anrichten und mit einem Ring aus Reis umgeben. Gleich auftragen.

Für 4 bis 6 Personen.

REIS »PARMIGIANA«

(Reis mit Parmesankäse)

2 Tassen gekochter weißer oder brauner Reis
(Seite 268)
1 Tasse grobgehackte frische Petersilie
¼ Tasse kleingeschnittene Frühlingszwiebeln
(mit Grün)
1 Tasse geriebener Parmesankäse
2 leicht verquirlte Eier
¼ Tasse Milch
Salz und Pfeffer

Den Reis mit Petersilie, Frühlingszwiebeln und Käse vermischen. Die Eier gründlich mit der Milch verschlagen und kräftig mit Salz und Pfeffer würzen. Das Reisgemisch mit der Eierflüssigkeit zusammen in eine gut ausgefettete feuerfeste Form geben, die in eine Pfanne mit heißem Wasser gestellt wird. 30 bis 35 Minuten bei 175 Grad backen, bis eine feste Masse entstanden ist.

Ergibt 4 Portionen.

EINFACHER PILAU

(Gemüsereis)

30 g getrocknete schwarze Pilze
2 EL Olivenöl
2 EL Butter
3/4 Tasse gewürfelte Pimientoschoten
1 gehackte Zwiebel
3/4 Tasse kleingeschnittene Frühlingszwiebeln
Salz
1/2 TL zerriebener Thymian
1/2 TL frisch gemahlener schwarzer Pfeffer (nach Geschmack mehr)
1 Tasse weißer Langkornreis
1/2 Tasse trockener Weißwein
1 1/2 Tassen heiße klare Gemüsebrühe (Seite 90)
2 feste, reife Tomaten, gewürfelt
3 bis 4 EL feingewiegte frische Petersilie

zum Garnieren:
schwarze Oliven

Die Trockenpilze 1 oder 2 Stunden (nach Möglichkeit noch länger) in warmem Wasser aufquellen lassen, dann gründlich waschen und kleinhacken.
In einem großen Saucentopf Öl und Butter erhitzen. In das heiße Fett die Paprika- und *Pimiento*würfel, Frühlingszwiebeln und die gehackte Zwiebel geben und auf großer Flamme 8 bis 10 Minuten rasch anbraten. Fast andauernd rühren, und Thymian sowie großzügige Mengen Salz und Pfeffer zufügen (der Reis mildert den Geschmack später).
Nun den Reis dazurühren und alles zusammen noch 1 Minute schmoren. Zuletzt mit Wein und Gemüsebrühe aufgießen, den Topf fest verschließen und den Pilau auf ganz kleiner Flamme 25 Minuten ziehen lassen. Während dieser Zeit keinesfalls den Deckel abheben!
Nach 25 Minuten den Topf öffnen und schnell Tomaten und Petersilie unter den Reis mengen. Abschmekken und nötigenfalls mehr Salz und Pfeffer zufügen. Sobald die Tomaten heiß sind, wird das Gericht in eine tiefe, gewärmte Schüssel gegeben, mit ganzen oder in Scheibchen geschnittenen Oliven verziert und gleich aufgetragen.
Für 6 Personen.

RISOTTO ALLA MILANESE

(Mailänder Reistopf)

5 EL Butter
1 gehackte Zwiebel
2 Tassen weißer Rundkornreis, möglichst aus der italienischen Lombardei
1/2 Tasse Marsalawein
5 bis 6 Tassen Knoblauchbrühe (Seite 92)
1/4 bis 1/2 TL Safran
Salz
Pfeffer

In einem großen Topf mit schwerem Boden die Butter zerlassen und die gehackte Zwiebel darin glasig dünsten. Den Reis einstreuen und so lange rühren, bis alle Körner gleichmäßig von Butter überzogen sind. Mit Marsala und 5 Tassen Brühe aufgießen, mit Salz und Pfeffer sowie Safran würzen, gut umrühren, den Dekkel auflegen und die Hitze zurücknehmen.
Nach 20 Minuten ein paar Reiskörner kosten. Wenn sie noch nicht gar sind, einige Minuten länger ausquellen lassen; bei Bedarf noch etwas Brühe zugießen. Die Garzeit ist von der verwendeten Reissorte abhängig. Der Reis ist fertig, wenn er zartkörnig (nicht breiig) ist und die ganze Flüssigkeit absorbiert hat. Sogleich auftragen, dazu Butter und Parmesankäse zur Selbstbedienung.
Für 6 Personen.

RISOTTO »DOUG EDWARDS«

Mein Freund Doug ist hundertprozentiger Vegetarier. Er lehnt nicht nur den Genuß von Fleisch, sondern auch von Eiern und Milchprodukten ab. In diesen selbstgesteckten Grenzen experimentiert er mit Begeisterung und Temperament, wie so viele andere aus der wachsenden Anhängerschar der vegetarischen Küche.
Dieses Rezept ist in Zusammenarbeit mit ihm entstanden und ein nachahmenswertes Beispiel für den neuen Trend zur Naturkost.
1/2 Rezept Risotto alla Milanese (siehe voriges Rezept)
1 große Aubergine (500 g)

Salz
Butter und Olivenöl
6 Frühlingszwiebeln
Salz und Pfeffer
Worcestersauce
3 bis 4 frische Möhren
1 1/3 Tassen gekochte rote Bohnen
(eventuell aus der Dose)
1/2 Tasse geröstete Kürbiskerne
1/3 Tasse geröstete große Sonnenblumenkerne

Den Risotto alla Milanese nach Rezept zubereiten und beiseite stellen.
Die Aubergine waschen und mit Schale in Scheiben schneiden. Die Scheiben von beiden Seiten mit Salz bestreuen und 20 bis 30 Minuten Saft ziehen lassen, kurz abspülen, zum Abtropfen in ein Sieb geben und zuletzt trockenpressen. Auberginen, die auf diese Art vorbereitet werden, saugen beim Braten nicht zuviel Öl auf und haben ein wundervolles, feines Aroma. Die Auberginenscheiben würfeln.
In einer großen Pfanne etwas Olivenöl und Butter erhitzen. Die Frühlingszwiebeln mit Grün feinschneiden und einige Minuten darin leicht andünsten. Nun die Auberginenwürfel zufügen und unter fast ständigem Rühren etwa 10 Minuten braten. Mit einer Prise Salz, reichlich frisch gemahlenem schwarzem Pfeffer und einem Spritzer Worcestersauce abschmecken.
3 oder 4 Möhren schaben, in dicke Scheiben schneiden und ein paar Minuten dünsten, bis sie halbgar sind. Jetzt Reis, Kürbis- und Sonnenblumenkerne, Auberginenwürfel, Möhren und rote Bohnen leicht vermischen, nochmals abschmecken und nötigenfalls nachwürzen.
Die Masse in eine dünn mit Öl ausgepinselte Backform füllen und dicht zugedeckt im vorgeheizten Ofen bei 240 bis 250 Grad etwa 45 Minuten backen. Dampfendheiß servieren.
6 bis 8 Portionen.

GEFÜLLTE PAPRIKASCHOTEN

6 mittelgroße grüne Paprikaschoten
4 1/2 Tassen gekochter brauner Reis
1 Tasse gekochte grüne Erbsen
2 TL getrocknete Dillspitzen
1 bis 2 TL Olivenöl
Salz und Pfeffer
4 bis 5 geschälte Tomaten, kleingeschnitten
feingewiegtes Basilikum und Oregano

Die Paprikaschoten ein paar Minuten in kochendem Wasser blanchieren, dann jeweils an der Spitze Deckel abschneiden und die Samenkerne herauskratzen.
Den Reis mit Erbsen, Olivenöl, Dill, etwas Salz und einer Prise Pfeffer vermischen. Die Paprikaschoten damit füllen und in eine mit Öl ausgepinselte Backform setzen. Ein wenig gehacktes Basilikum und Oregano darüberstreuen, Tomatenstückchen darumlegen und so viel Wasser zugießen, daß es bis an den Rand der Paprikaschoten reicht. Zugedeckt auf dem Herd oder im Backofen bei Mittelhitze etwa 1/2 Stunde köcheln.
Für 6 Personen.

SÜSS-SAUER GEFÜLLTE KOHLBÄLLE

1 großer Weißkohl
3/4 Tasse weißer Reis
3/4 Tasse Gerste
3 1/2 Tassen Wasser
1 EL Planzenöl
Salz
3/4 Tasse grobgehackte Pinienkerne oder Pistazien
2 Eier
1/2 TL getrocknete oder 1 TL frische Dillspitzen
schwarzer Pfeffer nach Geschmack
1 mittelgroße feingehackte Zwiebel
1/2 Tasse Rosinen
900 g abgezogene Tomaten, in Scheiben geschnitten
oder grobgehackt
1/3 Tasse Zucker
1/3 Tasse Zitronensaft

Die Kohlbälle schmecken am besten, wenn sie schon einen Tag, bevor sie gegessen werden sollen, zubereitet werden.
Einen großen Topf Salzwasser zum Kochen bringen, den geputzten Kohlkopf hineingeben und zugedeckt etwa 20 Minuten köcheln, bis die Blätter so weich sind, daß man sie leicht ablösen kann. Den Kohl aus dem Topf nehmen und etwas abkühlen lassen, damit man ihn anfassen kann.
In der Zwischenzeit Reis und Gerste mit 3 ½ Tassen Wasser, dem 1 Teelöffel Salz sowie 1 Eßlöffel Pflanzenöl zugesetzt wurde, zum Kochen bringen und zugedeckt auf kleiner Flamme 40 Minuten, danach noch 30 Minuten ohne Hitze quellen lassen, bis das Wasser völlig absorbiert ist. Nun Nüsse, Eier, Dillspitzen, schwarzen Pfeffer, gehackte Zwiebeln und Rosinen unterziehen und mit Salz abschmecken.
Jeweils 2 gehäufte Eßlöffel dieser Masse zwischen den Handflächen zu einem Kloß formen. Ein biegsames Kohlblatt vom Weißkohlkopf ablösen, um den Kloß legen und die sich überlappenden Blattränder mit den Händen fest anstreichen. Das weiche Kohlblatt schmiegt sich ganz glatt an die Füllung. Wenn Sie zu den kleineren Kohlblättern kommen, immer zwei auf einmal zum Einwickeln des Reisballes verwenden, der auf jeden Fall ganz eingehüllt sein muß.
Zuletzt die Tomaten und ihren Saft mit Zucker, Zitronensaft und etwas Salz gut verrühren. Ein Drittel dieser Mischung in einen großen Emailletopf mit schwerem Boden oder in eine feuerfeste Tonform geben. Darauf gefüllte Kohlbälle eng nebeneinander legen, ohne sie zu quetschen, und ein weiteres Drittel des Tomatengemischs darüberlöffeln. Noch eine Lage Kohlbälle einschichten und die restliche Tomatenmasse zusammen mit dem übriggebliebenen grobgehackten Kohl darauf verteilen.
Den Topf fest verschließen und das Ganze auf kleinster Flamme 25 Minuten leicht köcheln. Dann werden die Kohlbälle für 12 bis 24 Stunden in den Kühlschrank gestellt und danach nochmals 25 Minuten bei geringer Hitze geköchelt oder 45 bis 50 Minuten im vorgeheizten Ofen bei 175 Grad gebacken.
Für 6 bis 8 Personen.

KOHLWICKEL MIT PILZ-GERSTE-FÜLLUNG

1 großer Wirsing
Pilz-Gerste-Füllung (siehe nachfolgendes Rezept)
1000 g frische, reife Tomaten
4 EL Olivenöl
1 große gehackte Zwiebel
3 bis 4 sehr fein gewiegte Knoblauchzehen
1 ½ TL Paprika
Rotwein
Salz
Pfeffer

Den Kohlkopf in einen großen Topf legen und mit kochendem Wasser übergießen. Nach kurzer Zeit sind die äußeren Blätter weich und können vorsichtig abgelöst werden. Diesen Vorgang wiederholen, bis Sie etwa 15 große, zum Füllen geeignete Blätter haben. Sollten die Kohlblätter wider Erwarten noch nicht weich genug sein, erneut überbrühen und kurze Zeit im heißen Wasser einweichen, bis sie leicht zu biegen sind.
Nun die größten Blätter etwas stutzen und von allen die harten Strunkteile entfernen. Einen gehäuften Eßlöffel Füllung auf jedes Blattende (Strunkseite) geben und erst das Ende, dann die Längsseiten (wie für einen Briefumschlag) einfalten. Gut andrücken und das Kohlblatt so fest wie möglich zusammenrollen, ohne dabei die Füllung herauszuquetschen. Auf diese Weise alle Kohlblätter füllen, bis die Pilz-Gerste-Mischung aufgebraucht ist und 12 bis 15 Kohlwickel fertig sind.
Die Tomaten kurz in siedendes Wasser tauchen und enthäuten, dann einen Augenblick bei niedriger Geschwindigkeit im elektrischen Mixer pürieren, so daß eine dicke, mit Stücken durchsetzte Sauce entsteht. In einem Saucentopf das Olivenöl erhitzen und die Zwiebeln mit Knoblauch und Paprika darin goldgelb rösten. Tomatenpüree, etwas Rotwein, Salz und Pfeffer hinzufügen und die Sauce mindestens ½ Stunde sanft köcheln, bis sie eingekocht und dick ist.
Eine große, etwa 5 cm tiefe Backform leicht ausfetten. Ein paar Löffel der Tomatensauce darin verteilen und eine Lage Kohlwickel darauflegen. Die übrige Sauce

darübergießen. Im vorgeheizten Ofen bei 175 Grad etwa 40 Minuten backen und sehr heiß auftragen. Für 6 bis 8 Personen.

Pilz-Gerste-Füllung für Kohlwickel:
60 g getrocknete schwarze Pilze
(gut geeignet sind japanische Shitake)
1/3 Tasse Gerste
250 g frische Champignons
1 große Zwiebel
4 EL Butter
Salz
frisch gemahlener schwarzer Pfeffer

Die Trockenpilze etwa 1 Stunde in 2 Tassen heißem Wasser einweichen. Die Gerste in einem kleinen Topf mit 1 Tasse Wasser zum Kochen bringen und 1 1/2 bis 2 Stunden sanft köcheln, bis sie gar ist.
Wenn die Pilze gequollen sind, reinigt man sie einzeln gründlich unter fließendem Wasser, damit ihnen auch kein noch so kleines Sandkörnchen mehr anhaftet, und stellt sie beiseite. Die Einweichflüssigkeit durch Mulltücher oder ein gutes Filterpapier gießen. 1 Tasse der gefilterten Brühe zu der leise köchelnden Gerste geben. Die schwarzen Pilze durch den Wolf drehen. Die Champignons waschen, halbieren und in dünne Viertelscheibchen schneiden. Die Zwiebel schälen und grobhacken. In einer großen Pfanne die Butter zerlassen und die Champignons mit der Zwiebel darin andünsten, bis die Zwiebel glasig ist, dann die schwarzen Pilze zufügen, mit Salz und frisch gemahlenem schwarzem Pfeffer abschmecken und das Ganze unter häufigem Rühren 10 oder 15 Minuten braten.
Die ziemlich ausgequollene Gerste mit der noch vorhandenen Flüssigkeit gut unter die Pilze rühren und alles zusammen zugedeckt eine weitere halbe Stunde oder länger sanft köcheln, dabei gelegentlich umrühren.

REISGEFÜLLTE KOHLROULADEN

Füllung:
50 g getrocknete schwarze Pilze
(z. B. Tung Koo, Shitake)
1 1/2 Tassen brauner Reis (Naturreis)
3 Tassen Wasser
1 TL Salz, nach Geschmack mehr
2 EL Butter
2 Tassen gehackte Zwiebeln
2 sehr fein gewiegte Knoblauchzehen
1 TL Edelsüßpaprika
1/8 bis 1/4 TL Rosenpaprika
1 EL Dillsamen
1/2 Tasse Rosinen
2/3 Tasse feingehackte Walnüsse
1/2 Tasse Paniermehl
2 leicht verquirlte Eier
Pfeffer nach Geschmack

Sauce:
4 EL Butter
1 Tasse gehackte Zwiebeln
knapp 1 Liter gekochte Tomaten mit Flüssigkeit
1/2 Tasse halbtrockener Wermutwein
2 1/2 EL Zitronensaft
70 g (1 kleine Dose) Tomatenmark
Salz und Pfeffer nach Geschmack
1 großer Weißkohl (etwa 2 1/4 Pfund – kein Winterkohl!)

Die Trockenpilze 1 Stunde in etwa 1 Liter heißem Wasser einweichen. Den Reis mit 3 Tassen Salzwasser (1 Teelöffel Salz) zum Kochen bringen, 25 Minuten bei geringer Hitze quellen lassen und abseihen. In einem schweren Topf 2 Eßlöffel Butter zerlassen und die 2 Tassen gehackte Zwiebeln mit dem Knoblauch darin glasig dünsten.
Die Trockenpilze abseihen, dabei die Einweichflüssigkeit auffangen. Einen nach dem anderen sorgfältig waschen, damit auch kleinste Schmutzpartikel entfernt werden, und sehr fein hacken. Zu den Zwiebeln geben und einige Minuten anbraten.
Die Pilzflüssigkeit durch 5 oder 6 Lagen Mull oder einen Papierfilter gießen. 3 Tassen der gereinigten

Brühe zusammen mit dem Reis, Paprika, Dillsamen und Rosinen den Pilzen beifügen und alles etwa $^1/_2$ Stunde sanft köcheln, bis die Flüssigkeit fast ganz eingekocht ist. Dann Walnüsse, Eier, Paniermehl, Salz und Pfeffer zugeben und unter öfterem Rühren weiterkochen, bis die Masse ziemlich fest ist.
Den Weißkohl putzen und den ganzen Kopf 5 Minuten in siedendem Salzwasser blanchieren. Vorsichtig 14 oder 15 Blätter ablösen. Sind die inneren Blätter noch zu hart, den Kohlkopf erneut für 1 oder 2 Minuten in das kochende Wasser legen. Etwa 4 cm vom Strunkende eines jeden Blattes wegschneiden und die größten Blätter an den Seiten ein wenig stutzen.
Jeweils auf die Mitte eines Kohlblatts 2 oder 3 Eßlöffel der Füllung geben und das Blatt fest zusammenrollen, dabei die Seiten einschlagen.
Den restlichen Kohl grobschnetzeln und mit 1 Tasse gehackten Zwiebeln in 4 Eßlöffeln Butter andünsten. Wenn die Zwiebeln glasig sind, die grobgehackten Tomaten mit ihrer Flüssigkeit, den Wermutwein, Zitronensaft, Tomatenmark, Salz und Pfeffer hinzufügen, alles gründlich verrühren und die Sauce durch und durch heiß werden lassen.
Nun mehrere volle Löffel Sauce auf dem Boden einer großen feuerfesten Kasserolle verteilen und darauf eine Lage Kohlrouladen, mit der Saumseite nach unten, dicht aneinander legen. Wieder Sauce darüberfüllen und eine zweite Schicht Rouladen auslegen. In dieser Weise fortfahren, bis alle Kohlwickel in die Kasserolle gestapelt sind. Zum Schluß mit der übrigen Sauce begießen und zugedeckt auf kleinster Flamme etwa 1 $^1/_2$ Stunden leise köcheln.
Ergibt ungefähr 8 Portionen.

DOLMADES *Abb. 24*

(griechische gefüllte Weinblätter)

1 mittelgroße Aubergine
$^1/_3$ Tasse Olivenöl
1 mittelgroße gehackte Zwiebel
2 EL Zitronensaft
1 $^1/_2$ TL Oregano
1 TL Dill
1 zerdrückte Knoblauchzehe
1 TL Salz (nach Geschmack mehr)
frisch gemahlener schwarzer Pfeffer
4 Tassen gekochter Langkornreis
1 große Dose oder Packung Weinblätter
450 g abgezogene Tomaten
$^1/_4$ TL Basilikum

Anmerkung d. Übers.: Weinblätter gibt es in Delikatessen- oder griechischen Geschäften. Wenn sie in Salzlake eingelegt sind, müssen sie über Nacht in Wasser eingeweicht und vor Gebrauch 10 Minuten gekocht werden.

Die Aubergine schälen und feinhacken. In einer großen Pfanne das Olivenöl erhitzen und die Zwiebel mit der feingewiegten Aubergine, Zitronensaft, Oregano, Dill und Knoblauch darin andünsten. Rühren, bis alles gleichmäßig von einer Ölschicht überzogen ist. Mit Salz und Pfeffer abschmecken, mit 1 $^1/_2$ Tassen heißem Wasser aufgießen und das Ganze etwa 1 Stunde köcheln lassen, bis die Auberginenstückchen butterweich sind und die Flüssigkeit fast völlig verdampft ist. Sollte die Aubergine noch nicht gar, das Wasser aber bereits ganz eingekocht sein, noch etwas Flüssigkeit zufügen. Wenn die Masse dicksämig ist, den Herd ausstellen, und den Reis daruntermengen. Die Würze nach Geschmack korrigieren.
Die Weinblätter sorgfältig abspülen. Jedes Blatt mit einem Löffel Füllmasse versehen und mit eingeschlagenen Seiten aufrollen.
Die Tomaten zerkleinern, so daß eine dicke Sauce entsteht, und mit etwas Basilikum, Salz und Pfeffer würzen. Die Dolmades in eine mit Öl ausgepinselte feuerfeste Form legen, mit der Tomatensauce begießen und zugedeckt bei 175 Grad etwa $^1/_2$ Stunde, bzw. bis die Weinblätter weich sind, backen.
Zu *Griechischem Salat, Sesamkranz* und *Retsina* servieren. Besonders stilvoll ist es, wenn man Dolmades auf der Terrasse oder im Garten unter einer Weinlaube ißt.
Für 6 Personen.

KOLOKITHYA DOLMADES

(griechische Weinblätter mit Squashfüllung)

$^1/_2$ Tasse brauner Langkornreis
450 g Squash (ersatzweise Kürbis oder Zucchini)
2 Zwiebeln
1 Dose geschälte oder 4 bis 5 frische Tomaten
2 TL Oregano
$^1/_3$ Tasse Olivenöl
1 EL Zitronensaft
Salz und Pfeffer
eine 450-g-Dose oder 30 bis 40 zarte, junge Weinblätter (vgl. Anmerkung im vorigen Rezept)

Den Reis nach dem Rezept auf Seite 268 ausquellen lassen. In der Zwischenzeit den *Squash* gründlich waschen und mit Schale feinschneiden. Zwiebeln und Tomaten hacken. Bei Verwendung von Dosentomaten den Saft abgießen und aufbewahren. In einem großen Saucentopf das Olivenöl erhitzen, die gehackten Zwiebeln mit dem Squash hineingeben und weichdünsten. Dann die Tomaten, den Zitronensaft, Oregano, etwas Salz und eine reichliche Prise frisch gemahlenen schwarzen Pfeffer daruntermischen. Das Gemüse mit dem zartkörnigen Reis vermengen, und fertig ist die Füllung.
Die vorbereiteten Weinblätter vorsichtig auseinanderziehen. Auf jedes einzelne einen Löffel Füllmasse geben. Vom Stielende her fest zusammenrollen, dabei die Seiten einschlagen, damit die Füllung nicht herausfällt. Eine feuerfeste Form mit den übriggebliebenen Weinblättern auskleiden, die gefüllten Dolmades dicht nebeneinander hineinlegen und in der geschlossenen Form etwa 30 Minuten oder länger bei mittlerer Hitze backen. Sehr heiß servieren.
Ergibt etwa 25 bis 30 Dolmades, etwa 6 bis 8 Portionen.

KASCHA

(Buchweizengrütze)

1 Tasse trockene Buchweizengrütze
1 leicht verquirltes Ei
2 Tassen kochendes Wasser
2 EL Butter
Salz und frisch gemahlener schwarzer Pfeffer

Buchweizengrütze und Ei vermengen, in eine heiße Deckelpfanne geben und auf großer Flamme so lange rühren, bis sich die Körner voneinander lösen und wieder trocken sind. Dann das kochende Wasser, Butter sowie Salz und Pfeffer nach Geschmack zufügen, nochmals umrühren, die Pfanne fest verschließen und die Grütze auf kleinster Flamme (beim Elektroherd auf der Quellstufe) $^1/_2$ Stunde ausquellen lassen.
Ergibt 3 bis 4 Portionen.

KASCHA-KNISCHE

(gefüllte Buchweizenpastetchen)

Füllung:
4 bis 6 EL Butter
1 $^1/_2$ gehackte Zwiebeln
225 g Champignons
$^1/_4$ TL zerriebener Thymian
$^1/_4$ TL Dillspitzen
Salz und Pfeffer
2 Tassen gekochtes Kascha (siehe oben)

Teig:
2 $^1/_2$ Tassen Weizenmehl
1 TL Backpulver
$^1/_2$ TL Salz
2 Eier
$^1/_2$ Tasse Pflanzenöl
2 EL Wasser

Für die Füllung in einem großen Saucentopf die Butter zerlassen und die gehackten Zwiebeln darin braten. Die Pilze sorgfältig waschen, grobhacken, mit den Kräutern zu den Zwiebeln geben und gut verrühren. Mit Salz und kräftig mit frisch gemahlenem Pfeffer ab-

schmecken. Die Mischung 7 oder 8 Minuten dünsten, dann das Kascha dazurühren und eben heiß werden lassen. Diese Masse reicht aus zum Füllen von 18 Knische.
Nun den Teig wie folgt zubereiten: Die trockenen Zutaten in eine Schüssel sieben, Eier, Öl und Wasser zufügen und alles zusammen mit den Händen kräftig zu einem glatten Teig verkneten.
Den Teig halbieren und beide Stücke so dünn wie möglich ausrollen, wobei keine Löcher entstehen dürfen. Dann Kreisflächen von etwa 8 cm Durchmesser ausstechen und mit jeweils einem gehäuften Eßlöffel der Füllung belegen. Den Teigrand von rundherum über die Füllmasse ziehen und in der Mitte fest zusammenpressen, so daß die Teigtäschchen rund und dicht verschlossen sind.
Die Knische mit der Saumseite nach oben auf ein geöltes Blech legen und bei 190 Grad 35 bis 40 Minuten backen, bis sie leicht gebräunt sind.
Ergibt 18 gefüllte Teigtäschchen (Knische).

Weitere Reisrezepte finden Sie in den Kapiteln für ausländische Spezialitäten.

Italienische Gaumenfreuden

Als ich einmal den Atlantik an Bord eines italienischen Linienschiffes überquerte, hatte ich reichlich Gelegenheit, die italienische Küche von ihrer besten Seite kennenzulernen.

Zu Beginn der Reise stellten wir noch große Tagespläne auf, redeten vom Tennisspielen und Schwimmen, vom Bordkinobesuch, Lesen und Briefeschreiben. Aber schon am zweiten Tag gewannen auch die Betriebsamsten unter uns tieferen Einblick in die wahren Freuden der christlichen Seefahrt, und bereits am dritten Tag dachte keiner mehr an Bordspiele oder Tontaubenschießen: Wir aßen fast ununterbrochen, und zwischendurch dösten wir in bequemen Liegestühlen an Deck oder blinzelten über das sonnenglitzernde blaue Meer, dessen feine Horizontlinie sich in langsamem Rhythmus über der Schiffsreling hob und senkte.

Diese Schiffsreise war »gefundenes Fressen« für mich, könnte man sagen. Die Auswahl an Gerichten war so überwältigend, daß ich immer in den leckersten fleischlosen Genüssen schwelgen konnte. Neun herrliche Tage lang probierte ich alles durch, von Oliven und scharfen Pfefferschoten über Nudeln in den absonderlichsten Formen, Saucen, die nach Kräutern und fruchtigem Olivenöl dufteten, Suppen mit zartesten Gemüsen – welch ein Luxus mitten auf dem Ozean! –, feinen alten Käse, vollmundige Weine, eireiche *Frittatas*, durch Spinat grüngefärbt, knuspriges Brot und starken, aromatischen Espresso bis hin zu den unzähligen sündhaft gehaltvollen Desserts und süßen Leckereien. Jeden Tag zur Mittags- und Abendzeit erklang eine tiefe Glocke und dann eine angenehme Stimme, die mit »*Attenzione, prego . . .*« zum Essen rief. Noch heute kann ich diese Worte nicht hören, ohne daß mir das Wasser im Mund zusammenläuft. Ausgehungert von der frischen Seeluft machten wir uns stets mit großem Appetit an jede Mahlzeit. Als wir in Genua von Bord gingen, paßten uns natürlich unsere Kleider nicht mehr, aber das störte uns nicht im geringsten. Allein die *Pasta*, die wir genossen hatten, waren *den* Tribut wert. Echte italienische Nudeln aus goldenem Hartweizenmehl haben ein mildsüßes, delikates Aroma und verwandeln sich beim Kochen niemals in teigige Masse. Die Italiener garen sie so, daß sie *al dente* sind – gerade richtig zum Kauen. Dazu gibt es meistens eine pikante Sauce oder Käse in sparsamer Menge. Ob eine scharfe, vorschmeckende Sauce wie die *Boccalone* oder milde, zerlassene Butter mit ausgereiftem, altem Parmesankäse die Nudeln begleitet – ihr Eigengeschmack wird nie davon überdeckt, sondern hervorgehoben.

Die Schiffsreise war nur ein Vorgeschmack dessen, was uns in den Städten und kleineren Orten Italiens erwartete. Wir durchstreiften die sonnige Halbinsel von Norden bis Süden und begeisterten uns an den Schätzen ihrer Museen und – ihrer Restaurants.

In Florenz schließlich erlebten wir die hohe Kunst der *Antipasti*. Durch verwinkelte, enge Gassen gelangten wir unter kundiger Führung zu einem versteckten, unauffälligen Lokal.

Auf einem Schild über der Eingangstür stand *Una trattoria tipica . . . i chè c'è c'è* (»typisches Restaurant – was da ist, ist da«).

Wir nahmen Platz und ließen uns die Speisekarte geben. Aber unser Begleiter wies nur zum hinteren Teil des Raumes, wo Tische mit Antipasti zum Auswählen standen. Der Anblick verschlug uns die Sprache. Mehrere ausladende, mit weißem Leinen gedeckte Tische bogen sich unter einer überwältigenden Fülle von marinierten, gekochten, rohen, eingelegten, saucigen und naturbelassenen, heißen und kalten Speisen, und wir wußten weder, wo wir anfangen, noch, wo wir aufhören sollten. Der Besitzer, Hüter dieser lukullischen Genüsse, forderte uns mit einladender Geste auf, uns frei zu bedienen. »*Prezzo per ochio*«, erklärte er dabei und zwinkerte fröhlich mit den Augen; das hieß »Preis nach Augenmaß« – aber so viel man auch nahm, der Preis betrug jedesmal sechshundert Lire.

Was gab es nicht alles für Augen- und Gaumenfreuden – in leichtem, fruchtigem Olivenöl schwimmende geröstete grüne und rote Pfefferschoten, große Schüsseln voller glänzender Oliven jeder Sorte und Größe, eingelegte Zwiebeln, Gurken und *Peperoni* als Ergänzung zu delikat gewürzten *Limabohnen*, winzig kleinen gerösteten Auberginen oder dem uns gänzlich neuen *Gnocchisalat*, zarten, frischen, weißen *Mozzarella*, mit roten Zwiebelscheiben und reifen Tomatenspalten vermischt, dazu die immer pikante *Vinaigrette*, Rohkostsalate, echten *Provolone* und zarte Zucchini – von all diesen Leckerbissen ließen wir uns nur zu gerne

verführen. Bedenken, unser zunehmendes Gewicht betreffend, fegten wir unbekümmert vom Tisch, indem wir uns damit trösteten, daß wir demnächst wohl andere als nur gastronomische Höhen erklimmen und dabei wieder abmagern würden...
Im Essen kommt die Persönlichkeit der Italiener am stärksten zum Ausdruck, darum gehört zu jeder Provinz Italiens eine ganz bestimmte, ihr eigentümliche Küche. Die Neapolitaner zeichnen sich durch besonderes Temperament und große Erfindungsgabe bei der Zubereitung von Pizzas und Tomatensaucen aus. Was kann man auch anderes erwarten von Leuten, die in jeder Lebenslage singen und am Silvesterabend brennende Möbelstücke aus dem zweiten Stock auf die Straße werfen! Die Pizzas, die sie herstellen, sind wahre Wunderwerke – dicke, knusprige Böden mit den phantasievollsten Belägen, die man sich vorstellen kann. Zahllose Läden an den menschenüberfüllten Boulevards bieten Dutzende von verschieden belegten Pizzastücken zum Mitnehmen an, und wir preßten die Nasen an die Schaufensterscheiben, unfähig, zu entscheiden, welche Sorte wir probieren sollten.
Nach vielen kulinarischen Abenteuern fuhren wir mit großen Erwartungen nach Bologna, der »Küche Italiens«. Und wirklich, diese alte Arkadenstadt hielt, was sie versprach. Die Köche von Bologna sind Ästheten, die bewundernswerte Geschicklichkeit mit Großzügigkeit und Raffinesse verbinden. Wir stürzten uns in neuerliche Schlemmerorgien mit den herrlichsten Pasta, in Butter gebackenen Gnocchi und Unmengen des berühmten Käses aus der nahegelegenen Stadt Parma. Die Krönung aller Leckereien aber war ein *Risotto*, das uns ein Kellner enthusiastisch empfahl. Mit Reis aus der Lombardei, einer der besten Reissorten der Welt, zauberte der Chefkoch jenes Restaurants ein unvergeßliches Gericht mit Wildpilzen, feinen Möhren- und Zwiebelscheiben.
Auf der Reise durch Italien füllte sich mein Notizbuch mit den Beschreibungen kulinarischer Spezialitäten und eigenen neuen Ideen, so daß ich mit reicher Ausbeute nach Hause zurückkehrte. Dann ging ich daran, Gerichte, deren Grundlage eine Fleischbrühe war oder die durch Fleisch eine bestimmte Würze erhielten, durch frische Kräuter, Gemüsebrühen, Weine und richtige Zusammenstellung von Gemüsen neu zu gestalten. Meine Begeisterung für die italienische Küche half mir dabei, den italienischen Stil beizubehalten.
Die Italiener nehmen das Leben so, wie es ist, sie genießen es ohne zu großen Ernst oder gar Verbissenheit. Was macht es schon, wenn die Züge nicht pünktlich ankommen, solange die Oper und der *Capuccino* so gut, das Essen und der Wein so vortrefflich und die Stimmung so ausgelassen ist! Das Leben ist zu kurz, als daß ein Tag ohne Musik und gutes Essen vergehen dürfte!

Antipasti *(Abb. 25)*

Nach italienischer Tradition bereiten verschiedene Antipasti (appetitanregende Leckerbissen) Zunge und Magen auf ein reichhaltiges Nudelessen vor. Sie können anstelle von Salat oder zusätzlich serviert werden. Man richtet dazu eine bunte Auswahl von Gemüsen und anderen Gaumenkitzeln auf einer großen Platte oder auf einzelnen Schalen und Tellern an und gießt in der Regel eine leichte Marinade aus Olivenöl und Essig über die dekorativ angeordneten Appetithappen – aber sehr sparsam.
Gut geeignet für eine Antipastiplatte sind: saftiger Salat; zarte Fenchelstangen; Tomatenscheiben; geviertelte oder in Scheiben geschnittene hartgekochte Eier; Radieschen; grüne Oliven; rohe oder in Öl marinierte *Pimiento*schoten; grüne Paprikaschoten; marinierte Artischockenherzen; marinierte Pilze; Tomatenpaprika; eingelegte Pfefferschoten; Mixed Pickles; eingelegte rote Bete; rohe Blumenkohlröschen; süßsaure Gewürzgurken; Dillpickles; rohe Möhrenstreifen; frische Frühlingszwiebeln.
Gestalten Sie die Antipasti frei nach Ihrer Phantasie – einfach oder luxuriös – aber denken Sie daran, daß sie nur der Rahmen für eine darauffolgende Nudelmahlzeit sind. Je gehaltvoller die *Pasta*, desto leichter sollten die Antipasti sein.
Zum Appetitanregen genügt eine Auswahl verschiedener roher Gemüse, Oliven und Artischockenherzen, auf Blättern von römischem oder Kopfsalat hübsch angerichtet.

Pasta

Pasta ist die traditionelle italienische Vorspeise. Teigwaren sind aber im allgemeinen so nahrhaft, daß wir sie in der vegetarischen Küche zu sättigenden Hauptgerichten erheben. Natürlich kann man für ein echt italienisches Menü auch in der althergebrachten Reihenfolge vorgehen: zuerst die *Antipasti*, dann als erster Gang *(primo)* die Nudeln und danach *(secundo)* das eigentliche Hauptgericht. Frisches Obst und Espresso beschließen die Mahlzeit.
Bei der Zubereitung von Pastagerichten kommt es darauf an, die Nudeln richtig zu kochen. Sie dürfen keinesfalls zu weich werden, sondern müssen *al dente* sein, wie die Italiener sagen, also nur *eben gar*. Dafür ist die Qualität der verwendeten Nudeln entscheidend. Gute italienische Nudeln kauft man am besten in italienischen Geschäften oder in größeren Kaufhäusern, die Originalprodukte führen. Man kann aber auch mit einfachsten Zutaten in der eigenen Küche ausgezeichnete Pasta selbst herstellen.
Sobald man die gewünschte Nudelsorte hat, besorgt man sich reife italienische Tomaten. Sie haben die Form von großen Pflaumen und sind fleischiger als deutsche oder holländische. Wer keine frischen auf dem Markt oder in einem italienischen Gemüseladen findet, nimmt Dosentomaten. Dann braucht man noch Kräuter, vorrangig frische aus dem eigenen Kräutergarten oder Blumentopf, ersatzweise auch schonend getrocknete Kräuter, die aromadicht abgepackt sind. Reines, kaltgepreßtes Olivenöl macht sich bezahlt, selbst wenn es beim Einkauf etwas mehr kostet als gewöhnliches Pflanzenöl. Vielleicht bekommen Sie fruchtiges, grünliches Olivenöl bei einem italienischen Händler, bei dem Sie auch die verlockenden frischen Pasta finden. Die hierzulande bekanntesten Olivenölsorten sind so stark raffiniert, daß sie kaum noch Olivengeschmack haben.
Zuletzt wird der passende Käse ausgewählt. Fertig abgepackter geriebener Käse taugt für meinen Geschmack nichts. Erstehen Sie lieber scharfen *Romano-*, *Pecorino-* oder *Parmesan*käse am Stück, den Sie zu Hause bei Bedarf frisch reiben. Frischer *Mozzarella* liegt in einer Salzlake und ist bei uns normalerweise vakuumverpackt im Handel. Unter Umständen gibt es italienische Geschäfte, wo er lose verkauft wird. *Ricotta*käse, der lose verkauft wird, schmeckt ebenfalls besser als fertig abgepackter. Er ist bei uns relativ selten – notfalls müssen Sie ihn durch Quark, manchmal auch durch milden, cremigen Schafskäse ersetzen.
Wenn Sie alle Zutaten beisammen haben, gehen Sie an die Zubereitung der Sauce. Sicher haben Sie gehört, daß Spaghettisauce stundenlang leise vor sich hin köcheln muß, damit sich das Aroma der verschiedenen Gewürze und Bestandteile voll entfalten und mischen kann. Das ist auch richtig, bis auf eine wesentliche Ausnahme: Frische Tomaten und Kräuter kocht man nur so lange, bis die Sauce die erwünschte Konsistenz hat, ihr Aroma ist dann am besten. Ob lange oder kurze Kochzeit – die Sauce muß auf jeden Fall dampfendheiß sein, denn Nudeln kühlen sehr schnell ab und verlieren dabei an Geschmack. Wärmen Sie deshalb Schüsseln und Teller vorher an und tragen Sie die Nudeln sofort auf, wenn sie gar sind. Zwischen Kochen und Anrichten darf man keine Zeit verlieren!

Das Garen von Nudeln

Für ein Pfund Pasta bringen Sie reichlich fünf Liter Salzwasser mit ein paar Tropfen Öl in einem großen Topf zum Kochen. 10 bis 15 Minuten, bevor Sie die Nudeln servieren wollen, geben Sie sie *unzerkleinert* in das sprudelnd kochende Wasser. Rühren Sie ab und zu, damit sie nicht zusammenkleben. Fischen Sie nach 8 oder 9 Minuten ein paar Nudeln heraus und kosten Sie. (Dünne Pasta schon nach kürzerer Zeit probieren; frische, selbstgemachte Nudeln sind bereits wenige Minuten, nachdem das Wasser erneut aufgewallt ist, gar.) Probieren Sie jede Minute wieder, bis die Nudeln eben gar, das heißt noch zum Kauen, nicht breiig-weich, sind. *Al dente!* Ist es so weit, geben Sie die Pasta sofort in ein Sieb, dann in die vorgewärmte Schüssel, und vermischen Sie sie kurz mit der heißen Sauce, geriebenem Käse oder was sonst dafür bereit steht. Sollten Sie die Nudeln gleich auf einzelne Teller verteilen, verfeinern Sie jede Portion noch mit einem Stückchen Butter. Nun aber schnell auftragen!
Neben dem Fehler, Nudeln zu lange zu kochen, wird häufig noch ein anderer gemacht: Übereifrige Köche ertränken Ihre Spaghetti gerne in einem Meer von

Sauce. Mengen Sie immer erst weniger Sauce, als Sie für nötig halten, unter Ihre Nudeln. Von einer starkgewürzten und sehr reichhaltigen Sauce reichen etwa 1 ½ Tassen für 1 Pfund Nudeln. Bei einer leichten Sauce können Sie 2 bis 2 ½ Tassen pro Pfund rechnen. Seien Sie sparsam! Eine gute Pasta soll auch durch ihren Eigengeschmack wirken.

NUDELTEIG FÜR FRISCHE PASTA

Ungefähr 4 Tassen Weizenmehl
2 TL Salz
3 leicht verquirlte Eier
¼ bis ⅓ Tasse Wasser

Das Mehl mit dem Salz in eine Schüssel sieben, in die Mitte eine Vertiefung drücken und Eier sowie ¼ Tasse Wasser hineingießen. Mit den Händen von außen her das Mehl mit der Flüssigkeit zu einem Teig verarbeiten, dabei nach Bedarf noch etwas Wasser zufügen. Den Teig auf einem dünn bemehlten Backbrett weiterkneten. Pastateig ist schwerer als Brotteig, machen Sie sich auf harte Arbeit gefaßt.
Kräftig 10 bis 15 Minuten kneten (kein Wunder, daß die Italiener bei allem Nudelessen schlank bleiben), bis der Teig glatt und geschmeidig ist.
In 4 gleiche Teile schneiden und 3 davon mit einem Tuch gegen das Austrocknen schützen, während der vierte ausgerollt wird. Das Teigstück zuerst zu einem gleichmäßigen Viereck formen, dann mit dem Nudelholz auswellen. Darauf achten, daß eine ebenmäßige Form beibehalten wird, und so dünn ausrollen, daß der Teig durchscheinend ist, wenn er gegen das Licht gehalten wird. Ausgiebig gekneteter, elastischer Pastateig reißt nicht leicht, wenn er gleichmäßig ausgerollt wird, und läßt sich deshalb hauchdünn verarbeiten – aber man braucht dazu Zeit und Kraft.
Sobald die Teigfläche dünn genug ist, wird die Art von Nudeln herausgeschnitten, die man haben will, und zum Trocknen eine Stunde oder länger auf Tücher gelegt. Die übrigen Teigstücke ebenso verarbeiten.
Für *Fettuccine* (dünne Bandnudeln) jedes große, dünn ausgerollte Teigstück halbieren, die Hälften aufeinanderlegen und mit einem scharfen Messer in etwa 5 mm breite Streifen schneiden, auseinanderziehen und zum Trocknen auslegen.
Für *Lasagne* (breite Bandnudeln) etwa 5 cm breite Streifen schneiden und trocknen.
Die fertigen Nudeln in reichlich Salzwasser kochen, bis sie *al dente* sind. Das dauert je nach Pastagröße zwischen 5 und 15 Minuten.
Die Menge der aus diesem Teig hergestellten Nudeln reicht für 4 sehr große oder 6 normale Portionen.

PENNE ALLA BOCCALONE

(Nudeln mit scharfgewürzter Tomatensauce)

Penne sind glatte, hohle Röhrennudeln mit einem Durchmesser von etwa 5 mm, schräg in ungefähr 4 cm lange Stücke geschnitten. Wenn Sie keine Penne finden können, ersetzen Sie sie durch entsprechend zerkleinerte Makkaroni.

3 EL Olivenöl
5 mittelgroße, sehr fein gewiegte oder zerdrückte Knoblauchzehen
1 EL sehr fein gehackte scharfe grüne Chilischoten (frische oder aus dem Glas)
1 reichliche Tasse frisches Tomatenpüree
2 EL Tomatenmark
$^1/_2$ Tasse gehackte frische Petersilie
1 EL Weinessig
$^1/_2$ TL zerstoßenes getrocknetes Basilikum
$^1/_2$ TL Salz
frisch gemahlener schwarzer Pfeffer nach Geschmack
500 g Penne

In einem Saucentopf das Olivenöl erhitzen und den Knoblauch mit den gehackten Chilischoten darin 2 oder 3 Minuten anbraten, dann das frische Tomatenpüree (dafür frische Tomatenstücke kurz im Mixer zerkleinern), Tomatenmark, Petersilie, Essig, Basilikum, Salz und Pfeffer hinzufügen und diese Sauce 15 bis 20 Minuten leise köcheln lassen, bis sie etwas eingekocht ist.
Ein Pfund *Penne* in einem großen Topf Salzwasser *al dente* kochen, abgießen und in einer gewärmten Schüssel rasch, aber gründlich mit der Sauce vermengen. Das Gericht sogleich auf vorgewärmten Tellern anrichten.
Für 4 bis 6 Personen.

PENNE ALLA CARDINALE

(Nudeln mit Tomatenrahmsauce)

6 mittelgroße reife Tomaten
4 $^1/_2$ EL Butter
2 große Knoblauchzehen, sehr fein gewiegt
$^1/_2$ TL Salz
$^1/_2$ TL getrocknetes Basilikum, zerstoßen
1 $^1/_2$ Tassen Sahne
1 $^1/_2$ EL Mehl
1 EL Cognac oder Weinbrand
2 EL Tomatenmark
500 bis 700 g Penne (siehe voriges Rezept)

Die Tomaten in kochendem Wasser blanchieren, bis die Haut abplatzt und sich aufrollt, aus dem Wasser nehmen, abziehen, entkernen und in mehreren Portionen im Mixer pürieren. Sie brauchen etwa 3 Tassen dünnes Püree.
In einem Saucentopf 2 Eßlöffel Butter zerlassen und den Knoblauch darin goldgelb rösten. Tomatenpüree, Salz sowie pulverisiertes Basilikum zufügen und alles zusammen so lange sanft köcheln lassen, bis das Püree auf die Menge von zwei Dritteln eingekocht ist. Es hat die richtige Konsistenz, wenn es einen eingetauchten Holzlöffel beim Herausnehmen dünn überzieht.
In einem zweiten Saucentopf aus 1 $^1/_2$ Eßlöffeln Butter und dem Mehl eine goldgelbe Einbrenne herstellen. Die Sahne erhitzen, aber nicht aufwallen lassen, und unter Schlagen mit dem Schneebesen an die Einbrenne gießen. Die Sauce kochen, bis sie angedickt ist, dabei gelegentlich umrühren. Zuletzt Cognac, Tomatenmark und restliche Butter hineinrühren.
Diese Rahmsauce mit dem eingedickten Tomatenpüree vermischen und noch einige Zeit köcheln, bis sie die gewünschte Konsistenz hat.
Die Menge der *Pasta* richtet sich zum einen nach dem persönlichen Geschmack – ob sehr saucig oder lieber etwas trockener – und zum andern nach der Anzahl der Tischgäste. Für 6 Personen rechnet man etwa 1 $^1/_4$ Pfund. Die Nudeln kochen, bis sie *al dente* sind.
Die heiße Sauce in eine vorgewärmte Schüssel gießen, die abgetropften Nudeln hineingeben, alles gut vermengen und gleich auftragen.
Für etwa 6 Personen.

CONCHIGLIE TUTTO GIARDINO
(Nudeln mit »ganzem Garten«)

7 EL Butter
1 1/2 Tassen Möhren, in dünne Scheiben geschnitten
1 Tasse gehackte junge, grüne Frühlingszwiebeln
1 grobgehackte rote Zwiebel
3/4 Tasse Radieschen, in feine Scheibchen geschnitten
gut 1/2 Tasse Petersilie, grobgehackt
2 EL frisches Basilikum, feingewiegt
3 Knoblauchzehen, zerdrückt oder sehr fein gehackt
7 mittelgroße Tomaten (kleingeschnitten etwa 3 Tassen)
3 Tassen feine Zucchinischeiben
1 große grüne Paprikaschote, geputzt und gewürfelt
1 1/2 Tassen trockener Weißwein, nach Geschmack mehr
2 TL Salz
1 TL Pfeffer
1 TL Zucker
1 EL Mehl
1 Tasse Sahne
175 g Tomatenmark (2 1/2 kleine Dosen)
1/2 Tasse Parmesankäse, gerieben
700 g muschelförmige Nudeln (Conchiglie)

zum Garnieren:
noch mehr Parmesankäse

6 Eßlöffel Butter in einem Saucentopf zerlassen, die Möhren, grüne und rote Zwiebeln, Radieschen, Petersilie, Basilikum sowie Knoblauch hineingeben und unter häufigem Rühren etwa 20 Minuten schmoren, bis die Gemüse Farbe genommen haben, dann zugedeckt weitere 15 Minuten dünsten.
Tomaten, Zucchini, Paprikaschoten, Wein, Salz, Pfeffer und Zucker zufügen und das Ganze im offenen Topf 45 Minuten bis 1 Stunde köcheln lassen.
In einem kleinen Topf aus 1 Eßlöffel Butter und dem Mehl eine Einbrenne herstellen und unter ständigem Rühren ein paar Minuten auf ganz kleiner Flamme anschwitzen. Die Sahne erhitzen und mit dem Schneebesen darunterziehen. Zuletzt das Tomatenmark zufügen, die Sauce abrühren und mit dem geriebenen Parmesankäse zu dem Gemüse geben.
Diese Sauce auf kleiner Flamme unter häufigem Rühren so lange köcheln, bis sie die gewünschte Konsistenz hat.
Die Muschelnudeln *(Conchiglie)* in reichlich Salzwasser *al dente* kochen, abgießen und in eine große, angewärmte Schüssel geben. Mit soviel Sauce, wie es Ihrem Geschmack entspricht, gut vermengen, mit Parmesankäse bestreuen und gleich servieren.
Für 8 bis 10 Personen.

PENNE MIT SÜSS-SAURER ZWIEBELSAUCE

1000 g rote Zwiebeln
1/2 Tasse Butter
2 bis 3 EL Olivenöl, je nach Geschmack
3/4 TL Salz
1 oder 2 sehr fein gewiegte Knoblauchzehen (nach Belieben)
4 Tassen geschälte Tomaten (mit Saft)
2 Tassen trockener Weißwein
1/2 TL zerriebenes getrocknetes Basilikum
1/2 TL zerstoßenes getrocknetes Rosmarin
1 großes Lorbeerblatt
1 Prise Majoran
frisch gemahlener schwarzer Pfeffer nach Geschmack
1 TL Zucker
1 Prise Zimt
2 TL Rotweinessig
1/4 Tasse Korinthen
800 bis 1000 g Penne oder andere Nudeln

Die Zwiebeln schälen, halbieren, in Scheiben schneiden und 30 bis 45 Minuten unter fast ständigem Rühren in Butter und Olivenöl hellbraun braten. Salz sowie Knoblauch hinzufügen und ein paar Minuten mitrösten.
Tomaten, Wein, Kräuter, Pfeffer, Zucker, Zimt, Essig und Korinthen dazugeben, die Hitze zurücknehmen und die Sauce 1 1/2 bis 2 Stunden köcheln, bis sie ziemlich dick ist.
Die Nudeln in reichlich Salzwasser eben gar *(al dente)* kochen, in einer vorgewärmten Schüssel mit der Sauce vermengen und sogleich zu Tisch bringen.
Für 8 Personen.

SPAGHETTI E CIPOLLE

(Spaghetti mit Zwiebeln)

1250 g rote Zwiebeln
1/2 Tasse Butter
2 große Lorbeerblätter
3 sehr fein gewiegte Knoblauchzehen
1 TL Paprika
1/2 TL Salz, nach Geschmack mehr
1 Tasse feiner trockener Rotwein
1/4 TL Thymian
1/4 TL Cayennepfeffer
1/4 TL zerriebenes getrocknetes Basilikum
1/4 TL pulverisierter getrockneter Oregano
1 TL gehackte frische oder 1/2 TL getrocknete Salbei
2 Tassen abgezogene, kleingeschnittene Tomaten mit Saft
1/4 Tasse Weinbrand
1 TL Zitronensaft
2 TL Weißweinessig
frisch gemahlener schwarzer Pfeffer nach Geschmack
600 bis 750 g dünne Spaghetti

Die Zwiebeln schälen, halbieren und in ziemlich dicke Scheiben schneiden. In einem großen Topf die Butter zerlassen, Lorbeerblätter und Knoblauch darin etwa 1 Minute unter ständigem Rühren rösten, dann die Zwiebelscheiben zufügen und bei ziemlich starker Hitze mindestens 1/2 Stunde braten, bis sie leicht gebräunt sind, dabei fast andauernd rühren. Paprikapulver sowie Salz dazugeben und ein paar Minuten verrühren. Zuletzt Wein, Kräuter, Tomaten, Weinbrand, Zitronensaft, Essig und Pfeffer zugeben, die Hitze vermindern und das Ganze unter gelegentlichem Rühren etwa 45 Minuten bis 1 Stunde köcheln lassen, bis eine ziemlich dicke, jedoch nicht zu steife Sauce entstanden ist. Abschmecken und nötigenfalls nachwürzen.
Die Spaghetti in etwa 5 Litern Salzwasser eben gar *(al dente)* kochen, sofort abseihen, schnell mit der heißen Sauce vermengen und gleich auftragen.
Für 6 bis 8 Personen.

TRENETTE CON PESTO

(Nudeln mit Kräutersauce)

Sauce:
150 g frisches oder 3 EL getrocknetes Basilikum
1/2 Tasse Pinienkerne
1/2 Tasse geriebener Parmesankäse
2 kleine Knoblauchzehen
5 EL Olivenöl
Salz und Pfeffer
3 mittelgroße Kartoffeln
250 g zarte junge Brechbohnen
350 g Trenette (dünne Fadennudeln)

Nach altem italienischen Brauch werden alle Zutaten für die Sauce im Mörser zerstoßen, bis eine cremige Paste entstanden ist, dann wird das Öl hineingerührt. Wer Lust dazu hat, kann die Sauce natürlich auf diese traditionelle Weise zubereiten, für alle anderen hier eine einfachere Methode: Alle Zutaten bis auf das Öl in den elektrischen Mixer geben (für das Pulverisieren der festen Zutaten folgen Sie am besten der Gebrauchsanweisung Ihres Gerätes), dann langsam das Öl zugießen und auf höchster Schaltstufe mixen, bis Sie eine glatte, homogene Sauce haben. Mit Salz und Pfeffer würzen.
Wenn die Sauce fertig ist, die Kartoffeln schälen, große halbieren, in feine Scheiben von etwa 2 mm Dicke schneiden und in einem großen Topf mit etwa 3 bis 4 Litern Salzwasser zum Kochen bringen. Sobald das Wasser aufwallt, die geputzten, in etwa 3 cm lange Stücke geschnittenen Bohnen und die Nudeln zufügen.
Alles zusammen nur 12 bis 15 Minuten kochen: Bohnen und *Pasta* sollen *al dente* sein. In einem Sieb abtropfen lassen, in eine vorgewärmte Schüssel oder auf eine warme Platte geben, die Sauce darübergießen und schnell, aber vorsichtig untermengen. Dazu hebt man die Nudeln mit zwei Gabeln hoch, bis sie gleichmäßig mit Sauce überzogen sind. Sehr heiß servieren. Reichlich für 4 Personen oder als *primo* (erster Gang) für 6 bis 8 Personen.

PASTA CON FUNGHI

(Nudeln mit Pilzen)

Etwa 1 Liter Einfache Tomatensauce (Seite 131)
750 g frische Champignons
3 EL Butter
je ¹/₄ TL Basilikum, Thymian, Oregano, Paprika und Rosmarin
1 Knoblauchzehe, durch die Presse gedrückt
Salz und frisch gemahlener schwarzer Pfeffer
500 bis 750 g Fettuccine (siehe Seite 282)
2 Tassen frisch geriebener Parmesan-, Pecorino- oder Romanokäse

Die Tomatensauce nach Rezept zubereiten.
Die Pilze waschen und in dicke Scheiben schneiden. In einer großen Pfanne die Butter zerlassen und die Kräuter hineinrühren. Dann die Pilzscheiben gut daruntermengen, so daß sie sich gleichmäßig mit Butter und Kräutern überziehen, mit Salz und Pfeffer würzen und unter gelegentlichem Rühren braten, während die Nudeln garen.
Die Nudeln in reichlich Salzwasser 15 bis 20 Minuten kochen, bis sie *al dente* sind. (Die Garzeit richtet sich nach der Dicke der Nudeln – hausgemachte frische Nudeln brauchen nur wenige Minuten.) Wenn sie eben gar sind, sofort abgießen, auf angewärmte Teller verteilen, mit der heißen Tomatensauce übergießen, die gebratenen Pilze darübergeben und zuletzt mit etwas geriebenem Käse bestreuen. Sogleich servieren. Restlichen geriebenen Käse separat herumreichen.
Für 4 bis 6 Personen.

PASTA MIT VIERERLEI KÄSE

150 g feingewürfelter Gruyère
150 g feingewürfelter Fontinakäse (ersatzweise junger Gouda)
1³/₄ Tassen feingeriebener Parmesankäse
150 g grobgeraspelter Mozzarellakäse
1¹/₂ EL Mehl
¹/₄ Tasse Butter
1 Tasse Milch oder Sahne
500 g muschelförmige Nudeln (Conchiglie)

Zuerst die verschiedenen Käse würfeln oder reiben. Gruyère, Fontina und Parmesan mit dem Mehl vermischen, den Mozzarella beiseite stellen.
Die Butter mit Milch oder Sahne in einem großen Saucentopf mit schwerem Boden erhitzen, bis sie geschmolzen ist. Nach und nach in kleinen Portionen die drei vermischten Käse hineinstreuen, dabei sanft mit einem Holzlöffel rühren. Wenn eine glatte Sauce entstanden ist, diese auf sehr kleiner Flamme unter gelegentlichem Rühren warm halten, während die Nudeln garen.
Die Nudeln in eine reichliche Menge sprudelnd wallendes Salzwasser einstreuen und 15 bis 20 Minuten kochen. Wenn sie *al dente* sind, sofort abgießen und in eine große, vorgewärmte Schüssel geben. Die heiße Käsesauce darübergießen und mit Hilfe von zwei Löffeln untermengen. Einen Moment vor dem Auftragen rasch den Mozzarella darunterziehen. Nicht zuviel mengen, weil die Nudeln schnell abkühlen. Sogleich auf angewärmten Tellern anrichten.
Für 4 Personen.

FETTUCCINE »ALFREDO«

1¹/₂ Tassen Sahne
1¹/₂ Tassen frisch geriebener Parmesankäse (etwa 150 g)
¹/₂ Tasse Butter
2 Eigelb
Salz
weißer Pfeffer
500 g Fettuccine (dünne Bandnudeln, siehe Seite 282)

zum Garnieren:
¹/₂ Tasse gehackte frische Petersilie

Die Sahne in einem mittelgroßen Saucentopf mit schwerem Boden erhitzen. Wenn sie eben zu sieden beginnt, nach und nach den geriebenen Käse hineinrühren und etwa 10 Minuten weiterrühren. Dann die Butter in kleinen Mengen darunterziehen, die Sauce abrühren, vom Feuer nehmen und einen kleinen Teil davon mit den Eigelb verschlagen. Das Gemisch wieder an die Sauce geben und alles kräftig mit dem

Schneebesen aufschlagen. Nach Geschmack mit Salz und Pfeffer würzen.
3 bis 4 Liter stark gesalzenes Wasser zum Kochen bringen, mit einem Stich Butter oder etwas Olivenöl versetzen, die Nudeln einlegen und eben gar *(al dente)* kochen. Schnell abseihen, in eine große, vorgewärmte Schüssel geben und mit der heißen Rahmsauce übergießen. Sollte die Sauce zu dick sein, kann sie mit einem kleinen Schuß Milch oder Sahne ein wenig verdünnt werden. Nudeln und Sauce mit Hilfe von zwei Holzlöffeln vermengen, gehackte Petersilie darüberstreuen, und sogleich auftragen.
Für 6 Personen.

SPAGHETTI ALLA CARBONARA

(Spaghetti mit Eier-Käse-Sauce)

6 mittelgroße Eier
200 bis 250 g (etwa 2 Tassen) feingeriebener Parmesankäse
3 mittelgroße Zwiebeln
6 EL Olivenöl
Salz und frisch gemahlener schwarzer Pfeffer
500 g Spaghetti

Die Eier gründlich verschlagen und mit dem Parmesankäse verrühren, so daß eine weiche Paste entsteht. Die Zwiebeln schälen, vierteln und in Scheiben schneiden oder ganz grob hacken und in einer großen Pfanne auf mittlerer Flamme in dem Olivenöl rösten, bis sie goldbraune Ränder haben.
In der Zwischenzeit die Spaghetti in 6 Liter sprudelnd wallendes Salzwasser geben und kochen, bis sie eben *al dente* sind. Sollten die Zwiebeln schon Farbe genommen haben, bevor die Spaghetti gar sind, vom Feuer nehmen und erst eine Minute vor Ende der Nudelkochzeit kurz wieder erhitzen.
Sobald die Spaghetti gut sind, gründlich abseihen. Die gebratenen Zwiebeln vom Feuer nehmen und die Nudeln dazumischen. Die Eier-Käse-Masse darübergießen, die Spaghetti mit zwei Holzlöffeln anheben und die Mischung rasch darunterziehen. Durch die Pfannenhitze stocken die Eier leicht, der Käse schmilzt und beides zusammen bildet eine cremige Sauce, die die Nudeln gleichmäßig überzieht. Vergessen Sie nicht, die Pfanne vom Feuer zu nehmen, sonst werden die Eier durch zu große Hitze zu Rührei. Deshalb müssen Sie auch darauf achten, das Ei-Käse-Gemisch so über die Nudeln zu geben, daß es den noch sehr heißen Pfannenboden nicht berührt, sondern langsam durch die Hitze der Spaghetti zu einer sämigen Sauce verschmilzt. Nach etwa einer Minute gründlichen Mischens müßten die Eier die richtige Festigkeit haben. Wenn sie noch immer sehr flüssig sind, weitere 30 Sekunden untermengen.
Das Gericht mit Salz abschmecken und etwas schwarzen Pfeffer darübermahlen. Sogleich auf angewärmten Tellern servieren.
Für 4 bis 6 Personen.

LASAGNE

(Nudelauflauf italienisch)

1000 g frische reife Tomaten
5 EL Olivenöl
1 ½ mittelgroße gehackte Zwiebeln
2 sehr fein gewiegte Knoblauchzehen
1 Tasse abgezogene, in Scheiben geschnittene italienische Tomaten (kleine, längliche Fleischtomaten)
1 TL Salz, nach Geschmack mehr
½ TL Basilikum
⅓ Tasse Rotwein
750 g Auberginen
350 g Lasagne (breite Bandnudeln, siehe Seite 282)
500 g Ricottakäse (ersatzweise sehr trockener Schichtkäse oder cremiger, milder Schafskäse)
500 g in Scheiben geschnittener Mozzarellakäse
60 g (etwa ¾ Tasse) frisch geriebener Parmesankäse

zum Garnieren:
Parmesankäse und Tomatensauce

Die frischen Tomaten 2 bis 3 Minuten in kochendes Wasser tauchen, unter fließendem kalten Wasser abziehen, entkernen und grobhacken.
In einem mittelgroßen Saucentopf 3 Eßlöffel Olivenöl erhitzen und die Zwiebeln mit dem Knoblauch darin rösten. Wenn sie Farbe genommen haben, die frischen

gehackten und die italienischen Tomaten (frische schmecken besser, aber eine Dose tut's auch), Salz, Basilikum sowie den Wein zufügen und das Ganze unter gelegentlichem Rühren etwa 25 Minuten köcheln lassen, bis eine leichte Sauce entstanden ist.
Die Auberginen schälen und der Länge nach in etwa 1 cm dicke Scheiben schneiden. Die Scheiben von beiden Seiten kräftig salzen und etwa 40 Minuten in einem Sieb Saft ziehen lassen, dann abspülen, gut auspressen und in 1 cm große Würfel schneiden. Die Auberginenwürfel in den restlichen 2 Eßlöffeln Olivenöl auf großer Flamme unter ständigem Rühren rasch braten, bis sie weich sind.
Die *Lasagne* in mehreren Portionen von jeweils 6 oder 7 Stück in etwa 7 Litern Salzwasser mit einem Spritzer Öl eben gar *(al dente)* kochen und mit einer Nudelzange oder zwei langen Gabeln vorsichtig aus dem Wasser heben.
Eine flache Backform von etwa 35 cm Länge und 25 cm Breite leicht mit Öl auspinseln. Ein Drittel der Tomatensauce gleichmäßig darin verteilen und ein Drittel der gekochten Nudeln darüberlegen. Darauf die Hälfte des Ricottakäses streichen und mit ein paar Löffeln Parmesankäse bestreuen. Die Hälfte der Auberginenmasse darüberschichten, mit einem Drittel der Mozzarellascheiben abdecken und mit einem weiteren Drittel der Tomatensauce überziehen.
Eine zweite Lage Nudeln einschichten, mit dem restlichen Ricotta bedecken, wieder mit einigen Löffeln geriebenem Parmesankäse bestreuen, die restliche Auberginenmasse darüberfüllen und mit dem nächsten Drittel Mozzarellascheiben belegen. Darauf kommt eine dritte Schicht Nudeln, die mit dem übrigen Mozzarella bedeckt wird. Den letzten Rest Tomatensauce darübergießen und mit dem restlichen Parmesankäse bestreuen.
Die Lasagne im vorgeheizten Ofen bei 175 Grad etwa ½ Stunde zugedeckt backen.
Heiß mit Knoblauchbrot und Rotwein zu Tisch bringen. Dazu kann Parmesankäse und Tomatensauce gereicht werden.
Für 6 bis 8 Personen.

GEFÜLLTE CANNELLONI *Abb. 26*

(gefüllte Nudelröhren)

1 Liter Tomaten-Weinsauce (Seite 291)
¼ Tasse gehackte frische oder 2 EL getrocknete Petersilie
2 verquirlte Eier
3 Tassen Ricottakäse (ersatzweise cremiger, milder Schafskäse)
½ TL Salz
4 bis 5 EL feingehackte Zwiebeln
½ Tasse geriebener Parmesankäse
1 TL Kümmel
etwa 16 Cannelloni (dicke Röhrennudeln mit einem Durchmesser von etwa 3 cm)
2 bis 3 EL geriebener Parmesankäse

Zuerst die Tomaten-Weinsauce nach Rezept herstellen.
Die verquirlten Eier mit der Petersilie verrühren und mit dem Ricotta, Salz, Zwiebeln und geriebenem Parmesankäse vermengen.
Den Kümmel zuerst in einer trockenen Pfanne einige Minuten auf mittlerer Flamme rösten, damit er sein Aroma voll entfaltet, dann heiß an die Käsemasse rühren.
Die ungekochten *Cannelloni* mit dieser Masse füllen. Etwa die Hälfte der Sauce in eine feuerfeste Form gießen, die gefüllten Cannelloni darauflegen, mit der restlichen Sauce bedecken und zugedeckt im 200 bis 210 Grad heißen Ofen 20 Minuten backen, bis sie gar sind.
Anmerkung d. Übers.: Die Cannelloni saugen viel Flüssigkeit auf, darum müssen sie unbedingt reichlich mit Sauce bedeckt sein, sonst besteht die Gefahr, daß sie zäh bleiben. Stechen Sie nach Ablauf der Garzeit einmal hinein, ob sie weich sind. –
Kurz vor dem Servieren den Deckel von der Form abnehmen, das Gericht mit ein paar Löffeln geriebenem Parmesankäse bestreuen und wenige Minuten überbacken.
Ergibt 6 bis 8 Portionen.

PASTICCIO
(überbackene Nudeln)

Pasticciosauce:
3/4 Tasse getrocknete Linsen
1 sehr große Aubergine
3 EL Olivenöl
3 EL Butter
2 feingehackte Zwiebeln
1/2 TL Zimt
1/2 TL Oregano
Salz und Pfeffer
1 zerdrückte Knoblauchzehe
8 große (oder 2 500-g-Dosen) geschälte Tomaten
350 g (5 kleine Dosen) Tomatenmark
1/2 bis 1 Tasse geriebener Parmesankäse
500 g beliebige Nudeln

helle Sauce:
3 EL Butter
2 Tassen Milch
3 Eier
3 EL Mehl

zum Garnieren:
frische Tomatenachtel
feingehackte Petersilie

Die Linsen waschen und mit 3 Tassen kochendem Wasser bedeckt ein paar Stunden einweichen. Danach mit dem Einweichwasser in einen Topf geben, etwas Salz und Olivenöl zufügen, und etwa 1/2 Stunde oder 45 Minuten kochen, bis die Flüssigkeit fast völlig absorbiert ist.
In der Zwischenzeit Olivenöl und Butter in einem Saucentopf erhitzen und die gehackten Zwiebeln hineingeben. Die Aubergine waschen, mit Schale kleinschneiden, mit Knoblauch und Gewürzen unter die Zwiebeln mischen und unter gelegentlichem Rühren zugedeckt etwa 10 Minuten dünsten. Dann die Tomaten hacken und hinzufügen. Sobald die Linsen gar sind, gleichfalls mit der restlichen Kochflüssigkeit dazugeben. Alles zusammen unter gelegentlichem Rühren kochen lassen, bis es stark eingedickt ist. Zuletzt das Tomatenmark darunterziehen und die Würze korrigieren.
Die Nudeln in reichlich Salzwasser fast gar kochen. Sie müssen noch ein wenig hart sein, also nur etwa 10 bis 12 Minuten kochen. Eine große feuerfeste Deckelform oder eine rechteckige Backform ausfetten und die Hälfte der gekochten Nudeln hineinschichten. Etwas Parmesankäse darüberstreuen, dann sorgfältig die Hälfte der Tomatensauce darauf verteilen. Nun die restlichen Nudeln darüber ausbreiten, wieder mit Parmesankäse bestreuen und mit der übrigen Sauce bedecken.
Nudeln und Tomatensauce können im voraus fertiggestellt und bis zur weiteren Verarbeitung kühl aufbewahrt werden.
Etwa 1 Stunde vor dem Essen die helle Sauce zubereiten. Dazu in einem Saucentopf die Butter erhitzen und darin das Mehl einige Minuten anschwitzen. Die Einbrenne mit der heißen Milch ablöschen und mit dem Schneebesen glattschlagen.
In einer Schüssel die Eier verquirlen und langsam unter Schlagen mit dem Schneebesen die weiße Sauce hinzufügen.
Diese Sauce über die eingeschichteten Nudeln gießen. Sie soll bis zum Boden der Form durchlaufen und die verschiedenen Lagen verbinden. Sollte sie auf der Oberfläche stehenbleiben, die vier Schichten mit einem Messer hier und da etwas auflockern, so daß sie sich gleichmäßig verteilt. Noch ein wenig Parmesankäse darüberstreuen, den Deckel auflegen und das Pasticcio 1 Stunde bei 200 bis 210 Grad backen.
Das Gericht nach Belieben mit feinen Tomatenspalten verzieren und mit sehr fein gehackter Petersilie bestreuen. Sehr heiß servieren.
Für 6 bis 8 Personen.

RAVIOLI MIT KRÄUTERSPINATFÜLLUNG

Nudelteig:
Etwa 3 Tassen (500 g) Mehl
1 ½ TL Salz
3 Eier
3 EL Olivenöl
ungefähr ½ Tasse lauwarmes Wasser

Kräuterspinatfüllung:
700 g frischer Spinat
3 hartgekochte Eier
2 EL zerlassene Butter
2 EL frisch geriebener Parmesankäse
½ Tasse frischer Ricottakäse (ersatzweise sehr trockener Quark oder milder, cremiger Schafskäse)
2 ½ EL feingewiegte frische Petersilie
½ TL zerriebener getrockneter Oregano
1 TL zerstoßenes getrocknetes Basilikum
¾ TL Salz
frisch gemahlener schwarzer Pfeffer nach Geschmack

Für die *Pasta* Mehl und Salz in eine große Schüssel sieben. In die Mitte eine Vertiefung drücken, die Eier hineinschlagen und Wasser sowie Öl dazugießen. Nun das Mehl von außen her in die Flüssigkeit arbeiten, bis ein feuchter, fester Teig entstanden ist. Bei Bedarf noch etwas Wasser zufügen. (Oder mit einer elektrischen Küchenmaschine die Zutaten schnell und mühelos zu einem glatten Teig verarbeiten.)
Den Teig auf ein großes, bemehltes Backbrett geben und kneten, dabei nötigenfalls noch weiteres Mehl verarbeiten. Nach etwa 8 bis 10 Minuten müßte er seidigglatt sein. In Plastikfolie einwickeln und bis zur späteren Verwendung beiseite stellen.
Für die Füllung den Spinat waschen, von harten Stielen befreien und auf großer Flamme zugedeckt ohne Wasser (was an den gewaschenen Blättern hängt, reicht aus) etwa 8 bis 10 Minuten dünsten, bis er zusammengefallen und gar ist. Gut abtropfen lassen, dann feinhacken oder kurz im Mixer pürieren.
Die hartgekochten Eier sehr fein hacken und mit den übrigen Zutaten an den Spinat rühren.
Mit dieser Masse können etwa 50 bis 60 Ravioli gefüllt werden – für 6 Portionen.

Herstellen und Füllen der Ravioli:
Den Nudelteig in 4 gleiche Teile zerlegen. Auf einer großen, mit Mehl bestäubten Fläche jeweils ein Teigstück so dünn wie möglich ausrollen; versuchen Sie, den Teig dabei möglichst rechteckig hinzubekommen, auch wenn *er* dauernd versucht, die geographische Form Italiens oder Afrikas nachzuahmen. Sollte er am Backbrett festkleben, vorsichtig hochheben und etwas Mehl darunterstreuen. Die anderen Teigstücke bis zur Weiterverarbeitung zudecken.
Sobald das eine Teigstück zu einer 1 bis 2 mm dicken Fläche ausgerollt ist, auf ein flaches Brett legen und das zweite Teigviertel genauso auswellen. Die fertige Teigfläche muß eine ganz gleichmäßige Dicke haben. Ist sie an einer Stelle zu dünn, an anderer zu dick, gibt es Probleme beim Kochen: Die Ravioli werden teilweise zu weich und platzen auf, oder sie werden nicht richtig gar.
Nun eine *Pasta*fläche auf dem dünn bemehlten Backbrett ausbreiten und darauf die Füllung teelöffelweise in geraden Reihen anordnen, dabei von Mitte zu Mitte einen Abstand von etwa 5 cm lassen. Den frei gebliebenen Teig zwischen den Spinathäufchen mit einem Pinsel oder den Fingern anfeuchten, so daß ebenmäßige breite Streifen ein Karomuster um die Füllung bilden.
Jetzt vorsichtig das zweite ausgerollte Teigstück über das erste legen und entlang der befeuchteten Linien fest andrücken. Dabei kommt es manchmal vor, daß man große Luftblasen mit einschließt. In diesem Fall das betreffende Teigtäschchen nahe dem angepreßten Rand mit der Spitze eines scharfen Messers anstechen und den Teigsaum wieder fest andrücken, wenn die Luft heraus ist.
Die Ravioli mit einem Teigrädchen oder einem scharfen Messer auseinanderschneiden.
In gleicher Weise auch die übrigen zwei Teigstücke ausrollen, füllen und zu Täschchen versiegeln. Darauf achten, daß die Teigflächen um die Füllung herum fest miteinander verschmelzen, sonst öffnen sich die Ravioli beim Kochen und alle Mühe war vergebens. Die fertigen Ravioli halten übrigens besser zusammen, wenn man sie auf einer mehlbestäubten Fläche auslegt und etwa 20 Minuten leicht antrocknen läßt.
Zum Garen gibt man sie in einen sehr großen Topf mit

sprudelnd wallendem Salzwasser und bewegt sie schnell mit einem Holzlöffel etwa 1 Minute lang hin und her, damit sie nicht aneinanderkleben. Ungefähr 8 bis 10 Minuten kochen lassen, bis die Nudeln gar, aber nicht zu weich sind. Gründlich abseihen und sogleich mit einer leichten Tomatensauce, Rahmsauce oder einfach mit Butter und Käse auftragen.
Etwa 50 bis 60 ziemlich große Ravioli, genug für 6 Portionen.

ÜBERBACKENE MAKKARONI

Mit *Salat »Cäsar«* zusammen würde dieses echt römische Gericht sogar Kleopatra verführen!

3 Tassen Béchamelsauce (Seite 128)
500 g Makkaroni, in 6 cm lange Stücke gebrochen
125 g frisch geriebener Parmesankäse
350 g grobgeraspelter Fontinakäse
(evtl. junger Gouda als Ersatz)
Salz und frisch gemahlener Pfeffer
1 Tasse mit Butter verrührtes Paniermehl

Die Béchamelsauce nach Rezept zubereiten, dabei aber mehr Thymian und Lorbeerblatt zusetzen. (Zu der Béchamel für dieses Gericht kann man gut fettarme Milch verwenden, denn die reichliche Käsemenge garantiert vollendete Sahnigkeit.)
Wenn die Sauce fertig ist, die Nudeln in reichlich Salzwasser eben gar *(al dente)* kochen. Die geriebenen Käse vermischen und bereithalten. Eine schöne feuerfeste Form von 2½ bis 3 Litern Fassungsvermögen ausfetten.
Sobald die Nudeln gar sind, abseihen und ein Drittel davon in die vorbereitete Form füllen. Mit einem Drittel der Käsemischung bestreuen, darüber ein Drittel der Sauce gießen und großzügig mit frisch gemahlenem schwarzem Pfeffer würzen. In der gleichen Reihenfolge noch zwei weitere Schichten einlagern. Obenauf das mit Butter verrührte Paniermehl verteilen. Die Makkaroni im vorgeheizten Ofen bei 175 Grad etwa 15 bis 20 Minuten backen, bis die Oberfläche schön gebräunt ist und Blasen wirft. Mit einem kräftig gewürzten Salat und gutem *Chianti* auftragen.
Reichlich für 4 bis 6 Personen.

Saucen für Pastagerichte

TOMATEN-WEINSAUCE

30 g getrocknete schwarze italienische Pilze
1 Tasse Kartoffelschalenbrühe (Seite 91)
oder Wasser
½ bis 1 gehackte Zwiebel
1 bis 2 sehr fein gewiegte Knoblauchzehen
3 EL Olivenöl
Basilikum und Oregano
Petersilie
1 Lorbeerblatt
Salz und frisch gemahlener schwarzer Pfeffer
2½ Tassen Tomatenpüree oder verdünntes
Tomatenmark
Zitronenschale
1 Tasse Rotwein
Worcestersauce

Die Trockenpilze in Brühe oder Wasser etwa 20 Minuten leicht kochen. Die Brühe durch ein mit Mulltüchern ausgelegtes Sieb oder einen Papierfilter gießen, die Pilze einzeln sorgfältig waschen, damit kein Staubkörnchen mehr daran haftet, grobhacken und in die gefilterte Brühe zurückschütten.
In einem Saucentopf das Olivenöl erhitzen und die gehackten Zwiebeln sowie den Knoblauch hineingeben. Nach einigen Minuten im Mörser zerriebenes Basilikum, Oregano und etwas Petersilie zufügen.
Wenn der Knoblauch gebräunt ist und die Zwiebeln glasig sind, Tomatenpüree, Pilze mit Brühe, eine Spirale Zitronenschale und ein Lorbeerblatt dazurühren und mit Salz sowie frisch gemahlenem schwarzem Pfeffer würzen. Zuletzt den Wein zugießen.
Die Sauce bei sehr geringer Hitze etwa 15 bis 20 Minuten köcheln lassen, wenn sie mit Nudeln zusammen gebacken werden soll (wie z. B. für *Gefüllte Cannelloni* oder *Lasagne*), zur Verwendung mit Spaghetti hingegen 1 Stunde. Vor dem Auftragen Lorbeerblatt und Zitronenschale entfernen. Zum Schluß mit einem Spritzer Worcestersauce verfeinern.
Ergibt etwa 1 Liter Sauce.

KRÄUTER-TOMATENSAUCE

500 g italienische (längliche, fleischige) Tomaten
1/2 gehackte Zwiebel
2 Knoblauchzehen, durch die Presse gedrückt
2 EL Olivenöl
1/4 grüne Paprikaschote
1 kleines Lorbeerblatt
1 Stengel Petersilie
1 Prise Oregano
1 Prise Basilikum
Salz, frisch gemahlener schwarzer Pfeffer
Rotwein

Sollten Sie keine italienischen Tomaten auf dem Markt finden können, verwenden Sie die entsprechende Menge geschälter Tomaten aus der Dose.
In einem Saucentopf das Olivenöl erhitzen und die Zwiebel mit dem Knoblauch darin rösten. Die abgezogenen Tomaten mit dem Stück Paprikaschote zusammen kurz bei hoher Geschwindigkeit im Mixer pürieren und die gewonnene Flüssigkeit zu den Zwiebeln gießen. Ein Lorbeerblatt, etwas Petersilie, je eine Prise Oregano und Basilikum, Salz nach Geschmack und eine reichliche Menge frisch gemahlenen schwarzen Pfeffer hinzufügen.
Die Sauce 1/2 Stunde oder länger sanft köcheln lassen, dabei gelegentlich umrühren. Wenn sie zu sehr einkocht, noch Wasser zugießen. Ein paar Eßlöffel Rotwein sorgen für ein delikates Aroma.
Heiß mit frisch gekochten Nudeln und geriebenem Parmesankäse vermengen.
2 bis 3 reichliche Portionen. Für etwa 1 Liter Sauce die angegebenen Mengen verdoppeln.

AUBERGINENSAUCE

1/2 Tasse Olivenöl
2 bis 3 Knoblauchzehen
1 Aubergine (etwa 450 g)
2 grüne Paprikaschoten
3 Tassen geschälte, gehackte Tomaten
1/2 bis 3/4 Tasse in Scheibchen geschnittene schwarze Oliven
3 bis 4 EL Kapern
1 TL zerriebener Oregano
1/2 TL zerstoßenes Basilikum
Salz nach Geschmack
viel frisch gemahlener schwarzer Pfeffer
350 g (5 kleine Dosen) Tomatenmark
2 Tassen trockener Weißwein, nach Bedarf mehr

In einem großen Saucentopf das Olivenöl erhitzen. Den Knoblauch sehr fein wiegen oder durch die Knoblauchpresse drücken, in das Öl geben und auf kleiner Flamme langsam rösten. In der Zwischenzeit das Gemüse vorbereiten.
Die Aubergine waschen und mit der Schale feinhakken. Die Paprikaschoten putzen und würfeln.
Aubergine, Paprikawürfel, Tomatenstückchen, Olivenscheiben und Kapern in das heiße Öl geben und rühren, bis alles gleichmäßig mit einer Fettschicht überzogen ist.
Nun die übrigen Zutaten beifügen, nochmals umrühren, die Hitze zurücknehmen und die Sauce auf kleinster Flamme zugedeckt etwa 1 Stunde sanft köcheln lassen. Ab und zu rühren, damit sie nicht anbrennt. Sollte sie zu stark einkochen, mit etwas Wein oder Wasser verdünnen.
Ergibt etwa 2 Liter Sauce.

PILZSAUCE

50 g getrocknete schwarze Pilze
2 bis 3 Tassen Wasser
1/2 gehackte Zwiebel
2 bis 3 sehr fein gewiegte Knoblauchzehen
Butter nach Bedarf
Olivenöl (etwa 1 EL)
110 g (1 1/2 kleine Dosen) Tomatenmark
1 Lorbeerblatt
Basilikum
Oregano
Salz
frisch gemahlener schwarzer Pfeffer
Worcestersauce

Die Trockenpilze zuerst in dem Wasser einweichen, dann langsam kochen, bis sie weich sind. Die Brühe durch Mulltücher oder Papier filtern und bereithalten.
Die Pilze gründlich waschen und grobhacken, mit Zwiebel und Knoblauch zusammen in Butter braten. Wenn die Zwiebelstückchen zu bräunen beginnen, etwas Olivenöl, das Tomatenmark und die Pilzbrühe dazurühren.
Die Sauce mit einem Lorbeerblatt, im Mörser pulverisiertem Basilikum und einer Prise Oregano würzen. Nach Geschmack salzen und großzügig schwarzen Pfeffer hineinmahlen. Zugedeckt so lange wie möglich langsam köcheln lassen, häufig umrühren und bei Bedarf noch Wasser zugießen, um die gewünschte Konsistenz beizubehalten.
Vor dem Servieren ein paar Tropfen Worcestersauce zufügen.
Kochendheiß über die Nudeln gießen.

Andere italienische Gerichte

KARTOFFELGNOCCHI

(Kartoffelnocken)

900 g mehlige Kartoffeln
1 1/2 Tassen Mehl, bei Bedarf mehr
2 TL Salz
1 leicht verquirltes Ei
ungefähr 1/2 Tasse zerlassene Butter
(nach Geschmack)
Emmentaler Käse oder Parmesankäse

Die Kartoffeln in der Schale gar kochen, abgießen, leicht abkühlen lassen, dann schälen und durch eine Kartoffelpresse drücken oder durch den Wolf drehen. Kartoffeln, Mehl, Salz und Ei zu einem glatten Teig verkneten. Nötigenfalls noch etwas Mehl zusieben. Der Teig soll weich, aber formbar sein.
Jeweils ein Drittel des Teiges auf einem dünn bemehlten Backbrett zu einer langen, dicken Rolle formen. Diese mit den Händen drehen und strecken, bis sie nur noch etwa 2 bis 3 cm Durchmesser hat, und mit einem scharfen Messer in gut 1 cm dicke Scheibchen schneiden. Genauso mit dem übrigen Teig verfahren.
Die Gnocchi in reichlich 5 Liter sprudelnd wallendes Salzwasser geben und etwa 8 bis 10 Minuten kochen, bis sie durch und durch gar sind. Mit einem Schaumlöffel herausheben und abtropfen lassen.
Die gekochten Gnocchi nebeneinander in eine gut gefettete feuerfeste Form legen, mit flüssiger Butter beträufeln und nach Geschmack mit geriebenem Emmentaler oder Parmesankäse bestreuen. Im vorgeheizten Ofen bei 175 Grad 15 bis 20 Minuten überbacken, bis der Käse zu bräunen beginnt.
Kartoffelgnocchi schmecken auch vorzüglich mit Rahmsauce.
Für 6 bis 8 Personen.

SPINATGNOCCHI MIT KÄSE

(Spinatnocken mit Käse)

250 g Spinat
9 EL zerlassene Butter
1 Tasse ausgedrückter (trockener) Ricottakäse (ersatzweise ausgepreßter, trockener Quark oder milder Schafskäse)
$^{2}/_{3}$ Tasse geriebener Parmesankäse
3 verquirlte Eigelb
7 EL Mehl, nach Bedarf mehr
$^{3}/_{4}$ TL Salz
frisch gemahlener schwarzer Pfeffer nach Geschmack
1 Prise Muskat (nach Belieben)
$^{1}/_{2}$ Tasse geriebener Parmesankäse

Den Spinat gründlich waschen und in 3 Eßlöffeln Butter auf mittlerer Flamme unter häufigem Rühren dünsten, bis er gar und der austretende Saft völlig verdampft ist. Er muß eben anfangen, am Topfboden anzubacken; die Garzeit beträgt zwischen 10 und 15 Minuten. Danach im elektrischen Mixer pürieren oder mit einem scharfen Messer feinhacken.
In einer recht großen Schüssel Spinat, Ricottakäse, Parmesankäse, verquirlte Eigelb, 7 Eßlöffel Mehl, Salz, Pfeffer und Muskat unter kräftigem Rühren zu einem glatten (klümpchenfreien!) Teig verarbeiten. Mindestens $^{1}/_{2}$ Stunde kühl stellen.
Mit einem Teelöffel kleine, etwa walnußgroße Gnocchi von der gekühlten Spinatmasse abstechen, mit einem zweiten Teelöffel abrunden, in Mehl wälzen und auf Wachspapier legen, bis alle Gnocchi geformt sind. Zum Garen gibt man sie vorsichtig in etwa 5 Liter siedendes Salzwasser und läßt sie darin 10 bis 12 Minuten ziehen (nicht kochen!). Ab und zu vorsichtig mit einem Holzlöffel rühren, damit sie nicht aneinanderkleben. Mit einem Schaumlöffel aus dem Wasser heben und auf einem Tuch abtropfen lassen.
Weitere 3 Eßlöffel flüssige Butter in eine flache feuerfeste Form geben, mit einem Pinsel gleichmäßig darin verteilen und die Gnocchi nebeneinander hineinlegen. Mit den restlichen 3 Eßlöffeln Butter begießen, mit Parmesankäse bestreuen und im vorgeheizten Ofen bei 175 Grad 15 bis 20 Minuten backen, bis sie ganz heiß sind und der Käse eben zu bräunen beginnt.
Für 6 Personen.

KARTOFFELROLLE MIT SPINATFÜLLUNG

Abb. 27

Der Teig für diese Roulade ist eine Variante des Gnocchiteiges. Man rollt ihn um eine Füllung herum auf, wickelt das Ganze in ein Quarktuch (aus Mull), kocht die Masse in Salzwasser und trägt sie heiß auf. Schneidet man die Rolle in Scheiben, sieht man das hübsche Spiralmuster, das Teig und Füllung zusammen bilden.

Füllung:
Etwa 1000 g frischer Spinat
3 EL Butter
1 große gehackte Zwiebel
1 große, sehr fein gewiegte Knoblauchzehe
1 $^{1}/_{2}$ EL Weißweinessig
$^{1}/_{2}$ TL Salz
$^{1}/_{4}$ TL zerriebener Oregano
1 Prise Muskat

Teig:
Etwa 1000 g Kartoffeln
2 Eier
1 Eigelb
1 $^{1}/_{2}$ TL Salz
$^{1}/_{8}$ TL Muskat
2 bis 2 $^{1}/_{2}$ Tassen Mehl

zum Garnieren:
$^{1}/_{2}$ Tasse zerlassene Butter
$^{3}/_{4}$ Tasse frisch geriebener Parmesankäse

Füllung: Den Spinat sorgfältig waschen und ohne Wasser zugedeckt dünsten, bis er ganz zusammengefallen ist. Dann auspressen und feinhacken.
In einem mittelgroßen Saucentopf die 3 Eßlöffel Butter zerlassen und die Zwiebelstückchen mit dem Knoblauch darin goldbraun rösten. Spinat, Essig, $^{1}/_{2}$ Teelöffel Salz, Oregano und Muskat zufügen, umrühren und ein paar Minuten dünsten, bis alles etwas eingedickt, aber noch feucht ist. Abschmecken und bei Bedarf nachwürzen.
Teig: Die Kartoffeln in der Schale gar kochen, pellen und durch ein grobes Sieb oder eine Kartoffelpresse

drücken. Die beiden Eier mit dem Eigelb verschlagen und mit 1½ Teelöffeln Salz sowie Muskat unter die Kartoffelmasse ziehen. Etwa 2 Tassen Mehl dazurühren und das Ganze mit einer Hand (eine reicht vollkommen aus, zwei kann man nur unter größten Schwierigkeiten wieder aus der Masse herausziehen) zu einem glatten Teig verarbeiten, dabei nur soviel Mehl unterkneten, wie nötig ist, damit er zu einer Kugel geformt werden kann.
Ein großes Blatt Wachspapier dick mit Mehl bestreuen und den Teig darauf zu einem ebenmäßigen Rechteck von etwa 30 bis 35 cm Länge und 25 bis 30 cm Breite auswellen. Mit Mehl bestäubt halten, sonst klebt er am Nudelholz fest!
Jetzt die Spinatmasse so auf dem Teigstück verteilen, daß entlang den beiden Schmalseiten und einer Längskante ein 2 bis 3 cm breiter und an der vierten Kante ein etwa 5 cm breiter Streifen frei bleibt. Den Teig von der Längsseite aus, an der der schmalere freie Rand ist, über die Füllung rollen, dabei das Wachspapier nach und nach abziehen. Zum Schluß den entstandenen Teigsaum gut andrücken und die beiden Enden der Rolle fest verschließen, so daß die Füllung nicht herausquellen kann. Nun die ganze Roulade in ein doppelt oder dreifach gefaltetes Quarktuch einwickeln, das an den Enden 5 bis 10 cm überhängen muß, damit es dort zugebunden werden kann. Zuletzt noch einen etwa 8 cm breiten Tuchstreifen um die Mitte der Rolle binden.
Die Roulade in einen ziemlich tiefen Topf, zum Beispiel einen Gänsebräter, legen, mit kochendem Salzwasser bedecken und 50 Minuten darin köcheln lassen. Ungefähr nach der Hälfte der Garzeit einmal umwenden.
Danach die Rolle aus dem Wasser heben, ein paar Minuten ruhen lassen und schließlich das Quarktuch entfernen; sollte es festgeklebt sein, vorsichtig mit einem scharfen Messer ablösen.
Die Kartoffelrolle in etwa 2 cm dicke Scheiben schneiden, auf gewärmte Teller verteilen, mit zerlassener Butter begießen und großzügig mit Parmesankäse bestreuen. Sogleich servieren.
Reichliche Portionen für 6 Personen.

POLENTA

Polenta steht genauso häufig wie *Pasta* auf dem italienischen Speisezettel. Sie ist bei uns zulande wenig bekannt – vielleicht, weil sie so einfach ist. Dabei kann man sie gut mit pikanten Gemüsen und Saucen kombinieren.

6 Tassen Wasser
2 Tassen gelbes Maismehl
Salz
¼ Tasse Butter
½ Tasse geriebener Parmesankäse

Anmerkung d. Übers.: In gut geführten Kaufhäusern ist feiner Maisgrieß erhältlich, der sich auch für »Polenta« eignet. Die echte wird allerdings aus Maismehl hergestellt (siehe auch Seite 51).

Das Wasser in einem großen Topf zum Kochen bringen und unter dauerndem Rühren langsam das Maismehl hineinstreuen. Salz und Butter hinzufügen. Auf kleiner Flamme etwa 20 bis 30 Minuten gemächlich kochen, dabei häufig mit einem Holzlöffel rühren. Die Polenta sollte dickbreiig und geschmeidig sein. Wenn sie fertig ist, den geriebenen Parmesankäse hineinrühren und das Ganze noch ein paar Minuten auf dem Feuer lassen.
Heiß mit *Kräuter-Tomatensauce, Pilzsauce* oder geriebenem Käse und Butter servieren. Dazu passen gut scharfgewürzte oder marinierte Gemüse.
Für 6 bis 8 Personen.

ÜBERBACKENE POLENTA

1 Rezept Polenta (siehe voriges Rezept)
2 Eier, mit 2 EL Wasser verschlagen
Salz und Pfeffer
½ Tasse Weizenkeime
½ Tasse Paniermehl

Die nach Rezept zubereitete, noch heiße Polenta in eine gefettete Form geben und erkalten lassen. Wenn sie fest ist, in kleine Würfel oder Rechtecke schneiden.

Diese Stückchen zuerst im verquirlten Ei, dann in der Mischung aus Weizenkeimen und Paniermehl wenden und auf ein gefettetes Blech setzen. Im heißen Ofen bei 175 Grad etwa ½ Stunde backen, bis sie knusprigbraun sind. Heiß mit saurer Sahne, *Béchamelsauce, Kräuter-Tomatensauce* oder *Sesamaubergine* auftragen. Ein leckerer erster Gang für ein italienisches Essen!
Für 6 bis 8 Personen.

GEBRATENER MOZZARELLA

Etwa 700 g Mozzarellakäse
1 ⅓ Tassen feines Paniermehl
3 bis 4 EL sehr fein gewiegte frische Petersilie
2 Eier
Salz und Pfeffer nach Geschmack
ungefähr 3 bis 4 EL Mehl
etwa ½ bis ⅓ Tasse Olivenöl

zum Garnieren:
Melonenscheiben

Den Mozzarella in ebenmäßige, etwa 5 mm dicke Scheiben schneiden.
In einer flachen Schale das Paniermehl gut mit der Petersilie vermischen.
Die Eier leicht mit etwas Wasser, Salz und Pfeffer verschlagen und gleichfalls in einer flachen Schale bereithalten.
In eine dritte Schüssel ein paar Eßlöffel Mehl geben. Die Mozzarellascheiben nacheinander zuerst gründlich im Mehl wälzen, dann im verquirlten Ei und zuletzt in der Paniermehlmischung wenden; nochmals ins Ei tauchen und zum zweitenmal panieren. Alle Käsescheiben müssen gleichmäßig mit einer dicken Paniermehlkruste überzogen sein (auch an den Kanten), sonst laufen sie in der Pfanne aus.
Eine reichliche Menge Olivenöl in zwei Pfannen gießen und erhitzen. Die Mozzarellascheiben hineinlegen, die Hitze zurücknehmen, und die Käsescheiben auf mittlerer Flamme von beiden Seiten goldbraun und knusprig braten.
Aus der Pfanne nehmen, kurz auf Papiertüchern abtropfen lassen und sofort servieren. Der Käse muß unter der Kruste völlig geschmolzen sein.
Mit Melonenscheiben garniert oder zu einem Salat reichen.
Für 6 Personen.

MELANZANA AL FORNO
(überbackene Auberginen)

Bei diesem Rezept habe ich versucht, ein Gericht, das ich einmal in Bologna gegessen habe, nachzukochen – es ging seine eigenen Wege, und hier ist das schmackhafte Resultat.

Etwa 1250 g Auberginen (vorzugsweise junge, kleinere)
4 EL Olivenöl
3 sehr fein gewiegte Knoblauchzehen
1 TL Salz
⅓ bis ½ Tasse Pinienkerne
2 Tassen geschälte Tomaten (mit Saft)
2 EL sehr fein gehackte frische Petersilie
½ TL Basilikum
frisch gemahlener Pfeffer nach Geschmack
⅓ Tasse geriebener Parmesankäse
½ Tasse Paniermehl, bei Bedarf mehr
2 gut verquirlte Eier
etwa 250 g Mozzarellakäse, in Streifen geschnitten

Suchen Sie sich möglichst runde Auberginen aus, die jeweils etwa 250 bis 350 g wiegen. Die Früchte der Länge nach halbieren und so aushöhlen, daß eine etwa 5 mm dicke Schicht unter der Schale erhalten bleibt. Die Hälften beiseite legen und das herausgeschabte Fruchtfleisch kleinhacken.
In einer großen Pfanne das Olivenöl erhitzen, den Knoblauch hineingeben, etwa 1 Minute lang darin schwenken, dann das zerkleinerte Auberginenfleisch mit dem Salz zufügen und auf großer Flamme unter ständigem Rühren ungefähr 10 Minuten braten, bis es anfängt, Farbe zu nehmen.
Nun Pinienkerne, in Stücke geschnittene Tomaten, Petersilie, Basilikum und eine reichliche Prise frisch gemahlenen schwarzen Pfeffer dazugeben. Alles

gründlich verrühren und bei mäßiger Hitze weitere 10 Minuten dünsten. Zuletzt Käse und Paniermehl darunterziehen. Jetzt sollte die Masse dickbreiig und ziemlich fest sein – nicht so weich, daß sie auseinanderläuft. Nötigenfalls noch etwas Paniermehl zufügen, dann die verschlagenen Eier hineinrühren. Abschmecken und die Würze korrigieren.
Mit dieser Masse die ausgehöhlten Auberginenhälften bis zum Rand füllen, Mozzarellastreifen darüberlegen und die Auberginen im 175 Grad heißen Ofen etwa 35 bis 40 Minuten backen, bis der Käse zu einer goldbraunen Kruste geschmolzen ist. Heiß servieren.
Für 6 bis 8 Personen.

POMODORI AL GRATINE

(gratinierte Tomaten)

Dieses Gericht ist so leicht und erfrischend, daß es sich hervorragend als heiße Vorspeise für ein Menü mit einem reichhaltigen Nudelgericht eignet. Außerdem ist es eine saftige Beilage zu Kroketten.

6 große, feste Tomaten (etwa 900 g)
2 EL Olivenöl
3 EL sehr fein gewiegte frische Petersilie
1 TL getrocknetes, im Mörser pulverisiertes Basilikum
½ TL zerriebener getrockneter Oregano
1 oder 2 sehr fein gehackte Knoblauchzehen
½ bis ¾ TL Salz, je nach Geschmack
frisch gemahlener schwarzer Pfeffer nach Geschmack
⅓ Tasse geriebener Parmesankäse
⅔ Tasse Paniermehl

Die Tomaten quer halbieren, mit einem Löffel das Mark herausschaben, grobhacken, mit dem Saft in eine Schüssel geben und gründlich mit Öl, Kräutern, Salz, Pfeffer, Käse und Paniermehl vermengen.
Das Innere der ausgehöhlten Tomatenhälften leicht mit Salz ausstreuen. Nun die vorbereitete Füllung gleichmäßig auf die 12 Hälften verteilen. Die gefüllten Tomaten im vorgeheizten Ofen bei 175 Grad etwa 20 bis 25 Minuten überbacken und heiß auftragen.
Für 6 Personen.

ZUCCHINI-FRITTATA

(Zucchinieierkuchen)

700 g junge, feste Zucchini (gewürfelt etwa 4½ Tassen)
1 mittelgroße Zwiebel
3 EL Olivenöl
6 Eier
Salz und Pfeffer nach Geschmack
im Mörser zerriebenes Basilikum nach Geschmack

Die Zucchini feinwürfeln, die Zwiebel hacken. In einer Pfanne von etwa 25 cm Durchmesser das Olivenöl erhitzen, Zucchini- und Zwiebelwürfel hineingeben und unter häufigem Rühren braten, bis die Zwiebeln golden und die Zucchini gar sind.
In der Zwischenzeit die Eier leicht mit etwas Salz, Pfeffer und zerstoßenem Basilikum verschlagen. Sobald die Zucchinistückchen weich sind, das Gemüse gleichmäßig auf dem Pfannenboden verteilen und die Eier darübergießen. Die Hitze zurücknehmen und die Frittata etwa 15 bis 20 Minuten zugedeckt backen, bis die Eier gestockt sind. Ab und zu nachsehen, ob sich eine Luftblase gebildet hat, die mit einem scharfen Messer ein- oder zweimal aufgestochen werden muß.
Wenn die Eier an der Oberfläche fest sind, die Frittata vorsichtig mit einem Spachtel oder Pfannenmesser vom Pfannenboden lösen. Einen großen, flachen Topfdeckel auf die Pfannenöffnung halten, den Eierkuchen durch schnelles Umdrehen der Pfanne darauffallen und wieder in die Pfanne gleiten lassen, dann von der anderen Seite ein paar Minuten bräunen. Die fertige Frittata auf einer Platte anrichten.
In Stücke geschnitten zum ersten Gang oder als Teil verschiedener *Antipasti* heiß oder auf Zimmertemperatur abgekühlt servieren. Lauwarm schmeckt sie am besten – aber bitte nicht eiskalt zu Tisch bringen!
Für 6 Personen.

ZWIEBEL-KRÄUTER-FRITTATA *Abb. 28*

(Zwiebeleierkuchen mit Kräutern)

1 gelbe Zwiebel
1 rote Zwiebel
3 EL Olivenöl
$^1/_2$ Tasse gehackte frische Petersilie
$^1/_3$ Tasse feingewiegter Schnittlauch
$^1/_4$ TL getrocknetes oder 2 TL frisches Basilikum
6 Eier
Salz und Pfeffer nach Geschmack

Die Zwiebeln schälen und grobhacken. In einer großen Pfanne das Olivenöl erhitzen und die Zwiebelwürfel darin eben Farbe nehmen lassen. Dann Petersilie, Schnittlauch und Basilikum zufügen und unter häufigem Rühren ein paar Minuten mitrösten.

Die Eier leicht mit etwas Salz und Pfeffer verquirlen. Zwiebeln und Kräuter noch einmal umrühren, ziemlich gleichmäßig auf dem Pfannenboden ausbreiten und vorsichtig die Eier darübergießen. Die Frittata zugedeckt auf ganz kleiner Flamme backen. Nach etwa 10 bis 15 Minuten müßten die Eier an der Oberfläche leicht gestockt sein.

Nun den Pfannendeckel mit einem glatten, flachen Topfdeckel vertauschen, die Pfanne rasch umdrehen, so daß die Frittata auf den Deckel fällt, den Eierkuchen wieder vorsichtig in die Pfanne zurückgleiten lassen und auf der anderen Seite goldbraun backen.

Die Frittata kann heiß gegessen werden, entfaltet aber ihr volles Aroma erst, wenn sie nur noch lauwarm (nicht kalt) ist. Zum Abkühlen auf eine Platte geben und kurz vor dem Servieren in Stücke schneiden.

Für 6 Personen als erster Gang oder Ergänzung von *Antipasti*.

Anregungen für Antipasti (Abb. 25) finden Sie im Kapitel *Salatsaucen, Salate, marinierte Gemüse*: Auberginenkaviar, Florentiner Brotsalat, Gnocchisalat, Insalatone, Kichererbsensalat, Limabohnensalat, Marinierter Gemüsesalat, Mozzarellasalat, Peperonata, Pimientoschoten in Öl, Porreesalat Vinaigrette, Reissalat Vinaigrette, Salat »Torcoloti«, Weiße-Bohnen-Salat.

Weitere italienische Rezepte in den folgenden Kapiteln:
Suppen: Minestrone, Minestrone alla Milanese, Pasta e Fagioli I und II.
Warme Gemüsegerichte: Überbackene Kartoffeln auf italienische Art, Aubergine »Parmigiana«, Italienische Pilzkasserolle.
Einfache Eierspeisen usw.: Florentiner Eier.
Kroketten, Pasteten, Käse: Fonduta, Gebratener Mozzarella
Quiches, Pies, Pizzas, Piroggen: Pizza, Pizza Rustica.
Reis- und andere Getreidegerichte: Reis »Parmigiana«, Risotto alla Milanese.
Torten und Desserts: Spumonikuchen, Torta di Ricotta, Zabaione, Zuppa Inglese.
Festliche Gerichte für Feiertage: Pannetone.

Spanische Spezialitäten

29 Cocido *(spanisches Eintopfmenü)*
Rezept Seite 307

30 Sangría *(spanische Bowle)*
Rezept Seite 308

31 Enchiladas con Salsa Verde
(Enchiladas mit grüner Sauce)
Rezept Seite 314

Maistortillas
Rezept Seite 312

Frijoles *(doppelt geschmorte Bohnen)*
Rezept Seite 318

32 Blumenkohlcurry mit Erbsen
Rezept Seite 326

Jedes Land hat seine Vorzüge – in Wien werden die feinsten Torten gebacken, Italien kocht den besten Kaffee, die deutschen Eisenbahnen fahren am pünktlichsten – die schönsten Bars aber sind in Spanien.
Italienische Bars mit den mächtigen, funkelnden, alles beherrschenden Espressomaschinen sind in den frühen Morgenstunden voller Leben – dort genießt man das Frühstück, schäumenden *Capuccino* und frisches Gebäck. Im weiteren Verlauf des Tages sind sie der Schauplatz zahlloser Kaffeepausen, für ein gelegentliches Spielchen am Automaten, einen Imbiß, manchmal auch für einen Drink. Hier werden Telefongespräche geführt, verbreiten sich Lokalnachrichten und lebt der Klatsch. Englische Bars und Pubs, besonders in ländlichen Gegenden, sind Stätten des sozialen Kontaktes. Hier treffen sich Nachbarn, um in angenehmer Atmosphäre einen gemütlichen Abend miteinander zu verbringen. In amerikanischen Bars, die durch ihr stetes Dämmerdunkel leicht dekadent wirken, werden ausschließlich harte Getränke, vor allem Whiskey, konsumiert. Deutsche Wirtshäuser und Kneipen sind berühmt für ihre Gemütlichkeit und deftige Hausmannskost. Französische Bistros sind den italienischen Espressobars vergleichbar, mit der besonderen Eigenart der vielen Spiegel an den Wänden, in denen man unauffällig das Kommen und Gehen der Gäste beobachten kann (vielleicht tun das auch nur die Ausländer, während die Spiegel für die Franzosen lediglich elegante Dekoration sind). Spanische Bars besitzen alle obengenannten Vorzüge und dazu noch einen ganz speziellen: Sie servieren *Tapas.*
Tapas heißen kleine Leckerbissen, die man bei einem Glas Wein verzehrt. Sie sind weder ein Imbiß gegen den größten Hunger noch ein richtiges Essen, sie sind ganz einfach ein Teil spanischer Lebensart. Der spanische Tag beginnt sehr früh am Morgen; man frühstückt *Café con leche* (Milchkaffee) und knusprige Brötchen in einer der vielen Bars. Gegen zwei Uhr nachmittags schließen alle Geschäfte, Büros und Banken, die Spanier gehen heim, um sich in aller Ruhe den Freuden eines opulenten Mittagessens hinzugeben. Nach etwa zwei Stunden kehren dann alle erfrischt und entspannt bis zum frühen Abend an ihre Arbeitsstätten zurück. Nun wird aber – jedenfalls im heißen Sommer – das Abendessen nicht vor zehn Uhr eingenommen. Deshalb nutzen dann die meisten Spanier die kühleren Stunden des verklingenden Tages zum Spazierengehen, zum *Paseo*. Auf allen Prachtstraßen und Alleen sind Menschenmassen in Bewegung. Das Sonderbare aber ist, daß dieser Spaziergängerstrom wie ein Ritual anmutet, denn man schlendert nicht hierhin und dorthin, kreuz und quer, man gliedert sich ein und folgt dem einen Menschenstrom straßauf und dem anderen straßab, wobei man unter den Entgegenkommenden Freunde und Bekannte durch Kopfnicken grüßt oder auch einmal stehenbleibt, um ein Pläuschchen zu halten.
Zu diesen fröhlichen, lärmenden, bewegten Stunden des Paseo gehören untrennbar die kleinen Pausen in einer der zahllosen Tapabars. Und dieselbe Bar, in der man morgens in freundlicher Stille seinen Kaffee trank, ganz gleich, ob sie einfach oder elegant ist, hallt nun wieder von Gelächter, lebhaften Gesprächen und Geschäftigkeit.
In bestimmten Bezirken Madrids gibt es Tapabars, die ebenso groß wie berühmt sind. Dort kann man am späten Nachmittag erleben, wie die zuvor kahle, blankgeputzte Theke plötzlich mit zwanzig, dreißig, ja bis zu vierzig verschiedenen Platten und Schalen voller Leckereien bedeckt ist. Da stehen marinierte Gemüse neben pikanten Salaten und gefüllten Eiern, da liegen große, eigelbe *Tortillas*, in Stücke geschnitten, die noch warm sind und nach Zwiebeln duften, da locken Oliven aller Größen und Farben, *Bocadillo*brötchen und Käse und geröstete Pfefferschoten.
Sogar warme Speisen werden auf Wunsch angerichtet – kleine Teller mit knoblauchduftenden Pilzen oder knusprigbraunen Kroketten. Im Sommer gibt es außerdem immer *Sangría* oder eisgekühlten *Gazpacho* in Tassen, vielleicht auch Karamelcreme in großen Schüsseln oder Portionsförmchen, Körbe mit frischen Früchten und vieles mehr.
Und da steht man an der Tapabar, den Ellbogen fest auf die Theke neben sein Weinglas gestützt, und zeigt auf die Köstlichkeiten, die man haben will. Sofort erscheint wie von Zauberhand ein wohlgefülltes Tellerchen neben dem Glas, man leert es und probiert weiter und weiter . . . – irgendwie schafft es der Barkeeper, trotz allen Gedränges den Überblick zu behalten und zum Schluß die (nie sehr hohe) Rechnung zu präsen-

tieren. Dann begibt man sich wieder in den Strom der Spaziergänger zurück, bis die Auslagen im Fenster einer anderen Tapabar einen erneut zu einem Glas Wein und einem Tapa verführen.
Nun sind aber Tapas nicht das A und O der spanischen Küche. Die spanische Kochkunst weist starke Einflüsse von den europäischen Nachbarn auf der einen und den Mauren auf der anderen Seite auf mit einer interessanten Vermischung unterschiedlicher Eßtraditionen und Aromen. Hinzu kommt, daß jede Provinz Spaniens auch an ihren eigenen traditionellen Gerichten festhält. Spaniens Küche ist somit eine der vielseitigsten in Europa.
Als ich in Spanien war, habe ich die meiste Zeit in Madrid und Segovia verbracht. Aus diesem Grunde sind die Ideen und Rezepte, die ich dort gesammelt habe, fast alle kastilischen Ursprungs. Eine meiner Lieblingsspeisen war und ist *Tortilla Española*. Spanische Tortillas sind Gemüseeierkuchen, die man nicht mit den mexikanischen Fladenbroten, ebenfalls Tortillas genannt, verwechseln darf. Vielleicht könnte man sie mit italienischen *Frittatas* vergleichen. Jedenfalls sind sie eine reine Gaumenfreude.
Wie in allen Mittelmeerländern gehört auch in Spanien der tägliche Weingenuß zu den normalen Freuden des Lebens. Von derben roten Landweinen bis zu erlesenen Spitzenweinen gibt es in Hülle und Fülle alles, was das Herz begehrt.
Eine Art Nationalgetränk besonderer Art ist *Sangría*, fruchtig-weinige Erfrischung par excellence an heißen Sommertagen. Dazu braucht man einen guten, trokkenen Rotwein (aber beileibe keinen teuren, exquisiten!) und frisches, reifes Obst. Sangría wird stets frisch zubereitet, da sie sonst ihr feines Aroma einbüßt. Man trinkt sie nur in Gesellschaft, erhebt die Gläser und prostet einander mit den Worten zu: »¡Salud, pesetas, y joventud, y tiempo para gastarlos!« – Gesundheit, Geld und Jugend, und die Zeit, sich daran zu freuen!

ENSALADILLA RUSSA
(russischer Salat)

3 große festkochende Kartoffeln
1 Tasse gekochte Erbsen
1 Tasse gekochte, gewürfelte Möhren
½ Tasse gekochte, gehackte Pimientoschoten (evtl. aus dem Glas *au naturel*)
½ sehr fein gewiegte Zwiebel
¼ Tasse Olivenöl
¼ Tasse Weinessig
1½ TL Salz
Pfeffer nach Geschmack
Mayonnaise nach Geschmack

zum Garnieren:
Petersiliensträußchen
Möhrenscheiben
Pfefferschotenstreifen
gehackte hartgekochte Eier
Zwiebelringe
usw.

Die Kartoffeln in der Schale gar kochen, abkühlen lassen, pellen und in etwa 5 mm große Würfelchen schneiden.
Die Kartoffelwürfel in eine große Schüssel geben und mit einer reichlichen Tasse gekochten frischen Erbsen, einer gehäuften Tasse gekochten, gewürfelten Möhren, den *Pimiento*stückchen und den feingewiegten Zwiebeln vermischen.
Das Gemüse mit Öl, Essig, Salz und Pfeffer anmachen und abschmecken. Wer will, kann noch ein paar Löffel Mayonnaise daruntermengen.
Den Salat vorsichtig auf eine ovale Platte häufen und mit flacher Messerschneide zu einer glatten Kuppel formen. Die ganze Oberfläche nun gleichmäßig mit Mayonnaise bestreichen, bis sie glatt und glänzend ist. Mit den verschiedensten Zutaten hübsch verzieren. Den Salat vor dem Auftragen kühlen.
Für 8 bis 10 Personen.

WEISSE-BOHNEN-SALAT »BARCELONA«

1 Tasse gewaschene weiße Trockenbohnen
1 große Zwiebel
1 große grüne Paprikaschote
2 reife Tomaten
2 hartgekochte Eier
10 eingelegte schwarze Oliven
3 EL Olivenöl
5 EL Weinessig
Salz nach Geschmack
Pfeffer nach Geschmack
sehr fein gewiegter Knoblauch (nach Belieben)

Die weißen Bohnen mit kochendem Salzwasser bedecken und 1 bis 1 ½ Stunden garen, bis sie eben zart sind. Abseihen und erkalten lassen.
Die Zwiebel schälen, in etwa 2 cm große Stücke schneiden und wenige Minuten in kochendem Salzwasser blanchieren.
Die Paprikaschote unter öfterem Wenden grillen, bis die Haut Blasen wirft und anfängt, zu verkohlen. Etwas abkühlen lassen, damit man sie anfassen kann, die Haut abziehen, die Samenkerne entfernen, und die Schote in 2 bis 3 cm große Quadrate schneiden.
Die Tomaten in feine Spalten schneiden, die Eier zuerst halbieren, dann in Scheiben schneiden. Die Oliven stückweise von den Steinen schneiden.
Alle Gemüse in einer Schüssel gründlich mit Öl, Essig und Gewürzen vermengen. Abschmecken und die Würze korrigieren.
Den Salat kalt als *Tapa* zu einem kalten Buffet oder als Gang für sich servieren.
Für 6 bis 8 Personen.

GESCHMORTE KICHERERBSEN

3 EL Olivenöl
3 Knoblauchzehen, feingehackt oder in dünne Scheibchen geschnitten
1 EL Paprika
2 mittelgroße reife Tomaten, im Mixer püriert
1 ½ Tassen gekochte Kichererbsen (siehe Seite 152)
1 EL Rotweinessig
Salz und Pfeffer

In einem tiefen, schweren Topf das Olivenöl erhitzen und den Knoblauch mit dem Paprikapulver hineingeben. Ein paar Minuten lang ständig rühren, bis der Knoblauch sich golden färbt, dann das Tomatenpüree, die Kichererbsen und 1 Tasse der Kichererbsenbrühe hinzufügen.
Den Rotweinessig dazurühren, das Ganze mit Salz und Pfeffer abschmecken und auf kleiner Flamme langsam kochen, bis die Sauce ziemlich eingedickt ist. Heiß oder warm zu Tisch bringen.
Für 6 bis 8 Personen.

GERÖSTETE AUBERGINEN UND PIMIENTOSCHOTEN IN ÖL

500 g (5 oder 6 kleine) Auberginen
2 große grüne Paprikaschoten
2 große Pimientoschoten
2 EL Olivenöl
2 EL Zitronensaft
1 Knoblauchzehe, sehr fein gewiegt oder durch die Presse gedrückt
Salz nach Geschmack
frisch gemahlener schwarzer Pfeffer nach Geschmack

Auberginen, Paprikaschoten und *Pimientos* im sehr heißen Backofen oder Grill unter häufigem Wenden rösten, bis ihre Haut voller Blasen ist und anfängt zu verkohlen. Herausnehmen und abkühlen lassen.
Sobald man sie anfassen kann, die Haut abziehen. Die Schoten von Samenkernen und weißen Pelzrippen befreien.
Alle drei Gemüse in Streifen von 2 bis 3 cm Länge und gut 1 cm Breite schneiden.
Die Streifen mit Öl, Zitronensaft, Knoblauch, Salz und Pfeffer vermengen und in dieser Marinade einige Stunden ziehen lassen. Kühl oder zimmerwarm servieren.
Für 4 bis 6 Personen (als *Tapa* für noch mehr).

CHAMPIÑÓNES A LA CASEROLA

(geschmorte Champignons)

Hier ein *Tapa*, das überall in Spanien bekannt und beliebt ist. Es kommt kochendheiß in kleinen irdenen Kasserollen auf den Tisch. Dazu gibt es frisches, knuspriges Weißbrot. Ich habe die Zutatenmengen in diesem Rezept für 6 Personen berechnet. Verwenden Sie zum Kochen eine große Kasserolle, aus der Sie das Gericht später in Portionsschalen verteilen und zu einer Tapamahlzeit oder als ersten Gang servieren. Für ein lukullisches Mittagessen tragen Sie vorher *Gazpacho* oder einen Salat auf und reichen Käse, Brot und Wein zum Tapa.

900 g frische Champignons
4 EL Butter
6 bis 7 Knoblauchzehen, feingehackt
3/4 Tasse feingewiegte Petersilie
1 Tasse trockener Weißwein
Salz und frisch gemahlener Pfeffer nach Geschmack

Die Pilze waschen und putzen, große Exemplare halbieren oder vierteln. In einer Pfanne oder feuerfesten Kasserolle die Butter zerlassen und den Knoblauch darin rasch anrösten. Er darf nur eben anfangen zu bräunen. Nun Pilze und Petersilie zufügen und auf großer Flamme unter öfterem Rühren braten, bis nach wenigen Minuten Saft aus den Pilzen tritt. Dann den Weißwein, etwas Salz sowie frisch gemahlenen schwarzen Pfeffer dazugeben und die Kasserolle verschließen.
Die Champignons im Wein köcheln lassen, bis sie ziemlich weich sind, das Gericht abschmecken und heiß in vorgewärmten Schalen oder kleinen Kasserollen aus Ton servieren.
Für 6 Personen.

TORTILLA ESPAÑOLA

(spanischer Eierkuchen)

1 große mehlige Kartoffel
1 große Zwiebel
2 1/2 EL Olivenöl
Salz nach Geschmack
Pfeffer nach Geschmack
5 Eier

Die Kartoffel schälen und in etwa 1 cm große Würfel schneiden, die Zwiebel schälen und hacken. In einer großen Pfanne das Olivenöl erhitzen und Kartoffelwürfel und Zwiebeln darin unter sehr häufigem Rühren so lange braten, bis die Kartoffeln gar sind. Die Masse mit Salz und Pfeffer abschmecken und recht gleichmäßig über den Pfannenboden verteilen.
Die Eier leicht verquirlen, salzen und darübergießen, so daß das Gemüse knapp bedeckt ist.
Zugedeckt etwa 15 Minuten auf ganz kleiner Flamme backen, bis die Eier gestockt sind. Dann einen großen, flachen Deckel auflegen, die Pfanne rasch umdrehen, die Tortilla auf den Deckel fallen und wieder in die Pfanne gleiten lassen. Nun die andere Tortillaseite ein paar Minuten backen, bis sie ebenfalls schön gebräunt ist.
Die fertige Tortilla auf einen großen Teller stürzen und nach Belieben heiß, warm, zimmerwarm oder kalt servieren.
Für 4 Personen.

AUBERGINENTORTILLA

(Aubergineneierkuchen)

3 EL Olivenöl
1 große, sehr fein gewiegte Knoblauchzehe
1/2 große Zwiebel, gehackt
2 1/2 Tassen etwa 5 mm große Auberginenwürfel (von kleinen Früchten)
1 EL Zitronensaft
Salz und Pfeffer nach Geschmack
5 Eier

Das Olivenöl in einer großen Pfanne erhitzen, Knoblauch, Zwiebeln und Auberginenwürfel zufügen und unter häufigem Rühren braten, bis die Zwiebelstückchen glasig und die Auberginenwürfel gar sind. Mit Zitronensaft, Salz und Pfeffer würzen.
Die Eier leicht verschlagen und mit Salz und Pfeffer abschmecken, über die Auberginenmasse gießen und

gleichmäßig in der Pfanne verteilen. Das Gemüse sollte knapp mit Ei bedeckt sein.
Einen Deckel auflegen, die Hitze zurücknehmen und die Tortilla backen, bis sie auch obenauf ziemlich fest ist.
Vorsichtig mit einem Spachtel oder Pfannenmesser aus der Pfanne lösen und mit Hilfe eines flachen Deckels oder Tellers wenden, wieder in die Pfanne gleiten lassen und einige Minuten auf der anderen Seite goldbraun backen.
Zum Auftragen auf einen Teller stürzen. Das Schöne an spanischen Tortillas ist, daß sie heiß, warm oder kalt gleich gut schmecken.
Für 3 bis 4 Personen.

TORTILLA A LA PAISANA

(Eierkuchen nach Bäuerinnenart)

1 kleine Kartoffel
½ mittelgroße Zwiebel
2½ EL Olivenöl
1 mittelgroße Möhre
½ Tasse frische Erbsen (ohne Schoten)
½ Tasse Pimientowürfel (Pimientoschote vorher rösten und von der Haut befreien)
1 zerdrückte Knoblauchzehe
Salz und Pfeffer
5 Eier

Die Kartoffel entweder gut bürsten oder schälen und in kleine Würfel schneiden. Die Zwiebel grobhacken.
In einer Pfanne von etwa 22 bis 26 cm Durchmesser das Olivenöl erhitzen und darin Kartoffelwürfel und Zwiebelstückchen unter häufigem Rühren braten.
Die Möhre schaben, in kleine Würfel schneiden und eben gar dünsten oder dämpfen. In einem anderen Topf die Erbsen ein paar Minuten kochen. Beide Gemüse abseihen und mit dem gewürfelten *Pimiento* sowie zerdrückten Knoblauch zu den Kartoffeln geben. Alles zusammen noch einige Minuten braten, bis die Kartoffeln eben gar sind. Mit Salz und Pfeffer abschmecken.
Die Eier leicht mit etwas Salz und Pfeffer verquirlen und über das Gemüse gießen. Die Pfanne sanft schwenken, damit sie sich gleichmäßig verteilen, einen Deckel auflegen und die Tortilla ungefähr zehn Minuten auf ganz kleiner Flamme backen, bis die Eier gestockt sind.
Den Eierkuchen mit einem Spachtel vorsichtig rundherum vom Pfannenrand lösen, die Pfanne leicht schütteln, und die Tortilla mit Hilfe eines flachen, glatten Deckels oder Tellers rasch wenden, vorsichtig in die Pfanne zurückgleiten und auch auf der anderen Seite einige Minuten bräunen lassen.
Die fertige Tortilla auf einen großen Teller stürzen und nach Belieben heiß oder zimmerwarm servieren.
Zum Auftragen in Tortenstücke schneiden.
Für 3 bis 4 Personen.

SPARGELTORTILLA

(Spargeleierkuchen)

Ein wenig gehaltvoller als andere Tortillas: Man verwendet mehr Eigelb, außerdem Olivenöl *und* Butter zum Braten.

175 bis 250 g geputzter frischer Spargel
1 mittelgroße feingehackte Zwiebel
5 Eier
1 Eigelb
½ TL Salz
Pfeffer nach Geschmack
1 EL Olivenöl
2 EL Butter

Die dicken unteren Teile des Spargels dünn schälen und in etwa 1½ cm lange Stücke schneiden. Die zarten Kopfteile in 2 bis 3 cm lange Stücke schneiden und von den anderen getrennt halten. Die härteren Stücke in kochendem Salzwasser etwa 3 bis 4 Minuten ankochen, dann die zarten Stücke zufügen, und alle zusammen weitere 4 bis 5 Minuten blanchieren. Danach abseihen.
Eier und Eigelb mit etwas Salz und Pfeffer verschlagen.
In einer großen Pfanne von etwa 26 cm Durchmesser das Olivenöl mit der Butter erhitzen und die gehackte Zwiebel darin Farbe nehmen lassen. Nun den Spargel

zugeben und ungefähr 2 Minuten sanft rühren. Zuletzt die verquirlten Eier gleichmäßig über das Gemüse verteilen, die Hitze zurücknehmen und die Tortilla etwa 8 bis 10 Minuten zugedeckt backen, bis die Eier gestockt sind.
Wenden und auch auf der anderen Seite einige Minuten bräunen. Auf einen Teller stürzen, in Tortenstücke zerlegen und lauwarm servieren.
Für 3 bis 4 Personen.

MENESTRA DE VERDURAS I
(spanischer Gemüsetopf)

Dieses Gericht habe ich unzählige Male in Spanien gegessen. Jedes spanische Restaurant hat seine Version der *Menestra* auf der Speisekarte, und wenn auch die Zutaten und Mengenverhältnisse je nach Koch verschieden waren – Artischocken, grüne Bohnen und Erbsen waren grundsätzlich dabei, und natürlich immer das obligate Olivenöl. Meine Variante der Menestra ist so herzhaft, daß sie gut als Hauptgericht aufgetragen werden kann. Servieren Sie vorher eine spanische *Tortilla* oder *Sopa de Ajo* und zum Nachtisch frisches Obst und Käse.

3 bis 4 Knoblauchzehen
2 große (etwa 200 bis 250 g) Zwiebeln
500 g kleine, festkochende Kartoffeln
350 g Möhren
350 g Stangenbohnen
6 EL Olivenöl
200 bis 250 g Champignons
1 TL Salz
2 EL Edelsüßpaprika
frisch gemahlener schwarzer Pfeffer nach Geschmack
1 Tasse Gemüsebrühe (Seite 90)
3 Tassen abgezogene, gehackte Tomaten mit Saft (möglichst Fleischtomaten)
2 Lorbeerblätter
1 Prise Rosenpaprika
200 bis 250 g frischer Spargel
225 g gekochte Artischockenböden
2 Tassen frische Erbsen (ohne Schoten)

zum Garnieren:
grüne Oliven
geviertelte hartgekochte Eier

Den Knoblauch schälen und in feine Scheibchen schneiden. Zwiebeln und Kartoffeln schälen, halbieren und in dicke Scheiben schneiden. Die Möhren schaben und in etwa 1 cm dicke Scheiben schneiden. Die Bohnen putzen und in 2 bis 3 cm lange Stücke schneiden.
In einem großen, schweren Schmortopf das Olivenöl erhitzen und die Zwiebeln mit dem Knoblauch darin glasig dünsten. Dann Kartoffeln, Möhren und Bohnen zugeben und unter anhaltendem Rühren 10 Minuten andünsten.
Die Pilze waschen, putzen, mit Salz, Edelsüßpaprika und etwas frisch gemahlenem Pfeffer zu dem übrigen Gemüse geben und alles zusammen weitere 5 Minuten schmoren, dabei dauernd rühren. Zuletzt die Gemüsebrühe, Tomaten, Lorbeerblätter und eine Prise Rosenpaprika zufügen.
Das Ganze im offenen Topf auf kleiner Flamme unter gelegentlichem Rühren 45 bis 50 Minuten köcheln lassen.
Die Spargelstangen am harten Ende schälen und in 3 bis 5 cm lange Stücke schneiden. Die Artischockenböden in dicke Scheiben schneiden. Erbsen, Spargel und Artischockenböden an die Suppe geben und die Menestra zugedeckt weitere 10 bis 15 Minuten leicht kochen, dabei öfters rühren. Alle Gemüse müssen gar und die Flüssigkeit sollte stark eingekocht sein.
Die Menestra heiß servieren. Jeden Teller mit Vierteln von hartgekochten Eiern und ein paar grünen Oliven garnieren.
Für 6 bis 8 Personen.

MENESTRA DE VERDURAS II
(einfach)

4 bis 5 Knoblauchzehen
1 große rote Zwiebel
1/3 Tasse Olivenöl
500 g grüne Bohnen
500 g Tomaten

½ Tasse trockener Sherry
1 große grüne Paprikaschote
1 große rote Paprikaschote
250 g Champignons
1½ Tassen frische, aus den Schoten gelöste Erbsen
¾ Tasse Gemüsebrühe
3 EL Tomatenmark
2 TL Salz
1 TL Pfeffer
½ Tasse in Scheiben geschnittene gefüllte Oliven

Die Knoblauchzehen in hauchdünne Scheibchen schneiden. Die Zwiebel schälen und in dicke Scheiben schneiden. Zwiebel und Knoblauch in einem großen Brattopf zugedeckt im Olivenöl anschwitzen, bis die Zwiebelscheiben zusammengefallen sind.
Die grünen Bohnen putzen und in 2 bis 3 cm lange Stücke schneiden. Die Tomaten in feine Spalten oder große Stücke schneiden. Beides mit dem Sherry zu den Zwiebeln geben und zugedeckt 15 bis 20 Minuten dünsten.
Die Paprikaschoten vierteln oder achteln, von Samenkernen und pelzigen Rippen befreien und quer in etwa 5 mm breite Streifen schneiden. Die Pilze waschen, entstielen und halbieren. Paprikastreifen, Pilze, grüne Erbsen, Gemüsebrühe, Tomatenmark, Salz und Pfeffer in den Topf zum anderen Gemüse geben und alles zusammen ungefähr 10 Minuten kochen, danach im offenen Topf unter häufigem Rühren noch etwa 15 Minuten leise wallen lassen, bis die Flüssigkeit ziemlich stark eingekocht und leicht gebunden ist.
Nun die Olivenscheibchen zufügen, ein letztes Mal umrühren und heiß auftragen.
4 bis 6 große Portionen.

COCIDO *Abb. 29*

(spanisches Eintopfmenü)

Cocido ist ein bäuerliches Gericht, das auf unterschiedliche Weise in allen Provinzen Spaniens zubereitet wird. Hier meine persönliche Version des *Cocido Madrileño*.
Die Brühe von Kichererbsen und Gemüse ergibt mit einer Einlage aus *Fideos (Vermicelli,* feine Fadennudeln) eine bekömmliche Suppe für den ersten Gang. Danach werden die Kichererbsen mit Gemüse und Klößchen aufgetragen. Zuletzt gibt es noch einen einfachen, frischen gemischten Salat. Dazu muß man unbedingt spanischen Rotwein trinken!

500 g getrocknete, gewaschene Kichererbsen
3 Zwiebeln
3 bis 4 EL Olivenöl
Salz
750 g festkochende Kartoffeln
750 g Weißkohl
500 g geputzter Porree (ungeputzt, mit Grün, etwa 1000 g)
350 g Möhren
Pfeffer
100 g kleingebrochene feine Fadennudeln (Vermicelli)

Safranklößchen:
1 Ei
3 bis 4 EL Wasser
1 EL Pflanzenöl
½ TL Salz
½ TL Paprika
¼ TL zerriebene Safranfäden
¾ Tasse Weizenvollkornmehl
¾ TL Backpulver

Die Kichererbsen über Nacht in etwa 4 Liter Wasser mit einer Messerspitze Natron einweichen. Am nächsten Tag 2 geschälte Zwiebeln, 1 Eßlöffel Olivenöl und 1 Teelöffel Salz zusetzen, das Wasser zum Kochen bringen, dann die Hitze zurücknehmen und die Kichererbsen ungefähr 1½ Stunden (vielleicht auch länger) köcheln, bis sie ganz weich sind.
In der Zwischenzeit die Gemüse vorbereiten. Die noch übrige Zwiebel schälen und in gut 2 cm große Stücke schneiden. Die Kartoffeln schälen und in große Würfel schneiden. Den Kohl putzen, dabei von den harten Strunkteilen befreien, und in Spalten oder große Stücke schneiden. Von den Porreestangen die grünen Blätter sowie das Wurzelende entfernen. Den verbleibenden weißen Teil längs so aufschneiden, daß die Hälften noch aneinanderhängen. Die Möhren

schaben und in etwa 5 cm lange Stücke schneiden. Alle Gemüse in einen großen Topf geben, gut mit Wasser bedecken und mit etwa 2 Teelöffeln Salz würzen. Ungefähr 30 oder 40 Minuten kochen, bis sie gar sind.
Für den Klößchenteig Ei, Wasser, Pflanzenöl, Salz, Paprika und Safran verschlagen. Das mit Backpulver vermischte Mehl dazusieben und gründlich unterrühren.
Etwa $^1/_2$ Stunde vor Beginn der Mahlzeit die Kichererbsen abseihen, dabei die Brühe auffangen. Die Zwiebeln entfernen. So viel Brühe wieder an die Erbsen gießen, daß sie nicht austrocknen, sondern feucht bleiben, den Topf fest verschließen und in den warmen Backofen stellen. Das gleiche mit dem Gemüse tun. 4 oder 5 Tassen der Gemüsebrühe zusammen mit der zurückbehaltenen Kichererbsenbrühe erhitzen und mit Salz und Pfeffer abschmecken. Die kleingebrochenen Fadennudeln hineinstreuen und kurz, etwa 6 bis 7 Minuten, gar kochen. Zur gleichen Zeit in einem anderen Topf Salzwasser zum Kochen bringen, mit einem Teelöffel kleine Klößchen vom vorbereiteten Teig abstechen, hineingeben und zugedeckt etwa 20 Minuten garen. Sie müßten genau fertig sein, wenn die Suppe (der erste Gang) verzehrt ist.
Die heißen Kichererbsen in die Mitte einer flachen irdenen Kasserolle oder einer sehr heißen Platte häufen und das Gemüse in einem Kreis außenherum anordnen. Beides mit dem restlichen Olivenöl beträufeln und mit Salz und Pfeffer bestreuen. Zum Schluß die Klößchen mit einem Schaumlöffel aus dem Wasser heben und dekorativ dazulegen. Sogleich servieren. Für 8 Personen.

SANGRÍA *Abb. 30*

(spanische Bowle)

Etwa 2 l trockener Rotwein
$^1/_3$ Tasse Zucker
$^1/_3$ Tasse Cognac oder Weinbrand
3 große Orangen
2 große Zitronen
$^1/_4$ Tasse Curaçao, Dry Orange oder Cointreau
Eiswürfel
1 bis 1 $^1/_2$ Tassen (oder mehr) Sodawasser

Den Wein in ein Bowlegefäß gießen und mit Zucker und Cognac verrühren. 2 der Orangen in Achtel zerteilen, eine der Zitronen vierteln. In den Wein zuerst den Saft pressen, dann die ausgedrückten Fruchtstücke hineingeben.
Nochmals umrühren und das Ganze 1 oder 2 Stunden kalt stellen.
Danach können die ausgepreßten Fruchtstücke entfernt werden, da sie nicht sehr schön aussehen. Nun die restliche Orange halbieren und in feine Scheibchen schneiden, die zweite Zitrone gleichfalls in dünne Scheiben schneiden. Beides in die Sangría geben. Zuletzt den Curaçao (oder ähnlichen Likör) und zum Kühlhalten einige Eiswürfel zufügen. Kurz vor dem Auftragen das Sodawasser hineingießen, noch ein letztes Mal umrühren, in Gläser füllen, und – *Salud*!
Das ist das Grundrezept für eine Sangría. Sie können es nach eigenem Geschmack verändern und ergänzen, indem Sie andere Früchte verwenden, zum Beispiel Apfel- und Bananenscheiben hinzufügen, oder indem Sie die angegebenen Mengen im richtigen Verhältnis leicht abwandeln. Erlaubt ist alles, was gut schmeckt!
Ergibt etwa 3 Liter.

Weitere spanische Rezepte in den folgenden Kapiteln:
Suppen: Sopa de Ajo, Gazpacho, Gazpacho Toledano
Salatsaucen, Salate, marinierte Gemüse: Gazpachosalat
Einfache Eierspeisen usw.: Spanische Omeletts
Torten und Desserts: Flan, Kastilische heiße Schokolade

Mexikanische Schlemmergerichte

Seit Urzeiten ist Mais die lebenswichtige Grundnahrung der mittelamerikanischen Indios gewesen und bis in die heutige Zeit geblieben. In Mexiko und anderen lateinamerikanischen Ländern bildet Mais den Hauptbestandteil unzähliger Gerichte. Das tägliche Brot des Mexikaners ist die *Tortilla*, ein Fladenbrot aus Maismehl, Wasser und Kalk, dessen Zusammensetzung seit Jahrhunderten unverändert gleich ist, wenn es auch inzwischen massenhaft in Großbäckereien hergestellt wird.

In Mexiko werden tagtäglich unglaubliche Mengen dieser dünnen, goldgelben runden Fladen verzehrt – mit Butter bestrichen, zu knusprigen Chips ausgebakken oder pikant zubereitet. Weiche, um eine Füllung gerollte Tortillas mit Sauce heißen *Enchiladas*; gefüllte, auf die Hälfte gefaltete Tortillas, die man weich oder knusprig ausgebacken ißt, sind *Tacos*, und eine große Tortilla, in die eine Füllung fest verpackt wird (wie in einen Umschlag), nennt man *Burrito*. Die wichtigste Rolle aber spielen bei allen Mahlzeiten einfache, heiße Tortillas, von denen so mancher Mexikaner ein ganzes Dutzend zu einem brennendscharfen Chiligericht verspeisen kann.

Das ist keine Übertreibung meinerseits, auch nicht Ausdruck einer besonderen Völlerei: Heiße, frische Tortillas sind für den Feinschmecker eben ein Hochgenuß. Man sollte es nicht für möglich halten, aber nur zu bald gehört man selbst zu den begeisterten Tortillaschlemmern!

Mir ging es so in einem winzigen mexikanischen Dorf namens San José de Gracia. Eines Morgens bewirteten uns unsere Gastgeber an einem großen Tisch in der Küche mit dem leckersten, herzhaftesten, schärfsten Frühstück, das man sich nur vorstellen kann. Es gab süße Brötchen, *Chilaquiles* mit nahrhaften, doppelt geschmorten *Frijoles*, heiße mexikanische Schokolade und dazu Tortillas, herrlich frische, heiße Tortillas. Nur wer frisch zubereitete Tortillas je gegessen hat, kann solche Gaumenfreuden nachempfinden.

Am Herd stand die ruhige Indioköchin Nacha, schlug mit einer unglaublichen Fertigkeit kleine Teigbällchen zwischen ihren Handflächen zu kreisrunden, flachen Tortillas, backte sie auf einem heißen Gußeisenblech, nahm sie genau im richtigen Moment herunter und reichte sie gleich zu uns hinüber. Ihre Tortillas waren nicht größer als vielleicht zehn oder zwölf Zentimeter im Durchmesser, weich und zart und von so feinem Aroma, daß ich von Stund an frischen mexikanischen Tortillas verfallen war, und ich möchte den sehen, der dieser maisduftenden Versuchung lange widerstehen könnte!

In der mexikanischen Küche vermischen sich die indianischen Traditionen der Azteken, Tolteken, Zapoteken und Mayas mit denen der spanischen Eroberer. Trotz des spanischen Einflusses hat sich Mexiko aber seine Eigenart bewahrt, so daß die Küchen beider Länder wenig Ähnlichkeit aufweisen.

Die spanische Küche ist ausgesprochen mild im Vergleich zur feurigen mexikanischen. Für den Mexikaner sind nächst dem Mais Chilischoten in allen Farben, Größen und Schärfegraden das wichtigste Nahrungsmittel. Auf jedem mexikanischen Markt liegen Berge von frischen und getrockneten Chilis, von winzig kleinen, brennend scharfen bis großen, grünen, sehr milden Sorten. Hinter ihren klangvollen Namen – *Serrano, Poblano, Jalapeño, Pasilla, Cascabella, Xcatique* – verbirgt sich aber oft genug höllische Schärfe.

Anmerkung d. Übers.: Es gibt inzwischen auf dem deutschen Markt immer mehr verschiedene Chilischoten. Hauptsächlich kommen sie aus Italien, aber auch aus Israel, Jugoslawien, Holland (Treibhaus), Spanien und Afrika. Außer den allgemeinen Bezeichnungen Chili, Peperoni, Pfefferschoten u. ä. gibt es keine die Schärfe ankündigenden Namen oder Sortencharakteristik. –

So viele Saucen auch Frankreich kennen mag, Mexiko kennt mehr, und jede einzelne ist mit irgendeiner Art von Chili gewürzt. Auf keinem Tisch, ob im Restaurant oder im Privathaushalt, darf eine frisch zubereitete Chilisauce fehlen. Wer diese Würzsauce probiert, merkt, was es heißt, Feuerschlucker zu sein. Wasser und andere kalte Getränke vermögen einen solchen Brand nicht zu löschen, aber ein Gegenmittel gibt es doch: Tortillas natürlich.

Mexikaner sind an den Genuß scharfer Chilis gewöhnt, wir hingegen müssen uns vorsehen; darum habe ich die mexikanischen Rezepte für unsern Geschmack abgemildert. Wer gerne sehr scharf ißt, kann die angegebenen Chilimengen natürlich beliebig erhöhen.

Nicht nur beim Essen, auch beim Zubereiten von Chilischoten muß man Vorsicht walten lassen. Wenn Sie Chilis geputzt haben, waschen Sie sich Ihre Hände gründlich mit Wasser und Seife, vermeiden Sie aber trotzdem, sich in den nächsten ein oder zwei Stunden die Augen zu reiben. Schon eine winzige Spur zurückgebliebenen Chiliöls genügt, um ein höllisches Brennen zu verursachen und Sie zum Weinen zu bringen! Der schärfste Teil einer Chilischote sind die Samenkerne. Sie verleihen einer Speise ein intensives Feuer. Entfernt man die Samen, erhält man ein erträgliches, milderes Aroma.
Warum sollte man überhaupt scharf essen? Fragt man einen Mexikaner, so bekommt man zur Antwort: Weil es so gut schmeckt!

MAISTORTILLAS *Abb. 31*

Für Anfänger ist es zwar nicht so einfach, Tortillas selbst herzustellen, aber wenn wir einmal heiße, goldene Maisfladen essen wollen, müssen wir uns schon eigenhändig an die Arbeit machen, denn hierzulande sind sie noch nicht fertig aus der Tiefkühltruhe erhältlich wie zum Beispiel in den Vereinigten Staaten.
Eine kleine Warnung vorweg: Wer seine Tortillas auf traditionelle Weise mit den Händen formen will, kann sich auf einige Mühen gefaßt machen. Ich selbst habe es einmal probiert, das gute Vorbild der Indiofrau Nacha vor Augen. Es war ein Reinfall auf der ganzen Linie, meine Küche war hernach mit Teigklumpen und Tortillafetzen übersät und sah aus wie ein Schlachtfeld. Statt den gleichen Mißerfolg heraufzubeschwören, rollen Sie lieber jede Tortilla langsam und vorsichtig zwischen zwei Blättern Wachspapier (Backtrennpapier, Backfolie) aus – ein langwieriges Stück Arbeit, aber erfolggekrönt!

2 Tassen feines Maismehl
1 Tasse Wasser
$^3/_4$ bis 1 TL Salz

Mehl, Salz und Wasser in einer Schüssel gründlich verrühren, dann 1 oder 2 Minuten sanft kneten, bis der Teig zusammenhält. Sollte die Masse zu trocken sein und unter den Händen zerkrümeln, noch ein paar Tropfen Wasser zufügen. Der Teig muß feucht und fest sein.
In 12 gleich große Stücke zerteilen und jedes Teil zu einer Kugel formen. Jeden Teigball zwischen zwei Blätter Wachspapier legen und vorsichtig zu einer Kreisfläche von ungefähr 15 cm Durchmesser auswellen. Die fertigen Tortillas mit zwischengelegtem Wachspapier aufstapeln.
Eine gußeiserne Pfanne erhitzen, bis ein hineingespritzter Wassertropfen hochspringt und zischt. Nun bei ziemlich großer Flamme eine Tortilla hineingeben und etwa 30 bis 40 Sekunden backen, mit einem Spachtel umwenden und auf der anderen Seite gleichfalls eine halbe Minute oder etwas länger backen. Es ist völlig normal, wenn sich die Tortilla aufbläht – ein-

fach mit einem flachen Spachtel ganz sanft hinunterdrücken, damit sich die Gase gleichmäßig verteilen. Jede Tortilla noch zweimal wenden, so daß sie insgesamt etwa 2 Minuten in der Pfanne bleibt. Sie ist gut, wenn sie eine helle, goldgelbe Farbe und an einigen Stellen dunkelbraune Punkte oder Flecken hat.
Zum Warmhalten wickelt man die aufgestapelten Tortillas in ein sauberes Tuch und legt sie in einen dicht geflochtenen Korb oder eine Schüssel mit Deckel. Auf diese Weise bleiben sie eine gute halbe Stunde lang heiß.
So bald wie möglich zu einem beliebigen mexikanischen Essen servieren. Tortillas kann man auch wie Brot mit Butter essen.
Ergibt 12 Tortillas.
Anmerkung d. Übers.: Ein Tip für wahre Tortilla-Fans: Es gibt auch kleine Tortillapressen, mit denen man sich die Arbeit sehr erleichtern kann – allerdings noch nicht bei uns. Lassen Sie sich das nächste Mal, wenn ein Bekannter nach Mexiko oder USA fährt, eine von dort mitbringen! Dann fehlt Ihnen nichts mehr zur Tortillaherstellung als – das richtige Mehl, *Masa harina*, dem Kalk beigemischt ist. Das hier erhältliche einfache Maismehl ist zudem ziemlich grob, es empfiehlt sich daher, es etwa zur Hälfte mit Weizenmehl zu mischen.

SPINAT-ENCHILADAS »SUIZA«

700 g geputzter Spinat
3 EL Olivenöl
1 EL Butter
½ große Zwiebel, gehackt
2 sehr fein gewiegte Knoblauchzehen
Salz nach Geschmack
350 g geriebener Emmentaler Käse
10 frische Maistortillas (siehe voriges Rezept)
Pflanzenöl

Sauce:
1 EL Butter
1 EL Mehl
1 Tasse heiße Milch
1 Tasse zimmerwarme saure Sahne
½ Tasse gewürfelte grüne Chilischoten

zum Garnieren:
nach Belieben saure Sahne und Chilisauce

Die Spinatblätter sorgfältig waschen, abtropfen lassen und feinhacken. In einem Schmortopf Öl und Butter erhitzen und die Zwiebeln mit dem Knoblauch darin goldbraun rösten. Nun den Spinat zufügen und so lange in dem heißen Fett wenden, bis er ganz zusammengefallen ist. Mit Salz abschmecken und auf mittlerer Flamme unter häufigem Rühren dünsten, bis die Flüssigkeit verdampft ist.
Den Emmentaler raspeln. Eine Tortilla leicht mit Pflanzenöl bestreichen und rasch auf beiden Seiten in einer Pfanne erhitzen, bis sie weich und elastisch geworden ist. Einen gehäuften Eßlöffel geriebenen Emmentaler in einer geraden Linie über die Tortilla streuen, darauf einen gehäuften Eßlöffel Spinat verteilen. Eine Seite der Tortilla darüberschlagen, dann das Ganze behutsam aufrollen. In gleicher Weise auch die übrigen Tortillas füllen, bis der Spinat aufgebraucht ist.
Eine große, irdene Kasserolle dünn mit Öl auspinseln und die Enchiladas so hineinlegen, daß sie sich nicht wieder öffnen können.
Für die Sauce aus Butter und Mehl eine Einbrenne herstellen, unter ständigem Rühren auf kleiner Flamme goldgelb werden lassen, mit der heißen Milch ablöschen und mit dem Schneebesen durcharbeiten, bis sie leicht abgebunden hat. Dann saure Sahne, Chiliwürfel sowie den restlichen Schweizer Käse hinzufügen und die Sauce auf kleiner Flamme weiterköcheln, bis sie ziemlich glatt und der Käse geschmolzen ist. Mit etwas Salz und Pfeffer würzen und über die Enchiladas gießen.
Die Kasserolle verschließen und die Enchiladas im vorgeheizten Ofen bei 175 Grad ungefähr 20 bis 25 Minuten backen. Sie müssen durch und durch heiß sein. Wer will, kann sie kurz vor dem Servieren ein paar Minuten im Grill überbacken, so daß die Käsesauce zu bräunen beginnt.
Nach Wunsch noch mit saurer Sahne und scharfer Chilitunke garnieren und heiß auftragen.
Für 5 Personen.

KÄSE-ENCHILADAS

8 Maistortillas (nach dem Rezept auf Seite 312)

Sauce:
3 EL Olivenöl
$^1/_2$ große Zwiebel, gehackt
3 bis 4 zerdrückte Knoblauchzehen
50 g gewürfelte grüne Chilischoten (nach Geschmack mehr, eventuell auch scharfe Chilis aus dem Glas)
450 g gekochte, geschälte, gehackte Tomaten
1 Tasse Tomatensaft oder verdünntes Tomatenpüree
$^1/_4$ TL pulverisierter Oregano
$^1/_4$ TL Basilikum
1 Tasse kräftige Gemüsebrühe
1 $^1/_2$ EL Maisstärkemehl, in Wasser aufgelöst

Füllung:
200 bis 300 g geriebener scharfer Cheddarkäse (ersatzweise Chester oder alter Gouda)
$^1/_2$ Tasse in Scheiben geschnittene schwarze Oliven
2 bis 3 kleingeschnittene Frühlingszwiebeln
gehackte Petersilie

Zuerst die Sauce zubereiten. Dazu das Olivenöl in einem Saucentopf erhitzen und die Zwiebel mit dem Knoblauch darin anschwitzen. Wenn die Zwiebelstückchen glasig sind, Chiliwürfel, Tomaten, Kräuter und den Tomatensaft hinzufügen, ein Weilchen köcheln lassen, dann eine Tasse sehr kräftige Gemüsebrühe zugießen. (Die Brühe kann aus einem Würfel oder gekörnter Brühe hergestellt und kräftig gewürzt werden.) Zuletzt die Maisstärke in etwas Wasser auflösen und in die Sauce rühren. Das Ganze mindestens weitere 10 Minuten leicht wallen lassen.
Sollte die Sauce zu dick sein, mit wenig Wasser verdünnen.
Nun die Füllung herrichten. Auf verschiedenen Tellern den geriebenen Käse, die Olivenscheibchen, gehackten Frühlingszwiebeln mit Grün und feingewiegte Petersilie bereithalten. Jeweils eine Tortilla behutsam auf die heiße Sauce legen. Sobald sie anfängt, warm zu werden, vorsichtig abziehen und die Saucenseite mit der Füllung belegen: Ungefähr in der Mitte ein paar Eßlöffel Käse, einige Olivenscheibchen, grüne Zwiebelringe und etwas Petersilie in einer Linie anordnen und die Tortilla um diese Füllung herum fest zusammenrollen. Alle 8 Tortillas auf die gleiche Weise fertigstellen, nebeneinander in eine feuerfeste Form legen und mit der Sauce übergießen.
Die Enchiladas etwa 15 bis 20 Minuten im 175 Grad heißen Ofen backen, bis sie durch und durch heiß, aber keinesfalls zu weich geworden sind.
Für 4 Personen.

ENCHILADAS CON SALSA VERDE *Abb. 31*

(Enchiladas mit grüner Sauce)

900 g *Tomatillos* oder kleine, grüne Tomaten
4 mittelgroße, sehr scharfe Pfefferschoten (wenn Sie sich mexikanische Jalapeñoschoten aus der Dose besorgen können, um so besser)
6 gehäufte EL gehackte frische Korianderblätter (siehe Seite 50)
1 TL Salz
1 Tasse feingewiegte Zwiebeln
Pflanzenöl zum Braten
450 g in feine Streifen geschnittener frischer Mozzarella
16 Maistortillas (Seite 312)
200 bis 250 g zerkrümelter Hüttenkäse (evtl. Schichtkäse)

zum Garnieren:
nach Belieben Chilisauce

Anmerkung d. Übers.: Für einige mexikanische Rezepte werden *Tomatillos* gebraucht, eine grüne Tomatenart, die ein ganz spezielles Aroma hat und nur gekocht genießbar ist. Da sie bei uns nicht erhältlich sind, ersetzen wir sie durch *grüne Tomaten*. Grüne Tomaten gibt es frisch oder konserviert in Delikatessen- und Spezialitätenläden.

Die *Tomatillos* von der trockenen Haut befreien, waschen und in schwach gesalzenem Wasser ungefähr 7 bis 10 Minuten kochen, bis sie eben gar sind. Abseihen und im elektrischen Mixer pürieren. Verwendet man statt dessen grüne Tomaten, diese in kochendem Was-

ser brühen, bis die Haut leicht abgezogen werden kann, abseihen, schälen und im Mixer pürieren.
Das Tomatenpüree mit den zerkleinerten Pfefferschoten, 4 Eßlöffeln der gehackten Korianderblätter, dem Salz und der Hälfte der feingewiegten Zwiebeln in einem Saucentopf etwa 40 Minuten sanft köcheln.
Ganz wenig Pflanzenöl in einer Pfanne erhitzen und jede (nach Rezept zubereitete) Tortilla darin nur ungefähr 20 Sekunden auf beiden Seiten braten. Etwa 30 g Mozzarellastreifen darauflegen, 1 Teelöffel der grünen Sauce darüber verteilen und 1 gehäuften Teelöffel der zurückbehaltenen Zwiebelstückchen über die Sauce streuen. Die Tortilla fest um die Füllung aufrollen. Alle Tortillas in gleicher Weise füllen.
Die Enchiladas mit der Saumseite nach unten dicht nebeneinander in eine leicht mit Öl ausgepinselte Backform legen und die restliche Sauce darübergießen. Im vorgeheizten Ofen bei 175 Grad etwa 15 bis 20 Minuten backen, dann mit dem zerkrümelten Hüttenkäse sowie gehackten Korianderblättern bestreuen und sogleich servieren.
Für Hitzköpfe unter den Gästen Chilisauce herumreichen.
Für 6 bis 8 Personen.

EIER-ENCHILADAS

175 g leicht gesalzene Kürbiskerne (Pepitas)
2/3 Tasse Gemüsebrühe
3 1/2 EL Zitronensaft
2 sehr fein gewiegte Knoblauchzehen
1/2 Tasse plus 2 EL gehackte grüne Chilischoten
1/4 TL Salz, nach Geschmack mehr
1/2 TL frisch gemahlener schwarzer Pfeffer,
nach Geschmack mehr
1 Tasse Sahne
10 große Eier
2 EL Wasser oder Milch
2 1/2 EL Butter
2 EL gehackte frische Korianderblätter
1 TL zerstoßene getrocknete rote Chilischoten
1/2 Tasse kleingeschnittene Frühlingszwiebeln
10 Maistortillas (Seite 312)
Pflanzenöl

Kürbiskerne, Gemüsebrühe, Zitronensaft, Knoblauch und grüne Chilischoten bei hoher Geschwindigkeit im Mixer pürieren.
Dann Salz, Pfeffer und Sahne zufügen und nochmals ganz kurz mixen.
In einer großen Schüssel die Eier mit Wasser oder Milch, etwas Salz und Pfeffer sowie den gehackten Korianderblättern verschlagen. Die Butter in einer großen Pfanne zerlassen und die zerstoßenen roten Chilis einen Moment darin erhitzen, danach die Eier hineingießen und unter ständigem Rühren stocken lassen. Sie dürfen aber keinesfalls trocken werden.
Eine heiße Pfanne mit etwas Pflanzenöl bestreichen und jeweils eine Tortilla darin 30 Sekunden bis 1 Minute von jeder Seite erhitzen. Sie muß ganz geschmeidig und biegsam sein.
Nicht ganz in der Mitte jeder Tortilla einen Streifen mit 2 bis 3 Eßlöffeln Rührei und etwa 1 Eßlöffel der Kürbiskernsauce belegen, und den Fladen um die Füllung herum zusammenrollen. Alle Tortillas so füllen, bis das Rührei verbraucht ist.
Die Enchiladas mit der Saumseite nach unten in eine dünn mit Öl bestrichene flache Backform legen und mit der restlichen Sauce bedecken.
Im 175 Grad heißen Ofen etwa 20 bis 25 Minuten backen, dann kurz grillen, so daß die Oberfläche leicht bräunt.
Mit den kleingeschnittenen grünen Lauchzwiebeln bestreuen und auftragen.
Für 5 Personen.

BOHNEN-KARTOFFEL-TACOS

3 bis 4 mittelgroße (knapp 500 g) Kartoffeln
1/2 Zwiebel
3 EL Butter
Salz und Pfeffer
14 frische Maistortillas (Seite 312)
Pflanzenöl zum Braten
1 1/2 Tassen Frijoles (Seite 318)
Chilisauce

zum Garnieren:
feingehackter Weißkohl und Tomaten

Die Kartoffeln schälen, kleinwürfeln, in Salzwasser fast gar kochen und abgießen. Die halbe Zwiebel hakken und in der Butter ein paar Minuten anschwitzen, dann die Kartoffelwürfel zufügen und unter häufigem Rühren etwa 10 Minuten braten, bis sie völlig gar und leicht gebräunt sind. Nach Geschmack mit Salz und Pfeffer würzen.
Die Tortillas nacheinander rasch in einer heißen, gußeisernen Pfanne wärmen. Dazu kann man sie ganz dünn mit Öl bestreichen, unbedingt nötig ist es aber nicht. Sie müssen sehr schnell wieder aus der Pfanne genommen werden, damit sie nicht knusprig ausbakken, denn für Tacos braucht man weiche, biegsame Tortillas.
Mitten auf jede Tortilla einen gehäuften Eßlöffel der Frijoles geben und zu einem Streifen auseinanderziehen. Darauf jeweils etwa 1 gehäuften Eßlöffel gebratene Kartoffeln verteilen. Nun die Tortilla von einer Seite aus darüberfalten und fest aufrollen oder einfach eine Hälfte über die Füllung schlagen.
Die Tacos kurz vor dem Anrichten in etwas Öl auf beiden Seiten knusprig braten, mit Chilisauce beträufeln, mit feingehacktem Weißkohl und kleingeschnittenen Tomaten bestreuen und heiß servieren.
Für 4 bis 6 Personen.

FLAUTAS

(Avocado-Tacos)

3 mittelgroße reife Avocados
Saft von 1 großen Zitrone
Salz nach Geschmack
½ Knoblauchzehe, durch die Presse gedrückt
oder sehr fein gewiegt
¼ Tasse sehr fein gehackte Zwiebeln
12 Maistortillas (Seite 312)
Pflanzenöl zum Braten
1 Tasse saure Sahne
1 gehackte Zwiebel
175 bis 225 g zerkrümelter Hüttenkäse
(oder Schichtkäse)

zum Garnieren:
Scharfe Tomatentunke (Seite 135)

Die Avocados schälen, das Fruchtfleisch zerdrücken und mit Zitronensaft, etwas Salz, Knoblauch und den feingehackten Zwiebeln vermengen. Abschmecken und nötigenfalls noch etwas salzen.
Jeweils eine Tortilla in einer leicht gefetteten Pfanne oder direkt über der Gasflamme von beiden Seiten erwärmen. Sobald sie aufgerollt werden kann, ohne dabei zu zerbrechen, einen gehäuften Eßlöffel Avocadofüllung nicht ganz in der Mitte in langer Linie verteilen und die Tortilla aufrollen. Alle Tortillas auf die gleiche Weise füllen.
Die Tacos in etwa 8 mm hoch in der Pfanne stehendem, heißem Pflanzenöl auf beiden Seiten knusprig braten, kurz auf Papiertüchern abtropfen lassen und auf Tellern anrichten.
Jedes Taco mit einem Klecks saurer Sahne verzieren, mit gehackten Zwiebeln und zerkrümeltem Hüttenkäse bestreuen und warm mit scharfer Tomatentunke servieren.
Für 5 bis 6 Personen.

CHILAQUILES

(überbackene Tortillachips)

Dieses Rezept ist nur noch ein kühles nordisches Abbild der echten, brennend scharfen Chilaquiles, die ich einst in einem kleinen mexikanischen Dorf namens San José zum Frühstück verzehrte. Für den empfindlichen europäischen Gaumen jedoch dürfte diese Version schon feurig genug sein!

10 Maistortillas (Seite 312)
Pflanzenöl zum Braten
Salz
450 g *Tomatillos* oder grüne Tomaten
(siehe Anmerkung Seite 314)
etwa 700 g reife rote Tomaten
2 mittelgroße Zwiebeln
1½ EL Olivenöl
¾ Tasse kleingewürfelte grüne Chilischoten
2 bis 3 scharfe Pfefferschoten (wenn möglich, mexikanische Jalapeñoschoten aus der Dose), entkernt und feingewiegt
2 gehäufte EL gehackte Korianderblätter
(ersatzweise glatte Petersilie)

½ TL Zucker
450 g geriebener Käse (Emmentaler, Cheddar)
½ Tasse Milch
½ Tasse saure Sahne

zum Garnieren:
3 kleingehackte hartgekochte Eier
3 bis 4 kleingeschnittene Frühlingszwiebeln mit Grün
saure Sahne

Die Tortillas in Achtel zerschneiden und in heißem Pflanzenöl knusprig ausbacken. Auf Papiertüchern abtropfen lassen und mit etwas Salz bestreuen.
Die grünen Tomaten waschen, in kochendem Wasser blanchieren, bis die Haut abplatzt, abseihen, enthäuten und im Mixer pürieren. Die roten Tomaten etwa 3 Minuten brühen, abziehen und gleichfalls pürieren. Die Zwiebeln schälen, grobhacken und in einer großen Pfanne im Olivenöl goldbraun braten. Dann das grüne und rote Tomatenpüree, die gewürfelten Chili- und Pfefferschoten, 1¼ Teelöffel Salz, Korianderblätter und Zucker zufügen. Alles zusammen etwa 10 Minuten köcheln. Abschmecken und die Würze mit noch etwas Salz oder einer winzigen Prise Zucker korrigieren.
Ein wenig von dieser Sauce auf dem Boden einer großen irdenen Kasserolle verteilen. Ein Drittel der Tortillachips darüberlegen und gleichmäßig mit einem Drittel des geriebenen Käses bestreuen. Mit einem weiteren Drittel Sauce bedecken und noch zwei Schichten der Zutaten in gleicher Reihenfolge darübergeben.
Die Milch mit der sauren Sahne verschlagen und über die eingeschichteten Tortillachips gießen. Die Oberfläche mit einem scharfen Messer an einigen Stellen einschneiden, damit etwas von dem Milch-Sahne-Gemisch nach unten laufen kann.
Die Kasserolle fest verschließen und die Chilaquiles 20 bis 25 Minuten bei 190 Grad backen, dann den Deckel abnehmen und weitere 10 Minuten leicht bräunen lassen.
Heiß zu Tisch bringen. Dazu kleine Schalen mit gehackten Eiern, feingewiegten Frühlingszwiebeln und saurer Sahne reichen.
Für 6 bis 8 Personen.

CHILAQUILES MIT PILZEN

8 Maistortillas (Seite 312)
Pflanzenöl zum Braten
Salz nach Geschmack
450 g Champignons
2 EL Olivenöl
4 Knoblauchzehen, durch die Presse gedrückt oder sehr fein gewiegt
1 Prise Thymian
1 Prise Oregano
Pfeffer nach Geschmack
1 Tasse in Ringe geschnittene Frühlingszwiebeln mit Grün
450 g geschälte, pürierte Tomaten
6 EL gehackte grüne Chilischoten
3 EL gehackte frische Korianderblätter (notfalls durch glatte Petersilie ersetzen)
200 bis 250 g geriebener Cheddarkäse (ersatzweise Chester oder alter Gouda)
3 Eier
1 Tasse Milch

Die Tortillas in etwa 2 cm breite und 5 cm lange Streifen schneiden und in Pflanzenöl goldbraun und knusprig ausbacken. Auf Papiertüchern abtropfen lassen und mit etwas Salz bestreuen.
Die Pilze waschen und in Scheiben schneiden. In einer großen Pfanne das Olivenöl erhitzen und den Knoblauch darin Farbe nehmen lassen. Dann die Pilzscheiben zufügen und auf mittlerer Flamme so lange rühren, bis der austretende Saft fast völlig verdampft ist. Thymian, Oregano, ein wenig Salz sowie Pfeffer zugeben und weiterrühren, bis die Gewürze gleichmäßig verteilt sind. Beiseite stellen.
In einem Saucentopf etwa 1½ Eßlöffel Pflanzenöl erhitzen und die Zwiebelringe ein paar Minuten darin anbraten. Tomaten, Chilischoten, Korianderblätter, etwas Salz und Pfeffer hinzufügen und bei mäßiger Hitze ungefähr 5 Minuten kochen. Schließlich die Pilze hineingeben.
Eine große feuerfeste Tonkasserolle dünn mit Öl einfetten und mit einem Drittel der ausgebackenen Tortillastreifen auslegen. Mit einem Drittel des geriebenen Käses bestreuen und darüber ein Drittel der To-

maten-Pilz-Sauce füllen. In der gleichen Reihenfolge noch zwei weitere Lagen einschichten.
Die Eier mit der Milch verquirlen und diese Flüssigkeit über den Kasserolleninhalt gießen, dabei die oberste Schicht mit einem scharfen Messer hier und da einschneiden, so daß die Eiermilch hineinlaufen kann.
Die Chilaquiles im vorgeheizten Ofen bei 175 Grad zugedeckt etwa 30 Minuten backen. Sogleich mit einem Salat und frischen, heißen Tortillas auftragen.
Für 6 Personen.

RAJAS CON QUESO

(Paprikastreifen mit Käse)

Diese Gemüsezubereitung gibt auch eine hervorragende Sauce oder Füllung für Omeletts ab.

1000 g (etwa 5 große) grüne Paprikaschoten
700 g frische Tomaten oder 6 bis 7 Dosentomaten und 1 Tasse Saft
1 große Zwiebel
1 große rote Zwiebel
3 EL Olivenöl
1 ½ TL Salz
1 kleine, scharfe, grüne Chilischote, sehr fein gewiegt
225 g Doppelrahm-Frischkäse

Die Paprikaschoten unter häufigem Wenden grillen oder im sehr heißen Ofen backen, bis ihre Haut gleichmäßig verkohlt ist und überall Blasen wirft. Herausnehmen, kurz kalt abschrecken und schnell abziehen. Die Haut muß ganz leicht abgehen. Wenn Sie Paprikaschoten noch nie auf diese Weise enthäutet haben, wappnen Sie sich mit Geduld: Nach den ersten paar Schoten geht es schon besser – Übung macht den Meister.
Die Paprikaschoten von Samenkernen und pelzigen Rippen befreien und in 5 mm breite Streifen schneiden.
Frische Tomaten einen Augenblick in kochendem Wasser brühen, herausnehmen, abziehen und in feine Spalten schneiden. Den austretenden Saft aufbewahren.
Die Zwiebeln schälen, längs halbieren und in etwa 5 mm dicke Scheiben schneiden. In einer großen Pfanne das Olivenöl erhitzen und die Zwiebelscheiben darin goldbraun braten.
Dann die Tomaten mit ihrem Saft, Salz, gehackte grüne Chilis und die Paprikastreifen hinzufügen. Alles zusammen ungefähr 6 oder 7 Minuten köcheln, bis die Tomaten weich sind. Den in Scheiben geschnittenen Rahmkäse zugeben und das Ganze unter öfterem Rühren weiterköcheln, bis der Käse geschmolzen und die Sauce leicht gebunden ist. In Portionsschalen füllen und zu warmen Tortillas servieren.
Als erster Gang für 6, als Hauptgericht für 4 Personen.

FRIJOLES *Abb. 31*

(doppelt geschmorte Bohnen)

6 EL Pflanzenöl
2 EL Butter
1 ½ Zwiebeln
1 sehr fein gewiegte Knoblauchzehe (nach Belieben)
4 ½ Tassen gekochte rote Bohnen (evtl. aus der Dose)
2 Tassen Bohnenbrühe (vom Kochen)
Salz nach Geschmack

zum Garnieren: milder geriebener Käse

Öl und Butter zusammen in einem großen, schweren Schmortopf erhitzen. Die Zwiebeln hacken und darin goldbraun rösten. Wer Knoblauch mag, brät ihn mit den Zwiebeln.
Nun die Bohnen mit der Kochflüssigkeit zufügen und die Hitze ein wenig zurücknehmen. Die Bohnen unter häufigem Rühren so lange kochen, bis die Brühe fast völlig absorbiert ist. Dann einen Teil der Bohnen mit einem Holzlöffel zerdrücken (manche mögen es lieber, wenn alle Bohnen zerstampft sind, ich ziehe eine Mischung aus ganzen und zerdrückten vor). Weiterkochen und dabei rühren, bis eine ziemlich dicke Paste entstanden ist – vielleicht ½ Stunde.
Heiß als Beilage oder Füllung zu *Tacos* servieren. Für die Füllung kann man sie auch gut mit gekochten Kartoffeln kombinieren; als Beilage mit geriebenem Käse verrühren oder bestreuen.
Für 4 bis 6 Personen.

PIKANTE FRIJOLES

(pikante doppelt geschmorte Bohnen)

1 1/2 Tassen getrocknete rote Bohnen
6 Tassen Wasser
2 EL Maiskeimöl
1 1/2 Zwiebeln
3 TL Salz
1/4 Tasse Olivenöl
3 sehr fein gewiegte Knoblauchzehen
1 Tasse geschälte, kleingeschnittene Tomaten
2 kleine sehr scharfe Pfefferschoten, entkernt und feingehackt
2 EL Zitronensaft
1/4 TL Zimt
1/8 TL Nelken
1 EL Butter
1 Tasse geriebener Emmentaler (nach Belieben)

Die Bohnen waschen und in einem großen Topf mit dem Wasser, Maiskeimöl, 1/2 gehackten Zwiebel und 2 Teelöffeln Salz zum Kochen bringen, dann auf kleiner Flamme zugedeckt etwa 1 1/2 Stunden sanft köcheln. Daraufhin den Deckel abnehmen und weiterkochen lassen, bis die Bohnen ganz weich sind und die noch vorhandene Flüssigkeit eingedickt ist.
In einer sehr großen Pfanne oder einem Schmortopf das Olivenöl erhitzen und die restliche Zwiebel (gehackt) mit dem Knoblauch darin goldbraun rösten. Tomatenstückchen, Pfefferschoten, Zitronensaft und Gewürze zufügen, die Bohnen samt Brühe dazugeben und umrühren.
Die Bohnen auf kleiner Flamme unter häufigem Rühren so lange schmoren, bis eine ziemlich feste, aber noch feuchte Masse entstanden ist. Eine bestimmte Kochzeit anzugeben ist schwierig, man kann jedoch in etwa mit 45 Minuten rechnen. Sollten die Bohnen zu trocken werden, einfach etwas Wasser zugießen. Zum Schluß Butter und nach Belieben geriebenen Käse darunterziehen und auf kleiner Flamme weiterrühren, bis beides geschmolzen ist.
Für 6 Personen.

TORTITAS CON QUESO

(Käsetörtchen)

Wir saßen einmal in einem feinen Restaurant in Mexiko City, stimmten uns mit *Margaritas* (siehe Anmerkung am Ende des Rezepts) auf das Essen ein und bekamen dabei Appetit auf etwas zu knabbern. Der junge Kellner konnte anscheinend Gedanken lesen – er erfüllte unsere geheimsten Wünsche, ohne daß wir überhaupt den Mund geöffnet hätten – und brachte uns eine Platte voll frischer, heißer Tortitas. Von dem darauffolgenden umfangreichen mexikanischen Diner ist mir nichts mehr in Erinnerung, nur die Tortitas habe ich nicht vergessen können, so köstlich schmeckten sie!
Jene Tortitas ähnelten ein wenig den Maistortillas, waren aber fettreicher und hatten außerdem einen herrlich knusprigen Rand. Was für Käse dazu verwendet wird, habe ich nicht herausfinden können, mir fiel jedoch ein leichter Ziegenmilchgeschmack auf, den ich in diesem Rezept durch das Mischen von trockenem Schichtkäse und *Feta*käse zu erhalten versucht habe.

2 Tassen sehr feines Maismehl (*Masa*, vgl. Anmerkung Seite 312)
1 Tasse Wasser
Salz
Pflanzenöl (etwa 2 EL)
1/4 bis 1/3 Tasse mittelscharfe grüne Chilisauce
125 g zerkrümelter Frischkäse
60 g zerbröckelter Fetakäse (ersatzweise bulgarischer Schafskäse)

Das feine Maismehl mit Wasser und Salz zu einem Teig verarbeiten. Den Teig in 14 oder 15 gleiche Stücke von reichlich Walnußgröße zerteilen. Jedes Teigbällchen zu einer ebenmäßigen Kreisfläche von etwa 8 bis 10 cm Durchmesser ausrollen und die Teigränder jeweils zu einer etwa 5 mm hohen Kante hochstellen, so daß eine Art von Tortelett entsteht. Die Innenflächen der kleinen Böden dünn mit Pflanzenöl bestreichen.
Die Tortitaböden im vorgeheizten Ofen bei 230 Grad

etwa 20 bis 25 Minuten backen, bis sie eine etwas dunklere Färbung und knusprige Ränder haben.
Wenn sie soweit abgekühlt sind, daß man sie anfassen kann, auf jedem Boden einen knappen Teelöffel der Chilisauce verteilen. In einer Schüssel die beiden zerkrümelten Käse gründlich miteinander vermischen und gleichmäßig über die Chilisauce in allen Tortitas streuen.
Die Tortitas als Vorspeise mit Margaritas (oder Bier) servieren.
Ergibt 14 bis 15 Stück.

Anmerkung d. Übers.: Margarita ist ein mexikanischer Cocktail. Dazu streut man zuerst etwas Salz in die Handrückenmulde zwischen Daumen und Zeigefinger, träufelt Limetten- oder Zitronensaft darüber, schlürft diese Flüssigkeit auf und »kippt« dann ein Gläschen Tequila hinterher. Weniger stilvoll ist die Methode, den Glasrand mit Salz zu bestreuen und den Zitronensaft gleich in den Tequila zu pressen.

MEXIKANISCHER KÄSEPUDDING

4 ganze Eier
4 Eigelb
1 Tasse Milch oder Sahne
1 Tasse saure Sahne
2 Tassen geriebener Emmentaler
2 Tassen geriebener frischer Parmesankäse
1 Prise Muskat
1/4 TL zerriebener Oregano
1/4 TL pulverisierter Thymian
1/4 TL gehackter Dill
Salz und frisch gemahlener schwarzer Pfeffer
Kräcker
feingewiegter Schnittlauch
Paprika

zum Garnieren:
Scharfe Tomatensauce (Seite 131)

Eier, Eigelb, Milch (oder Sahne) und saure Sahne mit dem Schneebesen oder einem elektrischen Rührgerät schaumig schlagen, dann die geriebenen Käse, Muskat, Oregano, Thymian, Dill und etwas Salz und Pfeffer hinzufügen.
Eine quadratische Backform von 22 oder 23 cm Kantenlänge gut ausfetten und den Boden mit Kräckern belegen. Die Hälfte der Eier-Käse-Mischung darübergießen und gleichmäßig verteilen. Mit einer weiteren Schicht Kräckern abdecken, das restliche Käsegemisch daraufstreichen und mit etwas Paprika und gehacktem Schnittlauch bestreuen.
Den Pudding bei 175 Grad ungefähr 50 bis 60 Minuten backen, bis er aufgegangen und schön gebräunt ist.
In Stücke schneiden und mit Scharfer Tomatensauce servieren.
Für 6 Personen.

MEXIKANISCHER REIS

2 große Zwiebeln
2 bis 3 sehr fein gewiegte oder zerdrückte Knoblauchzehen
1/4 Tasse Olivenöl
1/2 TL Ingwer
1/2 TL gemahlener Koriander
1/4 TL gemahlene Nelken
1/4 TL frisch gemahlener schwarzer Pfeffer
2 Tassen weißer Langkornreis
3 Tassen Tomatenpüree
2 TL Salz
1 1/2 Tassen kochendes Wasser

Die Zwiebeln schälen und grobhacken, den Knoblauch feinschneiden (oder durch die Presse drücken) und beides im Olivenöl goldbraun rösten. Ingwer, Koriander, Nelken und Pfeffer zufügen, umrühren und den Reis einstreuen. Alles zusammen unter häufigem Rühren so lange braten, bis der Reis etwas Farbe genommen hat.
Nun die pürierten Tomaten, Salz und das kochende Wasser dazugeben, einmal umrühren, und den Reis auf kleiner Flamme ausquellen lassen. Es dauert ungefähr 25 Minuten, bis er die Flüssigkeit ganz absorbiert hat.
Den Reis heiß zu *Enchiladas, Rajas con Queso*, oder was einem sonst einfallen mag, servieren.
Für 8 Personen.

33 Cachumber *(indischer Salat)*
Rezept Seite 338

34 Bryani *(Gemüsereis indisch)*
Rezept Seite 334

35 Melonenterzett in Wermut
Rezept Seite 372

36 Gajar Halwa *(süße indische Möhrenspeise)*
Rezept Seite 364

GUACAMOLE

(scharfgewürzte Avocadotunke)

Etwa 1000 g reife Avocados
1/4 Tasse Zitronensaft
1/4 Tasse feingewiegte Zwiebeln
1/4 Tasse gehackte frische Korianderblätter (ersatzweise glatte Petersilie)
2 große Tomaten
5 EL feingehackte grüne Chilis
1 3/4 TL Salz

Die Avocados der Länge nach halbieren und entsteinen. Das Fruchtfleisch aus der Schale kratzen und in einer mittelgroßen Schüssel mit einer silbernen Gabel oder einem Holzlöffel zerdrücken.
Dann Zitronensaft, Zwiebeln und Korianderblätter zufügen. Die Tomaten grobhacken und mit den gehackten grünen Chilis und Salz ebenfalls an die Avocadomasse geben.
Alles gründlich miteinander vermengen und gekühlt zu knusprig ausgebackenen Tortillachips (siehe Rezept für Chilaquiles, Seite 316) servieren.
Für 6 bis 8 Personen.

ERDBEERWASSER

1000 g frische reife Erdbeeren
gut 2 Tassen Wasser
1/3 Tasse Honig
2 EL Zitronensaft
10 bis 12 Eiswürfel

Die Erdbeeren waschen, putzen und in 2 oder 3 Portionen mit dem Wasser pürieren. Das Püree durch ein feines Sieb streichen, so daß die Kernchen herausgefiltert werden.
Nun gründlich Honig und Zitronensaft darunterrühren. Das Erdbeerwasser erst kühl stellen, wenn sich der Honig völlig aufgelöst hat. Kurz vor dem Servieren die Eiswürfel hineingeben und nochmals kurz umrühren.
Für 6 Personen.

KANTALUPENWASSER

2500 g (etwa 3 mittelgroße) Kantalupen
1 bis 1 1/2 Tassen kaltes Wasser
1/4 Tasse Honig
10 bis 12 große Eiswürfel

Die Melonen schälen, entkernen und in Stücke schneiden. Die Melonenwürfel in 2 oder 3 Portionen mit jeweils etwas kaltem Wasser im elektrischen Mixer pürieren.
Dann den Honig hinzufügen und weiterschlagen, bis er sich völlig im Fruchtsaft aufgelöst hat. Zuletzt die Eiswürfel zugeben, umrühren und das Getränk etwa 1/2 Stunde bis zum Servieren kühl stellen. Sollte das Kantalupenwasser für Ihren Geschmack zu dick sein, gießen Sie noch etwas kaltes Wasser zu.
Eine bekömmliche Erfrischung zu scharfgewürztem mexikanischem Essen!
Für 6 bis 8 Personen.

Weitere Anregungen für mexikanische Gerichte finden Sie in den folgenden Kapiteln:
Suppen: Tortillasuppe »Tlaxcalteca«, Crema de Verduras, Avocado-Cremesuppe, Avocadokaltschale, Linsensuppe nach Kreolenart, Pikante Pfefferschotensuppe
Heiße und kalte Saucen: Scharfe Tomatensauce, Scharfe Tomatentunke

Indische Küche

Ich war nie in Indien, dem Land mit der jahrtausendealten vegetarischen Tradition. Dennoch habe ich die kulinarischen Freuden dieser hochentwickelten, bis zur Raffinesse verfeinerten Küche ausgekostet – in den indischen Restaurants Londons.
Für uns Abendländer ist es kaum möglich, in die aromareichen, gewürzduftenden Gefilde indischer Küche einzudringen und andere als nur die einfachsten Gerichte nachzuahmen. Unsere Denkweisen, Methoden und auch unsere Küchengeräte unterscheiden sich zu stark von denen des archaischen Indiens. Doch wollen wir uns einige weniger komplizierte Genüsse aus dem Paradies der Vegetarier nicht entgehen lassen – wer einmal davon gekostet hat, erliegt ihrem unvergleichlichen Reiz.
Manche Zutaten und Gewürze werden nicht ganz leicht aufzutreiben sein, aber vieles gibt es schon in großen Kaufhäusern und Delikatessengeschäften. Und wer einmal nach London fährt, kann seine Speisekammer mit allen indischen Spezialitäten füllen, die er sich nur wünscht. Indische Gewürze sind in vielen Kräuterläden, indischen Basaren oder Dritte-Welt-Läden erhältlich.
Gewürzmischungen nehmen einen großen Raum in der indischen Küche ein. Was wir hierzulande fertig abgepackt kaufen, wird dort nach altem Familienrezept im Hause hergestellt. Fast jede indische Familie hat ihr eigenes Curryrezept. Curry, wie nur wenige wissen, ist ein Mischgewürz und wird je nach Verwendungszweck aus acht oder zehn, ja bis zu vierzig verschiedenen Gewürzen zusammengestellt. Ich will einmal aufzählen, was alles dazugehört: Koriander, Kreuzkümmel, Chili oder Cayennepfeffer, Ingwer, Senf, weißer und schwarzer Pfeffer, Kurkuma, Piment, Nelken, Paprika, Mohn, Safran, Salbei, Knoblauch, Muskat, Anis und Kardamom.
Statt abgepacktes Currypulver zu nehmen, stelle ich es mir lieber selbst nach einem indischen Kochbuch zusammen, allerdings nehme ich selten mehr als acht oder neun verschiedene Gewürze dafür. Natürlich sind frisch im Mörser zerriebene Gewürze aromareicher, aber manchmal ist das Zerstoßen zu zeitraubend und man verwendet fertiggemahlene. Die Gewürze werden meist zusammen in Öl oder geklärter Butter – *Ghee* – erhitzt. Jede Speise erhält durch die ihr zugeordnete Gewürzmischung ein ganz eigenes Aroma: Das ist das Geheimnis der indischen Küche.
Indisch zu kochen macht Spaß. Die Küche ist erfüllt von tausendundeins Düften, man schwelgt in Farben, und nur das Zischen und Krachen von Senfkörnern oder Ingwer im heißen Öl der Pfanne bewahrt einen davor, in ein Traumland zu entschweben. Erschrecken Sie nicht über die lange Liste der Gewürze in den Rezepten: Sie wandern alle mit erstaunlicher Schnelligkeit in den Topf.
Haben sich in der Küche bereits Nase und Gaumen an den Düften und Geschmacksnuancen der Speisen berauscht, kommt jetzt noch das Fest für die Augen hinzu: Alle Gerichte werden auf einmal aufgetragen – ein atemberaubender, farbenprächtiger Anblick. Zwischen den fünf oder sechs Speisen, die den Kern des opulenten Mahls bilden und bei denen die für ein indisches Essen obligatorischen *Chapatis* oder *Puris* nicht fehlen dürfen, stehen verführerisch zahllose kleine Schälchen mit *Chutneys*, Pickles, Früchten, Nüssen, Rosinen, eingelegten Pilzen, kandiertem Ingwer, Kokosraspeln, Zwiebelringen und vielem mehr.
Jeder Gast bedient sich frei von all diesen Schätzen und probiert Scharfgewürztes und Mildes, Süßes und Aromatisches, Pikantes und Saures, Heißes und Kaltes im Wechsel.
Als Getränke zu indischem Essen empfehle ich gut gekühltes helles Bier oder Gin Tonic mit einer Limettenscheibe. Wein paßt nicht so recht, vielleicht deshalb, weil die Inder keine alte Weintradition haben. Heißer, süßer Gewürztee ist natürlich besonders stilecht und passend.
Aus einem indischen Essen, und sei es noch so einfach, wird immer ein exotisches Festmahl!

GHEE

(geklärte Butter)

Ghee ist eine der wichtigsten Zutaten in der indischen Küche. Schon unsere Großmütter kannten Ghee, wenn auch unter einem anderen Namen – geklärte Butter oder Butterschmalz. Sie klärten Butter, um sie haltbar zu machen, und genau das tun die Inder, in deren heißem Land frische Butter innerhalb kürzester Zeit ranzig würde, wenn es nicht Ghee gäbe. Der Prozeß des Butterklärens ist ganz einfach. Butter wird langsam auf kleiner Flamme gekocht, so daß sich das leicht verderbliche Eiweiß vom Fett trennt und abgeschöpft werden kann. Die zurückbleibende klare Flüssigkeit kann im Kühlschrank, aber auch ohne Kühlung lange Zeit aufbewahrt werden. Wenn sie abkühlt, erstarrt sie zu einem sämigen Fett.

Zubereitung:
500 g Butter auf kleiner Flamme in einem schweren Topf zerlassen. Dabei darf sie keinesfalls bräunen! Wenn sie völlig geschmolzen ist, den Schaum von der Oberfläche abschöpfen und entfernen. Die Hitze etwas vermehren, bis die Butter erneut aufschäumt, und auch diesen Schaum entfernen. Diesen Vorgang noch mehrmals wiederholen. Die Ghee ist fertig, wenn kein Schaum mehr aufkommt und eine klare, goldene Flüssigkeit zurückbleibt.
Die geklärte Butter vom Feuer nehmen und vorsichtig in einen Steintopf oder ein anderes Gefäß gießen. Den Boden des Kochtopfes überzieht eine dünne Schicht von Ablagerungen, die entfernt werden müssen. Aufpassen, daß nichts davon mit in das Gheegefäß gerät! Ghee hält sich fünf bis sechs Wochen ohne Kühlung frisch.

Anmerkung d. Übers.: Butterschmalz, meist aus Interventionsbutter bereitet, gibt es heute vielfach wieder zu kaufen – unter dem Namen *Butaris*. Selbstgemachte Ghee ist aber auf jeden Fall industriell hergestelltem Butterfett vorzuziehen!

ORANGENCURRY

1 EL Ghee (siehe oben) oder Butter
4 Nelken
2 bis 3 cm Zimtstange
1/4 TL Kreuzkümmel
1 Prise Cayennepfeffer
1/4 TL Senfkörner
1 TL frisch geriebener (grüner) Ingwer
Samen aus 2 Kardamomkapseln
1 Liter frisch gepreßter Orangensaft

Ghee oder Butter erhitzen, alle Gewürze hineingeben und einige Minuten rösten, dann den Orangensaft dazugießen. Die Flüssigkeit langsam etwa 15 bis 20 Minuten kochen. Heiß in kleinen Schalen oder Gläsern servieren. Ein anregender »Aperitif«!
Für 6 Personen. Kleine Portionen sind völlig ausreichend, denn Orangencurry hat es in sich!

BLUMENKOHLCURRY MIT ERBSEN

Abb. 32

2 mittelgroße Köpfe Blumenkohl
3 EL Butter oder Ghee (siehe Rezept)
1/2 TL Ingwer
1/2 TL Salz
1/2 TL Kurkuma
1/2 TL Cayennepfeffer
1/4 TL Zimt
1/2 TL Koriander
1/2 TL Senfkörner
1/2 TL Kreuzkümmel
1 Knoblauchzehe, durch die Presse gedrückt
1/2 Tasse Wasser
1 1/2 Tassen frische Erbsen
2 EL zerpflückte Korianderblätter
(notfalls durch glatte Petersilie ersetzen)
2 Tomaten, gewürfelt

Die Blumenkohlköpfe waschen und in kleine Röschen zerteilen. In einem großen Schmortopf Butter oder *Ghee* erhitzen und alle Gewürze hineingeben. Eine Zeitlang rühren, bis die Gewürze durchwärmt sind,

dann Blumenkohl und Wasser zufügen. Nochmals umrühren, den Topf fest verschließen und den Blumenkohl fast gar dünsten. Danach Erbsen und Korianderblätter zugeben und alles zusammen unter gelegentlichem sanftem Rühren weitere 5 bis 7 Minuten kochen. Im letzten Augenblick die Tomatenstücke zufügen. Sobald sie heiß sind, ist das Curry fertig.
Für 4 bis 6 Personen.

BLUMENKOHLCURRY MIT KARTOFFELN

1 großer Blumenkohl
200 bis 250 g Kartoffeln
4 EL Pflanzenöl
1 TL schwarze Senfkörner
1 TL Kurkuma
1 TL gemahlener Kreuzkümmel
½ TL gemahlener Koriander
½ TL Cayennepfeffer
1 Knoblauchzehe, sehr fein gewiegt oder zerdrückt
1 Zwiebel, in Streifen geschnitten
1 TL Salz
1¼ Tassen Wasser
1 mittelgroße Tomate, gehackt
2 EL Zitronensaft

Den Blumenkohl waschen, putzen und in einzelne Röschen zerteilen. Die Kartoffeln gründlich bürsten und in Salzwasser fast (nicht ganz) gar kochen.
In einem Brattopf das Öl auf mittlerer Flamme erhitzen, die Senfkörner hineinstreuen und ein paar Minuten heiß werden lassen, bis sie knallen. Sobald sie nicht mehr hochspringen, Kurkuma, Kreuzkümmel, Koriander, Cayennepfeffer, Knoblauch und Zwiebeln zufügen. Alles zusammen bei mittlerer Hitze unter dauerndem Rühren ungefähr 3 bis 4 Minuten anschwitzen.
Den Blumenkohl dazugeben, 4 bis 5 Minuten andünsten, dabei öfters rühren, und schließlich mit dem Wasser aufgießen. Salzen, den Deckel fest auflegen und das Curry 5 Minuten köcheln lassen. Inzwischen die angekochten Kartoffeln in etwa 2 cm große Würfel schneiden.
Die Kartoffelwürfel zu dem Blumenkohl geben und das Ganze weitere 10 Minuten leicht kochen. Zuletzt die Tomatenstücke mit dem Zitronensaft zufügen und alles im offenen Topf bei mittlerer Hitze noch ein paar Minuten rühren.
Das Curry heiß mit Reis, *Raita, Chutneys* usw. servieren.
Für 4 Personen.

KARTOFFELCURRY

6 mittelgroße mehlige Kartoffeln
3 EL Ghee (Seite 326)
1 TL Salz
1 TL Kreuzkümmel
½ TL Senfkörner (oder Senfpulver)
1 TL Kurkuma
1 TL gemahlener Koriander
½ TL Cayennepfeffer
2 Tassen Wasser
1 Tasse Joghurt
⅔ Tasse gekochte (nicht zu weiche) Zuckererbsen

Die Kartoffeln schälen und in vollkommen gleiche Würfel schneiden. *Ghee* (oder Öl) erhitzen. Wenn sie warm ist, die Gewürze hineingeben und 2 oder 3 Minuten anschwitzen, dann die Kartoffeln zufügen und sofort hin und her schieben und wenden, bis sie ebenmäßig mit Ghee und Gewürzen überzogen sind. Noch 5 bis 10 Minuten so weiterrühren, damit einige Kartoffelstückchen knusprig rösten.
Danach mit dem Wasser aufgießen und unter gelegentlichem sanftem Rühren ungefähr ½ Stunde langsam köcheln, bis die Kartoffeln gar sind. Zum Schluß Joghurt und grüne Erbsen zugeben, alles zusammen noch einmal etwa 5 Minuten erhitzen und servieren.
Ungefähr 4 bis 6 Portionen.

EIER-KARTOFFEL-CURRY

Gewürzpaste:

1 große geriebene Zwiebel
2 sehr fein gewiegte oder durch die Presse gedrückte Knoblauchzehen
1 TL zerstoßene getrocknete rote Chilischoten
1 EL geschälter und geriebener frischer Ingwer
2 TL sehr fein gehackte grüne Chilischoten (frische oder aus der Konserve)
½ TL gemahlene Kurkuma
½ TL gemahlener Kreuzkümmel
2 TL gemahlener Koriander
2 EL Wasser
½ TL Salz, nach Geschmack mehr

andere Zutaten:

etwa 1000 g Kartoffeln
3 EL Pflanzenöl
⅔ Tasse Wasser
3 große, in feine Spalten geschnittene oder gehackte Tomaten
2 Lorbeerblätter
7 hartgekochte Eier

Alle Zutaten für die Paste im Mörser zusammenreiben oder, weniger mühselig, einige Minuten lang im Mixer vermischen.

Die Kartoffeln gründlich bürsten, in etwa 2 cm große Würfel schneiden und unter ständigem Rühren ungefähr 10 Minuten im Pflanzenöl braten, bis sie etwas Farbe genommen haben. Dann die Gewürzpaste hinzufügen und alles auf mittlerer Flamme weitere 5 Minuten rühren.

Mit dem Wasser aufgießen, Tomaten und Lorbeerblätter dazugeben und zugedeckt auf kleiner Flamme 20 Minuten köcheln. Den Deckel abnehmen und das Curry unter gelegentlichem Rühren nochmals 10 Minuten leise kochen lassen.

Die hartgekochten Eier grobhacken, an die Kartoffeln geben und das Ganze bei geringer Hitze weiterrühren, bis die Eierstückchen heiß sind. Mit Salz abschmecken und auftragen.

Für 8 Personen.

MÖHRENCURRY

4 bis 5 Tassen in Scheiben geschnittene frische Möhren
1 Tasse frisch gepreßter Orangensaft
Wasser
1 TL Salz
4 EL Butter oder Ghee (Seite 326)
1 reife Banane
2 bis 3 EL Rosinen
Samen aus 4 bis 5 Kardamomkapseln
1½ TL Kurkuma
1½ TL Senfkörner
4 Nelken
1 EL Kreuzkümmel
¼ TL Cayennepfeffer
1½ EL Maisstärkemehl
½ TL fertiges Currypulver (nach Belieben)

Die Möhren schaben und schräg in nicht zu dünne Scheiben schneiden. Mit dem Orangensaft sowie Salz in einen Topf geben, mit Wasser eben bedecken und etwa 5 Minuten leicht kochen.

In einem großen Schmortopf Butter oder *Ghee* zerlassen und darin alle Gewürze ein paar Minuten rösten, dann die Möhren mit ihrer Kochflüssigkeit, Rosinen und die in feine Scheiben geschnittene Banane dazugeben.

Das Curry ungefähr ½ Stunde langsam köcheln. Sollte die Flüssigkeit nicht eindicken, ein wenig davon in einer Tasse mit etwas Maisstärke verrühren, so daß eine glatte, dünne Paste entsteht. Das Stärkegemisch rasch an das Curry rühren und einmal aufwallen lassen. Jetzt ist das Möhrencurry servierfertig, mit Reis oder *Chapatis* eine exotische Spezialität.

Für 4 bis 6 Personen.

GEMÜSECURRY MIT KOKOSFLOCKEN

$^{1}/_{4}$ Tasse Pflanzenöl
3 sehr fein gewiegte Knoblauchzehen
1 EL geschälter, geriebener frischer Ingwer
$^{1}/_{2}$ Tasse gehackte Zwiebeln
1 TL Senfkörner
2 EL gemahlener Koriander
1 TL gemahlene Kurkuma
$^{1}/_{4}$ TL Cayennepfeffer
1 Tasse dünne Möhrenscheiben
250 g in etwa 2 cm lange Stücke geschnittene Stangenbohnen
1 Tasse in Scheiben geschnittene Frühlingszwiebeln (mit Grün)
2 geputzte und in Streifen geschnittene grüne Paprikaschoten
1 kleine, sehr fein gewiegte scharfe grüne Chilischote
1 Tasse ungesüßte Kokosflocken
2 Tassen Wasser
1 $^{1}/_{2}$ TL Salz
2 TL Zucker
$^{1}/_{2}$ Tasse abgezogene, in Ringe geschnittene Pimientoschote
$^{2}/_{3}$ Tasse Joghurt

In einem großen Topf mit schwerem Boden das Öl erhitzen und die Zwiebeln mit Knoblauch und Ingwer darin braten, bis sie zu bräunen beginnen. Nun die Senfkörner, Koriander, Kurkuma und Cayennepfeffer hinzufügen und auf mittlerer Flamme etwa 2 Minuten rösten.
Möhren, Bohnen, Frühlingszwiebeln, Paprikastreifen sowie den scharfen Chili hineingeben und ein paar Minuten lang mit den Gewürzen vermischen. Dann Kokosraspeln, Wasser, Salz und Zucker gut darunterrühren. Das Curry zugedeckt etwa 20 Minuten köcheln, danach den Deckel abnehmen und die Flüssigkeit unter häufigem Rühren um mehr als die Hälfte einkochen lassen.
Zuletzt die *Pimiento*streifen und den Joghurt dazurühren, einige Minuten auf großer Flamme kochen. Abschmecken, nachwürzen, wenn nötig, und heiß mit Reis und verschiedenen *Raitas* servieren.
Für 6 bis 8 Personen.

KOHLCURRY MIT ERBSEN

1 mittelgroßer Wirsingkohl
3 EL Pflanzenöl
1 TL zerstoßene getrocknete rote Chilischoten
$^{1}/_{2}$ TL gemahlener Ingwer
$^{1}/_{2}$ TL Senfkörner
$^{1}/_{2}$ TL gemahlener Kreuzkümmel
2 Lorbeerblätter
1 TL gemahlener Koriander
$^{1}/_{2}$ TL gemahlene Kurkuma
2 TL Salz
1 Tasse Wasser
2 $^{1}/_{2}$ Tassen frische Erbsen
1 EL Butter
1 $^{1}/_{2}$ TL Garam Masala (Seite 341)
1 EL Zitronensaft
$^{1}/_{2}$ TL Zucker
1 bis 2 EL Joghurt (nach Belieben)

Den Kohl grobschnetzeln. In einem großen Schmortopf das Pflanzenöl erhitzen, in das warme Öl die zerstoßenen roten Chilis, Ingwer, Senfkörner, Kreuzkümmel, Lorbeerblätter, Koriander, Kurkuma sowie Salz geben und unter häufigem Rühren etwa 2 Minuten heiß werden lassen.
Dann den geschnetzelten Kohl zufügen, gut rühren, damit er gleichmäßig von den Gewürzen überzogen wird, und etwa 10 bis 15 Minuten schmoren, bis er zusammengefallen ist. Nicht vergessen zu rühren! Mit dem Wasser aufgießen, die Erbsen dazugeben und zugedeckt weitere 20 Minuten kochen.
Danach den Deckel abnehmen, Butter, *Garam Masala*, Zitronensaft und Zucker an den Kohl rühren und das Curry im offenen Topf nochmals 10 bis 15 Minuten köcheln, so daß die Flüssigkeit fast völlig einkocht. Nach Belieben mit etwas Joghurt verfeinern und heiß zu Reis und *Raita* servieren.
Für 6 bis 8 Personen.

BUNTES GEMÜSECURRY

2 Tassen gelbe Wachsbohnen, in 2 cm lange Stücke geschnitten
2 mittelgroße Kartoffeln, geschält und gewürfelt
3 mittelgroße Möhren, geschabt und in Scheiben geschnitten
4 EL Erdnußöl, Ghee (Seite 326) oder Butter
2 TL Kreuzkümmel
1 TL Salz
2 TL Kurkuma
2 TL Senfkörner (oder 1 TL Senfpulver)
½ TL Cayennepfeffer
1 TL Koriander (gemahlen nur ½ TL)
1 Tasse Joghurt
1 Tasse frische grüne Erbsen

Alle Gemüse außer den Erbsen in einen Topf geben, eben mit Wasser bedecken, leicht salzen und 5 bis 10 Minuten kochen.
In einem großen Schmortopf das Erdnußöl (oder Butter bzw. *Ghee*) erhitzen, die Gewürze ein paar Minuten darin umrühren und das Gemüse mit dem Wasser zugeben. Das Ganze zum Kochen bringen, Joghurt und Erbsen zufügen, gut umrühren und die Hitze zurücknehmen. Das Curry ½ Stunde oder etwas länger köcheln.
Heiß zu Reis, vorzugsweise *Safranreis* (siehe Seite 268), servieren.
Für 6 Personen.

GRÜNES CURRY

Es trägt seinen Namen wegen seiner Farbe zu Recht, und doch könnte man es auch rotglühendes Curry nennen, so scharf ist es. Aber keine Angst, es schmeckt ausgezeichnet! Andererseits sollten Sie, falls Sie noch nie ein indisches Curry gekocht haben und scharfgewürzte Speisen nicht gewöhnt sind, nicht gerade mit diesem Curry den Anfang machen. Grünes Curry wird mit *Einfachem süßem Pilau* und Joghurt oder *Raita* zu Tisch gebracht.

500 g Kartoffeln
500 g grüne Bohnen
350 g Zucchini
500 g Spinat
5 EL Butter
700 g Zwiebeln
10 mittelgroße Knoblauchzehen
2 TL gemahlene Kurkuma
1 EL gemahlener Koriander
1 EL gemahlener Kreuzkümmel
½ TL Rosenpaprika
½ TL Cayennepfeffer
½ TL schwarzer Pfeffer
¼ TL Zimt
1½ TL Salz
1½ EL geschälter, geriebener frischer Ingwer
4 EL gehackte grüne Chilischoten
2 EL Zitronensaft
¾ Tasse Wasser

Die Kartoffeln bürsten oder schälen, der Länge nach vierteln und in dicke Scheiben schneiden. 5 Minuten in Salzwasser ankochen, abgießen und beiseite stellen. Die grünen Bohnen putzen, in 2 bis 3 cm lange Stücke zerschneiden, 5 Minuten in kochendem Salzwasser blanchieren, abseihen und ebenfalls beiseite stellen. Die Zucchini in ziemlich dicke Scheiben schneiden, 3 oder 4 Minuten in kochendem Salzwasser abwällen, abseihen und gleichfalls beiseite stellen. Den Spinat waschen und grobhacken.
In einem großen Schmortopf die Butter zerlassen. Die Zwiebeln halbieren und in dicke Scheiben schneiden, die Knoblauchzehen zerdrücken oder sehr fein hakken. Beides in der Butter braten, bis die Zwiebeln Farbe nehmen. Dann Kurkuma, Koriander, Kreuzkümmel, Rosenpaprika, Cayennepfeffer, schwarzen Pfeffer, Zimt und Salz zufügen.
Zwiebeln und Gewürze auf mittlerer Flamme ein paar Minuten rösten, die vorbereiteten Gemüse, Ingwer, grüne Chilis, Zitronensaft sowie Wasser dazugeben, alles gründlich vermischen und unter öfterem Rühren dünsten, bis die Flüssigkeit fast ganz eingekocht ist und die Gemüse gar sind.
Für 6 bis 8 Personen.

KICHERERBSENCURRY

3 Tassen gekochte Kichererbsen mit der Brühe (siehe Seite 152)
1 EL Butter oder Öl
1 TL gemahlener Koriander
1 TL gemahlener Kreuzkümmel
1 TL gemahlene Kurkuma
$^1/_4$ TL Cayennepfeffer (je nach Geschmack mehr oder weniger)
$^3/_8$ TL gemahlene Nelken
$^3/_8$ TL Zimt
3 sehr fein gewiegte Knoblauchzehen
$^1/_3$ TL gemahlener Ingwer
Salz nach Geschmack
2 EL Zitronensaft, nach Geschmack mehr
1 EL gehackte frische Korianderblätter (nach Geschmack mehr – ersatzweise glatte Petersilie)
1 feste Tomate, in gut 1 cm große Würfel geschnitten

Die Butter in einem Saucentopf zerlassen, die Gewürze zusetzen und unter häufigem Rühren ein paar Minuten heiß werden lassen.
Nun die Kichererbsen dazugeben und knapp mit der Brühe bedecken. Gut rühren und einen Teil der Erbsen mit einer Gabel oder dem Kartoffelstampfer zerdrücken.
Die Kichererbsen auf mittlerer Flamme unter häufigem Rühren ungefähr 20 Minuten kochen, bis eine ziemlich dicke Sauce entstanden ist. Vom Feuer nehmen.
Zitronensaft, gehackte Korianderblätter und Tomatenwürfel darunterziehen, abschmecken und die Würze korrigieren.
Für 4 bis 6 Personen.

CURRY »BOMBAY«

(Auberginencurry mit Kartoffeln)

2 mittelgroße junge Auberginen (zusammen etwa 900 g)
3 große mehlige Kartoffeln
2 Paprikaschoten
$^1/_2$ Tasse Butter
1 TL gemahlener Ingwer
1 $^1/_2$ TL Salz
1 TL Kurkuma
$^1/_2$ TL Cayennepfeffer
$^1/_2$ TL gemahlener Zimt
$^1/_2$ TL gemahlener Koriander
1 TL Senfkörner
1 TL Kreuzkümmel
2 Knoblauchzehen
2 $^1/_2$ Tassen Wasser
4 bis 5 feste rote Tomaten

Die Auberginen waschen, längs in Scheiben schneiden und kräftig salzen. Nach einer halben Stunde gut auspressen und die Scheiben in große Würfel schneiden. Die Kartoffeln schälen und würfeln, die geputzten Paprikaschoten in ungefähr 1 cm große Quadrate schneiden.
Die Butter in einer sehr großen Pfanne oder einem großen, niedrigen Topf zerlassen und alle Gewürze sowie den durch die Presse gedrückten Knoblauch hineingeben. Mehrere Minuten darin anschwitzen, dann die Auberginen- und Kartoffelwürfel und die Paprikastückchen zufügen. Die Gemüse vermischen, so daß sie sich gleichmäßig mit einer Gewürzschicht überziehen. Mit dem Wasser aufgießen und zugedeckt ungefähr 20 bis 25 Minuten köcheln, dabei ab und zu umrühren.
Danach den Deckel abnehmen und alles unter häufigem, aber sanftem Rühren auf kleiner Flamme weitere 15 Minuten kochen. Zum Schluß die in feine Spalten geschnittenen Tomaten hinzufügen. Sobald sie heiß sind, das Curry auftragen.
Zu diesem Curry passen mild gewürzter oder süßer Reis und die verschiedensten Beilagen.
Für 4 bis 6 Personen.

AUBERGINENCURRY MIT ERBSEN

500 g Auberginen
Salz
1 große mehlige Kartoffel
½ Zwiebel
3 EL Butter oder Ghee (Seite 326)
½ TL Kreuzkümmel
1 TL gemahlene Kurkuma
¼ TL Cayennepfeffer
½ TL Senfkörner
1 Tasse Wasser
1½ Tassen frisch enthülste Erbsen
½ Tasse Joghurt

Die Auberginen waschen und mit Schale längs in etwa 2 cm dicke Scheiben schneiden. Die Scheiben kräftig salzen und mindestens ½ Stunde in einem Sieb Saft ziehen lassen. Wenn die Flüssigkeit gut abgetropft ist, saugt die Aubergine später viel weniger Fett auf.
Die Kartoffel schälen und würfeln, die halbe Zwiebel hacken. Die Auberginenscheiben ganz kurz abspülen, gut auspressen und in große Würfel schneiden.
In einem Schmortopf die Butter oder *Ghee* zerlassen und ½ Teelöffel Salz und die Gewürze hineingeben. Sobald sie heiß geworden sind, die Zwiebelstückchen und Kartoffelwürfel hinzufügen, einen Augenblick umherschieben und wenden, mit dem Wasser aufgießen und den Topf fest verschließen.
Nach etwa 20 Minuten den Deckel abnehmen, Auberginenwürfel, Erbsen und Joghurt gründlich unter die Kartoffeln mengen und das Ganze unter häufigem Rühren weitere 10 bis 15 Minuten köcheln.
Für 4 Personen.

AUBERGINEN PIKANT

1000 g Auberginen
3 bis 4 Tassen Akni (Seite 340)
2 EL gemahlener Koriander
1½ TL Salz
½ TL gemahlener schwarzer Pfeffer
¼ TL Cayennepfeffer
2 TL geschälter, sehr fein gewiegter frischer Ingwer
3 EL frisch gepreßter Zitronensaft
3 EL Butter oder Ghee (Seite 326)

zum Garnieren:
feingehackter Schnittlauch oder frische Korianderblätter (ersatzweise glatte Petersilie)

Die Auberginen schälen und in etwa 2 cm breite, gut 1 cm dicke Längsstreifen schneiden. Die Streifen in 5 cm lange Stücke zerteilen.
Die *Akni* in einem mittelgroßen emaillierten Saucentopf erhitzen und die Auberginenstreifen darin etwa 15 Minuten leicht kochen, bis sie gar sind. Abseihen und gut abtropfen lassen.
Koriander, Salz, schwarzen Pfeffer, Cayennepfeffer, feingehackten Ingwer und Zitronensaft in einer kleinen Schüssel zu einer glatten Paste verarbeiten.
In einer ziemlich großen Pfanne die Butter oder *Ghee* zerlassen und die Auberginenstreifen darin nur 5 Minuten unter ständigem Rühren und Hinundherschieben braten. Dann die Gewürzpaste zufügen und auf mittlerer Flamme ungefähr 10 bis 15 Minuten fast andauernd rühren, bis alle Auberginenstreifen von einer Gewürzschicht überzogen und nahezu trocken sind. In der Pfanne darf keine Flüssigkeit mehr sein.
Mit gehacktem Schnittlauch oder Korianderblättern bestreuen und heiß servieren.
Für 6 bis 8 Personen.

SCHMORKARTOFFELN

1000 g Kartoffeln
2 TL gemahlene Kurkuma
1 EL Garam Masala (Seite 341)
2 TL Salz
½ TL gemahlener Kreuzkümmel
½ TL schwarzer Pfeffer
⅓ Tasse Joghurt
3 EL Butter
2 Lorbeerblätter
1 TL zerstoßene getrocknete rote Pfefferschoten
1 TL Zucker

Die Kartoffeln schälen, in etwa 2 cm große Würfel schneiden und ungefähr 8 bis 10 Minuten in Salzwasser halbgar kochen. Abgießen und mit einer Gabel ein wenig einstechen.
Aus Kurkuma, *Garam Masala*, Salz, Pfeffer, Kreuzkümmel und Joghurt eine Paste zubereiten und die Kartoffeln darin wälzen, bis sie gleichmäßig davon eingehüllt sind.
In einer mittelgroßen, flachen, irdenen Kasserolle die Butter zerlassen. Die Lorbeerblätter mit dem zerstoßenen roten Pfeffer darin auf kleiner Flamme ein paar Minuten rösten, dabei rühren. Dann den Zucker zufügen.
Nach wenigen Minuten, wenn der Zucker eben anfängt zu karamelisieren und sich hellbraun färbt, die Kartoffeln zugeben, eine Zeitlang sanft umherschieben und wenden, dann die Kasserolle dicht verschließen und die Schmorkartoffeln im vorgeheizten Ofen bei 175 Grad etwa 30 Minuten backen.
Für 6 Personen.

GEBRANNTES TOMATENPÜREE

1000 g reife rote Tomaten
2 EL Butter
1 TL getrocknetes Basilikum, zerrieben
1 TL schwarzer Pfeffer
½ TL pulverisierte Safranfäden
¼ TL Thymian
Salz nach Geschmack
¼ Tasse Sahne

Die Tomaten unter öfterem Wenden grillen, bis sie rundherum leicht verkohlt sind. Etwas abkühlen lassen oder kurz unter kaltem Wasser abschrecken. Abziehen, in Stücke schneiden und portionsweise im Mixer pürieren.
In einem Saucentopf die Butter zerlassen, Basilikum, Pfeffer, Safran und Thymian hineingeben und unter Rühren 2 Minuten lang rösten, dann das Tomatenpüree zugießen und mit Salz abschmecken.
Das Püree unter gelegentlichem Rühren ungefähr 1½ Stunden ganz sanft köcheln, bis es stark eingedickt ist. Nun die Sahne hineingießen und auf großer Flamme so lange rühren, bis die richtige Konsistenz erreicht ist: die einer dünnen Paste.
Das Püree kann sowohl heiß als auch kalt serviert werden. Mir persönlich schmeckt es heiß besser. Ein sahnig-mildes Beigericht zu scharfgewürzten indischen Speisen.
Für 6 bis 8 Personen.

PIKANTES DAL
(indisches Linsengericht)

Das überaus eiweißreiche *Dal* gehört zu den Grundnahrungsmitteln der nordindischen Bevölkerung und wird zu *Chapatis*, aber auch zu Reis und *Currys* gegessen.

1 Tasse kleine rote Linsen
1 Liter Wasser
1 TL Salz
2 EL geschälter, geriebener frischer Ingwer
¼ TL gemahlene Kurkuma
¼ TL Cayennepfeffer
zerstoßene Samen aus 4 Kardamomkapseln
2½ EL Butter (besser noch Ghee, Seite 326)
½ TL zerstoßene getrocknete rote Pfefferschote
½ TL gemahlener Kreuzkümmel
Zitronensaft
2 EL gehackte frische Korianderblätter
(oder glatte Petersilie)

Die Linsen waschen, mit Wasser und Salz zum Kochen bringen und auf kleiner Flamme etwa 1 Stunde köcheln lassen, dabei von Zeit zu Zeit abschäumen. Danach Ingwer, Kurkuma, Kardamom sowie Cayennepfeffer zufügen und weiterköcheln, bis die Linsen ganz weich sind. Bei Bedarf noch etwas Wasser zugießen – das Gericht sollte die Konsistenz einer dicken Suppe haben.
In einer kleinen Pfanne die Butter oder *Ghee* zerlassen, darin den zerstoßenen roten Pfeffer mit dem Kreuzkümmel ein paar Minuten anschwitzen und schließlich mit den gehackten Korianderblättern und etwas Zitronensaft an das Dal rühren.
Für 4 bis 6 Personen.

Anmerkung d. Übers.: Fast alle indischen Gerichte erhalten erst durch *Ghee* ihren typischen Geschmack. Frische Butter wird kaum verwendet, da sie bei der indischen Hitze zu schnell ranzig wird.

MILDES DAL

1 1/2 Tassen kleine rote Linsen
4 Tassen Wasser
1 1/2 TL Salz
3 EL Butter oder Ghee (Seite 326)
1 TL Kreuzkümmel
1 TL gemahlene Kurkuma
ein 2 cm langes Stück Zimtstange
1/4 TL Cayennepfeffer
1/4 TL gemahlener Ingwer
1/4 TL gemahlener Koriander
1/2 TL Senfkörner
6 Nelken

Die Linsen waschen und in dem gesalzenen Wasser kochen, bis sie ganz weich sind und die Flüssigkeit fast völlig absorbiert haben. Häufig rühren!
In einem Saucentopf Butter oder *Ghee* zerlassen, die Gewürze hineingeben und unter Rühren ein paar Minuten rösten, dann vom Feuer nehmen. Nun langsam das Dal in die Gewürzbutter gießen. Aufpassen, man verbrüht sich leicht, weil es meist spritzt. Wieder aufs Feuer stellen und unter häufigem Rühren weiterköcheln, bis es die Konsistenz einer ziemlich dicken Sauce hat. Sehr heiß servieren!
6 Portionen.

BRYANI *Abb. 34*

(Gemüsereis indisch)

1/4 Tasse Butter oder Ghee (Seite 326)
1 1/2 TL Kreuzkümmel
1 1/2 TL Senfkörner
1/4 TL Cayennepfeffer (nach Geschmack mehr)
1/2 TL Salz
1 zerdrückte Knoblauchzehe
1/4 TL Kurkuma
1/4 TL gemahlener Ingwer
1/2 TL gemahlener Zimt
1/2 TL gemahlener Koriander
3 Tassen geschälte, gewürfelte Auberginen
1 Tasse in Ringe geschnittene Frühlingszwiebeln
1 Tasse kleingeschnittene gelbe Wachsbohnen
1 Tasse geputzte, gewürfelte Pimientoschoten
1 Tasse gewürfelte Tomaten
3 Tassen gekochter weißer Langkornreis
3 Tassen Einfacher Safranreis (Seite 268)
1/3 Tasse grobgehackte Cashewnüsse
1/3 Tasse Pinienkerne
1/3 Tasse Rosinen

In einem großen, schweren Topf die Butter oder *Ghee* zerlassen, alle Gewürze hineingeben, einige Minuten unter Rühren darin rösten und, wenn sie heiß sind, die vorbereiteten Gemüse hinzufügen. Das Gemüse hin und her schieben und wenden, so daß es gleichmäßig von Butter und Gewürzen überzogen wird, und fast gar schmoren, dabei dauernd rühren.
In eine große Jenaer Glasform zuerst den weißen Reis einschichten, darüber das Gemüse ebenmäßig verteilen und mit einer gleichmäßigen Lage Safranreis bedecken. Obenauf Nüsse und Rosinen streuen und leicht in den Safranreis drücken. Die Form *dicht* verschließen, und das Bryani etwa 35 bis 40 Minuten bei 165 Grad backen.
Für 6 bis 8 Personen.

EINFACHER SÜSSER PILAU

(indisches Reisgericht)

Ein duftender, delikat süßlicher Reis, der vorzüglich die brennende Schärfe starkgewürzter Currys mildert. Ich nenne ihn *einfach* im Gegensatz zu manchen sehr komplizierten Pilaus. Dabei hat er ein verführerisches Aroma und schmeckt phantastisch!

4 EL Butter
2 Tassen weißer Langkornreis
1/4 TL Zimt
zerstoßene Samen aus 8 Kardamomkapseln
3/4 Tasse abgezogene, gestiftelte Mandeln

½ Tasse Rosinen
1 Tasse aus den Schoten gelöste frische Erbsen
4 Tassen heißes Wasser
1½ TL Salz

In einer großen feuerfesten Kasserolle die Butter zerlassen und den Reis darin auf kleiner Flamme Farbe nehmen lassen. Dann den Zimt und die zerstoßenen Kardamomsamen hinzufügen, umrühren und noch 1 oder 2 Minuten braten.
Die Mandeln etwa 1 Minute in kochendem Wasser blanchieren, danach lassen sie sich ganz leicht aus ihrer Haut drücken. Die abgezogenen Mandeln stifteln und mit allen übrigen Zutaten zusammen an den Reis geben. Kurz rühren. Das Wasser zum Kochen bringen, danach die Hitze zurücknehmen und die Kasserolle fest verschließen. Den Reis etwa 20 Minuten quellen lassen, bis er das ganze Wasser absorbiert hat und zartkörnig ist.
Für 6 bis 8 Personen.

GEMÜSEPILAU

Zu diesem eleganten Reisgericht serviert man Joghurt oder *Raita*, verschiedene Chutneys, dazu frisch gebakkene *Chapatis* und hinterher frisches Obst. Soll aus dieser Mahlzeit ein Festschmaus werden, tragen Sie zusätzlich noch *Dal* und ein Gemüsecurry auf.

5 EL Butter oder Ghee (Seite 326)
2 große gehackte Zwiebeln
2 kleingebrochene Lorbeerblätter
½ TL gemahlene Nelken
½ TL Zimt
1 TL geschälter und geriebener oder sehr fein gewiegter frischer Ingwer
½ Tasse kleingewürfelte Kartoffeln
½ Tasse grob zerkleinerter Blumenkohl
½ Tasse aus den Schoten gelöste frische Erbsen
½ Tasse feingewürfelte Möhren
½ Tasse in gut 1 cm lange Stücke geschnittene grüne Bohnen
½ Tasse kleingewürfelter Squash (siehe Seite 54)
½ Tasse feingewürfelte grüne Paprikaschoten
2½ Tassen weißer Langkornreis
½ bis ¾ TL zerriebene Safranfäden
5 Tassen Wasser
2 TL Salz
½ bis ⅔ Tasse grobgehackte Cashewnüsse
⅓ bis ½ Tasse Rosinen

Butter oder *Ghee* in einem großen Topf erhitzen und die Zwiebeln mit den Lorbeerblättern darin Farbe nehmen lassen. Dann Nelken, Zimt und Ingwer zufügen und unter Rühren 1 Minute auf kleiner Flamme rösten, daraufhin alle vorbereiteten Gemüse, Reis und Safran hineingeben. Bei mittlerer Hitze etwa 5 Minuten unter Rühren anschwitzen und schließlich mit dem gesalzenen Wasser aufgießen. Zum Kochen bringen und im fest verschlossenen Topf auf kleiner Flamme ungefähr 25 bis 30 Minuten köcheln, bis der Reis die ganze Flüssigkeit absorbiert hat.
Nun behutsam mit Hilfe zweier Holzlöffel die Cashewnüsse und Rosinen darunterheben. Den Gemüsereis in eine große, gut ausgefettete irdene Kasserolle füllen und zugedeckt im vorgeheizten Ofen bei 175 Grad etwa 20 Minuten backen. Dampfendheiß in der Kasserolle zu Tisch bringen.
Für 6 bis 8 Personen.

SAFRAN-GEWÜRZREIS

½ TL zerriebene Safranfäden
3 EL warme Milch
2 EL Butter
⅓ Tasse Korinthen
⅓ Tasse gehackte Pistazien
1½ Tassen weißer Langkornreis
3 Tassen Wasser
1 TL Salz
1 TL Zucker
1 reichliche Prise Zimt

Den Safran in der warmen Milch auflösen.
In einem mittelgroßen Saucentopf die Butter zerlassen, Korinthen, Pistazien und den Reis hineingeben und auf kleiner Flamme unter Rühren einige Minuten andünsten, dann mit dem Wasser aufgießen und mit

Salz, Zucker, Zimt und dem aufgelösten Safran würzen.
Einmal umrühren, bei großer Hitze zum Kochen bringen und den Reis nun auf ganz kleiner Flamme ausquellen lassen. Sogleich servieren.
Für 6 bis 8 Personen.

TOMATENRAITA

(pikanter Tomatenjoghurt)

500 g reife Tomaten
1 Tasse Kokosraspeln
2 EL sehr fein gewiegte grüne Chilischoten
½ TL Salz
2 Tassen Joghurt
1 EL Pflanzenöl
1½ TL Senfkörner
½ TL zerstoßene getrocknete rote Pfefferschote

Die Tomaten grobhacken und mit den *ungesüßten* Kokosraspeln vermischen. Sollten Sie nur gesüßte Kokosraspeln zur Verfügung haben, diese mehrmals in kaltem Wasser ausspülen, gut abtropfen lassen und nun unter die Tomatenstücke mengen. Chilis, Salz und Joghurt zufügen und alles gründlich miteinander verrühren.
In einer kleinen Pfanne das Olivenöl erhitzen. Die Senfkörner und den zerstoßenen roten Pfeffer darin rösten, bis die Senfkörner knallen und hochspringen, dann schnell in die Joghurtmischung rühren.
Das Raita vor dem Servieren mehrere Stunden kühl stellen.
Für 6 bis 8 Personen.

BRUNNENKRESSE-RAITA

(Joghurtspeise mit Kresse)

Die Konsistenz dieses Raitas hängt von der Qualität des Joghurts ab. Meistens fällt es ziemlich dünnflüssig aus, dann füllt man es in kleine Schalen und serviert Löffel dazu. Zwischen Bissen von scharfgewürzten Currys genossen, wirkt es angenehm kühlend und erfrischend.

1 Tasse sehr fein gewiegte Brunnenkresseblätter
½ l Joghurt
1 zerdrückte Knoblauchzehe
1½ TL Zucker
½ TL Salz
1 Prise Cayennepfeffer
½ grüne Paprikaschote
½ rote Paprikaschote (nach Belieben)

Die ganz fein gehackten Kresseblätter mit Knoblauch, Salz, Zucker und Cayennepfeffer in den Joghurt rühren. Die halbe grüne Paprikaschote sehr fein schneiden und gleichfalls daruntermengen. Die feingewiegte rote Paprikaschote kann als Garnierung darübergestreut werden.
Als Beilage für 4 bis 6 Personen.

Anmerkung d. Übers.: Frische Brunnenkresse ist hierzulande noch immer eine Rarität. Man findet sie ab und zu auf großen Märkten – echte Feinschmecker suchen sie sich selbst in klaren Bächen, wo sie wild wächst. In diesem Fall muß man nur darauf achten, sie nicht mit der weniger wohlschmeckenden gemeinen Kresse zu verwechseln. Notfalls kann für dieses Raita auch Gartenkresse (in Kästchen zu kaufen) verwendet werden.

GURKENRAITA

(Gurkenjoghurt)

1 große Gurke
2 bis 3 EL feingehackte Zwiebeln
2 Tassen Joghurt
1 EL Distelöl (nach Belieben)
¼ TL gemahlener Kreuzkümmel
⅛ TL Cayennepfeffer
Salz
gehackte frische Korianderblätter (ersatzweise viel frischer Dill, glatte Petersilie, Garten- oder Brunnenkresse)

Die Gurke schälen, entkernen, grobraspeln, mit den Zwiebeln vermengen und gründlich mit Joghurt und Öl verrühren.

Den Kreuzkümmel einen Augenblick in einer kleinen emaillierten Pfanne erhitzen, vom Feuer nehmen und rasch ein wenig von der Joghurtmischung dazurühren. Das Gemisch wieder zu dem übrigen geben und alles gründlich vermengen.
Zum Schluß mit Cayennepfeffer, Salz und einer reichlichen Menge gehackten Korianderblättern abschmecken. Gekühlt zu Currys und anderen indischen Gerichten servieren.
Für 4 bis 6 Personen.

AUBERGINENRAITA

(Joghurt mit Auberginen)

Etwa 700 g Auberginen
2 EL Pflanzenöl
1/3 Tasse gehackte Zwiebeln
1 TL geschälter, geriebener frischer Ingwer
1 TL Garam Masala (Seite 341)
1/4 TL Cayennepfeffer
1 kleine Tomate, grobgehackt
1 TL Salz, nach Geschmack mehr
2 Tassen Joghurt
1 EL grobgehackte frische Korianderblätter
(oder glatte Petersilie)

Die Auberginen mehrmals mit einer Gabel einstechen und ungefähr 1 Stunde im 200 bis 210 Grad heißen Backofen rösten, bis sie ganz weich und zusammengefallen sind. Etwas abkühlen lassen, halbieren und das Fruchtfleisch herausschaben, auspressen und grobhacken.
Das Pflanzenöl in einem mittelgroßen Saucentopf erhitzen und die Zwiebeln darin glasig dünsten. Dann den geriebenen Ingwer, *Garam Masala* und Cayennepfeffer zufügen und unter Rühren etwa 2 Minuten auf kleiner Flamme rösten.
Nun die Tomatenstückchen dazugeben. Sobald sie anfangen, weich zu werden, den Topf vom Feuer nehmen und Auberginenmasse, Salz, Joghurt und Korianderblätter hineinrühren. Abschmecken und die Würze korrigieren.
Das Raita 1 oder 2 Stunden kühlen und servieren.
Für 6 bis 8 Personen.

KARTOFFELRAITA

(kalte Kartoffel-Joghurt-Creme)

3 große Kartoffeln
1 TL Butter oder Ghee (Seite 326)
1 1/2 TL Kreuzkümmel
1 TL Koriander
1 TL Salz
1/4 TL Cayennepfeffer
1/2 l Joghurt

Die Kartoffeln in der Schale kochen, pellen und ziemlich grob hacken.
In einem kleinen Topf Butter oder *Ghee* zerlassen und die Gewürze ein paar Minuten darin rösten. Dann den Joghurt zufügen, den Topf vom Feuer nehmen und gut rühren. Den Gewürzjoghurt über die ausgedampften Kartoffeln gießen, alles gründlich vermengen und vor dem Auftragen kühl stellen.
4 bis 6 Portionen.

BANANENRAITA

(pikanter Bananenjoghurt)

1 TL Butter oder Ghee (Seite 326)
1 1/2 TL Kreuzkümmel
1/4 TL Kardamomsamen
1/4 TL gemahlener Koriander
1/4 TL Cayennepeffer
2 Tassen zerstampfte reife Bananen
2 Tassen Joghurt

In einem Saucentopf die Butter oder *Ghee* zerlassen. Die Gewürze zusammen leicht im Mörser zerstoßen – sie dürfen nicht ganz pulverisiert sein – und ein paar Minuten im heißen Fett rösten. Nun rasch den Bananenbrei dazurühren, den Topf vom Feuer nehmen, den Joghurt unter die Bananen ziehen, das Gemisch in eine Glasschüssel füllen und kalt stellen.
Für 6 Personen.

BANANENRAITA MIT KOKOSFLOCKEN

(Joghurt mit Bananen und Kokosflocken)

2 EL Butter oder Ghee (Seite 326)
1 TL Senfkörner
$^1/_4$ TL Cayennepfeffer
$^1/_2$ Tasse ungesüßte Kokosraspeln
2 zerdrückte reife Bananen
$^1/_2$ TL Salz
1 TL Zucker
2 Tassen Joghurt

In einem mittelgroßen Saucentopf mit schwerem Boden die Butter oder *Ghee* erhitzen, die Senfkörner hineinstreuen und auf mittlerer Flamme 1 oder 2 Minuten umrühren. Sobald sie knallen und hochspringen, den Cayennepfeffer zufügen und etwa 1 Minute rösten. Dann Kokosraspeln und Bananenbrei dazugeben, den Topf vom Feuer nehmen und schnell rühren. Nun die übrigen Zutaten mit einer Gabel behutsam darunterziehen. Das Raita vor dem Servieren einige Stunden kühlen.
Für 6 bis 8 Personen.

CACHUMBER *Abb. 33*

(indischer Salat)

2 große Tomaten
1 große Gurke
$^1/_2$ Tasse kleingeschnittene Frühlingszwiebeln
$^1/_2$ Tasse feine Radieschenscheiben
2 EL grobgehackte frische Korianderblätter
(oder glatte Petersilie)
2 EL Zitronensaft
$^3/_4$ TL Salz
1 TL sehr fein gewiegte grüne Chilischoten
schwarzer Pfeffer nach Geschmack

Die Tomaten in gut 1 cm große Stücke schneiden. Die Gurke schälen, entkernen und gleichfalls in gut 1 cm große Würfel schneiden. Tomatenstückchen, Gurkenwürfel, kleingeschnittene grüne Zwiebeln, Radieschenscheiben und die gehackten Korianderblätter in eine Schüssel geben und mit einer Sauce aus Zitronensaft, Salz und feingehacktem grünen Chili anmachen. Mit einer Prise schwarzem Pfeffer abschmecken. Den Salat ungefähr eine halbe Stunde kühlen, nochmals mengen und servieren.
Für 4 bis 6 Personen.

UPPAMA

(Gemüsegrießbrei)

$^1/_4$ Tasse Pflanzenöl
1 mittelgroße gehackte Zwiebel
1 $^1/_2$ TL Senfkörner
1 sehr fein gewiegte grüne Chilischote
1 TL zerstoßene rote Pfefferschoten
1 Tasse feines Weizengrießmehl
5 Tassen heißes Wasser
$^1/_2$ Tasse in Scheiben geschnittene Frühlingszwiebeln
$^1/_3$ Tasse feingewürfelte Möhren
1 große grobgewürfelte reife Tomate
2 TL Salz

zum Garnieren:
nach Belieben Zitronensaft und Korianderblätter oder glatte Petersilie

Das Pflanzenöl in einem großen Topf erhitzen und die Zwiebel darin glasig dünsten. Die Senfkörner und beide Chilisorten zufügen und auf mittlerer Flamme etwa 1 oder 2 Minuten rösten, dann das Grießmehl einstreuen und unter Rühren gleichfalls einige Minuten lang anschwitzen.
Weiterrühren und ganz langsam das heiße Wasser zugießen. Nun leicht mit dem Schneebesen durchschlagen, damit sich keine Klümpchen bilden, daraufhin die Frühlingszwiebeln, Möhren- und Tomatenwürfel und das Salz zufügen. Alles zusammen unter häufigem Rühren auf kleiner Flamme ungefähr 45 Minuten bis 1 Stunde köcheln, bis ein ziemlich dicker Brei entstanden ist und die Gemüse gar sind.
Für 8 bis 10 Personen.

ROSINEN-TAMARINDEN-CHUTNEY

1 Tasse Rosinen
1 EL Tamarindenmus
6 bis 8 EL Wasser
½ TL gemahlener Ingwer
¼ TL Cayennepfeffer
¼ TL Salz

Alle Zutaten zusammen im Mixer oder mit einem elektrischen Schnellmixstab pürieren, bis keine Klümpchen mehr vorhanden sind. So viel Wasser zufügen, daß eine cremige, nicht zu steife Masse entsteht.
Dieses Chutney kann sogleich verzehrt werden, in einem gut verschlossenen Gefäß aber auch eine oder zwei Wochen im Kühlschrank aufbewahrt werden. Ergibt etwa 1½ Tassen.

Anmerkung d. Übers.: Das für dieses Rezept eigentlich erforderliche Tamarinden*konzentrat* ist nur in indischen Spezialitätenläden (z. B. in Hamburg und Frankfurt) erhältlich. Ersatzweise kann indonesisches Tamarindenmus verwendet werden, das man in guten Delikatessengeschäften kaufen kann.

KHAGINA
(indisches Gewürzomelett)

5 große Eier
5 EL Kichererbsenmehl (ersatzweise Erbsmehl)
1 Prise schwarzer Pfeffer
¼ TL gemahlener Koriander
zerstoßene Samen aus 4 oder 5 Kardamomkapseln
½ TL Salz
½ Tasse sehr fein gewiegte Zwiebeln
2 EL gehackte frische Petersilie
3 bis 4 EL Joghurt
3 EL Butter

Die Eier verschlagen, dabei nach und nach das Kichererbsenmehl einstreuen, zuletzt alle anderen Zutaten außer der Butter hinzufügen und gründlich mit dem Schneebesen unterarbeiten.

Die Butter in einer Pfanne von etwa 22 cm Durchmesser zerlassen, die Eiermischung hineingießen und auf kleiner Flamme zugedeckt backen, bis sie auch an der Oberfläche gestockt ist. Das Omelett auf einen Teller stürzen, wieder in die Pfanne gleiten lassen und von der anderen Seite noch ein paar Minuten bräunen, dann auf eine Platte geben.
In Stücke geschnitten als Beilage zu einem Gemüsecurry oder mit *Chutney* servieren. Es schmeckt warm und auf Zimmertemperatur abgekühlt gleich gut.
Für 4 bis 5 Personen.

PAKORAS
(fritierte Gemüsepuffer)

Pakoras sind in etwa unseren Kartoffelpuffern zu vergleichen, werden aber schwimmend in Öl ausgebakken und sind deshalb viel knuspriger. Sie eignen sich vorzüglich als Appetithappen oder Snack zu einem eisgekühlten Getränk, zum Beispiel Gin Tonic.

⅔ Tasse Kichererbsenmehl (ersatzweise Erbsmehl)
¼ TL Natron
5 EL kaltes Wasser
¼ TL gemahlener Kreuzkümmel
¼ TL Cayennepfeffer
1 knapper TL Salz
½ TL gemahlene Kurkuma
1 Prise zerriebener Safran
½ Tasse feingewürfelte Kartoffeln
½ Tasse hauchdünne Zwiebelstreifen von 3 bis 4 cm Länge
2 Tassen Pflanzenöl

Kichererbsenmehl, Natron und das kalte Wasser zusammengeben und zwischen den Fingern zu einem glatten, klümpchenfreien Teig reiben (oder rühren). Kreuzkümmel, Cayennepfeffer, Salz, Kurkuma sowie Safran zufügen und alles gründlich vermengen. Zuletzt die Kartoffeln und die Zwiebeln darunterrühren. Das Pflanzenöl in einem *Wok* (siehe Anmerkung) von 25 bis 30 cm Durchmesser oder einer Friteuse auf etwa 175 Grad erhitzen. Den Teig nochmals umrühren, einen Teelöffel voll herausschöpfen und die

Masse mit Hilfe eines zweiten Teelöffels in das heiße Öl schieben. Immer 6 oder 7 Pakoras auf einmal etwa 8 Minuten lang ausbacken, bis sie rundherum goldbraun sind. Mit einem Schaumlöffel herausheben, auf Papiertüchern abtropfen lassen und heiß servieren. Für 4 bis 6 Personen.

Anmerkung d. Übers.: Der *Wok* ist eine dünnwandige chinesische Eisenpfanne mit gewölbtem Boden, der die Hitze sehr gleichmäßig leitet. Für Elektroherde gibt es auch solche mit flachem Boden. Bezugsquelle siehe Seite 43.

AKURI

(pikantes Rührei)

6 Eier
1/4 Tasse Milch
1/2 TL Salz
schwarzer Pfeffer nach Geschmack
3 EL gehackte frische Korianderblätter
(notfalls glatte Petersilie)
3 EL Butter oder Ghee (Seite 326)
1/2 feingehackte Zwiebel
1 kleine, sehr fein gewiegte grüne Chilischote
1 EL sehr fein zerkleinerter frischer Ingwer
1/2 TL zerstoßener getrockneter roter Pfeffer
1/2 TL gemahlene Kurkuma
1/2 TL gemahlener Kreuzkümmel

Die Eier leicht mit Milch, Salz, Pfeffer und gehackten Korianderblättern verquirlen.
In einer großen Pfanne Butter oder *Ghee* erhitzen und die Zwiebeln darin eben Farbe nehmen lassen. Dann Chilis, Ingwer, roten Pfeffer, Kurkuma und Kreuzkümmel zufügen und auf mittlerer Flamme etwa 2 Minuten rösten.
Die Hitze etwas verstärken und die Eier in die Pfanne gießen. Ununterbrochen rühren, bis sie eben gestockt, aber noch cremig sind. Sofort mit *Chapatis* oder *Puris* und scharfgewürztem Gemüse servieren.
Für 3 bis 6 Personen.

AKNI

(indische Würzbrühe)

Akni ist eine feinwürzige, aromatische Brühe, die ihren Wohlgeschmack durch gut aufeinander abgestimmte Gewürze erhält. Für manche indischen Speisen ist sie unerläßlich. Akni kann im Kühlschrank mehrere Tage lang aufbewahrt werden.

1 1/2 EL Butter oder Ghee (Seite 326)
1 grobgehackte Zwiebel
4 in Scheibchen geschnittene Knoblauchzehen
2 EL zerstoßene Korianderkörner
1 TL Fenchelsamen
1 EL geschälter, feingehackter frischer Ingwer
etwa 1 Liter Wasser

Butter oder *Ghee* in einem mittelgroßen Topf erhitzen und die Zwiebeln mit dem Knoblauch darin weichdünsten. Nun Koriander, Fenchel sowie Ingwer zufügen und auf mittlerer Flamme 2 Minuten rösten, mit dem Wasser aufgießen und die Brühe 30 Minuten köcheln lassen, dann durchseihen.

KARTOFFEL-CHAT-PURIS

(gefüllte Fladenbrote)

18 kleine Puris (Seite 83)
1/3 Tasse Zwiebelstreifen
2 Tassen festkochende Kartoffeln, gewürfelt und gegart
1 1/2 Tassen gekochte Kichererbsen (siehe Seite 152)
1 EL sehr fein gewiegte scharfe grüne Chilischoten
3 EL grobgehackte frische Korianderblätter
(evtl. durch glatte Petersilie ersetzen)
2 EL Zitronensaft
1/2 TL Salz
1/2 Tasse Rosinen-Tamarinden-Chutney (Seite 339)
1/2 Tasse Mangochutney
1 Tasse knusprig ausgebackene *Saveth*nudeln
(bei uns als Cocktailgebäck erhältlich)
oder ersatzweise geröstete Chow-Mein-Nudeln

37 Mazurek »Tante Wenia« *(Masurentorte)*
Rezept Seite 350

38 Gemischtes Eingemachtes
Rezept Seite 370

39 Struçla *(Mohnstrudel)*
Rezept Seite 377

40 Tomaten-Apfel-Chutney
Rezept Seite 394
Eingelegte Gewürzpfirsiche
Rezept Seite 392
Pikant eingelegte Paprika
Rezept Seite 396

Die Puris so eindrücken, daß sie kleine Schüsseln mit gewölbtem Rand bilden.
Zwiebelstreifen, Kartoffelwürfel, Kichererbsen, feingewiegte Chilis, gehackte Korianderblätter, Zitronensaft und Salz gründlich miteinander vermischen. Alle Zutaten sollten Zimmertemperatur haben.
Das Rosinen-Tamarinden-Chutney mit etwas Wasser verdünnen, damit es eine flüssigere Konsistenz bekommt und gegossen werden kann. Süßes Mangochutney in gleicher Weise pürieren und verdünnen. Jedes Puri mit ein paar gehäuften Eßlöffeln der Gemüsemischung füllen und darüber jeweils etwa einen Teelöffel der verdünnten Chutneys geben. Mit den knusprigen Nudeln bestreut als Vorspeise oder Snack servieren.
Für 6 bis 8 Personen.

GARAM MASALA
(indische Gewürzmischung)

Masalas, Gewürzmischungen, gibt es in unendlich vielen Variationen, in Pulver- oder Pastenform, von süßlich-mild bis bitter-scharf. Dieses ist eine milde, aromatische Kombination, die beim Kochen Verwendung findet oder über die fertige Speise gestreut wird. Sie kann für sich allein oder, was häufiger vorkommt, in Verbindung mit anderen Gewürzen gebraucht werden. Masala ist *kein* Currypulver!

1/4 Tasse Kardamomkapseln
2 EL Pfefferkörner
2 EL Kreuzkümmel
2 Zimtstangen von je 5 cm Länge
2 TL Nelken
1 TL gemahlene Muskatblüte (Macis)
2 EL gemahlener Koriander
1 Lorbeerblatt

Die Gewürze in einer großen Eisenpfanne oder auf einem Backblech ausbreiten und im 90 bis 100 Grad heißen Ofen etwa 20 Minuten rösten, dabei häufig rühren, damit sie nicht anbrennen.
Aus dem Ofen nehmen. Die Kardamomsamen aus den Kapseln holen, die Schalen wegwerfen. Die Zimtstangen in ein dickes Tuch wickeln und mit einem hölzernen Kartoffelstampfer zerstoßen. Nun alle Gewürze zusammengeben und im elektrischen Mixer oder mit Hilfe einer anderen Maschine pulverisieren. Wer keinen maschinellen Küchenhelfer, aber viel Geduld hat, kann die Gewürze in einem Marmor- oder Keramikmörser zermahlen.
Das fertige Masala in einem luftdicht verschlossenen Behälter bei Zimmertemperatur aufbewahren.

Weitere indische Spezialitäten in den folgenden Kapiteln:
Brot und Gebäck: Chapatis, Puris
Torten und Desserts: Gajar Halwa, Gulab Jamon
Eingemachtes: Pfirsichchutney, Tomatenchutney, Tomaten-Apfel-Chutney

Torten und Desserts

Ich kann mich noch gut erinnern, daß ich als Kind den Rang aller festlichen Anlässe in unserer Familie nach der Menge und Anzahl der aufgebauten Süßigkeiten, Torten und Kuchen bewertete. Jeder Geburtstag erhielt sein besonderes Gepräge durch Mutters herrliche Walnußtorte mit dicken Schichten von Mokkacreme. Zu Ostern gab es stets hohen, lockeren Napfkuchen, feinen Mandelkuchen und schweren Kranzkuchen voller Rosinen und Nüsse.
In der Vorweihnachtszeit füllten unwiderstehliche Düfte von Honig und Gewürzen das Haus, und zum Christfest wurden dann köstliche Schätze vor uns ausgebreitet – Früchtekuchen und Marzipan, Honigkuchen, die wochenlang in verschlossenen Blechkästen gereift waren, und frische, in Öl ausgebackene Waffeln, knusprig und zart, mit Staubzucker überpudert. Unsere entzückten Augen blickten auf helle, zarte Butterplätzchen, getrocknete Früchte, vielerlei Nüsse, die feinsten Schokoladen, und beim Anblick des traditionellen Mohnstrudels fielen wir in ehrfürchtiges Schweigen. Nach dem großen Galaessen durften wir endlich von all diesen Leckereien kosten – sofern wir noch konnten. Aber wie jeder weiß, kann man Süßigkeiten auch noch essen, wenn man eigentlich schon satt ist.
Einfache, proteinreiche Desserts spielen in der vegetarischen Küche eine große Rolle als Ergänzung des täglichen Eiweißbedarfs.
Erlesene Desserts sind, wie edle Weine und seltene Gewürze, Juwelen unter den kulinarischen Schätzen. Reines Marzipan, gute Schokolade, frische, sahnige Butter, reichliche Mengen Zucker und Honig, feiner alter Cognac oder Weinbrand, Rum und Berge von Schlagsahne sind die unentbehrlichen Grundstoffe, aus denen exquisite Süßspeisen gezaubert werden. Solche Desserts sind natürlich keine Alltäglichkeit, aber zu besonderen Gelegenheiten sollte man Zeit, Geld und die schlanke Linie vergessen und sich den süßen Genüssen hingeben.

EINFACHER SÜSSER AUSLEGETEIG

1 1/3 Tassen Mehl
1 EL Zucker
1/4 TL Salz
1/2 Tasse (110 g) Butter
knapp 1/3 Tasse Eiswasser

Mehl, Zucker und Salz vermischen und in eine Rührschüssel sieben. Die kalte Butter rasch in Stücke schneiden, auf das Mehl geben und mit Hilfe zweier Messer (siehe Auslegeteig I, Seite 252) oder mit der Küchenmaschine hineinarbeiten, bis eine feinkrümelige Masse entstanden ist.
Nun das Eiswasser darübersprengen und schnell mit einer Gabel hineinwirken, bis der Teig einigermaßen zusammenhält. Zu einer Kugel formen, in Wachspapier oder Plastikfolie einschlagen und ungefähr 2 Stunden kühl stellen.
Zum Auslegen einer Backform von 26 bis 28 cm Durchmesser.

FEINER SÜSSER AUSLEGETEIG

1 Tasse Mehl
1/3 Tasse Zucker
110 g Butter
1 Prise Salz

Mehl, Zucker und Salz in eine Schüssel sieben. Die kleingeschnittene kalte Butter mit Hilfe von zwei Messern (siehe Seite 252) oder einer Küchenmaschine hineinwirken, so daß eine grobsandige Masse entsteht. Nun mit den Händen weiterarbeiten und den Teig zu einer Kugel zusammennehmen. 1 oder 2 Stunden kühl stellen.
Danach wird der Teig mit den Fingern gleichmäßig in eine Backform von 26 cm Durchmesser gedrückt. Den überstehenden Rand mit dem Messerrücken einkerben und den Boden mehrmals mit einer Gabel einstechen, damit die beim Backen entstehenden Gase entweichen können.
Soll der Boden blindgebacken werden, wird er mit Aluminiumfolie abgedeckt, mit getrockneten Hülsen-

früchten gefüllt und erst 10 Minuten bei 230 Grad, dann weitere 15 bis 20 Minuten bei 175 Grad gebakken. Wenn der Rand zu stark bräunt, auch diesen mit Folie bedecken.
Zum Auslegen einer Backform von 26 cm Durchmesser.

FEINER SÜSSER MÜRBETEIG

$^{1}/_{4}$ Tasse (60 g) Butter
1 Tasse Weizenmehl
1 $^{1}/_{4}$ Tassen Zucker
1 Prise Salz
1 Ei
2 Eigelb

Die kalte, in Stücke geschnittene Butter rasch mit Hilfe von zwei Messern in das gesiebte Mehl wirken, so daß ein feinkrümeliges Gemisch entsteht (siehe Seite 252 oben).
Das Ei mit den Eigelb, Salz und Zucker verquirlen und mit der Mehlmischung zu einem zusammenhängenden Teig verarbeiten. Im Kühlschrank mindestens 1 Stunde ruhen lassen.
Die Backform folgendermaßen auslegen: Den Teig mit gefetteten Fingerspitzen ganz ebenmäßig in die Form drücken, so daß der Boden überall gleich dick ist. Mit einer Gabel mehrmals einstechen, damit er beim Backen nicht hochgetrieben wird.
Blindbacken nur 5 Minuten im 200 bis 210 Grad heißen Ofen, fertigbacken (wenn der Belag nicht gebakken zu werden braucht) 20 Minuten bei der gleichen Temperatur.
Dieser Mürbeteigboden eignet sich besonders gut für frische Obsttorten und süße *Pies*. Nicht zu lange bakken!
Zum Auslegen einer Backform von 22 oder 26 cm Durchmesser.

BISKUITTORTE

6 Eigelb
6 Eiweiß
1 Tasse Zucker
$^{1}/_{4}$ Tasse kochendes Wasser
1 EL Zitronensaft
$^{1}/_{2}$ TL Vanilleextrakt
1 $^{1}/_{2}$ Tassen Mehl
1 $^{1}/_{2}$ TL Backpulver
1 Prise Salz
4 EL Butter, zerlassen und wieder abgekühlt

Die Eigelb leicht und schaumig schlagen, dann unter weiterem Schlagen nach und nach den Zucker in kleinen Portionen einstreuen. Mit dem Schneebesen ungefähr 10 Minuten zu einer hellen, luftigen Masse aufschlagen. Langsam in kleinen Mengen das kochende Wasser, Zitronensaft und Vanilleextrakt zufügen und noch einige Minuten weiterschlagen.
Mehl und Backpulver zusammensieben und unter die Eigelbmasse ziehen. Die Eiweiß mit einer Prise Salz zu festem Schnee schlagen und behutsam unter den Teig heben. Nun die zerlassene, abgekühlte Butter darübergießen (dabei den weißen Satz im Topf zurücklassen) und mit sparsamen Bewegungen gleichfalls unter den Teig ziehen. Der Eischnee darf kaum zusammenfallen.
Den Teig in eine gefettete Springform von 22 oder 26 cm Durchmesser füllen und glattstreichen.
Die Torte im vorgeheizten Ofen bei 165 Grad etwa 40 bis 45 Minuten backen. Sie ist fertig, wenn sie sich vom Rand der Springform gelöst hat und goldbraun geworden ist. Ein probeweise hineingestochenes Holzstäbchen muß sauber wieder herauskommen.
Aus dem Backofen nehmen, eine Zeitlang abkühlen lassen, dann auf einem Drahtrost völlig erkalten lassen.
Diese Biskuittorte eignet sich hervorragend zum Füllen und Belegen. Durch ihre lockere Konsistenz saugt sie Aromastoffe wie Rum und Weinbrand oder Konfitüren sehr gut auf.
Ergibt 1 große Torte, die zum Füllen auseinandergeschnitten werden kann.

GENUESER KUCHEN

Ähnlich der Biskuittorte ist er die Grundlage für eine Reihe von feinen gefüllten Torten.

8 Eier
1 1/2 Tassen Zucker
abgeriebene Schale von 1 Zitrone
1 3/4 Tassen gesiebtes Mehl
1/2 Tasse (110 g) Butter, zerlassen und wieder abgekühlt

Die Eier im Wasserbad mit dem Zucker und abgeriebener Zitronenschale mit einem elektrischen Handrührgerät etwa 8 bis 10 Minuten aufschlagen, bis daraus rahmweißer Schaum von dreifachem Volumen geworden ist. Er muß in dickem Faden langsam vom Löffel laufen.
Nun die Rührschüssel in kaltes Wasser stellen und den Schaum noch einige Minuten schlagen. Sobald er erkaltet ist, das gesiebte Mehl darüberstreuen und mit einem Spachtel oder flachen Holzlöffel schnell, aber behutsam unterheben.
Die flüssige, nur noch zimmerwarme Butter (ohne den Satz vom Topfboden oder schwimmende Eiweißpartikel) über den Teig gießen und ebenfalls rasch und vorsichtig unterziehen.
Den Teig in eine gefettete, mit Mehl ausgestäubte Springform von 22 oder 26 cm Durchmesser füllen, vorsichtig etwas glattstreichen und sofort im vorgeheizten Ofen bei 175 Grad ungefähr 45 bis 50 Minuten backen. Der Kuchen ist fertig, wenn er sich vom Rand der Springform abgelöst hat und goldbraun ist. Dann stürzt man ihn zum Auskühlen auf einen Drahtrost.
Ergibt 1 großen Kuchen, der zum Füllen aufgeschnitten werden kann.

ZITRONENTORTE

1 1/4 Tassen Eiweiß
2 Tassen Puderzucker
2 EL Maisstärkemehl
1/4 TL Mandelessenz
1 2/3 Tassen geriebene (nicht abgezogene) Mandeln
Zitronencreme (siehe nachfolgendes Rezept)

zum Verzieren:
abgezogene, halbierte Mandeln

Das Eiweiß mit 1 Tasse Puderzucker zu halbfestem Schnee (mit weichen Zipfeln) schlagen. Die zweite Tasse Puderzucker mit dem Stärkemehl zusammensieben, mit der Mandelessenz an den Eischnee geben und weiterschlagen, bis der Eischnee völlig steif ist. Jetzt die gemahlenen Mandeln darunterziehen.
Zwei Kuchenformen von je 26 cm Durchmesser ausfetten und mit Mehl ausstäuben. Die Eiweißmasse gleichmäßig auf beide Formen verteilen und schön glattstreichen. Die Schichten im vorgeheizten Ofen bei 140 Grad 1 1/2 Stunden backen, bis sie sich vom Rand der Kuchenformen lösen und eine goldgelbe Farbe haben. In den Formen etwas abkühlen lassen, dann zum völligen Erkalten auf Gitterroste stürzen.
Gut die Hälfte der Zitronencreme auf einen der Böden streichen und den anderen darauflegen. Mit der übrigen Creme die Oberfläche und den Rand des oberen Bodens bestreichen. Die Torte mit halbierten Mandeln verzieren, oder mit dem Buttermesser ein Spiralmuster in die Zitronencreme streichen.
Mindestens 1 Stunde kühl stellen.
Für 10 Personen.

Anmerkung d. Übers.: Nur wer einen riesigen Backofen hat, kann zwei so große Böden nebeneinander hineinstellen und gleichzeitig backen. Einige von uns besitzen vielleicht einen Ofen, in dem die Heißluft zirkuliert, so daß in mehreren Etagen gebacken werden kann. Zur Lösung des Backproblems kann man entweder die Zutatenmengen halbieren und die Böden nacheinander fertigstellen, oder man backt einen großen Kuchen, läßt ihn einen Tag stehen und schneidet ihn dann auf.

ZITRONENCREME

4 EL Maisstärkemehl
3/4 Tasse kaltes Wasser
1/3 Tasse frischer Zitronensaft
1 Tasse Zucker
1 EL fein abgeriebene Zitronenschale
3 Eigelb
1 1/2 EL Butter

Maisstärke, Wasser, Zitronensaft und pulverisierte Zitronenschale in einen mittelgroßen Saucentopf mit schwerem Boden geben und unter Rühren auf ganz kleiner Flamme 15 bis 20 Minuten erhitzen, bis das Gemisch abzubinden beginnt, und glattschlagen. Sobald die Creme ziemlich dick ist, vom Feuer nehmen und die Eigelb, eins nach dem andern, darunterziehen. Wieder aufs Feuer stellen und auf kleinster Flamme nur 3 Minuten erwärmen. Dann vom Herd nehmen, mit der Butter verrühren und unter gelegentlichem Umrühren erkalten lassen.
Ergibt etwa 2 Tassen.

SCHOKOLADEN-KÄSETORTE

1 1/2 Tassen Paniermehl von geriebenen Kräckern
1/2 Tasse (110 g) Butter
2 Tassen plus 3 EL Zucker
700 g weicher Doppelrahm-Frischkäse
3 Eier
200 g halbbittere Schokolade
3 EL Sahne
2 Tassen dicke saure Sahne
1/4 Tasse dunkler Rum
3/4 TL Zimt
3/4 TL Mandelessenz
1 Tasse Puderzucker
etwa 1 Tasse frische Erdbeeren

Das Kräckermehl, die Butter und 3 Eßlöffel Zucker mit den Fingerspitzen gründlich vermischen. Diese Masse ebenmäßig auf den Boden einer Springform von 26 cm Durchmesser drücken und mit einem Kartoffelstampfer glätten.

Den Käse im Mixer aufschlagen, dann nach und nach den übrigen Zucker und die Eier zufügen und weiterschlagen, bis eine völlig glatte Masse entstanden ist. Die Schokolade mit der Sahne in einem kleinen Saucentopf (besser noch im Wasserbad) schmelzen und mit 1 Tasse saurer Sahne unter die Käsemasse ziehen. Rum, Zimt sowie Mandelessenz zugeben und das Ganze gut mit dem Schneebesen durcharbeiten. Den Schokoladenkäse in die vorbereitete Springform füllen und die Torte im 175 Grad heißen Ofen 55 Minuten bis 1 Stunde backen. Es kann sein, daß sie am Rand höher aufgeht als in der Mitte – keine Angst, das wird später ausgeglichen. Die Torte abkühlen lassen und vorsichtig den Rand der Springform ablösen. Nun mit einem langen, scharfen Messer alle herausragenden Unebenheiten von der Oberfläche schneiden. Diese Käsetorte ist so sahnig-weich, daß sie obenauf und an den Seiten leicht mit einem Buttermesser geglättet und hübsch geformt werden kann.
Die noch übrige Tasse saure Sahne mit dem Puderzucker verrühren und die Oberfläche (nicht die Seiten) der Torte damit bestreichen. Die Erdbeeren waschen, putzen und längs halbieren. Die Hälften mit der Schnittfläche nach unten und der Spitze zur Kuchenmitte im Kreis am Tortenrand dicht aneinanderlegen. Die Schokoladen-Käsetorte bis zum Servieren, mindestens 1 1/2 Stunden, kühl stellen.
Für 12 bis 14 Personen.

KATE'S CAKE
(Schokoladenschichttorte mit Sahne)

Diese Torte trägt den Namen einer phantastischen alten Dame, deren fünfundachtzigstem Geburtstag sie ihre Entstehung verdankt.

2/3 Tasse (150 g) Butter
1 1/4 Tassen Zucker
2/3 Tasse geriebene Walnüsse
150 g halbbittere Schokolade, geschmolzen
1/2 TL Mandelessenz
7 Eier, getrennt
3 bis 4 EL Weinbrand
1 1/4 Tassen Mehl

2 Tassen süße Sahne
1 Tasse Puderzucker
lockig oder blättrig geschabte Zartbitterschokolade

Die Butter mit 1/2 Tasse Zucker schaumig rühren, dann die gemahlenen Walnüsse, geschmolzene Schokolade, Mandelessenz und die Eigelb darunterziehen. Die Eiweiß mit der übrigen 3/4 Tasse Zucker zu Schnee schlagen und unter die Schokoladencreme heben. Zuletzt das Mehl zusieben und vorsichtig hineinarbeiten.
Den Teig in eine gefettete Springform von 22 cm Durchmesser füllen und im vorgeheizten Ofen bei 165 Grad etwa 1 1/4 Stunden backen. Ein in die Mitte eingestochenes Holzstäbchen muß sich sauber und trocken wieder herausziehen lassen. Nötigenfalls die Backzeit etwas verlängern.
Den Kuchen nach kurzem Abkühlen auf einen Drahtrost stürzen und erkalten lassen. Dann in 3 gleichmäßige Scheiben zerschneiden, die mit jeweils 1 oder 2 Eßlöffeln Weinbrand beträufelt werden.
Die Sahne mit dem Puderzucker steifschlagen. Ein Drittel davon auf einen Boden streichen, den zweiten genau darauflegen, mit einem weiteren Drittel der Schlagsahne bestreichen und mit dem dritten Boden abdecken. Die restliche Sahne glatt oder dekorativ auf der Oberfläche verteilen. Nichts auf die Seiten der Torte kommen lassen, sonst ist das schöne Streifenmuster von Teig und Füllung nicht mehr zu sehen. Die Tortenoberfläche am Rand mit einem 2 bis 3 cm breiten Kranz aus gehobelter Schokolade verzieren. Für 8 bis 10 Personen.

SPUMONIKUCHEN

Im Restaurant »Torcoloti« in Verona hat er uns zu ehrfürchtigem Staunen veranlaßt. Wir fragten den freundlichen Kellner, ob er uns ein wenig über diesen traumhaften Kuchen erzählen könnte, und erfuhren, daß er tagtäglich von der alten Mutter des Besitzers gebacken wurde – aber das Rezept blieb geheim.
Zu Hause habe ich dann mit den Zutaten, die ich herausgeschmeckt hatte, die verschiedensten Kombinationen ausprobiert, bis ich schließlich dem echten Spumonikuchen nahe kam.

3/4 Tasse Puderzucker
1/3 Tasse Mehl
2 Eier
2 Eigelb
2 Tassen Milch
1 EL Butter
1/2 TL Vanilleextrakt
1/2 Tasse plus 1 EL Weinbrand
1/2 Tasse starker kalter Espresso
1 Genueser Kuchen (Seite 347) von 22 cm Durchmesser und etwa 5 cm Dicke, 1 Tag alt
etwa 2 bis 3 EL mit Puderzucker gesüßtes Kakaopulver

Puderzucker und Mehl vermischen. Die Eier mit den Eigelb verquirlen und mit dem süßen Mehl zu einer dicken, glatten Paste verrühren.
Nun die Milch abkochen und schnell unter die Eiermasse rühren. Das Ganze unter ständigem Schlagen mit dem Schneebesen auf kleiner Flamme erhitzen, bis es leise zu wallen beginnt, dann noch 3 Minuten weiterschlagen, die Creme vom Feuer nehmen und mit Butter, Vanille und 1 Eßlöffel Weinbrand aufschlagen.
Erkalten lassen, dabei ab und zu umrühren, damit sich keine Haut bildet.
Den kalten Espresso mit dem restlichen Weinbrand in einen Meßbecher gießen. Den Genueser Kuchen mit einem langen, scharfen Messer waagerecht in zwei Böden auseinanderschneiden. Den einen auf die Bodenplatte einer Springform von 22 cm Durchmesser legen und ein Drittel der Espresso-Weinbrand-Mischung gleichmäßig darüberträufeln, so daß er leicht angefeuchtet ist.
Darauf in ebenmäßiger Schicht die kalte Creme verteilen und glattstreichen. Den zweiten Genueser Boden als Decke darauflegen und mit dem restlichen Espressogemisch aromatisieren. Die Flüssigkeit ganz vorsichtig nur auf die Oberfläche träufeln, sie darf nicht herunterlaufen und den unteren Boden aufweichen, sonst wird später das Zerschneiden und Austeilen der Torte problematisch.
Nachdem die Torte mit Kaffee und Weinbrand aromatisiert ist, wird ihre Oberfläche gleichmäßig mit dem Kakaopulver bestreut. Die Kakaoschicht muß

ziemlich dick sein, andernfalls wird sie an manchen Stellen durchfeuchtet und es erscheinen hier und da unschöne dunkle Flecken.
Den Kuchen mitsamt dem Springformboden auf eine Tortenplatte geben und vor dem Servieren ein paar Stunden kühl stellen. Mit einem dünnen, scharfen Messer, das zwischendurch mit einem Tuch gesäubert wird, in Stücke schneiden. Dazu frischen, heißen Espresso auftragen.
Für 8 bis 10 Personen.

ZUPPA INGLESE
(italienische Cremetorte)

Den Namen »Englische Suppe« hat diese italienische Torte von der englischen Creme, mit der sie gefüllt wird. Sie ist ein verführerisches, nach Rum duftendes Meisterwerk mit ihren Marmelade- und Cremeschichten und der krönenden Baiserschicht.

$^1/_2$ Tasse Zucker
$^1/_2$ Tasse Mehl
1 Prise Salz
2 Tassen heiße Milch
4 leicht verquirlte Eigelb
2 EL Marsala oder Weinbrand
$^1/_4$ TL Vanilleextrakt
1 große Biskuittorte, am Vortag gebacken (S. 346)
1 Tasse dunkler Rum
$^3/_4$ Tasse Aprikosen- oder Pfirsichmarmelade
4 Eiweiß
1 Prise Salz
1 Prise Weinstein
$^1/_4$ Tasse Zucker

Zucker, Mehl und Salz in einen mittelgroßen Saucentopf mit schwerem Boden sieben. Die heiße Milch darübergießen und die Masse mit dem Schneebesen glattschlagen. Unter dauerndem Schlagen langsam erhitzen, etwa 4 bis 6 Minuten, bis sie einzudicken beginnt. Dann die Eigelb darunterziehen und noch ein paar Minuten auf kleiner Flamme rühren. Wenn die Creme dick und glänzend ist, vom Feuer nehmen und den *Marsala* oder Weinbrand sowie die Vanille hinzufügen. Erkalten lassen, dabei gelegentlich umrühren, damit sich keine Haut bildet.
Eine Biskuittorte vom Vortag in etwa 2 cm breite Streifen schneiden und mit diesen Streifen eine große feuerfeste Form auslegen. Die Hälfte des Rums darüberträufeln, die Marmelade gleichmäßig darauf verteilen und ebenmäßig mit zwei Dritteln der englischen Creme bedecken.
Nun die übrigen Biskuitstreifen gleichmäßig über die Creme schichten, mit dem restlichen Rum besprengen und das letzte Drittel Creme daraufstreichen. Die Torte kühl stellen.
Die Eiweiß mit einer Prise Salz und etwas Weinstein zu glänzendem, nicht trockenem Schnee schlagen, dabei nach und nach den Zucker einrieseln lassen.
Nun die Zuppa damit bedecken. Einen Löffel oder Spachtel in leichter, drehender Bewegung hindurchziehen und den Eischnee in eine attraktive, zipfelige Form bringen. Die Torte im 165 Grad heißen Ofen 10 bis 12 Minuten backen, bis die Spitzen des Baisers schön gebräunt sind. Vor dem Servieren eine oder zwei Stunden kühlen.
Für 10 bis 14 Personen.

MAZUREK »TANTE WENIA« *Abb. 37*
(Masurentorte)

Dieses Wunderwerk von Torte hat meine Tante Wenia in Polen für mich gebacken, und ich habe mir gleich das Rezept geben lassen. Die Masurentorte ist eine barocke Schöpfung für ganz besondere Festlichkeiten, denen sie einen königlichen Glanz verleiht.

1 Biskuittorte, in einer rechteckigen Form von etwa 35 cm Länge und 25 cm Breite gebacken (siehe Seite 346)
$^1/_2$ bis $^2/_3$ Tasse Rum
1 Tasse Pflaumenmus
1 Tasse Rosinen
1 Tasse gehackte Walnüsse
$^1/_2$ Tasse gehackte kandierte Orangenschalen
1 Rezept Schokoladen-Buttercreme (folgendes Rezept), so lange gekühlt, daß sie fest, aber nicht steif ist
1 TL ungesüßtes Kakaopulver

Die Biskuittorte mit einem langen, scharfen Sägemesser in 2 gleichmäßige Schichten zerschneiden und diese mit dem Rum beträufeln. Nun den einen Boden bis zum Rand mit dem Pflaumenmus bestreichen. Die Rosinen mit den gehackten Walnüssen und der kandierten Orangenschale vermischen. Die Hälfte dieser Mischung ebenmäßig über das Pflaumenmus streuen. Darauf zwei Drittel der Buttercreme verteilen und leicht bis zum Tortenrand glattstreichen. Nun den zweiten Biskuitboden vorsichtig darüberdecken.
Die Oberfläche der Torte (nicht die Seiten) mit der restlichen Buttercreme bestreichen. In der Mitte eine Fläche von 8 mal 16 Zentimetern mit dem feingesiebten Kakao bestäuben. Es macht nichts, wenn sie nicht ganz perfekt gerät, denn wir sind mit dem Verzieren noch nicht zu Ende.
Die zurückbehaltene Hälfte der Rosinen-Nuß-Mischung nach und nach um das Kakaorechteck herumstreuen. Damit die Ränder der ausgesparten Kakaofläche ganz gerade werden, ein langes, breites Messer jeweils daranhalten und das Rosinengemisch vor der Schneide entlangstreuen. Ist die Buttercreme bis zum Tortenrand hin bedeckt, Nüsse und Rosinen ganz leicht hineindrücken, damit sie haften bleiben. Sollten um das Kakaoviereck Einschnitte durch das Messer entstanden sein, diese mit dem angrenzenden Nußgemisch verdecken.
Die fertige Torte müßte jetzt so aussehen: An den Seiten liegen die verschiedenen Schichten – Kuchen, Pflaumenmus, Buttercreme, wieder Kuchen und zuletzt Buttercreme – offen zutage. Die Oberfläche ist bis auf ein »Schokoladenfenster« völlig mit gehackten Nüssen und Rosinen bedeckt.
Die Torte bis zum Servieren (mindestens 1 Stunde) in den Kühlschrank stellen. Mit einem scharfen Sägemesser vorsichtig in Stücke schneiden.
Für 10 bis 12 Personen.

SCHOKOLADEN-BUTTERCREME

4 Eigelb
1 1/4 Tassen Zucker
3 EL ungesüßtes Kakaopulver
2/3 Tasse Milch
225 g weiche Butter

Die Eigelb cremig rühren und mit 3/4 Tasse Zucker hell und schaumig schlagen. Dann den Kakao darunterziehen.
Die Milch zum Kochen bringen und unter ständigem Schlagen nach und nach in kleinen Mengen an das Eigelbgemisch geben. Danach alles zusammen in einem Saucentopf mit schwerem Boden unter Rühren mit einem Holzlöffel auf ganz kleiner Flamme erhitzen, bis die Creme so fest geworden ist, daß sie den Löffel mit einer dicken Schicht überzieht. Nicht sieden oder gar aufkochen lassen!
Sobald die Creme die gewünschte Beschaffenheit hat, wieder in die Rührschüssel füllen und diese in eine größere, halb mit kaltem Wasser gefüllte Schüssel stellen. Die Creme so lange schlagen, bis sie kalt ist.
In einer anderen Schüssel die weiche Butter mit der restlichen halben Tasse Zucker schaumig rühren, die Schokoladencreme zufügen und beides zu einer völlig glatten, cremigen Masse aufschlagen. Die Buttercreme vor Gebrauch 1/2 Stunde kühlen.
Ergibt etwa 2 1/2 Tassen.

APFELSTRUDEL »GRANDMA CLAR«

Dieses ungewöhnliche Strudelrezept stammt von der Großmutter einer Freundin. Ich mußte aber die Zutatenmengen verringern, weil kaum noch jemand eine so große Arbeitsfläche hat, wie sie für den Originalstrudel gebraucht wird. Dadurch kommen Sie nun mit einer Tischplatte von etwa 1 Meter Breite und 1 1/2 Meter Länge für die Teigbereitung zurecht. Übrigens macht die Arbeit zu zweit oder zu dritt viel mehr Spaß!

4 Tassen Mehl
1 1/4 Tassen Wasser
1/2 Tasse Maiskeimöl
1/2 Tasse Zucker
ungefähr 2 TL Zimt
1 Tasse gesüßte Kokosraspeln
1 Tasse Erdbeer- oder Himbeermarmelade
3/4 Tasse Rosinen
1/2 Tasse feingehackte Walnüsse
600 g säuerliche Äpfel, geschält, entkernt, geviertelt und in feine Scheiben geschnitten
zusätzlich noch Zucker und Zimt zum Bestreuen

3 Tassen des Mehls in eine große Schüssel sieben und mit dem nach und nach zugegossenen Wasser zu einer klebrigen Masse verarbeiten, die etwas feuchter als ein normaler Brotteig ist. Kurze Zeit mit den Händen glattwirken. Den Teig zu einem Ball zusammennehmen, mit etwas Mehl bestäuben und klopfen, bis er schön glatt und eben ist, außen mehlbedeckt und trokken, innen ganz weich.
Nun ein sauberes Tuch (Bettuch) über die Arbeitsfläche breiten und gleichmäßig mit dem restlichen Mehl bestreuen. Ist Ihr Tisch rechteckig, bringen Sie den Teigkloß im richtigen Verhältnis dazu in eine längliche Form. Bei einem runden Tisch erübrigt sich das Umformen.
Nun den Teig in die Mitte der mehlbestäubten Fläche legen und mit dem Nudelholz ein wenig flachrollen. Dann umwenden und etwas stärker auswellen, immer von der Mitte nach den Rändern. Diesen Vorgang mehrmals wiederholen. Achten Sie darauf, daß immer Mehl unter dem Teigstück ist und daß sich die Teigfläche so ebenmäßig wie möglich ausdehnt. Sobald sie nur noch etwa 5 mm dick ist, die Hände (mit den Innenflächen nach oben) darunterschieben und vorsichtig zum Rand hin auseinanderziehen, während der Teig darübergleitet. So von der Mitte der Teigfläche her in alle Richtungen weiterwandern. Durch das sanfte Entlangstreichen mit den Händen weitet der Teig sich immer ein kleines Stückchen mehr, bis er schließlich hauchdünn und ziemlich durchsichtig geworden ist. Strecken Sie möglichst keine Löcher hinein. Sollte es aber einmal passiert sein, keine Panik: Sie verschwinden ja beim Aufrollen im Innern des Strudels, und außerdem lassen sie sich leicht mit etwas Teig vom Rand flicken.
Wenn der Teig so dünn und fein wie Seide ist und nahezu die ganze Tischfläche einnimmt, die Unregelmäßigkeiten am Rand mit den Fingerspitzen etwas ausgleichen, eine knappe halbe Tasse Maiskeimöl darübergießen und mit den Händen über die gesamte Fläche verteilen.
Der Rest ist das reine Vergnügen: Die Teigfläche zuerst gleichmäßig mit Zucker bestreuen, dann mit etwa 2 Teelöffeln Zimt bestäuben (es kann auch mehr sein), als nächstes Kokosraspeln daraufgeben und schließlich Marmelade darüber verteilen. Auf die Marmelade Rosinen und Walnüsse streuen (jetzt sieht's bald wie ein Bild von Pollock aus), und zum Schluß das Ganze mit den Apfelscheiben bedecken. Schon ist alles fertig zum Aufrollen.
2 oder 3 große Backbleche mit reichlich Öl bestreichen und bereithalten, dazu ein sehr scharfes Messer griffbereit legen. Das Tuch (das die ganze Zeit über unter dem Teig gelegen hat) an einer Schmalseite anheben und ein wenig schütteln, so daß sich die Teigfläche ablöst und aufzurollen beginnt. Immer weiter recht gleichmäßig anheben, bis der Strudel so dick ist, wie Sie ihn haben wollen: 5 cm Durchmesser sind ein gutes Maß. Den aufgerollten Teil mit dem scharfen Messer von der Restfläche abschneiden, in backblechgerechte Stücke zerlegen und mit Hilfe von Spachteln auf ein vorbereitetes Blech legen.
Wieder das Tuch zusammennehmen, hochheben und ein bis zwei weitere Strudel abrollen lassen, abschneiden, zerteilen und auf Backbleche geben. Die Strudel mit etwas Zimtzucker bestreuen und im vorgeheizten Ofen bei 190 Grad 15 bis 20 Minuten backen, bis sie goldbraun sind.
Packt man Strudel nach dem Auskühlen fest in Wachspapier ein, soll er sich bis zu einer Woche lang frisch halten – aber das habe ich noch nie selbst ausprobieren können!

LINZER TORTE

1 Tasse (225 g) Butter
1 Tasse Zucker
1 EL abgeriebene Orangenschale
1 TL abgeriebene Zitronenschale
2 Eigelb
1 ½ Tassen gesiebtes Weizenmehl
1 TL Backpulver
2 TL Zimt
½ TL Nelken
¼ TL Salz
1 Tasse gemahlene blanchierte Mandeln (oder auch Walnüsse)
1 Tasse säuerliche Konfitüre (Johannisbeer-, Pflaumen-, Waldhimbeer- oder Brombeermarmelade)

zum Garnieren:
nach Belieben Schlagsahne

Butter und Zucker schaumig rühren. Die abgeriebene Zitronen- und Orangenschale sowie die Eigelb hinzufügen und darunterschlagen. Nun die trockenen Zutaten bis auf die Mandeln zusieben und hineinwirken, zuletzt die geriebenen Mandeln unterziehen und alles zusammen schnell zu einem glatten Teig verarbeiten. Gut kühlen.
Eine Springform von 22 cm Durchmesser ausfetten und mit zwei Dritteln des Teiges auslegen, dabei einen etwa 2 bis 3 cm hohen Rand formen. Den größten Teil der Konfitüre darin verteilen. Die Menge muß so bemessen sein, daß die obere Kante des Tortenrandes nicht erreicht wird. Aus dem restlichen Teig lange, gut 1 cm breite Streifen formen und gitterartig überkreuz auf der Marmelade anordnen. Die Zwischenräume mit der noch übrigen Konfitüre füllen. Die Torte im 175 Grad heißen Ofen 50 bis 60 Minuten backen. Vor dem Aufschneiden auf einem Kuchenrost auskühlen lassen. Nach Wunsch mit Schlagsahne verzieren.

RUM-BABA

(Napfkuchen mit Rum)

20 g frische Hefe (oder 1 Tüte Trockenhefe)
2/3 Tasse lauwarme Milch
1/2 Tasse plus 1 EL Zucker
2 1/4 Tassen Mehl
4 Eier
1 Prise Salz
1/2 TL Vanilleextrakt
1/4 TL Mandelessenz
1/2 Tasse (110 g) weiche Butter
abgeriebene Schale von 1 Zitrone
1/2 Tasse kernlose Rosinen

Zuckersirup mit Rum:
3/4 Tasse Wasser
2/3 Tasse Zucker
2 EL Zitronensaft
1/2 bis 2/3 Tasse dunkler Rum

zum Garnieren:
leicht gesüßte Schlagsahne
nach Belieben halbe kandierte Kirschen

Die frische Hefe in der lauwarmen Milch auflösen und mit 1 Eßlöffel Zucker und 1 Tasse des Mehls verrühren. Diesen Vorteig in eine mittelgroße Schüssel geben, mit einem leichten Tuch bedecken und an einem warmen Ort etwa 1/2 Stunde gehen lassen, bis er fast die doppelte Größe einnimmt. (Bei Verwendung von Trockenhefe nach Anweisung auf der Packung vorgehen.)
Die Eier leicht mit dem restlichen Zucker verquirlen. Salz, Vanilleextrakt, Mandelessenz sowie das übrige Mehl hinzufügen und alles zusammen unter kräftigem Rühren zu einem glatten Teig verarbeiten. Dann das Hefestück zugeben und wieder mit Kraft schlagen, bis der Teig elastisch ist und anfängt, Blasen zu werfen. (Statt diese mühevolle Arbeit mit der Hand auszuführen, kann man eine elektrische Küchenmaschine benutzen.)
Die Teigschüssel mit einem Tuch abdecken und warm stellen, so daß der Teig auf das doppelte Volumen aufgehen kann. Das dauert etwa 45 Minuten bis 1 Stunde. Danach wird er abgeschlagen. Nun die flüssige Butter zugeben und mit kräftigen Bewegungen in den Teig wirken. Er muß jetzt glänzend-geschmeidig und so weich sein, daß er sich von den Schüsselwänden ablöst und leicht vom Löffel fällt.
Zum Schluß die abgeriebene Zitronenschale und die Rosinen unterziehen. Eine mittelgroße Napfkuchenform ausfetten, mit sehr feinem Paniermehl ausstreuen und den Teig hineinfüllen: Er soll nicht mehr als die Hälfte der Form einnehmen. Mit einem Tuch bedeckt an einem warmen Ort 1/2 Stunde gehen lassen. Den Kuchen vorsichtig in den auf 200 bis 210 Grad vorgeheizten Ofen stellen. Nach 5 Minuten die Hitze drosseln und bei 175 Grad 30 bis 40 Minuten fertigbacken.
Den Zuckersirup folgendermaßen herstellen: Wasser, Zucker und Zitronensaft in einen mittelgroßen Saucentopf gießen und 10 Minuten kochen lassen. Wenn die Flüssigkeit nur noch lauwarm ist, wird sie mit dem Rum verrührt.
Den fertigen Napfkuchen behutsam auf einen Gitter-

rost stürzen und etwas abkühlen lassen. Sobald er nur noch lauwarm (nicht kalt) ist, wird er wieder in die Backform geschoben und vorsichtig an etwa einem Dutzend Stellen mit feinen Löchern versehen, die man mit einem kleinen Spieß oder der Spitze eines sehr scharfen Messers hineinsticht. Nun nach und nach den Sirup darübergießen. Er soll zum Teil in den Löchern versickern, zum Teil an den Seiten des Kuchens, auch den inneren, herunterlaufen. Dicht mit Aluminiumfolie abdecken und einige Stunden durchziehen lassen. Danach die Baba auf eine Tortenplatte stürzen und vor dem Servieren etwa ½ Stunde ruhen lassen. Nach Gefallen mit halben kandierten Kirschen verzieren. Dazu Schlagsahne reichen.
Für 10 bis 12 Personen.

MASURISCHER KUCHEN

2 Tassen sehr feines Weizenmehl
1 Tasse Zucker
¼ TL Salz
½ Tasse (110 g) Butter
1 Ei
¼ TL Mandelessenz
3 EL Sahne

Das gesiebte Mehl mit Zucker und Salz vermischen und mit der kalten, in Stücke geschnittenen Butter zu einer feinkrümeligen Masse verarbeiten (siehe Auslegeteig I, Seite 252). Die Eier mit Sahne und Mandelessenz verschlagen und rasch daruntermischen. Diesen Teig in eine rechteckige, ausgefettete Backform füllen und ½ Stunde bei 175 Grad backen. Dann schnell belegen und nochmals 20 Minuten backen. Nach dem Auskühlen mit Zuckerguß überziehen und mit kandierten Kirschen, Mandeln, feinen Streifen kandierter Zitronen- und Orangenschale usw. verzieren.

Belag:
1 Tasse Zucker
2 Eier
200 bis 250 g feingewürfelte getrocknete Aprikosen
½ Tasse kandierte Zitronenschale
½ Tasse gehackte Mandeln
1 Tasse gehackte Feigen
Saft von 1 Zitrone
Saft von 1 Orange

Die Eier trennen. Die Eiweiß halbfest schlagen, dann mit dem Zucker versetzen und zu steifem, aber nicht trockenem Schnee schlagen. Alle übrigen Zutaten darunterheben. Diese Masse auf dem vorgebackenen Kuchen verteilen und das Ganze weitere 20 Minuten backen.

Zuckerguß:
Puderzucker in eine Schüssel sieben und Tropfen für Tropfen warmes Wasser dazurühren, bis eine glatte Flüssigkeit entstanden ist, die träge vom Löffel fließt. Mit etwas Vanilleextrakt oder Mandelessenz aromatisieren. Den Kuchen damit bestreichen.
Ein sehr gehaltvoller Kuchen, in kleinen Stückchen servieren!

TARTE AUX POIRES
(Birnentorte)

1 Rezept Feiner süßer Auslegeteig (Seite 345)
1 Tasse Zucker
5 bis 6 Birnen (z. B. Gute Luise oder William's Christ)
1 ½ Tassen Milch
2 Eigelb
2 EL Mehl
1 ½ Tassen Wasser

Mit dem Teig eine *Pie*form von 22 oder 26 cm Durchmesser auslegen. Den Boden im 200 bis 210 Grad heißen Ofen genau 5 Minuten blindbacken, dann beiseite stellen.
Die Birnen schälen, vom Kerngehäuse befreien und längs halbieren. Vorsichtig in einen Saucentopf legen, mit dem Wasser aufgießen und sanft köcheln. Nach etwa 15 bis 20 Minuten ⅓ Tasse des Zuckers zufügen und weitere 5 bis 10 Minuten leicht kochen. Danach die Birnen ganz vorsichtig zum Auskühlen auf eine Platte geben. Den Zuckersirup leise weiterwallen lassen, bis er stark eingekocht und sehr dick ist.
In einem anderen Topf die Milch mit dem restlichen

Zucker erwärmen und die gut mit dem Mehl verschlagenen Eigelb mit dem Schneebesen darunterziehen.
Die Birnenhälften sternförmig auf den Tortenboden legen, mit der englischen Sauce begießen und im 200 Grad heißen Ofen etwa 40 Minuten backen, bis die milchige Oberfläche goldbraun gefleckt ist. Die Torte etwas abkühlen lassen, dann den Sirup darübergießen. Nach dem Erkalten servieren.
Das Leben dieser Birnentorte ist meist kurz – aber süß.
Für 6 bis 8 Personen.

APFELTORTE

Boden:
1 1/3 Tassen Mehl
1/4 TL Salz
1 EL Zucker
1/2 Tasse (110 g) gut gekühlte Butter
knapp 1/3 Tasse Eiswasser

Belag:
1000 g feste säuerliche Äpfel
(z. B. Boskop oder Glockenäpfel)
Saft von 1 Zitrone
1/2 Tasse Zucker
1/2 bis 2/3 Tasse Aprikosenglasur
(nach Belieben, siehe unten)

Für den Teig das gesiebte Mehl mit Salz und Zucker vermischen. Die kalte Butter rasch in Stücke schneiden und mit Hilfe von zwei Messern (oder der Küchenmaschine) mit dem Mehl zu einer feinkrümeligen Masse verarbeiten. Nun das Eiswasser darübersprenkeln und schnell untermengen, bis das Mehlgemisch gleichmäßig durchfeuchtet ist und Zusammenhalt bekommt. Zur Kugel formen, 1 Stunde kühl stellen und zu einer Kreisfläche von 30 cm Durchmesser ausrollen. Damit eine flache feuerfeste Glas- oder *Pie*form von 26 cm Durchmesser so auslegen, daß der Teig etwa 5 mm übersteht. Den Rand begradigen und zur Verzierung mit dem Messerrücken einkerben. Den Boden 1/2 Stunde in den Kühlschrank stellen.
Danach mit Aluminiumfolie abdecken und mit getrockneten Bohnen oder Reis füllen (siehe Seite 252). Im 220 Grad heißen Ofen 8 Minuten backen, dann Bohnen und Folie entfernen, den Boden mehrmals mit einer Gabel einstechen und nochmals für 4 bis 5 Minuten in den Ofen schieben, damit er bräunt.
In der Zwischenzeit die Äpfel schälen, vierteln, vom Kerngehäuse befreien und längs in gleichmäßige, am Außenrand höchstens 5 mm dicke Scheiben schneiden. Die Apfelscheiben in einer Schüssel mit dem Zitronensaft und 1/2 Tasse Zucker leicht vermischen und 45 Minuten durchziehen lassen. Abseihen, dabei den Saft auffangen.
Der vorgebackene Boden kann jetzt mit Aprikosenglasur bestrichen werden, bevor er mit den Apfelscheiben belegt wird. Dadurch wird das Aufweichen verhindert, ein generelles Problem bei allen Obsttorten. Dazu die Glasur erhitzen und mit einem Pinsel dünn auftragen.
Nun die Apfelscheiben in Kreisen auf dem Boden auslegen. Außen am Tortenrand beginnen und die Scheiben so dicht legen, daß sie sich überlappen. Wenn sie alle Platz gefunden haben, den restlichen Zucker (etwa 3 Eßlöffel) darüberstreuen und die Torte etwa 30 bis 35 Minuten im vorgeheizten Ofen bei 190 Grad backen. Die Äpfel dürfen nur an den Rändern leicht gebräunt sein.
Während der Kuchen im Ofen ist, den Apfelsaft zu einem sirupartigen Tortenguß einkochen lassen und später leicht auf die gebackenen Apfelscheiben streichen oder darüberträufeln.
Die Apfeltorte warm oder kalt servieren.
Für 8 bis 10 Personen

Aprikosenglasur:
1/2 Tasse Aprikosenkompott oder -konfitüre
1 EL Zucker

Aprikosenkompott oder -konfitüre durch ein feines Sieb passieren, mit dem Zucker verrühren und ein paar Minuten kochen, bis eine zähflüssige Masse entstanden ist. Bis zum Gebrauch und auch während des Aufstreichens im Wasserbad warm halten. Sollte die Glasur zu dick werden, kann man sie mit wenigen Tropfen Wasser wieder verdünnen.

PIKANTE PUMPKIN-PIE
(pikante Kürbispastete)

Einfacher süßer Auslegeteig (Seite 345)
oder der Teig der Apfeltorte (voriges Rezept)
für 2 einfache Böden von 22 cm Durchmesser
3/4 Tasse brauner Zucker
1/4 Tasse weißer Zucker
1 EL Melasse (ersatzweise Rübenkraut)
1/4 TL Salz
1/2 TL Zimt
3/4 TL Ingwer
1/4 TL Muskat
1/4 TL gemahlene Nelken
2 Tassen Kürbispüree (von gekochtem Kürbis)
3 Eier
1 2/3 Tassen Kondensmilch
3 EL dunkler Rum
2 bis 3 EL feingehackter kandierter Ingwer
(nach Belieben)

zum Garnieren:
gesüßte Schlagsahne

Mit dem Teig 2 *Pie*formen oder flache Pyrexformen von 22 cm Durchmesser so auslegen, daß ein hoher, geriffelter Rand entsteht. Die Böden etwa 15 Minuten kühl stellen. Inzwischen den Backofen auf 200 bis 210 Grad vorheizen. Wenn die Böden kalt und fest sind, mit Wachspapier oder Folie abdecken und mit Trokkenbohnen oder Reiskörnern füllen.
10 Minuten im heißen Ofen backen, dann Papier oder Folie und Reis oder Bohnen entfernen, die Böden mehrmals mit einer Gabel einstechen und weitere 10 Minuten backen.
In einer Schüssel das Kürbispüree mit den beiden Zuckersorten, Melasse und Gewürzen verrühren. In einer zweiten Schüssel die Eier mit Milch und Rum verschlagen. Dann beide Mischungen gründlich untereinandermengen.
Den feingehackten kandierten Ingwer gleichmäßig auf die zwei Tortenböden streuen und die Kürbismasse zu gleichen Teilen darüber verteilen.
Die Pies im vorgeheizten Ofen bei 200 Grad etwa 35 bis 40 Minuten backen, bis ein probeweise in die Mitte eingestochenes Messer sauber herausgezogen werden kann.
Auskühlen lassen und mit Schlagsahne servieren.
Ergibt 2 Pies von 22 cm Durchmesser.

Anmerkung d. Übers.: Pumpkin-Pie ist wohl eine der bekanntesten und beliebtesten »Pasteten« Nordamerikas. Zu *Halloween*, einem Fest am Vorabend von Allerheiligen, das ähnlich unserem Martinsabend begangen wird, werden überall im Lande die leckersten Kürbispies gebacken. Abends sieht man in vielen Häusern und Gärten Kerzen in ausgehöhlten, zu Masken geschnittenen Kürbissen flackern.

MILDWÜRZIGE PUMPKIN-PIE

Einfacher süßer Auslegeteig (Seite 345)
oder Apfeltortenteig (Seite 355)
für 2 einfache Böden von 22 cm Durchmesser
3/4 Tasse Zucker
1/2 TL Salz
1/2 TL Ingwer
1/4 TL Muskat
1 TL Zimt
1/2 TL gemahlene Nelken
1 1/2 Tassen Kürbispüree (von gekochtem Kürbis)
3 Eier
1 1/2 Tassen Sahne
2 EL dunkler Rum

zum Verzieren: Schlagsahne

Zwei *Pie*formen mit dem Teig auslegen, den Rand zur Verzierung einkerben. Während die beiden Böden gekühlt werden (etwa 15 Minuten), den Backofen auf 200 Grad vorheizen. Die Böden mit Wachspapier oder Aluminiumfolie bedecken und mit Reis oder Trockenbohnen füllen. 10 Minuten backen, dann von Abdeckung und Füllung befreien, mit einer Gabel an mehreren Stellen einstechen und weitere 10 Minuten backen.
Das Kürbispüree gründlich mit Zucker, Salz und Gewürzen vermengen. Eier, Sahne und Rum verschlagen und mit der Kürbismasse verrühren.

Die Füllung gleichmäßig auf die zwei Böden verteilen und glattstreichen. Die Pies erst 10 Minuten bei 200 Grad, dann 25 bis 30 Minuten bei 175 Grad backen. Zur Probe ein Messer hineinstechen: Es muß sich sauber wieder herausziehen lassen.
Auskühlen lassen und mit steifgeschlagener Sahne verzieren.
Ergibt 2 Pies von je 22 cm Durchmesser.

JOGHURTPIE

1 fertiggebackener Boden aus Feinem süßen Auslegeteig (Seite 345)
frische Früchte, z. B. Pfirsiche, Nektarinen, Erdbeeren, Himbeeren, Bananen usw.
1 Tasse Joghurt
1 Tasse Hüttenkäse (oder Sahnequark – dann erübrigt sich das langwierige Durchpassieren)
½ TL Vanilleextrakt

Den Boden nach Rezept herstellen und abkühlen lassen.
Nach dem Erkalten mit Früchten belegen und etwas Zucker darüberstreuen. Joghurt, Hüttenkäse, Honig und Vanille verschlagen und durch ein feines Sieb pressen. Nochmals aufschlagen und über das Obst gießen. Die Oberfläche hübsch mit farbkräftigen Früchten wie Erdbeeren oder dünnen Pfirsichscheiben verzieren. Die *Pie* vor dem Servieren einige Stunden kühlen.
Für 6 Personen.

AMERIKANISCHE KÄSETORTE

Ein wunderbar leichter, erfrischender Kuchen!

1 Rezept Feiner süßer Mürbeteig (Seite 346)
225 g Doppelrahm-Frischkäse
3 Eigelb
3 Eiweiß
⅓ Tasse Milch oder Sahne
4 EL Zucker
1 TL abgeriebene Orangenschale
1 TL abgeriebene Zitronenschale
½ TL reine Mandelessenz

Mit dem nach Rezept zubereiteten Teig eine *Pie*form von 26 cm Durchmesser auslegen. Den Boden 10 Minuten im heißen Ofen blindbacken (nach Angabe Seite 346).
Frischkäse, Sahne, Eigelb, Zucker und Gewürze gut verrühren oder im elektrischen Mixer glattschlagen. Die Eiweiß zu steifem Schnee schlagen, unter die Käsemasse heben und dieses Gemisch auf dem vorgebackenen Boden verteilen.
Die Torte etwa 20 Minuten bei 175 Grad backen. Dabei geht die Füllung auf und bildet eine glatte goldbraune Kruste. Beim Abkühlen fällt sie wieder etwas zusammen, aber keine Sorge: Die Torte bleibt trotzdem schön leicht und locker.
Für 6 bis 8 Personen.

KÄSEKUCHEN MIT INGWER

1 Rezept Feiner süßer Auslegeteig (Seite 345)
400 g Doppelrahm-Frischkäse
½ Tasse Zucker
2 Eier
2 TL Zitronensaft
1 EL geriebener frischer Ingwer
1½ Tassen saure Sahne
5 EL Zucker
etwa 2 EL in feine Streifen geschnittener kandierter Ingwer

Mit dem nach Rezept zubereiteten Teig eine gefettete *Pie*form von 22 cm Durchmesser auslegen. Den Rand innerhalb der Form halten und schön einkerben. Den Boden nach Angabe (Seite 345) blindbacken.
In einer Rührschüssel den Käse mit Zucker, Eiern, Zitronensaft und geriebenem Ingwer vermengen. So lange kräftig rühren, bis die Masse cremig-glatt ist. In die ausgelegte Pieform füllen und den Kuchen im vorgeheizten Ofen bei 175 Grad etwa 20 bis 25 Minuten backen.
Die saure Sahne mit den 5 Eßlöffeln Zucker und den Ingwerstreifchen verrühren und auf die noch heiße

Käsefüllung streichen. Den Backofen ausschalten, den Kuchen nochmals für wenige Minuten hineinschieben, dann herausholen und nach dem Erkalten in den Kühlschrank stellen.
6 bis 8 Portionen.

BATATENPIE

(Süßkartoffelpastete)

1 Rezept Feiner süßer Auslegeteig (Seite 345), ungebacken
1 1/2 Tassen zerstampfte Bataten (gekochte Süßkartoffeln – etwa 4 Stück)
3 verquirlte Eier
3/4 Tasse dunkelbrauner Rübenzucker
1 TL Zimt
1/2 TL Ingwer
1/2 TL Nelken
1/4 TL Muskat
3/4 TL Salz
1 2/3 Tassen Kondensmilch

zum Garnieren:
Schlagsahne

Mit dem nach Rezept zubereiteten Teig eine *Pie*form von 22 cm Durchmesser auslegen. In einer großen Schüssel den Batatenbrei mit Eiern, Zucker, Gewürzen und Büchsenmilch gut verrühren oder kurz im elektrischen Mixer verschlagen. Diese Masse in die vorbereitete Form füllen und die Pie im 190 Grad heißen Ofen 55 Minuten backen. Vor dem Servieren gut kühlen und mit Schlagsahne verzieren.
6 bis 8 Portionen.

TORTA DI RICOTTA

(italienische Käsetorte)

2 Tassen Weizenmehl
1 TL Backpulver
1/4 TL Salz
3/4 Tasse (175 g) Butter
2 EL Cognac oder Weinbrand

Belag:
5 EL gehackte Mandeln oder zur Hälfte Mandeln, zur Hälfte Pinienkerne
2 bis 3 EL gehacktes Zitronat
1 EL Mehl
2 Tassen (etwa 450 g) Ricottakäse
4 Eier
1 Tasse Zucker
1/2 TL reiner Vanilleextrakt oder 1 TL Mandelessenz

zum Verzieren:
Puderzucker
Kirschen oder Mandeln

Anmerkung d. Übers.: Für den Ricotta kann man ersatzweise 20%igen Sahnequark nehmen, der allerdings nicht den gleichzeitig würzigen und milden Wohlgeschmack aufweist wie der aus Schafsmilch bereitete Ricotta.

Mehl, Backpulver und Salz vermischen und in eine Schüssel sieben. Die kalte Butter hineinschneiden und mit zwei Messern darunterwirken, bis eine feinkrümelige Masse entstanden ist (vgl. S. 252). Nun den Cognac darüberträufeln und das Ganze mit den Händen zu einem glatten Teig verarbeiten. Kühl stellen.
Die gehackten Nüsse mit Zitronat und Mehl vermengen, dann den Käse hinzufügen. Die Eier schaumig schlagen, dabei nach und nach den Zucker und die Aromastoffe zugeben. Dieses Gemisch gründlich mit der Käsemasse verrühren.
Zwei Drittel des gut gekühlten Teiges ausrollen und damit eine Pieform von 26 cm Durchmesser auslegen. Die Käsemasse hineinfüllen. Nun den restlichen Teig auswellen und in ganz feine Streifen schneiden. Die Streifen kreuzweise als Gitter über die Füllung legen und gut am Rand des Bodens andrücken. Die Torte ungefähr 40 bis 45 Minuten bei 190 Grad backen. Auskühlen lassen, mit gesiebtem Puderzucker bestäuben und mit Kirschen und Mandeln verzieren.
Für 10 bis 12 Personen.

OBSTKUCHEN

1 Rezept Feiner süßer Mürbeteig (Seite 346)
225 g Doppelrahm-Frischkäse
$^1/_3$ Tasse Zucker
2 EL Zitronensaft
1 EL abgeriebene Zitronenschale
2 Pfirsiche
6 bis 7 Pflaumen
frische Erdbeeren
$^1/_2$ Tasse Erdbeer- oder Brombeergelee
zusätzliche frische Früchte

Den Teig nach Anweisung zubereiten und 1 oder 2 Stunden kühlen, dann auf einem dünn bemehlten Backbrett zu einem Rechteck von etwa 25 cm Breite und 35 cm Länge ausrollen. Mit diesem Teigstück eine passende gefettete Backform oder eine selbstgebastelte (gefettete) Form aus doppelt gefalteter Aluminiumfolie auslegen, dabei rundherum einen Rand von etwa 2 cm Höhe bilden. Den Boden mehrmals mit einer Gabel einstechen und im Tiefkühl- oder Eiswürfelfach 1 Stunde kühlen, bevor er bei 190 Grad etwa 20 Minuten gebacken wird. In der Form abkühlen lassen, dann auf eine große, dekorative Platte legen.
Den weichen Frischkäse mit Zucker, Zitronensaft und -schale cremig-glatt rühren und gleichmäßig auf dem Boden verteilen.
Die Pfirsiche enthäuten und in ziemlich feine Scheiben schneiden. Die Erdbeeren waschen. Die Pflaumen halbieren und entsteinen. Mit diesen Früchten die Käsecreme hübsch belegen. Zum Schluß das Gelee zum Schmelzen bringen und auf das Obst streichen, so daß es schön glänzt.
Den Kuchen vor dem Servieren erkalten lassen. Wenn auf der Kuchenplatte noch Platz ist, ein paar frische Früchte dazulegen – Erdbeeren mit Stielen und Blättern, einige blankpolierte Pflaumen, ein oder zwei Aprikosen oder vielleicht Pfirsichscheiben.
An und für sich reicht dieser Obstkuchen für etwa 10 Personen, aber wenn er Ihnen gut gelungen ist, langt jeder Tischgast zweimal zu, und er reicht nur für 5.

VANILLESANDPLÄTZCHEN

350 g Butter
3 Tassen Mehl
$^3/_4$ Tasse Zucker
1 TL Vanilleextrakt
$^2/_3$ Tasse blanchierte, feingemahlene Mandeln

Alle Zutaten mit den Händen zu einer glatten, festen Masse verarbeiten. Zum Plätzchenformen jeweils ein kleines Stück – etwa einen Löffel voll – Teig abbrechen, zwischen den Handflächen zu einer Kugel rollen und flachdrücken. Dabei bilden sich am Plätzchenrand feine Risse. Man kann auch in die Oberfläche ein Muster drücken. Die Plätzchen auf ein Backblech legen und etwa 25 Minuten bei 165 Grad goldbraun backen.
Vorzüglich zu *Kalifornischem Obstsalat*!

APFELAUFLAUF

2 $^1/_2$ Tassen gesiebtes Weizenmehl
2 TL Backpulver
$^1/_2$ TL Salz
$^1/_2$ Tasse (110 g) Butter
1 TL Vanilleextrakt
$^1/_2$ TL pulverisierte Zitronenschale
$^3/_4$ Tasse Zucker
2 Eigelb
2 Eiweiß
1 Tasse Milch
3 bis 4 säuerliche Äpfel
gemahlene Nelken
Muskatnuß und Piment

Das gesiebte Mehl mit Backpulver und Salz vermischen. Die Butter mit $^2/_3$ Tasse des Zuckers schaumig rühren, Vanille und pulverisierte Zitronenschale zufügen und die Eigelb unterziehen. Nach und nach abwechselnd Mehl und Milch zugeben und mit der Buttermasse unter kräftigem Schlagen zu einem glatten Teig verarbeiten.
Zuletzt die steifgeschlagenen Eiweiß darunterheben. Eine feuerfeste Glas- oder *Pie*form von 26 cm

Durchmesser ausfetten. Die Äpfel schälen, vom Kerngehäuse befreien und vierteln. Den Boden der Backform mit den Apfelstücken bedecken, den Teig darüberfüllen und mit einem Löffel glattstreichen. Die Oberfläche mit dem restlichen Zucker und den Gewürzen bestreuen. Den Auflauf im vorgeheizten Ofen bei 190 Grad 40 bis 45 Minuten backen.
Nach dem Abkühlen mit gesiebtem Puderzucker überstäuben und für sich oder mit einer süßen Sauce servieren.
Für 6 bis 8 Personen.

APFELPUDDING

4 bis 5 säuerliche grüne Äpfel
3 EL Butter
1/8 TL Zimt
1/8 TL Muskat

Creme:
250 g Butter
3/4 Tasse Zucker
6 Eier
1 Tasse heiße Milch
1 EL Vanilleextrakt
2 EL Cognac oder Weinbrand
1 Prise Salz

Belag:
2/3 Tasse Mehl
1/4 Tasse Zucker
1/2 Tasse brauner Zucker
1/2 TL Zimt
1/2 TL Muskat
1/4 TL Salz
4 EL Butter

Die Äpfel schälen, vom Kerngehäuse befreien und in ziemlich dicke Scheiben schneiden. Die Scheiben in der Butter mit Zimt und Muskat etwa 10 Minuten dünsten.
Für die Creme Butter und Zucker schaumig rühren, unter Schlagen Eier und heiße Milch darunterziehen und mit Vanille, Cognac und etwas Salz abschmecken.
Die Creme leicht erwärmen und mit dem Schneebesen aufschlagen, bis sie völlig glatt ist und dick zu werden beginnt.
In eine große Jenaer Glasform zuerst die Apfelscheiben und darüber die Creme geben. Für den Belag die trockenen Zutaten vermischen und mit der Butter zu einer feinkrümeligen Masse verarbeiten. Diese über die Creme streuen.
Den Pudding etwa 40 bis 45 Minuten bei 175 Grad backen.
Heiß oder kalt servieren, nach Belieben mit Sahne.
Für 8 Personen.

REISPUDDING

Genau 1/2 Tasse Reis
Salz
2/3 Tasse Wasser
3 1/2 Tassen Milch
fein abgeriebene Schale von 1 Zitrone
fein abgeriebene Schale von 1 Orange
1 TL Muskat
1 Prise gemahlene Nelken
2 Eigelb
2 Eiweiß
2/3 Tasse Sahne
3 1/2 EL Zucker
1/2 TL Vanilleextrakt
1/2 Tasse Sultaninen

Den Reis waschen, in einen großen Emailletopf geben und in dem gesalzenen Wasser quellen lassen, bis die Flüssigkeit völlig absorbiert ist. Dann Milch, Zitronen- und Orangenschale, 1/2 Teelöffel Muskat und eine Prise gemahlene Nelken zufügen und alles zusammen etwa 15 bis 20 Minuten köcheln, dabei gelegentlich mit einem Holzlöffel rühren.
Wenn der Reis ziemlich gar ist, vom Feuer nehmen und leicht abkühlen lassen. Danach Eigelb, Sahne, Zucker, Vanille und Rosinen darunterrühren. Die Eiweiß zu Schnee schlagen und unterheben.
Die Masse in eine gut ausgefettete, flache Backform füllen, mit etwas Zucker und dem restlichen Muskat bestreuen und im Ofen bei mäßiger Hitze (150 bis 175

Grad) 2 bis 3 Stunden backen, bis ihre Oberfläche schön gebräunt ist.
Heiß oder kalt mit Sahne oder *Englischer Sauce* zu Tisch bringen. Bestens geeignet als Ergänzung zu eiweißarmen Speisen, aber auch für sich ein Hochgenuß!
Für 6 Personen.

CLAFOUTIS
(französischer Fladenkuchen)

Clafoutis ist eine Mischung aus Eierkuchen, Fladen und Pudding, aber keine der drei Bezeichnungen trifft genau das, was es ist – ganz sicher ist nur, daß es sich um eine typisch französische Spezialität handelt.

4 Eier
1 Tasse Mehl
2 Tassen warme Milch
3/4 Tasse Zucker
2 EL zerlassene Butter
2 EL Kirschwasser
1 Prise Salz
1 bis 2 EL weiche Butter
500 g süße, dunkle Herzkirschen, gewaschen, entstielt und entsteint

zum Verzieren:
gesiebter Puderzucker
gut gekühlte Sahne (nach Belieben)

Die Eier leicht verquirlen und nach und nach das Mehl dazurühren. Sobald die Masse glatt ist, Milch, Zucker, flüssige Butter, das Kirschwasser und eine winzige Prise Salz darunterschlagen.
Den Backofen auf 220 Grad vorheizen. In eine große, flache, großzügig ausgefettete feuerfeste Form ein wenig von dem Teig gießen, so daß der Boden eben bedeckt ist, und 2 oder 3 Minuten in den heißen Ofen stellen. Dabei festigt sich die Teigschicht ganz leicht. Darauf nun die vorbereiteten Kirschen in einer ebenen Lage ausbreiten und mit dem restlichen Teig bedecken.
Die Ofenhitze auf 200 Grad herabsetzen und den Clafoutis bei dieser Temperatur etwa 30 bis 35 Minuten backen, bis er etwas aufgegangen und schön goldbraun ist.
Während des Backvorgangs ab und zu nachsehen, ob die Speise auch richtig geht. Es kommt vor, daß sich unter der Oberfläche hier und da große Luftblasen bilden – sie werden einfach mit einem kleinen Spieß oder einer Gabel aufgestochen.
Den fertiggebackenen Clafoutis aus dem Ofen nehmen und sogleich mit dem gesiebten Puderzucker überstäuben. Heiß oder lauwarm servieren. Besonders gut schmeckt er, wenn er mit kalter Sahne begossen wird.
Für 6 bis 8 Personen.

KIRSCHSOUFFLÉ MIT AMARETTO

3 EL Butter
4 EL Mehl
2/3 Tasse Milch
1/3 Tasse Sahne
2/3 Tasse Zucker
4 Eigelb
2 EL Amaretto (zartbitterer Mandellikör)
1 Tasse entsteinte, halbierte schwarze Herzkirschen (nach Möglichkeit frische)
5 Eiweiß
1 Prise Weinstein

dazu: Himbeersauce (siehe nachfolgendes Rezept)

In einem mittelgroßen Saucentopf mit schwerem Boden die Butter zerlassen. Das Mehl einstreuen und unter öfterem Rühren auf kleiner Flamme einige Minuten darin anschwitzen. Inzwischen Milch und Sahne in einen Topf gießen und bis kurz vor den Siedepunkt erhitzen.
Die Einbrenne mit der Sahnemilch ablöschen und kräftig rühren, bis die Sauce sämig-glatt ist. Den Zukker hineinrühren und darin auflösen. Erst wenn er geschmolzen ist, den Topf vom Feuer nehmen.
Nun unter ständigem Schlagen die Eigelb einzeln darunterziehen, die Sauce wieder aufs Feuer stellen und bei sehr geringer Hitze weiterrühren, bis sie gebunden

ist. Vom Herd nehmen und mit dem Amaretto sowie den halbierten Kirschen verrühren.
Den Backofen auf 200 Grad vorheizen und eine Souffléform mit einem gefetteten Kragen versehen (siehe Seite 204).
Die Eiweiß mit einer Prise Weinstein zu glänzendem Schnee schlagen. Mit einem Drittel des Eischnees die Sauce auflockern, den Rest behutsam unterheben. Die luftige Masse in die vorbereitete Auflaufform füllen und auf den mittleren Rost in den heißen Ofen stellen. Die Ofenhitze auf 190 Grad senken und das Soufflé bei dieser Temperatur 35 bis 40 Minuten bakken. Sofort servieren, bevor es zusammenfällt. Nach Belieben Himbeersauce dazu reichen.
Für 4 bis 6 Personen.

HIMBEERSAUCE

3 bis 4 Tassen frische (notfalls auch tiefgekühlte) Himbeeren
Zucker
2 bis 3 EL Kirschwasser

Die verlesenen Himbeeren (tiefgekühlte auftauen lassen) durch ein feines Sieb passieren, nach Geschmack süßen und mit dem Schneebesen oder im Mixer schlagen, bis sich der Zucker aufgelöst hat. Zuletzt das Kirschwasser darunterrühren.
Die Sauce zu Eiscremes, Puddings oder süßen Soufflés servieren.
Ergibt etwa 2 Tassen.

KALTES ZITRONENSOUFFLÉ

5 Eigelb
5 Eiweiß
1 ¹/₄ Tassen Zucker
3 große Zitronen
2 EL gemahlene weiße Gelatine
2 Tassen Sahne
¹/₈ TL Weinstein
2 Tassen frische Brombeeren
gesüßte Schlagsahne (nach Belieben)

Die Eigelb mit dem Zucker verschlagen. Von allen drei Zitronen die Schale abreiben und den Saft auspressen, davon ²/₃ Tasse abmessen. Die geriebene Zitronenschale an die gezuckerten Eigelb rühren, dann unter fortwährendem Schlagen nach und nach den Zitronensaft hinzufügen.
Die Gelatine zum Quellen in ¹/₂ Tasse Wasser streuen, daraufhin die Flüssigkeit erhitzen, bis sich die Gelatine völlig aufgelöst hat. Leicht abkühlen lassen.
Die Sahne kurz schlagen und mit der Zitronencreme verrühren. Nun die aufgelöste Gelatine zugeben und so lange rühren, bis die Masse dick zu werden beginnt.
Die Eiweiß mit einer Prise Weinstein zu steifem, aber nicht trockenem Schnee schlagen und unter die Zitronenmasse heben. Das Ganze vorsichtig in eine vorbereitete Souffléform füllen und einige Stunden kühlen, bis es fest ist.
Zum Servieren auf Portionsschalen geben und jeweils mit einer reichlichen Menge frischer Beeren und nach Belieben mit Schlagsahne verzieren.
Für 10 bis 12 Personen.

APFELMUS-CRÊPES

2 Tassen Apfelmus
12 Einfache Crêpes (Seite 224)
Butter zum Ausfetten
¹/₄ Tasse Zucker

Die Crêpes jeweils zur Hälfte mit 1 ¹/₂ Eßlöffeln Apfelmus bestreichen und falten. Nun jede gefaltete Crêpe wieder zur Hälfte mit Apfelmus bedecken und zusammenklappen. So wird aus jeder flachen, runden Crêpe ein kleines, dickes Dreieck mit verlockenden Schichten.
Kurz vor dem Servieren die Crêpeviertel von beiden Seiten in Butter goldbraun braten. Sie müssen durch und durch heiß werden dabei. Auf Dessertteller verteilen (zwei Stück sind eine Portion) und mit Zucker bestreuen. Heiß auftragen!
Für 6 Personen.

ZITRONENCRÊPES

¾ Tasse Weizenmehl
½ TL Salz
3 Eier
2 Tassen Milch, abgekocht und abgekühlt
2 EL zerlassene Butter
2 EL Cognac
½ TL frisch abgeriebene Zitronenschale
½ TL Muskat
2 TL Zucker
Butter zum Ausfetten
3 bis 4 frische Zitronen
etwa 1 bis 2 Tassen gesiebter Puderzucker

Das gesiebte Mehl mit dem Salz vermischen und mit den Eiern zu einer glatten Paste verrühren. Dann Milch, flüssige Butter, Cognac, Zitronenschale, Muskat und Zucker darunterschlagen und den Teig 1 oder 2 Stunden ruhen lassen.
Eine Crêpepfanne erhitzen und mit Butter auspinseln. 3 bis 4 Eßlöffel Teig hineingießen und die Pfanne kurz schwenken, damit er sich gleichmäßig verteilt. Bei mittlerer Hitze etwa 1 Minute backen, dann wenden und von der anderen Seite ebenfalls 1 Minute backen. Die Crêpes zum Warmhalten auf einen gewärmten Teller stapeln, mit einem schwach feuchten Tuch bedecken und in den warmen Backofen stellen.
Vor dem Auftragen zu Vierteln zusammenfalten oder locker aufrollen. Pro Person jeweils 2 oder 3 Crêpes auf vorgewärmte Teller geben. Dazu die in Spalten geschnittenen Zitronen und eine Schale mit Puderzucker reichen. Jeder Tischgast beträufelt seine Crêpes zuerst mit reichlich Zitronensaft und bestreut sie dann mit Puderzucker. Süß und erfrischend!
Für 5 bis 6 Personen.

UNGARISCHE WALNUSSCRÊPES

Füllung:
½ Tasse Milch
¾ Tasse Zucker
1 EL Butter
2 Tassen grobgemahlene Walnüsse
½ TL Zimt
¼ TL Mandelessenz
2 TL Rum
¾ Tasse feines Paniermehl
abgeriebene Schale von 1 Zitrone

Sauce:
½ Tasse starker Kaffee
175 g Halbbitterschokolade
½ Tasse Zucker
3 EL Butter
2 TL Weinbrand

16 mittelgroße Einfache Crêpes (Seite 224)
Butter zum Braten
zum Bestreuen etwa ¾ bis 1 Tasse gehackte Walnüsse

Die Milch bis zum Siedepunkt erhitzen, dann Butter und Zucker hineinrühren. Sobald die Butter geschmolzen ist, die Flüssigkeit mit allen anderen Zutaten für die Füllung an das Walnußmehl rühren, so daß eine feste Masse entsteht.
Für die Sauce Kaffee und Schokolade zusammen in einem kleinen, schweren Saucentopf erhitzen, bis die Schokolade geschmolzen ist. Zucker und Butter zufügen und bei mittlerer Hitze sanft rühren, bis sich der Zucker aufgelöst und die Butter verflüssigt hat. Die Sauce muß glatt und glänzend sein.
Vom Feuer nehmen, ein paar Minuten abkühlen lassen und mit dem Weinbrand verrühren. Sie kann für kurze Zeit warm gehalten oder kurz vor dem Servieren wieder aufgewärmt werden.
Auf jede Crêpe jeweils 2 gestrichene Eßlöffel der Füllung geben und zu einem kleinen Rechteck von etwa 8 cm Länge und 3 cm Breite ausstreichen. Nun die freien Seiten der Crêpe darüberfalten, so daß die Füllmasse fest eingeschlossen wird. Die fertigen Crêpetäschchen von beiden Seiten in etwas Butter goldbraun braten. Sie müssen ganz heiß sein.
Immer 2 heiße, gefüllte Crêpes zusammen auf jeden Dessertteller geben und mit ein paar Eßlöffeln der heißen Schokoladensauce begießen. Jede Portion mit gehackten Walnüssen bestreuen und gleich auftragen.
Für 8 Personen.

GAJAR HALWA *Abb. 36*

(süße indische Möhrenspeise)

Möhrenhalwa ist sehr gehaltvoll und hat ein verführerisches, exotisches Aroma. Es ist kein eigentliches Dessert – nach einem indischen Essen mit Currys, *Raitas*, Chutneys und dergleichen Köstlichkeiten wartet man lieber eine oder zwei Stunden, bevor man das Halwa aufträgt. Man serviert es heiß oder kalt, schneidet es in mundgerechte Stückchen und begießt es mit Sahne. Dazu aromatischen Darjeeling trinken.

700 g Möhren
knapp 1 ½ l Milch
1 Tasse Zucker
⅓ Tasse Rosinen
¼ TL zerriebene Safranfäden
1 Prise gemahlener Kardamom
¼ TL Rosenwasser
1 EL Butter
⅓ Tasse gemahlene blanchierte Mandeln
⅓ Tasse gestiftelte blanchierte Mandeln
gut gekühlte ungesüßte Sahne

Die Möhren putzen, schaben und so fein wie möglich reiben. Mit der Milch in einem großen, schweren Topf zum Kochen bringen, dann unter öfterem Rühren auf kleiner Flamme ganz sanft etwa 2 Stunden köcheln lassen, bis die Flüssigkeit um mehr als die Hälfte eingekocht ist und den Rührlöffel beim Herausziehen mit einer dünnen Schicht überzieht.
Nun Zucker, Rosinen, Safran, Kardamom und Rosenwasser hinzufügen und weiterköcheln. Wenn die Masse schließlich so dick ist, daß sie sich fast formen läßt, Butter und Mandelmehl darunterziehen und bei geringer Hitze weitere 10 Minuten rühren. Das Halwa darf nicht anbrennen und muß zuletzt sehr fest sein.
Vom Feuer nehmen und leicht abkühlen lassen, dann auf eine Platte häufen oder gleichmäßig in eine flache Glasform streichen und mit den Mandelstiften bestreuen. Warm oder kalt mit Sahne servieren.
Für 8 bis 10 Personen.

Anmerkung d. Übers.: In Indien wird Halwa auf den Märkten an großen Süßigkeitsständen verkauft und ist dabei meistens der Hitze des indischen Klimas ausgesetzt. Durch das lange Kochen und den ziemlich hohen Zuckergehalt bleibt es auch ohne Kühlung eine ganze Weile frisch, gekühlt hält es sich tagelang. Will man es länger aufbewahren, keine Mandelstifte daraufstreuen, da diese ranzig werden können; dann erst kurz vor dem Servieren damit garnieren.

GULAB JAMON

(indische Sirupbällchen)

Wer diese rosenduftenden süßen Bällchen einmal auf traditionelle indische Weise zubereitet hat, wird mit Schrecken an die tagelange, mühevolle Arbeit denken. In Indien werden sie vom Konditor hergestellt, zu Hause jedoch nur für Hochzeiten und ähnliche große Feste – verständlicherweise. Damit man aber öfter in den Genuß dieser köstlichen Süßigkeit kommen kann, hier eine einfachere, aber ebenso exotisch schmekkende Version. Wenn Sie Gulab Jamon servieren, werden alle Anwesenden wie aus einem Munde fragen: »Was ist denn das?«

1 Tasse Zucker
3 Tassen Wasser
Samen aus 1 Kardamomkapsel
2 Tassen Instant-Magermilchpulver
½ Tasse Mürbeteig-Fertigmischung (z. B. Dr. Oetker)
½ Tasse zerlassene (abgekühlte) Ghee (Seite 326)
¼ Tasse Milch
¼ TL Safran
2 TL Rosenwasser

In einem tiefen Topf das Wasser mit Zucker und Kardamomsamen zum Kochen bringen, dann auf kleiner Flamme langsam zu Sirup köcheln lassen.
Das Milchpulver in einer Schüssel mit der trockenen Teigmischung vermengen und mit der *Ghee* zwischen den Fingerspitzen zu einer feinkrümeligen Masse verreiben. Die Milch zugießen und den Teig mit den Händen bearbeiten, bis er vorsichtig zu kleinen, etwa walnußgroßen Bällchen geformt werden kann. Die Bällchen nicht zu dicht nebeneinander auf ein gefettetes Backblech geben und 10 Minuten bei 190 Grad

goldbraun backen. Achtgeben, daß sie nicht auf der Unterseite anbrennen.
Anmerkung d. Übers.: Man kann die Bällchen auch in Öl schwimmend goldbraun ausbacken. Sie behalten dann eher ihre runde Form, während sie auf dem Blech leicht flach werden. –
Der Sirup sollte leicht eingekocht, aber noch ziemlich dünnflüssig sein. Mit dem Safran verrühren, vom Feuer nehmen und mit dem Rosenwasser aromatisieren. Die Bällchen in eine schöne flache Schale legen und den etwas abgekühlten Sirup darübergießen. Sie können warm oder kalt serviert werden. (Besser ist es, sie 24 Stunden in dem Sirup ziehen zu lassen.)
Kleine Portionen von 1 oder 2 Stück pro Person sind ausreichend, denn die Gulab Jamons sind sehr gehaltvoll. Holen Sie tief Luft, bevor Sie zu essen beginnen, der Genuß ist atemberaubend! Dazu heißen, duftenden Assam oder Darjeeling trinken.
Ergibt etwa 18 bis 20 Bällchen – 10 Portionen.

ÜBERBACKENE APFELSCHEIBEN AMERIKANISCH

Etwa 5 bis 5 1/2 Tassen Apfelscheiben
(von etwa 1000 g säuerlichen grünen Äpfeln)
1/4 Tasse Wasser
1/2 Tasse weißer Zucker
1/2 Tasse brauner Zucker (Rohzucker)
1/2 TL Muskat
1/2 TL Zimt
1/4 TL Salz
3/4 Tasse Mehl
1/2 Tasse Butter

Die Äpfel schälen, vom Kerngehäuse befreien und in feine Scheiben schneiden. Die Scheiben in eine ziemlich flache Kasserolle (ohne Plastikgriffe) oder Kuchenform von 1 Liter Fassungsvermögen geben, mit dem Wasser besprengen und beiseite stellen.
In der Zwischenzeit den Teig für die Decke zubereiten. Die trockenen Zutaten in eine Schüssel sieben und mit der kalten, in Stücke geschnittenen Butter zu einer feinkrümeligen Masse verarbeiten. Diese Mischung gleichmäßig über die Apfelscheiben streuen.
Das Ganze erst zugedeckt 1/2 Stunde, dann in der offenen Form eine weitere halbe Stunde bei 175 Grad backen. Danach sind die Apfelscheiben in Teig eingeschlossen und von einer knusprigen Kruste bedeckt. Heiß oder kalt zu Tisch bringen, nach Belieben mit *Englischer Sauce* garnieren.

BRATÄPFEL

6 bis 8 große, feste, würzige Äpfel
2/3 Tasse Mehl
2/3 Tasse brauner Zucker (Rohzucker)
1/2 Tasse Butter
abgeriebene Schale von 1 Zitrone
1/2 TL Zimt
1/4 TL Muskat
1/2 Tasse feingehackte Rosinen
1/4 Tasse Weinbrand
1/4 Tasse Curaçao
1/4 Tasse Wasser
gut gekühlte Sahne

Aus den Äpfeln das Kerngehäuse so herausschneiden, daß eine große Höhlung entsteht, die aber an einem Ende geschlossen ist (also *nicht* mit dem Apfelausstecher durchstechen!).
Das Mehl mit dem braunen Zucker vermischen und mit der kalten, in Stücke geschnittenen Butter zu einer feinkrümeligen Masse verarbeiten. Gründlich mit Zitronenschale, Zimt, Muskat und Rosinen vermengen und die Äpfel damit füllen.
Die gefüllten Äpfel in eine mittelgroße, flache feuerfeste Form setzen. Weinbrand, Curaçao und Wasser verrühren und darübergießen. Im vorgeheizten Ofen bei 200 bis 210 Grad 40 bis 45 Minuten backen, dabei alle 6 bis 7 Minuten mit der Flüssigkeit begießen.
Beim Backen quillt die Füllung oben aus den Äpfeln heraus und bildet eine harte Kappe aus karamelisiertem Zucker. Diese dunkelbraune Kruste schneidet man ab, nachdem die Bratäpfel etwa 15 Minuten abgekühlt sind, so daß nur die weiche, aromatische Füllmasse übrigbleibt. Die Äpfel, solange sie noch warm sind, mit dem Rest der Weinbrand-Flüssigkeit aus der Backform begießen und entweder sogleich oder später kalt mit Sahne servieren.

MARMORCREME

2 Tassen Englische Creme (siehe nachfolgendes Rezept), mit Sahne statt Milch hergestellt
4 Tassen frische Himbeeren
Zucker nach Bedarf
¾ Tasse Sahne
½ TL Vanilleextrakt

Nach Rezeptanweisung die Englische Creme zubereiten, aber statt der Milch zehnprozentige Kaffeesahne (keine Kondensmilch!) verwenden. Die Creme soll besonders dicksämig ausfallen, man nimmt deshalb 5 recht große Eidotter und rührt die Speise bei geringer Hitze länger als sonst, damit sie fester wird. Danach wird sie gut gekühlt.
Die Himbeeren verlesen und durch ein Sieb streichen, so daß die Kernchen zurückbleiben. Das erhaltene Püree nötigenfalls mit etwas Zucker abschmecken.
Die Sahne mit etwa 2 Teelöffeln Zucker und dem Vanilleextrakt (oder echter Vanille) steifschlagen.
Himbeerpüree und Englische Creme gründlich verrühren. Dann vorsichtig die Schlagsahne darunterheben und ein- oder zweimal umrühren, so daß Schlieren entstehen und die Creme marmoriert ist.
In gekühlte Dessertschalen oder Gläser füllen. Vor dem Auftragen gut kühlen.
Für 8 Personen.

ENGLISCHE CREME
(oder Sauce)

2 Tassen Milch
4 bis 5 Eigelb (je nach Größe der Eier)
6 EL Zucker
½ TL Salz
½ TL Vanilleextrakt

Die Milch abkochen und im Wasserbad heiß halten. In einer Schüssel die Eigelb mit Salz und Zucker schaumig schlagen, dann unter weiterem Schlagen mit dem Schneebesen die heiße Milch dazugießen. Die Flüssigkeit in den Wasserbadtopf zurückgeben und unter häufigem Rühren sanft erhitzen, bis sie so cremig ist, daß sie den Löffel in einer Schicht überzieht. Mit Vanille oder einem anderen Gewürz abschmecken und durchpassieren.
Will man die Creme als Sauce verwenden, verdünnt man sie leicht mit etwas Sahne.
Warm oder kalt zu Puddings, süßen Soufflés und dergleichen servieren.

CRÈME À LA IRENA

½ Tasse Rosinen
½ Tasse Cognac oder Weinbrand
60 g halbbittere Schokolade
1 Tasse kleingeschnittene Ananas
2 Tassen Sahne
½ Tasse Zucker
½ TL Vanilleextrakt

zum Garnieren:
Eiserkuchen oder Waffeln

Die Rosinen einige Stunden in dem Cognac ziehen lassen. Die Schokolade grobhacken.
Eine frische Ananas in Stückchen schneiden und diese gleichmäßig in 6 bis 8 Glasschalen verteilen.
Die Sahne mit Zucker und Vanille steifschlagen. Nun die Rosinen abseihen (dabei den Cognac auffangen) und mit der Schokolade gründlich daruntermischen.
Jeweils eine reichliche Portion dieses Sahnegemischs auf die Ananasstückchen geben, mit einem Löffel Cognac übergießen und mit Eiserkuchen (oder knusprigen Waffeln) garnieren. Sogleich servieren.
Für 6 bis 8 Personen.

WEINBRANDCREME

Eine der einfachsten Cremes, und doch so süß und aromatisch!

1 Tasse gut gekühlte Sahne
$^1/_3$ Tasse Puderzucker
$^1/_3$ Tasse Honig
$^1/_3$ Tasse Weinbrand (oder Cognac)

zum Garnieren:
nach Belieben Schokoladenlocken oder in Scheiben geschnittene kandierte Kirschen

In einer tiefen Rührschüssel die Sahne mit dem Puderzucker ziemlich steif schlagen. Honig und Weinbrand verrühren, darübergießen und weiterschlagen, bis die Masse glatt und cremig ist (richtig steif, so daß sie Zipfel bildet, wird sie nicht).
Die Sahnecreme in 6 Dessertgläser oder Weinschalen füllen. Nach Belieben mit ein paar Schokoladenspänen oder in Scheiben geschnittenen kandierten Kirschen verzieren. 2 Stunden kalt stellen.
Für 6 Personen.

FLAN

(karamelisierte Creme)

3 Eier
3 Eigelb
1$^3/_4$ Tassen Zucker
2 Tassen Milch
1 Tasse Sahne
$^1/_2$ TL Vanilleextrakt

Eier und Eigelb mit $^3/_4$ Tasse des Zuckers cremig schlagen. Milch und Sahne in einem kleinen Saucentopf bis kurz vor den Siedepunkt erhitzen, dann unter leichtem Schlagen nach und nach zur Eiermasse geben. Das Ganze mit Vanille abschmecken.
In einem schweren Saucentopf den restlichen Zucker erhitzen, bis er zu schmelzen beginnt. Unter ständigem Rühren sanft weitererhitzen, so daß er sich in einen hellbraunen Sirup verwandelt, also karamelisiert. Dieser Vorgang dürfte 5 bis 8 Minuten dauern. Den Karamel in 6 oder 8 Förmchen verteilen und diese rasch einmal schwenken, damit Boden und Seitenwände davon überzogen werden. Der karamelisierte Zucker erstarrt sofort.
Sobald die Karamelschicht in den Förmchen fest ist, die Creme einfüllen. Die Förmchen in eine halb mit heißem Wasser gefüllte Backform stellen, mit Aluminiumfolie abdecken und die Creme im vorgeheizten Ofen bei 175 Grad 45 bis 50 Minuten garen lassen. Sie ist fertig, wenn man ein hineingestochenes Messer sauber herausziehen kann. Erkalten lassen, dann mit einem dünnen Messer von den Förmchenwänden lösen und auf Dessertteller stürzen.
Nach Belieben kalt oder eisgekühlt servieren.
Für 6 bis 8 Personen.

CUP CUSTARD

(Creme in Förmchen)

4 Eigelb
2 Eiweiß
$^1/_3$ Tasse Zucker
1 Prise Salz
2 EL Cognac oder Weinbrand
$^1/_2$ TL Vanilleextrakt
1 Prise Muskat
1 Tasse Kondensmilch
1 Tasse Sahne
$^1/_2$ Tasse Wasser

Eigelb und Eiweiß in einer Schüssel mit Zucker, Salz, Cognac, Vanille und Muskat verschlagen. Kondensmilch, Sahne und Wasser zusammen erhitzen, aber nicht aufkochen lassen. Die Flüssigkeit unter Schlagen mit dem Schneebesen an die Eiermasse gießen. Die Creme gleichmäßig in 4 bis 5 ausgefettete Förmchen verteilen und in eine zur Hälfte mit heißem Wasser gefüllte Backform stellen. Nicht zuviel Wasser einfüllen, es könnte sonst beim Backen in die Creme sprudeln. Die Cremespeise etwa 50 bis 60 Minuten bei 175 Grad gar ziehen lassen. Zur Probe ein Messer hineinstechen: Man muß es sauber herausziehen können.
Für 4 bis 5 Personen.

SCHOKOLADENCREME

4 große Eier
$^1/_4$ TL Salz
$^3/_4$ Tasse Zucker
1 TL Vanilleextrakt
$^1/_2$ TL Mandelessenz
1 $^1/_4$ Tassen Kondensmilch
1 Tasse Sahne
100 g Bitterschokolade
Butter
Schlagsahne

Die Eier mit Salz, der Hälfte des Zuckers, Vanille und Mandelessenz verschlagen. Milch, Sahne, zerkleinerte Schokolade und den restlichen Zucker im Wasserbad erhitzen, bis die Schokolade völlig geschmolzen ist, und durch Schlagen mit dem Schneebesen gründlich vermischen.
Die beiden Flüssigkeiten miteinander verrühren, in eine gut gefettete Form füllen, die in eine Pfanne mit heißem Wasser gestellt wird, und bei 165 Grad etwa 1 Stunde gar ziehen lassen: Ein in die Mitte hineingestochenes Messer muß sauber wieder herauszuziehen sein.
In der Form erkalten lassen, dann stürzen und kühlen. Reichlich Schlagsahne dazu servieren!
Für 8 Personen.

KASTILISCHE HEISSE SCHOKOLADE

Eine köstlich dicke Schokolade, wie sie die Indios Südamerikas nicht besser brauen können! Wahrscheinlich brachten die Spanier das Rezept von dort mit nach Hause. Vor allem im Winter ist das heiße Getränk überaus beliebt in Segovia: Bei einer Tasse Schokolade plaudert man die Kälte fort.

$^1/_2$ Tasse ungesüßtes Kakaopulver
1 Tasse Zucker
2 EL plus 1 TL Maisstärkemehl
$^1/_2$ Tasse Wasser
1 Liter Milch

Den Kakao mit dem Zucker vermischen. Die Maisstärke im Wasser auflösen und in einem kleinen Saucentopf mit der Kakaomischung zu einer glatten Paste verrühren.
Das Gemisch unter Schlagen mit dem Schneebesen langsam erhitzen, dabei nach und nach die Milch zufügen. Weiterschlagen und zum Kochen bringen.
Die Schokolade unter häufigem Rühren etwa 10 Minuten leise köcheln, bis sie ganz glatt, dicksämig und glänzend ist. Dampfendheiß auftragen.
Für 6 Personen.

MOKKASCHAUM

1 $^1/_2$ Tassen Puderzucker
1 Tasse Milch
6 EL Espressokaffee von dreifacher Stärke
$^1/_4$ TL Zimt
2 EL gemahlene weiße Gelatine
$^1/_2$ Tasse kaltes Wasser
2 Eiweiß
2 Tassen Sahne
30 g Halbbitterschokolade

Milch und Zucker in einem mittelgroßen Saucentopf bei mäßiger Hitze unter ständigem Rühren erwärmen, bis sich der Zucker aufgelöst hat. Dann Espresso und Zimt zufügen.
Die Gelatine im kalten Wasser vorquellen lassen, an die Mokkamilch rühren und mit der Flüssigkeit so lange erhitzen, bis sie völlig aufgelöst ist. Daraufhin vom Feuer nehmen und unter gelegentlichem Umrühren erkalten lassen.
Die Eiweiß zu festem Schnee schlagen; in einer anderen Schüssel die Sahne steifschlagen.
Sobald die Gelatinemischung dick zu werden beginnt, die Schlagsahne darunterrühren und den Eischnee unterheben. Den Schaum in 6 oder 8 Portionsschälchen füllen, mit der blättrig gehobelten Schokolade bestreuen und vor dem Servieren kühl stellen.
Für 6 bis 8 Personen.

GEFRORENER ERDBEERSCHAUM

4 Tassen (etwa 700 g) frische Erdbeeren
1 ½ Tassen Zucker
1 EL gemahlene weiße Gelatine
½ Tasse kaltes Wasser
1 Tasse Sahne
½ Tasse Eiweiß
1 Prise Salz
⅓ Tasse Curaçao (oder Dry Orange)

zum Garnieren: frische Erdbeeren

Die Erdbeeren waschen, putzen und im Mixer pürieren. Das Püree durch ein feines Sieb streichen, so daß die Kernchen zurückbleiben, und mit 1 Tasse des Zuckers verrühren.
Die Gelatine im kalten Wasser etwas quellen lassen, dann sanft erhitzen, bis sie sich ganz aufgelöst hat. Den restlichen Zucker zufügen und auf kleiner Flamme rühren, bis die Flüssigkeit klar ist. Nun das Erdbeerpüree zugeben und das Gemisch in den Kühlschrank stellen. Öfters nachsehen, wie fest es geworden ist – am Anfang mindestens alle 10 Minuten, später, wenn man es bereits berühren kann, alle 3 oder 4 Minuten. Es darf nur eben beginnen, fest zu werden.
Inzwischen die Sahne steifschlagen, und das Eiweiß mit einer Prise Salz zu festem Schnee schlagen.
Sobald das Erdbeerpüree zu gelieren anfängt, den Curaçao hineinrühren, dann die Schlagsahne darunterziehen und zuletzt den Eischnee unterheben.
Die Masse in eine mit Öl ausgepinselte *Charlottenform* oder in Portionsschalen füllen und 4 bis 6 Stunden gut durchkühlen lassen. Danach auf eine Platte oder einen Glasteller stürzen.
Läßt man den Schaum im Tiefkühlfach erstarren, wird er manchmal zu fest. Er erhält aber schnell wieder die richtige Konsistenz, wenn er 15 bis 20 Minuten bei Zimmertemperatur gestanden hat.
Mit frischen Erdbeeren verzieren.
Für 8 bis 10 Personen.

INGWERSORBET

1 EL Gelatinepulver
3 EL kaltes Wasser
1 ½ Tassen Milch
1 ½ Tassen Sahne
¾ Tasse Zucker
1 TL Vanille
3 EL feingehackter kandierter Ingwer
2 steifgeschlagene Eiweiß (nach Belieben)

Die Gelatine im kalten Wasser vorquellen lassen, dann rasch erhitzen, bis sie völlig aufgelöst ist.
Die Milch mit Sahne, Zucker, Vanille und Ingwer verrühren. (Man kann auch den Ingwer im elektrischen Mixer bei hoher Geschwindigkeit zerkleinern und dann unter die anderen Zutaten mischen.) Zuletzt die aufgelöste Gelatine in die Flüssigkeit rühren und das Ganze in eine große Eiswürfelschale gießen.
Das Sorbet gut durchkühlen lassen. Wenn es erstarrt ist (es wird nicht so fest wie Eiswürfel!), in Stücke brechen und mit dem Schneebesen oder einem elektrischen Rührgerät aufschlagen. Jetzt kann man nach Belieben den Eischnee darunterheben. Die Speise in eine Glasschüssel füllen oder in Portionsschälchen verteilen und erneut im Kühlfach erstarren lassen.
Für 6 Personen.

ZABAIONE

(Weinschaum)

6 Eigelb
4 EL Zucker
¾ Tasse Marsala

Eigelb und Zucker im Wasserbad zu einer zitronenfarbigen, schaumigen Creme verschlagen, dann unter weiterem Schlagen den *Marsala* zufügen.
Nun kochendes Wasser in den Untertopf gießen und die Creme auf kleiner Flamme im Wasserbad sanft mit dem Schneebesen durcharbeiten, bis sie gebunden ist. Ein paar Minuten abkühlen lassen, nochmals aufschlagen und den Schaum in recht kleine Dessertschälchen oder in *Parfaitformen* füllen. Vor dem Servieren ungefähr eine Stunde kühl stellen.

Ein fürstliches Dessert von verführerischem Aroma, aber sehr gehaltvoll! Tragen Sie wirklich nur kleine Portionen davon auf und reichen Sie feine Plätzchen oder Waffeln dazu.
Für 6 Personen.

Anmerkung d. Übers.: Zabaione wird bei uns wie in Italien meist heiß gegessen – pur oder über frischen Erdbeeren, Kompott oder Eis.

APRIKOSENSCHAUM

2 Tassen getrocknete Aprikosen
1/3 Tasse Zucker
1/4 Tasse Wasser
3 steifgeschlagene Eiweiß
1 Tasse Sahne
1/2 TL Vanilleextrakt
2 EL Zucker
abgeriebene Zitronenschale

2 locker gefüllte Tassen kleine, getrocknete Aprikosen in wenig Wasser etwa 45 Minuten garen, bis sie sehr weich sind und die Flüssigkeit ganz eingezogen ist. Durch ein grobes Sieb passieren oder im Mixer pürieren.
Den Zucker mit dem Wasser zu Sirup kochen. Wenn er Fäden zieht, ganz langsam unter ständigem Schlagen den Eischnee hinzufügen, dann vorsichtig das Aprikosenpüree darunterheben. Etwas abkühlen lassen.
Die Sahne mit Zucker und Vanille eben steif schlagen und samt einer Prise abgeriebener Zitronenschale (nach Geschmack) unter die Aprikosenmasse ziehen. Den Schaum in einer gefetteten Form etwa 4 bis 6 Stunden gut durchkühlen lassen. Zum Stürzen die Form ein paar Minuten bis zum Rand in heißes Wasser tauchen, mit einem Teller abdecken und umdrehen, so daß der Schaum herausgleitet. Die Speise hat im Gegensatz zu Fruchtgelee oder Creme eine poröse Oberfläche und ist ziemlich weich.
Sogleich zu Tisch bringen oder erneut kühl stellen.
Für 8 bis 10 Personen.

GEMISCHTES EINGEMACHTES *Abb. 38*

Dieses elegante Dessert kann zu jeder Jahreszeit zusammengestellt werden: Man nimmt dazu Trockenobst, eingemachte und tiefgefrorene Früchte.

10 bis 12 Dörrpflaumen
10 bis 12 kleine getrocknete Feigen
Gewürztee
500 g tiefgefrorene Himbeeren
(zur Himbeerzeit frische)
1 Dose (500 g) Pfirsich- oder Aprikosenhälften
1 Dose (500 g) Reineclauden
1 kleine Dose (250 g) Boysenbeeren
(ersatzweise Brombeeren)
Cognac (Weinbrand) oder Armagnac
Fruchtsirup aus den Dosen

Für den Gewürztee etwas Wasser mit Zucker zum Kochen bringen und mit etwas Orangen- und Zitronensaft, ein paar Nelken und einem Stück Stangenzimt aromatisieren. Starken Tee aufbrühen, 4 Minuten ziehen lassen, und beide Flüssigkeiten zusammengießen. Dörrpflaumen und Feigen mehrere Stunden in dem Gewürztee quellen lassen. Die Himbeeren auftauen, vorsichtig abseihen, ohne sie zu zerdrücken, und beiseite stellen: Sie werden ganz zuletzt gebraucht. Pfirsich- oder Aprikosenhälften, Pflaumen und *Boysenbeeren* zum Abtropfen in ein großes Sieb geben, den Sirup auffangen und einen Teil davon mit der gleichen Menge (oder auch mehr) Cognac oder Armagnac verrühren.
Die aufgequollenen Backpflaumen und Feigen abseihen und kurz abspülen. Alle Früchte zusammen in eine tiefe Glas- oder Kristallschale füllen und mit dem parfümierten Sirup begießen. Zum Schluß behutsam die Himbeeren unterheben. Das Dessert einige Stunden kühl stellen.
Für 8 bis 10 Personen.

KALIFORNISCHER OBSTSALAT

Reisen Sie in Gedanken ins Sonnenland Kalifornien, wenn Sie diesen erfrischenden Obstsalat genießen!

500 bis 1000 g kernlose Weintrauben
1 mittelgroße frische Ananas, geschält, geputzt und in große Stücke geschnitten
1 oder 2 säuerliche, saftige Äpfel, vom Kerngehäuse befreit und in Scheiben geschnitten
1 Tasse entsteinte, halbierte Herzkirschen

Die Früchte werden in einer Glasschüssel vermischt, mit einem guten Schuß Weinbrand und Kirschwasser parfümiert, nach Belieben mit etwas Zucker bestreut und zum Durchziehen ein paar Stunden in den Kühlschrank gestellt.
Reichen Sie dazu frische *Vanillesandplätzchen.*

FRÜCHTE »AMBROSIA«

2 Tassen frische große Ananasstücke
2 zerteilte, in Stücke geschnittene Orangen
1 bis 2 in Scheiben geschnittene Bananen
2 abgezogene, in Scheiben geschnittene Pfirsiche oder Nektarinen
Erdbeeren nach Wunsch
3 bis 4 Stückchen in hauchdünne Scheiben geschnittener kandierter Ingwer
½ Tasse grobe Kokosraspeln
¼ Tasse Honig
¼ Tasse Cognac oder Fruchtlikör
¼ Tasse Zitronensaft

Die Früchte schälen, nach Angabe kleinschneiden und in einer Schüssel behutsam mit Ingwer und Kokosraspeln vermischen. Zugedeckt in den Kühlschrank stellen.
Aus Honig, Weinbrand oder Likör und Zitronensaft zu gleichen Teilen eine Marinade herstellen und die Würze je nach Geschmack mit etwas mehr Zitronensaft oder Honig korrigieren.
Den Obstsalat kurz vor dem Auftragen mit dieser Sauce anmachen.
Ein erfrischendes Dessert an heißen Sommertagen oder nach einer reichhaltigen Mahlzeit.
Für 6 bis 8 Personen.

PFIRSICHE IN ROTWEIN

Gut 1000 g (10 bis 12) kleine reife Pfirsiche
4½ Tassen Rotwein
¾ Tasse Zucker
eine 5 cm lange Zimtstange

Die Pfirsiche ganz vorsichtig waschen – sie dürfen keine Druckstellen bekommen. In einem ziemlich großen Emailletopf den Wein mit Zucker und Zimt sieden, bis der Zucker aufgelöst ist. Dann die Pfirsiche zugeben und 8 Minuten ganz sanft köcheln lassen. Den Topf vom Feuer nehmen und die Pfirsiche noch ½ Stunde in dem heißen Wein durchziehen lassen.
Danach die Früchte aus der Flüssigkeit heben, etwas abkühlen lassen und enthäuten. In eine Servierschüssel legen, mit dem Wein übergießen und mindestens 1 Stunde kühl stellen.
Für 6 bis 8 Personen.

WEINORANGEN

6 große Navel-Orangen
¾ Tasse Zucker
8 bis 10 Nelken
eine 3 cm lange Zimtstange
1¼ Tassen guter trockener Weißwein
2 EL Weinbrand
das Fruchtfleisch von 1 Granatapfel

Die Orangen mit einem scharfen Messer schälen, dabei von weißem Pelz und Fasern befreien, und jeweils in 6 oder 7 Scheiben schneiden. Die Scheiben in eine schöne Glasschale einschichten und jede Lage mit etwas Zucker, ein paar Nelken und einigen Stückchen Stangenzimt bestreuen.
Wenn Orangenscheiben und Zucker aufgebraucht sind, ganz langsam den Wein darübergießen – der Zucker darf nicht nach unten gespült werden. Die

Orangenscheiben müssen eben mit Wein bedeckt sein. Nun den Weinbrand darauftr äufeln, die Schale dicht abdecken, und die Orangen im Kühlschrank mehrere Stunden marinieren lassen.
Mit Granatapfelfleisch garniert servieren.
Für 6 bis 8 Personen.

MELONENTERZETT IN WERMUT *Abb. 35*

Für dieses Dessert sind ganz frische, reife Melonen und erstklassiger Wermutwein die unerläßliche Voraussetzung. Hingegen kann man das Mengenverhältnis der drei Melonensorten zueinander beliebig verändern, außerdem braucht man auch nicht unbedingt Kugeln aus den Früchten zu stechen, Scheiben oder Würfel sind fast ebensogut.

2 Tassen Netzmelonenkugeln
3 Tassen Kantalupenkugeln
3 Tassen Wassermelonenkugeln
1 Tasse italienischer Wermutwein

Die Melonen halbieren, entkernen und das Fruchtfleisch zu Kugeln verarbeiten (oder würfeln oder in Scheiben schneiden). In eine tiefe Schüssel geben, mit dem Wermut übergießen und mit Hilfe zweier Holzlöffel einige Male leicht anheben. Zugedeckt mindestens 2 Stunden durchkühlen lassen, dabei zwei- oder dreimal vorsichtig mengen.
In einer funkelnden Kristall- oder Glasschale anrichten.
Für 8 bis 10 Personen.

PFIRSICHE MIT SCHLAGSAHNE

Dieses Dessert hat ein feines Weinbrandaroma und ist nicht allzu süß – es schmeckt himmlisch und ist sehr erfrischend!

4 mittelgroße Pfirsiche
3 mittelgroße Bananen
Saft von 1/2 großen Zitrone
1/2 Tasse Weinbrand
1/8 TL Zimt
1 Tasse Sahne
1/3 Tasse Puderzucker
1/3 Tasse gestiftelte blanchierte Mandeln
1 bis 2 TL pulverisierte Vollmilchschokolade

Die Pfirsiche so dünn wie möglich schälen und in feine Spalten schneiden. Die Bananen schälen und in Scheiben schneiden. Die Fruchtstückchen in einer Schüssel behutsam mit dem Zitronensaft vermischen, dann Weinbrand und Zimt zufügen. Nochmals gut vermengen und 1/2 bis 3/4 Stunde kühl stellen.
Die Sahne mit dem Puderzucker steifschlagen.
Die parfümierten Früchte in eine attraktive flache Schale geben und mit den Mandelstiften bestreuen. Nun die Schlagsahne in spiraligen Ornamenten mit Zipfeln daraufspritzen und mit der feingeriebenen Schokolade überstäuben. Sogleich servieren.
Für 6 Personen.

Weitere Rezepte für feine Kuchen, Gebäck und Desserts finden Sie in den nachfolgenden Kapiteln.

Festliche Gerichte für Feiertage

Einige von uns sind mehr oder weniger zufällig Vegetarier geworden, ohne recht zu merken, wie oder wann. Das ist der natürliche Weg – Übergang zu neuen Eßgewohnheiten ohne große Anstrengung –, bis eines Tages ein größeres Fest herankommt: Weihnachten, unvorstellbar ohne Bratenduft, ohne feine Fleischpasteten und dergleichen Genüsse, oder der Martinsabend, an dem wir von alters her Gänsebraten essen. All die altehrwürdigen Gebräuche stürzen wieder auf uns ein, all die Erinnerungen an Familienfeiern, die hochgestimmten Festtagsrunden und die vorausgehenden Ausbrüche von Back- und Kochwut, sind doch unsere schönsten Traditionen aufs engste mit dem gemeinsamen Essen und dessen Zubereitung verbunden. Diese Traditionen sind sehr stark und können für den frischgebackenen Vegetarier große Probleme aufwerfen – müssen aber nicht. Im Gegenteil, freuen Sie sich, endlich einmal zeigen zu können, wie exquisit vegetarische Küche sein kann!

In Polen ist die *Vigilia*, das feierliche Heiligabendessen, immer schon ein fleischloses Mahl gewesen. Wie gerne denke ich an die kulinarischen Freuden im Hause meiner polnischen Verwandten – den herrlichen, inhaltreichen *Festtagssalat* zu Beginn der Mahlzeit, der von allen Seiten noch mit kleinen Leckerbissen eingerahmt war, und den delikaten klaren *Borschtsch* mit Pilzklößchen *(Uszki)*.

Der Salat bestand aus wenigstens zwölf verschiedenen Gemüsen, war meisterhaft gewürzt und mit einer hausgemachten Mayonnaise gebunden. Er wurde mit solcher Kunstfertigkeit dekoriert, daß nur der Künstler selbst (jedes Jahr ein anderer) es wagte, den Vorlegelöffel hineinzustecken.

Der Borschtsch ist eine völlig klare, aromatische Suppe von rubinroter Farbe. Die Grundlage dazu bildet eine pikante Gemüsebrühe, in der sich das leicht erdige Aroma der roten Bete und das starkwürzige von erlesenen Trockenpilzen vermischen. Auch die Uszki, runde Teigkugeln, werden mit einer Masse aus aromareichen schwarzen Trockenpilzen und frischen Pilzen gefüllt.

Beide Rezepte mit genauen Maßangaben finden Sie im Kapitel »Suppen«. Und wenn Sie nun durchblättern, sehen Sie sich noch ein weiteres Weihnachtsrezept an: *Gebackenes Sauerkraut mit Erbsen.* Dafür brauchen Sie frisches, milchsaures Sauerkraut (am besten aus dem Reformhaus – keinesfalls Sauerkraut aus der Dose); seinen herzhaften Geschmack erhält es durch den Zusatz von würzigen schwarzen Trockenpilzen, reicher Sauerrahmsauce und milden gelben Erbsen. Reichen Sie zu diesem kräftigen Gericht Vollkorn- und Weißbrot. Beenden Sie das Festmahl mit *Struçla*, süßem, feucht-schwerem Mohnstrudel, und Kaffee.

Aus der Fülle von Feinschmeckerrezepten in diesem Buch können Sie mit etwas Geschick leicht ein wundervolles Feiertagsmenü zusammenstellen. Hier zwei Vorschläge, der erste traditionell (polnisches Heiligabendessen), der zweite ein modernes Weihnachtsessen.

Platte mit Appetithappen
Eingelegte Gemüse und Pfefferschoten
Festtagssalat*
Borschtsch* mit Uszki*
(klare Rote-Bete-Suppe mit Pilzklößchen)
Gebackenes Sauerkraut mit Erbsen*
Struçla *(Mohnstrudel)**
Kaffee
Gebäck, Nüsse, Obst, Konfekt

Gefüllte Riesenchampignons*
(mit feingewürzter Brotfüllung)
Nußpastete in Brioche*
Cranberry-Cumberland-Sauce*
Gewürznektarinen*
Bataten mit Ananasglasur*
Festtagssalat Vinaigrette*
Apfelpudding*
Gebäck, Kaffee, Cognac

NUSSPASTETE IN BRIOCHE

Pastete:
2 1/2 EL Butter
2 kleine sehr fein gewiegte Knoblauchzehen
1 gehackte Zwiebel
1/4 TL gemahlener Kreuzkümmel
1/4 TL Thymian
1/4 TL Majoran
1/4 TL Paprika
2 EL Mehl
3/4 Tasse Gemüsebrühe
1/2 Tasse Rotwein
1 1/2 Tassen zerkleinerte geschälte Maronen
2 1/2 Tassen zerkleinerte Walnüsse
1/2 Tasse zerkleinerte Pekannüsse
(ersatzweise Walnüsse)
1 Tasse gewürfelter Sellerie
1 EL Worcestersauce
1 EL Cognac
2 leicht verquirlte Eier
2 EL gehackte frische Petersilie
1 TL Salz
frisch gemahlener schwarzer Pfeffer nach Geschmack
1/2 Tasse Paniermehl (nach Bedarf mehr)
125 g geriebener Gruyère

Brioche:
2 Päckchen frische Hefe (oder 3 Tüten Trockenhefe)
1/2 TL Zucker
3/4 Tasse lauwarme Milch
4 Tassen Mehl, bei Bedarf etwas mehr
2 TL Salz
10 große Eigelb
1/2 Tasse (110 g) ganz weiche Butter

Pastete: In einem mittelgroßen Saucentopf mit schwerem Boden die Butter zerlassen und die Zwiebel mit dem Knoblauch darin anschwitzen. Wenn die Zwiebelstückchen glasig geworden sind, Kreuzkümmel, Thymian, Majoran, Paprika sowie das Mehl dazurühren. Die Einbrenne ein paar Minuten kochen lassen, dann unter Schlagen mit dem Schneebesen mit Gemüsebrühe und Wein ablöschen. Sobald die Sauce gebunden ist, vom Feuer nehmen und beiseite stellen.

Die zerkleinerten Nüsse und die Selleriewürfel durch den Wolf (feine Scheibe) drehen und mit den übrigen Zutaten an die Sauce rühren. Abschmecken und die Würze korrigieren.

Nun den Briocheteig zubereiten: Frische Hefe zerkrümeln, mit dem Zucker auf die Milch streuen und etwa 10 Minuten ruhen lassen. Bei Verwendung von Instant-Trockenhefe nach Anweisung auf der Pakkung vorgehen; sie wird nicht angerührt, sondern gleich mit dem Mehl vermischt. 3 Tassen des Mehls in eine große Rührschüssel sieben, Salz, Eigelb, streichfähige Butter und schließlich die Hefemischung dazugeben und alles zu einem weichen Teig verarbeiten. Den Teig auf ein mehlbestäubtes Backbrett bringen und noch 1 Tasse Mehl darunterkneten. Etwa 10 bis 15 Minuten kneten, bis der Teig sich, ohne zu kleben, leicht von den Händen löst.

Jetzt wird er in eine dünn gefettete Schüssel gelegt und einmal darin umgewendet, so daß er rundherum mit Fett überzogen ist. Die Schüssel mit einem Tuch bedecken und den Teig an einem warmen Ort 1 1/2 bis 2 Stunden gehen lassen. Danach abschlagen, 2 oder 3 Minuten kneten und erneut gehen lassen, bis sich sein Volumen verdoppelt hat. Wieder abschlagen, dann zu einem Rechteck von etwa 40 cm Länge und 30 cm Breite ausrollen.

Eine Kastenform ausfetten und den Backofen auf 200 Grad vorheizen.

Auf der Mitte des Teigrechtecks die Nußmasse so ausbreiten, daß an den beiden Enden 5 bis 10 cm Teig frei bleiben und auch an den Längsseiten genug Raum bleibt, damit der Teig um die Füllung geschlagen werden kann. Nun die Längsseiten über die Pastete falten, so daß sie sich 2 bis 3 cm weit überlappen. Die Ränder mit etwas Wasser befeuchten und fest zusammenpressen. Die Schmalseiten glattstutzen, wie Packpapier bei einem Paket einschlagen und gleichfalls gut andrükken. Die Teigsäume müssen dicht geschlossen sein.

Den Laib mit den Säumen nach unten in die vorbereitete Kastenform geben, die Oberfläche mit ein wenig verquirltem Eigelb bestreichen, mit hübsch geformten Teigstreifen (vom Stutzen der Enden) dekorieren und diese ebenfalls mit Eigelb bepinseln. Die gefüllte Brioche erst 20 Minuten bei 200 bis 210 Grad, dann weitere 40 Minuten bei 175 Grad backen.

Variante

2 oder 3 kleine grüne Äpfel schälen und die Kerngehäuse herausstechen. Die Äpfel so in die bereits auf dem Teigrechteck verteilte Nußmasse drücken, daß sie rundherum davon umschlossen sind und auch ihr Inneres damit gefüllt ist. Weiter wie oben beschrieben. Schneidet man diese Brioche in Scheiben, müßte mitten in jeder Scheibe ein großer oder kleiner Apfelring stecken.
Warm oder kalt servieren.
Ergibt 10 bis 12 Portionen.

STRUÇLA *Abb. 39*

(Mohnstrudel)

Diesen Strudel gab es jedes Weihnachten bei uns zu Hause, er macht viel Arbeit, ist aber auch die Mühe wert.

Teig:
2 Päckchen frische Hefe (oder 3 Tüten Trockenhefe)
½ Tasse lauwarmes Wasser
1½ Tassen lauwarme Milch
9½ bis 10 Tassen Weizenmehl
10 Eigelb
5 Eiweiß
1½ Tassen Zucker
1 TL Salz
2 TL Vanilleextrakt
½ TL Zitronenaroma
1 EL Rum
abgeriebene Schale von 1 Orange
½ Tasse (110 g) Butter
mit Wasser verquirltes Eigelb

Mohnfüllung (am Abend vorher zubereiten!):
700 g Mohn
kochendes Wasser
500 g Zucker
1 Tasse gehackte Mandeln
1 Eiweiß
1 Tasse Rosinen
2 EL Honig (bei Bedarf mehr)
Mandelessenz

Für den Teig in einer großen Schüssel die Hefe in dem warmen Wasser auflösen und mit der Milch und 4 Tassen Mehl glattrühren. Diesen Vorteig an einem warmen Ort ruhen lassen. (Bei Verwendung von Trokkenhefe nach Anweisung auf der Packung vorgehen.) In einer anderen Schüssel die Eigelb mit den Eiweiß, Zucker, Salz, Vanille, Zitronenaroma, Rum und abgeriebener Orangenschale zu einer hellen, völlig glatten Masse verschlagen. Wenn das Hefestück aufgegangen ist und Blasen wirft, die Eiermasse mit einem Holzlöffel darunterrühren. Unter kräftigem Schlagen nach und nach weitere 4 Tassen Mehl dazusieben. Die Butter zerlassen, abkühlen lassen und gleichfalls hineinrühren.
Jetzt ist der Teig ziemlich steif. Den Rührlöffel weglegen und mit den Händen weiterarbeiten, dabei nach und nach noch 1½ Tassen Mehl zufügen. Den Teig etwa ½ Stunde lang kräftig durchwalken – gegen die Schüsselwände klatschen, hochziehen und wieder hinunterpressen –, bis er sehr elastisch ist, Blasen wirft und sich, ohne zu kleben, leicht von der Schüssel und den Händen löst. Die Schüssel mit einem Tuch abdekken und den Teig auf die doppelte Größe gehen lassen.
Danach abschlagen, auf eine gut bemehlte Fläche bringen und in so viele Stücke zerteilen, wie man Laibe wünscht. Jedes Teigstück noch ein wenig kneten, dann zu einem gut 1 cm dicken Oval auswellen. Darauf eine großzügige Menge der Mohnmasse (oder auch Walnußfüllung, siehe nachfolgendes Rezept) so verteilen, daß rundherum ein Rand von etwa 3 cm freibleibt. Den Teig mit der Füllung von einer der Schmalseiten her ziemlich fest zusammenrollen und den Rand sowie die beiden Enden gut festdrücken. Die gefüllten Laibe mit der Saumseite nach unten auf gefettete Bleche legen und nochmals gehen lassen, bis sie ihr Volumen verdoppelt haben. Auf ein Backblech passen entweder 2 große (längs) oder 3 kleine Laibe (quer). Jeweils nur ein Blech in die mittlere Schiene des Backofens schieben.
Kurz vor dem Backen die Strudel mit Eigelb, das mit Wasser verquirlt wurde, bestreichen. Im vorgeheizten Ofen bei 190 Grad je nach Größe 25 bis 35 Minuten backen, bis sie goldbraun geworden sind. Zum Schluß kann man sie noch mit einer Glasur aus Puderzucker

und Wasser überziehen, die mit kandierten Fruchtstückchen und gehackten Nüssen bestreut wird.
Füllung: Am Abend des Vortages zubereiten, damit sie schön durchziehen kann. Den Mohn in eine große Schüssel geben, mit dem kochenden Wasser überbrühen und mindestens 1 Stunde ruhen lassen. Danach abseihen und zwei- oder dreimal durch den Wolf (feine Scheibe) drehen, bis die Masse ein milchiges Aussehen hat. Dann den Zucker zufügen und alles zusammen nochmals durchdrehen.
Zuletzt gehackte Mandeln, Eiweiß, Rosinen, Honig und Mandelessenz gründlich daruntermischen. Abschmecken und, wenn nötig, noch etwas Honig zufügen. Die Füllung soll feucht und süß sein.
Ergibt 4 bis 5 große oder 9 bis 10 kleine Mohnstrudel.

Walnußfüllung für Struçla:
3 Eiweiß
$1/8$ TL Salz
1 Tasse Zucker
$1/2$ Tasse (110 g) Butter
1 $1/2$ Tassen gemahlene Walnüsse
$1/2$ TL Mandelessenz

Die Eiweiß schaumig schlagen und gründlich mit allen anderen Zutaten vermischen. Diese Füllung nach Anweisung im vorigen Rezept auf den vorbereiteten Teig streichen.

PANNETONE
(süßes italienisches Weihnachtsbrot)

1 Tasse Milch
$1/2$ Tasse Zucker
$1/2$ Tasse (110 g) Butter
$1/4$ TL Salz
$1/4$ Tasse lauwarmes Wasser
20 g frische Hefe
2 verquirlte Eier
1 TL im Mörser zerstoßene Anissamen
$1/2$ Tasse Rosinen
$1/2$ Tasse vermischte kandierte Orangen- und Zitronenschale
$1/4$ Tasse abgetropfte Maraschinokirschen
5 Tassen Mehl

Die Milch abkochen, mit Butter, Zucker sowie Salz verrühren und abkühlen lassen.
In einer großen Schüssel die Hefe in dem Wasser auflösen und an die nur noch lauwarme Milch rühren. Eier, Anis, Rosinen, kandierte Schalen, Maraschinokirschen und die Hälfte des Mehls dazugeben und alles zusammen zu einem festen Teig verarbeiten. Den Teig auf einem dünn bemehlten Backbrett glattkneten.
Zu einer Kugel formen, in eine gefettete Schüssel legen, einmal darin umdrehen und zum Aufgehen zugedeckt an einen warmen Ort stellen, bis er sein Volumen verdoppelt hat. Dann abschlagen und 10 Minuten ruhen lassen.
Aus dem Teig zwei ebenmäßige Bälle formen. Jeden Ball auf ein gefettetes Blech legen, mit einem Tuch bedecken und erneut auf die doppelte Größe gehen lassen.
Die Laibe im vorgeheizten Ofen bei 175 Grad etwa 40 Minuten backen.

STOLLEN

Hier ein Rezept für einen Stollen, bei dem Backpulver statt Hefe als Treibmittel verwendet wird. Dadurch gelingt er immer und hält sich lange frisch.

2 $1/2$ Tassen Mehl
2 TL Backpulver
$3/4$ Tasse Zucker
$1/2$ TL Salz
$1/2$ TL Muskatblüte (Macis)
zerstoßene Samen aus 5 oder 6 Kardamomkapseln
$3/4$ Tasse geschälte, gemahlene Mandeln
$1/2$ Tasse (110 g) Butter
1 Tasse weicher Doppelrahm-Frischkäse
1 Ei
$1/2$ TL Vanilleextrakt
$1/3$ TL Mandelessenz
2 EL Weinbrand
$1/2$ Tasse Korinthen
$1/2$ Tasse Sultaninen
$1/4$ Tasse gehackte kandierte Zitronenschale
flüssige Butter (nach Belieben)
Puderzucker

Das mit dem Backpulver vermischte, gesiebte Mehl mit Zucker, Salz, Muskatblüte und zerstoßenem Kardamom vermengen. Das Mandelmehl dazugeben und die kalte, in Stücke geschnittene Butter mit Hilfe von zwei Messern (oder mit der Küchenmaschine) hineinarbeiten, so daß eine feinkrümelige Masse entsteht. Die Eier mit Frischkäse, Vanille, Mandelessenz und Weinbrand im elektrischen Mixer verschlagen und unter diese Creme Korinthen, Rosinen und kandierte Zitronenschale heben. Nun nach und nach die Mehlmischung dazurühren.
Den Teig zu einer Kugel zusammennehmen und auf einem mehlbestäubten Backbrett einige Minuten kneten, bis er glatt ist. Jetzt wird er zu einem ovalen Laib von etwa 25 cm Länge und 20 cm Breite geformt. Den Laib mit dem Messerrücken etwas seitlich der Mitte längs einkerben, die schmalere Seite über die breitere schlagen und den Stollen auf ein ungefettetes Blech legen.
Nach Belieben kann man ihn dünn mit zerlassener Butter bestreichen. Den Stollen im vorgeheizten Ofen bei 175 Grad etwa 45 Minuten backen. Wenn er etwas abgekühlt ist, mit Puderzucker überstäuben.

PIERNIKI

(polnische Honigplätzchen)

1 bis 1 1/2 Tassen Honig
4 bis 5 Tassen Mehl
1 Prise schwarzer Pfeffer
1/2 TL Zimt
1/2 TL Muskat
1/2 TL gemahlene Nelken
1/2 TL gemahlener Piment
4 Eier
1 Tasse Zucker
1 TL Natron, in etwas Wasser aufgelöst

Den Honig zum Kochen bringen und wieder abkühlen lassen, bis er nur noch lauwarm ist. Das gesiebte Mehl mit den Gewürzen vermischen.
Die Eier mit dem Zucker cremig rühren, dann das Natron, den Honig und das Mehl zufügen und gut darunterrühren.
Den Teig auf einem dünn bemehlten Backbrett gut 5 mm dick ausrollen und daraus Plätzchen von beliebiger Form ausstechen. Die Plätzchen auf gefetteten Blechen im 175 Grad heißen Ofen etwa 10 bis 15 Minuten backen, bis sie ganz leicht gebräunt sind.
Die fertigen Pierniki können mit einem Guß aus Puderzucker, Wasser, Mandelessenz oder Vanille und einem Tropfen Speisefarbe bestrichen werden.

PIERNIK MIT FRÜCHTEN

(polnisches Früchtebrot)

1 1/2 Tassen Honig
1 Tasse Zucker
20 g frische Hefe
1/2 Tasse helles Bier
1 EL Butter
4 Tassen Mehl
4 Eier
3/4 Tasse gehackte Datteln
2 EL feingehackter kandierter Ingwer
1/2 Tasse gehackte Walnüsse
1/2 Tasse kleingeschnittene getrocknete Aprikosen
je 1/2 TL gemahlene Nelken, Piment, Zimt und pulverisierte getrocknete Orangenschale
4 EL Kakao

Den Honig zum Kochen bringen, den Zucker hinzufügen, beides zusammen nochmals aufwallen lassen und zum Abkühlen beiseite stellen.
Die Hefe im lauwarmen Bier auflösen, den Honig dazugeben, Butter, Mehl und Eier kräftig darunterrühren, dann alle restlichen Zutaten gut untermengen. Den Teig gleichmäßig in eine gefettete rechteckige Backform oder feuerfeste Formen füllen und bei 175 Grad etwa 40 bis 45 Minuten backen. Den Piernik in sehr dünne Scheiben schneiden.

NUSSKUCHEN

3 1/2 Tassen Mehl
1/2 TL Salz
2 TL Backpulver
1 Tasse (225 g) Butter
2 Tassen Zucker
6 Eier
3/4 Tasse Milch
1/4 Tasse Marsala oder Sherry
7 Tassen Wal- und Pekannüsse, halbiert und grob zerkleinert (statt Pekannüsse mitzuverwenden, kann man auch nur Walnüsse nehmen)
Butter und Backpapier für die Backform

Entweder 2 kleine oder 1 große Kastenform ausfetten und mit gefettetem Backpapier auskleiden.
Das gesiebte Mehl mit Salz und Backpulver vermischen.
Butter und Zucker schaumig rühren, dann die Eier einzeln nacheinander hinzufügen. (Mit der Küchenmaschine Butter, Zucker und Eier auf einmal verarbeiten.)
Die Milch mit *Marsala* oder Sherry verrühren. Nun nach und nach abwechselnd Flüssigkeit und Mehl an die Eiermasse rühren. Zuletzt die Nüsse darunterheben und den Teig in die vorbereiteten Formen füllen. Die Kuchen im vorgeheizten Ofen bei 140 Grad ungefähr 2 1/2 Stunden backen. Nach dem völligen Auskühlen werden sie in Mulltücher eingewickelt, die zuvor mit Marsalawein getränkt wurden. Darin läßt man sie ein paar Tage durchziehen.

FRÜCHTEKUCHEN MIT COGNAC

Diese Kuchen brauchen mindestens einen Monat, um ihr volles Aroma zu entfalten, müssen also rechtzeitig vor größeren Festen gebacken werden.

2 Tassen grobgehackte getrocknete Feigen
2 Tassen kleingeschnittene getrocknete Aprikosen
1/2 Tasse feingewiegte kandierte Zitronenschale
1 1/2 Tassen Sultaninen
1 1/2 Tassen gehackte Datteln
2 Tassen gehackte Pekannüsse (ersatzweise Walnüsse)
2/3 Tasse halbierte grüne kandierte Kirschen
2/3 Tasse halbierte rote kandierte Kirschen
1 1/2 Tassen Weizenvollkornmehl
1 1/2 Tassen Weizenauszugsmehl
1 TL Backpulver
3/4 TL Muskat
1/2 TL Zimt
1/2 TL gemahlene Nelken
1/2 TL gemahlener Kardamom
1 Prise Salz
1 Tasse (225 g) gut gekühlte Butter
6 Eier
1 1/2 Tassen Zucker
1 Tasse Sauternes (weißer süßer Bordeauxwein)
1/2 TL Natron
2 EL Wasser
1 Flasche (0,7 Liter) Cognac oder Weinbrand

In einer großen Schüssel Feigen, Aprikosen, Zitronenschale, Sultaninen, Datteln, Pekannüsse und kandierte Kirschen miteinander vermischen.
In einer anderen Schüssel die gesiebten Mehle mit Backpulver und Gewürzen mischen. Nun rasch die kalte, in Stücke geschnittene Butter mit Hilfe zweier Messer hineinwirken, so daß eine feinkrümelige Masse entsteht (siehe Seite 252). Dieses trockene Gemisch gut mit den Früchten vermengen, bis die einzelnen Fruchtstückchen rundherum davon überzogen sind und sich voneinander lösen.
Die Eier mit dem Zucker schaumig rühren. Dann den Sauternes und das im Wasser aufgelöste Natron dazurühren.
Die Eiermasse gründlich mit dem Mehl-Früchte-Gemisch vermengen.
6 kleine Kastenformen von etwa 20 cm Länge und 10 cm Breite (nach Belieben auch größere Formen) ausfetten und mit Back- oder gefettetem Pergamentpapier ausschlagen.
Den Teig gleichmäßig in die Kuchenformen verteilen, mit einem nassen Löffel glattstreichen und nach Belieben mit Pekan- oder Kirschhälften verzieren.
Die Kuchen im vorgeheizten Ofen bei 140 Grad 2 Stunden oder etwas länger backen, bis sie schön ge-

bräunt sind und man ein probeweise hineingestochenes Holzstäbchen sauber und trocken wieder herausziehen kann.
Danach läßt man die Kuchen auskühlen, stürzt sie aus den Backformen und zieht vorsichtig das Pergamentpapier ab.
Jeden Kuchen nun in mehrere Lagen von Mulltüchern (Quarktüchern) einwickeln und den Stoff mit soviel Cognac, wie er aufsaugen kann, durchtränken. Jetzt fest in Aluminium- oder Plastikfolie verpacken, damit die Feuchtigkeit erhalten bleibt.
Die Kuchen an einem kühlen Ort 2 Wochen durchziehen lassen (z. B. in Steintöpfen in einem kühlen Zimmer). Wenn die Mulltücher ziemlich ausgetrocknet sind, wieder ein wenig Cognac darauftr äufeln. Erneut gut einwickeln und weitere 2 Wochen oder ganz nach Belieben auch länger ruhen lassen.
Ergibt 6 kleine Früchtekuchen.

RUM-SCHOKOLADEN-FRÜCHTEKUCHEN

Fangen Sie zu St. Martin mit der Weihnachtsbäckerei an, denn diese Kuchen müssen mindestens einen Monat durchziehen, um ihr wundervolles Aroma voll zu entfalten.

500 g kleingeschnittene getrocknete Aprikosen
350 g entsteinte, kleingeschnittene Backpflaumen
200 g entsteinte, kleingeschnittene Datteln
500 g Korinthen
350 g Sultaninen
350 g Zitronat
100 g kandierte Zitronenschale
100 g kandierte Orangenschale
200 g gehackte Haselnüsse
1 ½ Tassen Weizenvollkornmehl
1 ½ Tassen Weizenauszugsmehl
2 TL Natron
1 Prise Salz
2 ½ Tassen Honig
1 Tasse (225 g) zerlassene Butter
½ Tasse dunkler Rum
2 TL gemahlener Ingwer
2 ½ TL Zimt
½ TL gemahlene Nelken
1 TL gemahlener Kardamom
¾ Tasse geriebene Vollmilchschokolade
oder Kakaopulver
6 Eier
⅔ Tasse Johannisbeergelee
Cognac oder Rum (½ bis 1 Liter)

In einer großen Schüssel Aprikosen, Dörrpflaumen, Datteln, Korinthen, Rosinen, Zitronat, kandierte Zitronen- und Orangenschale und die Nüsse miteinander vermischen. Die beiden Mehlsorten mit dem Natron und einer Prise Salz zusammensieben und unter die Früchte mengen, bis diese rundherum von einer Mehlschicht bedeckt sind und sich voneinander gelöst haben.
Den Honig in eine andere Schüssel geben und mit der flüssigen Butter, der halben Tasse Rum, den Gewürzen und der Schokolade verrühren. Die Eier mit dem Johannisbeergelee schaumig schlagen und unter das Honiggemisch ziehen. Diese Masse mit einem Holzlöffel gründlich mit den bemehlten Früchten vermengen, so daß ein glatter, ziemlich homogener Teig entsteht.
8 kleine Kastenformen von etwa 20 cm Länge und 10 cm Breite oder eine geringere Anzahl größerer Formen ausfetten und mit gefettetem Pergament- oder Backpapier auslegen. Nun den Teig gleichmäßig in die Backformen verteilen und mit einem nassen Löffel glattstreichen. Die Kuchen im vorgeheizten Ofen bei 160 Grad 2 bis 2 ½ Stunden (je nach Größe länger oder kürzer) backen. Läßt sich ein probeweise hineingestochenes Holzstäbchen sauber und trocken wieder herausziehen, sind sie gut.
Abkühlen lassen, aus den Formen stürzen, und das Papier abziehen. Jeden Kuchen in mehrere Lagen Mulltuch (Quarktuch) einwickeln und den Stoff mit Cognac oder Rum tränken. Dicht in Plastik- oder Aluminiumfolie verpacken und an einem kühlen, trockenen Ort etwa einen Monat oder länger durchziehen lassen.
Ergibt 8 kleine Früchtekuchen.

TIROLER LECKERLI

$^1/_2$ Tasse kandierte Orangenschale
$^1/_3$ Tasse kandierte Zitronenschale
1 $^1/_2$ Tassen Mandeln (mit Haut)
$^3/_4$ Tasse Honig
1 $^1/_4$ Tassen Zucker
1 EL frisch abgeriebene Zitronenschale
$^1/_4$ Tasse Zitronensaft
1 $^1/_2$ EL Kirschwasser
4 Tassen gesiebtes Weizenmehl
1 TL Natron
1 TL Salz
1 TL Zimt
$^1/_4$ TL gemahlene Nelken
$^1/_4$ TL Muskat

Die kandierten Fruchtschalen mit den Mandeln zusammen durch den Wolf (feine Vorsatzscheibe) drehen.
In einem mittelgroßen Saucentopf den Honig mit dem Zucker unter Rühren zum Kochen bringen, geriebene Zitronenschale und -saft hinzufügen, die Flüssigkeit vom Feuer nehmen und etwa 10 Minuten abkühlen lassen. Dann die Mandelmasse dazurühren.
Das Mehl mit Natron, Salz und Gewürzen vermischen, das Honiggemisch dazugeben und gründlich darunterkneten.
Den Teig in 4 Stücke zerteilen. Jedes Teigstück etwa 5 mm dick ausrollen und rechteckige Plätzchen herausschneiden. Die Plätzchen in Abständen von etwa 3 cm auf leicht gefettete Bleche legen und bei 175 Grad ungefähr 10 Minuten backen.
Die fertigen Leckerli mit Puderzucker überstäuben und in dicht verschlossenen Blechkästen oder Gläsern aufbewahren.

PASSKA
(russischer Weißkäse)

Paßka, eine gehaltvolle, süße Weißkäsedelikatesse, ist ein traditionelles russisches Ostergericht. Für die Zubereitung braucht man zwei Tage, aber jeder Augenblick ist ein Genuß dabei!

5 Eigelb
3 Tassen Zucker
1 Tasse Milch
$^1/_2$ TL Vanilleextrakt
$^3/_4$ Tasse (170 g) Butter
1250 g fester Quark oder Schichtkäse
$^1/_2$ Tasse Sahne
2 TL abgeriebene Zitronenschale
$^1/_2$ Tasse feingehackte abgezogene Mandeln (nach Belieben)

Die Eigelb mit 1 Tasse Zucker schaumig schlagen, dann Milch und Vanille hinzufügen und die Flüssigkeit unter ständigem Rühren ganz langsam (vielleicht 20 Minuten) erhitzen, bis sie gebunden ist. Die Butter zugeben und weiterrühren. Wenn sie geschmolzen ist, die Creme abkühlen lassen, dabei ab und zu mit dem Schneebesen glattschlagen.
Den Schichtkäse durch ein Sieb streichen (bei Quark ist das nicht nötig). Die Sahne steifschlagen. Unter die völlig ausgekühlte Creme den restlichen Zucker, den Quark oder Schichtkäse, die Zitronenschale und die Schlagsahne ziehen. Nach Belieben kann man jetzt auch noch feingehackte (abgezogene!) Mandeln darunterheben.
Nach altem Brauch wird Paßka nun in einer besonderen geschnitzten Holzschale geformt – wir müssen anders vorgehen, da kaum jemand etwas derartiges besitzt. Legen Sie ein Sieb mit einer doppelten Lage Musselin oder 6 bis 8 Lagen Mulltuch (Quarktuch) aus. Dahinein die Paßkamischung geben, den Stoff zusammennehmen, so fest wie möglich zusammenziehen und gut zubinden. Einen Teller oder ein Holzbrett darüberlegen und mit einem Gewicht beschweren (z. B. mit einem gußeisernen Topf).
Anmerkung d. Übers.: Häufig legt man auch einen sauberen Blumentopf aus Ton mit einem Tuch aus und läßt die Paßka darin unter Druck abtropfen und fest werden. –
Das Sieb über eine tiefe Schüssel hängen und 24 bis 36 Stunden an einen kühlen Ort stellen. In dieser Zeit tropft ziemlich viel Flüssigkeit ab. Die Speise ist fertig, wenn sie so fest ist, daß sie die Form behält und in Scheiben geschnitten werden kann.
Die fertige Paßka auswickeln und vorsichtig auf einen

Teller stürzen. In Scheiben oder kleine Tortenstücke schneiden und für sich oder zu Hefekuchen servieren. Gut zugedeckt hält sie sich im Kühlschrank einige Tage frisch.
Für 15 bis 18 Personen.

BATATEN MIT ANANASGLASUR

4 große Bataten
4 EL Butter
$^1/_2$ Tasse brauner Zucker
1 TL Salz
1 TL abgeriebene Orangenschale
1 Tasse durch den Wolf gedrehte Ananasstückchen
2 TL Maisstärkemehl

Anmerkung d. Übers.: Im amerikanischen Originalrezept werden *Yams* verwendet, eine längliche, faserige Art von Süßkartoffeln, die bei uns selten oder überhaupt nicht zu finden ist. In der Umgangssprache werden aber Bataten oft als Yams bezeichnet, und man kann gut das eine durch das andere ersetzen.

Die Bataten schälen, in dicke Scheiben schneiden und in Salzwasser etwa 10 Minuten kochen. In einem großen, schweren Saucentopf die Butter zerlassen und den braunen Zucker (Rohzucker), Salz, Orangenschale und die Ananasmasse hineinrühren. Die Maisstärke in etwa 2 Eßlöffeln Wasser auflösen und gleichfalls darunterrühren.
Sobald die Zutaten gut vermengt sind und die Masse gebunden ist, die Batatenscheiben hinzufügen und so lange darin wenden, bis sie einen gleichmäßigen Überzug haben. Auf mittlerer Flamme weiterkochen, bis die Bataten gar und schön glasiert sind. Heiß auftragen.
Für 6 Personen.

GEWÜRZNEKTARINEN

8 Tassen feste, reife Nektarinen
(oder kleine Pfirsiche)
1 EL Nelken
2 $^1/_2$ Tassen brauner Zucker (Rohzucker)
1 Tasse Obstessig
1 kleingebrochene, etwa 5 cm lange Zimtstange

Die Früchte sorgfältig waschen, nach Belieben überbrühen und abziehen (nicht unbedingt nötig – Nektarinen haben eine sehr zarte Haut) und mit jeweils 1 Nelke spicken.
In einem Emailletopf den Essig mit Zucker, Zimt und 1 Eßlöffel Nelken zum Kochen bringen, die Nektarinen hineingeben und etwa 10 Minuten kochen, bis sie eben gar sind. Die Früchte in heiße, sterilisierte Gläser (siehe Seite 387) einlagern und so viel Sirup darübergießen, daß die Gläser bis 1,5 cm unter dem Rand gefüllt sind. Sofort verschließen und die Nektarinen mehrere Wochen durchziehen lassen.
Zum Garnieren gehaltvoller und sahniger Speisen.

GLASIERTE GEWÜRZNÜSSE

1 Tasse Zucker
1 TL gemahlener Zimt
1 TL fein abgeriebene Orangenschale
$^1/_8$ TL Muskatblüte (Macis)
$^1/_2$ Tasse Milch
1 TL Butter
1 TL reiner Vanilleextrakt
2 Tassen halbierte Walnüsse

Für dieses Rezept brauchen Sie eine Zuckerwaage (auch Zuckerthermometer genannt), damit der Sirup genau die richtige Konsistenz bekommt. Wenn Sie nach Gefühl vorgehen, kann es leicht passieren, daß etwas schiefgeht.
Die Milch mit dem Zucker, Zimt, abgeriebener Orangenschale und Muskatblüte so lange kochen, bis auf der Zuckerwaage die Temperatur von 118 Grad erreicht ist. Schöpfen Sie zur Probe ein Löffelchen Sirup heraus, tauchen Sie es rasch in kaltes Wasser und reiben Sie den Sirup zwischen den Fingern – er muß eine weiche Kugel bilden, die nicht an den Fingern klebenbleibt.
Den Topf vom Feuer nehmen und die Butter in den Sirup rühren. Ein paar Minuten ruhen lassen, dann Vanille und die Nüsse zufügen.

Rühren, bis die Glasur erstarrt, die Nüsse auf Wachspapier geben, rasch voneinander trennen und trocknen lassen.

EGGNOG

12 Eier
1 ½ Tassen Puderzucker
knapp 1 Liter Vollmilch
1 Tasse Cognac
1 Tasse dunkler Rum
1 große Orange
1 Zitrone
knapp 1 Liter Sahne
geriebene Muskatnuß

Die Eier trennen. Eigelb mit dem Zucker cremig schlagen, dann Milch, Cognac und Rum daruntermischen. Eiweiß zu weichem Schnee schlagen und darunterheben. Diesen Schaum einige Stunden durchkühlen lassen.
Die Orange schälen. Von der Schale die weiße Haut entfernen, bis nur noch die dünne orangene Rinde übrig ist. Diese in ganz feine Streifen von etwa 4 cm Länge schneiden. Von der Zitrone die Schale abreiben. (Nur ungespritzte Früchte verwenden!)
Die Sahne halbsteif schlagen (nicht so fest, daß sie Zipfel bildet), unter die schaumige Eiermasse ziehen, und das Ganze kurz mit dem Schneebesen aufschlagen. Nun die abgeriebene Zitronenschale und die Hälfte der Orangenschalenstreifen darunterrühren. Den Eggnog in eine Glasschale gießen und mit der übrigen Orangenschale sowie Muskat bestreuen.
Für 25 bis 30 Personen.

Eingemachtes

Es ist ein angenehmes Gefühl, in den dunklen Tiefen einer Speisekammer, im Keller oder Küchenschrank eingemachte Köstlichkeiten wie Marmeladen, *Chutneys*, Mus und Kompott in langen Gläserreihen vorrätig zu wissen. Im Sommer oder Herbst genießen wir natürlich lieber frisches Obst und Gemüse und gehen höchstens an den Vorratsschrank, um ein Glas Chutney herauszuholen. Aber im Winter, wenn die Tage kalt und trüb werden und frische Früchte nur zu teuren Preisen aus warmen Ländern auf den Markt kommen, welche Freude ist es dann, so ein Glas mit Eingemachtem zu öffnen und den reichen, süßen Geschmack sommerlicher Fülle auf den Tisch zu bringen! Selbstgemachte Marmelade, Mus und Chutney schmecken viel besser als alles, was es fertig zu kaufen gibt, und hinzu kommt, daß Ihnen beim Öffnen eines Glases die schönsten Erinnerungen an den Sommer entgegenströmen.

Das Einkochen ist nicht so schwierig, wie man oft meint, es erfordert lediglich Zeit und einigen Arbeitsaufwand, der aber reich belohnt wird. Was unsere Großmütter konnten, können wir auch: Wir brauchen nur ein kleines Sortiment von Einmachgläsern, ein paar große Töpfe und einige Geräte, die sich normalerweise sowieso in einer Küche finden. Wenn dann Freunde mit Garten nicht mehr wissen, wohin mit dem Obstsegen, wenn über Nachbars Zaun das Fallobst regnet oder auch auf dem Markt körbeweise preiswerte Früchte angeboten werden, ist unsere Zeit gekommen: Wir kochen ein, um in den »mageren« Wintermonaten köstliche Fruchtbutter aufs Brot streichen zu können oder ein Essen durch eine pikante Würztunke zu bereichern. Und wir können uns in der Gewißheit wiegen, daß viele unserer eingekochten Schätze in keinem Supermarkt oder Feinkostladen erhältlich sind – doppelter Genuß!

Das Einmachen

Bevor Sie sich an die Arbeit machen, überlegen Sie, ob Sie die dafür notwendigen Geräte haben: eine genaue Küchenwaage, mehrere große Töpfe oder Einmachkessel, scharfe Messer, Holzlöffel mit langen Stielen, Siebe und eine ausreichende Menge von Einmachgläsern mit Deckeln und Gummiringen. Die Gläser sind eine echte Anschaffung, sie kosten zwar einiges, können aber immer wieder verwendet werden. Nur die Gummiringe muß man nach einmaligem Gebrauch durch neue ersetzen. Im Handel sind inzwischen auch die praktischen Einmachgläser nach amerikanischem Patent, deren Deckel aus zwei Teilen bestehen: eine lose, gummierte Innenplatte und ein Metallrand mit Schraubgewinde. Für Marmeladen können Sie auch Gläser verwenden, in denen gekaufte Marmelade war. In die Deckel ist ein schmaler Gummiring fest eingearbeitet, durch den die Gläser, wenn man sie fest zudreht, wieder luftdicht verschlossen werden. Das Gummi nimmt allerdings leicht Geruch an, deshalb ist es ratsam, nur die Marmeladensorte, nach der es duftet, einzufüllen.

Ferner erweist sich ein Einfülltrichter als sehr nützlich. Für das Einwecken in größerem Stil lohnt sich der Erwerb eines Einmachkessels mit Einsatz. Zum Schluß brauchen Sie noch Etiketten (am besten selbstklebende) zum Beschriften der Gläser. Nach stundenlangem Einkochen meint man leicht, jedes einzelne Gemüse oder Obst für immer in Erinnerung zu haben, hat aber meist nach wenigen Wochen schon vergessen, welche Reichtümer man hortet. Auf den Etiketten wird die Art des Inhalts und das Einmachdatum vermerkt.

Das Sterilisieren der Gläser

Wird Obst oder Gemüse im Wasserbad eingekocht, erübrigt sich das vorherige Keimfreimachen der Gläser. Konfitüren und Gelees aber müssen in sterilisierte Gläser gefüllt werden. Man stellt die Gläser auf einem Drahtrost in einen Topf (oder besser in den Einkochkessel), bedeckt sie mit Wasser und kocht sie 20 Minuten ab. Dann läßt man sie bis zum Einfüllen im heißen Wasser liegen, holt sie kurz vor Gebrauch heraus und läßt sie umgedreht abtropfen. Man füllt sie, solange sie noch ganz heiß sind, weil sie andernfalls leicht zerspringen. Gummierte Deckel von Vakuumgläsern dürfen nicht abgekocht werden, man übergießt sie lediglich mit kochendem Wasser und läßt sie bis zum Gebrauch, darin liegen.

Das Verschließen der Gläser

Die modernen Vakuumgläser mit gummiertem Metalldeckel schließen ohne Einkochen bereits dicht. Der Inhalt der Gläser ist durch das Erhitzen etwas ausgedehnt und zieht sich beim Abkühlen wieder zusammen. Da von außen keine Luft eindringen kann (das verhindert die Gummidichtung), entsteht ein Vakuum, so daß die Deckel fest angesaugt werden. Das gleiche geschieht beim Einkochen: Durch das Erhitzen dehnt sich der Glasinhalt aus, und vorhandene Luft wird zwischen Gummiring und Deckel herausgepreßt. Füllen Sie die Weckgläser nie ganz voll, damit Raum für die Ausdehnung bleibt. Beim langsamen Erkalten entsteht, wie bereits beschrieben, durch Zusammenschrumpfen des Inhalts ein luftverdünnter Raum und der Deckel (der noch dazu von einer Metallklammer fest angepreßt wird) wird auf den Gummiring gesaugt. Bei Gläsern mit Metalldeckel hört man das – die Deckelplatte wölbt sich mit vernehmbarem »pling« nach innen. Weckgläser müssen überprüft werden, ob sie richtig verschlossen sind; dieses Überprüfen sollte von Zeit zu Zeit wiederholt werden – es kommt vor, daß Gläser aufgehen, zum Beispiel durch einen brüchigen Dichtungsring, durch den Luft eindringen kann. Der Inhalt undichter Gläser verdirbt schnell. Zum Öffnen der Weckgläser zieht man kräftig an der herausragenden Gummilasche. Sobald Luft hineingelangt, kann man die Deckel ganz leicht abheben. Amerikanische und andere Vakuumgläser muß man unter Kraftaufbietung aufdrehen.

Zur Beachtung: Lassen Sie unzerkleinertes oder großstückiges Obst und Gemüse vor dem Einfüllen erst einmal unter häufigem Rühren 10 Minuten abkühlen. Dadurch verhindern Sie, daß es später in den Gläsern an die Oberfläche schwimmt.

Das Einkochen im Wasserbad

Viele Früchte und Gemüse werden durch Einkochen haltbar gemacht. Hier die amerikanische Methode: Man stellt die gefüllten, verschlossenen Gläser (Deckel von Weckgläsern werden zusätzlich noch mit einer Metallklammer angedrückt) in einen Einkochkessel mit Einsatz oder einen großen Topf, in den zuvor ein Drahtrost gelegt wurde, voll kochendem Wasser. Dabei soll das Wasser etwa 5 cm hoch über den Gläsern stehen.
Nach altem deutschen Brauch stellt man die Einmachgläser nur zu einem Drittel oder zur Hälfte in kochendes Wasser, dann muß aber der Kessel mit einem dicht schließenden Deckel bedeckt werden, damit der Wasserdampf nicht entweichen kann. Einmachthermometer sind für beide Methoden nicht unbedingt erforderlich, es genügt, die im jeweiligen Rezept angegebene Kochzeit einzuhalten.
Weitaus moderner ist es, im Backofen mit Heißluft zu sterilisieren. Der Ofen wird auf 200 Grad vorgeheizt, dann stellt man die vorbereiteten Gläser in die mit etwa 1 Liter Wasser gefüllte Fettpfanne und verringert die Temperatur auf 175 Grad. Obst ist im allgemeinen nach 50 bis 60 Minuten, wenn die Flüssigkeit stark perlt, d. h. Bläschen an die Oberfläche steigen, gut und bleibt danach noch etwa 1/2 Stunde im ausgeschalteten Ofen. Die meisten Gemüse läßt man, nachdem die Flüssigkeit perlt, noch 1 bis 1 1/2 Stunden bei etwa 135 Grad und dann eine weitere halbe Stunde im ausgeschalteten Backofen. Geben Sie darauf acht, daß es auch richtig perlt in den Gläsern, bevor Sie eine niedrigere Temperatur einstellen oder den Herd ausschalten.

Das Abkühlen, Etikettieren und Aufbewahren

Die heißen Gläser stellt man am besten auf warme Tücher und läßt sie langsam erkalten. Erst dann sollte man die Klammern von den Weckgläsern oder die Schraubgewinderinge von Metalldeckel-Gläsern entfernen und prüfen, ob die Gläser dicht zu sind. Jetzt werden sie noch außenherum gut gereinigt, mit Etiketten versehen und an einem kühlen, trockenen Ort gelagert.

Allgemeines

Zum Marmeladekochen eignen sich säuerliche, nicht zu reife, frische Früchte am besten. Überreifes Obst verliert einen Teil seines natürlichen Pektins und geliert deshalb nicht so gut. Früchte, die reichlich Pektin enthalten, z. B. grüne Äpfel oder Quitten, kann man mit normalem Haushaltszucker einkochen. Bei anderen Sorten empfiehlt sich die Verwendung von Gelierzucker: wenn man sich genau nach den Anweisungen auf der Packung richtet, gelingt einem jedes Gelee und jede Konfitüre.
Alle Früchte werden zunächst sorgfältig gewaschen und dann, wenn nötig, geschält und entsteint. Hartes Obst wird kleingeschnitten, weiches wie z. B. Beerenobst leicht zerstampft, so daß es im eigenen Saft ohne Zusatz von Wasser gekocht werden kann. Nehmen Sie zum Kochen möglichst hohe Töpfe, denn das Obst muß sprudelnd wallen und spritzt dabei! Um zu prüfen, wie stark die jeweilige Marmelade *geliert*, geben Sie einen Löffel voll auf einen kalten Teller. Erstarrt sie ziemlich schnell, wobei sich eine Haut bildet, die bei Berührung faltig wird, ist es Zeit, sie in Gläser zu füllen. Die Kochzeit kann je nach Art und Reife der Früchte von 5 bis 25 Minuten variieren. Dann heiße, sterilisierte Gläser damit füllen, den Rand sauberwischen und fest verschließen.
Mus, Chutney, essigsauer eingelegte Gemüse und Würzsaucen sind sehr einfach haltbar zu machen. Man läßt die Zutaten nach Rezeptanweisung so lange einkochen, bis sie die gewünschte Konsistenz haben, und füllt sie sogleich in heiße Vakuumgläser, die man dicht zudreht. Verwenden Sie hierfür reife, aber keine überreifen Früchte und Gemüse, sonst leidet das Aroma. Wenn Sie Mus kochen, setzen Sie die Gewürze nicht zu früh hinzu, sie werden durch das Einkochen zu stark konzentriert. Erst wenn das Mus schon fast die richtige Konsistenz hat, gibt man zur Feinabstimmung Gewürze hinein.
Chutneys sollte man nicht zu lange kochen, sie schmecken viel besser, wenn sie noch etwas stückig sind und keine breiige Masse. Sie werden in Gläser gefüllt, sobald sie dick zu werden beginnen.
Denken Sie daran, alle sauren Obstsorten oder Mischungen mit Essig oder Salzlake in Emailletöpfen zu kochen. Vermeiden Sie Töpfe und Geräte aus Messing, Kupfer, Eisen oder Aluminium, sie laufen an, verderben oft das feine Aroma des Kochgutes oder bilden sogar gesundheitsschädliche Stoffe.
Zum guten Schluß möchte ich noch darauf hinweisen, daß Chutneys, Gewürzgurken und andere essigsauren Gemüse sowie Würzsaucen durch längeres (natürlich nicht jahrelanges) Lagern immer besser werden. Vergessen Sie sie für ein paar Monate, so daß die Gewürze gut einziehen können – danach werden Sie feststellen, wie voll und delikat das Aroma geworden ist!

HIMBEERMARMELADE

1000 g frische, verlesene Himbeeren
4 TL Zitronensaft
1000 g Zucker
5 Viertellitergläser abwaschen und sterilisieren (Seite 387)

Die Himbeeren mit dem Zitronensaft in einen hohen Emailletopf geben. Einen Teil der Beeren mit einem Holzstampfer zerdrücken, damit der Saft austritt. Unter dauerndem sanftem Rühren ganz langsam erhitzen und, wenn sie aufgewallt sind, bei geringer Hitze noch 5 Minuten köcheln lassen, dabei weiterrühren.
In der Zwischenzeit den Zucker in einer Eisenpfanne im Backofen bei niedriger Temperatur etwa 3 Minuten erwärmen.
Den angewärmten Zucker an die Beeren geben und auf kleiner Flamme weiterrühren, bis er sich völlig aufgelöst hat. Nun die Marmelade bei größter Hitze aufwallen und 5 bis 6 Minuten sprudelnd kochen lassen. Häufig mit einem Holzlöffel umrühren.
Nach Ablauf dieser Zeit die Gelierprobe machen: Einen Tropfen Marmelade auf einen eisgekühlten Teller geben und für etwa 2 Minuten ins Eis- oder Tiefkühlfach stellen. Wenn sie danach eine Haut hat, die bei Berührung Falten wirft, kann die Marmelade in die vorbereiteten Gläser gefüllt werden. Bis zum oberen Glasrand etwa $^1/_2$ cm frei lassen!
Die Kanten abwischen, so daß sie sauber und trocken sind, und die Gläser mit gummierten Deckeln oder Einmachhaut gut verschließen. Etiketten aufkleben und die Marmelade an einem kühlen, trockenen Ort aufbewahren.
Ergibt etwa 5 Gläser Marmelade (1 $^1/_4$ Liter).

ERDBEERMARMELADE

1250 g frische, feste Erdbeeren
1250 g Zucker
4 EL Zitronensaft

Die Erdbeeren waschen und putzen, besonders große Exemplare halbieren, die anderen ganz verwenden. Die Beeren mit Zucker und Zitronensaft in einen großen Emailletopf geben und unter häufigem, vorsichtigem Rühren mit einem Holzlöffel bei sehr geringer Hitze erwärmen, bis der Zucker völlig aufgelöst und der Sirup klar ist.
Dann die Marmelade auf größter Flamme zu sprudelndem Kochen bringen, dabei dauernd rühren, und unter fortwährendem sanftem Rühren heftig weiter kochen lassen, bis sie geliert – je nach Pektingehalt der Früchte dauert das bis zu 15 oder 20 Minuten.
Sobald die Marmelade beim Kochen laut schmatzende Geräusche von sich gibt, die Gelierprobe machen (siehe Seite 389). Hat sie die richtige Konsistenz, vom Feuer nehmen und unter gelegentlichem Umrühren ein paar Minuten abkühlen lassen. Daraufhin in heiße, sterilisierte Gläser füllen, die Gläserränder vollkommen sauber wischen und die Deckel fest zudrehen (oder Einmachhaut darüberziehen).
Etiketten aufkleben und die Marmelade an einem kühlen, trockenen Ort aufbewahren.
Ergibt etwa 1 $^1/_2$ Liter.

APFELBUTTER

1500 g säuerliche grüne Äpfel
2 Tassen Apfelessig
1 Tasse weißer Zucker
1 Tasse brauner Zucker (Rohzucker)
$^1/_2$ TL gemahlener Piment
$^1/_2$ TL gemahlener Zimt
$^1/_4$ TL gemahlene Nelken
$^1/_8$ TL Salz
2 EL Melasse (ersatzweise Rübenkraut)

Die Äpfel schälen, vierteln und vom Kerngehäuse befreien. Schalen und Kerngehäuse mit dem Apfelessig zugedeckt etwa $^1/_2$ Stunde kochen. Dann abseihen, den Essig auffangen und die trockenen Rückstände wegwerfen.
Nun die Apfelviertel mit allen übrigen Zutaten in den Apfelessig geben und unter häufigem Rühren weichköcheln. Danach die Masse durch ein feines Sieb pressen oder im elektrischen Mixer pürieren.
Die Apfelbutter unter öfterem Rühren auf kleiner

Flamme weiterkochen, bis sie dick und glatt ist. In heiße, sterilisierte Gläser füllen, dabei bis zum Rand etwa 1 cm hoch Raum lassen, und die Gläser fest verschließen.
Ergibt etwa 1 ½ Liter.

PREISELBEER-FEIGEN-KONFITÜRE

500 g Preiselbeeren
500 g frische Feigen
2 feste, säuerliche grüne Äpfel
2 große Zitronen
gut ½ Tasse Wasser
1000 g Zucker
2 EL Kirschwasser

Die Preiselbeeren waschen und verlesen, braune oder faule Früchte aussortieren. Die Feigen entstielen, der Länge nach vierteln und in feine Scheiben schneiden. Die Äpfel schälen, vom Kerngehäuse befreien und grobhacken. 1 Zitrone (nur unbehandelte verwenden!) in Scheiben schneiden, die Kerne entfernen, und die Scheiben mit der Schale feinhacken oder durch den Wolf (grobe Vorsatzscheibe) drehen. Die zweite Zitrone auspressen, den Saft bewahren, die Schale wegwerfen.
Preiselbeeren, Feigen, Äpfel, gehackte Zitrone, Zitronensaft und Wasser in einem großen Emailletopf mit schwerem Boden unter Rühren sanft erhitzen, bis die Beeren platzen und Saft austritt, dann unter häufigem Rühren köcheln.
Wenn die Früchte weich geworden sind, den Zucker zufügen und auf kleiner Flamme weiterrühren, bis er völlig aufgelöst ist. Daraufhin die Masse heftig aufwallen lassen und unter öfterem Rühren mit einem langstieligen Holzlöffel etwa 8 bis 10 Minuten sprudelnd kochen, bis sie geliert (Gelierprobe siehe Seite 389).
Das Kirschwasser einrühren, ungefähr 1 Minute mitkochen, und die Konfitüre in heiße, sterilisierte Gläser füllen, die sogleich fest verschlossen werden. Abkühlen lassen, die Gläser sauberwischen, etikettieren und an einen kühlen, trockenen Ort stellen.
Ergibt etwa 1 ¾ Liter.

APRIKOSEN- ODER PFIRSICHMUS MIT WEINBRAND

Beim Muskochen ist die Zuckermenge nicht für das Gelieren maßgebend, die Mengenverhältnisse können also verändert werden. Wer sein Mus nicht so süß mag, verwendet weniger Zucker. Auch die Gewürze kann man dem eigenen Geschmack anpassen.

8 Tassen abgezogene, entsteinte, grobgehackte
Aprikosen oder Pfirsiche
(etwa 2750 g ganze Früchte)
2 EL Zitronensaft
3 Tassen Zucker
½ TL Zimt
¼ bis ½ TL gemahlener Ingwer
¼ bis ½ TL gemahlener Piment
¼ Tasse Weinbrand (oder Apricot Brandy)

Die vorbereiteten Früchte mit dem Zitronensaft in einem großen Emaillekessel ganz sanft erhitzen, bis sie Saft gezogen haben, dann unter öfterem Rühren gar köcheln.
Das Obst tassenweise im elektrischen Mixer pürieren und wieder in den Topf zurückgeben. Zucker und Gewürze zufügen und unter häufigem Rühren unbedeckt weiterköcheln, bis das Mus die gewünschte Konsistenz hat. Rechnen Sie dafür mit 1 bis 2 Stunden oder sogar noch längerer Kochzeit.
Danach den Weinbrand zugießen und das Ganze noch einige Minuten kochen, bis es erneut dick genug ist. Mit dem heißen Mus heiße, sterilisierte Gläser bis gut 1 cm unter den Rand füllen und sogleich verschließen.
Ergibt je nach Konsistenz 1 ½ bis 2 Liter.

EINGELEGTE GEWÜRZPFIRSICHE *Abb. 40*

1750 g feste, einwandfreie Pfirsiche
3 1/4 Tassen Obstessig
2 Tassen Zucker
1 Stück Stangenzimt
1 EL Pimentkörner
1 EL Nelken
1/2 TL gemahlener Ingwer
in feine Streifen geschnittene Schale von 1 Zitrone

Die Pfirsiche vorsichtig in einen großen Topf mit kochendem Wasser legen, 3 Minuten köcheln lassen, dann mit einem Schaumlöffel herausheben, kalt abschrecken und enthäuten. Die abgezogenen Früchte halbieren, entsteinen und in eine Schüssel voll kaltem Salzwasser geben.
In einem großem Emailletopf den Essig mit Zucker und Gewürzen erhitzen.
Sobald der Zucker völlig aufgelöst ist, die Pfirsichhälften zufügen und etwa 20 bis 25 Minuten eben gar kochen, dabei gelegentlich mit einem Holzlöffel umwenden, damit sie gleichmäßig garen.
Die Früchte behutsam in sterilisierte Gläser füllen. Den Essig durchseihen und nochmals 5 bis 10 Minuten kochen, bis er die Konsistenz von dünnem Sirup hat. Über die Pfirsiche gießen, so daß sie davon bedeckt sind, die Glasränder sauberwischen, und die Gläser sofort verschließen. Die Früchte sollten etwa 3 Monate durchziehen.
Ergibt etwa 1 3/4 Liter.

Für *Gewürznektarinen* siehe Rezept auf Seite 383.

APRIKOSEN IN WEINBRAND

1750 g feste, reife Aprikosen
4 Tassen Zucker
4 Tassen Wasser
1 reichliche Tasse Weinbrand

Für dieses Rezept nur feste, einwandfreie Aprikosen verwenden und den Anweisungen genau folgen!

Die Aprikosen waschen. In einem großen Topf das Wasser mit dem Zucker erhitzen. Wenn der Zucker völlig aufgelöst ist und der Sirup kocht, die Aprikosen hineingeben und *genau* 4 Minuten köcheln. Danach die Früchte behutsam mit einem Schaumlöffel aus dem Sirup heben – sie dürfen nicht gequetscht und ihre Haut soll nicht beschädigt werden.
Die Aprikosen so dicht wie möglich, aber ohne sie zu pressen, in saubere, heiße Weckgläser füllen. In jedes Literglas 6 Eßlöffel, in Halblitergläser 3 Eßlöffel Weinbrand geben. Den heißen Zuckersirup darübergießen, so daß die Gläser bis gut 1 cm unter dem Rand gefüllt sind, die Ränder säubern, Gummiringe auflegen und die Deckel mit Klammern andrücken. (Bei Vakuumgläsern mit Metalldeckel lediglich die Deckelplatten auflegen und mit dem Gewindering festschrauben.)
Im Wasserbad des Einkochkessels 15 bis 20 Minuten oder nach Anweisung im Backofen einkochen (für beide Methoden siehe Seite 388). Langsam abkühlen lassen.
Ergibt ungefähr 3 Liter.

TOMATENKETCHUP

4000 g reife rote Tomaten
4 mittelgroße gehackte Zwiebeln
1 geputzte, kleingeschnittene rote Paprikaschote
1 Tasse Obstessig plus 2 bis 3 EL (nach Belieben)
1 TL Pimentkörner
1 TL Nelken
5 kleingebrochene Zimtstangen
1 TL Selleriesaat
1/2 TL Senfpulver
1/8 bis 1/4 TL Cayennepfeffer
4 EL brauner Zucker (Rohzucker)
5 EL Honig
1 TL Salz, nach Geschmack mehr

Die Tomaten vierteln und mit den Zwiebeln und der Paprikaschote zusammen portionsweise im elektrischen Mixer pürieren. Das Püree durch ein feines Sieb passieren, so daß die Tomatenhäute und -kerne zurückbleiben, und in einen großen Emailletopf gießen.

Das Tomatenpüree unter häufigem Rühren auf kleiner Flamme bis zu 1 Stunde lang kochen lassen, bis es ziemlich eingedickt ist.
Piment, Nelken, Zimt und Selleriesaat in ein Leinenbeutelchen geben (oder in Mull verschnüren) und mit dem Essig in einem kleinen Topf etwa 30 Minuten erhitzen, dann den Gewürzbeutel entfernen.
Etwa die Hälfte des Gewürzessigs an das Tomatenpüree rühren und kosten. Wer das Ketchup gerne etwas würziger mag, fügt noch mehr Gewürzessig hinzu. Ist es pikant genug, rührt man jetzt noch 2 oder 3 Eßlöffel reinen Obstessig hinein. Würzen Sie ganz nach Ihrem eigenen Geschmack! Zum Schluß wird mit Senfpulver, Cayennepfeffer, Zucker, Honig und Salz abgeschmeckt.
Nun das Ganze unter öfterem Rühren weiterkochen, bis es die gewünschte Konsistenz hat. Die Kochzeit richtet sich danach, wie dick das Ketchup sein soll – rechnen Sie noch ungefähr 1 Stunde. Danach erneut abschmecken und nötigenfalls nachwürzen. Mit dem fertigen Ketchup heiße, sterilisierte Vakuumflaschen bis etwa 5 mm unter den Rand füllen und verschließen.
Ergibt etwa 1 ½ bis 2 Liter.

TOMATENCHUTNEY

1750 g rote Tomaten
350 g Zwiebeln
175 g Rosinen
100 bis 125 g entsteinte, in Scheiben geschnittene Dörrpflaumen
1 ¼ Tassen Obstessig
½ Tasse brauner Zucker
1 TL gemahlener Ingwer
1 TL Cayennepfeffer
2 ½ EL Salz
½ TL gemahlene Nelken
1 ½ TL gemahlener Koriander
1 TL Senfkörner

Die Tomaten in kochendem Salzwasser blanchieren, abziehen, halbieren (sehr große Exemplare vierteln) und in ziemlich dicke Scheiben schneiden. Die Zwiebeln schälen und kleinschneiden. Alle Zutaten zusammen in einen großen Emaillekessel geben und köcheln lassen, bis eine ziemlich dicke Masse entstanden ist – rechnen Sie mehr als 1 Stunde Kochzeit dafür. Mit dem Chutney heiße, sterilisierte Gläser bis 5 mm unter den Rand füllen und sogleich verschließen. Mit der Zeit entfaltet sich erst das volle Aroma.
Ergibt 1 ¼ bis 1 ½ Liter.

PFIRSICH-CHUTNEY

2000 g Pfirsiche
500 g brauner Zucker (Rohzucker)
300 g Rosinen
1000 g sehr fein gewiegte oder geriebene Zwiebeln
½ l Obstessig
50 bis 75 g geschälter, feingehackter frischer Ingwer
1 EL Chilipulver
2 EL Senfkörner
1 EL Salz
abgeriebene Schale und Saft von einer großen ungespritzten Zitrone
abgeriebene Schale und Saft von einer großen ungespritzten Orange
¼ TL Cayennepfeffer
½ TL Zimt

Die Pfirsiche kurz in heißes Wasser tauchen, abziehen, entsteinen und kleinschneiden. Alle Zutaten zusammen in einen großen Emailletopf geben und sanft köcheln lassen, bis eine ziemlich dicke Masse entstanden ist (rechnen Sie 1 Stunde oder länger).
Mit dem kochendheißen Chutney heiße, sterilisierte Gläser bis 5 mm unter den Rand füllen und sogleich verschließen.
Ergibt gut 2 ½ Liter.

TOMATEN-APFEL-CHUTNEY *Abb. 40*

Etwa 2000 g Tomaten
etwa 1000 g säuerliche grüne Äpfel
2 ½ Tassen Obstessig
2 ½ Tassen brauner Zucker
3 große geschälte, gehackte Zwiebeln
1 EL zerstoßene Senfkörner
¼ bis ½ TL Cayennepfeffer
2 EL Salz
4 TL gemahlener Ingwer
1 ½ Tassen Rosinen

Die Tomaten vierteln und portionsweise im Mixer pürieren. Das Püree durch ein grobes Sieb passieren, die Schalenrückstände entfernen.
Die Äpfel schälen, vom Kerngehäuse befreien und in gut 1 cm große Stücke schneiden.
Alle Zutaten zusammen in einem großen Emailletopf unter häufigem Rühren sanft köcheln lassen, bis die Masse stark eingedickt ist. Die Kochzeit beträgt ungefähr 1 ½ Stunden. Das heiße Chutney in heiße, sterilisierte Gläser füllen, die sofort verschlossen werden.
Ergibt etwa 1 ½ Liter.

DILLGURKEN

1000 g kleine Gurken
2 Tassen Obstessig
1 ½ Tassen Wasser
3 EL Zucker
2 EL Salz
1 Lorbeerblatt
5 bis 6 Nelken
¼ TL Selleriesaat
½ TL Pfefferkörner
½ TL Senfkörner
1 TL Dillsamen oder 2 Dolden des frischen Krautes

Die Gurken waschen und der Länge nach vierteln. Den Essig mit Wasser, Zucker, Salz und dem Lorbeerblatt in einen Emailletopf geben. Nelken, Selleriesaat, Pfeffer- und Senfkörner sowie ½ Teelöffel Dillsamen (bei Verwendung von frischem Dill den Dillsamen hier weglassen) in ein Leinenbeutelchen einbinden, in die Flüssigkeit legen und das Ganze zum Kochen bringen. Dann die Hitze vermindern und den Gewürzessig 15 Minuten köcheln lassen.
Nun das Lorbeerblatt und das Gewürzsäckchen entfernen. In 2 saubere Litergläser jeweils ¼ Teelöffel Dillsamen oder 1 frische Dilldolde geben, die Gurkenstreifen so dicht aneinander wie möglich in die Gläser füllen und mit dem heißen Gewürzessig übergießen. Die Gurken müssen völlig mit Essig bedeckt, die Gläser bis knapp 2 cm unter den Rand gefüllt sein.
Gummiringe und Deckel auflegen, mit Klammern andrücken (Vakuumgläser mit Schraubring und Dekkelplatte zuschrauben) und die Gurken im Wasserbad 20 Minuten einkochen oder nach Anweisung im Backofen sterilisieren (vgl. Seite 388). Abkühlen lassen, überprüfen, ob die Gläser dicht zu sind, und etikettieren.
Die Gurken schmecken viel besser, wenn man sie ein paar Monate durchziehen läßt.
Ergibt zwei Litergläser.

DELIKATESSZWIEBELN »WILLIAM BRYAN«

1350 g frische kleine Zwiebeln (keine Perlzwiebeln!)
2 l Wasser
225 g Salz
2 Tassen weißer Branntweinessig
2 Tassen Obstessig
2 Zimtstangen
½ TL Nelken
1 TL Muskatblüte (Macis)
1 TL Piment
⅔ Tasse Zucker
2 bis 2 ½ TL zerstoßene getrocknete rote Chilischoten

Die Zwiebeln schälen und in ein großes Glas oder einen Steintopf geben. Das Wasser erhitzen und das Salz darin auflösen. Diese Salzlake über die Zwiebeln gießen, so daß sie davon bedeckt sind, und 24 Stunden durchziehen lassen.
Die beiden Essigsorten mit Zimt, Nelken, Macis und Piment in einem Emailletopf zum Kochen bringen,

dann vom Feuer nehmen, zudecken und mindestens 2 Stunden ziehen lassen. Danach den Gewürzessig durch ein Tuch gießen und die Gewürze entfernen. Den Zucker zufügen und so lange rühren, bis er sich völlig aufgelöst hat.
Nun die Zwiebeln aus der Salzlake heben und so in sterilisierte Halbliter-Vakuumgläser füllen, daß bis zum Gläserrand etwa 2 cm Raum frei bleibt. In jedes Glas $^1/_2$ Teelöffel zerstoßenen Chili geben und die Zwiebeln mit dem Gewürzessig bedecken. Die Gläser verschließen und für 1 Monat wegstellen.
Ergibt 2 bis 2 $^1/_2$ Liter.

GEWÜRZGURKEN IM STEINTOPF

Sie sind sehr leicht einzulegen und können in kleineren Mengen den ganzen Sommer über zubereitet werden – sie schmecken schon nach wenigen Tagen vorzüglich, am besten jedoch nach einer Woche. Nur so viele Gurken einlegen, wie innerhalb einer Woche gegessen werden können, da sie sich nicht länger frisch halten.

1125 g kleine Einmachgurken
2 l Wasser
$^1/_3$ Tasse Zucker
$^1/_4$ Tasse Salz
50 bis 75 g frischer Dill
  (Stengel, Blätter, Dolden mit Samen)
3 bis 4 Knoblauchzehen
8 große Weinblätter
  (Weinblätter aus Salzlake abspülen
  und über Nacht in Wasser einweichen)

Die Gurken gründlich bürsten. Das Wasser mit Zukker und Salz verrühren, bis beide Gewürze aufgelöst sind. Die Dillpflanzen in etwa 8 cm lange Stücke schneiden oder biegen; den Knoblauch schälen und in dicke Scheiben schneiden.
In einen Steintopf von etwa 4 Litern Fassungsvermögen zuerst 2 oder 3 Weinblätter legen, darauf ein paar Stückchen Dill und einige Scheibchen Knoblauch geben und eine Lage Gurken darüberschichten. Mit weiteren Weinblättern abdecken, wieder Dill und Knoblauch daraufgeben und erneut eine Schicht Gurken einlegen. In dieser Weise fortfahren, bis alle Zutaten verbraucht sind.
Nun die Salzlake darübergießen. Einen kleinen Teller auf die Gurken legen und mit einem Gewicht (z. B. einem Literglas voll Wasser) beschweren, damit sie mit Salzlake bedeckt bleiben und nicht an die Oberfläche steigen. Den Steintopf in einen tiefen Teller oder eine Schüssel stellen – durch die Gärung schäumt die Lake ein wenig über.
Die Gurken bei Zimmertemperatur 6 oder 7 Tage durchziehen lassen, dabei ab und zu die Lake abschäumen. Sobald sie gesäuert und gesalzen genug sind (verlassen Sie sich auf Ihren eigenen Geschmack), können sie verzehrt werden.

PREISELBEERKOMPOTT

1 $^1/_2$ Tassen Wasser
2 Tassen Zucker
3 Tassen gewaschene, verlesene Preiselbeeren
1 mittelgroße (unbehandelte) Navel-Orange
1 TL gemahlener Ingwer
1 Prise Zimt
1 Prise gemahlene Nelken
zerstoßene Samen aus 4 Kardamomkapseln

In einem mittelgroßen Topf den Zucker mit 1 Tasse Wasser erhitzen, bis er sich aufgelöst hat. Die Preiselbeeren zufügen und erst 10 Minuten zugedeckt, dann weitere 10 Minuten im offenen Topf leicht kochen, dabei gelegentlich umrühren.
Die Orange mit Schale in Stücke schneiden und durch den Wolf drehen oder feinhacken. Die zerkleinerte Orangenschale mit dem restlichen Wasser, Ingwer, Zimt und zerstoßenen Kardamom zu den Preiselbeeren geben. Alles zusammen unter häufigem Rühren etwa 20 Minuten köcheln. Das Kompott in heiße, sterilisierte Gläser füllen und diese gut verschließen.
Ergibt etwa 1 $^1/_4$ Liter.

PIKANT EINGELEGTE PAPRIKA *Abb. 40*

Eine pikante Beilage zu milden Gerichten.

4 große Paprikaschoten
4 Tassen Wasser
1 Tasse Obstessig
1/2 Tasse Zucker
2 TL Einmachgewürz
1 1/2 EL Salz
1 geschälte Knoblauchzehe

Die Paprikaschoten (rote Tomatenpaprika schmekken am besten) in dicke Streifen oder 2 cm große Quadrate schneiden. Stiele und Samenteile aufbewahren!

In einem Emaille- oder Edelstahltopf das Wasser mit Essig, Zucker, Einmachgewürz, Salz und Knoblauch erhitzen, die Paprikastückchen samt Stielteil und Samen hineingeben und etwa 15 Minuten sanft köcheln, bis sie eben gar sind. Vom Feuer nehmen und weitere 15 Minuten ziehen lassen, dann mit einem Schaumlöffel herausheben und in ein Glas füllen. Die Marinade durchseihen und darübergießen, bis die Paprika davon bedeckt sind. Das Glas mit Wachspapier zubinden und 24 Stunden stehen lassen.

Ergibt etwa 1 Liter.

Verzeichnis der Abbildungen

23 Reisring mit Schmorgurken
Rezept Seite 269

24 Dolmades
(griechische gefüllte Weinblätter)
Rezept Seite 274

Sesamkranz
Rezept Seite 71

25 Antipasti
(italienische Appetithappen)
siehe Seiten 280, 298 u. a.

26 Gefüllte Cannelloni
(gefüllte Nudelröhren)
Rezept Seite 288

27 Kartoffelrolle mit Spinatfüllung
Rezept Seite 294

28 Zwiebel-Kräuter-Frittata
(Zwiebeleierkuchen mit Kräutern)
Rezept Seite 298

29 Cocido
(spanisches Eintopfmenü)
Rezept Seite 307

30 Sangría
(spanische Bowle)
Rezept Seite 308

31 Enchiladas con Salsa Verde
(Enchiladas mit grüner Sauce)
Rezept Seite 314

Maistortillas
Rezept Seite 312

Frijoles
(doppelt geschmorte Bohnen)
Rezept Seite 318

32 Blumenkohlcurry mit Erbsen
Rezept Seite 326

33 Cachumber
(indischer Salat)
Rezept Seite 338

34 Bryani
(Gemüsereis)
Rezept Seite 334

35 Melonenterzett in Wermut
Rezept Seite 372

36 Gajar Halwa
(süße indische Möhrenspeise)
Rezept Seite 364

37 Mazurek »Tante Wenia«
(Masurentorte)
Rezept Seite 350

38 Gemischtes Eingemachtes
Rezept Seite 370

39 Struçla
(Mohnstrudel)
Rezept Seite 377

40 Tomaten-Apfel-Chutney
Rezept Seite 394

Eingelegte Gewürzpfirsiche
Rezept Seite 392

Pikant eingelegte Paprika
Rezept Seite 396

Register

P

R

S